D1481531

GUIDES ◉ VOIR

FLORIDE

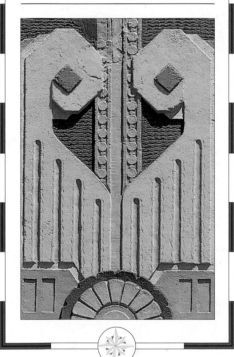

GUIDES 👁 VOIR

FLORIDE

Libre 🔥 Expression
© QUEBECOR MEDIA

Libre Expression
@ QUEBECOR MEDIA

HACHETTE TOURISME
43, quai de Grenelle, 75905 Paris Cedex 15

DIRECTION
Nathalie Pujo

RESPONSABLE DE PÔLE ÉDITORIAL
Amélie Baghdiguian

RESPONSABLE DE COLLECTION
Catherine Laussucq

ÉDITION
Aurélie Pregliasco

TRADUIT ET ADAPTÉ DE L'ANGLAIS PAR
Catherine de Bernis,
Frédéric Perroud et Thomas Schmutz

MISE EN PAGES (PAO)
Anne-Marie Le Fur

CE GUIDE VOIR A ÉTÉ ÉTABLI PAR
Emily Hatchwell

Publié pour la première fois en Grande-Bretagne en 1995,
sous le titre : *Eyewitness Travel Guide : Florida*
© Dorling Kindersley Limited, London 2006,
© Hachette Livre (Hachette Tourisme) 2006
pour la traduction et l'adaptation française,
Cartographie © Dorling Kindersley 2006

© Éditions Libre Expression, 2006
pour l'édition française au Canada

IMPRIMÉ ET RELIÉ EN CHINE PAR L. REX PRINTING COMPANY LTD

Aussi soigneusement qu'il ait été établi, ce guide
n'est pas à l'abri des changements de dernière heure.
Faites-nous part de vos remarques, informez-nous
de vos découvertes personnelles : nous accordons
la plus grande attention au courrier de nos lecteurs.

Éditions Libre Expression
7, chemin Bates
Outremont (Québec) H2V 4V7

DÉPÔT LÉGAL :
BIBLIOTHÈQUE ET ARCHIVES NATIONALES DU CANADA, 2006
ISBN-10 : 2-7648-0315-X
ISBN-13 : 978-2-7648-0315-8

SOMMAIRE

Un vitrail de Tiffany
à Saint Augustine *(p. 199)*

PRÉSENTATION DE LA FLORIDE

MIAMI QUARTIER PAR QUARTIER

Deux des nombreux patineurs
à roulettes du bord de mer

Pages précédentes : des montagnes russes des Busch Gardens

Des dauphins amusent le public de Sea World *(p. 164-167)*

Le U-peel shrimp, un plat typique

Une des plages de Floride
au sable blanc comme neige

Ces touristes profitent du coucher
de soleil à Key West *(p. 286)*

Villa Vizcaya, Miami

COMMENT UTILISER CE GUIDE

Le but de ce guide est de vous aider à profiter au mieux de votre séjour en Floride : il fourmille d'informations pratiques et de conseils. L'introduction, *Présentation de la Floride,* propose une carte de l'État et le situe dans son contexte historique et culturel. Les deux parties *Miami* et *La Floride* présentent en détail les principaux sites. Elles regroupent cartes et illustrations et abordent les thèmes les plus variés, de la cuisine à l'architecture. *Les Bonnes Adresses* recensent les hôtels et les restaurants. Les *Renseignements pratiques* vous fournissent tous les conseils utiles.

MIAMI

Miami fait l'objet de trois chapitres, avec une liste des endroits présentés. Un quatrième chapitre, *Les Environs de Miami,* est consacré aux faubourgs les plus intéressants. Tous les sites sont repérés sur un plan et numérotés ; les numéros correspondent à l'ordre dans lequel les sites sont décrits dans le corps du chapitre.

Les sites d'un coup d'œil classe les centres d'intérêt par catégories : par exemple, monuments, musées, quartiers, boutiques édifices historiques.

2 Plan du quartier
Il présente une vue aérienne du cœur de chaque quartier.

Un itinéraire conseillé est indiqué en rouge.

Un repère rouge signale toutes les pages concernant Miami.

1 Plan général du quartier
*Un numéro permet de retrouver les sites de chaque quartier sur une carte. Les sites de Miami figurent aussi dans l'*Atlas des rues de Miami, p. 96-101.

La carte de situation indique où se trouve le quartier dans la ville.

Des étoiles indiquent les endroits à ne pas manquer.

3 Renseignements détaillés
Les sites de Miami sont décrits un par un, avec toutes les informations pratiques : adresses, heures d'ouverture, etc. La légende des symboles utilisés est donnée sur le dernier rabat de couverture.

1 Introduction
La présentation des paysages, de l'histoire et de la spécificité des régions montre leur évolution au cours des siècles et ce qu'elles proposent aujourd'hui au visiteur.

LA FLORIDE RÉGION PAR RÉGION
La Floride a été divisée en six régions traitées chacune dans un chapitre séparé. Miami fait l'objet d'un chapitre à part. Les villes et les sites les plus intéressants sont repérés sur une *Carte touristique.*

Les régions peuvent être repérées rapidement grâce à un code couleur (voir premier rabat de couverture).

2 La carte touristique
Elle offre une vue d'ensemble de toute la région et de son réseau routier. Les sites et les monuments sont repérés par un numéro. L'accès à la région et les moyens de transport disponibles sont indiqués.

3 Informations détaillées
Les localités et sites les plus importants sont présentés un par un dans l'ordre de numérotation de la Carte touristique. Les textes décrivent en détail tous les sites à voir et les monuments.

Le mode d'emploi vous aide à organiser votre visite des sites les plus importants.

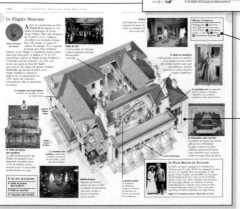

4 Les principaux sites
Une ou plusieurs pages leur sont réservées. Des dessins dévoilent l'intérieur des bâtiments historiques ; dans les musées, les salles sont distinguées par des couleurs pour faciliter la visite ; dans les parcs, les principales attractions sont signalées.

PRÉSENTATION DE LA FLORIDE

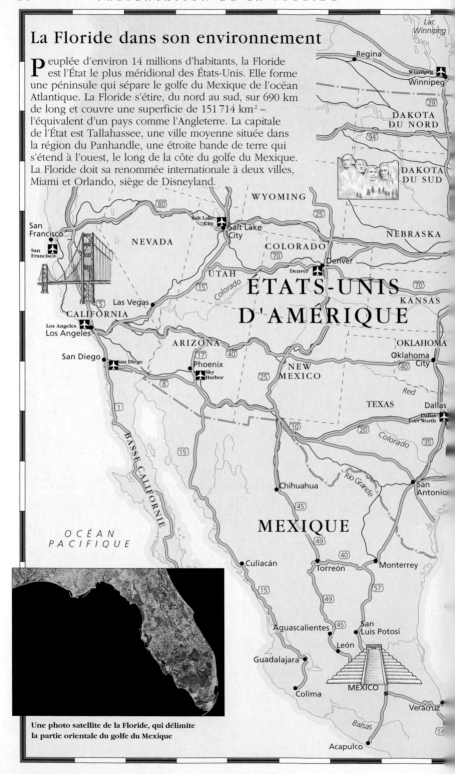

La Floride dans son environnement

Peuplée d'environ 14 millions d'habitants, la Floride est l'État le plus méridional des États-Unis. Elle forme une péninsule qui sépare le golfe du Mexique de l'océan Atlantique. La Floride s'étire, du nord au sud, sur 690 km de long et couvre une superficie de 151 714 km² – l'équivalent d'un pays comme l'Angleterre. La capitale de l'État est Tallahassee, une ville moyenne située dans la région du Panhandle, une étroite bande de terre qui s'étend à l'ouest, le long de la côte du golfe du Mexique. La Floride doit sa renommée internationale à deux villes, Miami et Orlando, siège de Disneyland.

Lac Winnipeg

Regina

Winnipeg
Winnipeg

29

DAKOTA DU NORD

94

DAKOTA DU SUD

WYOMING

NEBRASKA

80

Salt Lake City
Salt Lake City

25

COLORADO

70

Denver
Denver

NEVADA

San Francisco
San Francisco

UTAH

Colorado

ÉTATS-UNIS

70

15

Las Vegas

D'AMÉRIQUE

KANSAS

CALIFORNIA

5

ARIZONA

OKLAHOMA

Los Angeles
Los Angeles

17

40

Oklahoma City

40

San Diego
San Diego

Phoenix
Sky Harbor

25

NEW MEXICO

Red

8

TEXAS

Dallas
Dallas Fort Worth

1

10

20

Colorado

35

15

BASSE CALIFORNIE

Rio Grande

Chihuahua

San Antonio

45

MEXIQUE

OCÉAN PACIFIQUE

49

40

Culiacán

Torreón

Monterrey

15

57

49

Aguascalientes

45

San Luis Potosí

León

Guadalajara

MEXICO

Colima

Veracruz

Balsas

12

Acapulco

Une photo satellite de la Floride, qui délimite la partie orientale du golfe du Mexique

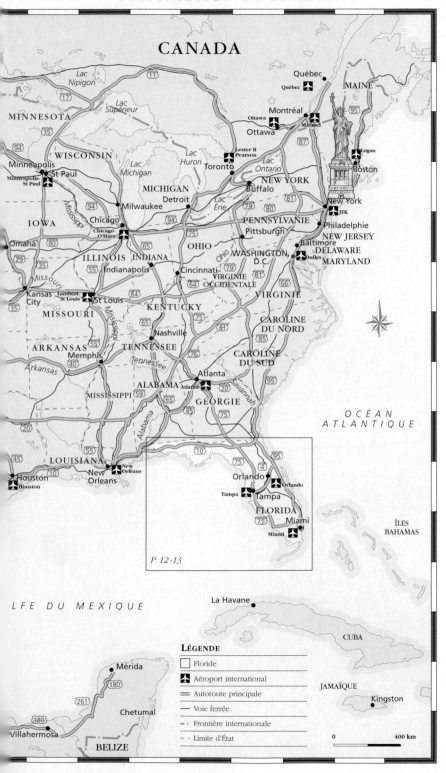

CANADA

Lac
Nipigon

MINNESOTA

Lac
Supérieur

Québec
Québec

MAINE

Montréal

Ottawa
Ottawa

Mirabel

WISCONSIN

Lac
Huron

Lac
Michigan

Lester B
Pearson
Toronto

Lac
Ontario

Logan

Minneapolis
St Paul
Minneapolis-
St Paul

NEW YORK
Buffalo

Boston

MICHIGAN
Detroit

Lac
Érie

New York
JFK

IOWA

Milwaukee

Chicago
Chicago-
O'Hare

PENNSYLVANIE
Pittsburgh

Philadelphie
NEW JERSEY

Omaha

ILLINOIS INDIANA
Indianapolis

OHIO

WASHINGTON,
D.C.
Dulles

Baltimore
DELAWARE
MARYLAND

Cincinnati

VIRGINIE
OCCIDENTALE

Kansas
City
Lambert-
St Louis
St Louis

MISSOURI

KENTUCKY

VIRGINIE

Nashville

CAROLINE
DU NORD

ARKANSAS

TENNESSEE

Memphis

Arkansas

CAROLINE
DU SUD

Atlanta

ALABAMA Atlanta

MISSISSIPPI

GEORGIE

OCÉAN
ATLANTIQUE

LOUISIANA

New
Orleans
New
Orleans

Orlando
Orlando

Houston
Houston

Tampa Tampa

FLORIDA

Miami

ÎLES
BAHAMAS

Miami

P. 12-13

LFE DU MEXIQUE

La Havane

CUBA

Mérida

LÉGENDE

☐ Floride
✈ Aéroport international
═ Autoroute principale
— Voie ferrée
-·- Frontière internationale
-·- Limite d'État

JAMAÏQUE

Kingston

Chetumal

Villahermosa

BELIZE

0   400 km

Carte routière de la Floride

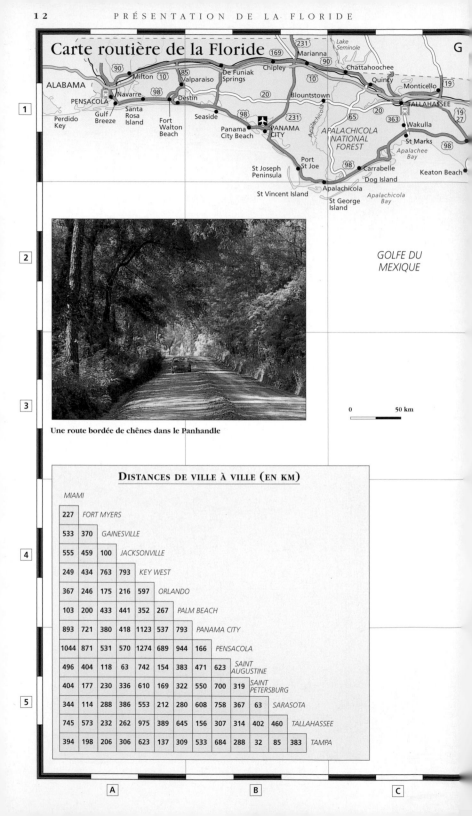

ALABAMA

Perdido Key · Pensacola · Navarre · Gulf Breeze · Santa Rosa Island · Milton · Valparaiso · Destin · Fort Walton Beach · Seaside · De Funiak Springs · Chipley · Marianna · Blountstown · Chattahoochee · Quincy · Monticello · TALLAHASSEE · Wakulla · St Marks · Panama City Beach · PANAMA CITY · APALACHICOLA NATIONAL FOREST · Port St Joe · St Joseph Peninsula · Carrabelle · Dog Island · Keaton Beach · St Vincent Island · Apalachicola · St George Island · Apalachicola Bay · Apalachee Bay · Lake Seminole

GOLFE DU MEXIQUE

0   50 km

Une route bordée de chênes dans le Panhandle

DISTANCES DE VILLE À VILLE (EN KM)

MIAMI													
227	FORT MYERS												
533	370	GAINESVILLE											
555	459	100	JACKSONVILLE										
249	434	763	793	KEY WEST									
367	246	175	216	597	ORLANDO								
103	200	433	441	352	267	PALM BEACH							
893	721	380	418	1123	537	793	PANAMA CITY						
1044	871	531	570	1274	689	944	166	PENSACOLA					
496	404	118	63	742	154	383	471	623	SAINT AUGUSTINE				
404	177	230	336	610	169	322	550	700	319	SAINT PETERSBURG			
344	114	288	386	553	212	280	608	758	367	63	SARASOTA		
745	573	232	262	975	389	645	156	307	314	402	460	TALLAHASSEE	
394	198	206	306	623	137	309	533	684	288	32	85	383	TAMPA

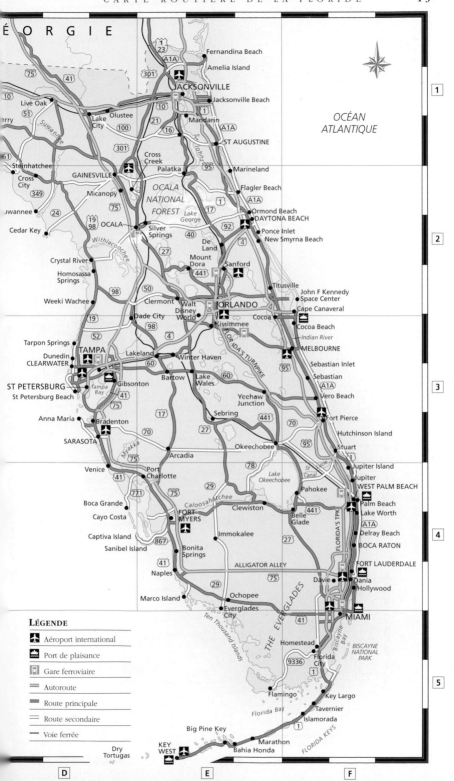

GÉORGIE

OCÉAN ATLANTIQUE

Fernandina Beach
Amelia Island
JACKSONVILLE
Jacksonville Beach
Mandarin
ST AUGUSTINE

Live Oak
Lake City
Olustee

Steinhatchee
Cross City
GAINESVILLE
Cross Creek
Palatka
Marineland

Micanopy
Flagler Beach

Cedar Key
OCALA
Silver Springs
OCALA NATIONAL FOREST
Lake George
Ormond Beach
DAYTONA BEACH
Ponce Inlet
New Smyrna Beach

Crystal River
De Land
Mount Dora
Sanford

Homosassa Springs
Weeki Wachee
Clermont
Walt Disney World
ORLANDO
Titusville
John F Kennedy Space Center
Cape Canaveral
Cocoa
Cocoa Beach
Indian River

Tarpon Springs
Dade City
Kissimmee
FLORIDA'S TURNPIKE

Dunedin
CLEARWATER
TAMPA
Lakeland
Winter Haven
MELBOURNE

ST PETERSBURG
St Petersburg Beach
Tampa Bay
Gibsonton
Bartow
Lake Wales
Sebastian Inlet

Anna Maria
Bradenton
SARASOTA
Arcadia
Yeehaw Junction
Sebastian
Vero Beach

Venice
Port Charlotte
Okeechobee
Fort Pierce
Hutchinson Island

Boca Grande
Lake Okeechobee
St Lucie Canal
Stuart
Jupiter Island
Jupiter
WEST PALM BEACH

Cayo Costa
FORT MYERS
Clewiston
Pahokee
Palm Beach
Lake Worth

Captiva Island
Sanibel Island
Immokalee
Belle Glade
Delray Beach
BOCA RATON

Bonita Springs
ALLIGATOR ALLEY
FORT LAUDERDALE

Naples
Davie
Dania
Hollywood

Marco Island
Ochopee
Everglades City
MIAMI
THE EVERGLADES

Homestead
Biscayne Bay
BISCAYNE NATIONAL PARK

Florida City

Flamingo
Key Largo
Tavernier
Islamorada
Florida Bay
FLORIDA KEYS

Big Pine Key
Marathon
Bahia Honda
KEY WEST

Dry Tortugas

Sebring
Suwanee
Caloosahatchee
Withlacoochee
Suwannee
Myakka

LÉGENDE

- Aéroport international
- Port de plaisance
- Gare ferroviaire
- Autoroute
- Route principale
- Route secondaire
- Voie ferrée

1
2
3
4
5

D
E
F

Miami

L'agglomération de Miami est également appelée Dade County (le comté de Dade). Ce comté, d'une superficie de 3 220 km², englobe plusieurs villes distinctes. Miami fait l'objet de trois chapitres : Miami Beach et la station balnéaire de South Beach ; les zones urbaines plus traditionnelles de Downtown et de Little Habana ; et les banlieues chic de Coral Gables et de Coconut Grove.

La banlieue résidentielle recherchée de Coral Gables est bâtie sur un réseau de canaux

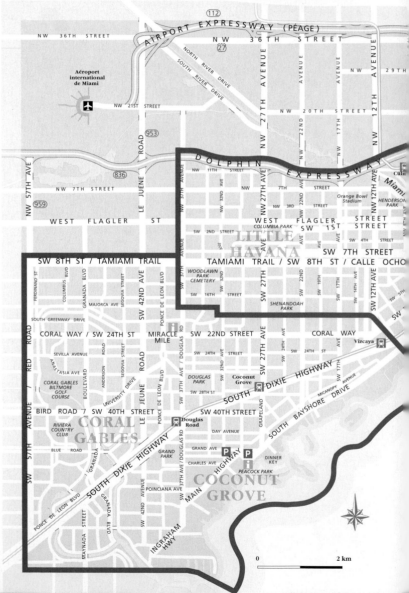

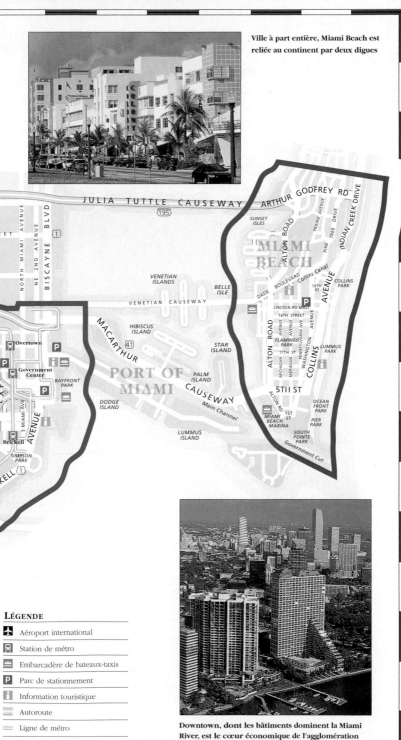

Ville à part entière, Miami Beach est reliée au continent par deux digues

LÉGENDE

✈ Aéroport international

🚇 Station de métro

⛴ Embarcadère de bateaux-taxis

🅿 Parc de stationnement

ℹ Information touristique

▦ Autoroute

= Ligne de métro

Downtown, dont les bâtiments dominent la Miami River, est le cœur économique de l'agglomération

UNE IMAGE DE LA FLORIDE

L es 40 millions de visiteurs qui se rendent en Floride chaque année sont séduits, avant tout, par les nombreux attraits qu'offre traditionnellement cet État – le soleil, la mer, le sable et Disney World. Or, si elle mérite son surnom (Sunshine State, « État du soleil ») et sa réputation de destination de vacances idéales, la Floride n'en recèle pas moins de nombreuses facettes plus méconnues.

En Floride, le visiteur a vite tendance à oublier l'existence d'un arrière-pays s'étendant au-delà des plages. Celles-ci, nombreuses et variées, combleront aussi bien le touriste avide de farniente que le mordu des sports de plage. L'intérieur de la Floride, toutefois, réserve d'intenses satisfactions à qui fait preuve d'esprit de découverte.

Quad de plage à Daytona Beach

Les forêts luxuriantes, les collines vallonnées du Nord, les agencements colorés de bougainvilliers et d'azalées dont les fleurs éclosent au printemps sont autant de contre-exemples au mythe d'un arrière-pays qui ne serait constitué que de vastes et mornes plaines. Où que l'on soit en Floride, la civilisation n'est jamais éloignée de la nature la plus sauvage, dans les Everglades par exemple, qui abritent une faune et une flore d'une extraordinaire richesse. Mais la multitude des serpents et des alligators rappelle au visiteur le caractère inhospitalier que présentait cette région un siècle auparavant. En effet, le développement de la Floride est assez récent et la plupart de ses subdivisions administratives historiques datent de 1900. L'État abrite cependant la plus ancienne ville des États-Unis, Saint Augustine, où subsistent des bâtiments du XVIIIe siècle bien préservés. Sur les plans culturel et climatique, la Floride forme un trait d'union entre l'Amérique du Nord tempérée et anglophone et

Les étendues sauvages inviolées proches de Flamingo, dans le parc national des Everglades

◁ Scène de rue à South Beach, une plage de Miami où les rollers skates et les vêtements légers sont de rigueur

Un Floridien s'adonnant à la pêche à la ligne près du petit port de Naples, sur le golfe du Mexique

l'Amérique latine subtropicale et hispanophone. Au nord de l'État, les routes bordées de chênes et les habitants typiques du vieux Sud américain font progressivement place, dans la région de Miami au sud, à une végétation plus exubérante et à une population très largement bilingue.

DÉMOGRAPHIE ET SOCIÉTÉ

Cet État «où tout le monde vient d'ailleurs» est depuis toujours un creuset culturel et démographique. Les Indiens Séminoles furent, au XVIIᵉ siècle, les premiers habitants de la région. Ils vivent aujourd'hui dans des réserves. Parfois, on les rencontre au sud de l'État : établis au bord des routes, ils proposent les produits d'un

Un étal de vêtements fabriqués par les Séminoles

artisanat très coloré. Pour l'octroi du brevet d'«authentique Floridien», les prétendants les plus sérieux sont incontestablement les fermiers Crackers, dont les ancêtres s'installèrent en Floride au début du XIXᵉ siècle. L'origine de leur nom s'est perdue. Il est rare de rencontrer un descendant de Cracker le long des côtes de l'État, celles-ci étant en majorité peuplées d'Américains du Nord ou de Latino-Américains. Les populations provenant du

Cubains de Miami jouant aux dominos

nord des États-Unis ont afflué après la Seconde Guerre mondiale. Vingtième État le plus peuplé des États-Unis en 1950, la Floride est aujourd'hui au quatrième rang du pays. Les migrants les plus nombreux sont les retraités, attirés par les conditions climatiques clémentes, les infrastructures de loisirs, voire certaines incitations fiscales. Si le style de vie des résidents les plus fortunés – ceux de Palm Beach, notamment – continue d'alimenter une certaine idée reçue de la

Floride, le quotidien se révèle tout différent. Un nombre croissant d'Américains sont attirés par cet État ensoleillé et contribuent à façonner un style de vie hédoniste propre à cette région. South Beach, une plage de Miami bordée d'immeubles Art déco, est ainsi une station balnéaire fort prisée. Depuis quelques décennies, la Floride est également devenue une terre d'accueil pour les étrangers. Les immigrants proviennent d'Amérique latine.

L'un des nombreux centres aquatiques de l'État

À Miami, le siège d'une importante communauté cubaine, les rythmes salsa et merengué font partie de l'environnement sonore, tandis que d'innombrables fêtes sont organisées tout au long de l'année. Ce cosmopolitisme se répercute également dans le domaine de la gastronomie.

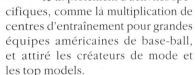

Les oranges, fleuron de l'agriculture

ÉCONOMIE ET TOURISME

Sur le plan économique, la Floride est un État dynamique, qui fut longtemps cantonné dans une vocation exclusivement agricole – production d'agrumes, de légumes et de sucre et élevage. Les plantations d'agrumes couvrent encore aujourd'hui d'immenses étendues dans le centre de l'État, tandis que les industries de haute technologie se développent dans les villes. La proximité de l'Amérique latine et des Caraïbes fait de ces régions un débouché naturel pour les exportations américaines *via* Miami. Par ailleurs, le climat local, très favorable, a favorisé le déploiement d'activités spécifiques, comme la multiplication de centres d'entraînement pour grandes équipes américaines de base-ball, et attiré les créateurs de mode et les top models.

En tout état de cause, l'activité la plus rentable de l'État est le tourisme. Le parc d'attractions Walt Disney World Resort en est le fleuron, mais le cadre naturel, les activités balnéaires et les croisières, dont le succès est favorisé par la proximité des îles Caraïbes y contri-buent de manière essentielle. Il faut signaler, enfin, que, après des décen-nies d'urbanisation sauvage et de soumission aux impératifs agricoles et industriels, la Floride a entrepris une vaste politique de préservation de son patrimoine naturel. L'utilisation de l'eau est désormais réglementée et les dernières panthères de Floride comme ses grandes régions maréca-geuses sont aujourd'hui sévèrement protégées.

Les flamants roses abondent dans les parcs

Les paysages

L e territoire de la Floride se caractérise par une
altitude très faible, puisqu'il culmine à 105 m au-
dessus du niveau de la mer. Le paysage de collines du
Panhandle, l'un des plus charmants de l'État, constitue
donc une exception. Le reste de la péninsule est en
effet couvert de prairies et de marécages constellés
de forêts et de milliers de lacs. Malgré une urbanisation
croissante et le développement des zones agricoles –
l'agriculture est, après le tourisme, la deuxième source
de richesses de l'État –, la Floride recèle encore de
superbes paysages sauvages et inhabités.

Les terres humides *sont soit
des forêts inondées, comme
ce marais à cyprès, soit des
marécages herbeux plus ouverts.*

**Les plages de
sable** *occupent
1 600 km du littoral.
À la différence du sable
de la côte atlantique qui
est d'origine corallienne,
le sable à base de quartz
du Panhandle est blanc.
Pendant la Seconde
Guerre mondiale,
des escrocs l'auraient
vendu en faisant croire
que c'était du sucre.*

LES AFFAISSEMENTS DE SOL EN FLORIDE

La plupart des 30 000 lacs et étangs de Floride résultent
d'affaissements du sol. Ce phénomène, très fréquent dans le
nord de l'État, résulte de l'érosion naturelle du calcaire qui
forme l'essentiel du sous-sol de l'État. Si la plupart de ces
affaissements se produisent lentement, certains se forment
brutalement, notamment à la suite de pluies torrentielles
lorsque le plafond des cavernes souterraines s'effondre
sous le poids de la voûte.
Le plus spectaculaire
affaissement répertorié en
Floride se produisit à Winter
Park en 1981. Il engloutit une
demi-douzaine de voitures et
une maison, pour former un
cratère de 90 m de diamètre.
Aussi la plupart des Floridiens
souscrivent-ils une police
d'assurance spéciale.

**Des cantonniers contemplant un
affaissement de sol sur une route**

Des îles, formées de sable
aggloméré, constituent une
barrière le long des côtes
de Floride.

LÉGENDE

▢	Zone urbanisée
▢	Zone humide
▢	Zone boisée
– –	Intracoastal Waterway
⊽	Zone d'élevage
🐚	Poissons et crustacés
◉	Plantation d'agrumes
⚘	Canne à sucre
✦	Tabac
✦	Arachides

Carte :
Pensacola
Choctawhatchee
Apalachicola
Tallahassee
Suwannee
APALACHICOLA NATIONAL FOREST
Panama City
0   50 km
50
Gainesville
Ocala
Withlacoochee
Hillsborough
Tampa
St Petersburg
Sarasot

Le canal reliant les côtes est d'origine naturelle, malgré quelques aménagements. Le tronçon qui suit la côte est se prolonge au nord jusqu'au Maryland. En Floride, on commence à draguer les premiers tronçons dans les années 1880. Ce canal est très fréquenté *(p. 342)*.

La forêt, constituée de pins, couvre 50 % des terres émergées de l'État, mais plus de la moitié des forêts est exploitée.

Le bétail élevé en Floride servait à approvisionner Cuba au temps de la domination espagnole. Aujourd'hui, parmi les États du sud-est des États-Unis, seul le cheptel du Kentucky dépasse en importance celui de la Floride. L'essentiel du cheptel est constitué de vaches Brahma, une espèce originaire d'Inde. Les principales zones d'élevage se situent le long de la Kissimmee River, la ville de Kissimmee étant appelée «capitale des vaches de Floride» (p. 177).

La production d'agrumes en Floride couvre 70 % de la consommation totale des États-Unis. La qualité des oranges, surtout cultivées pour leur jus, a fait la réputation de la Floride.

La canne à sucre pousse sur les sols riches proches du lac Okeechobee (p.124). Autrefois coupée à la machette par des immigrants des Caraïbes, la canne à sucre est aujourd'hui récoltée par des moyens mécaniques.

Jacksonville

St Johns

OCALA
ATIONAL
FOREST

Daytona Beach

Orlando

Kissimmee

Lake Okeechobee

Fort Pierce

Caloosahatchee

Fort Myers

Naples

Palm Beach

Miami Canal

Fort Lauderdale

MIAMI

Tamiami Canal

EVERGLADES

Les Keys sont un chapelet de petits îlots coralliens fossiles, pour la plupart inhabités.

FLORIDA KEYS

Key West

La croissance urbaine est alimentée par l'afflux d'immigrants originaires des États du Nord et de l'étranger ainsi que par l'exode rural. Le littoral sud-est de la Floride est aujourd'hui entièrement bâti – comme ici à Delray Beach, qui longe le canal reliant les deux côtes (Intracoastal Waterway) sur la Gold Coast.

La faune et les habitats naturels

L a diversité des paysages de Floride résulte des deux types de climat – tempéré au nord et tropical au sud – auxquels son territoire est soumis. À ces conditions climatiques s'ajoutent d'autres facteurs tels l'humidité, le caractère sableux des sols, l'altitude basse et la proximité de la mer. La variété des espèces d'oiseaux est particulièrement importante en hiver, période des migrations vers le sud.

Un hammock d'espèces feuillues dans le sud de la Floride

LES ZONES CÔTIÈRES

Malgré leur exposition aux calamités naturelles, elles abritent une faune très riche. À part quelques échassiers, la plupart des espèces sont nocturnes et, la journée, se cachent dans le sable ou, comme les tortues, demeurent en mer. Les marais salants et les lagons, protégés de la mer par des dunes, possèdent une faune particulièrement variée.

Les lagons sont un sanctuaire pour les poissons et les crustacés.

Les crabes sabots *délaissent l'océan en grand nombre, surtout au printemps, pour se rassembler sur les plages afin de se reproduire.*

Océan

Les arbustes des dunes sont courbés et «taillés» par les embruns.

Sous-sol calcaire

Argile, sable et coquillages

L'aigle chauve, une espèce menacée qui habite les côtes et certaines régions de Floride, a une envergure de 2 m.

Les dunes, sculptées par le vent et les vagues, changent constamment de forme mais sont retenues par les racines des plantes.

Le raisin de mer, qui pousse sur les dunes du littoral sud-est de la Floride, tire son nom de la forme en grappe de son fruit.

LES PINÈDES DES BASSES TERRES

Les forêts de pin, qui hébergent une faune et une flore très endurantes et bien adaptées, recouvrent la moitié de la Floride et constituent le trait d'union entre les différents habitats naturels, qu'elles englobent parfois. Elles sont souvent dévastées par des incendies.

Les palmiers nains et des arbustes telle la myrte peuplent les forêts des basses terres.

Le cyprès chauve domine les pinèdes des basses terres.

Argile et sable

Sable

Les cerfs sont des animaux solitaires. Ceux de Floride sont plus petits que leurs cousins du nord des États-Unis.

Les serpents à sonnette *se camouflent pour se fondre dans les herbes et les broussailles.*

Le pivert à ventre rouge niche dans les arbres morts, parfois pendant plusieurs années.

LES MARÉCAGES D'EAU DOUCE

De nombreux marécages d'eau douce ont disparu, drainés par l'homme pour augmenter la superficie des terres cultivées ou pour faire place à l'urbanisation. Pourtant, la Floride en a conservé sur tout son territoire. Ces marécages sont en général peuplés de cyprès nains, bien adaptés à l'habitat amphibie, ou, beaucoup plus rarement, de cyprès chauves.

L'ibis blanc trouve une nourriture abondante dans les marais. Il niche en colonies nombreuses dans les grands arbres ou les roseraies.

Tourbe

Le chat sauvage possède une courte queue, une barbe et un pelage tacheté.

Les cyprès forment souvent un «dôme naturel», les arbres les plus au sec étant plus courts que les autres.

Laîche

Les cyprès ont des racines spéciales qui les alimentent en oxygène lorsque le sol est inondé.

Eau et matière organique

L'anolis est un lézard vert qui peut virer au brun selon sa température ou son niveau de stress.

Les nénuphars sont les fleurs les plus spectaculaires des marais. Les crapauds aiment se reposer sur leurs grandes feuilles.

LES FORÊTS D'ESPÈCES LIGNEUSES

Ces forêts constituent l'habitat naturel le plus verdoyant de l'État. Elles comprennent de nombreux îlots de végétation ou hammocks. Ceux du sud de la Floride sont peuplés d'espèces tropicales. Ceux du Nord de chênes verts, de magnolias ou de noyers blanc d'Amérique.

La mousse d'Espagne, comme les autres plantes épiphytes, pousse sur un arbre hôte sans l'endommager.

Les dindes sauvages se reconnaissent à leur plumage et à leur «barbe»

Le magnolia est un arbre connu depuis la nuit des temps. Il possède une écorce aromatique et produit de superbes fleurs.

Sable et argile

Choux ou palmier sabal

Chêne vert

Les hammocks prospèrent surtout le long des cours d'eau.

L'opossum est un excellent grimpeur grâce à ses pattes dotées de doigts et de griffes et à sa queue qui lui permet de s'agripper.

Le tatou est un animal nocturne. En cas de danger, il se roule en boule. À l'abri de sa carapace, il devient invulnérable aux prédateurs.

Les ouragans en Floride

Logo des «chasseurs d'ouragan»

U n ouragan est un cyclone tropical dont les vents atteignent 120 km/h. Sur dix ouragans qui naissent dans l'Atlantique nord, un seul touche la Floride, une fois tous les deux ans, en moyenne. La saison des ouragans s'étend du 1er juin au 30 novembre, avec un risque maximal entre août et octobre. Une échelle, dite de Saffir-Simpson, qui sert à mesurer l'intensité des ouragans, les classe en 5 catégories, la plus dangereuse étant la catégorie 5, quand les vents atteignent 250 km/h. Les ouragans sont baptisés d'après une liste alphabétique de prénoms qui revient tous les six ans. Autrefois, on leur donnait des prénoms féminins. Mais depuis 1979, on alterne prénoms masculins et féminins.

Monument rappelant l'ouragan de 1935 *(p. 280)*

Les régions de Floride les plus exposées aux ouragans sont la côte sud-est, y compris les Keys, la côte ouest des Everglades et, à l'ouest, le Panhandle.

LA VIE D'UN OURAGAN

La formation d'un ouragan est due à plusieurs facteurs, en premier lieu, la température et le vent. Le phénomène se produit lorsque le vent heurte une zone de basses pressions et que, attiré violemment par une zone de hautes pressions, il se met à tourbillonner. L'ouragan est alors repéré par les satellites météorologiques. Sa durée de vie est de 8 à 10 jours. Il commence à perdre de sa virulence en passant au-dessus des terres.

Un bateau projeté sur la jetée Rickenbacker de Miami par la violence d'un ouragan

Un camp de toiles a accueilli 250 000 personnes évacuées après le passage de l'ouragan Andrew

Un immeuble d'habitations après que sa façade eut été emportée par l'ouragan Andrew

L'OURAGAN ANDREW

Le 24 août 1992, l'ouragan Andrew dévasta le sud de la Floride. D'une force de 4, «seulement», sur l'échelle de Saffir-Simpson (celui de 1935, qui frappa les Keys, atteignait le degré 5), il provoqua la catastrophe naturelle la plus coûteuse qui ait jamais frappé les États-Unis (25 milliards de dollars de dégâts). Curieusement, Andrew ne tua «que» 23 personnes, dont 15 en Floride.

L'œil
*est la partie
centrale du
cyclone. C'est
une aire calme
entourée de
vents et de
pluies violents.
Lorsque l'œil est
passé, l'ouragan
redouble
d'intensité.*

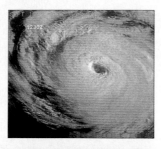

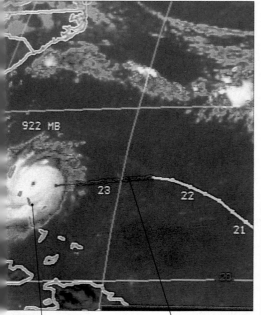

922 MB

Un ouragan type mesure 400 km de diamètre et peut s'élever de 15 000 à 18 300 m au-dessus de l'océan. Il se déplace à une vitesse comprise entre 15 et 70 km/h.

Beaucoup d'ouragans, tel Andrew, se forment au-dessus de l'Afrique et traversent l'Atlantique en direction de l'ouest.

LA SURVEILLANCE D'UN OURAGAN

Le National Hurricane Center, à Miami, a pour mission de suivre la progression des ouragans à l'aide d'ordinateurs et de radars. Il traque l'ouragan bien avant que celui-ci n'atteigne les côtes de Floride. Toutefois, les informations les plus détaillées sont fournies par des pilotes spécialisés, les «chasseurs d'ouragans», qui explorent ceux-ci en avion. On peut limiter les dégâts causés par les ouragans en prenant toute une série de mesures préventives.

Arbres courbés par un ouragan

1 L'alerte à l'ouragan
Lorsque le pavillon indiquant la détection d'un ouragan est hissé, cela signifie que celui ci peut atteindre les côtes de Floride dans un délai de 36 à 48 heures. Lorsque l'alerte est donnée, il ne reste que 24 heures. Les aéroports sont alors souvent fermés.

Signal d'avis d'ouragan

2 L'évacuation
Les autorités responsables de l'évacuation des populations font parvenir leurs consignes par les médias avant l'arrivée de l'ouragan. Les personnes les plus vulnérables sont les habitants des édifices élevés, des mobile homes et des basses terres. Des itinéraires d'évacuation sont fléchés. La Croix-Rouge prend en charge les sans-abri.

Itinéraires d'évacuation

3 La fin de l'alerte
Lorsque l'ouragan se dissipe ou s'éloigne définitivement, le signal de fin d'alerte est donné et chacun peut rentrer chez soi. Du fait des lignes électriques effondrées et des inondations, il faut rester vigilant et prévenir les accidents.

LE RAZ DE MARÉE

L'essentiel des dégâts et la plupart des victimes des ouragans sont provoqués par la lame de fond qui accompagne l'ouragan, et non pas par les vents. Proche de l'œil du cyclone, ce véritable mur d'eau, lorsqu'il touche le rivage, peut atteindre 80 km de large et plus de 6 m de haut.

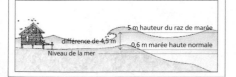

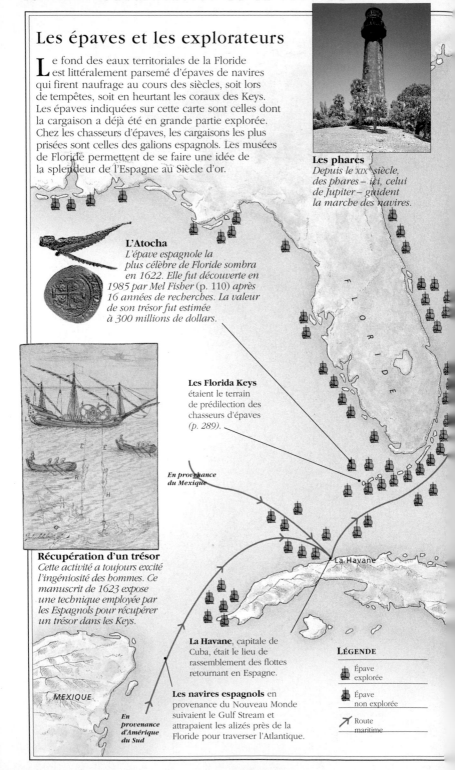

Les épaves et les explorateurs

L e fond des eaux territoriales de la Floride
est littéralement parsemé d'épaves de navires
qui firent naufrage au cours des siècles, soit lors
de tempêtes, soit en heurtant les coraux des Keys.
Les épaves indiquées sur cette carte sont celles dont
la cargaison a déjà été en grande partie explorée.
Chez les chasseurs d'épaves, les cargaisons les plus
prisées sont celles des galions espagnols. Les musées
de Floride permettent de se faire une idée de
la splendeur de l'Espagne au Siècle d'or.

Les phares
Depuis le XIX *siècle,*
des phares – ici, celui
de Jupiter – guident
la marche des navires.

L'Atocha
L'épave espagnole la
plus célèbre de Floride sombra
en 1622. Elle fut découverte en
1985 par Mel Fisher (p. 110) après
16 années de recherches. La valeur
de son trésor fut estimée
à 300 millions de dollars.

Les Florida Keys
étaient le terrain
de prédilection des
chasseurs d'épaves
(p. 289).

En provenance
du Mexique

Récupération d'un trésor
Cette activité a toujours excité
l'ingéniosité des hommes. Ce
manuscrit de 1623 expose
une technique employée par
les Espagnols pour récupérer
un trésor dans les Keys.

MEXIQUE

En
provenance
d'Amérique
du Sud

La Havane

La Havane, capitale de
Cuba, était le lieu de
rassemblement des flottes
retournant en Espagne.

Les navires espagnols en
provenance du Nouveau Monde
suivaient le Gulf Stream et
attrapaient les alizés près de la
Floride pour traverser l'Atlantique.

LÉGENDE

🛦	Épave explorée
🛦	Épave non explorée
↗	Route maritime

FLORIDE

LES CHASSEURS D'ÉPAVES

Mel Fischer dut, plus de cent fois, plaider sa cause devant un tribunal pour faire admettre ses droits sur la cargaison de l'*Atocha*. Les lois fédérales stipulent

en effet que les épaves situées jusqu'à 3 miles (5 km) du rivage appartiennent au pays riverain, mais sont moins explicites en ce qui concerne celles situées au-delà. Les amateurs qui emploient des détecteurs de métaux sur les plages peuvent garder ce qu'ils trouvent, mais les plongeurs doivent acquérir une licence.

Un chasseur de trésor sur une plage

OÙ VOIR DES TRÉSORS ESPAGNOLS EN FLORIDE

McLarty Treasure Museum *p. 110*

Mel Fisher's Maritime Museum *p. 288*

Mel Fisher's Treasure Museum *p. 110*

Museum of Man in the Sea *p. 224*

Saint Lucie County Historical Museum *p. 111*

Une riche flotte espagnole
qui fit naufrage ici en 1715 est actuellement en cours d'exploration *(p. 110)*. Quelques amateurs explorent les plages voisines dans l'espoir de découvrir une pièce d'or rejetée par la mer.

Vers l'Espagne

Les navires espagnols
Les caravelles et les galions rapportaient leurs cargaisons en Espagne. Ces navires pouvaient transporter jusqu'à 200 hommes d'équipage. Les caisses d'or et d'argent étaient gardées et enfermées sous clé.

Barbe-Noire
Réputé pour sa cruauté et pour sa manie de mettre le feu aux cordes de chanvre attachées à son chapeau pour intimider ses ennemis, Barbe-Noire s'attaquait aux navires espagnols au début du XVIIIe siècle. Il fut tué par la Royal Navy britannique en 1718.

BAHAMAS

Hispaniola et l'île de la Tortue étaient le repaire des pirates français et anglais, qui en avaient fait leurs bases d'attaque des navires espagnols.

ÎLE DE LA TORTUE

0   200 km

MER DES CARAÏBES

HISPANIOLA

L'architecture en Floride

L'architecture de la Floride reflète la diversité des peuplements successifs. Aux maisons simples des premiers pionniers succéda, avec l'arrivée du chemin de fer, la construction d'édifices plus ambitieux, tandis que des promoteurs, soucieux d'attirer les foules vers le sud, firent édifier des maisons dans des styles familiers aux nordistes. Voilà pourquoi la Floride, confrontée à une importante croissance démographique, ne développa jamais de style propre, tout en recelant quelques curiosités architecturales.

Des gratte-ciel dans le centre de Jacksonville

LE STYLE VERNACULAIRE EN FLORIDE

Les premiers Américains qui s'installèrent au début du XIXe siècle, bâtirent des maisons simples et fonctionnelles, adaptées à l'endroit. Deux traits sont constants : la recherche de la ventilation naturelle maximale ainsi que l'emploi du bois. Les maisons des Crackers, les premiers habitants blancs de la Floride *(p. 18)*, sont aujourd'hui assez rares, mais le style vernaculaire a souvent influencé des édifices postérieurs.

Un chickee, demeure traditionnelle des Indiens de Floride

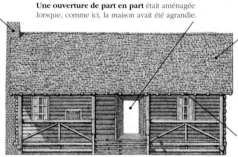

Une cheminée en briques a remplacé l'originale faite de boue séchée renforcée par des bâtons de bois.

Une ouverture de part en part était aménagée lorsque, comme ici, la maison avait été agrandie.

Le toit, ici couvert de tuiles en cyprès, était très incliné.

La maison McMullen, une cabane en pin construite en 1852, est typique de l'habitat des Crackers. On peut l'admirer au village traditionnel de Pinellas County (p. 238).

L'avancée du toit servait à ombrager le porche et les fenêtres.

L'ÂGE D'OR

À partir des années 1880, grâce au chemin de fer, le tourisme se développe et apporte des influences architecturales nouvelles. C'est ainsi que s'épanouit le goût du style méditerranéen, comme l'illustre l'hôtel Flagler de Saint Augustine, construit en briques. Le bois demeure le matériau le plus utilisé, mais fait l'objet de décorations plus recherchées, comme à Key West. Le style victorien domine à Fernandina Beach *(p. 192)* et à Mount Dora *(p. 206)*.

Une tour à vocation plus décorative que fonctionnelle.

La ventilation était assurée par le grand nombre de fenêtres.

Les vérandas qui s'étendaient tout autour de la maison étaient courantes en Floride.

Les combles sur pignons étaient très appréciés et si élevés qu'ils pouvaient supporter un attique..

Tour à l'orientale de l'hôtel Tampa Bay

La maison McCreary, à Pensacola, fut construite vers 1900; son style illustre un raffinement tout floridien à l'époque victorienne (p. 217).

LES FANTAISIES DE L'ÉPOQUE DU BOOM

Les édifices les plus remarquables de la période 1920-1950 partagent le souci romantique d'évoquer des contrées lointaines. Malgré la domination du style méditerranéen, imposé par Addison Mizner à Palm Beach *(p. 114-117)* et George Merrick à Coral Gables *(p. 78-81),* de nombreux îlots architecturaux coexistent, qui vont du mauresque au style Art déco – ce dernier à Miami, district de South Beach *(p. 58-63).*

L'hôtel Greystone, de style Art déco à South Beach (Miami)

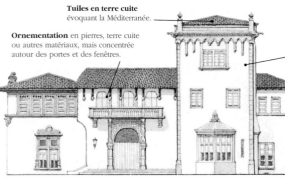

Tuiles en terre cuite évoquant la Méditerranée.

Ornementation en pierres, terre cuite ou autres matériaux, mais concentrée autour des portes et des fenêtres.

Les balcons, tourettes et irrégularités du toit sont des motifs courants.

Les demeures de Palm Beach ont un style hispanisant. Celle-ci, sur South Ocean Boulevard, fut construite en 1929 par Julius Jacobs, un assistant de Mizner.

L'ARCHITECTURE D'APRÈS-GUERRE

Les bâtiments récents les plus remarquables sont souvent des centres commerciaux ou des édifices publics, stades ou cinémas, aussi impressionnants par leur style que par leurs dimensions. Plus anecdotiques, les villes nouvelles de Seaside et Disney's Celebration *(p. 150)* s'opposent, par leurs dimensions délibérément modestes, au caractère impersonnel des villes contemporaines.

Les fenêtres à guillotine laissent le soleil et la brise marine pénétrer dans la maison.

Seaside, dans le Panhandle, a reçu un prix d'urbanisme pour ses maisons pseudo-victoriennes (p. 222) *entourées de palissades.*

Le théâtre Van Wezel à Sarasota (p. 254)

La véranda ombragée, construite au 1er étage, offre la vue de la mer.

Le bois, matériau traditionnel en Floride, est omniprésent à Seaside.

Des néons le long d'International Drive, Orlando

L'ARCHITECTURE AUTOROUTIÈRE

Avec l'afflux des automobiles en Floride, le xxe siècle a vu se développer une architecture typiquement adaptée à l'âge de l'automobile. Des banques et des restaurants accessibles en voiture, mais aussi des édifices en forme de cornet de glace ou d'alligators sont apparus, qui sont destinés à capter l'attention de l'automobiliste. L'originalité de tels bâtiments brise la monotonie du paysage de motels et de fast-food.

Les sports en Floride

L a Floride offre un large choix de compétitions sportives, football américain, baseball, basketball, courses hippiques et polo, golf et tennis, jai alai et sports mécaniques. Tous ces sports sont très populaires à Miami, ville qui accueille de nombreuses rencontres *(p. 94)*. Grâce au climat ensoleillé de la Floride, les sportifs peuvent pratiquer le tennis, le golf et les sports aquatiques tout au long de l'année. Le football américain, le basketball et le hockey se pratiquent en hiver.

Un match universitaire important au Gator Bowl de Jacksonville

LE FOOTBALL AMÉRICAIN

L a Floride aligne trois équipes en National Football League (NFL) : les Miami Dolphins, les Tampa Bay Buccaneers et, depuis 1995, les Jacksonville Jaguars. L'équipe des Miami Dolphins est la plus prestigieuse, avec ses 5 participations au Super Bowl. La saison de football dure de septembre à décembre *(p. 94)*. Les compétitions universitaires de football sont plus développées en Floride qu'ailleurs aux États-Unis. Parmi les meilleures équipes luttant pour la suprématie, citons les Seminoles de Tallahassee, les Hurricanes de Miami et les Gators de Gainesville. Autour du jour de l'an se déroulent trois grandes compétitions universitaires, le Citrus Bowl à Orlando, l'Orange Bowl Classic à Miami et le Gator Bowl à Jacksonville. Elles sont suivies par un public enthousiaste.

LE BASE-BALL

L a première équipe professionnelle de baseball de Floride, les Florida Marlins, vit le jour en 1993. Bien qu'ils aient rejoint depuis peu la Ligue Nationale, les Marlins ont déjà remporté deux championnats mondiaux. L'équipe des Tampa Bay Devil Rays *(p. 339)*, basée au Tropicana Fiel Stadium de Saint Petersburg est la deuxième équipe professionnelle de Floride. La saison de baseball se déroule d'avril à octobre. Huit grandes équipes américaines viennent s'entraîner l'hiver en Floride. L'entraînement commence fin février et fin mars se déroule la **Grapefruit League**, un championnat amical d'une semaine qui attire nombre de fans. Pour le calendrier des matches et l'achat de billets, adressez-vous à l'avance aux stades concernés. La Florida Sports Foundation *(p. 343)* peut vous fournir une liste des différentes équipes de baseball de Floride, leurs coordonnées et un calendrier des rencontres.

LA GRAPEFRUIT LEAGUE : QUARTIERS D'HIVER DES ÉQUIPES

Atlanta Braves
Walt Disney World.
[*(407) 939-4263.*

Baltimore Orioles
Fort Lauderdale.
[*(954) 776-1921, (800) 236-8908.*

Boston Red Sox
Fort Myers. [*(941) 334-4700.*

Houston Astros
Kissimmee. [*(407) 839-3900.*

LA Dodgers
Vero Beach. [*(772) 569-6858.*

Minnesota Twins
Fort Myers. [*(800) 338-9467.*

New York Yankees
Tampa. [*(813) 879-2244.*

Philadelphia Phillies
Clearwater. [*(727) 442-8496.*

St Louis Cardinals
Jupiter. [*(561) 775-1818.*
Une liste détaillée est disponible à la Florida Sports Foundation (p. 343).
W *www.flasports.com*

COURSES HIPPIQUES ET POLO

L a Floride se flatte d'être le deuxième centre d'élevage de pur-sang d'Amérique, la plupart des élevages étant centrés autour d'Ocala *(p. 208)*. La région de Miami accueille quelques courses célèbres, dont le prestigieux Florida Derby en

L'équipe de base-ball des LA Dodgers à l'entraînement à Vero Beach

mars ou début avril et la Breeder's Cup en novembre, qui se déroulent toutes deux au Gulfstream Park, à Hallandale. Au printemps, on peut admirer les chevaux à l'entraînement à Hialeah Park *(p. 48)*, à Miami. D'autres courses sont organisées aux Tampa Bay Downs en hiver.

Le polo est populaire en Floride et la saison culmine en janvier avec la Challenge Cup, à West Palm Beach *(p. 122)*. Spectaculaires, les matches se déroulent sur des pelouses grandes comme neuf terrains de football, la balle fuse à 176 km/h. À la mi-temps tout le monde se livre au rituel du «piétinement des mottes».

Le jai alai, le plus rapide et ancien jeu du monde selon les fans

Course de chevaux à Gulfstream Park, un hippodrome prestigieux

HOCKEY

Le hockey est généralement associé à un sport de pays froid, pourtant la Floride compte deux équipes professionnelles. Les Florida Panthers jouent à l'Office Depot Center à Sunrise, et les Tampa Bay Lightning, les vainqueurs de la Stanley Cup 2004, jouent au St. Pete Times Forum à Tampa. Des milliers de Floridiens sont devenus fans de hockey. La saison se déroule d'octobre à avril.

LE JAI ALAI

Le jeu de jai alai est une forme de pelote basque pratiquée uniquement en Floride *(p. 133)*. Les matches se déroulent sur un terrain entouré de trois murs, où les joueurs utilisent une chistera pour attraper et renvoyer la balle à une vitesse de 240 km/h. Le fronton est en granite pour absorber l'énergie de la balle.

Les compétitions mettent aux prises huit équipes d'un ou deux joueurs. Après le premier point, l'équipe victorieuse reste et affronte la suivante, jusqu'à ce qu'une équipe obtienne sept points. Une compétition de jai alai consiste en 14 parties, jouées en une soirée.

Ce sport est pratiqué toute l'année sur des frontons couverts et fait l'objet de paris énormes.

LES SPORTS MÉCANIQUES

Les sports mécaniques sont très appréciés en Floride. La saison débute en février au circuit de Daytona *(p. 204)*, l'un des plus rapides du monde, où sont organisées deux courses, la Rolex 24, une cousine des 24 Heures du Mans, et la Daytona 500, l'un des points culminants du NASCAR, le championnat américain de stock-car. D'autres courses automobiles importantes ont

La course Daytona 500, inaugurée en 1959

lieu à Hialeah (Miami), Homestead, Pensacola et Sebring (près d'Orlando). En mars, la ville de Gainesville accueille des courses de dragsters lors des Gatornationals. Des grands prix motocyclistes sont organisés à Daytona.

LE BASKET-BALL

L'existence d'équipes de basket-ball professionnelles est récente en Floride, avec l'Orlando Magic et le Miami Heat, les seules à être inscrites en NBA. Orlando est célèbre pour avoir engagé Shaquille O'Neal. La saison va d'octobre à avril. Le basket universitaire est également très populaire.

Orlando en action

GOLF ET TENNIS

Les tournois de golf sont nombreux en Floride, État natal de Jack Nicklaus, un joueur de grande classe. Les principaux tournois sont le Bay Hill Invitational d'Orlando et le Tournament Players Championship PGA à Ponte Vedra Beach, près de Jacksonville ; tous deux organisés en mars.

En tennis, le Nasdaq-100 Open à Crandon Park, en mars, attire une foule nombreuse.

La Floride au jour le jour

Avec son climat chaud, la Floride est une destination touristique recherchée toute l'année, malgré une nette différence de temps entre le Nord et le Sud, qui sépare l'État en deux zones. En Floride du Sud (y compris Orlando), la saison touristique s'étend d'octobre à avril, accueillant les Américains du Nord désireux d'échapper aux rigueurs de l'hiver. Bien avant l'arrivée de l'été,

Jouteur à la foire de Sarasota

les touristes ont abandonné cette partie de l'État – à l'exception du Disney World Resort d'Orlando – pour le Panhandle. Attention : en haute saison, les tarifs des prestations peuvent doubler. En Floride, les fêtes locales sont très nombreuses *(p. 35)*, mais seules les fêtes nationales sont célébrées en même temps dans tout l'État. Pour une liste détaillée, adressez-vous aux offices de tourisme locaux.

Printemps

À la fin de février, pour six semaines, les étudiants américains se rendent en Floride pour les vacances de printemps. Ils logent surtout dans les hôtels des stations balnéaires, en particulier à Daytona Beach et à Panama City Beach. Le printemps est aussi l'époque des séances d'entraînement publiques des équipes de base-ball *(p.30)*. C'est également la saison de la floraison des azalées et des cornouillers.

Mars

Sanibel Shell Fair
(1re semaine). Cette foire, qui attire de nombreux amateurs, est consacrée aux coquillages d'ornement *(p. 264-265).*
Fête de la fraise de Floride
(1re semaine), à Plant City près de Tampa. Dégustation de gâteaux et concerts de musique country.

La Calle Ocho à Little Havana, cœur du carnaval de Miami

Daytona Beach fourmille de touristes pendant les vacances de printemps

Foire médiévale *(1er weekend),* à Sarasota. Des comédiens costumés animent cette fête dédiée au Moyen Âge.
Courses de motos *(début mars),* Daytona Beach *(p.204-205).* Celles-ci attirent les motards de tout le pays.
Carnaval de Miami *(2e dimanche).* Neuf jours de fête dans le Latin District de Miami *(p.74-75).*
Fête de l'artisanat de Saint Augustine *(dernier week-end).* Exposition-vente d'objets artisanaux dans les lieux historiques de la ville.
Fête des États *(fin mars.-déb. avr.),* à Saint Petersburg. Trois semaines de parades, de concours de beauté, de concerts de jazz et de feux d'artifice nocturnes.

Avril

Fête des navires anciens *(1er week-end),* à Mount Dora *(p. 206).* Courses de navires anciens sur le lac et expositions dans la ville.
Printemps de Tallahassee *(tout le mois).* L'une des plus grandes fêtes du sud des États-Unis, avec défilés, courses de dirigeables et concerts.
Pâques *(mars-avr.).* Assistez à l'office du matin au Castillo de San Marcos *(p. 200-201)* puis promenez-vous en calèche dans Saint Augustine.
Conch Republic Celebration *(fin avr.-début mai),* à Key West. Pendant un week-end, danses et activités multiples sont organisés en l'honneur des fondateurs de la ville.

Mai

SunFest *(1re sem.),* à West Palm Beach. Événements sportifs et culturels.

Emblème de la République de Conc

Fête de la crevette de l'île aux Huit-Drapeaux *(1er weekend),* à Fernandina Beach.
Destin Mayfest *(3e weekend).* Concerts de jazz sur le front de mer de Destin.
14e Festival off International *(fin mai).* 10 jours de théâtre, comédies et concerts.

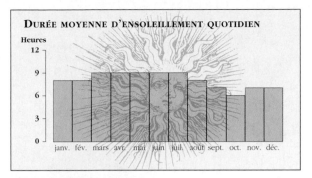

DURÉE MOYENNE D'ENSOLEILLEMENT QUOTIDIEN

Heures

12

9

6

3

0

janv. fév. mars avr. mai juin juil. août sept. oct. nov. déc.

Un jeune garçon arborant les couleurs nationales un 4 juillet

ÉTÉ

En été, les températures et les taux d'humidité s'élèvent, tempérés seulement par la brise de l'Atlantique et les orages presque quotidiens. C'est également la saison des ouragans *(p. 24-25).* C'est la période de l'année idéale pour les voyageurs à petit budget, la plupart des hôtels du Sud pratiquant des tarifs de basse saison.

Le principal événement de l'été est la fête nationale, le 4 juillet, qui est célébrée avec démesure.

JUIN

Fête du melon de Monticello *(tout le mois),* à Monticello *(p. 229).* Lors de la récolte de ce fruit; nombreux barbecues et ambiance de fête provinciale.
Fête de Goombay *(1ᵉʳ weekend),* à Coconut Grove, Miami *(p. 82).* Fête bahaméenne avec cuisine et musique des Caraïbes.

Fête des cinq drapeaux *(début juin),* à Pensacola. Deux semaines de festivités avec défilés, marathons, concours de pêche et reconstitution de l'arrivée de Tristan de Luna en 1559.
Downtown Venice Street Craft Festival *(mi-juin).* Calme et romantique, Venice ouvre ses rues à un marché d'artisanat très apprécié.

JUILLET

Fête nationale américaine *(4 juil.),* à Miami. Pique-niques et divertissements pour toute la famille précèdent un grand feu d'artifice à minuit lors de la plus grande fête de ce type en Floride du Sud.
Rodéo de Silver Spurs *(début juil.),* à Kissimmee *(p. 177).* Le plus ancien rodéo de Floride, qui a lieu aussi en février. Les arènes sont en cours de rénovation.
Hemingway Days *(mi-juil.),* à Key West. Concours de nouvelles, dédicaces

d'ouvrages par des auteurs invités et pièces de théâtre au programme.
Florida International Festival *(fin juil.-début août)* à Daytona Beach. Concerts pop, jazz et classique.

AOÛT

Boca Festival Days *(tout le mois),* à Boca Raton. Foire artisanale, concours de châteaux de sable et de nombreuses autres activités.
Fête annuelle du Wausau Possum *(1ᵉʳ samedi),* à Wausau. Cette petite ville au nord de Panama City Beach célèbre ce marsupial avec des grimpés de mâts, des stands de maïs et divers stands de dégustation de plats à base d'opossum.
Festival des arts et de l'artisanat Carrollwood Twilight *(1ᵉʳ week-end),* à Tampa. Le rythme frénétique de cette ville se ralentit un peu lors de ce festival d'art.

Concours de ressemblance lors des Hemingway Days de Key West

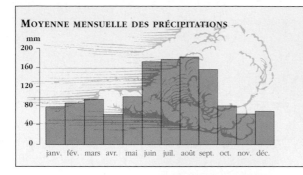

MOYENNE MENSUELLE DES PRÉCIPITATIONS

mm
200
160
120
80
40
0

janv. fév. mars avr. mai juin juil. août sept. oct. nov. déc.

Précipitations
Le diagramme indique les précipitations moyennes dans tout l'État. En raison de la division climatique, le sud de la Floride est plus humide que le Nord en été, période de petites précipitations peu durables, et, à l'inverse, plus sec en hiver.

AUTOMNE

En cette saison, les températures baissent, et, malgré la menace des orages, le climat est agréable. Les plages, les diverses attractions et les autoroutes sont moins fréquentées qu'en haute saison.

Thanksgiving, le 4ᵉ jeudi de novembre, est la fête la plus importante de l'automne, où l'on déguste de la dinde et des gâteaux au potiron. Cette fête, qui annonce Noël, est marquée par une frénésie d'achats dans les magasins.

SEPTEMBRE

Foire aux arts de Las Olas *(début sept.)*, Fort Lauderdale. Las Olas Boulevard accueille artistes, vendeurs de plats savoureux et musiciens de rue.
Fondation de Saint Augustine *(samedi le plus proche du 8).* Reconstitution de l'arrivée des Espagnols en 1565, à proximité de l'endroit où eut lieu leur débarquement.

Les luxueux alignements de bateaux lors du Fort Lauderdale Boat Show

OCTOBRE

Concours de pêche de Destin *(tout le mois).* Le «village de pêche le plus chanceux du monde» accueille pendant un mois des pêcheurs du monde entier lors de multiples concours. Dégustation de fruits de mer la 1ʳᵉ semaine.
Festival jazz de Jacksonville *(mi-oct.)* Ce festival de trois jours mêle concerts de jazz et expositions artistiques.

Festival du mulet de Boggy Bayou *(mi-oct.)*, à Valparaiso et à Niceville. Ces villes jumelles proches de Fort Walton Beach célèbrent le poisson local en organisant dégustations de plats, concerts et jeux.
Fort Lauderdale Boat Show *(fin oct.).* La plus grande exposition mondiale de bateaux sur l'eau se déroule dans quatre sites distincts.
Fantasy Fest *(dernière. semaine)*, à Key West. Fête extravagante durant la semaine de Halloween, avec manifestations homosexuelles, bals masqués, concours de costumes et défilés.
Fête des fruits de mer de Johns Pass *(dernier week-end)*, à Madeira Beach *(p. 238)*.
Guavaween *(dern. samedi)*, à Tampa. Parade d'Halloween parodiant des épisodes de l'histoire de la ville, à l'époque des plantations de goyaviers.

NOVEMBRE

Fête des fruits de mer à Apalachicola *(1ᵉʳ week-end).* Bénédiction de la flotte de pêche, tressage de filets et dégustation d'huîtres sont les temps forts du plus vieux festival de ce type en Floride.
Orange Bowl Festival *(déb. nov.-fin fév.)*, à Miami. Fête de la jeunesse, avec activités sportives et culturelles.
Festival des Maîtres *(2ᵉ week-end).* Les artistes travaillant pour Walt Disney aux États-Unis exposent leurs travaux à Disney *(p. 162)*.
Foire internationale du livre de Miami *(mi-nov.).* Rendez-vous très prisé des éditeurs, auteurs et bibliophiles.

Le joyeux défilé costumé de la Key West's Fantasy Fest

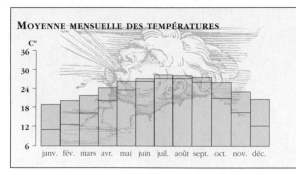

MOYENNE MENSUELLE DES TEMPÉRATURES

C°
36
30
24
18
12
6

janv. fév. mars avr. mai juin juil. août sept. oct. nov. déc.

Températures
Le diagramme indique les températures mensuelles moyennes à Miami et à Jacksonville, les plus élevées étant celles de Miami. Au nord, même en hiver, les soirées sont à peine fraîches, mais il fait trop froid pour se baigner. La neige est extrêmement rare. Au sud, les étés sont très chauds et très humides.

HIVER

Les mois d'hiver sont caractérisés par une excitation croissante à l'approche de Noël et du jour de l'an. Les Américains du Nord arrivent en masse, y compris les célébrités – les premiers en vacances, les seconds pour se produire lors de la haute saison artistique. Disney World Resort fait alors le plein de visiteurs.

DÉCEMBRE

Winterfest Boat Parade
(début déc.), à Fort Lauderdale. Le long du canal, défilé féerique de bateaux aux ponts illuminés.
King Orange Jamboree Parade *(31 déc.)*, à Miami. Gigantesque réveillon, entamé la veille par le défilé grotesque du King Mambo, à Coconut Grove.

L'Intracoastal Waterway lors d'un Noël ensoleillé en Floride

JANVIER

Orange Bowl *(nouvel an)*, à Miami. La grande compétition de football universitaire *(p. 94)*.
Épiphanie grecque *(6 janv.)*, à Tarpon Springs. Cérémonies et concerts à la cathédrale grecque orthodoxe *(p. 237)*.
Week-end Art déco *(mi-janv.)*, à Miami Beach. Fêtes dans

Une invasion de faux pirates lors du Festival Gasparilla, à Tampa

l'Art Deco District *(p. 58-66)*.
Winter Equestrian Festival *(janv.-mars)*, à Wellington. Sept grandes compétitions équestres.

FÉVRIER

Festival Gasparilla *(deuxième lundi)*, à Tampa. Fête animée avec défilés et costumes en l'honneur des pirates qui ravageaient autrefois les côtes *(p. 249)*.
Speed Weeks *(trois premiers week-ends)*, à Daytona Beach. Courses automobiles culminant le dernier dimanche avec les 500 Miles de Daytona *(p. 204-205)*.
Florida Citrus Festival *(mi-fév.)*, à Winter Haven près d'Orlando. Célébration de la récolte des agrumes.
Coconut Grove Arts Festival *(mi-fév.)*, à Miami *(p. 82)*. Une des manifestations d'avant-garde les plus importantes du pays.
Florida State Fair *(mi-fév.)*, à Tampa. Défilés costumés, concerts de célébrités et…

catch avec alligators au programme !
Miami Film Festival *(mi-fév.)*. La Film Society of America organise des projections de films pendant 10 jours *(p. 337)*.
Festival du chou des marais *(dern. week-end)*, à La Belle. Dégustation du légume national et rodéos.

JOURS FÉRIÉS

Nouvel an (1er janv.)
Martin Luther King Day (3e lundi de janv.)
President's Day (3e lundi de fév.)
Memorial Day (dernier lundi de mai)
Independence Day (4 juil.)
Labor Day (1er lundi de sept.)
Columbus Day (2e lundi d'oct.)
Election Day (1er mardi de nov.)
Veterans Day (11 nov.)
Thanksgiving (4e jeudi de nov.)
Noël (25 déc.)

HISTOIRE DE LA FLORIDE

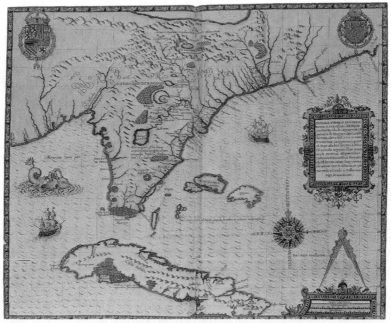

On s'imagine que la Floride est un État pratiquement dépourvu d'histoire. Il n'en est rien. Sa modernité est le résultat de la confrontation et de la synthèse de peuples et de cultures différents. Jusqu'au XVIᵉ siècle, la Floride était peuplée d'indigènes. Organisés en tribus, ces derniers obéissaient à un système politico-religieux complexe qui traduisait un haut degré d'organisation sociale. Cependant, peu après que Ponce de León eut aperçu la «Florida» en 1513, les tribus indiennes furent décimées, au cours de la colonisation espagnole, par la guerre et les épidémies. Pendant 250 ans, la Floride ne se développa guère, réduite aux rôles d'avant-poste des colonies espagnoles des Caraïbes et de refuge pour les esclaves évadés et les Indiens Séminoles (p. 271) fuyant la domination britannique au nord. Ce n'est qu'après la prise de contrôle de la Floride par les Britanniques en 1763 que le pays se mit à prospérer. Pendant soixante ans l'Espagne, la Grande-Bretagne et les États-Unis se disputèrent la Floride, qui devint finalement territoire américain en 1821. Au cours des soixante-cinq années suivantes, les Américains tentèrent de chasser les Séminoles. Parallèlement aux guerres indiennes, la Floride participa à la guerre de Sécession, si bien qu'en 1865 elle était en ruines. Les efforts d'entrepreneurs comme Henry Flagler, qui introduisit le chemin de fer et le tourisme, contribuèrent à relancer l'économie de l'État. Le tourisme prospéra au début du XXᵉ siècle ; en 1950, il était devenu la principale richesse de la Floride. Si l'on excepte la parenthèse de la récession des années 1920-1930, l'agriculture joua un rôle croissant dans l'économie et les immigrants affluèrent dans la région : entre 1940 et 1990, la population sextupla. État en pleine expansion, terre d'asile d'une importante minorité hispanophone, la Floride est aujourd'hui confrontée aux problèmes d'un État moderne.

Henry Flagler

L'une des plus anciennes cartes connues de la Floride, dessinée au XVIᵉ siècle par Théodore de Bry

◁ Une ancienne carte postale de Floride, destination touristique déjà populaire dans les années 20

La Floride préhistorique

Outil de pierre

L a Floride faisait autrefois partie de la chaîne volcanique qui donna naissance aux Antilles. Pendant des millions d'années, celle-ci fut soumise à l'érosion, puis submergée. Lorsqu'elle réémergea, elle était reliée au continent nord-américain. Les hommes arrivèrent en Floride après le dernier âge glaciaire. Certaines tribus de chasseurs-cueilleurs étaient nomades, d'autres établirent des campements permanents le long des rivières et du littoral. Vers l'an 1000, un système politico-religieux complexe semblait en vigueur au sein des tribus, comme en témoignent divers vestiges.

CONTACTS ENTRE LES TRIBUS

— *Régions en contact*

Récipient à figure humaine
Cette urne funéraire peinte en céramique est datée du Vᵉ-VIIᵉ siècle. Ces objets étaient souvent richement ornés d'animaux ou d'oiseaux. Des trous étaient pratiqués dans la poterie pour que son «âme» accompagne celle de son possesseur à sa mort.

Les pots étaient souvent incisés pour permettre une meilleure résistance de la surface à la chaleur, mais également dans un souci esthétique.

Coiffes ornementales en cuivre, martelées et réalisées dans du métal provenant parfois de la région des Grands Lacs.

LES TRIBUS PRÉHISTORIQUES

La pratique de l'agriculture, l'érection de tumulus funéraires et quelques traits communs à des tribus du sud-est des États-Unis indiquent que les tribus du Nord étaient du groupe Timucua. Celles du Sud, les Calusa et les Tequesta, vivaient de la pêche. Elles laissèrent des objets de bois et des tumulus.

Bol en terre cuite
Daté du IXᵉ siècle, ce récipient avait peut-être un usage religieux. Les ornements aident les archéologues à identifier les tribus.

LE SECRET DE L'ÎLE MARCO

En 1896, une découverte unique fut effectuée dans l'île Marco (p. 270) : un grand nombre d'objets d'artisanat calusa faits de matières organiques furent découverts, parfaitement préservés par les marécages. Hélas ! une fois retirés de leur milieu d'origine, ils tombèrent en poussière. Il ne reste aujourd'hui que deux pièces d'usage funéraire : une statuette et un masque.

Sculpture calusa en bois

CHRONOLOGIE

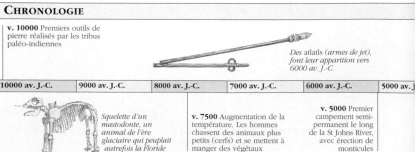

v. 10000 Premiers outils de pierre réalisés par les tribus paléo-indiennes

Des atlatls (armes de jet), font leur apparition vers 6000 av. J.-C.

10000 av. J.-C.	9000 av. J.-C.	8000 av. J.-C.	7000 av. J.-C.	6000 av. J.-C.	5000 av. J

Squelette d'un mastodonte, un animal de l'ère glaciaire qui peuplait autrefois la Floride

v. 7500 Augmentation de la température. Les hommes chassent des animaux plus petits (cerfs) et se mettent à manger des végétaux

v. 5000 Premier campement semi-permanent le long de la St Johns River, avec érection de monticules

Indienne Timucua

Les premières représentations d'Indiens de Floride montrent qu'ils étaient recouverts de tatouages. Ils portaient des boucles d'oreille en bois, des coquillages d'ornement et très peu d'habits.

Pipe en terre

Pour leurs cérémonies, les Indiens de Floride employaient autrefois un tabac très fort. Employé en infusion, en chiques ou dans des pipes, il provoquait des hallucinations.

Tête d'oiseau en céramique

vieille de plus de 1600 ans, trouvée dans la tombe d'un prêtre.

Chouette à cornes

Ce totem en pin fut découvert dans la Saint Johns River. Il date du milieu du XIVe siècle.

Pendentif en coquillage

découvert dans un tumulus. Le style de l'ornementation suggère des contacts avec les Caraïbes.

Les pots portent souvent des motifs communs à tout le sud-est des États-Unis.

Les masques de l'île Marco étaient faits de bois sculpté et peint.

Les objets en cuivre

Ce plastron en cuivre repoussé découvert dans le nord de la Floride et daté du XIVe siècle ressemble à un autre plastron trouvé en Géorgie. Comme la Floride ne possède pas de mines de cuivre, la présence d'un tel objet de luxe indique l'existence de courants commerciaux.

OÙ VOIR LA FLORIDE PRÉHISTORIQUE

La plupart des musées d'histoire de l'État exposent des objets préhistoriques. Le plus richement doté est le Natural History Museum de Gainesville *(p. 209).* À Crystal River *(p. 236)* et à Fort Walton, on peut admirer des tumulus religieux et visiter ensuite les musées associés au site.

Le site de Crystal River
abrite un important complexe de tumulus indiens.

4000 av. J.-C.	3000 av. J.-C.	2000 av. J.-C.	1000 av. J.-C.	an 1	1000

v. 1000 La Floride du Nord passe de la civilisation nomade de chasseurs-cueilleurs à une société sédentaire et complexe d'agriculteurs. Érection des premiers tumulus

v. 1000 Développement de systèmes politiques et de pratiques religieuses complexes. Érection de tumulus et de temples. Contact avec des tribus étrangères à la Floride

v. 3000 Le climat de la Floride devient ce qu'il est aujourd'hui

v. 2000 Apparition des premières poteries

Un temple bâti au sommet d'un monticule funéraire

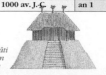

v. 800 Première trace de culture du maïs dans le nord de la Floride

La Floride espagnole

Crucifix espagnol

Après que Juan Ponce de León eut aperçu la Floride, pour la première fois, en 1513, plusieurs troupes de conquistadores tentèrent sans succès de s'y établir et d'y trouver de l'or. Les Français y édifièrent le premier fort en 1564, mais celui-ci fut détruit par les Espagnols. Pour protéger leurs convois en provenance d'Amérique du Sud, ces derniers comprirent très vite l'importance stratégique de la Floride, située à proximité des routes maritimes empruntées par les galions. Malgré les raids anglais, au XVIIIe siècle, les Espagnols occupèrent la péninsule ; ils y introduisirent le christianisme, le bétail et… les maladies européennes, qui décimèrent les Indiens.

La colonne de Ribault, érigée en 1562 *(p. 193)*, vestige des prétentions françaises.

Juan Ponce de León
Cherchant de l'or, Ponce de León découvrit une terre qu'il baptisa Pascua Florida, *la fête des fleurs (Pâques).*

El Adelantado JUAN PONCE Descubridor de la Florida.

Le maïs, naturel en Floride, était une denrée de base pour les Indiens.

FORT MOSE

Les esclaves qui fuyaient les terribles conditions de vie en vigueur dans les colonies anglaises des Carolines arrivaient en Floride, où, comme dans les autres colonies espagnoles, ils avaient quelques droits. Soucieux de soutenir les ennemis des Anglais, les Espagnols créèrent Fort Mose en 1738 à proximité de Saint Augustine : ce fort autonome fut la première communauté noire libre d'Amérique du Nord.

Un milicien noir d'une colonie espagnole

PREMIERS ÉTABLISSEMENTS

Le huguenot René de Laudonnière fonda 1564 «La Caroline», premier établissemen européen durable en Floride. Un autre Français, Le Moyne, peignit cette scène de rencontre avec les Indiens.

CHRONOLOGIE

1513 Ponce de León découvre la Floride. Huit ans plus tard, il tente sans succès d'y établir une colonie permanente

Signature d'Hernando de Soto

1622 Les navires espagnols *Atocha* et *Santa Margarita* sombrent pendant une tempête

v. 1609 *Histoire de la conquête de Floride* publiée par Garcilasso Inca del Vega

1520	1540	1560	1580	1600	1620

1528 Pánfilo de Narváez débarque dans la baie de Tampa à la recherche de l'Eldorado

1539 Hernando de Soto débarque dans la baie de Tampa avec 600 hommes, et meurt trois ans après sur le Mississippi

1566 Les Jésuites arrivent en Floride

1565 Pedro Menéndez de Avilés fonde San Agustín (Saint Augustine) après avoir défait les Français

Vue en coupe de l'Atocha

Hernando de Soto
fut le plus impitoyable des conquistadores. Sa quête de l'or s'accompagna du massacre de nombreuses tribus indiennes et de la mort des deux tiers de ses hommes.

Coiffe ornementale en or et argent
Les objets indiens en métaux précieux alimentaient le mythe de l'Eldorado. Celui-ci vient d'une épave espagnole.

OÙ VOIR LA FLORIDE ESPAGNOLE

À Saint Petersburg, le mémorial De Soto indique l'endroit où le conquérant débarqua *(p. 253)*. Aux portes de Jacksonville se dresse une reconstitution de Fort Caroline *(p. 193)*. Le Castillo de San Marcos *(p. 200-201)*, à Saint Augustine *(p. 196-199)*, est le plus impressionnant vestige de l'époque espagnole.

Nuestra Senora de la Leche,
une chapelle de Saint Augustine érigée par de Avilés en 1565.

René de Laudonnière examine les offres des Indiens.

Sir Francis Drake
La puissance espagnole en Amérique inquiétait les Anglais. Sir Francis Drake, un boucanier, brûla Saint Augustine en 1586.

Le Codice Osune
Ce manuscrit du XVIe siècle décrit l'expédition de Tristan de Luna en Floride. En 1559, un ouragan détruisit son camp de Pensacola, mettant à terme à ses efforts de colonisation.

Athore, le chef des Timucua, dépose, devant les Français, des gages de bienvenue au pied de la colonne Ribault.

1670 Le traité de Madrid définit les prétentions espagnoles sur le Nouveau Monde

Drapeau du pirate Barbe-Noire

1718 Barbe-Noire, qui a terrorisé la côte est de Floride, est tué en Caroline du Nord

1740 Les Anglais, à partir de la Géorgie, assiègent le Castillo de San Marcos

1763 Par le traité de Paris, la Grande-Bretagne acquiert la Floride et rend Cuba aux Espagnols

1640	1660	1680	1700	1720	1740	1760

1687 Les huit premiers esclaves échappés des plantations britanniques de Caroline arrivent en Floride

1693 Établissement espagnol à Pensacola, qui devient une ville cinq ans après

1702 Les Anglais rasent Saint Augustine

Castillo de San Marcos, Saint Augustine

1756 Le Castillo de San Marcos est achevé

La lutte pour la Floride

Botte de cuir

L'abondance des ressources en cuirs et fourrures et la quête de nouvelles terres pour les plantations attirèrent les Britanniques en Floride. Après la conquête du territoire en 1763, ils divisèrent la colonie en deux parties, soutenues financièrement par la Couronne, qui demeurèrent loyalistes pendant la guerre d'Indépendance. L'Espagne réoccupa l'ouest de la Floride en 1781, puis la partie est deux ans après. Par la suite, la fuite des esclaves américains vers la Floride ainsi que des alliances passées entre fugitifs et chefs indiens attisèrent les tensions entre la Floride et les États-Unis : le général Jackson envahit l'État. Cette intrusion déclencha la première guerre séminole.

FLORIDE ANGLAISE 1764-1783

☐ *Floride de l'Est*

☐ *Floride de l'Ouest*

Fort George abritait la garnison anglaise de Pensacola.

Un tambour rythmant la marche des troupes à la bataille.

Le système des castes espagnol
Peu d'Espagnoles se rendaient dans les colonies. Les hommes épousèrent alors des Noires et des Indiennes. Il en résulta un système de castes dominé par les Espagnols blancs.

Brasero
L'hiver, le brasero *servait de chauffage, dans le Nord, et l'été, à éloigner les moustiques.*

LA CAPTURE DE PENSACOLA
En 1781, après un siège d'un mois, l'Espagnol Bernardo de Gálvez battit les Britanniques et leur reprit la Floride. Sa victoire renforça certainement les velléités d'indépendance des colonies britanniques du Nord.

CHRONOLOGIE

1776 La révolution américaine épuise les forces anglaises. Les loyalistes commencent à quitter la Floride

1783 Au second traité de Paris, la Grande-Bretagne reconnaît l'indépendance américaine, gagne les Bahamas et Gibraltar et rend la Floride à l'Espagne, qui entreprend sa mise en valeur

1785-1821 Accrochages frontaliers entre Espagnols et Américains

| 1765 | 1770 | 1775 | 1780 | 1785 | 1 |

Soldat anglais pendant la révolution américaine

1781 Commandés par de Gálvez, les Espagnols prennent Pensacola et la Floride de l'Ouest

1782 Le Congrès américain choisit l'aigle chauve pour emblème

Emblème américain

Le général Jackson
Soldat ambitieux, le général Andrew Jackson conduisit des raids illégaux sur la Floride, avant de la conquérir. Ses succès l'amenèrent tout naturellement à devenir le premier gouverneur de l'État en 1821, puis le septième président des États-Unis.

OÙ VOIR LES VESTIGES DE LA LUTTE POUR LA FLORIDE

La plantation Kingsley (*p. 193*), près de Jacksonville, est la plus vieille maison de planteurs de l'État. Le Seville District de Pensacola (*p. 216*) fut aménagé par les Anglais lors de leur occupation de la ville. Saint Augustine (*p. 196-199*) comprend des bâtiments datant de ce temps (maisons du gouverneur britannique et Ximenez-Fatio).

Illustrations de William Bartram
Nommé en 1765 botaniste du roi en Amérique, William Bartram contribua à la connaissance de la faune et des indigènes de Floride.

La plantation Kingsley
occupe un site superbe dans l'estuaire de la Saint Johns River.

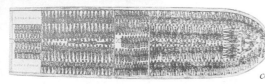

Bernardo de Gálvez, gouverneur espagnol de Louisiane, âgé de 27 ans, fut blessé lors de la prise de Pensacola.

Cette caricature
montre le cheval Amérique désarçonnant son cavalier, l'Angleterre. Les colons loyalistes durent également quitter la Floride orientale.

La traite des Noirs
L'économie de plantation reposait sur l'esclavage. Meurtrière, la traversée pouvait durer des mois dans des conditions d'hygiène épouvantables.

	1795	1800	1805	1810	1815	

1803 Les États-Unis achètent la Louisiane et s'étendent vers l'est. Ils revendiquent la Floride de l'Ouest

1800 L'Espagne cède la Floride de l'Ouest à la France

1808 Loi votée par le Congrès bannissant l'esclavage. Elle n'est pas appliquée

Menottes d'esclaves

1817 Première guerre séminole

1795 L'Espagne cède ses territoires au nord du 31e parallèle aux É.-U.

Drapeau des patriotes de Floride de l'Est

1812 Les patriotes américains prennent Amelia Island et demandent l'annexion de la Floride de l'Est par les États-Unis. C'est un échec, mais l'idée fait son chemin

1819 Pour rembourser sa dette de 5 millions de dollars envers les États-Unis, l'Espagne leur cède tous ses territoires à l'est du Mississippi, dont la Floride

La Floride au début du XIXᵉ siècle

Un pélican, par Audubon

L a Floride fut cédée aux États-Unis en 1821. Dès lors, la colonisation s'y développa régulièrement et l'économie de plantation s'implanta solidement dans le nord de l'État. Pour donner aux colons les meilleures terres, le gouvernement fédéral fit déplacer les Indiens à l'ouest du Mississippi, ce qui déclencha les deuxième et troisième guerres séminoles. Après l'élection d'Abraham Lincoln, opposant à l'esclavage, en 1860, la Floride fit sécession et rejoignit les rangs confédérés. Elle se contenta d'approvisionner leurs troupes en viande et en sel.

TERRES INDIENNES 1823-1832

☐ *Réserves indiennes*

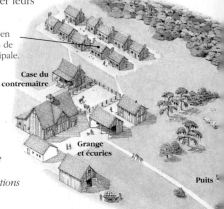

Cases d'esclaves en rondins, éloignées de la résidence principale.

Case du contremaître

Osceola
Le chef indien Osceola refusa de quitter la Floride avec sa tribu. En 1835, il déclencha la deuxième guerre séminole. De nombreuses plantations furent détruites.

Grange et écuries

Puits

LA CASE DE L'ONCLE TOM

En 1852, Harriet Beecher Stowe publia un roman destiné à connaître un grand retentissement : *La Case de l'oncle Tom,* l'histoire d'un esclave qui, après avoir sauvé un enfant blanc, est vendu à un maître sadique

qui le fait battre à mort. Le succès du livre renforça la cause abolitionniste. Pendant la guerre de Sécession, le président Lincoln disait en plaisantant que Mrs Stowe était une «petite femme à l'origine d'une si grande guerre».

Publicité pour
La Case de l'oncle Tom

Le coton
Principale richesse des grandes plantations, le coton exigeait des soins importants. Sa culture, en particulier la cueillette, était éreintante pour les esclaves.

CHRONOLOGIE

1821 Jackson devient gouverneur de l'État de Floride

1823 En vertu du traité de Moultrie Creek, les Séminoles doivent migrer du nord au centre de l'État

1832 Par le traité de Payne's Creek, 15 chefs séminoles cèdent leurs terres aux États-Unis et acceptent de partir vers l'ouest

1835 Deuxième guerre séminole

Train hippomobile

1820	1825	1830	1835	1840

Osceola refusant de signer le traité de 1832

v. 1824 Le village indien de Talasi est choisi comme site de la capitale du nouvel État sous le nom de Tallahassee

1832 Le naturaliste J. J. Audubon, visite Key West

1829 Le général Jackson est élu président des États-Unis

1842 Fin de la deuxième guerre séminole

1836 Mise en marche du premier chemin de fer de Floride

Caboteur à aubes
Pendant les guerres indiennes et la guerre civile, ce type de bateau transportait vivres et troupes.

Le chef Billy Bowlegs
En 1855, un groupe d'arpenteurs pilla un village indien. Le chef Billy Bowlegs riposta, ce qui déclencha la troisième guerre séminole. Il se rendit en 1858, d'autres Séminoles gagnant les Everglades.

Goodwood House fut édifiée dans un style majestueux pour souligner la richesse de ses propriétaires.

OÙ VOIR LA FLORIDE DU XIXᵉ SIÈCLE

La plantation Gamble *(p. 252)* offre un bon exemple de la vie dans une riche plantation. À Bulow Plantation *(p. 202)* et à Indian Key *(p. 280)*, on peut contempler les ruines de deux plantations détruites par les Séminoles. Le musée des Sciences et de l'Histoire *(p. 194)*, à Jacksonville, recèle des objets de la guerre de Sécession. Parmi les forts du XIXᵉ siècle, mentionnons ceux d'East Martello Tower à Key West *(p. 286)*, de Fort Zachary *(p. 288)* et Fort Clinch *(p. 192)* au nord-est.

East Martello Tower, *bâtie par les troupes fédérales pour défendre les côtes de Key West.*

Blanchisserie

Toilettes

Maison d'hôtes

Maison de printemps

La cuisine
était dans un bâtiment séparé pour prévenir les incendies

LA VIE DANS LES PLANTATIONS
Les plantations du XIXᵉ siècle comme Goodwood *(p. 229)*, représentée ci-dessus, étaient presque autosuffisantes. Abritant 200 esclaves, elles avaient leurs propres lois et produisaient surtout du coton et du maïs.

La bataille d'Olustee
En février 1864, les forces de l'Union, parmi lesquelles deux régiments de Noirs, furent battues par les confédérés au nord-est de l'État. Il y eut 2 000 blessés et 300 tués pour 10 000 combattants.

1845	1850	1855	1860	1865

Premier sceau de l'État de Floride

Bon de guerre confédéré

L'âge d'or de la Floride

A près la guerre de Sécession, la Floride
dut reconstruire son économie : son
climat favorable et la faiblesse de son
peuplement amenèrent les investisseurs
à parier sur son développement. Henry
Flagler et Henry Plant firent construire
leurs chemins de fer sur les côtes dans
les années 1880-1890. Les touristes
affluèrent. La diversité de l'agriculture
protégea l'État de la ruine que connurent les États
voisins producteurs de coton lors de la dépression des
années 1890. Des fortunes s'édifièrent et l'on construisit
de belles demeures. Quant à la ségrégation raciale,
elle s'amplifia sous l'action du Ku Klux Klan.

ÉTAT DU RÉSEAU FERROVIAIRE

— *Chemins de fer en 1860*

— *Chemins de fer en 1890*

— *Overseas Railroad en 1912*

Les étiquettes de cigares étaient des œuvres
d'art miniatures, représentant souvent un
paysage. L'industrie du cigare
prit son essor à la fin
du XIXe siècle.

Le tourisme en bateau à vapeur
*Avant l'arrivée du chemin de fer, les touristes
visitaient l'intérieur de la Floride en bateaux
à aubes. Les cours de l'Oklawaha et de la
Saint Johns étaient très fréquentés.*

Jacob Summerlin
*Après la guerre
civile, Jacob
Summerlin, le «roi
des Crackers»
(p. 18), fit fortune
dans l'exportation
des bœufs vers
Cuba, alors
colonie espagnole.
Ses troupeaux
descendaient des
bêtes apportées par
les conquistadores.*

LES HÔTELS
DE LUXE
Plant et Flagler furent les premiers bâtisseurs
d'hôtels de luxe pour les riches touristes fuyan
l'hiver du Nord. Ces «oiseaux migrateurs»
s'installaient à Tampa ou à Saint Augustine.

CHRONOLOGIE

1869 Premier Noir du
cabinet, nommé secrétaire
de l'État de Floride

*Un numéro du
cirque Ringling
Brothers*

1885 Vincente Ybor transfère
son usine de cigares à Tampa

1870 Cent Noirs tués par le Ku Klux
Klan à Jackson County

1892 Aux élections, seuls
11 % des Noirs peuvent
effectivement voter

1870	1875	1880	1885	1890

1868 Droit de vote
accordé à tous les
citoyens américains
âgés de plus de 21 ans,
y compris les Noirs

Années 1870 Les bateaux à
aubes amènent touristes et
marchandises vers l'intérieur
de la Floride

1884 Les frères Ringling
créent leur cirque mobile

1886 Flagler entame
la construction du
Florida East Coast
Railroad

1891 Le Cubain
José Martí, dans un
discours à Tampa,
se déclare pour
l'indépendance
de Cuba

Voyages en train
Beaucoup de riches touristes avaient leur propre wagon. Celui de Henry Flagler est dans sa maison de Palm Beach (p. 120).

Guerre hispano-américaine
Lorsque les États-Unis décidèrent de soutenir les séparatistes cubains en lutte contre l'Espagne en 1898, la Floride connut un boom. Des milliers de soldats convergèrent à Tampa, Miami et Key West, et l'argent fédéral plut sur l'État.

OÙ VOIR LA FLORIDE DE L'ÂGE D'OR

Saint Augustine (p. 196-199) abrite plusieurs bâtiments ayant appartenu à Flagler, dont l'actuel Lightner Museum. L'hôtel Tampa Bay abrite aujourd'hui le musée Henry B. Plant (p. 244). Fernandina possède quelques navires à vapeur (p. 192). Pigeon Key (p. 282) est le siège du chantier du Flagler's Overseas Railroad.

L'université Flagler *de Saint Augustine est l'ancien hôtel de Henry Flagler, le Ponce de Leon.*

L'hôtel Tampa Bay,
construit par Henry Plant en 1891, ouvrit jusqu'en 1932. Il possédait 511 chambres. Pendant la guerre hispano-américaine, il servit à loger des officiers.

Rocking-chair doré
représentatif de la décoration surchargée du XIXe siècle. Ce fauteuil orné de cygnes et de volutes est exposé au musée Lightner (p. 199).

la rivière
Hillsborough et la baie de Tampa firent de cette ville l'un des trois grands ports du golfe du Mexique vers 1900.

Naissance d'une nation
À sa sortie en 1915, ce film épique déclencha un regain de violence de la part du Ku Klux Klan.

1895	1900	1905	1910	1915

1895 Les agrumes en fleur sont ravagés par la «grande gelée». Julia Tuttle envoie des fleurs d'oranger à Flagler pour le convaincre de poursuivre son chemin de fer jusqu'à Miami

1905 Inauguration de l'université de Floride à Gainesville

Excursion en automobile à Daytona Beach

1918 Début de la prohibition en Floride

Fleurs d'oranger

1898 T. Roosevelt et ses «Rough Riders» arrivent à Tampa pour gagner Cuba et combattre les Espagnols

1903 Alexander Winton bat un record de vitesse automobile, mesuré à 109 km/h, sur le sable de Daytona Beach

1912 Flagler va en train à Key West

1915 Un dragage double la superficie de Miami Beach

1916 La récolte de coton de Floride dévastée par l'anthonome

Crises et expansion

Ancienne affiche de la Pan Am

À l'instar du reste des États-Unis, la Floride connut au début du XXe siècle une période de croissance rapide arrêtée par la crise économique de 1929. Lors des années 1920, le boom immobilier et le tourisme de masse se développèrent avec la généralisation d'automobiles, comme la Ford T. Toutefois, en 1926, trois ans avant le krach de Wall Street, l'effondrement d'une société immobilière ruina nombre de spéculateurs. Mais, stimulée par la croissance du tourisme et par les investissements fédéraux, la Floride récupéra beaucoup plus vite que le reste du pays des effets de la crise. À partir de la Seconde Guerre mondiale, l'État prospéra de plus belle, notamment grâce l'implantation de la NASA, dans les années 1950.

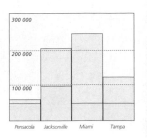

LA POPULATION

☐ 1920   ☐ 1950

Le boom immobilier
Au plus fort du boom, les terres valaient jusqu'à 11 600 dollars l'hectare. De nombreux Américains du Nord perdirent leur fortune après avoir acheté des marécages.

L'ouragan de 1926
Le 18 septembre, un ouragan toucha le sud de la Floride, détruisant 5 000 foyers. Les vents «redressaient les routes sinueuses».

LE RÊVE AMÉRICAIN EN FLORIDE

L'hiver doux et le dynamisme économique de la Floride attirèrent de nombreux Américains du Nord. Des milliers de touristes revinrent s'y établir, rejoints par une multitude d'immigrants étrangers. Avec sa croissance rapide, la Floride représentait un nouvel Eldorado, où même les plus jeunes pouvaient bien y gagner leur vie.

CHRONOLOGIE

1928 Ouverture du Tamiami Trail entre Tampa et Miami

1929 Premier vol commercial de la Pan American World Airways entre Miami et La Havane

1931 Hemingway achète une maison à Key West

1935 Un ouragan détruit le Flagler's Overseas Railroad

1920   1925   1930   1935   19

1931 Ouverture du champ de courses de Hialeah Park (p. 133) après la légalisation des paris

Course hippique à Hialeah Park

1926 Chute des prix du terrain, faillite de deux banques. Ouragan sur les Everglades et sur Miami

1939 Al Capone se retire dans sa propriété de Palm Island, à Miami

Les touristes amateurs de conserves
Chaque hiver, une nouvelle vague de touristes affluait en Floride en automobile. Ils se rassemblaient sur les parcs de stationnement ensoleillés et mangeaient des conserves.

OÙ VOIR LES VESTIGES DES ANNÉES DE BOOM

Visitez la Wolfsonian Foundation *(p. 65)*, les bâtiments Art déco de Miami Beach *(p. 58 -64)* et les réalisations de Milzner à Palm Beach *(p. 114 -119)*. Allez voir aussi l'université Frank Lloyd Wright à Lakeland *(p. 252)* ainsi que la maison d'hiver de Henry Ford à Fort Myers *(p. 262)*, plus modeste.

Miami Beach recèle un grand nombre de bâtiments Art déco récemment restaurés.

Zora Neale Hurston
écrivit des romans sur la vie des paysans noirs. Son œuvre la plus célèbre, Their Eyes Were Watching God, *fut publiée en 1937.*

Le New Deal de Roosevelt
Ce programme économique permit aux fermiers d'emprunter de l'argent et aida la Floride à sortir de la crise. Écrivains et photographes témoignaient de son efficacité.

La Seconde Guerre mondiale
La Floride servit de terrain d'entraînement pour de nombreuses unités, ce qui assura la prospérité économique de l'État.

La culture des agrumes
Première productrice d'agrumes du pays, la Floride put surmonter la crise des années 1930.

1947 Inauguration du parc national des Everglades par le président Truman

La course des 200 miles de Daytona

1959 Lee Perry remporte la première édition de la course des 200 Miles de Daytona

1954 Ouverture du pont Sunshine Skyway au-dessus de la baie de Tampa

1945	1950	1955	1960

1945 Le 5 décembre, la disparition du vol 19 donne naissance au mythe du triangle des Bermudes

1958 La sonde Explorer 1 est lancée par la NASA qui vient de s'établir à Cap Canaveral pour développer son programme de lancement de fusées

1942 En février, des U-Boots allemands torpillent un pétrolier sur les côtes de la Floride, sous les yeux des baigneurs

Logo de la NASA

Depuis les années 60

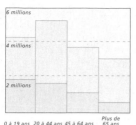

LA POPULATION

| 1960 | 2000 |

Dauphin d'un parc d'attractions

D epuis 1960, la Floride connaît une expansion économique continue. Le tourisme se développe de manière impressionnante et d'innombrables hôtels ont été construits pour satisfaire tous les types de clientèle. Les parcs d'attractions à thème – Walt Disney World Resort ou le Kennedy Space Center, qui abrite la NASA – ont contribué à attirer de très nombreux visiteurs. La population s'est accrue rapidement, du fait des migrations intérieures mais aussi étrangères. De nombreux groupes ethniques cohabitent avec bonheur en Floride, malgré des tensions entre les Noirs et la communauté cubaine, la deuxième en importance derrière Cuba. Le développement accéléré, et parfois incontrôlé, de la Floride depuis 1960 a conduit à une prise de conscience des problèmes d'environnement.

Écologie

Pour soutenir les programmes de préservation de l'environnement, les Floridiens peuvent acheter cette plaque d'immatriculation.

De la vapeur se forme lors de l'arrivée d'eau sur la plate-forme lors des décollages.

L'exode cubain

300 000 Cubains se sont installés en Floride quand Fidel Castro prit le pouvoir à Cuba en 1959. D'abord amenés par les «vols de la liberté», les immigrants cubains ultérieurs ont été des boat people.

Martin Luther King
Le mouvement des droits civiques atteignit la Floride en 1960. Son leader, Martin Luther King, fut arrêté lors de la marche sur Saint Augustine en 1964.

LA NAVETTE SPATIALE

Pour remplacer les fusées utilisées lors des missions Apollo, la NASA mit au point une navette thermorésistante qui ne brûlerait pas en rentrant dans l'atmosphère. Son premier vol habité eut lieu en 1981 (*p. 186-187*).

CHRONOLOGIE

1964 Martin Luther King est arrêté et emprisonné Saint Augustine

Alan Shepherd, astronaute de la NASA

1969 Apollo II est lancé de Cap Canaveral. À son bord, Buzz Aldrin et Neil Armstrong seront les premiers hommes à marcher sur la Lune

1973 Dade County devient officiellement bilingue (anglais et espagnol).

1977 En janvier, chute de neige à Miami

1980 125 000 Cubains arrivent en Floride dans le cadre de l'opération Mariel (durée : 5 mois), ordonnée par Fidel Castro

1970

1980

1962 Crise des missiles de Cuba

1961 Alan Shepherd devient le premier Américain dans l'espace

1967 Le jus d'orange devient la boisson floridienne

1971 Le Magic Kingdom, première attraction de Disney en Floride, ouvre à Orlando. Coût : 700 millions de dollars

Le château de Cendrillon à Disney World

1976 La Floride est le premier État à restaurer la peine de mort

1982 Key West s'autoproclame «République Conc pendant une sema

1981 Voyage inaugu de la navette spatial

Le réservoir extérieur est la seule partie de la navette à ne pas être réutilisée.

«Deux Flics à Miami»
Miami a la réputation d'être une ville violente. Celle-ci donna naissance à la célèbre série télévisée des années 1980.

Naturalisation
Devenir Américain est le rêve de nombreux immigrants. Ici, une cérémonie collective de serment au drapeau.

Des propulseurs envoient la navette en orbite. La poussée est d'environ 3,3 millions de kilogrammes.

Les retraités en Floride
Près de 20 % de la population de Floride a plus de 65 ans. Les retraités sont attirés par la faiblesse des taxes et le style de vie.

OÙ VOIR LA FLORIDE CONTEMPORAINE

Les amateurs d'architecture contemporaine ont l'embarras du choix, des gratte-ciel de Miami *(p. 68-73)* et de Jacksonville *(p. 194)* au Florida Aquarium de Tampa *(p. 248)*. Pour une approche plus nostalgique, visiter Seaside dans le Panhandle *(p. 222)*.

Downtown Miami : *les gratte-ciel modernes ont conféré à ce quartier son aspect actuel.*

Croisières dans les Caraïbes
Le tourisme est la première industrie de la Floride. Les croisières en paquebot sont de plus en plus prisées.

1986 La navette *Challenger* explose, tuant 7 membres d'équipage

1992 L'ouragan Andrew ravage le sud de la Floride

1993 La Force de sécurité des touristes est créée

George W. Bush

2000 George Bush gagne les élections présidentielles

2003 La navette *Columbia* explose en entrant dans l'atmosphère : il n'y a aucun rescapé

	1990		2000		2010

1990 Le général Noriega, ancien chef de Panama, accusé de trafic de drogue à Miami

1994 Nouvel afflux de Cubains en Floride

1998 Le cyclone le plus violent de l'histoire de la Floride fait 42 morts et plus de 250 blessés

2002 Jimmy Carter est le 1er président américian à se rendre à Cuba depuis l'embargo

2004 Un ouragan d'une violence extrême fait plus de 40 milliards de dégats

CONCH REPUBLIC
...blème de la ...blique Conch

MIAMI QUARTIER PAR QUARTIER

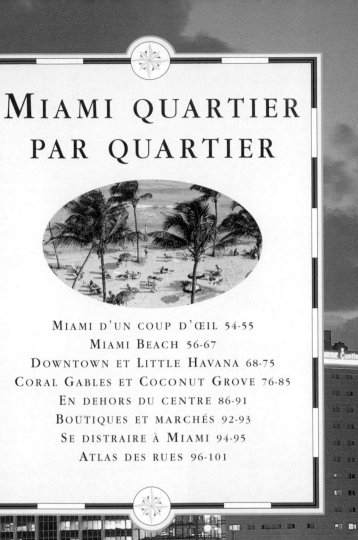

Miami d'un coup d'œil

Miami est surnommée Magic City : en effet, l'ancien petit poste de commerce est devenu, en un siècle, une agglomération de 2 millions d'habitants qui s'étend sur 5 200 km². Les visiteurs apprécieront South Beach, pour ses plages magnifiques et pour son atmosphère afro-cubaine. Le Grand Miami, qui n'a rien de la ville dangereuse que l'on imagine parfois, est, curieusement, très fréquenté par les familles. Toutefois, il vaut mieux suivre les conseils donnés p. 348.

Little Havana, cœur historique du quartier cubain, est l'endroit le plus chaleureux de la ville. La vie déborde dans la rue, avec ses parties de dominos et ses cafés animés (p. 74-75).

L'hôtel Biltmore *incarne Coral Gables, véritable ville en miniature jaillie du sol lors du boom immobilier des années 1920. Le souvenir de ses hôtes célèbres d'hier et des assassinats de la Mafia plane encore sur cet hôtel de luxe (p. 78-81).*

CORAL GABLES ET COCONUT GROVE
(p. 76-85)

Les International Villages *forment un patchwork de styles architecturaux du monde entier, de la France à la Chine, disposé le long des rues ombragées de Coral Gables, l'une des banlieues les plus charmantes de l'agglomération de Miami (p. 78-79).*

Coconut Grove Village *est un petit quartier sympathique dédié aux loisirs. Il fait bon s'y promener pendant la journée, avant de s'arrêter dans un bar ou dans un restaurant, qui n'ouvrent que le soir (p. 82).*

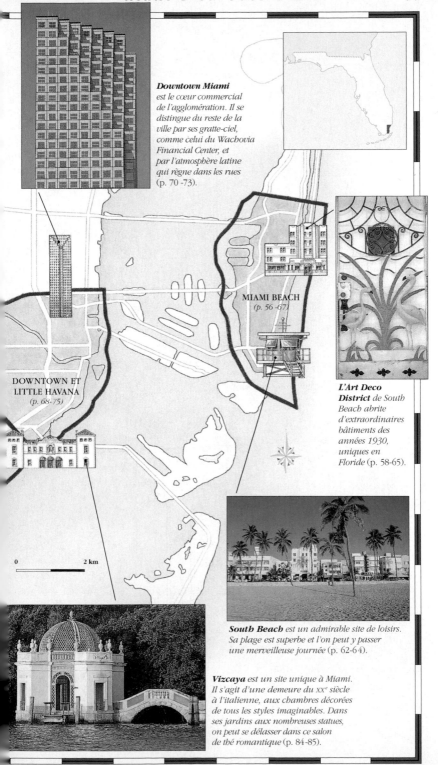

Downtown Miami
est le cœur commercial
de l'agglomération. Il se
distingue du reste de la
ville par ses gratte-ciel,
comme celui du Wachovia
Financial Center, et
par l'atmosphère latine
qui règne dans les rues
(p. 70 -73).

MIAMI BEACH
(p. 56 -67)

DOWNTOWN ET
LITTLE HAVANA
(p. 68- 75)

**L'Art Deco
District** de South
Beach abrite
d'extraordinaires
bâtiments des
années 1930,
uniques en
Floride (p. 58-65).

0   2 km

South Beach est un admirable site de loisirs.
Sa plage est superbe et l'on peut y passer
une merveilleuse journée (p. 62-64).

Vizcaya est un site unique à Miami.
Il s'agit d'une demeure du XXᵉ siècle
à l'italienne, aux chambres décorées
de tous les styles imaginables. Dans
ses jardins aux nombreuses statues,
on peut se délasser dans ce salon
de thé romantique (p. 84-85).

MIAMI BEACH

Miami Beach est appelée, parfois, la Riviera américaine. Il y a un siècle, ce n'était qu'une île de sable accessible en bateau. En 1913, elle fut reliée par un pont au continent et mise en valeur par des promoteurs tel le millionnaire Carl Fisher. Dès les années 1920, Miami Beach est devenue une station balnéaire très prisée. L'ouragan de 1926 et le krach de Wall Street en 1929 suspendirent son développement. Dans les années 1930, Miami Beach se couvrit de centaines de bâtiments Art déco, puis déclina de nouveau après la Seconde Guerre mondiale. Aujourd'hui, la ville connaît une période de renouveau. Ayant fait l'objet d'une vaste campagne de conservation de son patrimoine architectural, South Beach (la partie sud de Miami Beach) revit. Ce quartier, qui abrite la plus grande concentration de bâtiments Art déco du monde, attire en effet toute une faune pittoresque de culturistes, de mannequins ou de drag queens. Tout arrive à South Beach, dans une atmosphère oscillant entre le chic et la bohème – d'où le surnom de SoBe, donné au quartier, par analogie avec le SoHo new-yorkais. Les superbes bâtiments qui se dressent le long d'Ocean Drive attirent les foules, mais la ville recèle aussi des magasins chic et d'excellents musées d'art contemporain. Le nord de SoBe est beaucoup moins attractif, mais les deux quartiers de Miami Beach ont en commun leur célèbre plage de sable.

Hippocampe sur la façade de l'hôtel Surfcomber

LES SITES D'UN COUP D'ŒIL

Musées
Bass Museum of Art **9**
Jewish Museum of Florida **3**
Wolfsonian Museum-FIU **5**

Rues et quartiers
Collins et
Washington Avenues **4**
Centre de Miami Beach **10**
Española Way **6**
Lincoln Road Mall **7**
Ocean Drive **1**

Plage
The Beach **2**

Monument
Mémorial de l'Holocauste **8**

LÉGENDE

	Atlas des rues p. 62-63
	Station de bateaux-taxis
P	Parc de stationnement
i	Information touristique
	Rue piétonne

◁ **L'hôtel Marlin, un établissement branché de South Beach, illuminé de néons**

Ocean Drive : le style Déco

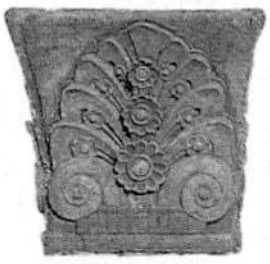

Détail décoratif, South Beach

La principale attraction du quartier de South Beach est l'Art Deco District qui, le long d'Ocean Drive, regroupe 800 bâtiments protégés. Leur architecture constitue une illustration tout à fait originale d'un style qui connut son heure de gloire dans les années 20 et 30 : le style Art déco, dont l'interprétation floridienne est appelée Tropical Deco. On y trouvera des motifs décoratifs tels que le flamant rose ou le soleil, tandis que la proximité de la mer a inspiré les décorateurs de South Beach. Malgré l'emploi de matériaux peu onéreux, les architectes sont parvenus à créer une atmosphère raffinée. Voici quelques-uns des plus beaux bâtiments d'Ocean Drive, ils sont également présentés p. 60 et 61.

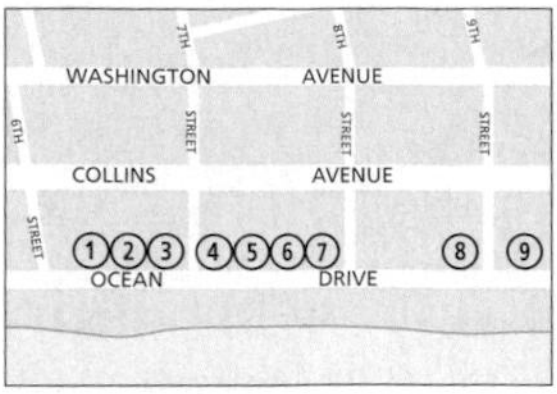

Ocean Drive : de la 6e à la 9e Rue

Le blanc, le bleu et le vert étaient très à la mode dans les années 1930 et 1940. Ces couleurs évoquent la végétation tropicale de Miami ainsi que l'océan.

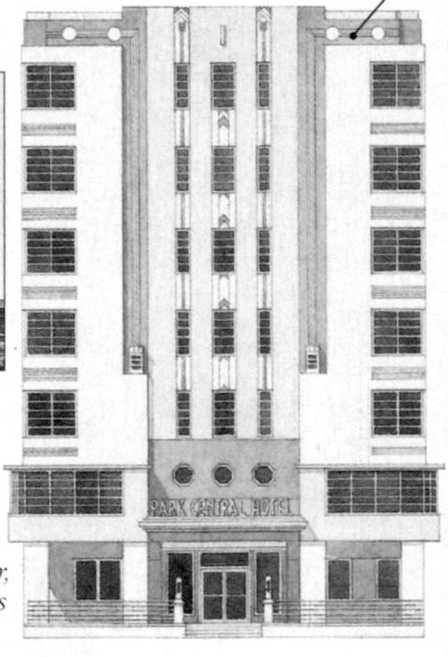

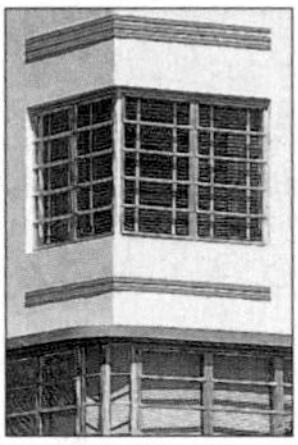

Les fenêtres englobent quelquefois les angles.

① ***Park Central*** *(1937)*
Cet hôtel aux fenêtres gravées est l'œuvre de Henry Hohauser, un des plus célèbres architectes de Miami.

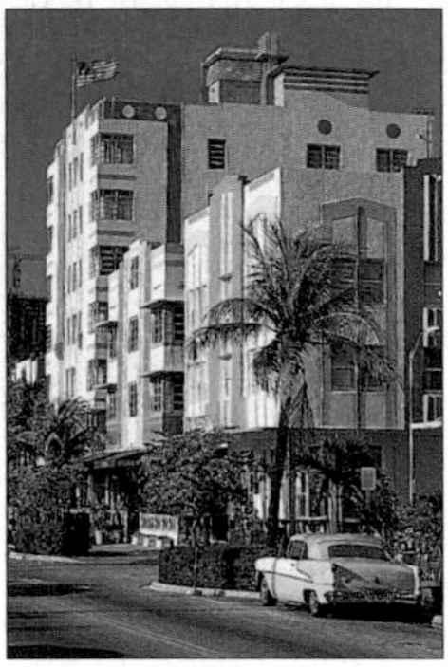

Vue d'Ocean Drive

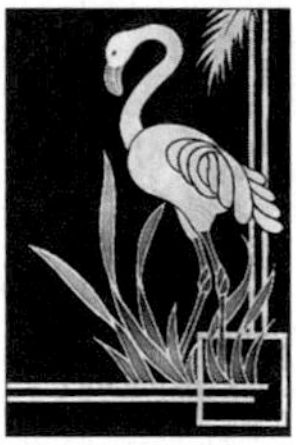

Un flamant rose gravé sur la porte vitrée du hall du Beacon.

Des arêtes nombreuses trahissent l'influence du cubisme.

Les alignements de fenêtres laissent entrer la lumière et les brises marines.

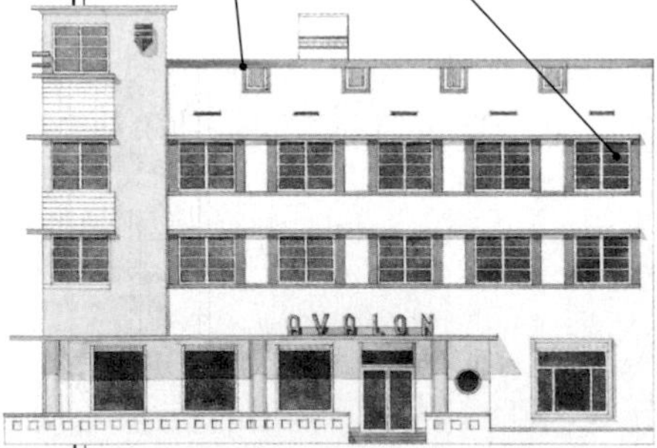

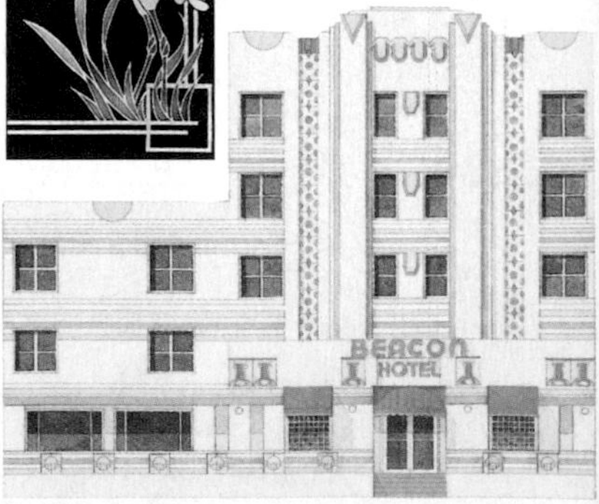

④ ***Avalon*** *(1941)*
L'Avalon est un parfait représentant de l'architecture fonctionnaliste, comme en témoignent l'absence d'ornementation et le design asymétrique.

⑤ ***Beacon*** *(1936)*
Les motifs abstraits typiques décorant le dessus des fenêtres du rez-de-chaussée du Beacon ont été peints selon une harmonie de couleurs moderne, caractéristique du «Deco Dazzle», cher à Leonard Horowitz (p. 65).

L'ART DÉCO : DE PARIS À MIAMI

Le style Art déco est apparu à la suite de l'Exposition internationale des arts décoratifs et industriels modernes de Paris en 1925. Éclectique, ce style prétendait mélanger tous les genres, des motifs floraux de l'Art nouveau ou de

Carte postale Art déco de l'hôtel Avalon

l'iconographie égyptienne aux motifs géométriques cubistes. Dans l'Amérique des années 1930, l'édification de bâtiments Art déco reflétait la croyance en la toute-puissance de la technologie ; leur style se voulait parfois futuriste. L'Art déco évolua ensuite en style Streamline Moderne, celui-là même qui domine sur Ocean Drive. Cependant, peu de bâtiments de South Beach se cantonnent à un seul style. C'est ce mélange de différents courants qui fait l'originalité d'Ocean Drive.

Le Berkeley Shore, derrière Ocean Drive sur Collins Avenue, illustre le style Streamline Moderne, avec ses parapets à plusieurs niveaux.

La couleur a été utilisée pour suggérer des rainures verticales.

Le cercle est un élément décoratif qui est inspiré des hublots de navires.

Le hall de l'hôtel Majestic possède de superbes portes d'ascenseur en cuivre.

Les frises en bas reliefs sont un élément décoratif récurrent sur les façades d'Ocean Drive.

② **L'hôtel Imperial** (1939)
L'architecture de cet hôtel évoque celui, plus ancien, du Park Central, mitoyen.

③ **L'hôtel Majestic** (1940)
Cet hôtel est l'œuvre d'Albert Anis, l'architecte des hôtels Avalon et Waldorf voisins.

Des bandes typiques du style Streamline Moderne.

Les «sourcils» surplombant les fenêtres empêchent les rayons du soleil de pénétrer dans les pièces.

Ce «phare» ornemental est l'un des exemples de «l'architecture de bord de mer» d'Ocean Drive.

Les néons étaient très fréquemment employés pour mettre en valeur l'enseigne des hôtels ou les formes des bâtiments.

Fenêtres hublots

⑥ **Hôtel Colony** (1935)
L'un des hôtels les plus célèbres d'Ocean Drive, pour son enseigne et la peinture murale du hall. Il est dû à Henry Hohauser.

⑦ **Waldorf Towers** (1937)
L'influence de la mer ressort clairement de l'architecture du Waldorf, parfois qualifiée de «Nautical Moderne».

Ocean Drive : le style Déco

Les édifices de South Beach mélangent trois expressions différentes du style Art déco : le traditionnel, le Streamline Moderne, plus futuriste et le Mediterranean Revival, inspiré des architectures française, espagnole et italienne. Sur Ocean Drive, l'influence de ce dernier courant méditerranéen se manifeste principalement entre la 9ᵉ et la 13ᵉ Rue, soit dans l'un des quartiers les plus élégants de South Beach.

OCEAN DRIVE :
DE LA 9ᵉ À LA 13ᵉ RUE

La tour centrale tient à la fois de la cheminée de navire et du totem indien.

Des bandes de couleur donnent une impression de mouvement et de vitesse.

Les rambardes du toit rappellent celles du pont d'un navire.

Les arches percées de fenêtres et les porches à colonnes évoquent l'architecture méditerranéenne

⑧ **L'hôtel Breakwater** (1939)
L'hôtel Breakwater, œuvre d'Anton Skislewicz, est représentatif du style Streamline Moderne, avec ses rayures et sa tour impressionnante. Sa décoration intérieure est l'une des plus belles d'Ocean Drive.

⑨ **L'hôtel Edison** (1935)
Hohauser (p. 58) s'essaya aussi au style méditerranéen, précédé toutefois dans cette voie par l'architecte de l'Adrian, un immeuble voisin.

L'enseigne de l'hôtel Leslie est sobre, à l'image de l'immeuble, qui contraste avec le Carlyle tout proche.

Les toits plats se sont imposés sur Ocean Drive, bien qu'ils soient souvent ponctués d'éléments verticaux.

Fenêtres d'angle

⑫ **L'hôtel Leslie** (1937)
De style Art déco traditionnel, cet hôtel est peint en jaune vif, dans le style coloré très à la mode le long d'Ocean Drive (p. 64).

⑬ **L'hôtel Carlyle** (1941)
Avec ses trois étages et ses trois colonnes verticales, le Carlyle est agencé selon les canons de l'architecture Art déco, dont la fameuse «Sainte Trinité». La plupart des hôtels d'Ocean Drive ont trois étages.

Une salamandre en stuc au-dessus de l'entrée principale de l'hôtel Abbey, sur la 21e Rue, ajoute une touche de fantaisie à la façade.

LA SAUVEGARDE DE SOUTH BEACH

La campagne de sauvegarde des édifices Art déco de South Beach commença en 1976, quand Barbara Capitman (1920-1990) fonda la Miami Design Preservation League – à une époque où le quartier semblait voué à disparaître au profit des gratte-ciel. Trois ans plus tard, 1 mile carré de South Beach fut classé au National Register of Historic Places. La bataille contre les promoteurs fit encore rage dans les années 1980 et 1990. Des surveillants bénévoles contribuèrent à sauver des édifices de la destruction.

Barbara Capitman en 1981

Des cannelures verticales, fréquentes sur Ocean Drive.

Des surplombs servent à ombrager les fenêtres

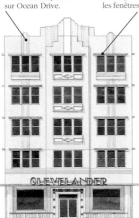

⑩ L'hôtel Clevelander (1938)
L'architecte Albert Anis utilisa pour cet hôtel des éléments Art déco typiques, par exemple, des blocs de verre pour le bar.

Tuiles en terre cuite

Le béton armé était le matériau de construction le plus employé sur Ocean Drive. Les murs étaient ensuite recouverts de stuc.

La véranda est un élément omniprésent dans les hôtels d'Ocean Drive.

⑪ L'hôtel Adrian (1934)
Avec ses couleurs douces et son style méditerranéen, l'hôtel Adrian tranche sur les bâtiments du voisinage.

La frise évoque les motifs abstraits des Aztèques.

Le sol de la terrasse du bar est fait d'éclats de pierre et de mortier, une version économique du marbre destinée à apporter un cachet au lieu.

Les angles du bâtiment sont magnifiquement arrondis.

⑭ L'hôtel Cardozo (1939)
Œuvre tardive de Hohauser, cet hôtel, le préféré de Barbara Capitman, est représentatif du style Streamline, dans lequel les motifs décoratifs habituels de l'Art déco étaient remplacés par des courbes et des motifs d'inspiration futuriste.

⑮ L'hôtel Cavalier (1936)
Avec ses angles aigus, cet hôtel Art déco première époque tranche avec son voisin, le Cardozo, construit plus tard.

South Beach pas à pas

Un décor de l'hôtel Netherlands

L'Art Deco District de South Beach, qui s'étend de la 6e à la 23e Rue entre Lenox Avenue et Ocean Drive, attire de plus en plus de visiteurs depuis les années 80. Grâce à l'intérêt manifesté par des personnalités comme Gloria Estefan et Michael Caine, ce quartier est devenu l'un des endroits à la mode des États-Unis. Toutefois, pour la plupart des visiteurs, les bâtiments Art déco n'offrent que peu d'intérêt architectural : dans la journée, on bronze, on dort ou l'on pratique des séances de remise en forme ; et le soir venu, on danse dans les clubs, jusqu'à l'aube. Mais chacun trouvera dans la promenade proposée ici des motifs de satisfaction, culturelle le jour et festive la nuit.

L'ancien hôtel de ville, un bâtiment des années 1920 de style méditerranéen, fut abandonné en 1977. Il demeure cependant un édifice majeur de South Beach, qui domine tout le quartier.

Le Wolfsonian Museum-FIU, *dont l'entrée est décorée de bas-reliefs de style baroque espagnol, abrite une remarquable collection d'objets d'art* ❺

11th Street Diner *(p. 316)*

L'hôtel Essex House, de Henry Hohauser *(p. 58)*, est de style typiquement Art déco avec son entrée aux angles arrondis. Le hall vaut le détour.

Le News Café, ouvert 24 h/24, est l'un des lieux les plus vivants de South Beach *(p. 330)*, qui est . De sa terrasse, on a un point d'observation idéal sur la rue.

VISITES ART DÉCO

La Miami Design Preservation League organise des visites à pied de 90 min au départ de l'Art Deco Welcome Center (1001 Ocean Drive) le mer., ven., sam. à 10h30, le jeu. à 18h30. Visites avec audio-guides t.l.j. Il existe aussi des week-ends Art déco (p. 35). Renseignez-vous à l'Art Deco Welcome Center en téléphonant au (305) 531-3484. 🚶

WASHINGTON AVENUE

9TH STREET

COLLINS AVENUE

11TH STREET

10TH STREET

0   75 m

LÉGENDE

– – – Itinéraire conseillé

Art Deco Welcome Center

Centre des maîtres nageurs

★ **Bars et night-clubs de South Beach**
Lors d'une visite de South Beach, il faut aller dans un bar ou une boîte de nuit branchée, comme l'hôtel Marlin sur Collins Avenue.

CARTE DE SITUATION
Voir l'Atlas des rues, plan 2

★ **Ocean Drive**
Ocean Drive est l'attraction de South Beach, tant pour le style de ses hôtels que pour le pétillant défilé de ses promeneurs ❶

L'hôtel Netherlands (1935), à l'extrémité d'Ocean Drive, possède des décorations colorées en stuc. C'est maintenant un immeuble d'appartements.

L'hôtel Cardozo est l'un des plus beaux bâtiments Art déco d'Ocean Drive. Il marqua, lors de sa réouverture en 1982, une nouvelle ère dans l'histoire de la restauration de South Beach. Il appartient maintenant à Gloria Estefan.

Lummus Park

L'Amsterdam Palace est l'un des rares hôtels particuliers d'Ocean Drive *(p. 64)*.

★ **La plage**
La côte est bordée de sable sur 16 km. L'ambiance change selon l'endroit où l'on se trouve. C'est à South Beach que la plage est la plus large et la plus vivante ❷

À NE PAS MANQUER

★ **Bars et night-clubs de South Beach**

★ **Ocean Drive**

★ **La plage**

South Beach

Ocean Drive possède les plus beaux bâtiments Art déco de South Beach. Cependant, Collins et Washington Avenues recèlent aussi quelques perles, de même que les rues résidentielles situées plus à l'ouest, comme Lenox Avenue, où les portes s'ornent de flamants roses gravés ou d'autres motifs Art déco.

Le stationnement s'avérant très difficile, il vaut mieux visiter South Beach à pied. Les amateurs pourront louer des patins à roulettes ou des bicyclettes.

L'Amsterdam Palace, un des rares bâtiments non Art déco d'Ocean Drive

Ocean Drive ❶

Plan 2 F3, F4. 🚌 *M, S C, H, G, L, F, M, Night Owl, Airport Owl.* ℹ️ *1001 Ocean Drive, (305) 672-2014 ;* **Art Deco Welcome Center,** *(305) 531-3484.* Ⓦ *www.mdpl.org*

Le meilleur moyen de découvrir Ocean Drive est de passer quelque temps à la terrasse de l'un des cafés du front de mer. On assiste ainsi à la fois à un défilé de mode d'avant-garde et à une procession de corps bronzés ; même les employés municipaux ont l'air décontractés dans leurs uniformes blancs, tandis que les policiers en shorts moulants patrouillent en VTT. Vous pouvez aussi admirer les demeures toutes proches de style Art déco. Vous pouvez entrer dans le hall des hôtels, à l'exception de l'Amsterdam Palace, d'aspect méditerranéen, construit en 1930. Situé au n° 1114, ce bâtiment avait été acheté en 1993 par le couturier Gianni Versace. À proximité, derrière l'Art Deco Welcome Center, la Beach Patrol Station («centre des maîtres nageurs») est un édifice de style «nautique» *(p. 59)*, avec des rambardes et des hublots.

Le sud de la 6ᵉ Rue présente peu d'intérêt, même si depuis l'extrémité de South Pointe Park, vous jouirez d'une très belle vue sur les paquebots entrant à Government Cut *(p. 73)*.

The Beach ❷

Plan 2. 🚌 *M, S, C, H, G, L, W, Night Owl, Airport Owl, F, M.*

L'homme a apporté l'essentiel du sable de la plage de Miami Beach, il y a quelques décennies ; et il continue de le faire pour compenser l'érosion du rivage. La plage attire chaque année, en haute saison, des foules de baigneurs. Jusqu'à la 5ᵉ Rue, elle est le domaine des surfeurs. L'immense plage qui s'étire au-delà, avec ses postes d'observation de maîtres nageurs et ses vacanciers, fait elle aussi partie de SoBe. La plage est bordée par Lummus Park, où quelques personnes âgées du quartier bavardent en yiddish. Autour de la 21ᵉ Rue, il règne sur la plage une ambiance gay.

Poste d'observation des maîtres nageurs à South Beach, peint aux couleurs caractéristiques d'Ocean Drive

Jewish museum of Florida ❸

301 Washington Ave. **Plan** 2 E4.
📞 *(305) 672-5044.* 🚌 *W, M, H.*
🕐 *10h-17h mar.-dim.* ⬤ *fêtes juives* 📷 ♿ 🎥
🌐 *www.jewishmuseum.com*

C e musée est installé dans la première synagogue de Miami Beach, construite en 1936. Lorsque de nombreux Juifs arrivèrent en Floride dans les années 30, ils durent affronter l'antisémitisme – les hôtels de la ville affichaient souvent le panonceau «Ni juifs ni chiens». Aujourd'hui, la communauté juive, active bien qu'âgée, est intégrée. L'ancienne synagogue, transformée en musée et en centre d'études de la vie juive en Floride, a réouvert en 1995. Allez-y autant pour les expositions que pour les vitraux colorés et le style Art déco du bâtiment.

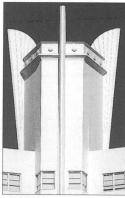

L'hôtel Delano, sur Collins Avenue, et son imposante tour

Collins et Washington Avenues ❹

Plan 2. 🚌 *W, K, C, H, M, S, G, L, F, M, Night Owl.* ℹ️ *1920 Meridian Avenue (Miami Beach Visitor Center), (305) 672-1270.*
🌐 *www.miamibeachchamber.com*

L es rues de ce quartier sont plus populaires que celles qui bordent Ocean Drive : on y trouve des fripiers et des boutiques de tatoueurs. L'ambiance y est plus hispanique. Certains des night-clubs les plus fréquentés de South Beach South donnent le ton à ce quartier *(p. 95)*, qui abrite quelques modestes bâtiments Art déco. L'hôtel Marlin, au 1200 Collins Avenue, est un bâtiment de style Streamline. Il a été rénové par Christopher Blackwell, le fondateur d'Island Records. Derrière, au 1300 Washington Avenue, se dresse le Miami Beach Post Office. À l'intérieur, une peinture murale représente l'arrivée de Ponce de León *(p. 40)* et son combat contre les Indiens.

Au nord de Collins Avenue, au-delà de Lincoln Road, les bâtiments sont assez laids. Des constructions des années 40, comme l'hôtel Delano ou le Ritz Plaza, possèdent des éléments Art déco, mais leurs tours respectives ont des traits futuristes inspirés de BD telles que *Buck Rogers* ou *Flash Gordon*. La décoration intérieure du Delano *(p. 297)*, avec ses drapés blancs et ses meubles signés Gaudí ou Dali est à voir. Sur la 21e Rue se trouvent quelques beaux hôtels, dont le Governor, dessiné par Henry Hohauser *(p. 58)*.

POLYCHROMIE À SOUTH BEACH

À l'origine, les bâtiments Art déco étaient très clairs, souvent peints en blanc, la couleur étant réservée aux ornements ; en raison des difficultés économiques des années 30, les seules parties des bâtiments que l'on peignait, lorsqu'on le faisait, étaient les façades. Au cours des années 80, le designer Leonard Horowitz inventa le «Deco Dazzle» («éblouissement déco») en peignant 150 bâtiments en couleurs vives ; il renouvela ainsi, en dépit des controverses, l'aspect de South Beach.

Des peintres en bâtiment devant l'hôtel Cardozo sur Ocean Drive

Wolfsonian Museum-Florida International University ❺

1001 Washington Ave.
Plan 2 E3. 📞 *(305) 531-1001.*
🚌 *C, H, K, W.* 🕐 *12h-18h sam.-mar. (12h-21h jeu.-ven.)*
⬤ *mer.* ⦸ ♿ 🎥
🌐 *www.wolfsonian.org*

C e robuste bâtiment des années 20 *(p. 62)* abritait autrefois la Washington Storage Company, où les riches résidents de Miami stockaient leurs meubles pendant leur absence. L'édifice recèle aujourd'hui une collection de 70 000 objets couvrant la période de 1885 à 1945, originaires d'Europe et d'Amérique du Nord.

Bouilloire électrique (1909) à la Wolfsonian

Española Way, une rue commerçante ombragée d'aspect méditerranéen

Española Way ⑥

Plan 2 E2. ▭ *C, K, H, Night Owl.*

Située entre Washington et Drexel Avenues, Española Way est une charmante petite enclave de style méditerranéen, aux maisons ornées d'arches décorées, de chapiteaux et de balcons forgés, aux façades couleur saumon ornées de stucs. Construit entre 1922 et 1925, ce quartier aurait inspiré la Worth Avenue d'Addison Mizner, à Palm Beach *(p. 114-115)*.

Española Way était jusqu'à récemment un quartier mal famé. Depuis vingt ans, grâce à un programme de réhabilitation, les boutiques et les galeries se sont multipliées *(p. 93)*.

Lincoln Road Mall ⑦

Plan 2 E2. ▭ *C, K, H, W, M, S, G, L, Night Owl.* **Art Center-South Florida** 800 Lincoln Road Mall. ☏ *(305) 538-7887.* ◷ *11h-22h lun.-mer. ; 11h-23h jeu.-dim.* ● *dim. et mar., Thanksgiving, 25 déc., 1ᵉʳ janv.* ♿ Ⓦ *www.artscentersf.org*

Ce quartier plein d'avenir, l'un des pôles culturels de South Beach, a connu une histoire en dents de scie. Dans les années 20, le promoteur Carl Fisher *(p. 57)* voulut en faire la «5ᵉ Avenue du Sud»; il y parvint un temps en implantant des magasins. Quatre décennies plus tard, Morris Lapidus (concepteur de

l'hôtel Fontainebleau) fit de cette voie la première rue piétonne d'envergure des États-Unis, mais il n'arriva pas à enrayer le déclin de Lincoln Road au cours des années 70 ; les horribles pavillons en béton qu'il fit construire n'y furent pas étrangers.

La renaissance du quartier commença avec l'installation en 1984 du Art Center South Florida (ACSF). Entre Lenox et Meridian Avenues existent trois zones d'exposition et quelques dizaines de studios subdivisés en ateliers et espaces de vente, ainsi que plusieurs galeries d'art privées *(p. 93)*. La production artistique du quartier est parfois très avant-gardiste.

Les galeries sont surtout ouvertes le soir. La rue s'anime alors que les amateurs s'attroupent autour des

théâtres Lincoln et Colony *(p. 94)*. On peut flâner devant les restaurants ou les cafés comme le Van Dyke, au 846 – la réplique de Lincoln Road au News Café *(p. 62)*. La nuit, l'immeuble Sterling de style Streamline au n° 927 est féerique, ses blocs de verre irradiant un halo bleu.

Holocaust Memorial ⑧

1933-1945 Meridian Ave. **Plan** 2 E1. ☏ *(305) 538-1663.* ▭ *A, FM, G, L, W.* ◷ *9h-21h t.l.j.* ♿ Ⓦ *www.holocaustmmb.org*

Miami Beach abrite la plus grande communauté de survivants de l'Holocauste au monde, ce qui explique la présence du poignant mémorial réalisé par Kenneth Treister en 1990. L'axe central de l'œuvre est un bras et une main de bronze représentant la dernière convulsion d'un mourant. Le bras porte un matricule d'Auschwitz tatoué ; il est entouré de 100 sculptures à l'échelle représentant des hommes, des femmes et des enfants en proie à d'horribles souffrances. On peut également voir un tunnel qui porte les noms des camps de concentration et d'extermination européens ainsi qu'une exposition de photos. Sur un mur en granite sont gravés les noms de milliers de victimes.

Mémorial de l'Holocauste

Convives attablés à la terrasse du Van Dyke Café, sur Lincoln Road Mall

Couronnement de la Vierge
(v. 1492) de Domenico Ghirlandaio

Bass Museum of Art ❾

2121 Park Ave. **Plan** 2 F1. 📞 *(305)
673-7530.* 🚌 *M, S, C, H, G, L.*
🕐 *10h-17h mar.-sam. (10h-21h
les 2ᵉ mer. du mois), 13h-17h dim.*
🔴 *jours fériés.* 🎫 *gratuit les 2ᵉ jeu.
du mois.* 📷 ♿
🌐 *www.bassmuseum.org*

Ce bâtiment Art déco
d'inspiration maya,
construit en 1930, était
la bibliothèque et le centre
culturel municipal. Il fut
converti en musée en 1964
après que deux mécènes,
John et Johanna Bass, lui
eurent donné leur collection
d'art – peintures, sculptures
et étoffes. Le musée est divisé
en zones d'exposition
temporaire et permanente.
Les pièces maîtresses du
musée sont des œuvres de la
Renaissance, des peintures
d'Europe du Nord et des
tapisseries flamandes du
XVIᵉ siècle. Les œuvres
modernes comprennent des
lithographies de Léger et
de Toulouse-Lautrec.

LA PHOTO DE MODE À MIAMI BEACH

Grâce à la présence des bâtiments Art déco, des palmiers,
de la plage et d'un climat chaud, South Beach est l'un des
endroits au monde les plus appréciés par les photographes
de mode. Près de 1 500 mannequins y résident, sans
compter les très nombreuses candidates à la gloire qui
hantent les bars et la plage dans l'espoir de se faire
remarquer. La saison de la mode dure ici d'octobre à mars,
lorsque l'hiver règne sur l'Europe et l'Amérique du Nord,
gênant les prises de vues en extérieur. En parcourant SoBe
tôt le matin, on croise immanquablement directeurs,
photographes, maquilleurs et leurs assistants – ainsi, bien
sûr, que les modèles. Ocean Drive est le siège de la plus
grosse activité, mais certaines équipes travaillent dans les
petites rues voisines.

Des professionnels photographiant un mannequin à Miami Beach

Central Miami Beach ❿

Plan 2 F1. 🚌 *C, M, T, J, 6Z, S, H, G,
L, Night Owl, Airport Owl.*

Le nord de la 23ᵉ Rue à
Miami Beach est parfois
appelé Central Miami Beach.
Il consiste en une succession
peu engageante d'immeubles
des années 1950 et 1960
séparant l'Atlantique de
la très active Collins Avenue.
Une promenade, fréquentée
par les familles, longe, entre
la 23ᵉ et la 46ᵉ Rue, une
plage étroite. L'édifice le plus

remarquable du quartier est
l'**hôtel Fontainebleau**
(prononcez Fontainblou).
Lorsque vous vous rendez en
voiture de Collins Avenue à la
44ᵉ Rue, ne vous laissez pas
abuser par une peinture en
trompe l'œil représentant une
vue de l'hôtel Fontainebleau,
celui-ci est en réalité caché
derrière l'œuvre. Achevé en
1954, l'hôtel Fontainebleau
correspond à la vision que
Morris Lapidus (né en 1903)
se faisait d'un château
français «modernisé». La
majesté et les dimensions
de l'hôtel – surtout celles
du hall – sont
impressionnantes. Un épisode
de James Bond, *Goldfinger,*
fut tourné dans l'hôtel.

L'hôtel qui accueillit des
personnalités connues, Frank
Sinatra, Elvis Présley ou
Sammy Davis Jr, est toujours
fréquenté par des célébrités.
Au départ de Bayside
Marketplace *(p. 72)*, vous
pouvez faire une croisière
(plusieurs compagnies) pour
découvrir les résidences des
milliardaires de Biscayne Bay
(p. 71). Attention ! Il n'y a pas
de bateau-taxi à Miami ou à
Miami Beach.

Vue de l'hôtel Fontainebleau, Central Miami Beach

DOWNTOWN ET LITTLE HAVANA

Lorsque la ville de Miami prit son essor avec l'arrivée du Florida East Coast Railroad en 1896, la ville ne s'étendait que sur 2,5 km², le long de la Miami River, sur le site de l'actuel centre ville. L'expansion fut assurée par de riches industriels du Nord qui établirent des banques et d'autres institutions et bâtirent des résidences d'hiver le long de Brickell Avenue. Celle-ci est devenue le cœur du quartier d'affaires de Miami, dopé par le boom des années 1980. Les gratte-ciel futuristes de Downtown, éclairés au néon la nuit, témoignent du statut de centre économique de premier plan acquis par Miami.

Après la Seconde Guerre mondiale, Miami n'était guère plus qu'une petite station balnéaire. Celle-ci ne devint une métropole qu'avec l'arrivée massive des immigrés cubains à partir de 1959 *(p. 50)*. Leur présence se remarque surtout dans les rues de Downtown et, de l'autre côté de la rivière, dans celles de Little Havana. Les conversations, les visages, les enseignes des magasins et la cuisine locale font de ces quartiers ceux d'une véritable ville hispanophone à l'atmosphère américaine, plutôt que l'inverse. Quartiers chaleureux, Downtown et Little Havana recèlent quelques sites intéressants, en particulier le Metro-Dade Cultural Center, un des musées les plus riches de Floride, ou le centre commercial de Bayside Market, d'où partent des excursions en bateau vers Biscayne Bay.

Emblème de la cour de justice de Dade County

LES SITES D'UN COUP D'ŒIL

Musée
Miami-Dade Cultural Center ❷

Bâtiment historique
US Federal Courthouse ❶

Architecture contemporaine
Brickell Avenue ❺

Quartier
Little Havana ❻

Magasin
Bayside Marketplace ❸

Excursions en bateau
Biscayne Bay Boat Trips ❹

LÉGENDE

- 🟦 Atlas des rues p. 70-71
- 🚇 Station de métro
- 🚤 Station de bateaux-taxis
- 🅿 Parc de stationnement
- ℹ Information touristique

0   2 km

◁ **L'impressionnante Bank of America Tower domine de sa hauteur la Miami River, à Downtown**

Downtown pas à pas

La masse de gratte-ciel de Downtown est très impressionnante, en particulier la nuit, de près comme de loin. Du métro aérien, on jouit d'une belle vue sur le quartier, qu'il est également intéressant de découvrir à pied pour admirer l'intérieur de certains bâtiments publics. Étonnamment, le quartier commercial situé derrière les gratte-ciel propose principalement des articles bas de gamme, surtout en joaillerie et en électronique. L'ambiance dans les rues est latine : cafés servant du café de Cuba, étals de vendeurs d'oranges pelées, atmosphère caraïbe. Flagler Street, la principale artère de Downtown, est le cœur du quartier hispanique, qu'il est préférable de visiter en semaine pendant la journée, mais qu'il faut éviter la nuit.

Les gratte-ciel de Downtown rappellent le boom financier des années 80. Vus de MacArthur Causeway, ils forment un ensemble impressionnant.

US Federal Courthouse
Ce détail d'une peinture murale de la Cour fédérale dépeint la ville de Miami passant de la sauvagerie au rang de ville moderne ❶

La Cour de justice de Dade County possède un hall impressionnant, avec au plafond des mosaïques représentant le premier sceau de la Floride et des montagnes.

0   150 m

LÉGENDE

— — — Promenade conseillée

À NE PAS MANQUER

★ **Miami-Dade Cultural Center**

★ **Bank of America Tower**

★ **Miami-Dade Cultural Center**
Ce vaste complexe de style méditerranéen, avec sa cour intérieure centrale et ses fontaines, abrite le seul musée de Downtown ❷

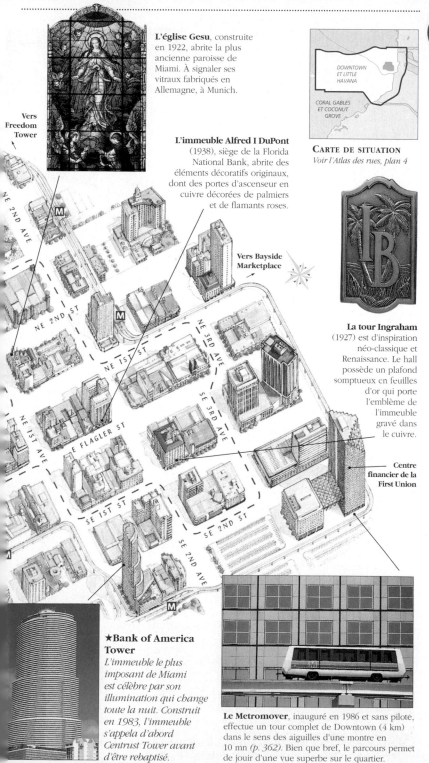

L'église Gesu, construite en 1922, abrite la plus ancienne paroisse de Miami. À signaler ses vitraux fabriqués en Allemagne, à Munich.

Vers Freedom Tower

L'immeuble Alfred I DuPont (1938), siège de la Florida National Bank, abrite des éléments décoratifs originaux, dont des portes d'ascenseur en cuivre décorées de palmiers et de flamants roses.

DOWNTOWN ET LITTLE HAVANA

CORAL GABLES ET COCONUT GROVE

CARTE DE SITUATION
Voir l'Atlas des rues, plan 4

Vers Bayside Marketplace

La tour Ingraham (1927) est d'inspiration néo-classique et Renaissance. Le hall possède un plafond somptueux en feuilles d'or qui porte l'emblème de l'immeuble gravé dans le cuivre.

Centre financier de la First Union

NE 2ND AVE

NE 2ND ST

NE 3RD AVE

SE 3RD AVE

NE 1ST ST

NE 1ST AVE

E FLAGLER ST

SE 1ST ST

SE 2ND ST

SE 2ND AVE

★Bank of America Tower
L'immeuble le plus imposant de Miami est célèbre par son illumination qui change toute la nuit. Construit en 1983, l'immeuble s'appela d'abord Centrust Tower avant d'être rebaptisé.

Le Metromover, inauguré en 1986 et sans pilote, effectue un tour complet de Downtown (4 km) dans le sens des aiguilles d'une montre en 10 mn *(p. 362)*. Bien que bref, le parcours permet de jouir d'une vue superbe sur le quartier.

Downtown

L es gratte-ciel de Downtown, qui datent du début du XXᵉ siècle et qui sont éparpillés entre des bâtiments plus récents, illustrent bien l'euphorie qui régnait à une époque qui s'était entichée des styles méditerranéen ou néo-classique. Ainsi, la Freedom Tower (1925), sur Biscayne Boulevard, s'inspire de la Giralda de Séville. Ancien siège du *Miami News*, la tour devint au début des années 60 le centre d'accueil des réfugiés cubains *(p. 50)*. Aujourd'hui, elle est vide. Downtown possède quelques bâtiments Art déco, dont le magasin Macy's sur Flagler Street *(p. 92)*.

US Federal Couthouse ❶

301 N Miami Ave. **Plan** 4 E1.
📞 *(305) 523-5100.* Ⓜ *Arena/State Plaza.* ⭕ *8h-17h lun.-ven.* ⬤ *jours fériés.* ♿

C et imposant édifice néo-classique achevé en 1931 a connu un grand nombre de procès importants, dont celui de Manuel Noriega, l'ancien président du Panamá, en 1990. Le bâtiment possède une vaste et agréable cour intérieure, mais son principal intérêt réside dans la peinture murale conservée au deuxième étage, *Law Guides Florida's Progress (p. 70)* : elle est l'œuvre de Denman Fink, un peintre connu à Coral Gables *(p. 80)*. Lors des procès importants, l'accès de la salle d'audience est interdit au public.

Miami-Dade Cultural Center ❷

101 West Flagler St. **Plan** 4 E1.
Ⓜ *Government Center.* 🚌 *tous les bus pour Miami Avenue.* **Historical Museum of Southern Florida** 📞 *(305) 375-1492.* ⭕ *10h-17h lun.-mer., ven., sam., 12h-17h dim.* 🎫 ♿ 🖥 *www.historical-museum.org* **Miami Art Museum** 📞 *(305) 375-3000.* ⭕ *10h-17h mar.-ven. (10h-21h le 3ᵉ jeu. du mois), 12h-17h sam. et dim.* 🎫 *gratuit pour les familles le 2ᵉ sam. du mois.* ♿ 🖥 *www.miamiartmuseum.org*

Œ uvre de l'architecte américain Philip Johnson en 1982, le Miami-Dade Cultural Center est à la fois une galerie d'art, un musée et une bibliothèque. L'Historical Museum of Southern Florida est dédié à l'histoire de Miami avant 1945 avec des expositions sur la colonisation espagnole et la culture séminole.

La collection de photographies anciennes illustre divers aspects de la vie de l'ancienne Miami, des premiers pionniers aux fastes des années 20. Le Miami Art Museum of Dade County est consacré à l'art américain d'après 1945.

Bayside Marketplace ❸

401 Biscayne Blvd. **Plan** 4 F1.
📞 *(305) 577-3344.* Ⓜ *College/Bayside.* 🚌 *16, 3, C, 95, BM, S, FM, Night Owl.* ⭕ *10h-22h lun.-jeu., 10h-23h ven. et sam., 11h-21h dim.* ⬤ *Thanksgiving, 25 déc.* ♿

B ayside Marketplace est le site de Downtown le plus apprécié et le plus fréquenté par les touristes (de plus, on s'y gare facilement). Ce centre commercial entoure Miamarina, où sont amarrés de nombreux bateaux, dont certains proposent des excursions dans Biscayne Bay.

Avec ses restaurants et ses cafés – parmi lesquels le Hard Rock Café *(p. 330)*, avec sa guitare surgissant du toit ! –, Bayside est un endroit où il est facile de se restaurer. Les petits restaurants du premier étage servent une cuisine simple. Des orchestres se produisent souvent sur le front de mer.

En comparaison, le parc voisin de Bayfront est plus austère. En son centre se dresse la Torche de l'Amitié représentant le président John Kennedy, entouré des armoiries des pays d'Amérique latine ; une plaque commémorative a été dressée par les réfugiés cubains pour remercier les États-Unis.

Des bateaux amarrés à Miamarina, en face de Bayside Marketplace

Excursions dans Biscayne Bay ❹

Bayside Marketplace. **Plan** 4 F1.
Ⓜ *College/Bayside.* 🚌 *16, 3, C, 95, BM, S, FM, Night Owl.* **Island Queen Cruises** *et* **Gondola Tours** *(305) 379-5119.* **Floridian Cruises** *(305) 445-8456.* **Duck Tours** *(786) 276-8300.*

L a partie de Biscayne Bay comprise entre Downtown et Miami Beach abrite le plus grand port de croisières du monde et un chapelet d'îlots privés. Le meilleur moyen de découvrir la baie est d'embarquer à Bayside Market pour une excursion en bateau. Island Queen Cruises et d'autres compagnies proposent en effet, toute la journée, des «visites des propriétés des célébrités» d'une durée de 90 mn. Les excursions sillonnent d'abord les abords du port, situé dans les îles Dodge et Lummus. Avec un trafic estimé à 3 millions de passagers, le port rapporte 5 milliards de dollars par an à l'économie locale. Amarrés ou non, les énormes paquebots sont les navires les plus impressionnants du port. Près de l'extrémité est de MacArthur Causeway, on peut voir la base de vedettes rapides que l'US Coastguard utilise pour donner la chasse aux trafiquants de drogue ou aux immigrants clandestins. En face de celle-ci se trouve Fisher Island, séparée de South Beach par Government Cut, un chenal en eau profonde dragué en 1905. Plage réservée aux Noirs dans les années 20 à l'époque de la ségrégation, Fisher Island est devenue, par une ironie de l'histoire, une élégante zone résidentielle. L'excursion continue vers le nord vers les îles Palm, Star et Hibiscus, des îles artificielles construites dans les années 20 à une époque d'intense spéculation immobilière. Dans une végétation tropicale luxuriante, des demeures de styles architecturaux les plus variés se succèdent. Frank Sinatra ou Al Capone y résidèrent autrefois, Gloria Estefan ou Julio Iglesias y habitent aujourd'hui. Il existe d'autres types d'excursion en bateau depuis Bayside Marketplace : la nuit, à la pêche au gros voire… en gondole ! Avec Duck Tours embarquez sur un bateau luxueux (plusieurs départs par jour de South Beach) et approchez les plus belles maisons de Biscayne Bay.

L'Atlantis est le plus célèbre des immeubles de Brickell Avenue

ISLAND QUEEN

Bateau d'excursion dans Biscayne Bay

Une superbe demeure aperçue lors d'une excursion dans Biscayne Bay

Brickell Avenue ❺

Plan 4 E2-E4. Ⓜ *plusieurs stations.* 🚇 *Metrorail (Brickell).* 🚌 *95, B, 48, 24, BS.* ℹ️ *Greater Miami Beaches Convention et Bureau des Visiteurs, 701 Brickell Ave, suite 2700, (305) 539-3000.* 🖳 *www.miamiandbeaches.com*

A u début du siècle, l'avenue fut surnommée l'« alignement des millionnaires » à cause de ses superbes demeures particulières. Aujourd'hui, la partie nord est le pendant de Wall Street avec ses grandes banques internationales en verre et en béton. Au sud du coude de Southwest 15ᵗʰ Road s'étire une succession d'immeubles résidentiels popularisés par la série TV *Deux Flics à Miami.* Ces bâtiments, construits au début des années 1980 par une société d'architectes innovateurs, Arquitectonica, ne sont plus à la mode, mais demeurent impressionnants.

L'un d'entre eux, l'Atlantis (au n° 2025), est célèbre par son ouverture en façade où sont disposés un palmier et un jacuzzi ! La partie «éjectée» de l'immeuble apparaît par l'ouverture comme un bâtiment indépendant situé derrière. Arquitectonica construisit également le Palace, au n° 1541, et l'Imperial, au n° 1627. Toutes ces résidences furent conçues pour être admirées à distance, d'où leur style dit «d'architecture automobile».

Little Havana ⑥

Plan 3C2. 🚌 *8 depuis Downtown,
17, 12 et 6.* **El Crédito Cigar Factory**
1106 SW 8th St. 🎫 *(305) 858-4162.*
◯ *8h-18h lun.-ven., 8h-16h sam.*
● *jours fériés.* **El Aquila Vidente** *(The
Seeing Eagle) 1122 SW 8th.* **Plan** 3C2.
🎫 *(305) 854-4086.* ◯ *10h30-17h30
lun.-sam.* ● *dim., jours fériés.* ♿

S i les Cubains habitent
dans toute l'agglomération
de Miami, leur véritable
quartier d'adoption depuis
l'arrivée massive de réfugiés
dans les années 60 est Little
Havana, qui s'étend
sur 9 km² *(p. 50).*
D'autres communautés
hispanophones s'y sont
installées depuis. Pour
profiter de Little
Havana, il faut en
parcourir les rues à
pied. Les rythmes
de salsa s'échappent
des magasins, les murs
sont couverts d'affiches
appelant à poursuivre la
lutte armée contre Castro
et les *bodegas* (cantines)
vendent des spécialités
telles que les *moros y
cristianos (p. 315),*
tandis que des
vieillards ridés sirotent
des litres de *café
cubano.*

La principale artère
commerciale de Little Havana
est Southwest 8th Street,
plus connue sous le nom
de **Calle Ocho**. Il est agréable
de découvrir à pied la partie
la plus active, entre la 11ᵉ et la
17ᵉ Avenue. Fondée à La
Havane en 1907 et déplacée à
Miami en 1968, **El Crédito
Cigar Factory**, près de

l'angle de la Calle Ocho et de
la 11ᵉ Avenue, dégage, malgré
sa petite taille, un parfum
d'authenticité. Il est possible
d'y voir à l'œuvre les rouleurs
de cigares. Les feuilles sont
récoltées en République
Dominicaine d'après des
semences de tabac cubain,
le meilleur du monde. Les
fumeurs viennent y acheter
diverses variétés de cigares
(p. 93). À quelques pas, **El
Aguila Vidente (The Seeing
Eagle)** commercialise herbes,
potions et figurines de saints
en rapport avec la Santería,
la religion afro-cubaine.

Southwest 13th Avenue,
au sud de Calle Ocho, que
l'on appelle le **Cuban
Memorial Boulevard,**
constitue un haut lieu
du nationalisme cubain
anticastriste. La flamme
du monument de
la brigade 2506
reste allumée
en permanence en
l'honneur des victimes
du débarquement manqué
de la baie des Cochons,
à Cuba en 1961. Tous
les 17 avril, on
commémore cette
tentative de renverser
Fidel Castro. D'autres
monuments situés
au-delà sont dédiés aux héros
cubains Antonio Maceo
et José Martí, qui luttèrent
contre la domination
espagnole sur l'île au
xixᵉ siècle *(p. 46-47).*
Sur Calle Ocho, entre la
12ᵉ et la 17ᵉ Avenue, quelques
célébrités latines de la
communauté comme Julio
Iglesias et Gloria Estefan ont
leur effigie sur le trottoir, à la

**La flamme du monument
de la baie des Cochons**

manière du Walk of Fame
de Hollywood. Au coin de
la 14ᵉ Avenue, des Cubains
de plus de 55 ans jouent aux
dominos dans le minuscule
Máximo Gómez Park,
appelé aussi Domino Park.

Au nord de la Calle Ocho, à
l'angle de West Flagler Street
et Southwest 17th Avenue,
sur la **Plaza de la Cubanidad,**
on a érigé une carte de Cuba
en bronze, qui porte une
citation énigmatique de José
Martí : «Les palmiers sont des
cœurs tendres qui attendent.»
Derrière celle-ci, une
profusion de drapeaux signale
le quartier général d'Alpha 66,
le groupe anticastriste le plus
virulent de Miami :
ses membres effectuent
régulièrement des exercices
militaires dans les Everglades,
même si la plupart d'entre
eux sont conscients qu'une
invasion militaire de Cuba ne
se reproduira plus. Le **Cuban
Museum of the Americas**,
au sud de la Calle Ocho,
présente une collection
permanente de travaux
d'artistes cubains et des
expositions consacrées à la
musique ou à la religion. Plus
à l'ouest, au 3260 Calle Ocho,
s'étend le **Woodlawn
Cemetery**. La tombe du
soldat de la liberté cubain
inconnu y avoisine celle de
Gerardo Machado, dictateur de
Cuba dans les années 1930.
Une visite de Little Havana est
incomplète sans un repas au
restaurant **Versailles** *(p. 318).*

**Serveuse du
Versailles**

Des Cubains jouant aux dominos dans le parc Máximo Gómez

La communauté cubaine de Miami

La communauté cubaine de Miami est très soudée autour de son attachement à la mère patrie et par le ressentiment qu'elle nourrit à l'encontre de Fidel Castro. Les exilés, comme ils se nomment eux-mêmes, proviennent de toutes les couches de la société. Les premiers immigrants furent des Blancs aisés, qui occupent aujourd'hui des postes importants dans les entreprises de Miami et vivent dans les banlieues chic. Les «Marielitos», arrivés en 1980

Gloria Estefan

(p. 50), sont issus de couches modestes, comme la plupart des immigrants arrivés dans les années suivantes. Des Cubains de la deuxième génération, comme la chanteuse pop Gloria Estefan, qui poursuit aujourd'hui une carrière internationale, sont surnommés les «yucas» (*young, up-and-coming Cuban-Americans*). La présence des Cubains imprègne en permanence l'atmosphère de Miami, de la cuisine aux conversations en espagnol, de Little Havana à Coral Gables.

Scène de l'ancienne Cuba
Cette peinture murale, qui représente la station balnéaire de Varadero, illustre la nostalgie de la mère patrie ressentie par les Cubains de Floride, dont beaucoup espèrent un jour revoir leur île.

L'engagement politique
Les Cubains de Miami suivent attentivement l'actualité de l'île. Ils manifestent souvent contre le régime de Fidel Castro ou la politique américaine envers Cuba.

La salsa enregistrée à Miami est très appréciée

LA CULTURE CUBAINE À MIAMI

Les Cubains ont apporté avec eux, à Miami, leur musique, leur religion et leur mode de vie. Officiellement catholiques, de nombreux Cubains adhèrent à la Santería, un culte mêlant rites catholiques et croyances animistes des esclaves africains de la période coloniale.

Un café typiquement cubain : on bavarde, on boit et l'on consomme debout

Un magasin d'articles religieux, ou *botánica*, vendant l'attirail de la Santería, à Little Havana

CORAL GABLES ET COCONUT GROVE

Coral Gables, l'un des quartiers les plus opulents des États-Unis, est une ville à part entière de l'agglomération de Miami. On la surnomme «the City Beautiful», du fait de ses longues avenues bordées de chênes et de banians. Sur les petits canaux parallèles, une multitude de bateaux sont amarrés. Le respect des directives urbanistiques édictées par George Merrick, concepteur de Coral Gables dans les années 20 (p. 80), ont maintenu la cohésion architecturale du quartier, qui compte également d'élégantes boutiques. Coconut Grove est le plus ancien quartier de Miami. Des chasseurs d'épaves (p. 289) y vivaient au milieu du XIXᵉ siècle, mais l'endroit ne fut vraiment peuplé qu'à partir des années 1880, après que Ralph Munroe (p. 82) et ses amis y eurent ouvert un hôtel. Doté d'un personnel bahaméen, cet établissement n'accueillit d'abord que des intellectuels, ce qui conféra au quartier, proche de Black Coconut Grove, moins bien entretenu, une atmosphère particulière. Les soirs et les week-ends, les visiteurs affluent à Coconut Grove, quartier le plus animé de Miami après South Beach.

Tête de pompier, Salzedo Street

LES SITES D'UN COUP D'ŒIL

Musées et galeries
Lowe Art Museum ❻
Miami Museum of Science and Planetarium ⓫

Rues et quartiers
Coconut Grove Village ❼
Miracle Mile ❶

Bâtiments historiques
The Barnacle ❽
Biltmore Hotel ❺
Coral Gables City Hall ❷
Coral Gables Merrick House ❸
Venetian Pool ❹
Vizcaya p. 84-85 ⓬

Église
Ermita de la Caridad ❿

Marina
Dinner Key ❾

Légende

Circuit en voiture p. 78-79

Station de métro

Parc de stationnement

Information touristique

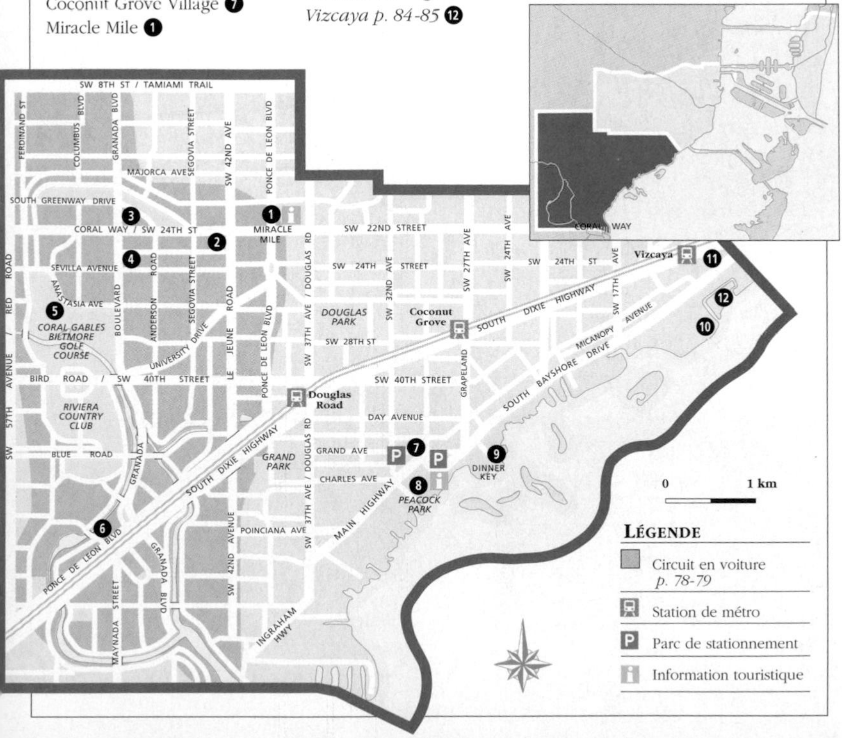

◁ **La tour de l'hôtel Biltmore, un des plus remarquables édifices de Coral Gables**

Coral Gables en voiture

C e circuit de découverte serpente à travers les allées luxuriantes et paisibles de Coral Gables, ville dessinée dans les années 20 par George Merrick *(p. 80-81)*. Le circuit permet d'admirer le Biltmore, un hôtel réputé, deux des quatre portes et six des «villages» de Merrick. Visiter tous les sites prend une journée entière. En effet, on perd souvent son chemin dans les rues de Coral Gables, qui s'entrelacent de façon déconcertante. Les noms des rues, gravés sur des pierres blanches posées sur les pelouses, sont difficiles à localiser. Ils ont été choisis par Merrick dans un dictionnaire espagnol.

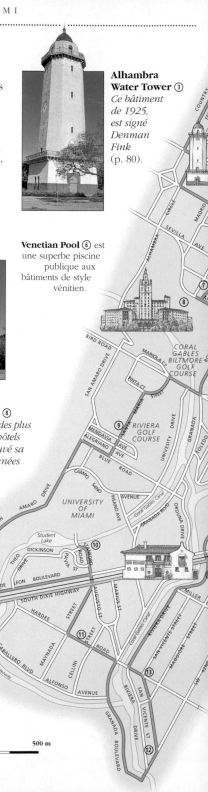

Alhambra Water Tower ③
Ce bâtiment de 1925, est signé Denman Fink (p. 80).

Venetian Pool ⑥ est une superbe piscine publique aux bâtiments de style vénitien.

Coral Gables Congregational Church ⑦
La première église de Coral Gables, bâtie par Merrick en style baroque espagnol, possède un clocher et un porche très décorés.

Biltmore Hotel ⑧
Le Biltmore, un des plus extraordinaires hôtels du pays, a retrouvé sa grandeur des années 1920.

The Lowe Art Museum ⑩
abrite une imposante collection d'art indien d'Amérique et européen.

French City Village ⑪
L'un des sept villages «internationaux» construits dans le quartier pour donner de la variété au style méditerranéen.

0   500 m

The Granada Entrance ① est une copie de la porte de Grenade en Espagne.

The Country Club Prado Entrance ②, avec ses piliers ouvragés, est l'une des plus élégants portes d'accès au quartier.

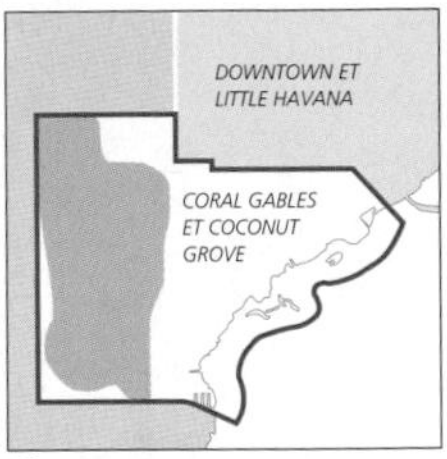

CARTE DE SITUATION
voir l'Atlas des rues, plan 5

Coral Way ④
Avec ses chênes et ses maisons de style espagnol, ce vieux quartier est le plus agréable de Coral Gables.

Coral Gables Merrick House ⑤
L'ancienne demeure de George Merrick a été transformée en musée.

Coral Gables City Hall ⑯
La décoration intérieure de l'hôtel de ville est constituée de peintures murales des années 1920 et 1950.

LÉGENDE

- Autoroute
- Circuit de découverte
- Ligne de métro

Miracle Mile ⑰
Boutiques de mariage, de mode et joailleries donnent le ton de cette rue du quartier commerçant de Coral Gables.

CARNET DE ROUTE

Itinéraire : *23 km.*
Départ : *n'importe où, mais l'itinéraire recommandé est celui inverse des aiguilles d'une montre.*
Où faire une pause : *il y a quelques bons restaurants à Miracle Mile, et l'on peut prendre un thé à l'anglaise au Biltmore en réservant 24 h à l'avance. On peut aussi se baigner à Venetian Pool.*
Quand l'effectuer : *le mercredi et le dimanche en raison des horaires d'ouverture de Merrick House, du Lowe Art Museum et du Biltmore (p. 80-81). Évitez les heures de pointe (7 h-9 h 30, 16 h 30-18 h 30).*

Un bateau amarré dans l'un des paisibles chenaux de Coral Gables

LES SITES D'UN COUP D'ŒIL

① Granada Entrance
② Country Club Prado Entrance
③ Alhambra Water Tower
④ Coral Way
⑤ Coral Gables Merrick House
⑥ Venetian Pool
⑦ Coral Gables Cong. Church
⑧ Biltmore Hotel
⑨ Colonial Village
⑩ Lowe Art Museum
⑪ French City Village
⑫ Dutch South African Village
⑬ French Country Village
⑭ Chinese Village
⑮ French Normandy Village
⑯ Coral Gables City Hall
⑰ Miracle Mile

Rotonde du Colonnade Building, sur Miracle Mile

Miracle Mile ❶

Coral Way entre Douglas et Le Jeune Road. **Plan** 5 C1. 🚇 *Metrorail (Douglas Rd), puis bus J ou 40, 42 et 24 de Downtown.*

En 1940, un promoteur mit à la mode la principale rue commerçante de Coral Gables en la rebaptisant Miracle Mile (un aller-retour à pied mesure un mile). La rue est jalonnée de dais colorés qui ornent la devanture de magasins chic *(p. 92)*. Les prix élevés et la proximité de grands centres commerciaux expliquent la faible affluence de la rue.

Colonnade Building, au n° 169, fut construit en 1926 par George Merrick pour servir de bureau de ventes à ses réalisations immobilières. Une superbe rotonde sert aujourd'hui de hall à l'hôtel Colonnade. Le Tula Italian Restaurant *(p. 330)* présente des photos de l'âge d'or de Coral Gables. Entre Salzedo Street et Aragon Avenue, l'ancien hôtel de police et des pompiers, construit en 1939, abrite deux superbes sculptures de pompiers.

Coral Gables City Hall ❷

405 Biltmore Way. **Plan** 5 C1. 🄲 *(305) 446-6800.* 🚇 *Metrorail (Douglas Rd) puis bus J, 42 ou 40.* 🚌 *24.* 🕐 *8h-15h lun.-ven.* ⬤ *jours fériés.* ♿ Ⓦ www.coralgables.com

Construit en 1928, l'hôtel de ville de Coral Gables illustre l'intérêt porté par Merrick et ses contemporains à l'architecture Renaissance espagnole. Sur sa façade semi-circulaire, on peut voir un blason de style espagnol : c'est l'emblème de la ville de Coral Gables dessiné par Denman Fink, oncle de Merrick, qui peignit également sous le dôme du clocher une fresque représentant les quatre saisons. Au-dessus des escaliers, une autre fresque intitulée *Landmarks of the Twenties*, et peinte par John St John dans les années 1950 représente les premiers temps de la ville. L'œuvre fut vieillie par l'artiste grâce à la fumée de ses cigarettes !

Logo de l'hôtel de ville de Coral Gables

Coral Gables Merrick House ❸

907 Coral Way. **Plan** 5 B1. 🄲 *(305) 460-5361.* 🚌 *24.* 🕐 *13h-16h mer. et dim.* 📷 ⦸ ♿ 🗐

S'il est difficile de se plier aux horaires d'ouverture restreints de la demeure familiale de George Merrick, la visite permet d'apprécier la modestie du train de vie du créateur de Coral Gables.

Quand le révérend Solomon Merrick arriva de Nouvelle-Angleterre en Floride en 1899 avec sa famille, il s'installa dans une cabane en bois au sud de la ville de Miami, qui était en construction. Il lui ajouta ensuite une extension et baptisa la maison Coral Gables («Pignon de Corail»), prenant pour du corail le calcaire riche en fossiles marins utilisé pour la construction. La maison est devenue un musée dédié à George Merrick. On peut voir quelques meubles qui appartinrent aux Merrick et des portraits de famille réalisés par la mère et l'oncle de George. Plus petit qu'autrefois, le jardin est planté d'espèces tropicales.

UNE VILLE RÊVÉE PAR GEORGE MERRICK

Le rêve de George Merrick était de construire une ville. Avec Denman Fink pour conseiller artistique, Frank Button pour paysagiste et Phineas Paist pour architecte en chef, Merrick voulait donner vie à un «pays imaginaire». L'architecture fut inspirée des styles espagnol et italien, selon «une association du meilleur des deux styles soulignée d'une touche de gaieté pour complaire à l'ambiance qui règne en Floride». Ce rêve, le plus gros investissement immobilier des années 20, coûta 100 millions de dollars. Chaque année, trois millions de dollars étaient consacrés à la promotion de cet ensemble paradisiaque parcouru de petits canaux, alors que ceux-ci n'étaient encore qu'à l'état de projets. L'ouragan de 1926 *(p. 48)* et le krach de Wall Street empêchèrent Merrick de mener son projet à terme.

Portrait de George Merrick, exposé dans sa maison

Venetian Pool, créée dans les années 20 sur le site d'une ancienne carrière de corail

Venetian Pool ❹

2701 De Soto Blvd. **Plan** 5 B2.
📞 (305) 460-5356. 🚇 Metrorail (S Miami), puis bus 72. ⏰ mi-juin-mi-août : 11h-19h30 lun.-ven. ; avr.-mai et sept.-oct : 11h-17h30 ; nov.-mars : 10h-16h30 ; toute l'année : 10h-16h30 sam. et dim. ⏰ lun. sept.-mai, Thanksgiving, 24 et 25 déc., 1er janv. 🗺 ♿ 🅦 www.venetianpool.com

Que l'on désire se baigner ou non, «la plus belle piscine du monde» vaut le détour pour son site, celui d'une ancienne carrière de corail convertie en 1923 en piscine par Denman Fink et Phineas Paist. Ses tours et loggias roses en stuc, ses perches vénitiennes, son pont pavé, les grottes et ses cascades entourant le bassin alimenté par des sources firent du Venetian Pool l'endroit le plus à la mode des années 20. Dans le hall, des photographies donnent une idée de son lustre passé.

Biltmore Hotel ❺

1200 Anastasia Ave. **Plan** 5 A2.
📞 (305) 445-1926. 🚇 Metrorail (S Miami), puis bus 72. ♿ 🎞 dim. après-midi. 🅦 www.biltmorehotel.com

Le bâtiment le plus impressionnant de Coral Gables fut achevé en 1926. À l'époque de sa splendeur, des personnalités aussi célèbres qu'Al Capone (qui y possédait un bar clandestin), Judy Garland ou le duc et la duchesse de Windsor, chassaient le renard dans le parc (devenu un golf) et parcouraient les canaux en gondole. De la Seconde Guerre mondiale à 1968, le Biltmore servit d'hôpital militaire, et l'on recouvrit les sols de linoléum. Il fut restauré pour 55 millions de dollars en 1986, puis fit faillite en 1990 avant de rouvrir ses portes deux ans plus tard.

De la façade de l'hôtel s'élève une réplique de 96 m de haut de la tour de la Giralda, la cathédrale de Séville, qui inspira également la Miami's Freedom Tower (p. 72). L'immense hall est bordé de piliers et la terrasse donne sur la plus grande piscine d'hôtel des États-Unis, dans laquelle un maître nageur du Biltmore, Johnny Weismuller – alias Tarzan - battit un record du monde dans les années 1930. Une visite de l'hôtel est organisée chaque semaine.

Cheval Han, Lowe Art Museum

Lowe Art Museum ❻

1301 Stanford Drive. **Plan** 5 A5.
📞 (305) 284-3535. 🚇 Metrorail (University). 🚌 52, 56, 72. ⏰ 10h-17h mar.-sam., 12h-17h dim., 12h-19h jeu. ⏰ lun., jours fériés. 🗺 ♿ 🅦 www.lovemuseum.org

Ce musée est situé au cœur du campus de l'université de Miami, fondée en 1925 grâce à une donation de 5 millions de dollars de George Merrick. Les quelque 8 000 pièces exposées dans le musée incluent des œuvres de la Renaissance et de l'époque baroque ainsi qu'une collection d'art indien, textiles et céramiques. À voir également la collection égyptienne, les œuvres du XVIIe siècle et de l'époque contemporaine, les pièces afrocubaines, les collections d'art d'Asie et d'Amérique latine et les photographies du XXe siècle.

Vue de la façade sud du Biltmore Hotel, fleuron de Coral Gables

Coconut Grove Village ❼

Plan 6 E4, F4. 🚇 *Metrorail (Coconut Grove).* 🚌 *42 de Coral Gables, 48 de Downtown, 6, 27, 22.*

Ancien point de ralliement des hippies dans les années 60, Coconut Grove s'est assagi. Le quartier, surnommé «le Village», attire aujourd'hui de jeunes couples élégamment vêtus pour des dîners à l'ancienne. Seul un charmeur de serpents, un masseur de cou, et quelques magasins New Age évoquent encore un style de vie alternatif. Le Village présente son meilleur visage la nuit ou le week-end.

Le centre nerveux de Coconut Grove est situé à la jonction de Grand Avenue, de McFarlane Avenue et de Main Highway, où siège le Johnny Rockets, un snack-bar de style années 1950, ainsi que le **CocoWalk**, un centre commercial branché *(p. 92)* qui constitue l'endroit le plus actif du Village. La cour intérieure accueille des cafés, des boutiques de souvenirs, des restaurants *(p. 318)*, un cinéma et un night-club tandis qu'à l'étage supérieur se produisent des orchestres. À l'est de Grand Avenue s'étend un petit centre commercial, tout proche, le **Streets of Mayfair** *(p. 92)*, qui se distingue par son toit en tuiles espagnoles, ses

CocoWalk, le plus grand centre commercial de Coconut Grove

fontaines et sa végétation. Pour profiter de l'ambiance décontractée des cafés de Coconut Grove, il faut se promener le long de Commodore Plaza et de Fuller Street.

Une toute autre ambiance règne au **Farmers' Market**, qui se tient tous les samedis sur McDonald Street et Grand Avenue. Un peu plus loin, bordant cette dernière, est établi le quartier de la communauté bahaméenne, qui s'enflamme lors du Goombay Festival *(p. 33)*, mais qui reste assez dangereux le reste du temps.

Sur Main Highway, à cinq minutes de marche vers le sud, on débouche sur un quartier animé, à l'ombre de palmiers, de bougainvilliers et d'hibiscus et bordé de villas élégantes.

Au 3400 Devon Road s'élève une petite église, souvent fermée, la **Plymouth Congregational Church,** dont la façade date de 1916.

Monroe, concepteur du Barnacle, peint par Lewis Benton en 1931

Le Barnacle ❽

3485 Main Highway, Coconut Grove. **Plan** 6 E4. 📞 *(305) 442-6866.* 🚌 *42, 48.* ⏰ *9h-16h ven.-lun.* ⬤ *Thanksgiving, 25 déc., 1ᵉʳ janv.* 🏷️ 📷 🌐 www.floridastateparks.org/thebarnacle

Caché de Main Highway par une forêt d'arbres tropicaux, le Barnacle est le bâtiment le plus ancien du Dade County. Il fut dessiné et habité par Ralph Monroe, un amateur du style Renaissance qui tirait ses revenus de la construction navale et de l'exploration d'épaves *(p. 289)*. Photographe et botaniste, Monroe était déjà soucieux de préservation de l'environnement et prônait la vie en autarcie. Initialement, la demeure de Monroe était un bungalow

---

MIAMI : RÉALITÉ ET FICTION

Pendant les années 80, on se représentait Miami comme la capitale de la drogue et du crime aux États-Unis. Paradoxalement, la série télévisée intitulée *Deux Flics à Miami* *(p. 51)* tout en ne démentant pas cette réputation, fit toutefois découvrir la ville au reste du monde. Les meilleurs romans publiés sur le Miami des années 1990 traitent également de la face cachée de la ville. Les deux écrivains les plus en vue aujourd'hui sont Edna Buchanan, lauréate du prix Pulitzer pour ses reportages dans le *Miami Herald*, et Carl Hiaasen, journaliste au même journal. L'atmosphère insolite qui émane des livres de Carl Hiaasen s'inspire directement, dit-il, des faits relatés par le journal. Son roman *Striptease* a été porté récemment à l'écran.

Les romans de Hiaasen

construit en 1891 avec du bois prélevé sur des épaves et disposé pour que l'air puisse circuler au mieux dans la maison. En 1908, Monroe fit surélever le bungalow d'origine et, en dessous, il fit bâtir un nouveau rez-de-chaussée. On peut aujourd'hui découvrir cette maison à deux étages, son mobilier familial et quelques articles électroménagers d'époque, comme un étonnant réfrigérateur. La visite comprend aussi celle de l'atelier de construction navale de Monroe, relié à la baie par une voie ferrée.

Dinner Key **9**

S Bayshore Drive. **Plan** 6 F4.
🚇 Metrorail (Coconut Grove). 🚌 48.

Au cours des années 30, Pan American Airways fit de Dinner Key la plus importante base d'hydravions des États-Unis. La pilote Amelia Earhart y entama en 1937 son tragique tour du monde en hydravion. Le terminal aérien, de style Streamline (p. 59), abrite aujourd'hui l'hôtel de ville de Miami, tandis que les hangars des hydravions servent à garer des bateaux.

Détail Art déco sur le Miami City Hall, à Dinner Key

Le Space Transit Planetarium, lieu de spectacles lasers

La promenade dans la plus prestigieuse marina actuelle de Miami mérite le déplacement.

Ermita de la Caridad **10**

3609 S Miami Ave. **Plan** 3 C5.
📞 (305) 854-2404. 🚇 Metrorail (Vizcaya). 🚌 12, 48. 🕐 9h-21h t.l.j.
♿

Cette étonnante église de forme conique, construite en 1966, est très chère au cœur des exilés cubains. Elle renferme un autel dédié à leur sainte patronne, la Vierge de la Charité, qui est orienté vers Cuba. Une fresque au-dessus de l'autel illustre l'histoire de l'église et représente la Vierge dans l'île. Pour atteindre l'église, tourner à droite au premier virage après le Mercy Hospital.

Miami Museum of Science and Planetarium **11**

3280 S Miami Ave. **Plan** 3 C5.
📞 (305) 646-4200. 🚇 Metrorail (Vizcaya). 🚌 12. 🕐 10h-18h. t.l.j.
⬤ Thanksgiving, 25 déc. 📷 ♿
🌐 www.miamisci.org

Le Miami Museum of Science and Planetarium comporte de nombreuses activités interactives ainsi que des expositions temporaires ou permanentes sur la science, de l'astrologie à la zoologie. Il est destiné à un public de tous les âges. Le Wildlife Center du musée abrite des animaux et des reptiles. C'est également le siège du Falcon Bird of Prey Center, une association de défense des oiseaux de proie blessés. Des shows avec des éclairages au laser chaque premier vendredi du mois et des spectacles multi-médias sur les étoiles sont proposés aux spectateurs.

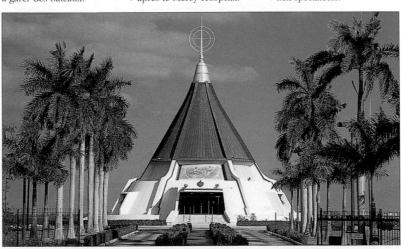

La Ermita de la Caridad, sur les rives de Biscayne Bay, attire de nombreux fidèles cubains

Vizcaya ⓬

Vizcaya fut jadis la plus grande résidence privée de Floride. Achevée en 1916, elle accueillait, l'hiver, l'industriel James Deering. Celui-ci souhaitait édifier la réplique d'un manoir italien du XVIᵉ siècle remanié par plusieurs générations. Aussi, Vizcaya et ses chambres mêlent-elles les styles Renaissance et néo-classique.

Applique

Le mobilier provient d'achats massifs effectués en Europe. Le jardin allie avec bonheur les styles français et italien adaptés à la végétation tropicale de Floride. Pendant la construction, Deering s'inquiétait constamment auprès de son architecte des frais d'entretien ultérieurs de Vizcaya. Deering mourut en 1925 et la propriété fut rachetée par les autorités du comté de Dade en 1952. La maison et les jardins furent ensuite ouverts au public.

★ Salle de bains de Deering
Cette salle de bains est décorée de murs en marbre, de plaques en argent et abrite un baldaquin en forme de tente de campagne.

Girouette en forme d'hippocampe

Polichinelle
Cette statue anglaise de Polichinelle, datant du XVIIIᵉ siècle, dans le théâtre du jardin, est l'une des sculptures européennes ornant les jardins.

La salle à manger
évoque une salle de banquet de la Renaissance, avec ses tapisseries et sa table de réfectoire du XVIᵉ siècle.

★ Le salon de musique
Ce salon rococo est peut-être la plus belle pièce du domaine. Il est éclairé par un chandelier composé de glaces multicolores.

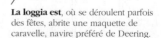

La loggia est, où se déroulent parfois des fêtes, abrite une maquette de caravelle, navire préféré de Deering.

À NE PAS MANQUER

★ Salon de musique

★ Salle de bains

★ Jardins

★ Les jardins
Les jardins à la française tels que ceux de Vizcaya sont rares en Floride. Du mont, on peut admirer la symétrie de l'île centrale jusqu'à la terrasse sud de la villa.

MODE D'EMPLOI

3251 S Miami Ave.**Plan** 3 C5.
📞 *(305) 250-9133.* 🚇 *Metrorail (Vizcaya).* 🚌 *48.* ◯ *9h30-17h t.l.j., jardins jusqu'à 17h30 (der. entrée : 16h30).* ● *25 déc.*
♿ & *limité.* 🚫 ◻ ◻
W *www.vizcayamuseum.org*

La cour, aujourd'hui recouverte d'un vitrage, était autrefois à l'air libre.

Le toit est couvert de tuiles courbes provenant de bâtiments cubains.

Entrée

Chambre chinoise
Ornée d'un superbe lit à baldaquin, cette chambre à coucher est décorée de chinoiseries, très populaires au XVIIIᵉ siècle en Europe.

La salle de séjour possède un grand hall de style Renaissance orné d'un orgue construit spécialement pour Vizcaya.

La piscine, située sous la maison, est accessible par un escalier intérieur.

Salon de Deering
La décoration du plafond de cette pièce néo-classique arbore un hippocampe, un motif récurrent à Vizcaya.

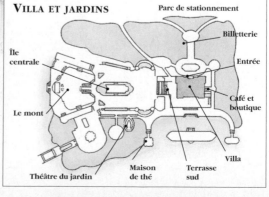

VILLA ET JARDINS

Parc de stationnement

Billetterie

Île centrale

Entrée

Café et boutique

Le mont

Villa

Théâtre du jardin

Maison de thé

Terrasse sud

EN DEHORS DU CENTRE

Les environs de Miami Beach et de Downtown, au nord, et de Coral Gables, au sud, n'offrent qu'un intérêt limité, même si l'on peut apprécier leurs plages immenses, leurs infrastructures de loisirs et quelques sites étonnants. Le nord de Miami a la réputation d'être pauvre et dangereux, en particulier les quartiers de Liberty City et d'Overtown. Évitez-les et suivez les consignes de sécurité données p. 362. Faites également attention en traversant Hialeah en voiture ou en visitant Opa-Locka ou Little

Palmiers du Fairchild Tropical Garden

Haiti, des quartiers haut en couleur, mais réservés aux visiteurs que l'aventure n'effraie pas.

La banlieue sud de Miami consiste en une morne succession de maisons de retraite et de vergers d'agrumes. Ces basses terres ont été ravagées par l'épicentre de l'ouragan Andrew en 1992 *(p. 24)*, qui a laissé des blessures encore visibles. La plupart des sites de loisirs endommagés – zoos, parcs et jardins – ont réouvert, mais les travaux de réparation se poursuivent aujourd'hui encore.

LES SITES D'UN COUP D'ŒIL

Bâtiments historiques
Ancien monastère espagnol ❷
Coral Castle ⓮

Musées et galeries
Gold Coast Railroad Museum ❺
Wings over Miami ⓫

Parcs, jardins et zoos
Charles Deering Estate ❽
Fairchild Tropical Garden ❼
Miami Metrozoo ⓬
Miami Seaquarium ❺
Monkey Jungle ⓭
Parrot Jungle Island ❾

Plages
Key Biscayne ❻
North Beaches ❶

Quartiers
Little Haiti ❹
Opa-Locka ❸

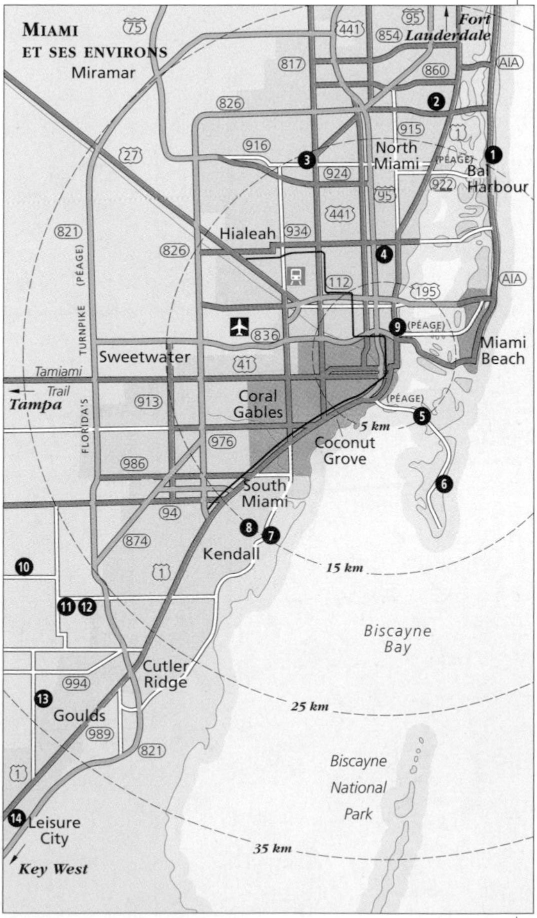

10 miles = 16 km

LÉGENDE

▨	Zone touristique
▢	Zone urbanisée
═	Autoroute
▬	Route principale
═	Route secondaire
—	Voie ferrée
🚉	Gare ferroviaire
✈	Aéroport

MIAMI ET SES ENVIRONS
Miramar
Fort Lauderdale
North Miami
Bal Harbour
Hialeah
Miami Beach
Sweetwater
Tamiami Trail
Tampa
Coral Gables
Coconut Grove
South Miami
Kendall
Cutler Ridge
Goulds
Leisure City
Key West
Biscayne Bay
Biscayne National Park

5 km
15 km
25 km
35 km

◁ **Le cloître du XIIe siècle d'un ancien monastère espagnol reconstruit au nord de Miami**

North Beaches ❶

Collins Avenue. *K ou S de South Beach ou Downtown.*

L a barrière d'îles au nord de Miami Beach est une zone résidentielle assez peu accueillante, qui regroupe plusieurs stations balnéaires anonymes disséminées le long de Collins Avenue. L'endroit attire principalement tous ceux qui n'ont pas les moyens de s'offrir un séjour à South Beach. Le long de la plage de sable, on trouve quand même de quoi se loger à petit prix. Une bande de sable entre la 79ᵉ et la

La plage de Haulover Park, sous la surveillance d'un maître nageur

87ᵉ Rue sépare Miami Beach de **Surfside**, destination très prisée des touristes québécois. À hauteur de la 96ᵉ Rue, Surfside devient **Bal Harbour**, une enclave connue pour ses hôtels de luxe et son centre commercial à l'architecture tapageuse *(p. 92)*. Au nord, **Haulover Park**, avec sa marina et ses dunes face à l'océan est un lieu charmant.

Ancien monastère espagnol ❷

16711 W Dixie Hwy, N Miami Beach. *(305) 945-1462.* *H de South Beach, 3 de Downtown.* *9h-17h lun.-ven., 10h-17h sam., 13h30-17h dim.* *certains w.-e. (appel. pour vérifier), jours fériés.* *www.spanishmonastery.org*

L 'histoire de ce cloître est originale. Construit en Espagne entre 1133 et 1141, il fut acheté en 1925 par le magnat de la presse William Randolph Hearst, qui fit numéroter, démonter

et conditionner ses 35 000 pierres pour les expédier en Amérique. Lors d'un contrôle sanitaire, les caisses furent mal refermées. Elles demeurèrent à New York jusqu'en 1952, date à laquelle la

décision fut prise de remonter «le puzzle le plus grand et le plus cher du monde» en Floride pour en faire un parc d'attractions. Remonté, le cloître est installé dans un jardin. Quelques pierres n'ont pu être identifiées.

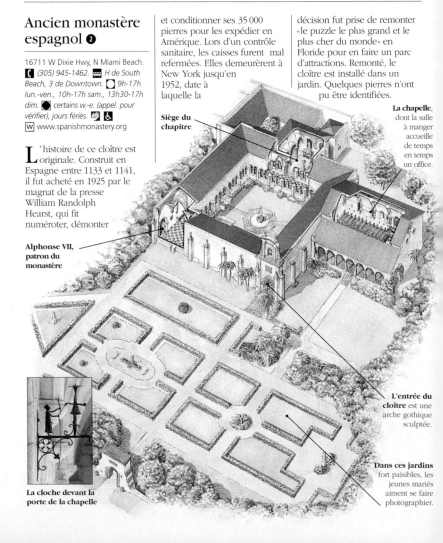

Siège du chapitre

Alphonse VII, patron du monastère

La chapelle, dont la salle à manger accueille de temps en temps un office.

L'entrée du cloître est une arche gothique sculptée.

Dans ces jardins fort paisibles, les jeunes mariés aiment se faire photographier.

La cloche devant la porte de la chapelle

Opa-Locka ❸

Jonction de NW 27th Ave et NW 135th St, 16 km au nord-est de Downtown. 🚌 28, 21, 27, 27r, Max.

Publicité peinte d'un magasin religieux *(botánica)* de Little Haiti

Surnommé le «Bagdad de Dade County», Opa-Locka est le produit des rêves de l'ingénieur Glenn Curtiss. Inspiré par *les Mille et Une Nuits,* il fit édifier près de 90 bâtiments de style mauresque pendant le boom des années 20 *(p. 48-49).* Aujourd'hui, Opa-Locka est un quartier déshérité où l'on n'a pas intérêt à s'éloigner de l'hôtel de ville restauré (angle d'Opa-Locka et Sharasad Boulevards). Tout rose, doté de minarets, de dômes et d'arches arabisants, cet édifice est le meilleur représentant de ce style néo-mauresque.
Avec ses boutiques nommées Ali Baba Appliances ou ses rues Caliph ou Sultan, Opa-Locka est tout entière dédiée à l'Arabie.

Le dôme arabisant qui surplombe l'hôtel de ville d'Opa-Locka

Little Haiti ❹

46th à 79th Streets, E de I-95. 🚌 9 ou 10 de Downtown.

Depuis les années 80, nombre de réfugiés haïtiens se sont installés dans ce quartier. Celui-ci, bien que pauvre, est très pittoresque et relativement sûr si l'on demeure sur les grandes artères comme 54th Street et NE 2nd Avenue.
Caribbean Marketplace, sur NE 2nd Avenue et 60th Street, possède quelques étals d'artisanat situés en face de

magasins plus intéressants peints de couleurs vives. Sur fond de musique haïtienne, ceux-ci vendent des accessoires religieux *(p. 75);* des poulets «façon Caraïbes» ou des plantains.

Miami Seaquarium ❺

4400 Rickenbacker Cswy, Virginia Key. 📞 (305) 361-5705. 🚌 B de Brickell Ave. ⏰ 9h30-18h t.l.j. 📷 ♿ 🌐 www.miamiseaquarium.com

Le Miami Seaquarium est moins spectaculaire que le Sea World à Orlando *(p. 164-167).* Toutefois, les bouffonneries des otaries, des baleineaux et les deux spectacles avec dauphins ravissent toujours les visiteurs. Le nouveau spectacle « Nage avec les dauphins » attire une foule nombreuse deux fois par jour du mercredi au dimanche. Attention ! Si vous souhaitez aller dans l'eau avec les dauphins, vous devez être capable de lire et de comprendre l'anglais ou à défaut être accompagné d'un traducteur. Vous verrez aussi des lamantins, des requins, une mangrove peuplée de pélicans et un récif de corail.

Key Biscayne ❻

11 km au sud-est de Downtown. 🚌 B. **Bill Baggs Cape Florida State Park** 📞 (305) 361-5811. ⏰ t.l.j. 🌐 www.floridastateparks.org

Le spectacle de Downtown vu depuis Rickenbacker Causeway, qui relie le

continent à Virginia Key et à Key Biscayne, est l'un des plus beaux offerts par Miami. À l'autre extrémité, Key Biscayne propose quelques plages de rêve dont celle de **Crandon Park,** au nord de l'île, qui s'étend sur 5 km. Très large, elle est plantée de palmiers et équipée d'un bar de plage et d'une vaste aire de pique-nique. Au sud de l'île, la plage du **Bill Baggs Cape Florida State Recreation Area** est plus petite avec des aires de pique-nique reliées par des promenades en bois. Le phare voisin, construit en 1825, est le plus ancien édifice de la Floride du Sud. Crandom Boulevard, situé entre les deux parcs, comporte des mini centres commerciaux et des appartements en front de mer, un golf et des tennis.

Les dauphins de bottlenose sont les stars du Seaquarium de Miami

Fairchild Tropical Garden ❼

10901 Old Cutler Rd. 📷 *(305) 667-1651*. 🚌 *65 de Coconut Grove*. ◐ *9h30-16h30 t.l.j.* ● *25 déc.* ♿ 🅦 *www.fairchildgarden.org*
Mattheson Hammock Park
📷 *(305) 665-5475.* ◐ *t.l.j. 6h-coucher du soleil.*
🅦 *www.miamidade.gov/parks*

Ce jardin tropical, créé en 1938, est aussi un centre de recherches botaniques. Autour d'un ensemble de lacs artificiels s'étend la plus vaste collection de palmiers au monde, avec 550 espèces sur les 2 500 répertoriées, ainsi que de nombreux genres de cycas – cousins des palmiers et des fougères – qui portent de grandes fleurs rouges coniques. On peut également admirer de nombreuses espèces d'arbres et de plantes, parmi lesquelles un kigelia, ou arbre à saucisse, d'aspect comique. Pendant les 40 mn que dure le tour en tramway, on apprend quels sont les différents usages possibles de ces plantes qui entrent dans la production de médicaments, de parfums (la fleur de l'ylang-ylang est utilisée pour fabriquer le Chanel N° 5), voir pour celle des balles de golf. Il faut ensuite deux heures pour visiter le parc à pied. À proximité du Fairchild Tropical Garden, le Mattheson Hammock Park, endommagé par Andrew en 1992, est formé de mangroves que l'on peut parcourir en empruntant des pistes cyclables. Il est équipé d'une piscine en eau salée, Atoll Pool, qui donne sur Biscayne Bay.

Charles Deering Estate ❽

16701 SW 72nd Ave. 📷 *(305) 235-1668.* ◐ *10h-17h t.l.j.* ● *Thanksgiving, 25 déc.* ♿ 🅦 *www.miamidade.gov/parks*

Tandis que son frère James jouissait de la splendeur de Vizcaya *(p. 84-85)*, Charles Deering possédait lui aussi ses quartiers d'hiver à Biscayne Bay. Il les fréquenta régulièrement entre 1916 et 1927. Son domaine de 162 ha a été acheté par l'État en 1985.
Plusieurs édifices du domaine, dont la résidence principale et une auberge du XIXe siècle, Richmond Cottage, furent endommagés par l'ouragan Andrew en 1992. Ils ont été restaurés et réouverts au public depuis. Le parc est le principal centre d'intérêt du domaine, bien qu'il ait été saccagé par des vents soufflant à 260 km/h lors du passage d'Andrew. On peut y admirer une mangrove et une forêt de pins, un marais salant, le plus grand hammock *(p. 23)* intact du continent américain ainsi qu'un site de fossiles.

Le Charles Deering Estate, dévasté par l'ouragan Andrew

Parrot Jungle Island ❾

1111 Parrot Jungle Trail, Watson Island. 📷 *(305) 400-7000.* ◐ *10h-18h t.l.j.* ♿ 🅦 *www.parrotjungle.com*

Plus de 1 100 oiseaux habitent ce jardin tropical. Certains sont en cage, d'autres en liberté, d'autres encore font du patin à roulettes dans le cadre d'un spectacle animalier, le Trained Bird Show. On traversera la jungle par un sentier d'où l'on peut admirer alligators et tortues. L'île comporte aussi un Education Center avec des activités didactiques qui intéresseront aussi bien les enfants et que les adultes.

Les paisibles lacs bordés de palmiers du Fairchild Tropical Garden

Un tigre du Bengale devant un faux temple khmer, au Miami Metrozoo

Cet établissement est toujours géré par la famille qui le fonda en 1933 afin d'étudier les primates. On y poursuit des programmes de recherche. À Monkey Jungle, les hommes sont en cage tandis que les singes s'ébattent librement. On peut ainsi parcourir une allée grillagée sur laquelle grimpent des macaques de Java, ou observer de près des singes d'Amérique du Sud dans une forêt équatoriale reconstituée pour eux. Les autres primates, gorilles, orangs-outans, atèles et gibbons, sont en cage. Des démonstrations des capacités des différentes espèces sont organisées.

Wings Over Miami ⑩

14710 SW 128th St, à côté de l'aéroport de Tamiami . 📞 (305) 233-5197. ⏰ 10h-17h, jeu.-dim. ⬤ jours fériés. 🅿️ ♿ 🌐 www.wingsovermiami.com

Le musée est consacré aux vieux avions. Les hangars abritent une collection superbe d'avions en parfait état. Vous admirerez notamment un US F-86 Sabre, un MiG 15 russe, un AT6D texan de 1943 « Old Timer », un Douglas B-23 Dragon et d'autres objets liés à la guerre comme une tourelle de mitrailleuse. Tous les avions exposés volent lors du week-end du Memorial Day. Ils volent également aux côtés des bombardiers B-17 et B-24 lors des Wings of Freedom en février.

Gold Coast Railroad Museum ⑪

12450 SW 152nd St, Perrine. 📞 (305) 253-0063. 🚇 Metrorail (au nord de Dadeland) puis bus du zoo. ⏰ 11h-15h lun.-ven., 11h-16h sam.-dim. 🅿️ ♿ 🌐 www.goldcoast-railroad.org

À côté du Miami Metrozoo, ce surprenant musée passionnera les fous de chemin de fer. Les plus belles pièces du musée sont le wagon présidentiel «Ferdinang Magellan », deux wagons du California Zephyr et trois locomotives à vapeur du Florida East Coast Railway.

Miami Metrozoo ⑫

12400 SW 152nd St, Miami. 📞 (305) 251-0400. 🚇 Metrorail (Dadeland North), puis Zoo Bus. ⏰ 9h30-17h30 t.l.j. 🅿️ ♿ 🌐 www.miamimetrozoo.com

Ce gigantesque zoo est l'un des mieux conçus du pays. Les animaux sont installés dans des aires assez vastes recréant leur habitat et sont séparés des spectateurs par des fossés. En plus des animaux courants dans les zoos, on verra des gorilles des plaines, des ours de Malaisie et des tigres blancs du Bengale. Le Petting Zoo propose des promenades à dos d'éléphant, et le Wildlife Show un spectacle avec des grands chats.

Monkey Jungle ⑬

14805 SW 216th St, Miami. 📞 (305) 235-1611. 🚇 Metrorail (Dadeland South), puis bus 1, 52 ou Busway Max vers Cutler Ridge Mall, et taxi. ⏰ 9h30-17h t.l.j. 🅿️ ♿ 🌐 www.monkeyjungle.com

Un macaque, une espèce des plus facétieuses, à Monkey Jungle

Croissant de lune sculpté dans le rocher, à Coral Castle

Coral Castle ⑭

28655 S Dixie Hwy, Homestead. 📞 (305) 248-6345. 🚇 Metrorail (Dadeland South), puis bus Busway Max. ⏰ 7h-20h t.l.j. ⬤ 25 déc. 🅿️ ♿ 🌐 www.coralcastlecom

Ce site qui n'a rien d'un château est l'un des plus étranges de Miami. De 1920 à 1940, Edward Leedskalnin, un Letton, sculpta une série d'œuvres géantes sur du corail, en utilisant des outils montés à partir de pièces automobiles. Il sculpta la plupart des rochers dans un rayon de 16 km autour de Florida City, puis les déplaça vers le site actuel. L'un représente un télescope et illustre la passion de l'artiste pour l'astronomie ; l'autre, un cœur, rappelle un chagrin d'amour.

BOUTIQUES ET MARCHÉS

Les boutiques de Miami sont à l'image de la ville ; ils proposent aussi bien des articles de grand luxe que de la pacotille clinquante. Organisée en quartiers, Miami possède plusieurs zones commerçantes bien distinctes. Ses grands centres commerciaux attirent des visiteurs en provenance de toute l'Amérique latine et des Antilles. Certains de ces centres, qui sont également dédiés aux loisirs *(p. 332)*, restent ouverts jusqu'à 23 h, contrairement

**Enseigne Gucci,
Bal Harbour Shops**

aux autres magasins dont les horaires sont plus traditionnels. Pour l'acheteur en mal d'originalité, il est conseillé de se rendre à Coconut Grove ou à South Beach, dont les boutiques visent une clientèle plus excentrique. La plupart des magasins de Coconut Grove sont ouverts tard, en particulier les weekends. Les boutiques de South Beach ont des horaires irréguliers, la majorité ouvrant tard dans la journée, parfois à 11 h ou à midi !

OÙ FAIRE SES ACHATS ?

S'il est amusant de faire ses emplettes à South Beach, la zone commerciale la plus active de Miami est Coconut Grove. Les boutiques y sont en effet concentrées sur une petite superficie. Le quartier possède deux centres commerciaux *(p. 82)* : **CocoWalk,** avec ses bijouteries, ses boutiques de cadeaux ou de vêtements et ses nombreux cafés et restaurants, et **Streets of Mayfair**, où les prix pratiqués par les magasins de luxe n'autorisent guère que la pratique du lèche-vitrines.

Bayside Marketplace *(p. 72)* a une vocation de centre de loisirs avec ses grandes surfaces dédiées aux cadeaux ou à la mode. Downtown comporte beaucoup de magasins d'électronique ou des boutiques vendant des bijoux à prix cassés. **Macy's** est un grand magasin fondé en 1898.

L'ambiance est différente à Coral Gables, avec ses boutiques de Miracle Mile *(p. 80)* et ses galeries d'art chic. Le nouveau Village of Merrick Park, avec ses magasins de luxe et ses services a ajouté une note élégante à Coral Gables. Les habitués se rendront directement à North Miami, à **Bal Harbour Shops,** installé dans un jardin tropical, ou à **Aventura Mall**, d'une taille impressionnante avec ses 200 magasins et ses hypermarchés.

Vitrine typique d'une boutique de South Beach

MODE ET JOAILLERIE

Miami possède tous les types de magasins, du luxe à la démarque. À Bal Harbour Shops, joailleries et boutiques de mode à l'enseigne Tiffany & Co, Gucci ou Cartier voisinent avec J W Cooper, spécialisé dans les articles western. En revanche, **Loehmann's,** à Aventura, est

spécialisé dans la vente de vêtements de mode soldés. On peut faire des affaires dans l'un des 100 magasins discount de Downtown's Fashion District, sur la 5th Avenue entre la 24e et la 29e Rue. Le **Seybold Building**, à Downtown, est réputé pour les tarifs très attractifs de ses joailleries. À South Beach, les magasins de Lincoln Road et de Washington Avenue sont spécialisés dans les vêtements en cuir et les tenues de fête. À Coral Gables, sur Miracle Mile, le haut de gamme prédomine, comme chez **J Bolado**, tailleur de vêtements sur mesure.

SOUVENIRS ET CADEAUX

Bayside Marketplace est très appréciée pour la richesse de ses boutiques de cadeaux, comme **CandleTime** ou le **Disney Store**, et le grand nombre de vendeurs ambulants proposant

Warner Brothers Studios Store, magasin préféré des enfants à Bayside

Rouleur de cigare à El Crédito Factory

espadrilles, cravates et toutes sortes d'autres articles.

À Coconut Grove, entre les magasins de T-shirts ou de lunettes de soleil, on en trouve d'autres plus insolites, spécialisés dans l'artisanat oriental ou les préservatifs ! À Nord Miami Beach, **Edwin Watts Golf Shop** est l'endroit parfait pour tout ce qui touche au golf et propose des réductions intéressantes.

Macy's attirera moins les amateurs de souvenirs, même s'il est possible d'y dénicher des articles originaux, comme d'authentiques vestiges découverts dans l'épave de l'*Atocha* renfloué par Mel Fisher *(p. 26)*. **Intermix** est une boutique haut de gamme et chère qui incarne la mode sexy de Miami.

À South Beach, le choix d'articles fantaisie est plus vaste. L'**Art Deco Welcome Center** sur Ocean Drive offre un choix d'articles limité mais original : T-shirts, posters et maquettes des bâtiments d'Ocean Drive et quelques authentiques objets Art déco. Le magasin propose aussi une sélection intéressante de livres. Le meilleur magasin de cigares est **El Crédito Cigar Factory,** à Little Havana *(p. 74)*. Touristes et businessmen viennent s'y procurer des cigares roulés sur place. La meilleure variété est La Gloria Cubana.

Epicure, à South Beach, est une épicerie fine proposant des spécialités floridiennes.

Des étals proposant des objets d'artisanat s'installent les week-ends le long d'Española Way *(p. 66),* mais la production locale est de qualité moyenne. Il est, en revanche, possible d'acheter des

œuvres de qualité dans les quelques galeries d'art d'Española Way ou dans celles, plus nombreuses, de Lincoln Road. Parmi celles-ci, le South Florida Art Center *(p. 66)*, au style pop art provocateur. À Coral Gables, les galeries sont plus traditionnelles.

LIVRES ET DISQUES

S i votre séjour à Miami vous donne envie d'écouter de la musique latino-américaine, n'hésitez pas à vous rendre chez **Casino Records,** à Little Havana.

Books & Books, à Coral Gables, dont les rayonnages vont du sol au plafond, contient un grand choix de livres consacrés à l'art ou au voyage. Si vous cherchez des ouvrages sur la Floride, allez plutôt à la boutique Indies Company de l'Historical Museum of Southern Florida *(p. 72)*.

Un hôtel Art déco en céramique

Vous pouvez faire aussi le plein de livres dans les centres commerciaux qui possèdent des succursales de chaînes de librairies.

SE DISTRAIRE À MIAMI

Les alignements de limousines stationnées aux alentours des night-clubs attestent que South Beach est l'un des endroits les plus «branchés» de la planète. Une grande partie des visiteurs qui se rendent à Miami sont attirés par cette réputation née dans les folles soirées de la jet-set. Les autres peuvent assister à des concerts ou profiter de la vaste gamme de spectacles culturels ou sportifs que propose Miami. Si, par le passé, la ville souffrait d'une réputation de désert culturel, la vie artistique actuelle se révèle bien plus active, notamment en hiver, période pendant laquelle les artistes de classe internationale affluent. De grands festivals sont également organisés tout au long de l'année *(p. 32-35)*. Pour assister aux événements culturels ou sportifs, la méthode la plus simple pour se procurer des billets est de téléphoner à Ticketmaster *(p. 339)*. Sinon, il est conseillé de contacter directement les stades ou les théâtres.

Un joueur des Miami Dolphins

S'INFORMER

Les deux principales sources d'information relatives aux spectacles sont la rubrique Weekend de l'édition du vendredi du *Miami Herald* et le journal gratuit *New Times*, plus complet, publié chaque mercredi. La frénésie nocturne du quartier gay de South Beach est commentée en détail dans plusieurs publications et magazines gratuits.

LES ARTS SCÉNIQUES

Toutes les grandes troupes de théâtre anglophones se produisent au **Miami Dade County Auditorium**, au **Jackie Gleason Theater of the Performing Arts** (surnommé TOPA) à South Beach et au **Gusman Center for the Performing Arts**, à Downtown, un ancien cinéma des années 20. Les Broadway Series (de novembre à avril) du Jackie Gleason Theater dominent la saison théâtrale de Miami.

Dans un registre plus expérimental, on trouve le **Coconut Grove Playhouse**, où sont produites des pièces d'avant-garde. L'**Actors' Playhouse**, à Coral Gables, présente des nouveautés et des succès confirmés.

Le **Miami City Ballet** propose au Jackie Gleason Theater des œuvres classiques et contemporaines. Il est parfois possible d'apercevoir les danseurs répéter dans les locaux de la troupe à Lincoln Road. À South Beach, le Ballet Flamenco La Rosa, membre du collectif **Performing Arts Network** se produit fréquemment au **Colony Theatre**.

L'orchestre classique le plus estimé de Miami est le Michael Tilson Thomas's New World Symphony. Il est constitué de lauréats des meilleures écoles de musique du pays et se produit au **New World Symphony Theater** d'octobre à mai. La Concert Association of Florida *(p. 336)* organise de très bons concerts, tout comme le Florida Philharmonic *(p. 336)*.

Foule de spectateurs au Gulfstream Park Racetrack

LES RENCONTRES SPORTIVES

L'équipe de football des Miami Dolphins et l'équipe de base-ball des Florida Marlins se produisent au **Dolphins Stadium**. L'équipe universitaire de football des Miami Hurricanes attire également des foules importantes à l'**Orange Bowl Stadium**. Miami possède aussi une équipe de basket, les Heat, qui joue à l'**American Airline Arena**. Plus typiques sont les parties de jai alai *(p. 31)* du **Miami Jai Alai Fronton**, près de l'aéroport où, comme sur l'hippodrome de **Gulfstream Racetrack** et de **Calder Race Course,** les paris sont de rigueur. Pour plus de détails, voir p. 30-31.

LES CONCERTS

Presque tous les bars d'Ocean Drive proposent des concerts de latino-jazz, de reggae ou de salsa. Il

Le Coconut Grove Playhouse, où sont montées des pièces de New York

La scène du Club Tropigala, dont le décor rappelle le années 50

existe aussi des endroits spécialisés, comme le Mango's Tropical Café à Ocean Drive qui joue de la musique latina. Le **Tobacco Road**, le plus ancien club de Miami ouvert tous les soirs, propose tous les styles du rock au latino-jazz. Essayez également les deux célèbres grandes revues de Miami, qui évoquent Las Vegas. Le **Club Tropigala** de l'hôtel Fontainebleau est à recommander à ceux qui aiment manger et danser, tandis que le **Hoy Como Hayer**, dans Little Havana, évoque l'ambiance de l'ancienne Cuba.

LES NIGHT-CLUBS

La vie nocturne ne s'épanouit que dans deux quartiers de Miami, Coconut Grove, pour dîner, et South Beach, pour son ambiance branchée. Dans ce dernier quartier, les bars d'Ocean Drive et des rues avoisinantes restent ouverts 24 h/24 et les night-clubs n'ouvrent qu'à minuit. De nouveaux clubs apparaissent régulièrement, aussi faut-il se renseigner sur place pour connaître les points chauds de SoBe. Signalons toutefois le **Bash**, lancé par Sean Penn, le **Club Space** qui attire une

clientèle gay et le **Penrod's Complex** qui regorge de top-models. L'**Opium Gardens** est un club en plein air qui accueille des thés dansants tous les dimanches. La plupart des clubs organisent une soirée gay par semaine, d'autres se revendiquent uniquement gays. Le **Tantra** est un restaurant-club élégant et très fréquenté ; sa décoration est inspirée de l'Orient et on marche sur un sol en gazon. Le **Twist**, dont la terrasse évoque l'atmosphère de Key West est un bar gay très populaire, avec une piste de danse.

L'un des quatre bars du Clevelander, sur Ocean Drive

CARNET D'ADRESSES

LES ARTS SCÉNIQUES

Actors' Playhouse
280 Miracle Mile.
Plan 5 1C.
(305) 444-9293.

Coconut Grove Playhouse
3500 Main Highway.
(305) 442-4000.

Colony Theatre
1040 Lincoln Rd. **Plan** 2 D2.
(305) 674-1040.

Gusman Center for the Performing Arts
174 E Flagler St. **Carte** 4 E1.
(305) 374-2444.

Jackie Gleason Theater of the Performing Arts
1700 Washington Ave.
Plan 2 E2.
(305) 673-7300.

New World Symphony Theater
541 Lincoln Rd. **Plan** 2 E2.
(305) 673-3330.

Miami City Ballet
905 Lincoln Rd. **Plan** 2 E2.
(305) 929-7010.

Miami/Dade County Auditorium
2901 W Flagler St.
(305) 547-5414.

Performing Arts Network
13126 W Dixie Hwy.
Plan 2 E2.
(305) 899-7730.

LES RENCONTRES SPORTIVES

American Airlines Arena
721 NW 1st Ave.
(786) 777-4328.

Calder Race Course
21001 NW 27th Ave.
(305) 625-1311.

Dolphins Stadium
2269 NW Dan Marino Blvd.
(305) 623-6100.

Gulfstream Park
901 S. Federal Highway.
(954) 454-700.

Miami Jai Alai Fronton
3500 NW 37th Ave.
(305) 633-6400.

Orange Bowl Stadium
1501 NW 3rd St.
Plan 3 1B.
(305) 284-2263.

LES CONCERTS

Club Tropigala
Fontainebleau Hilton,
4441 Collins Ave.
(305) 672-7469.

Hoy como hayer
2212 SW 8th St.
(305) 541-2631.

Tobacco Road
626 S Miami Ave.
Plan 4. E2.
(305) 374-1198.

LES NIGHT-CLUBS

Bash
655 Washington Ave.
Plan 2 E4.
(305) 538-2274.

Tantra
1445 Pennsylvania Ave.
Plan 2 E3.
(305) 672-4765.

Club Space
142 NE 11th St.
Plan 2 E3.
(305) 372-9378.

Penrod's Complex
1 Ocean Drive.
Plan 2 E5.
(305) 538-1111.

Opium Gardens
136 Collins Ave.
Plan 2 E5.
(305) 531-7181.

Twist
1057 Washington Ave.
Plan 2 E3.
(305) 538-9478.

ATLAS DES RUES DE MIAMI

Les références données pour chaque site, magasin ou lieu de loisirs dans le chapitre consacré à Miami se rapportent aux cinq plans des pages suivantes. Les trois zones qui font l'objet d'un plan détaillé sont définies sur la carte ci-dessous et sont indiquées en rose. Tous les sites et les principaux cen-

tres d'intérêt sont signalés, de même que sont mentionnés les gares ferroviaires ou routières, les bureaux de poste et les points d'information touristique. Les coordonnées des hôtels *(p. 296-299)*, des restaurants *(p. 316-319)* des bars et des cafés *(p. 330)* sont fournies dans le chapitre «Renseignements pratiques».

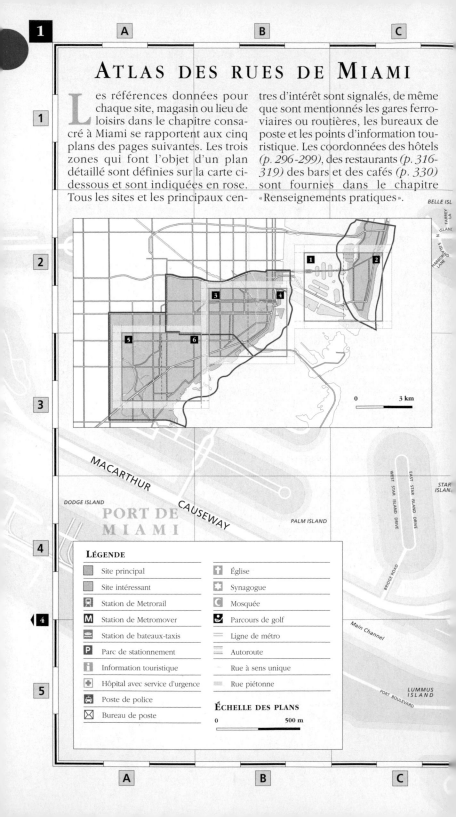

LÉGENDE

▬	Site principal	✝	Église
▬	Site intéressant	✡	Synagogue
🚇	Station de Metrorail	C	Mosquée
M	Station de Metromover	⛳	Parcours de golf
🚢	Station de bateaux-taxis	═	Ligne de métro
P	Parc de stationnement	▬	Autoroute
i	Information touristique	-	Rue à sens unique
✚	Hôpital avec service d'urgence	▬	Rue piétonne
🚓	Poste de police		
⊠	Bureau de poste		

ÉCHELLE DES PLANS

0   500 m

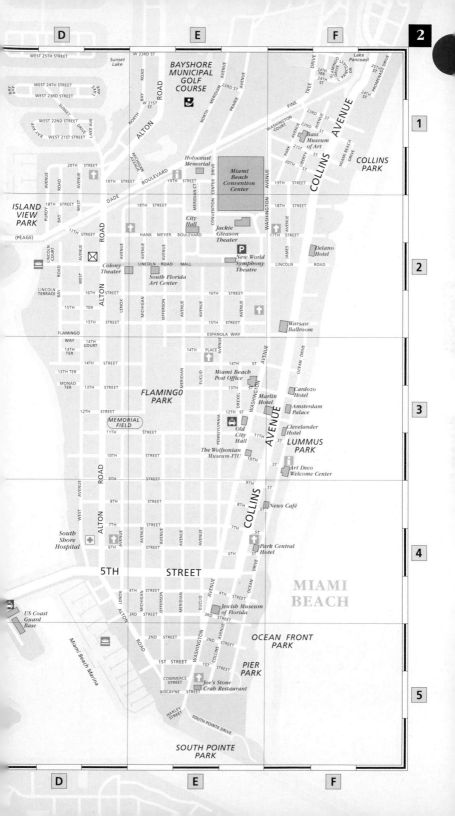

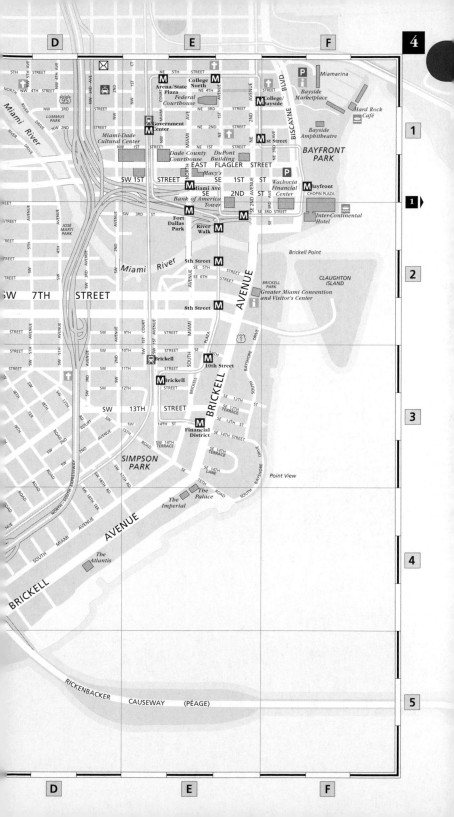

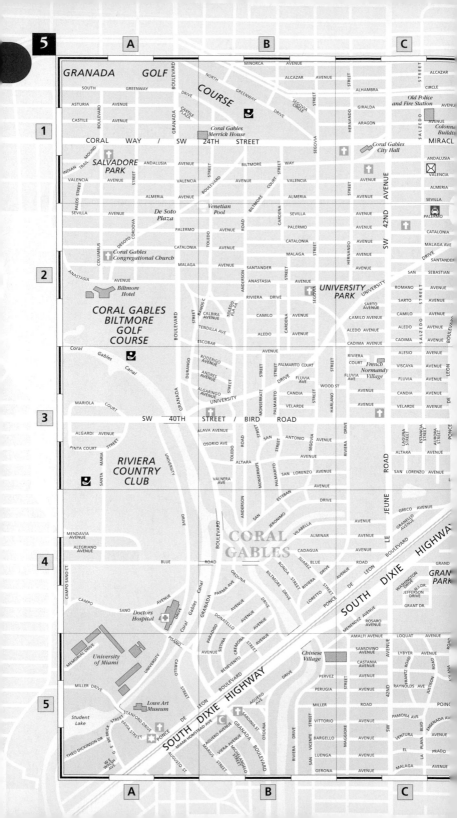

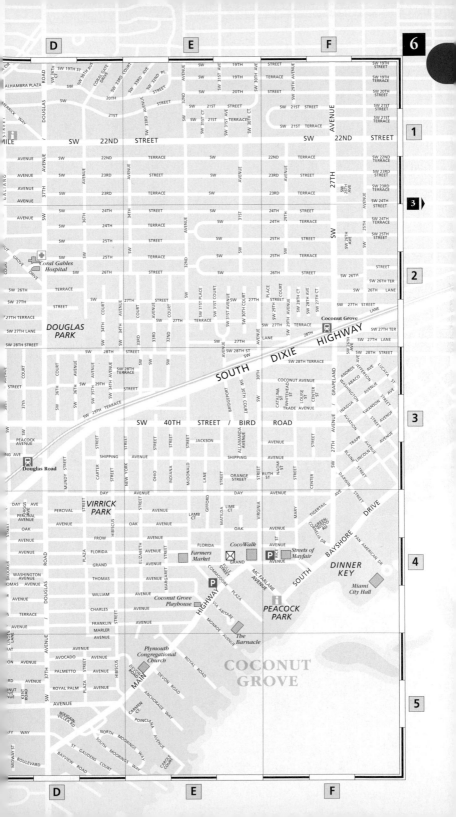

LA FLORIDE
RÉGION PAR RÉGION

La Floride d'un coup d'œil

La Floride ne se limite pas à l'univers de Walt Disney.
Elle est également réputée pour la multitude de
ses plages, où chacun trouvera son bonheur. La plupart
des sites touristiques (des monuments historiques aux
musées les plus modernes) sont également situés le long
de la côte. Mais en Floride, l'intérieur des terres est très
facile d'accès. En vous aventurant loin de l'animation
des plages, vous découvrirez de magnifiques paysages
et l'âme véritable de cette région.

*Le canoë est très prisé dans
le Panhandle, où les rivières
comme la Suwannee
traversent une végétation
luxuriante (p. 230*

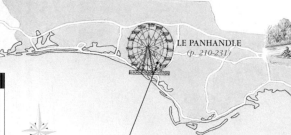

LE PANHANDLE
(p. 210-231)

LE NORD-E
(p. 188-20

*Les plages du
Panhandle, baignées
par les eaux du golfe
du Mexique, ont le
sable le plus fin de
Floride. L'été, la foule
s'y presse, comme
ici à Panama City
(p. 222-223).*

**LA
GULF COA**
(p. 232-285

*Les Busch Gardens
proposent un parc
naturel et des attractions
comme les montagnes
russes. C'est le plus grand
parc d'attractions après
Orlando (p. 250-251).*

0   75 km

*Le Ringling Museum of Art s'enorgueillit
d'une des plus belles collections publiques. Son
parc est décoré de copies de statues classiques,
comme ce Lygia au taureau (p. 256-259).*

Castillo de San Marcos, un fort du XVIIᵉ siècle, est situé dans la plus vieille ville de Floride, Saint Augustine. Il est très bien conservé grâce à ses murs de 6 m d'épaisseur (p. 200-201).

Les parcs à thèmes d'Orlando sont le principal attrait de la Floride à part ses plages. Dans cet univers imaginaire, une foule d'attractions permettront de s'évader. Le plus célèbre des parcs à thèmes est le Walt Disney World (p. 138-163), mais les Studios Universal (p. 168-173), ci-contre, et Sea World (p. 164-167) attirent aussi les foules.

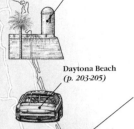

Daytona Beach (p. 203-205)

Le Kennedy Space Center (p. 182-187)

ORLANDO ET LA SPACE COAST (p. 134-187)

La Gold Coast fourmille de maisons luxueuses, comme celle de Henry Flagler, à Palm Beach. Les propriétés et les yachts situés le long de l'Intracoastal Waterway sont de pures merveilles (p. 114-121).

LES GOLD ET TREASURE COASTS (p. 106-133)

LES EVERGLADES ET LES KEYS (p. 266-289)

Le John Pennekamp Coral Reef State Park (p. 278-279)

L'Everglades National Park, tout près de Miami, est un mélange de prairies, de marais et de mangroves. C'est la région la plus sauvage de Floride (p. 272-277).

LES GOLD ET TREASURE COASTS

L es Gold et Treasure Coasts doivent leur nom aux trésors que l'on a retrouvés dans les galions échoués à proximité du rivage. Jadis, les hivers chauds de cette riche région attiraient les gens aisés. De nos jours, elle accueille des millions de vacanciers.

Les stations balnéaires qui jalonnent la barrière d'îles qui longe la côte sont enserrées entre les plages et l'Intracoastal Waterway *(p. 21)*. La Gold Coast, qui s'étire de Sebastian Inlet jusqu'à Jupiter Inlet, est relativement préservée. Elle recèle encore d'immenses plages sauvages, fréquentées par une population nombreuse mais discrète.

Coincée entre l'Atlantique et les Everglades, la Gold Coast s'étend sur 97 km, de West Palm Beach à Miami. Avant que Flagler ne fasse construire une ligne de chemin de fer à la fin du XIXᵉ siècle, cette région était peuplée d'Indiens et de rares colons blancs. De nos jours, l'urbanisation n'épargne que les parcs naturels et les terrains de golf. La Gold Coast est divisée en deux comtés. Dans celui de Palm Beach, les habitants du Nord, dont la plupart ont fait fortune dans d'autres États, étalent leurs richesses en acquérant des terrains de polo et des maisons qui atteignent plusieurs millions de dollars.

Les lieux de villégiature hivernaux que sont Palm Beach et Boca Raton illustrent la manière ostentatoire dont les Américains dépensent leur argent. Le comté de Broward (ou Greater Fort Lauderdale) forme une métropole géante. Seuls les plages et les canaux ont échappé à l'urbanisation. Dans des stations balnéaires comme Fort Lauderdale, l'atmosphère bon enfant, est plus décontractée que dans celles du comté de Palm Beach.

Vue de l'océan Atlantique du haut du phare de Jupiter Inlet

◁ Une allée verdoyante près de Worth Avenue, la rue commerçante la plus huppée de Palm Beach

À la découverte des Gold et Treasure Coasts

L a plupart des vacanciers sont principalement attirés par les plages de la région. Au nord de Palm Beach, le littoral est préservé et peu fréquenté ; au sud, la foule est plus dense. Dans les parcs côtiers, peuplés d'une multitude d'oiseaux, les paysages ont conservé leur aspect originel. Bien que les activités culturelles ne soient pas prioritaires, allez voir West Palm Beach, ses quartiers élégants et son superbe musée Norton. Les plus courageux joueront au golf, feront les magasins ou iront à la pêche – l'endroit idéal est le lac Okeechobee. Tout le long de la côte, les chambres d'hôtel sont difficiles à trouver et deux fois plus chères de décembre à avril. En été, les visiteurs peuvent bénéficier de réductions.

La mairie de Boca Raton, une œuvre d'Addison Mizner *(p. 116)*

LA RÉGION D'UN COUP D'ŒIL

Orlando

Orlando

● SEBRING

Kissimmee

Lake Istokpoga

Sarasota

OKEECHOBEE

LAKE OKEECHOBEE ⑬

Caloosahatchee

Fort Myers

CLEWISTON

EVERGLADE

Miami

Nap

0   20 km

LÉGENDE

▨	Autoroute
▨	Route principale
▨	Route secondaire
▨	Route touristique
≈	Cours d'eau
☀	Point de vue

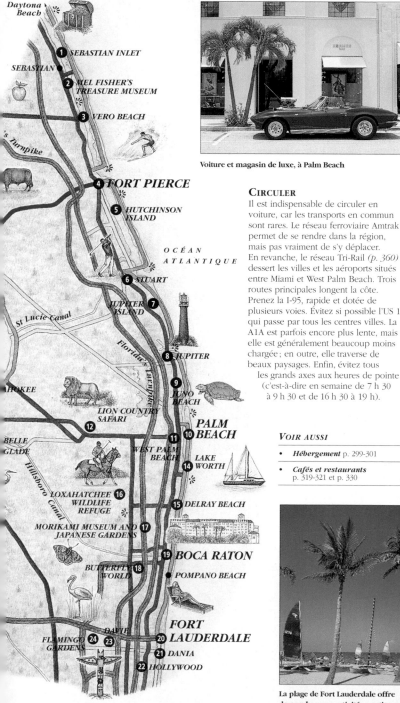

Daytona Beach

1 SEBASTIAN INLET

SEBASTIAN

2 MEL FISHER'S TREASURE MUSEUM

3 VERO BEACH

's Turnpike

4 FORT PIERCE

5 HUTCHINSON ISLAND

OCÉAN ATLANTIQUE

6 STUART

JUPITER **7** ISLAND

St Lucie Canal

Florida Turnpike

8 JUPITER

9 JUNO BEACH

AHOKEE

LION COUNTRY **12** SAFARI

PALM BEACH

11 **10**

BELLE GLADE

WEST PALM BEACH

LAKE **14** WORTH

Hillsboro Canal

LOXAHATCHEE **16** WILDLIFE REFUGE

15 DELRAY BEACH

MORIKAMI MUSEUM AND **17** JAPANESE GARDENS

19 BOCA RATON

BUTTERFLY **18** WORLD

POMPANO BEACH

DANIE FORT **20** LAUDERDALE

FLAMINGO **24** **23** GARDENS

21 DANIA

22 HOLLYWOOD

Voiture et magasin de luxe, à Palm Beach

CIRCULER

Il est indispensable de circuler en voiture, car les transports en commun sont rares. Le réseau ferroviaire Amtrak permet de se rendre dans la région, mais pas vraiment de s'y déplacer. En revanche, le réseau Tri-Rail *(p. 360)* dessert les villes et les aéroports situés entre Miami et West Palm Beach. Trois routes principales longent la côte. Prenez la I-95, rapide et dotée de plusieurs voies. Évitez si possible l'US 1 qui passe par tous les centres villes. La A1A est parfois encore plus lente, mais elle est généralement beaucoup moins chargée ; en outre, elle traverse de beaux paysages. Enfin, évitez tous les grands axes aux heures de pointe (c'est-à-dire en semaine de 7 h 30 à 9 h 30 et de 16 h 30 à 19 h).

VOIR AUSSI

- *Hébergement* p. 299-301

- *Cafés et restaurants* p. 319-321 et p. 330

La plage de Fort Lauderdale offre de nombreuses activités nautiques

Sebastian Inlet ❶

Carte routière F3. Indian River Co. 🚗
Sebastian. ℹ️ *700 Main St., (772) 589-5969.* 🌐 *www.sebastianchamber.com*

À Sebastian Inlet, l'Atlantique se mêle aux eaux saumâtres de l'Indian River, l'une des sections de l'Intracoastal Waterway *(p. 21).* La **Sebastian Inlet State Park** enjambe le canal. Ses 5 km de plages préservées en font l'un des parcs les plus prisés de Floride.

Le nord-est de la crique est l'endroit idéal pour nager. En revanche, le littoral méridional (sur Orchid Island) est l'un des meilleurs bassins de surf de la côte est de Floride. On peut assister chaque week-end à des compétitions ou louer des planches. Le parc est renommé pour ses poissons. L'embouchure de la crique est encombrée de bateaux de pêche. Les deux jetées qui avancent dans l'Atlantique et les eaux limpides de l'Indian River sont également assaillies par les pêcheurs à la ligne.

À l'extrémité sud du parc, le **McLarty Treasure Museum** retrace en détail la disparition d'un convoi naval espagnol. Le 31 juillet 1715, un ouragan fit échouer 11 galions sur les écueils peu profonds disséminés entre Sebastian Inlet et Fort Pierce. Après une escale à La Havane, ces navires retournaient en Espagne en suivant le Gulf Stream. Ils étaient chargés de richesses en provenance des colonies espagnoles du Nouveau Monde. Environ un tiers des 2 100 marins périrent. Les survivants installèrent un camp sur le site actuel du musée.

Juste après cette tragédie, les rescapés, aidés par les Indiens Ais, récupérèrent environ 80 % de la cargaison. Ce n'est qu'en 1928 que l'on redécouvrit l'une des épaves. Depuis le début des années 60, les recherches ont repris et ont mis au jour un butin estimé à plusieurs millions de dollars. Ce trésor, exposé au public, comprend des pièces d'or et d'argent, mais surtout des objets de la vie quotidienne.

Assiette espagnole, McLarty Museum

🏞️ **Sebastian Inlet State Park**
9700 S A1A, Melbourne Beach. 📞 *(321) 984-4852.*
⏰ *t.l.j.* 🚗 ♿
🌐 www.floridastateparks.com

🏛️ **McLarty Treasure Museum**
1380 N Route A1A.
📞 *(772) 589-2147.* ⏰ *t.l.j.*
🚗 ♿

Mel Fisher's Treasure Museum ❷

Carte routière F3. Indian River Co. 1322 US 1, Sebastian. 📞 *(772) 589-9875.* 🚗 *Sebastian.* ⏰ *10h-17h lun.-sam. (à partir de midi dim.).* 🚫 *Pâques, Thanksgiving, 25 déc., 1er janv.* 🚗 ♿
🌐 www.melfishers.com

Ce musée étonnant présente l'une des plus extraordinaires histoires de milliardaires partis de rien. Le

Mel Fisher, homme d'affaires et chasseur de trésors

« plus grand chasseur de trésor du monde », Mel Fischer, mourut en 1998 mais son équipe de plongeurs continue les recherches. Le musée expose le butin recueilli dans différentes épaves, dont celles échouées en 1715 et celle de l'*Atocha (p. 26)*. On peut y admirer un lingot d'or, des joyaux scintillants et des objets usuels. Des réaux espagnols d'époque et des répliques de bijoux anciens sont vendus dans la salle du Bounty.

Vero Beach ❸

Carte routière F3. Indian River Co. 🚶 *18 000.* 🚗 ℹ️ *1216 21st St, (772) 567-3941.*
🌐 www.indianriverchamber.com

La principale ville du comté d'Indian River, Vero Beach, et en particulier sa station balnéaire sur Orchid Island, respirent la richesse. Des chênes bordent les rues des quartiers résidentiels dont les maisons ne dépassent pas quatre étages. Les bâtiments en bois qui longent Ocean Drive abritent des galeries d'art et des magasins d'antiquités.

Le **Vero Beach Museum of Art** de Riverside Park, à Orchid Island, présente des expositions de qualité. Mais la ville est surtout connue pour ses plages et deux hôtels. La station balnéaire de Driftwood, au cœur de Vero Beach, a été créée en 1935 par un excentrique de la région. Il y a construit une maison avec des poutres de récupération et du bois flotté, qu'il a ensuite remplie d'un

Surfer à Sebastian Inlet est un vrai plaisir

bric-à-brac toujours visible aujourd'hui. À 11 km au nord, à Wabasso Beach, l'une des plus belles plages d'Orchid Island, s'élève le Vero Beach Resort *(p. 301)*. Le premier hôtel Disney de Floride bâti en dehors d'Orlando est un modèle d'élégance.

L'**Indian River Citrus Museum,** sur le continent, présente outils et matériel servant à la production et à la récolte des agrumes.

La station balnéaire de Driftwood, à Vero Beach

🏛 Vero Beach Museum of Art
3001 Riverside Park Drive. 📞 *(772) 231-0707.* ⬤ *Thanksgiving, 25 déc., 1ᵉʳ janv.* ♿ 🌐 *www.vbmuseum.org*

🏛 Indian River Citrus Museum
2140 14th Avenue. 📞 *(772) 770-2263.* ⬤ *10h-16h mar.-ven* ⬤ *jours fériés.* ♿

Fort Pierce ❹

Carte routière F3. St Lucie Co.
🏙 *39 500.* ✈ 🚃 🛈 *2300 Virginia Ave, (772) 462-1535.*
🌐 *www.visitstluciefla.com*

La ville de Fort Pierce tire son nom d'un poste militaire construit durant la deuxième guerre séminole *(p. 44-45).* Son principal attrait est sa barrière d'îles, accessible par deux routes qui enjambent l'Intracoastal Waterway.

Empruntez la North Beach Causeway pour aller sur North Hutchinson Island. Son extrémité sud est occupée par la **Fort Pierce Inlet State Recreation Area**. Cette magnifique plage de dunes

est très prisée des surfeurs. Au nord, sur un camp d'entraînement de la Seconde Guerre mondiale, se dresse l'**UDT-SEAL Museum**. De 1943 à 1946, 3 000 hommes-grenouilles de la Navy, regroupés en équipes de démolition sous-marines y ont appris à neutraliser les mines sous-marines et les défenses littorales. Vers 1960, ils furent rebaptisés Commandos mer, air, terre (SEAL pour Sea, Air, Land Commandos). Ce musée explique leur rôle durant la Seconde Guerre mondiale, en Corée, au Viêt-nam et au Koweït. À l'extérieur, vous pourrez admirer les véhicules du SEAL.

À 800 m de là, Jack Island, péninsule située sur l'Indian River est une réserve couverte de mangroves regorge d'oiseaux. Une petite piste mène à une tour d'observation.

Homme grenouille

Le **St Lucie County Historical Museum** est situé sur la route méridionale reliant Fort Pierce à Hutchinson Island. La salle au galion contient des objets retrouvés dans les épaves de 1715 ainsi que les reconstitutions d'un camp séminole et d'un grand magasin du début du siècle. Vous y verrez une maison Cracker *(p. 28)*, construite en 1907 et transportée jusqu'à son site actuel en 1985.

🏕 Fort Pierce Inlet SRA
905 Shorewinds Drive, N Hutchinson Island. 📞 *(772) 468-3985.* 🅿 ♿ *limité.*

🏛 UDT-SEAL Museum
3300 N Route A1A. 📞 *(772) 595-5845.* ⬤ *janv.-avr. t.l.j. ; mai-déc. : mar.-dim.* ⬤ *jours fériés.* 🅿 ♿

🏛 St Lucie County Historical Museum
414 Seaway Drive. 📞 *(772) 462-1795.* ⬤ *10h-16h mar.-sam. (12h-16h dim.)* ⬤ *jours fériés.* 🅿 ♿ *limité.*

Une étiquette d'agrumes datant de 1937

LA CULTURE DES AGRUMES À INDIAN RIVER

Au XVIᵉ siècle, les Espagnols implantèrent les agrumes en Floride. Chaque bateau devait embarquer 100 graines d'Espagne. On les plantait ensuite dans les colonies. Le climat de la Floride s'avéra idéal et les arbres prospérèrent, notamment le long de l'Indian River, de Daytona à West Palm Beach. Cette région devint le centre de production d'agrumes le plus important de l'État. En 1931, les fermiers créèrent une marque déposée, l'Indian River Citrus League, afin de protéger leur production. Un tiers des agrumes de Floride et 75 % de ses raisins proviennent de cette région. On utilise la majorité des oranges pour en faire du jus, car elles sont sucrées et juteuses grâce au climat, au sol et aux précipitations.

Le Gilbert's Bar House Refuge Museum,
à Hutchinson Island

Hutchinson Island ❺

Carte routière F3. St Lucie Co/Martin Co. 🏠 5 000. 🚩 1900 Ricou Jensen Beach, (772) 334-3444.
Ⓦ www.jensenbeachchamber.org

C ette barrière d'îles longue de 32 km possède de magnifiques plages.
Au sud, les adeptes du bronzage mettent le cap sur Sea Turtle Beach et le parc tout proche de Jensen Beach, près du croisement des routes 707 et A1A. Stuart Beach, au bout de la voie reliant l'Indian River à Stuart, est très fréquentée. On peut y visiter l'**Elliott Museum,** créé en 1961, en l'honneur de l'inventeur Sterling Elliott, dont certaines trouvailles originales sont exposées, à côté de voitures anciennes, de reconstitutions d'intérieurs du XIXᵉ et du début du XXᵉ siècle et d'objets et de documents d'intérêt local. À 1,5 km au sud, vous pouvez vous rendre au **Gilbert's Bar House of Refuge Museum**. Érigé en 1875, ce bâtiment fait partie des dix abris créés

sur la côte est par le Lifesaving Service pour recueillir les victimes de naufrage. Les chambres spartiates de cette maison à bardeaux montrent l'âpreté des conditions de vie des premiers sauveteurs. À l'extérieur, on peut voir la réplique d'un navire de sauvetage des années 1840. Derrière ce refuge s'étend la **Bathtub Beach,** la plus belle plage de l'île. Cette piscine naturelle formée par un récif de grès est un lieu de baignade sûr.

🏛 Elliott Museum
825 NE Ocean Blvd. 📞 (772) 225-1961. 🕐 10h-16h lun.-sam. (13h-16h dim.) ⬤ Pâques, 4 juil., Thanksgiving, 25 déc., 1ᵉʳ janv. 🖼 ♿
🏛 Gilbert's Bar House of Refuge Museum
301 SE MacArthur Blvd. 📞 (772) 225-1875. 🕐 mar.-dim. ⬤ Pâques, Thanksgiving, 25 déc., 1ᵉʳ janv. 🖼 ♿

Stuart ❻

Carte routière F3. Martin Co. 🏠 17 000. 🚩 1650 S Kanner Highway, (772) 287-1088. Ⓦ www.goodnature.org

L a meilleure manière de rejoindre la principale ville du comté de Martin consiste à emprunter la route qui enjambe l'Indian River à partir de Hutchinson Island. Entouré de riches résidences et de terrains de golf, le centre ville de Stuart a été

rajeuni, mais il est traversé par les autoroutes surchargées de la côte. Au sud de Roosevelt Bridge, le long de Flagler Avenue et d'Osceola Street, promenez-vous le long de la rivière et admirez les bâtiments des années 20 et les galeries d'art. Le soir, bars et restaurants accueillent des concerts.

Un geai des broussailles
de Floride, à Jupiter Island

Jupiter Island ❼

Carte routière F4. Martin Co. 🏠 200. 🚩 800 N US 1, (561) 746-7111. Ⓦ www.jupiterfl.org

C ette île abrite de riches quartiers résidentiels et de très belles plages publiques. À l'extrémité nord, le **Hobe Sound National Wildlife Refuge** comprend des mangroves, des dunes et 5 km de plages. L'autre moitié du site consiste en une bande de sable recouverte de pins et de broussailles longeant l'Intracoastal Waterway. Ce parc ornithologique héberge notamment des geais des broussailles de Floride. Il y a un autre parc naturel près de la jonction de l'US1 et de l'A1A. Un peu plus loin au sud, la **Blowing Rocks Preserve** (les rochers souffleurs) possède une plage très étonnante. Lors des tempêtes, les cavités calcaires du rivage expulsent l'eau vers le haut, d'où le nom du site.

🦅 Hobe Sound National Wildlife Refuge
13640 SE Federal Hwy. 📞 (772) 546-6141. 🖼 plage. **Plage** 🕐 t.l.j. **Parc naturel** 📞 (772) 546-2067. 🕐 lun.ven. ⬤ jours fériés.

Le café Riverwalk dans Saint Lucie Street, à Stuart

Aux environs

Le **Jonathan Dickinson State Park**, qui porte le nom d'un naufragé échoué là en 1696, présente une flore variée : mangroves, pins parasols et un bois de cyprès situé près de la rivière Loxahatchee. On peut s'y promener à pied ou à cheval, louer un canoë ou sillonner en bateau la rivière où vivent des alligators, des lamantins, des balbuzards et des hérons.

Jonathan Dickinson State Park
16450 SE Federal Hwy.
(772) 546-2771. t.l.j.
limité.

Jupiter ❽

Carte routière F4. Palm Beach Co.
35000. *800 N US 1, (561) 746-7111.* www.jupiterfl.org

Jupiter est surtout connue parce qu'elle héberge le célèbre acteur Burt Reynolds. C'est là que viennent s'entraîner au printemps les Expos de Montréal et les Cardinals de St Louis. Jupiter est aussi connue pour ses plages. **John D. MacArthur Beach** sur Singer Island est une des plus belles de l'État. Le **Loxahatchee River Historical Society and Museum** est consacré à la vie des premiers habitants de la région, les Indiens Hobe, et à celle des colons anglais qui s'y sont installés au XVIIIᵉ siècle.

Le phare de Jupiter Inlet, vu de Jupiter Beach Park

Loxahatchee River Historical Society and Museum
805 N US 1. *(561) 747-6639.* 10h-17h mar.-ven., 12h-17h sam. et dim. jours fériés.

John D. MacArthur State Park
Singer Island (traverser l'Intracoastal Waterway sur Blue Heron Blvd, tourner au nord sur Ocean Blvd). t.l.j.

Aux environs Le **Jupiter Beach Park,** au sud de Jupiter Inlet, abrite une magnifique plage au sable couleur chocolat qui fourmille de pélicans et de pêcheurs. De là, on voit très bien le **phare de Jupiter Inlet**. Construit en 1860, c'est le plus ancien bâtiment du comté. Au pied du phare, un ancien entrepôt à pétrole abrite un petit musée. Le dimanche, les visiteurs du phare pourront avoir accès gratuitement au 1896 Dubois House Museum, meublé dans le style « pionier » de la fin du XIXᵉ siècle. Non loin se trouve l'immense **Carlin Park**, géré par le Parks and Recreations Department de Palm Beach. Il offre des aires de jeux, de pique-nique, un bar et une plage surveillée.

Phare de Jupiter Inlet
Beach Rd par l'US 1. *(561) 747-8380.* 10h-16h sam.-mer. jours fériés.

Carlin Park
400 South State Road, A1A. *(561) 964-4420.* t.l.j. Surveillance 9h-17h20.

Juno Beach ❾

Carte routière F4. Palm Beach Co.
2 700. *1555 Palm Beach Lakes Blvd, (561) 471-3995.*

Juno Beach (plage de sable fin occupée par quelques immeubles de standing) et la plage qui s'étend dans le nord de Jupiter Inlet comptent parmi les principaux lieux de reproduction des tortues caouanes. À Loggerhead Park, niché entre l'US 1 et l'A1A, le **Marinelife Center** expose des carapaces de tortues et des œufs conservés dans des bocaux de formol. Les tortues blessées y sont soignées. Une piste conduit à la plage où les tortues se reproduisent en été.

Marinelife Center
14200 US 1. *(561) 627-8280.* 10h-16h mar.-dim., 12h-15h dim. 25 déc. www.marinelife.org

---

LES TORTUES MARINES DE FLORIDE

Les côtes du centre est de la Floride sont le plus important lieu de reproduction des tortues de tous les États-Unis. De mai à septembre, les femelles déposent de nuit une centaine d'œufs dans le sable. Deux mois plus tard, c'est l'éclosion. Les petits se jettent dans l'océan, profitant de l'obscurité. Les tortues marines, dont la caouane, sont en voie de disparition, car les lumières électriques désorientent les jeunes. La meilleure manière d'assister à la ponte d'une tortue est de participer à une visite organisée. Ces expéditions nocturnes sont très populaires tout le long de la côte. Pour plus de détails, appelez les chambres de commerce, par exemple celle de Juno Beach.

Une jeune caouane se jette pour la première fois à l'eau

Palm Beach ⑩

Insulaire, aux sens propre et figuré à la fois, Palm Beach a longtemps symbolisé la fortune aux États-Unis. Henry Flagler, pionnier en matière de développement de la Floride du Sud *(p. 121)*, a créé ce lieu de villégiature hivernale pour gens fortunés à la fin du XIXᵉ siècle. Dans les années 20, l'architecte Addison Mizner *(p. 116)* lui a donné un nouvel élan et l'a transformé en y construisant de somptueuses résidences de style espagnol. Jusque dans les années 60, la ville était fermée l'été ; même les feux de circulation étaient démontés. Aujourd'hui, Palm Beach reste ouverte toute l'année, même si c'est un lieu de villégiature essentiellement hivernal. Dans ce qui est, paraît-il, la ville la plus riche des États-Unis, les estivants dévalisent les magasins haut de gamme et fréquentent les clubs privés et les bals de charité.

L'horloge de Tiffany

L'entrée de Via Roma donne accès à une charmante allée

Worth Avenue est La Mecque du shopping pour les plus fortunés

Worth Avenue

Si vous voulez connaître Palm Beach, allez sur Worth Avenue. Pendant que leurs patrons y admirent une robe Armani ou une icône russe, les chauffeurs font tourner le moteur de leur Rolls Royce, afin de ne pas arrêter la climatisation. Traversant quatre pâtés de maison de Lake Worth à l'Atlantique, Worth Avenue est l'artère la plus célèbre de la ville. Worth Avenue et l'architecture Addison Mizner sont devenues célèbres avec la construction en 1918 de l'Everglades Club, à son extrémité ouest. Fruit de la collaboration de Mizner et de Paris Singer (l'héritier de la firme des machines à coudre), ce club devait

servir d'hôpital pour les officiers blessés durant la Première Guerre mondiale. Mais il n'accueillit jamais un seul patient et devint en fait le pivot de la vie sociale de la ville. Aujourd'hui, ses loggias et ses cours de style hispanique sont toujours réservées à ses membres. De l'autre côté de la rue, la Via Mizner et la Via Parigi sont bordées de boutiques et de restaurants aux couleurs vives qui contrastent avec l'extérieur plutôt sobre de l'Everglades Club. Mizner a créé ces allées piétonnes dans les années 20. Elles mettent en valeur Worth Avenue. Inspirées des rues

Une fontaine de la Via Mizner

des villages espagnols, ces allées abritent une ébauche d'arches, de bougainvilliers, de fontaines et de cours. En surplomb s'élèvent la tour de bureaux et la villa que Mizner a conçues pour son propre usage. Le premier étage de la tour abritait une salle d'exposition pour ses œuvres en céramique et fut le premier centre commercial de l'avenue. Une promenade relie ces deux bâtiments et donne accès à la zone commerciale de la Via Mizner. Les autres rues débouchant de Worth Avenue, sont du même style, mais sont plus modernes et très fleuries. Ne manquez pas la Via Roma ni les cours qui relient la Via de Lela et la Via Flora.

Worth Avenue, photographiée en 1939 par Bert Morgan

Les boutiques de Worth Avenue

Worth Avenue et les rues voisines sont l'essence même de Palm Beach, avec leurs 250 magasins d'antiquités galeries d'art et boutiques de vêtements. Leurs façades assez éclectiques mélangent le style hispanique cher à Mizner et à l'Art déco. Les vitrines sont à leur avantage la nuit, quand elles sont toutes illuminées. Certaines pratiquent le second degré pour exposer leurs richesses,

Un collier de Lindsay Brattan

par exemple de faux toasts de caviar ou encore un mannequin habillé en majordome. En 1979, une Rolls Royce équipée d'une lame de bulldozer a même défoncé – de manière symbolique – le sol de l'Esplanade, à l'extrémité est de l'avenue. C'est ce genre d'exhibitions tape-à-l'œil qui caractérise le mieux Worth Avenue et la distingue des autres rues commerçantes du monde.

LES BOUTIQUES CHIC DE WORTH AVENUE

Worth Avenue regorge de boutiques tape-à-l'œil : joailleries (certaines sont spécialisées dans les imitations de qualité), échoppes de prêt-à-porter, magasins de cadeaux fantaisie, boutiques de créateurs et grandes surfaces.

Cartier vend les plus beaux cadeaux qui soient, notamment des bijoux en or, des stylos et, bien sûr, les célèbres montres

Tiffany & Co, surtout connu pour sa joaillerie (dont des créations exclusives de Paloma Picasso) et son argenterie, vend également des parfums et de la maroquinerie.

Saks Fifth Avenue, installé sur l'élégante Esplanade piétonne, comprend deux étages de vêtements de luxe.

Greenleaf and Crosby, établi depuis 1896, possède une façade Art déco.

Emmanuel Ungaro compte parmi les grands couturiers de Worth Avenue. Ses vêtements sont à la fois chic et originaux. L'hiver, les vitrines sont renouvelées chaque semaine.

Meissen Shop propose la plus vaste gamme d'objets en porcelaine de Meissen du monde.

À la découverte de Palm Beach

L'esprit d'Addison Mizner souffle sur tout Palm Beach. L'architecte américain a non seulement dessiné plusieurs bâtiments, il a aussi influencé de nombreux collègues. Ses contemporains lui ont emprunté beaucoup d'idées stylistiques qu'un de ses biographes a définies en termes ironiques de «bâtardo-hispaniquo-mauresquo-romano-gothiquo-Renaissance-poussons les cours à la hausse et au diable l'avarice». Palm Beach regorge d'édifices datant des années 20 de Marion Wyeth, Maurice Fatio et Howard Major et d'imitations plus récentes. Admirer les résidences chic est d'ailleurs une activité fondamentale à Palm Beach.

À la découverte de Palm Beach

Les quartiers résidentiels du Nord sont sobres. Leafy Cocoanut Row est bordée de résidences luxueuses, mais c'est le long de la route parallèle, South County Road, que l'influence de Mizner est la plus évidente (dans l'architecture éclectique de la rue ou de l'hôtel de ville, construit en 1926 et parfaitement restauré). Tout près, le Mizner Memorial Park comprend une fontaine, un étroit bassin flanqué de palmiers et la Phipps Plaza (aux rebords de fenêtres carrelés et aux passerelles recouvertes de fleurs). Mizner a également dessiné les plans de la

Fontaine du Mizner Memorial

maison corail au n° 264. Le cottage tropical de Howard Major, daté de 1939, a des influences chinoises.

Si vous avez le temps, flânez dans les rues à l'ouest de South County Road, où se mêlent maisons de style Mizner et bungalows du début du siècle, posés dans des jardins ombragés. La rue la plus imposante est Royal Palm Way. Suivre ses allées bordées de palmiers est un itinéraire agréable vers Royal Palm Bridge, un excellent point de vue sur les yachts de Lake Worth, encore plus magnifiques en décembre lorsqu'ils arborent des couleurs vives lors de la parade annuelle des bateaux.

Un panneau mural, bibliothèque de la Society of the Four Arts

🏛 Society of the Four Arts

2 Four Arts Plaza. 📞 *(561) 655-7226.* **Galerie et jardins** *10h-17h lun.-sam., 14h-17h dim.* ● *mai-oct. : dim.* **Bibliothèque** ☐ *10h-17h lun.-ven., 9h-13h sam.* ● *mai-oct. sam. ; dim. ; jours fériés.* ♿

Fondée en 1936, la Society of the Four Arts comprend deux bibliothèques, une salle d'exposition et un auditorium. À l'origine, la galerie et l'auditorium étaient un club privé conçu par Mizner. L'Italianate Four Arts Library (dessiné par Maurice Fatio) est décoré de peintures murales représentant l'art, la musique, le théâtre et la littérature. Les terrains derrière le bâtiment sont décorés d'un jardin à la chinoise et de bronzes modernes.

LES FANTAISIES HISPANIQUES DE MIZNER

La Via Mizner (p. 114) est typique du style de Mizner

Addison Mizner (1872-1933), originaire de New York, découvrit Palm Beach en 1918, pendant une convalescence. Il y conçut des maisons et changea l'apparence de la ville, mais aussi celle de toute la Floride *(p. 29)*. S'inspirant des anciens bâtiments espagnols, Mizner créa un style architectural propre. Il développa les loggias ou les cages d'escalier extérieures, afin de s'adapter aux températures de la région. Il fit couvrir les murs de lait condensé

Addison Mizner dans les années 20

frotté à la laine de verre afin de leur donner une patine.

Mizner devint bientôt millionnaire. Son succès était autant dû à sa vision de l'architecture qu'à son aptitude à se faire admettre parmi ses clients potentiels. Il porta ensuite son attention sur Boca Raton *(p. 126-127)*, mais l'arrêt du boom immobilier en Floride à la fin des années 20 lui porta un coup fatal. Il dut même demander à ses amis de payer ses factures.

🏛 Hibel Museum of Art

701 Lake Ave, Lake Worth.
📞 *(561) 622-6872.* 🕐 *11h-17h mar.-sam., 13h-17h dim.*
⬤ *Thanksgiving, 25 déc., 1ᵉʳ janv.* ♿
W *www.hibelmuseum.org*

Edna Hibel, qui est née en 1917 à Boston et qui vit à Singer Island *(p. 123)*, a surtout peint des portraits de mères et d'enfants du monde entier. Elle a utilisé toutes les surfaces, bois, soie, cristal ou porcelaine. Ce musée, fondé en 1977 par deux collectionneurs des œuvres de Hibel, rassemble 1 500 œuvres.

Brittany and Child (1994), d'Edna Hibel (huile, enduit et or sur soie)

🏘 The Breakers

1 South County Rd. 📞 *(561) 655-6611.* 📷 *mer. après-midi.* ♿

The Breakers est le troisième hôtel érigé sur ce site. Cet énorme bâtiment Renaissance surplombe le plus ancien terrain de golf de Floride. Construit en 1895, l'hôtel a brûlé en 1903. Reconstruit au même endroit en 1925, il fut de nouveau victime d'un incendie, provoqué, dit-on, par le fer à friser d'une cliente. L'hôtel actuel a été construit en un an, ce qui relève du miracle. Ses salles de bal accueillent de nombreux galas et constituent un pivot de la vie sociale de Palm Beach. The Breakers vous réservera un accueil chaleureux, même si vous n'êtes pas client. Vous pourrez assister à un match de croquet, prendre un milk-shake dans son café de style ancien ou flâner dans le hall (au plafond peint à la main) et dans les salons. Pour plus d'informations, suivez la visite guidée hebdomadaire

Ces immenses limousines attendent les clients de l'hôtel Breakers

conduite par «l'historien maison». Au sud de l'hôtel se dressent des résidences en bois du XIXᵉ siècle. C'est tout ce qui reste des Breakers Row, des cabines louées aux vacanciers les plus riches de la saison d'hiver.

🏘 La banlieue de Palm Beach

La haute société de Palm Beach se cache dans des résidences de plusieurs millions de dollars. Certaines ont été construites par Mizner ou ses disciples dans les années 20. Les autres, plus récentes, offrent tous les styles, du néo-classique à l'Art déco. Le moyen le plus facile de les admirer consiste à s'asseoir sur la corniche qui longe South Ocean Boulevard («l'allée des résidences»). La maison géorgienne du n° 126 appartient à Estée Lauder. Le n° 720, construit par Mizner en 1919, a été la propriété de John Lennon. Au n° 1100 se dresse Mar-a-Lago, la plus grande résidence de Palm Beach avec ses 58 chambres, ses 33 salles de bains et ses

3 abris anti-aériens. Construite en 1927 par Joseph Urban et Marion Wyeth, elle a été achetée en 1985 par Donald Trump. Il en fit un club privé dont les droits d'adhésion s'élèvent à 50000 dollars. Les résidences du Nord sont plus discrètes. Le n° 513 de North County Road abrite la plus grande propriété de famille de Palm Beach. Le n° 548 aurait été vendu pour 75 millions de dollars. Le n° 1095 servait jusqu'en 1995 de retraite hivernale à la famille Kennedy. Afin de décourager les curieux, la vitesse minimale est fixée à 40 km/h. Se déplacer à vélo est donc plus pratique. Vous pourrez en louer *(p. 119)* et profiter des pistes cyclables. La Lake Tail, longue de 5 km, offre l'itinéraire le plus intéressant. Elle est combinée à une piste d'exercices pour les riverains. Elle s'étend de Worth Avenue à l'extrémité nord de l'île, longeant Lake Worth ainsi que l'arrière des résidences. La partie la plus belle de cette piste est le nord de Dunbar Road.

Mar-a-Lago est la plus extravagante maison de la banlieue de Palm Beach

Promenade dans Palm Beach

Délimité par les grands axes que sont South County Road et Cocoanut Row, ce circuit relie les principaux sites touristiques du centre de Palm Beach, y compris Whitehall, l'impressionnante maison de Henry Flagler. La partie qui longe Lake Drive South rejoint la piste cyclable de Palm Beach, qui flanque Lake Worth et continue jusqu'en banlieue *(p. 117)*. Vous pourrez suivre ce circuit en voiture, mais aussi à vélo, à pied, ou à patins à roulettes, ce qui vous permettra d'éviter les gardiens de la paix. Extrêmement zélés, ces derniers patrouillent dans de petites voitures de golf.

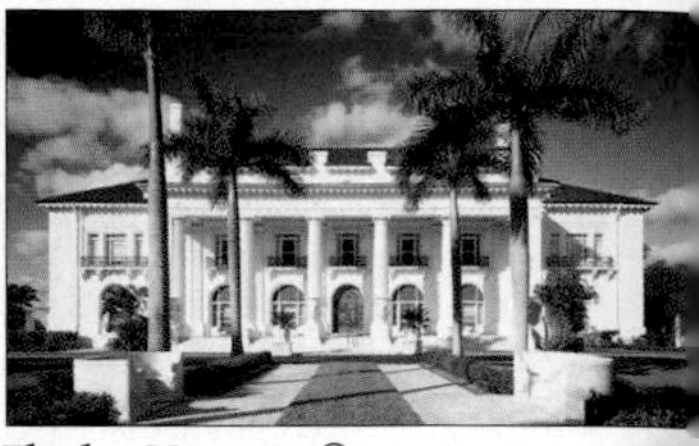

Flagler Museum ①
À l'origine résidence privée des Flagler, Whitehall a ouvert ses portes au public en 1959. Très bien restauré, il est garni de meubles d'époque.

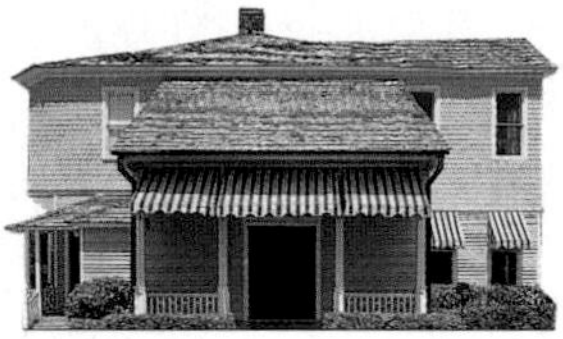

Sea Gull Cottage ②
La résidence d'hiver des Flaglers, datant de 1886, est le plus ancien bâtiment de Palm Beach.

La chapelle royale de Poinciana ③
fut érigée en 1896 par Flagler pour ses invités.

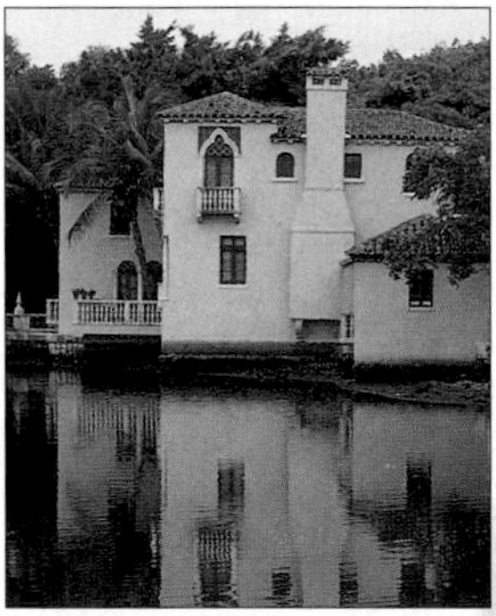

Casa de Leoni ⑤
Avec cette maison, située au n° 450 de Worth Avenue, Mizner a lancé la mode du gothique vénitien.

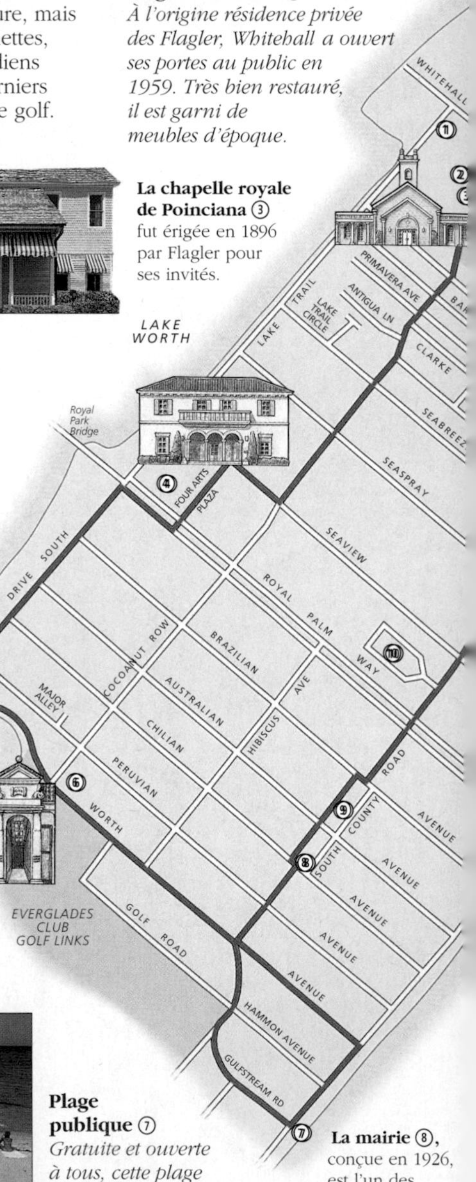

Légende

Itinéraire du circuit

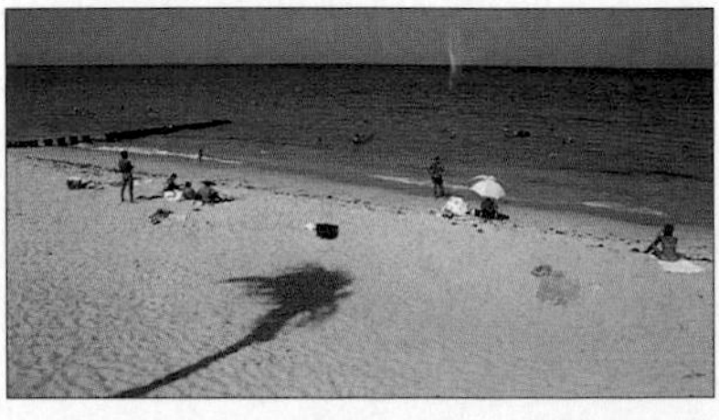

Plage publique ⑦
Gratuite et ouverte à tous, cette plage ne présente aucun trait caractéristique.

La mairie ⑧, conçue en 1926, est l'un des points de repère de Palm Beach.

Mode d'emploi

Carte routière F4. Palm Beach Co. 👥 *10 000.* ✈ *5 km à l'ouest.* 🚆 *Amtrak et Tri-Rail, 201 S Tamarind Ave, West Palm Beach, (800) 872-7245.* 🚌 *201 South Tamarino Ave. West Palm Beach, (800) 231-2222.* 🚍 *41, 42, 5 de West Palm Beach.* ℹ *45 Cocoanut Row, (561) 655-3282.* 🎭 *Artigras (fév.).*

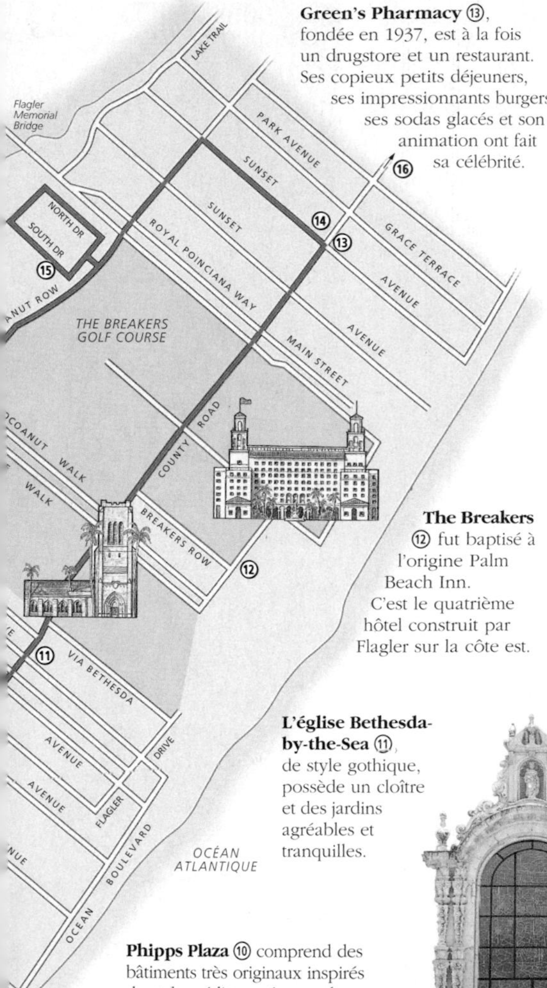

Green's Pharmacy ⑬, fondée en 1937, est à la fois un drugstore et un restaurant. Ses copieux petits déjeuners, ses impressionnants burgers, ses sodas glacés et son animation ont fait sa célébrité.

The Breakers ⑫ fut baptisé à l'origine Palm Beach Inn. C'est le quatrième hôtel construit par Flagler sur la côte est.

L'église Bethesda-by-the-Sea ⑪, de style gothique, possède un cloître et des jardins agréables et tranquilles.

Phipps Plaza ⑩ comprend des bâtiments très originaux inspirés du style méditerranéen ou de celui d'Espagne du Sud-Ouest.

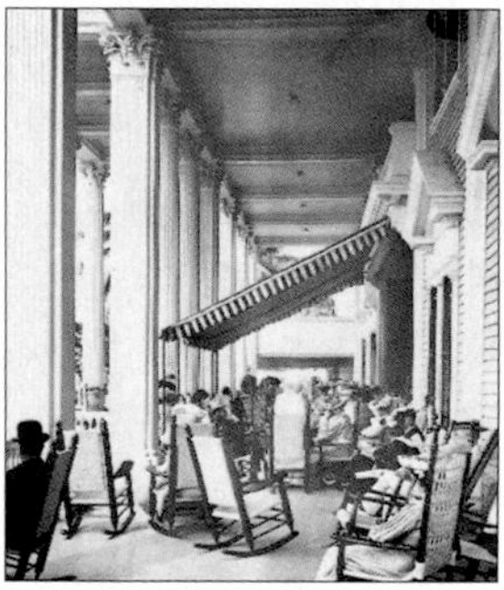

Old Royal Poinciana Hotel ⑮
Cet hôtel de 2 000 chambres construit en bois était un lieu de retraite hivernale pour les riches. Brûlé en 1935, il n'en reste que la coupole et la serre.

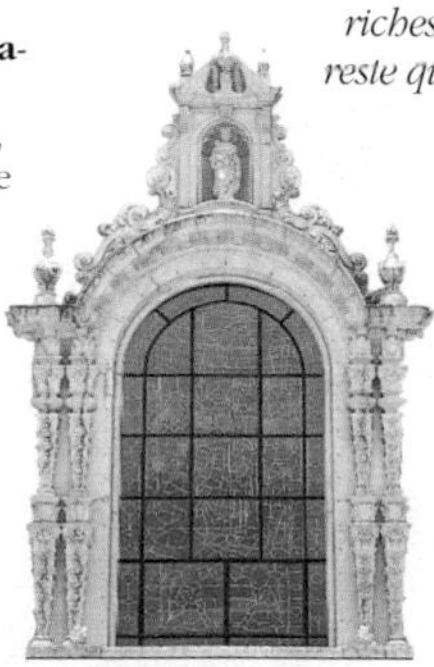

St Edward's Church ⑭
Achevée en 1927, cette église de style néo-hispanique se caractérise par un clocher et une entrée baroques en moulage.

Carnet de route

Itinéraire : *7 km.*
Point de départ : *adoptez le sens des aiguilles d'une montre, car Worth Avenue est en sens unique (de l'est vers l'ouest). Le Palm Beach Bicycle Trail Shop, 223 Sunrise Avenue, tél. : (561) 659-4583, ouvre tous les jours. Partez de là si vous louez un vélo, un tandem ou des patins.*
Stationnement : *vous aurez besoin de pièces de 25 cents pour les parcmètres. Les places sont souvent gratuites, mais juste pour une heure.*

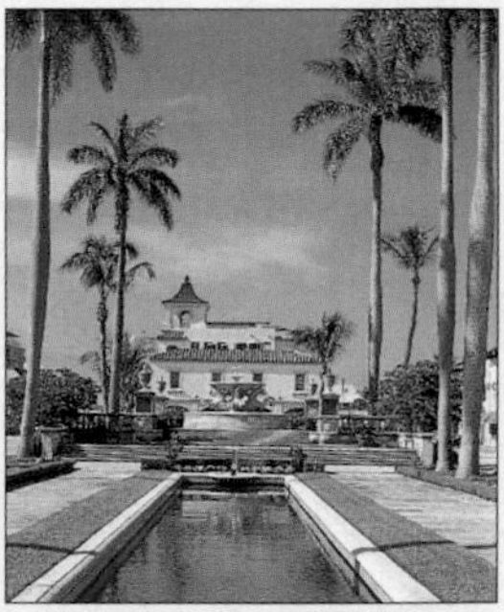

La fontaine du Memorial Park, dans le centre de Palm Beach ⑨

Les sites

① Flagler Museum *(p. 120-121)*
② Sea Gull Cottage
③ Royal Poinciana Chapel
④ Society of Four Arts *(p. 116)*
⑤ Casa de Leoni
⑥ Worth Avenue *(p. 114-115)*
⑦ Plage publique
⑧ Hôtel de ville *(p. 116)*
⑨ Memorial Park *(p. 116)*
⑩ Phipps Plaza *(p. 116)*
⑪ Bethesda-by-the-Sea Church
⑫ The Breakers *(p. 117)*
⑬ Green's Pharmacy
⑭ St Edward's Church
⑮ Old Royal Poinciana Hotel
⑯ Hibel Museum of Art *(p. 117)*

Le Flagler Museum

Détail en bronze de la porte

A près sa construction en 1902, Whitehall fut appelé le «Taj Mahal d'Amérique du Nord». Henry Flagler offrit cette demeure de 55 pièces et de 4 millions de dollars à sa troisième femme, Mary Lily Kenan, en guise de cadeau de mariage. Il ne s'agissait pourtant que d'une résidence d'hiver, où les Flagler se rendaient chaque année dans leur train privé, le Railcar n° 91 *(p. 47)*, aujourd'hui exposé au Flagler Kenan Pavilion à l'extrémité sud des pelouses. En 1925, soit douze ans après la mort de Flagler, une tour de dix étages fut ajoutée derrière Whitehall, qui devint un hôtel. Jean Flagler Matthews racheta la maison de son grand-père en 1959. Après de coûteuses restaurations, elle le transforma en musée.

Salle de bal
Le Bal poudré *de 1903 fut le plus somptueux des bals donnés dans cette salle.*

La chambre aux roses jaunes
est dotée de meubles assortis au papier peint.

Salle de billard suisse

Flagler Kenan Pavilion

★ **Salle de bains des maîtres**
La salle de bains privée des Flagler est équipée d'une baignoire encastrée dans le sol, de toilettes, d'une douche et de cet incroyable double lavabo en onyx.

La chambre des maîtres contient des meubles recouverts de soie jaune, copie du tissu d'origine.

À NE PAS MANQUER

★ Salle de bains des maîtres

★ Hall en marbre

★ Chambre des invités

Bibliothèque
Tapissée de livres à reliure de cuir et riche en détails ornementaux cette pièce rouge et toute en boiseries est très intime.

Salon
Des draperies en soie tapissent les murs du salon de musique de style Louis XIV.

MODE D'EMPLOI

Whitehall Way. ☎ (561) 655-2833. ◯ 10 h-17 h mar.–sam., 12 h-17 h dim. ● Thanksgiving, 25 déc., 1er janv. 🅿 limité. 📷 normalement disponible. 🛗

★ Hall en marbre
Cette grande entrée en marbre et au plafond peint abrite des chaises dorées ainsi que des tableaux, dont le portrait ci-contre de Jean Flagler Matthews.

Le portique est est supporté par de massives colonnes cannelées. Les escaliers extérieurs sont ornés d'urnes.

★ Chambre des invités
Au début du siècle, les invités affluèrent à Whitehall. Les plus riches et les plus célèbres séjournaient dans cette chambre aux couleurs crème et rouge Rose du Barry.

Salon

Entrée principale

Le grand escalier est composé de différents marbres et décoré de barreaux en bronze aux dessins fort complexes.

LE PALM BEACH DE FLAGLER

En 1878, un navire espagnol, le *Providencia*, s'échoua près de Lake Worth. Sa cargaison de noix de coco se répandit alors sur la plage où elle germa. Henry Flagler, qui travaillait sur les plans de développement de la côte est de la Floride, repéra ce lieu vers 1890. Enchanté par la beauté de cette plage plantée de palmiers, il acheta immédiatement ce terrain où il ouvrit en 1894 le Royal Poinciana Hotel *(p. 119).* C'est ainsi qu'il lança la station balnéaire de Palm Beach.

Flagler et sa troisième épouse, Mary Lily, en 1910

Ces gratte-ciel surplombent les eaux calmes de Lake Worth

West Palm Beach ⓫

Carte routière F4. Palm Beach Co.
🏙 78 000. ✈ 🚆 Amtrak et Tri-Rail.
🚌 🛈 1555 Palm Beach Lakes Blvd,
(561) 471-3995.

À la fin du XIXe siècle, Henry Flagler (p. 121) décida de déplacer les résidences ouvrières et les activités de services de Palm Beach sur le continent, hors de la vue des touristes. Il créa ainsi West Palm Beach, qui est depuis le centre d'affaires du comté de Palm Beach.

Depuis quelques décennies, cette ville a réussi à se forger une identité propre, même si elle reste au second plan, derrière sa voisine beaucoup plus petite mais infiniment plus attrayante. Les gratte-ciel aux lignes pures du centre de West Palm Beach n'attirent que des hommes d'affaires, alors qu'au nord se dresse le quartier historique, mais déclinant de Northwest. Les banlieues regroupent principalement des quartiers résidentiels et des terrains de golf. Même s'il n'est pas question de passer toutes vos vacances à West Palm Beach, ce lieu offre une vue panoramique sur Lake Worth et quelques attractions qui valent le détour, tel le Norton Museum of Art, considéré par le New York Times comme le meilleur musée du sud-est des États-Unis.

LA SAISON DU POLO

Rien ne symbolise mieux la classe supérieure de Palm Beach que l'engouement qu'elle nourrit pour le polo. Les dimanches après-midi, de décembre à avril, suivez la foule qui se rend dans les clubs de Wellington, de Boca Raton ou de Lake Worth. Tous accueillent les grands championnats de polo. Les tickets sont bon marché et l'on vous gratifiera peut-être, au cours du match, d'un commentaire sur le jeu. Les spectateurs apportent souvent un pique-nique, arrosé de champagne. Pour plus d'informations, appelez le club de Wellington, (561) 204-687, de Boca Raton, (561) 994-1876, ou de Lake Worth, (561) 965-2057.

Le polo est une distraction très répandue à Palm Beach

🏛 South Florida Science Museum

4801 Dreher Trail N. 📞 (561) 832-1988. ⏰ t.l.j. ⬤ Thanksgiving, 25 déc. 🅿 ♿ 🅦 www.sfsm.org
Comme beaucoup de musées en Floride, cette institution est conçue en priorité pour les enfants. On y trouve une foule de démonstrations sur la lumière, le son, les couleurs ou la météorologie. Vous pourrez ainsi créer des nuages et même toucher une mini-tornade. Visitez-le de préférence le vendredi soir : vous pourrez utiliser le télescope de l'observatoire et assister à un spectacle de lasers dans le planétarium.

🏛 Norton Museum of Art

1451 South Olive Ave. 📞 (561) 832-5196. ⏰ lun.-sam. ⬤ jours fériés. 🅿 ♿ 🅦 www.norton.org
Ce musée, le plus grand de Floride, abrite probablement la plus belle collection de l'État ainsi que des expositions itinérantes de qualité. Il a été fondé en 1941, à partir de la centaine de tableaux appartenant à Ralph Norton, un magnat de l'acier qui s'était retiré à West Palm Beach deux ans auparavant. Sa femme et lui avaient des goûts très éclectiques, qui se reflètent dans les œuvres exposées.

Le musée est divisé en trois collections. La plus grande concerne l'impressionnisme et le postimpressionnisme, avec des tableaux de Cézanne, Braque, Picasso,

Matisse et Gauguin, dont l'émouvante *Agonie au jardin*, la pièce la plus célèbre du musée. *Brouillard nocturne*, peint en 1945 par Jackson Pollock, est la pièce maîtresse du fond d'art américain du XXe siècle. Il comprend également des œuvres de Winslow Homer, Georgia O'Keeffe, Edward Hopper et Warhol.

La troisième collection du musée comprend des objets chinois, dont des tombeaux en jade de 1500 av. J.-C. ainsi que des animaux et des courtisans en céramique de la dynastie Tang (IVe-XIe siècle). On y trouve également des sculptures bouddhistes ainsi que des œuvres beaucoup plus récentes de Brancusi, Degas et Rodin.

Agonie au jardin de Paul Gauguin (1889)

Une panthère de Floride, très rare, au Dreher Park Zoo

☆ Palm Beach Zoo at Dreher Park
1301 Summit Blvd. 📞 (561) 547-9453. ⭕ t.l.j. ● Thanksgiving. 🅿 ♿ W www.palmbeachzoo.org

Ce zoo intéressera autant les enfants que le South Florida Science Museum. Sur les 100 espèces qu'il présente, les plus rares sont la tortue géante (qui peut vivre jusqu'à 200 ans) et la panthère de Floride. Une plaine d'Amérique du Sud a été reconstituée : lamas, nandous et tapirs s'y promènent en contrebas d'une plate-forme d'observation. Vous pourrez suivre une piste bordée de végétation exotique ou naviguer sur un lac.

Aux environs
Au lieu de s'ennuyer à West Palm Beach (ou de se ruiner à Palm Beach), mieux vaut loger à **Singer Island** ou à **Palm Beach Shores**. L'ambiance est calme et la plage splendide (même si l'horizon est bouché par des immeubles résidentiels). La navigation et la pêche sont des activités très prisées. À Palm Beach Shores, vous pourrez affréter un bateau ou faire une croisière sur le lac Worth, notamment sur le *Star of Palm Beach (p. 338),* un navire à aubes amarré près de Riviera Bridge. Au nord de Singer Island s'étend le **John D. McArthur Beach State Park.** Une piste traverse la mangrove de Lake Worth Inlet, un pont de bois et un tertre, puis débouche sur la plage. Des écriteaux indiquent le nom des plantes et des échassiers qui y vivent. En été, des visites guidées nocturnes permettent de découvrir la ponte des tortues caouanes *(p. 113).* Afin de varier les plaisirs, visitez le centre commercial

The Gardens, dans Palm Beach Gardens, à 3 km dans l'intérieur des terres. Des allées odorantes et des ascenseurs en verre relient 200 magasins et restaurants.

☆ John D MacArthur Beach State Park
A1A, 3 km au nord de Riviera Bridge. 📞 (561) 624-6950. ⭕ t.l.j., Nature Center. W www.macarthurbeach.org
🅿 ♿
🏠 **The Gardens**
3101 PGA Blvd. 📞 (561) 622-2115. ⭕ t.l.j. ● Pâques, Thanksgiving, 25 déc. ♿

Lion Country Safari ⑫

Carte routière F4. Palm Beach Co. Southern Blvd W, Loxahatchee. 📞 (561) 793-1084. 🚆 West Palm Beach. 🚌 West Palm Beach. ⭕ t.l.j. 🅿 ♿ W www.lioncountrysafari.com

Situé à 32 km de West Palm Beach, sur l'US 441, ce parc est un lieu familial. Dans la première moitié, les visiteurs parcourent 200 hectares, où cohabitent des lions, des girafes, des rhinocéros, etc. Si votre véhicule est décapotable, vous pourrez louer un véhicule à toit rigide. La seconde moitié du parc se compose de volières, de zones réservées aux animaux familiers, d'îles habitées par des singes, d'attractions et circuits en bateau. Attention ! Les deux parties du parc sont bondées le week-end et pendant les vacances.

Ces antilopes se reposent à l'ombre, au Lion Country Safari

Scène de pêche au coucher du soleil sur le lac Okeechobee

Lake Okeechobee ⑬

Carte routière E4, F4. 🚌 *Palm Trans bus vers Pahokee, (561) 841-4200.* 🛈 *115 E Main St, Pahokee, (561) 924-5579.* 🌐 *www.pahokee.com* **Roland Martin** *9203 Delmonte Ave, Clewiston.* 📞 *(863) 983-3151.* 🌐 *www.rolandmartinmarina.com*

L e lac Okeechobee (qui signifie «grande eau» en séminole) est le deuxième lac d'eau douce des États-Unis par sa superficie (1 942 km²). Le «Big O» est réputé pour ses poissons, en particulier ses perches truitées. Dans les marinas, on peut louer du matériel de pêche et des bateaux avec chauffeur. Ses trois marinas et ses hôtels abordables font de **Clewiston** un lieu de séjour parfait.

Mais si vous n'êtes pas pêcheur, votre séjour aura peu d'intérêt : le lac est trop étendu pour délivrer une vision panoramique et il est entouré par une digue de protection contre les inondations qui le cache de la route. **Pahokee** est l'un des rares endroits offrant un accès facile au lac. On peut y admirer les plus beaux couchers de soleil de Floride, après ceux de la Gulf Coast. C'est aussi le point de départ des **Captain JP Boat Cruises** (croisières de cinq à six heures). La population de l'extrémité sud du lac vit de l'industrie du sucre. La moitié du sucre de canne des États-Unis est produite dans les plaines entourant Belle Glade et Clewiston («la ville la plus sucrée d'Amérique»). Le gouvernement fédéral projette de rendre 40 500 ha de terres cultivées au sud de Lake Okeechobee aux marais afin d'augmenter le volume d'eau disponible dans les Everglades. Ce plan a évidemment été mal accueilli dans la région.

Une des villes de la région proclame sa richesse

Lake Worth ⑭

Carte routière F4. Palm Beach Co. 🏘 *30 000.* 🚆 🛈 *807 Lucerne Ave. (561) 582-4401.* 🌐 *www.lwchamber.com*

L es habitants de cette ville sont des gens simples. Sur la barrière d'îles qui longe l'un de ses côtés, l'ambiance est agréable : sur la terre ferme, une dizaine de magasins d'antiquités donnent le ton de Lake et de Lucerne Avenues, en plein centre de Lake Worth. Vous y trouverez également un cinéma Art déco, brillamment réaménagé en espace d'exposition, ainsi

que le **Museum of the City of Lake Worth.** Ce musée contient de vieux clichés et des objets usuels (grille-pain, appareils photo, etc.). Des expositions sur la Pologne et la Finlande reflètent la culture des immigrants de la région.

🏛 **Museum of the City of Lake Worth**
414 Lake Ave. 📞 *(561) 586-1700.* ⭕ *lun.-ven. sf mar.* ⚫ *jours fériés.*

Delray Beach ⑮

Carte routière F4. Palm Beach Co. 🏘 *50 000.* 🚆 *Amtrak et Tri-Rail.* 🛈 *64 SE 5th Ave, (561) 278-0424.* **Pilgrim Belle** 📞 *(561) 243-0686.* 🌐 *www.delraybeach.com*

D elray Beach est la ville la plus accueillante entre Palm Beach et Boca Raton. Le drapeau national flotte partout, pour rappeler que la ville a obtenu le prix de la «conscience civique». Sa plage est calme, facile d'accès et bien équipée. De novembre à avril, le *Pilgrim Belle* propose des croisières maritimes sur l'Intracoastal Waterway. Mais le cœur de Delray bat le long d'Atlantic Avenue, une rue agréable, éclairée par d'anciens lampadaires et bordée de palmiers, de cafés, de magasins d'antiquités et de galeries d'art. L'Old School Square, tout proche, est bordé de beaux bâtiments des années 1920. À côté, Cason Cottage a été très bien restauré ; il a retrouvé l'apparence qu'il avait lors de sa construction en 1915.

🏡 **Cason Cottage**
5 NE 1st St. 📞 *(561) 243-0223.* ⭕ *mar.-ven.* ⚫ *jours fériés.* ♿ 🎦 *sur r.-v.*

Une scène printanière, à Delray Beach

Loxahatchee National Wildlife Refuge ⓰

Carte routière F4. Palm Beach Co. 10216 Lee Rd. 🔲 *(561) 734-8303.* 🔲 *Delray Beach.* 🔲 *Delray Beach.* **Refuge** 🔲 *t.l.j.* ⬤ *25 déc.* 🔲 🔲 🔲 **Centre d'informations** 🔲 *nov.-avr. : t.l.j.; mai-oct. : mer.-dim.* ⬤ *25 déc.* 🔲 www.loxahatchee.fws.gov

C e refuge de 572 km² est situé à l'extrême nord des Everglades. Il abrite de superbes spécimens animaux et végétaux. Il vaut mieux le visiter tôt le matin ou tard le soir et de préférence l'hiver, lorsqu'une foule d'oiseaux migrateurs s'y établissent.

Un petit héron bleu de Floride, au Wildlife Refuge de Loxahatchee

Un centre d'informations (au bord de la route 441, à 16 km à l'ouest de Delray Beach) explique l'écosystème des Everglades. C'est le point de départ de deux pistes. La Cypress Swamp Bordwalk, longue de 800 m, s'enfonce dans les goyaviers, les ciriers et les plantes épiphytes (p. 276). La Marsh Trail, plus longue, traverse les marais, dont le niveau de l'eau est modifié afin de créer les meilleures conditions de vie pour les échassiers et le gibier d'eau. Les soirs d'hiver sont le meilleur moment pour observer les oiseaux. Les hérons, les grèbes, les ibis, les anhingas et bien d'autres se livrent alors à une

Une chambre d'écolier japonais, au Morikami Museum

débauche de chants. Peut-être verrez-vous aussi des tortues et des alligators. Si vous empruntez un canoë, vous pourrez naviguer sur un circuit de 9 km de long. Il existe plusieurs visites guidées en pleine nature.

Morikami Museum et jardins japonais ⓱

Carte routière F4. Palm Beach Co. 4000 Morikami Park Rd, 🔲 *(561) 495-0233.* 🔲 *Delray Beach.* 🔲 *Delray Beach.* 🔲 *10h-17h mar.-dim.* ⬤ *jours fériés.* 🔲 🔲 www.morikami.org

C e musée, implanté sur un terrain offert par un fermier appelé George Morikami, est le seul du pays à être consacré à la culture japonaise. Morikami appartenait à un groupe de pionniers japonais qui fondèrent en 1905 la colonie Yamato à la limite nord de Boca Raton. Grâce à l'aide d'une société de développement dirigée par Flagler (p. 120-121), ces derniers espéraient produire du riz, du thé et de la soie. Ce projet échoua et la colonie disparut dans les années 20. Les expositions de la villa Yamato-kan expliquent l'histoire de ces colons ainsi que la culture passée et présente du Japon. On y trouve la reconstitution d'une

salle de bains, d'une chambre moderne d'écolier et de magnifiques restaurants. Six jardins historiques entourent la villa, tandis que des allées s'enfoncent dans de sereines pinèdes. Un nouveau bâtiment abrite tout ce qui a trait au Japon, tandis qu'un café sert une nourriture japonaise savoureuse. Des cérémonies du thé et des ateliers d'origami sont organisés régulièrement.

Butterfly World ⓲

Carte routière F4. Broward Co. 3600 W Sample Rd, Coconut Creek. 🔲 *(954) 977-4400.* 🔲 *Deerfield Beach (Amtrak et Tri-Rail).* 🔲 *Pompano Beach.* 🔲 *t.l.j. (dim. uniquement l'après-midi).* ⬤ *Pâques, Thanksgiving, 25 déc.* 🔲 🔲 www.butterflyworld.com

D es milliers de papillons venus du monde entier se pressent dans des volières géantes submergées de plantes tropicales. Il n'est pas rare qu'ils se juchent sur les épaules des visiteurs. Comme ils sont surtout actifs lorsqu'il fait chaud, planifiez votre visite selon le temps. Des salles exposent des chrysalides et une collection fascinante d'insectes naturalisés – dont des papillons morpho aux ailes bleu métallique, des scarabées et d'immenses sauterelles. Vous pourrez également vous promener dans les immenses jardins.

Un morpho bleu, à Butterfly World

Boca Raton ⓳

Audition au Lynn University Conservatory

Une publicité de 1925 faisait parler Boca Raton en ces mots : «Je suis la plus grande station balnéaire du monde.» Bien que la ville imaginée par Mizner *(p. 116)* ne se soit pas matérialisée de son vivant, Boca Raton est aujourd'hui l'un des lieux les plus fréquentés de Floride. De nombreuses sociétés de haute technologie s'y sont établies. Dans une enquête réalisée auprès de cadres, Boca Raton a été classée site le plus agréable de Floride, notamment grâce à ses clubs de loisirs, ses magasins, ses parcs le long du front de mer et ses résidences inspirées du style Mizner.

L'une des rues piétonnes et commerçantes de Boca Raton

À la découverte de Boca Raton

Après avoir lancé Palm Beach, Addison Mizner s'intéressa à un endroit situé plus au sud. Au lieu du chef-d'œuvre de planification urbaine qui était envisagé, seule une poignée de bâtiments furent construits avant que l'essor de la Floride ne prit fin en 1926 *(p. 48)*. Jusqu'à la fin des années 40, Boca, comme on l'appelle aujourd'hui, n'était qu'un hameau. La vision de Mizner était centrée sur le luxueux Cloister Inn. Cet hôtel de style hispanique et achevé en 1926 est installé à l'extrême est de Camino Real, qui, complété par un canal réservé aux gondoles, devait constituer l'artère centrale de la ville. Il fait désormais partie du **Boca Raton Resort and Club** *(p. 299),* une station balnéaire snob à l'expansion fulgurante. On ne peut y pénétrer que lors de la visite guidée hebdomadaire organisée par la Boca Raton

Historical Society (dont le siège se trouve dans l'**hôtel de ville** sur Palmetto Park Road). Des expositions y retracent l'histoire locale. Le **Mizner Park**, à l'opposé, copie le style de Mizner. C'est peut-être le plus étonnant de ces centres commerciaux qui traduisent parfaitement le raffinement de la ville. La **Royal Palm Plaza** (surnommée la Pink Plaza) est encore plus fidèle au style de Mizner. Ses boutiques chic sont tapies au fond de cours. Le district d'**Old Floresta,** à 1,5 km à l'ouest de la mairie, abrite 29 maisons de style méditerranéen bâties par Mizner pour les directeurs de ses compagnies.

🏛 Boca Raton Museum of Art

501 W Plaza Real, Mizner Park. 📞 *(561) 392-2500.* ⏰ *mar.-dim.* ⬤ *jours fériés.* 📷 ♿ 🌐 www.bocamuseum.org
Situé dans le magnifique Mizner Park dans la partie basse de Boca Raton, le musée dédie ses 44 000 m² à des expositions d'art contemporain d'un très bon niveau.

🏛 Lynn University Conservatory of Music

3601 N Military Trail. 📞 *(561) 237-9001.* 🌐 www.lynn.edu/music
Le Conservatory of Music at Lynn University accueille un groupe d'élèves musiciens doués venus du monde entier pour les préparer à une carrière de soliste ou de musiciens d'orchestre. Des milliers de mélomanes assistent, au milieu de la centaine d'étudiants du Conservatoire, aux concerts qui sont donnés par le corps enseignant et les artistes invités, ainsi qu'aux cours et conférences qui ont lieu chaque année.

🏛 Sports Immortals Museum

6830 N Federal Hwy. 📞 *(561) 997-2575.* ⏰ *lun.-sam., horaires variables le w.-e.* ⬤ *25 déc., 1ᵉʳ janv.* 📷 ♿ 🌐 www.sportsimmortals.com
Parmi les 10 000 souvenirs sportifs de ce musée, les plus célèbres sont les peignoirs de Mohammed Ali. Le plus cher

L'hôtel de ville de Boca, conçu par Addison Mizner, fut construit en 1927

Deerfield Beach est une paisible station balnéaire proche de Boca Raton

MODE D'EMPLOI

Carte routière F4. Palm Beach
Co. 🏛 67 000.
🚆 Tri-Rail, Yamato Rd, (800)
874-7245; Amtrak, 1300 W
Hillsboro Blvd, Deerfield Beach,
(800) 872-7245. ℹ 1555 Palm
Beach Lakes Blvd, (561) 471-
3995.
Boca Raton Historical Society,
📞 (561) 395-6766 (circuits).
🎪 Boca Festival (août).

(1 000 000 dollars) est un
carton d'une marque de
cigarettes qui fut retiré du
commerce, car le joueur de
base-ball y figurant refusa de
sponsoriser l'industrie du tabac.

🏐 Les plages
Au nord de la crique de Boca
Raton s'étend une longue
plage de dunes préservée,
à laquelle on accède par les
parcs la bordant. Le plus au
nord, le **Spanish River Park**,
est aussi le plus intéressant,
avec ses aires de pique-nique
à l'ombre des pins et des
palmiers. La plus belle partie

de ce parc est un lagon situé
sur l'Intracoastal Waterway,
près d'une tour d'observation.
À **Red Reef Park,** vous
pourrez flâner en haut
des dunes et plonger autour
d'un récif artificiel *(p. 340)*.
La plage est peu fréquentée,
à cause du prix du parking.

🦎 Gumbo Limbo Nature Center
1801 North Ocean Blvd. 📞 (561)
338-1473. ⭕ t.l.j. ⬤ 25 déc. ♿
Cet excellent centre éducatif
est implanté dans le Red Reef
Park, à côté de l'Intracoastal
Waterway. Une promenade

serpente à travers les
mangroves et un tertre en
bois tropical, puis débouche
sur une tour qui offre une
fantastique vue panoramique.

Aux environs
Le sud de la route A1A se
développe à un rythme
effréné. La paisible **Deerfield
Beach** est un endroit très
agréable grâce à sa jetée
poissonneuse, sa plage
de sable fin et de coquillages
et sa promenade bordée
de palmiers. À 8 km au sud,
Pompano est la «capitale
mondiale de l'espadon»,
comme en témoignent les
photos exposées sur sa jetée.

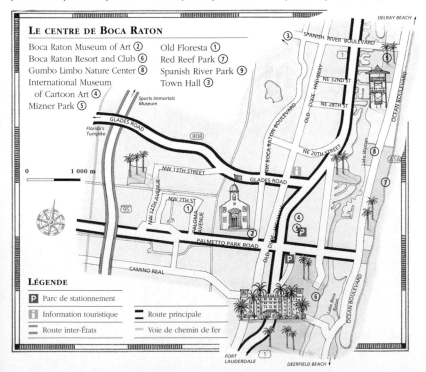

LE CENTRE DE BOCA RATON

Boca Raton Museum of Art ②
Boca Raton Resort and Club ⑥
Gumbo Limbo Nature Center ⑧
International Museum
  of Cartoon Art ④
Mizner Park ⑤

Old Floresta ①
Red Reef Park ⑦
Spanish River Park ⑨
Town Hall ③

LÉGENDE

🅿 Parc de stationnement

ℹ Information touristique

▬ Route inter-États

▬ Route principale

▬ Voie de chemin de fer

Fort Lauderdale [20]

Durant la deuxième guerre séminole *(p. 44),* Fort Lauderdale regroupait trois forts implantés sur la New River. Vers 1900, cette localité devint un centre commercial dynamique. Aujourd'hui, Fort Lauderdale est plus diversifié : c'est un centre culturel et financier, une station balnéaire très prisée ainsi qu'un immense port de croisière. Pourtant, ce sont toujours ses voies navigables *(p. 131)* qui définissent le mieux son caractère.

***Le Gros Oiseau à l'enfant* d'Appel**

À la découverte du centre-ville

Le centre-ville, aux nombreux immeubles de bureaux en verre, est le quartier des affaires. La **Riverwalk** suit la rive nord de la New River sur 2,4 km et dessert la plupart des lieux historiques et culturels de la ville. Cette promenade commence près de Stranahan House, demeure bâtie sur le site du premier comptoir commercial de la ville, puis traverse un parc, avant de déboucher sur le Broward Center for the Performing Arts *(p. 336).*

Old Fort Lauderdale s'étend le long de Southwest 2nd Avenue. Il abrite des bâtiments du début du siècle administrés par la Fort Lauderdale Historical Society, qui siège au Fort Lauderdale Historical Museum. La King-Cromartie House, érigée en 1907 sur la rive sud de la rivière, fut transportée sur une barge en 1971, jusqu'à son emplacement actuel. Son ameublement dépouillé témoigne des difficiles conditions de vie des premiers colons. Derrière la maison se dresse la réplique de la première école, inaugurée en 1899. Les cafés et restaurants de Southwest 2nd Street sont très fréquentés à midi et le soir. Faire une visite organisée en tramway (du centre-ville à la plage, en passant par les principaux sites) est le meilleur moyen de découvrir la ville.

🏛 Old Fort Lauderdale Museum of History

219 SW 2nd Ave.
☎ *(954) 463-4431.*
○ *mar.-dim.*
● *4 juil., 25 déc., 1er janv.* ♿
[W]
www.oldfortlauderdale.org

Le New River Inn a été construit à Old Fort Lauderdale en 1905. Ce bâtiment en béton est désormais un musée. Il retrace l'histoire de la région et son expansion dans les années 40. Un cinéma diffuse des films muets des années 20, l'âge d'or de l'industrie du film en Floride du Sud.

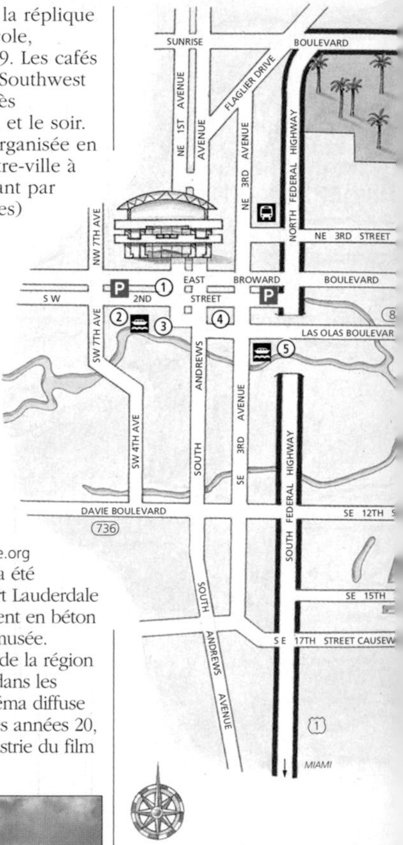

Sous l'ombrage, la Riverwalk longe la rive nord de la New River

Les sites d'un coup d'œil

Bonnet House 7
Broward Center for the Performing Arts 2
Hugh Taylor Birch State Park 8
International Swimming Hall of Fame 6
Museum of Art 4
Museum of Discovery and Science 1
Old Lauderdale Museum of History 3
Stranahan House 5

Museum of Art

1 E Las Olas Blvd. (954) 525-5500.
11h-19h mer.-lun. jours fériés.
www.museumofart.org
Ce charmant musée, installé dans un impressionnant bâtiment postmoderne, est surtout connu pour sa collection d'art Cobra. Ce nom est formé des premières lettres de Copenhague, Bruxelles et Amsterdam, capitales des pays d'origine des membres de ce groupe expressionniste des années 1948-1951. Vous verrez des œuvres de Pierre Alechinsky, de Karel Appel et d'Asger Jorn, les chefs de file de Cobra et aussi des pièces originaires du Pacifique Sud et de l'Afrique.

Museum of Discovery and Science

401 SW 2nd St. (954) 467-6637. t. l. j.
Thanksgiving, 25 déc.
www.mods.org
Ce musée est le plus visité de l'État et l'un des plus grands et des mieux réussis de Floride. Une foule d'animaux évoluent dans un écosystème recréé de Floride, tandis que des rats jouent au basket-ball. Les visiteurs peuvent effectuer une simulation de voyage sur la Lune. Des films sont projetés sur un écran de 18 m de haut selon le procédé IMAX. C'est l'un des rares lieux au monde à proposer des films en 3-D et en IMAX® : le public porte des lunettes spéciales et des écouteurs adaptés au son, diffusé à 360°. Appelez le musée pour les horaires et les réservations les soirs de week-end.

Stranahan House

335 SE 6th Ave. (954) 524-4736.
mer.-dim. juil.-août; jours fériés. limité.
www.stranahanhouse.org
La maison la plus ancienne de la ville est un bâtiment en chêne et en pin construit en 1901 par le pionnier Frank Stranahan. Il devint le centre de la vie sociale de Fort Lauderdale, à la fois comptoir de commerce, lieu de réunion, bureau de poste et banque. L'ameublement, mais aussi les photos montrant Stranahan en train de négocier avec les Séminoles (p. 271) sont très évocateurs. Les Séminoles rapportaient des Everglades des peaux d'alligators ou de loutres ou encore des plumes d'aigrettes (des articles alors très à la mode).

Las Olas Boulevard

Malgré la circulation automobile très dense, la section de Las Olas Boulevard comprise entre les 6th et 11th Avenues compte parmi les lieux les plus animés et les plus pittoresques de Fort Lauderdale. Des boutiques plus ou moins chic, des cafés et des restaurants bordent cette voie où l'on peut tout acheter, du manteau de fourrure à une œuvre d'art haïtienne.

Si vous ne souhaitez pas vraiment faire des achats, visitez ce lieu le soir, lorsque les dîneurs encombrent le trottoir, ou faites-en le tour en calèche.

MODE D'EMPLOI

Carte routière F4. Broward Co.
150 000. 8 km au sud.
200 SW 21st Terrace, (800) 872-7245. 515 NE 3rd St, (800) 231-2222. 1850 Eller Dr., (954) 523-3404. 1000 East Broward Blvd (954) 765-4466. **Charters en trolley** (954) 429-3100.
Winter Fest Boat Parade (déc.).

0   1 km

LÉGENDE

Gare routière Greyhound

Point d'embarquement fluvial

P Parc de stationnement

Route principale

Stranahan House est la plus ancienne résidence du comté de Broward

À la découverte de Fort Lauderdale : en dehors du centre

Même si vous manquez les panneaux «Bienvenue à Fort Lauderdale – la capitale mondiale du yachting», vous comprendrez vite quelle est la spécialité de la ville. Son principal attrait, que ce soit pour les touristes ou les habitants, réside en effet dans ses plages animées et ses canaux qui rayonnent à partir de l'artère historique de la ville : New River.

Cyclistes et piétons sur la promenade ombragée du bord de mer

La plage

Jusqu'à ce que les autorités y mettent le holà en 1980, des milliers d'étudiants descendaient à Fort Lauderdale pour les vacances de printemps. Aujourd'hui, même si sa plage est toujours la plus animée de la Gold Coast, la ville a retrouvé son image originelle. C'est particulièrement vrai au bout de Las Olas Boulevard, où hommes et femmes patinent devant des bars sans prétention et des magasins de souvenirs. Ailleurs, les plages de Fort Lauderdale sont nettement plus familiales. C'est à South Beach Park que l'on trouve le sable le plus fin.

Les nageurs font une pause au Swimming Hall of Fame

🏛 International Swimming Hall of Fame

1 Hall of Fame Drive. 📞 (954) 462-6536. ◯ t.l.j. 🅿️ 🅴

Toute l'histoire des sports nautiques est résumée ici. Ce musée étonnamment détaillé abrite un mélange éclectique mais plaisant d'expositions d'anciens costumes de bain en laine ou de mannequins de vedettes, comme Johnny Weismuller, détenteur de 57 records de natation.

🏟 Bonnet House

900 N Birch Rd. 📞 (954) 563-5393. 📷 obligatoire, déc.-avr. : mar.-sam. 10h-16h (12h-16h dim.) ; mai-nov. : mer.-ven. 10h-16h (10h-16h sam., 12h-15h dim. ◯ jours fériés. 🅿️ W www.bonnethouse.org

Cette maison meublée avec originalité est la principale curiosité d'Old Fort Lauderdale. Elle est érigée sur un terrain où poussaient des nénuphars à bonnet, d'où son nom. En 1920, un artiste dénommé Frederic Barlett construisit lui-même cette résidence d'hiver inspirée des plantations du Sud. Elle regorge d'ailleurs de ses œuvres, surtout des peintures murales. Vous y verrez aussi des cygnes et des singes, une serre aux orchidées et une collection de coquillages.

🏛 Sawgrass Mills Mall

12801 W Sunrise Blvd. 📞 (954) 846-2300. ◯ 10h-21h30 lun.-sam., 11h-20h dim. ● 25 déc. 🅴 W www.sawgrassmillsmall.com

C'est le plus grand centre commercial de la Floride et la deuxième attraction touristique de la région après Orlando. Le centre compte 300 magasins, des cinémas, des restaurants et un parc à thème couvert pour les enfants : Wanadoo City.

🍂 Hugh Taylor Birch State Recreation Area

3109 E Sunrise Blvd. 📞 (954) 564-4521. ◯ t.l.j. 🅿️ 🅴

Ces 73 ha font partie d'une barrière d'îles de 5 km de long qu'un homme de loi de Chicago, Hugh Taylor Birch, acheta en 1894. Ils comptent parmi les rares oasis de verdure de la Gold Coast. On peut y louer des canoës sur le lagon, se promener sur une piste et courir sur une route circulaire où la vue est magnifique.

Bijoux et néons du Swap Shop of Fort Lauderdale

Aux environs

Les amateurs de bonnes affaires adoreront le **Swap Shop of Fort Lauderdale,** qui couvre 30 ha. Dans ce bazar oriental à l'américaine, des allées sont consacrées à la joaillerie, aux lunettes de soleil et autres babioles. Les 12 millions de visiteurs annuels sont souvent attirés par la fête foraine, le cirque gratuit, avec ses clowns et ses éléphants. Le soir, le parking se transforme en drive-in.

🏪 Swap Shop of Fort Lauderdale

3291 W Sunrise Blvd. 📞 (954) 791-7927. ◯ t.l.j. 🅴

Le *Jungle Queen*, le plus célèbre navire de croisière de Fort Lauderdale

Les canaux

Des dizaines de canaux parallèles rayonnent à partir de l'embouchure de la New River. Cet endroit a été baptisé **The Isles** dans les années 20, pendant lesquelles l'excavation des canaux créa une multitude de presqu'îles. Des résidences de plusieurs millions de dollars et de somptueux yachts se dessinent derrière des feuillages luxuriants. Leurs occupants (comme Wayne Huizenga, propriétaire de l'empire Blockbuster Video ainsi que l'équipe de football de Miami, les Dolphins, sont pour la plupart des hommes d'affaires. Ces îles bordent l'Intracoastal Waterway, qui traverse **Port Everglades.** C'est le deuxième port de

Un water taxi sur New River

plaisance au monde après Miami ; mais il accueille aussi des navires marchands, des pétroliers, des destroyers et des sous-marins. Le bar rotatif situé au sommet du Hyatt Regency Pier 66 Hotel sur South East 17th Street offre le meilleur point de vue sur les canaux. Mais pour admirer les résidences, les yachts et le port, il faut être sur l'eau. Le *Jungle Queen* est un navire de style ancien qui relie New River à une île abritant la reconstitution d'un village indien. Des excursions de trois heures sont proposées tous les jours et des soirées incluent la représentation d'un vaudeville et un barbecue. Les croisières du *Carrie B,* qui durent 90 mn, partent de Riverwalk, passent devant des

résidences, contournent le port, puis s'enfoncent dans les eaux chaudes rejetées par une centrale électrique où se réunissent des lamantins *(p. 236).* Quant aux **Water Taxi,** ils remontent New River vers le centre-ville (du nord du port à Oakland Park Boulevard). Appelez-les 10 mn à l'avance. Prenez un billet simple ou un forfait pour la journée, plus avantageux. Vous pouvez aussi louer un bateau au Bahia Mar Yachting Center ou à la Pier 66 Marina. D'autres compagnies, dont **SeaEscape** *(p. 338-339),* proposent des croisières d'une journée aux Bahamas ainsi que des «croisières vers nulle part». Des attractions sont prévues, principalement des jeux de casino et des spectacles de cabaret.

ADRESSES UTILES

Carrie B
Las Olas Blvd à SE 5th Avenue.
(*(954) 768-9920.*

Jungle Queen
Bahia Mar Yachting Center,
A1A, Fort Lauderdale Beach.
(*(954) 462-5596.*

SeaEscape
Port Everglades Terminal 1.
(*(954) 453-3333.*

Water Taxi
651 Seabreeze Boulevard,
A1A, Fort Lauderdale Beach.
(*(954) 467-6677.*

Vue sur les canaux de Fort Lauderdale du haut du Hyatt Regency Pier 66 Hotel

Statue d'espadon devant l'IGFA Fishing Hall of Fame and Museum

Dania ㉑

Carte routière F4. Broward Co.
🏠 13 000. 🚉 Hollywood. 🚌 Hollywood. 🛈 Dania, (954) 926-2323.
Ⓦ www.greaterdania.org

D ania se confond totalement avec la conurbation côtière. Certaines personnes ne s'y rendent que pour y assister à un match de jai alai. L'autre attraction de la ville est le **John U Lloyd Beach State Recreation Area,** une grande barrière d'îles vierges qui contraste avec Port Everglades, tout proche *(p. 131)*. De l'extrémité nord du parc, vous pourrez admirer les navires, tandis qu'au sud s'étend l'une des plus belles plages de la Gold Coast, longue de 3 km et bordée de pins. On peut y louer des canoës pour explorer la crique nichée au cœur du parc. L'**IGFA (International Game Fishing Association) Fishing Hall of Fame and Museum** séduira les amateurs de pêche Ils y découvriront les plus belles créatures sous-marines et une démonstration de pêche virtuelle. La partie nord de l'US1 regroupe 150 magasins d'antiquités. Malgré leur implantation le long de l'US 1, au trafic intense, ils constituent un agréable but de flânerie.

🍃 **John U Lloyd Beach SRA**
6503 N Ocean Drive. ☎ (954) 923-2833. ◯ t.l.j. ♿ ⑃

🏛 **IGFA Fishing Hall of Fame and Museum**
300 Gulf Stream Way, Dania Beach.
☎ (954) 927-2628. ◯ 10h-18h t.l.j.
● Thanksgiving, 25 déc. ♿ ⑃
Ⓦ www.igfa.org

Hollywood ㉒

Carte routière F4. Broward Co.
🏠 126 000. 🚉 Amtrak et Tri-Rail. 🛈 330 N Federal Highway, (954) 923-4000. Ⓦ www.hollywoodchamber.org

F ondée vers 1920 par un Californien, cette station balnéaire sans prétention est la destination favorite des 300 000 Canadiens français qui vont chaque hiver en vacances à Greater Fort Lauderdale. Depuis quelques années, le développement de la ville s'est concentré dans le quartier artistique autour de Young Circle. Vous y trouverez de nombreux restaurants et l'**Art and Culture Center of Hollywood** où vous pourrez voir des expostions d'art, des spectacles de danse, du théâtre ou écouter des concerts. L'**Anne Kolb Nature Center** comprend un observatoire de pêche, deux circuits de découverte de la nature, un théâtre extérieur et un espace d'exposition.

🏛 **Art and Culture Center of Hollywood**
1650 Harrisson Street. ☎ (954) 921-3274. ● lun.
Ⓦ www.artandculturecenter.org

🏛 **Anne Kolb Nature Center**
751 Sheridian. ☎ (954) 926-2480.
Ⓦ www.hollywoodfl.org/visiting_hollywood.htm

Aux environs
Au croisement des routes 7 et 448, à l'extrémité ouest de Hollywood, se trouve la **Seminole Indian Hollywood Reservation.** Avec ses 194 ha, c'est la plus petite réserve indienne de Floride. Comme les autres réserves de cet État, elle est presque indépendante *(p. 271)*.
    Évitez le médiocre **Native

Des adeptes du bronzage sur Hollywood Beach

À l'intérieur de l'immense Seminole Hard Rock Hotel and Casino

Indian Village, avec son artisanat et ses alligators destinés aux touristes, au profit du vaste **Seminole Casino in Hollywood,** de l'autre côté de la route. Les réserves échappant aux lois fédérales sur les jeux d'argent, un millier de personnes jouent quatre fois par jour dans le bingo hall pour des sommes dépassant 10 000 dollars en cash.

La nouvelle attraction est le **Seminole Hard Rock Hotel and Casino.** Ce complexe hôtelier possède un immense casino, un espace tropical avec piscine et un auditorium.

Native Indian Village
3551 N State Rd 7. (954) 961-4519. t.l.j. 25 déc.

Seminole Casino in Hollywood
4150 N State Rd 7. (954) 961-3220. 24h/24. 25 déc.
W www.seminolehardrock.com

Seminole Hard Rock Hotel and Casino
1 Seminole Way. (886) 502-7529, (800) 937-0010. 24 h/24.
www.seminolehardrockhollywood.com

Davie ⓻

Carte routière F4. Broward Co.
70 000. Fort Lauderdale.
Fort Lauderdale. 4185 Davie Rd, (954) 581-0790.
W www.davie-coopercity.org

B âtie autour d'Orange Drive et de Davie Road et entourée d'écuries et d'étables, Davie baigne dans une ambiance du Far West. Des cactus poussent devant les baraquements en bois de la mairie et le McDonald's possède son corral. Passez donc au Grif's Western Wear Shop, au n° 6211 South West 45th Street. Ce supermarché du cow-boy vend des selles, des chapeaux et des bottes. La seule manière de ressentir l'âme de la ville est d'assister à un rodéo, à la **Davie Arena.** Vous y verrez les

Vente de Stetson au Grif's Western Wear shop de Davie

cow-boys chevaucher un taureau ou dresser un cheval sauvage. Ces spectacles ont lieu le mercredi à 19 h 30. Des rodéos professionnels sont organisés tous les mois.

Davie Arena
6591 Orange Drive. (954) 797-1166.
seulement pour les rodéos.
W www.davie-fl.gov

Flamingo Gardens ⓼

Carte routière F4. Broward Co. 3750 Flamingo Rd, Davie. (954) 473-2955. Fort Lauderdale.
Fort Lauderdale. t.l.j.
lun. (juin.-oct.), Thanksgiving, 25 déc.
W www.flamingogardens.org

C e lieu magnifique était à l'origine (en 1927) la résidence secondaire des Wrays, des cultivateurs d'agrumes. La maison est jolie et garnie de meubles d'époque, mais les jardins sont la principale attraction. Des circuits en tram traversent des bosquets de citronniers, de kumquats, de chênes et de figuiers banians. Les jardins servent aussi de refuge aux oiseaux de Floride, dont le très rare aigle chauve *(p. 22)* et des flamants. Des canards, des mouettes, des colombes et des échassiers – dont la spatule rose *(p. 275)* – occupent une volière.

LE JAI ALAI – UN SPORT JOYEUX

Ce jeu étrange a vu le jour il y a 300 ans au Pays basque (jai alai signifie «joyeuse fête» en basque) et a été introduit aux États-Unis, via Cuba, au début du siècle. La Floride compte huit des dix arènes ou «frontons» de jai alai du pays. Assister à l'un de ces matchs n'est pas onéreux, à moins de parier sur son issue. Le programme explique la manière de marquer les points et les subtilités du pari, où ceux qui ont misé sur les gagnants partagent la totalité des sommes engagées. Les spectateurs hurlent durant le jeu, car beaucoup misent gros. Les matchs ont lieu cinq fois par semaine à Dania. Appelez le (954) 927-2841 pour plus de détails. Les règles du jeu sont expliquées page 31.

Joueur en position de réception

ORLANDO ET LA SPACE COAST

*O*rlando abrite un monde imaginaire tout entier conçu pour la famille qui draine 34 millions de visiteurs par an. Avec ses montagnes russes, ses baleines tueuses et sa célébrissime souris, c'est incontestablement la capitale du parc d'attractions.

À l'origine, Orlando n'était qu'un poste militaire fondé pendant les guerres séminoles *(p. 44-45)*, sous le nom de Fort Gatlin. La ville devrait son nom actuel au soldat Orlando Reeves tué par une flèche séminole en 1835. Elle se développa peu à peu, mais jusqu'en 1950 Orlando et les localités voisines telle Kissimmee n'étaient que des bourgades vivant de l'élevage et de la culture des agrumes.

Mais tout changea dans les années 1960. En premier lieu, le centre spatial de Cape Canaveral créa de nombreux emplois. Puis Walt Disney World prit forme : son premier parc à thèmes, Magic Kingdom, ouvrit en 1971. Selon Disney, plus de 500 millions de visiteurs se sont rendus en pèlerinage, depuis, dans ce qu'il appelle la destination de vacances la plus populaire au monde. Son succès a généré un boom de l'industrie du divertissement dans toute la région. Une multitude de nouvelles attractions (toutes destinées à tirer profit de ce marché très fermé) sont apparues. Les paysages, à l'exception d'une dizaine de lacs, sont passablement ennuyeux : l'agglomération d'Orlando s'étire sans grâce au milieu de plaines agricoles. Tout le long de la Space Coast, les villes établies sur le continent n'offrent que peu d'intérêt. Cependant, la barrière d'îles qui s'étend sur 116 km de long sur l'Indian River, est dotée d'époustouflantes plages de sable et de deux immenses réserves naturelles riches en oiseaux. C'est au centre de cette région que se dresse le Kennedy Space Center, d'où sont lancées les navettes spatiales. Bâti au milieu d'immenses marécages, il est en parfaite harmonie avec la nature.

Merritt Island, sur la Space Coast, est très bien préservée

◁ **L'imposante entrée des Universal Studios Florida, l'un des parcs à thèmes les plus réussis d'Orlando**

À la découverte d'Orlando et de la Space Coast

Si autant de vacanciers se rendent à Orlando, c'est pour ses parcs à thèmes (surtout Walt Disney World, Sea World et Universal Studios). La région disposerait d'environ 80 000 lits d'hôtels, soit plus que New York. Si vous avez le temps, visitez le Cypress Gardens Adventure Park et l'Historic Boc Sanctuary, qui, dans toute autre région, constitueraient des attractions majeures très courues. La nuit, succombez au tape-à-l'œil de Church Street Station et de Disney's Pleasure Island. Si vous souhaitez connaître un aspect plus sobre d'Orlando, passez quelque temps dans la banlieue chic de Winter Park. D'Orlando, gagnez la Space Coast (côte de l'Espace), à 80 km à l'est. Certaines plages sont désertes, d'autres fourmillent de surfeurs, comme Cocoa Beach.

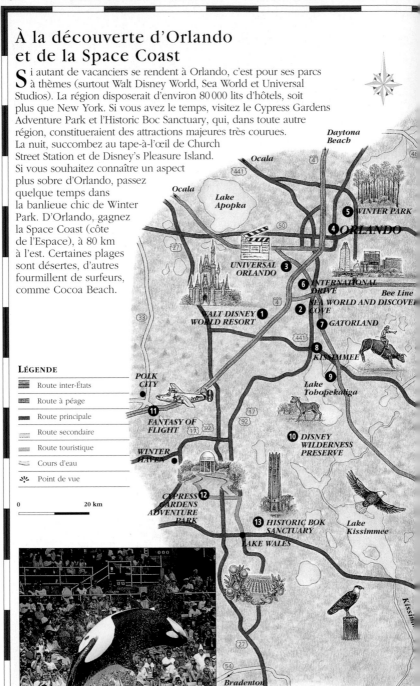

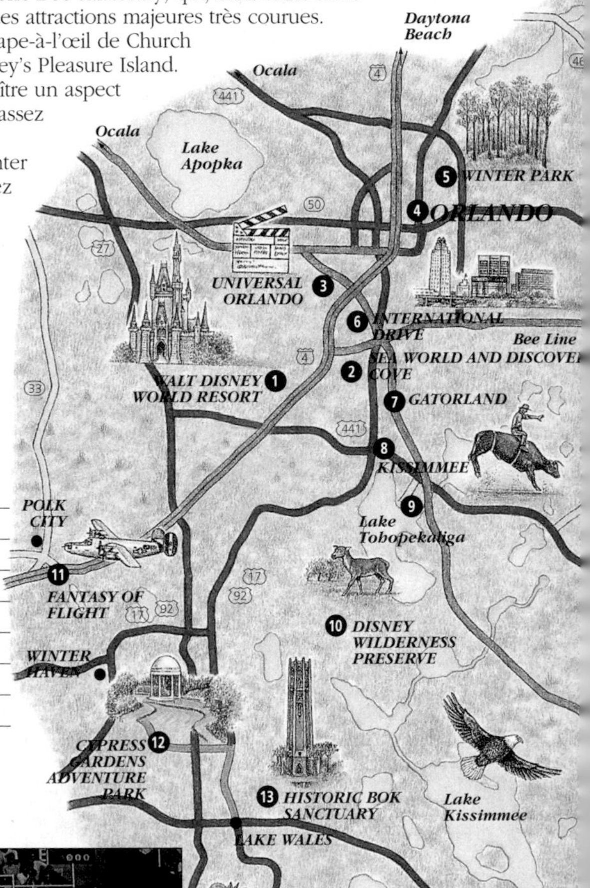
Daytona Beach
Ocala
Ocala
Lake Apopka
5 WINTER PARK
4 ORLANDO
3 UNIVERSAL ORLANDO
6 INTERNATIONAL DRIVE
Bee Line
2 SEA WORLD AND DISCOVERY COVE
1 WALT DISNEY WORLD RESORT
7 GATORLAND
8 KISSIMMEE
9
Lake Tohopekaliga
POLK CITY
11 FANTASY OF FLIGHT
10 DISNEY WILDERNESS PRESERVE
WINTER HAVEN
12 CYPRESS GARDENS ADVENTURE PARK
13 HISTORIC BOK SANCTUARY
Lake Kissimmee
LAKE WALES
Bradenton
441
4
50
27
33
17
92
54

Légende

- Route inter-États
- Route à péage
- Route principale
- Route secondaire
- Route touristique
- Cours d'eau
- Point de vue

0 20 km

Une baleine tueuse du parc de Sea World

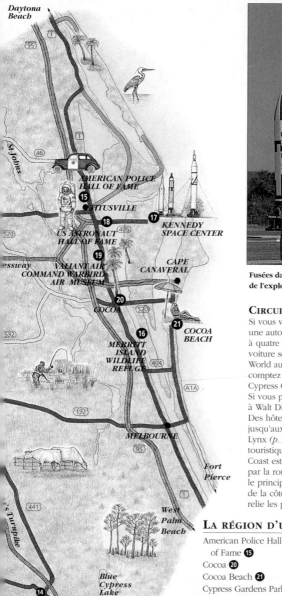

Fusées datant des premiers moments de l'exploration spatiale

CIRCULER

Si vous voulez quitter les parcs, louez une automobile. Grâce aux routes à quatre voies, les déplacements en voiture sont rapides. De Walt Disney World au centre d'Orlando (au nord), comptez une demi-heure ; jusqu'aux Cypress Gardens (au sud), une heure. Si vous passez toutes vos vacances à Walt Disney World, voir page 139. Des hôtels proposent des navettes jusqu'aux parcs, tandis que les bus Lynx (p. 363) desservent les sites touristiques de la région. La Space Coast est à une heure d'Orlando par la route 528 vers l'est. L'I-95 est le principal axe nord-sud le long de la côte, tandis que la route A1A relie les plages de la barrière d'îles.

LA RÉGION D'UN COUP D'ŒIL

VOIR AUSSI

• **Hébergement** p. 302-304

• **Cafés et restaurants** p. 321-323 et p. 330

Walt Disney World® Resort ❶

Avec ses 69 km², Walt Disney World Resort est le plus grand complexe de divertissement au monde. Son succès tient à ses parcs d'attractions, Epcot, Magic Kingdom et Disney-MGM Studios. Mais c'est aussi une destination de vacances à part entière, avec ses hôtels et ses terrains de golf. Seul un quart de sa superficie est construit : de nouvelles attractions voient le jour chaque année – Mission Space est actuellement la plus courue. Unique par l'imagination déployée, l'attention donnée au détail. Walt Disney World Resort est protégé de la réalité. Rien n'y brise l'illusion créée. Ainsi, les travaux sont effectués à l'intérieur de souterrains. À moins d'être un incorrigible blasé, Walt Disney World Resort vous enchantera.

Numéros utiles

Information générale
☎ *(407) 824-4321.*

Information et réservation
☎ *(407) 934-7639.*

Réservation pour dîner
☎ *(407) 939-3463.*
[w] http://disney.go.com

Voir p. 163 pour plus d'informations.

Quand y aller ?

Les périodes les plus chargées sont Noël, Pâques, juin, juillet, août et de la dernière semaine de février à Pâques. À ces périodes de l'année, le parc approche presque sa capacité de remplissage – 90 000 personnes pour le Magic Kingdom. Cependant toutes les attractions sont ouvertes et les horaires d'ouverture sont étendus. Le temps est aussi un facteur important – la chaleur et l'humidité des mois de juillet et d'août laissent régulièrement la place à des averses torrentielles. Entre octobre et mars, la température et l'humidité sont plus supportables et vous permettent une visite plus énergique du parc.

Durée du séjour

Une semaine est nécessaire pour tout découvrir. Consacrez deux jours au Magic Kingdom et à Epcot et gardez un jour pour découvrir Disney-MGM Studios et Animal Kingdom. Consacrez trois nuits aux illuminations

Tickets d'entrée

Le Length of Stay pass, réservé aux clients des hôtels Disney-MGM, est le meilleur marché. Si vous ne résidez pas dans un hôtel Disney mais restez plus de dix jours, prenez un pass annuel. Les pass s'achètent dans les Disney stores, à l'aéroport et au Tourist Information Center.

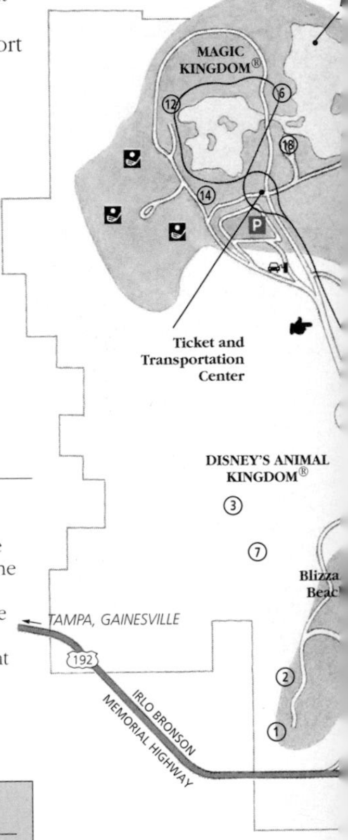

Walt Disney World *(p. 303-304)*

① All-Star Music
② All-Star Sports
③ Animal Kingdom Lodge
④ Beach Club
⑤ Caribbean Beach
⑥ Contemporary Resort
⑦ Coronado Springs
⑧ Saratoga Springs
⑨ Disney's BoardWalk
⑩ Port Orleans-Riverside
⑪ Fort Wilderness Resort
⑫ Grand Floridian Beach
⑬ Old Key West
⑭ Polynesian Resort
⑮ Port Orleans-French Quarter
⑯ WDW Dolphin
⑰ WDW Swan
⑱ Wilderness Lodge
⑲ Yacht Club

Légende

- [P] Parc de stationnement
- ⛽ Station-service
- ⛳ Terrain de golf
- — Monorail
- Route principale
- Route inter-États
- Route secondaire
- 👉 Entrée des parcs à thèmes

SE DÉPLACER DANS DISNEYLAND

Une logistique efficace transporte plus de 200 000 visiteurs par jour. Même si vous séjournez à l'extérieur du centre, la majorité des hôtels à proximité de Disneyland assure un service de navette pour le parc (pensez à vous en assurer au moment de vos réservations). Le **Ticket and Transportation Center** (TCC) est la gare de départ pour circuler dans Walt Disney World. Deux trains desservent le Magic Kingdom en passant par le Seven Seas Lagoon, un troisième permet de gagner Epcot. Les bus circulent dans tout le parc et desservent tous les mondes. Les résidents et ceux qui ont un pass de plusieurs jours ont accès gratuitement à tous les transports, ceux qui ont un billet d'entrée pour une journée ne peuvent utiliser que les trains reliant le TCC et le Magic Kingdom.

VOYAGEURS HANDICAPÉS

On peut louer des fauteuils roulants à l'entrée du parc et des entrées spéciales, évitant de faire la queue, sont réservées aux personnes handicapées. Mais le personnel n'est pas habilité – pour des raisons d'assurance – à installer les personnes handicapées dans un fauteuil.

TRÈS JEUNES ENFANTS

Les files d'attente devant les attractions et la longue marche qu'impose la visite du parc peuvent être épuisantes pour les très jeunes enfants. Aussi est-il conseillé d'emprunter une poussette (les poussettes sont disponibles à l'entrée de chaque parc). Ne vous inquiétez pas si vous ne retrouvez pas votre poussette à la sortie de l'attraction, empruntez-en une autre : elles sont toutes identiques. Si vous souhaitez la personnaliser, accrochez-lui une écharpe ou tout autre signe distinctif.

SÉCURITÉ

Le parc est extrêmement sûr et les éventuels problèmes sont réglés rapidement. Le personnel a l'habitude de repérer les enfants qui ont perdu leurs parents et les accompagne au centre pour enfants perdus.

PARC DE STATIONNEMENT

Les visiteurs du Magic Kingdom doivent garer leur véhicule au TCC et emprunter ensuite les transports collectifs. Epcot et Disney-MGM Studios possèdent leurs propres parkings. Le stationnement est gratuit pour les résidents, les autres doivent acquitter un droit de stationnement par jour (même s'ils déplacent leur voiture plusieurs fois dans la journée).

LES AVANTAGES À RÉSIDER À WALT DISNEY WORLD

Les prestations hôtelières des hôtels du parc et de Walt Disney World Swan and Dolphin sont de très haute qualité. Et les hôtels les moins chers du parc sont meilleur marché que les hôtels situés à proximité de Walt Disney World Resort. En plus d'avoir la qualité Disney, vous bénéficiez de :
• la proximité des parcs et la gratuité des transports,
• l'entrée dans les parcs avant l'ouverture (jusqu'à 90 minutes avant),
• la garantie d'entrer dans les parcs même s'ils sont complets,
• la chance de dîner avec votre personnage préféré de dessin animé dans la salle à manger de votre hôtel,
• la livraison à votre hôtel des achats que vous avez effectué dans les différents magasins du parc.

Les hôtels qui sont proches de la Disney Village Market Place ne sont pas gérés par Disney mais proposent certains des avantages ci-dessus.

CONSEILS

• Après un orage, les parcs avec des attractions à base d'eau sont quasiment vides.
• Les parcs de stationnement de Disney se remplissent rapidement dans l'heure qui suit l'ouverture du parc. En attendant de vous garer, vous pouvez aller à pied à l'entrée du parc pour acheter votre billet.

Le Magic Kingdom®

Comme pour ses homologues californien, japonais et français, le Magic Kingdom® est le principal parc à thème de Disney. Ces 45 hectares, où le sourire est de rigueur, sont peuplés de personnages de dessins animés et reflètent une vision nostalgique d'un monde (principalement l'Amérique) qui n'est plus mais qui pourrait revivre. Le parc comporte sept pays ou « lands » qui évoquent chacun un thème ou une époque, le Far West, l'Amérique coloniale ou le futur. Musiciens de rue et personnages de Disney accueillent les visiteurs.

Le château de Fantasyland permet de se repérer dans le parc

ABORDER LE PARC

Si vous êtes client d'un hôtel Disney, vous pourrez entrer plus tôt les jeudi et dimanche, sinon il vaut mieux éviter le parc ces jours-là. Dans le premier cas, prévoyez d'arriver une heure et demie avant l'ouverture officielle. Vous profiterez ainsi de Fantasyland et de Tomorrowland pendant une heure avant l'ouverture du reste du parc. On vous remettra à votre arrivée une brochure indiquant, outre les lands et les attractions, la liste et les horaires des parades et spectacles, également affichés à l'extrémité de Main Street, ainsi que la durée de l'attente pour les attractions.

Les déplacements dans le parc sont facilités par la disposition en éventail des lands autour de la grand-place centrale, face au château de Cendrillon.

Les principales attractions sont situées aux deux extrémités du parc : vous aurez donc à marcher plus que vous ne le pensez pour éviter de longues files d'attente. Il y a d'autres moyens de transport plus originaux, comme les véhicules de Main Street®, où on raconte en prime l'histoire des transports, depuis les trams tirés par des chevaux jusqu'aux voitures automobiles. Un train à vapeur fait le tour du parc en vingt minutes et s'arrête à Main Street®, Frontierland® et Mickey's Toontown Fair®.

frais. En arrivant sur la place, rendez-vous à la mairie, sur la gauche. On vous y renseignera sur les attractions et autres animations spéciales qui sont programmées. Main Street® est un superbe mélange de couleurs, de formes et de musique, étonnant jusque dans les détails. À droite en arrivant sur la place, Town Square Exposition Hall résoudra vos problèmes de photographie mais les boutiques principales se trouvent le long de Main Street.

La nuit, l'atmosphère y est magique : des milliers de lumières font luire les pavés bien briqués. De là, on peut admirer la Spectromagic Parade, fantaisie miroitante qui allie musique, acteurs et chars illuminés.

ADVENTURELAND®

Feuillage luxuriant, tam-tam et bâtiments coloniaux évoquent l'Afrique ou les Antilles. De la Grand-place centrale, pénétrez par un pont de bois dans Adventureland, où voisinent influences tropicales et exotiques.

Jungle Cruise est une promenade en bateau très demandée – on résiste difficilement à l'humour farfelu et contagieux de son marin –, qui vous transportera, grâce à une animation en Audio-animatronics®, au fin fond de l'Afrique, de l'Inde et de

LES RESTAURANTS

Ce sont en majorité des fast-food. Si vous souhaitez bien déjeuner, essayez la Liberty Tree Tavern ou le Crystal Palace pour le calme. Cinderella's Royal Table, dans le château, porte bien son nom et la cuisine y est bonne. Vous trouverez les meilleurs sandwichs du land (seule proposition de la carte) chez Aunt Polly sur Tom Sawyer's Island.

MAIN STREET, USA®

C'est une petite ville d'une Amérique victorienne imaginaire. À l'entrée de Main Street®, vous passez sous la gare d'où vous pourrez faire le tour du parc. Les trains en partent toutes les dix minutes. Sous la gare, une consigne permet de déposer sacs et objets de valeur à peu de

◁ **Sur le Tapis volant d'Aladin, Adventureland**

VISITE EN UN JOUR

Si vous disposez seulement d'un jour pour visiter le parc, la tâche sera rude, surtout en été.

1. Une fois entré, dirigez-vous vers la grand-place centrale. Si tout le parc est déjà ouvert, allez vers **Space Mountain**. Si certains accès, sur la grand-place centrale, sont barrés, attendez devant celui de Tomorrowland puis, dès l'ouverture des cordes, dirigez-vous vers Space Mountain. Les amateurs de frissons apprécieront tandis que les autres préféreront **Buzz Lightyears's Space Ranger Spin**.
2. Dirigez-vous ensuite vers **Fantasyland** en passant par Tomorrowland (laissez la voie rapide sur votre droite et tournez à gauche au Mad Hatter's Teacups) pour aller suivre les nombreuses **Adventures of Winnie the Pooh.**
3. Puis, tournez à gauche, traversez l'espace Dumbo et laissez-vous emporter par **Peter Pan's Flight.**
4. Sortez sur la gauche, allez vers Liberty Square et visitez **Haunted Mansion** sur la droite.
5. En sortant sur la droite, continuez vers **Splash Mountain**. S'il y a plus d'une demi-heure d'attente, prenez un ticket FastPass, tournez à droite et traversez en direction de **Big Thunder Mountain Railroad.**
6. À la sortie, passez le pont et suivez la file de droite vers **Pirates of the Caribbean**. Montez à bord.
7. Retournez embarquer à Splash Mountain et revenez sur vos pas pour voir **Jungle Cruise**. Si c'est le bon moment, prenez le bateau sinon allez voir **Enchanted Tiki Room**.
8. C'est l'heure de déjeuner. Prenez un repas léger dans un fast-food.
9. Allez digérer à **Swiss family Treehouse** dans Adventureland.
10. Sur la Grand-place centrale, allez vers Tomorrowland. Prenez un ticket FastPass pour **Buzz Lightyear**.
11. Visitez **Timekeeper**, **Astro Orbiter** et **Carousel of Progress**.
12. Retournez faire le circuit de Buzz Lightyear.
13. Sur la Grand-place centrale, prenez vers **Frontierland** et trouvez une place d'où vous pourrez admirer la **parade de l'après-midi**.
14. Voilà pour les attractions-phare du Magic Kingdom. Soufflez un moment avant la **Spectromagic Parade**. Si le parc ferme tôt, assistez-y depuis la place de la Mairie ou depuis Main Street, côté Tomorrowland pour pouvoir ensuite retrouver les attractions dans Tomorrowland, Mickey's Toontown Fair et Fantasyland.
15. Pour finir, installez-vous sur le banc, situé presqu'en face de la maison de Minnie et Mickey dans Mickey's Tootown pour y admirer à votre aise les **feux d'artifice**.

l'Amérique latine.

La nouvelle version très améliorée d'**Enchanted Tiki Room** est divertissante et très bien animée. Les personnages d'Aladin et du Roi Lion vous feront passer vingt minutes tout à fait agréables à l'abri de la chaleur et vous aurez la surprise de voir les murs changer de forme.

Les **Pirates of the Caribbean** vous entraîneront au cours d'un aventureux périple aux détails très soignés. Vous traverserez des prisons souterraines croûlantes où vous verrez des prisonniers implorants, vous croiserez des galions du XVIᵉ siècle au plus fort de la bataille et on ne vous épargnera pas les scènes de débauche et de bagarre. Même si cette version n'égale pas celle de Disneyland à Paris, les effets en Audio-animatronics® sont excellents et ce voyage fait partie de ceux que les visiteurs préfèrent. À la sortie, une des meilleures boutiques du parc propose une vaste gamme d'accessoires.

FRONTIERLAND®

Dans ce Far West revu et corrigé par Hollywood, passerelles surélevées et comptoirs de vente abondent. Au Diamond Horseshoe Saloon, les acteurs de **Goofy's Country Dancin'Jamboree** vous entraîneront dans leurs danses endiablées. Au **Country Bear Jamboree,** la fraîcheur y est reposante en plein été et les plus jeunes adoreront les animations en Audio-animatronics®. Le radeau pour Tom Sawyer's Island vous attend face à Big Thunder Mountain. Avec son fort, ses ponts suspendus, ses chutes d'eau et ses tunnels, c'est un terrain de jeu idéal.

La popularité de **Big Thunder Mountain Railroad**, périple remarquablement bien conçu et réalisé à travers le Far West américain à bord d'un charriot de mine qui semble être incontrôlable, ne faiblit pas. Les montagnes russes sont supportables, même si les voitures à l'arrière secouent plus que celles de l'avant. Comme de longues files d'attente s'y forment dès les premières heures, prévoyez d'y passer le plus tôt possible.

LES SPECTACLES ET LES PARADES

Ne quittez pas le parc sans assister au moins à un spectacle et à une parade. Mickey's Philharmagic Orchestra, dessin animé en trois dimensions, et Goofy's Country Dancin'Jamboree, spectacle vivant au Diamond Horseshoe Saloon, sont tous deux magnifiques, mais les parades sont uniques. Des chars hauts comme des tours, suivis d'une foule d'acteurs et de danseurs vont de Frontierland® à Town Square dans Main Street®. L'après-midi, il y a toujours une parade et, en haute saison, Spectromagic passe à 20 h 30 et à 22 h 30. Le soir, un somptueux spectacle de feux d'artifices et de musique, Wishes, mené par la fée Clochette, est donné.

Splash Mountain, excellente attraction qui menace seulement de vous tremper, est typique du savoir-faire de Disney. Effets spéciaux, musique qui s'intègre à la perfection et créatures plus vraies que nature vous séduiront. La série de mini-rapides avant le grand plongeon final fait de Splash Mountain l'un des meilleurs circuits en toboggan du monde. Vous aurez vous aussi envie de recommencer, comme tous ceux qui font la queue de l'ouverture à la fermeture.

LIBERTY SQUARE

Liberty Square, le plus petit des lands situé dans l'Amérique post-coloniale, présente trois attractions : **Liberty Belle Riverboat, Hall of Presidents** et **Haunted Mansion.** Cette dernière vous entraîne dans une demeure hantée et un cimetière, aux accents d'une mélopée lancinante. Pour cette attraction plus divertissante qu'effrayante, le flux des visiteurs est rapide et les files d'attente sont rares. Puis montez sur le Liberty Square Riverboat, bateau à aubes qui vous fera naviguer dans le XIXᵉ siècle américain. Puis réfugiez-vous loin de la foule et de la chaleur dans Hall of Presidents, pour y voir la présentation en Audio-animatronics®.

FANTASYLAND®

Voici le cœur du Magic Kingdom, dominé par les flèches pointues du Château de Cendrillon. Même les plus cyniques ne résisteront pas à ses attractions étonnantes. Celles-si sont bien sûr destinées en premier lieu aux enfants, public des dessins animés mais elles feront retourner les adultes dans le monde magique et plein de poésie de l'enfance. **Dumbo the Flying Elephant** enchantera petits et grands et **Cinderella Golden Carousel,** authentique manège de 1917 bien

restauré, fera galoper avec autant de plaisir enfants et adultes. **Snow White's Scary Adventures** est un parcours en voiture sur rails simple dont l'histoire peut effrayer les tous-petits. Mais **Peter Pan's Flight** mêlera l'impression de voler au plaisir d'écouter une musique parfaitement synchronisée au mouvement. En face, **It's a Small World** vous entraînera sur l'eau à travers une série de tableaux animés, sur un air répétitif et un peu mièvre qui risque de vous trotter dans la tête toute la journée. **The Many Adventures of Winnie the Pooh** combine les dernières avancées technologiques en matière de transport, de lumières et d'effets sonores
   Mickey's Philharmagic, la plus récente attraction de Fantasyland, est un excellent dessin animé en 3-D. **Ariel's Grotto** abrite une « fontaine interactive » au nom captivant et une aire d'accueil. Les jeunes enfants pourront jouer à loisir, rencontrer la Petite Sirène en personne et ressortir trempés mais heureux de cet environnement aquatique très ludique.

MICKEY'S TOONTOWN FAIR®

Ce land s'adresse surtout aux enfants. Les maisons de Mickey et de Minnie les y attendent. Ils pourront s'y faire photographier avec Mickey en personne. On traverse ces deux maisons mais il faut faire la queue dans celle de Mickey pour le voir dans la Tente du Juge « en chair et en os ». On peut aussi le rencontrer au

Toontown Hall of Fame. Mais on y avance très lentement sur trois files et on peut y perdre beaucoup de temps uniquement pour voir un personnage. **Barnstormer at Goofy's Wiseacre Farm** est la seule attraction conçue pour les amateurs de sensations fortes mais elle est décevante. **Donald's Boat,** aire de jeu avec fontaine, offre une chance de plus aux très jeunes de se tremper de la tête aux pieds.

TOMORROWLAND®

Il y a quelques années, les façades de Tomorrowland ont été redécorées et de nouvelles attractions ont été ajoutées pour rajeunir ce land. **Space Mountain** est le circuit le plus rapide du land avec des virages à la corde dans des ténèbres impénétrables, sous un bombardement d'astéroïdes et autres projectiles. La traversée de l'espace est bien rendue mais le périple, bien qu'il soit plus violent que celui de Big Thunder Mountain, peut décevoir les amateurs de sensations fortes.
   Stitch's Great Escape!, situé dans le Centre de Congrès Interplanétaire de Tomorrowland, vous transporte dans le monde de *Lilo et Stitch,* film lauréat de l'Academy Award. C'est une aventure à découvrir en famille, qui met en scène l'espiègle Stitch au moment où il découvre la Fédération galactique.
   Walt Disney's Carousel of Progress est un spectacle conçu pour drainer rapidement une foule importante, dans un auditorium qui tourne autour de la scène centrale. Il recense la vie quotidienne à travers les

âges et, malgré son caractère désuet, n'a rien perdu de sa popularité, surtout tard le soir.

En Circle-Vision à 360°, **Time-Keeper** est un périple à travers le temps qui attire un grand nombre de spectateurs. Le public est limité à 1 000 personnes seulement par séance. L'attraction permet d'échapper à la chaleur de l'après-midi dans un cadre merveilleux.

Dans **Tomorrowland Transit Authority**, la traction des voitures se fait par induction linéaire. Vous apprécierez, après avoir beaucoup marché, ces dix minutes délassantes ainsi que de superbes vues sur le parc. Rarement bondé, le train traverse Space Mountain puis d'autres attractions.

Dernière née des innovations de Tomorrowland, **Buzz Lightyear's Space Ranger Spin** est un périple qui vous emporte dans un univers de bandes dessinées auquel on prend vite goût. Vous circulez en voiturettes à deux places équipées de canons laser, de tableaux de bord et de commandes électroniques qui les font tourner très vite pour mieux faire mouche. C'est certainement l'une des meilleures attractions du parc.

Vous marquez rapidement des points en tirant sur des cibles au rayon laser rouge avec force bang, crash et ping. Le succès de cette attraction est tel que les enfants ne sont pas toujours les derniers à vouloir en partir.

CONSEILS

• *Les files d'attentes pour les attractions sont plus courtes pendant les parades.*

• *Assistez aux feux d'artifice depuis l'extrémité de Main Street pour profiter ensuite des attractions jusqu'à la dernière parade du soir;*

• *Faites le tour du Magic Kingdom en train pour avoir une idée d'ensemble des possibilités.*

• *Les bancs face à la maison de Mickey dans Mickey's Toontown Fair sont parfaits pour admirer les feux d'artifice.*

• *Un racourci peu connu juste à droite de la gare va de Mickey's Toontown Fair à Tomorrowland.*

• *Si vous avez de jeunes enfants, louez une poussette à l'entrée du parc.*

MODE D'EMPLOI DES ATTRACTIONS

Ce tableau vous aidera à organiser votre visite du Magic Kingdom. Les attractions et les spectacles sont classés par ordre alphabétique et par land.

		FILES D'ATTENTE	ÂGE OU TAILLE LIMITE	HEURES DE POINTE DES ATTRACTIONS	TICKET FASTPASS	VITESSE DE REMPLISSAGE	ÉVENTUEL MAL DES TRANSPORTS	NOTE GLOBALE
ADVENTURELAND®								
R	**JUNGLE CRUISE**	●		11h-17h	➡	❷		▼
R	**PIRATES OF THE CARRIBBEAN**	○		12h-16h		❶		◆
S	**ENCHANTED TIKI ROOM**	○				❶		▼
FRONTIERLAND								
R	**BIG THUNDER MOUNTAIN RAILROAD**	●	1,02 m	10h-19h	➡	❶	✓	★
R	**SPLASH MOUNTAIN**	●	1,02 m	10h-19h	➡	❶		★
S	**COUNTRY BEAR JAMBOREE**	○				❶		▼
S	**GOOFY'S COUNTRY DANCIN'JAMBOREE**	◗				❶		◆
LIBERTY SQUARE								
R	**HALL OF PRESIDENTS**	○				❶		▼
R	**HAUNTED MANSION**	◗				❶		◆
R	**LIBERTY BELLE RIVERBOAT**	○				❶		▼
FANTASYLAND®								
R	**DUMBO THE FLYING ELEPHANT**	◗		9h-19h		❸		▼
R	**IT'S A SMALL WORLD**	○				❶		▼
R	**THE MANY ADVENTURES OF WINNIE THE POOH**	●		10h-18h	➡	❸		★
R	**PETER PAN'S FLIGHT**	●		9h-21h	➡	❸		★
R	**SNOW WHITE'S SCARY ADVENTURES**	◗		9h-17h		❸		▼
R	**MAD TEA PARTY**	○				❶	✓	▼
MICKEY'S TOONTOWN FAIR®								
R	**THE BARNSTORMER AT GOOFY'S WISEACRE FARM**	○	0,90 m			❷	✓	◆
TOMORROWLAND®								
R	**BUZZ LIGHTYEAR'S SPACE RANGER SPIN**	◗		10h-18h	➡	❶		◆
R	**SPACE MOUNTAIN®**	●	1,20 m	9h-19h	➡	❷	✓	◆
R	**STITCH'S GREAT ESCAPE !**	◗		10h-18h	➡	❶		◆
S	**THE TIMEKEEPER**	○						▼

Légendes : Attraction – A Spectacle – S ; Attente courte – ○ moyenne – ◗ longue – ● ; Note globale bonne – ▼ excellente – ◆ exceptionnelle – ★ Vitesse de remplissage rapide – ❶ moyenne – ❷ lente – ❸

Epcot®

Sigle anglais signifiant Prototype Expérimental de la Ville du Futur, Epcot matérialise un rêve de Walt Disney : une communaué humaine baignant dans la technologie. Ce lieu devait matérialiser une vision utopique de l'avenir mais dès son ouverture en 1982, plusieurs changements étaient déjà intervenus. Epcot s'était transformé en centre éducatif et en exposition universelle permanente.

Les 100 hectares du parc sont divisés en deux parties distinctes : Future World, mi-éducatif mi divertissant et World Showcase, vitrine des savoir-faire artistique, culturel et culinaire de divers pays du monde.

Le Pavillon français dans World Showcase

ABORDER LE PARC

Epcot fait deux fois et demie la surface du Magic Kingdom® aussi faut-il compter deux jours pour tout voir. World Showcase n'ouvre normalement pas avant 11 h. Les foules matinales se répandent donc d'abord dans Future World avant d'aller attendre peu à peu devant les cordes qui ferment l'accès de World Showcase. La clé d'une visite réussie est d'arriver tôt. Si vous avez la chance de posséder une entrée anticipée, arrivez 1 h 40 avant l'heure d'ouverture officielle.

Future World compte peu d'attractions : les plus récentes, Test Track et Mission : SPACE, sont donc assiégées dès l'ouverture. Pour y parvenir, dépassez sur la gauche l'immense bâtiment qui abrite Innoventions East. Pour mieux vous repérer, il peut être utile que vous vous représentiez Future World comme le cadran d'une horloge ; si l'entrée est à 6 h, Mission : SPACE est à 9 h et Test Track à 11 h – ce qui équivaut à marcher de l'entrée de Magic Mountain® jusqu'à Splash Mountain®.

Lorsque vous quittez la zone de Mission : SPACE et de Test Track, revenez sur vos pas jusqu'à Innoventions East et traversez tout de suite Innoventions West pour ressortir à Honey, I Shrunk the Audience!, à votre gauche à 1 h, pour garder l'image de l'horloge. Puis retournez à Spaceship Earth, à 6 h, et montez à bord. Cela impose de nombreux aller-retour mais cela vous permettra de voir les attractions principales en un minimum de temps.

World Showcase intéresse beaucoup plus les adultes que les enfants. Aussi pour les occuper, nous vous conseillons de passer aux Kidcot Fun Spots situés dans plusieurs pavillons afin de leur acheter un « Passeport » qu'ils pourront faire tamponner. Dans quelques pavillons on peut faire un tour en bateau et, dans plusieurs autres, voir des films ou prendre le dîner. Vous pouvez réserver à l'avance de votre hôtel. Les

ILLUMINATIONS : REFLEXIONS DE LA TERRE

Les IllumiNations du soir sont à voir absolument. Ce son et lumière à une échelle extravagante tiré autour de Word Showcase Lagoon a lieu presqu'à la fermeture. Des lasers, des feux d'artifices et des jeux d'eau illuminent les onze nations représentées aux accents d'une bande son symphonique. Pour bien le voir, installez-vous dans la véranda de la Cantina de San Angel dans le pavillon mexicain, au balcon du restaurant japonais ou sur le pont International Gateway près du Royaume-Uni.

◁ La coupole de Spaceship Earth, que l'on reconnaît de partout dans Future World

transports sont assez peu efficaces et vous perdrez moins de temps en vous déplaçant à pied : soyez bien chaussé et portez un chapeau car l'ombre est rare dans le parc.

FUTURE WORLD

Après l'entrée, vous découvrirez un ensemble de vastes bâtiments aux façades futuristes auxquels vous accéderez par Innoventions East et West. Certains abritent une seule attraction tandis que d'autres permettent de flâner à travers diverses expositions, le plus souvent interactives. Dans le pavillon central, des mini-voyages sont également organisés. La majorité des attractions sont sponsorisées par de grandes entreprises, qui sont clairement nommées sur les panneaux.

Pin Trading

À la suite du succès rencontré par les pins produits par Disney pour des événements spéciaux, des petits comptoirs à pins, réservés à la vente des centaines de pins produits par Disney, furent créés dans chaque parc. Les pins coûtent entre 6 et 15 $ pièce. Les visiteurs peuvent les échanger avec des négociants en pins selon des règles simples. Enfants et adolescents sont captivés par cette activité. Ils passent des heures à rechercher le pin qui leur manque pour le troquer contre un des leurs. Cette trouvaille a rencontré un tel succès auprès des visiteurs que Disney ne prévoit pas d'y mettre un terme. En fonction de la formule hôtelière que vous avez retenue, peut-être vous offrira-t-on, à votre arrivée une série de pins.

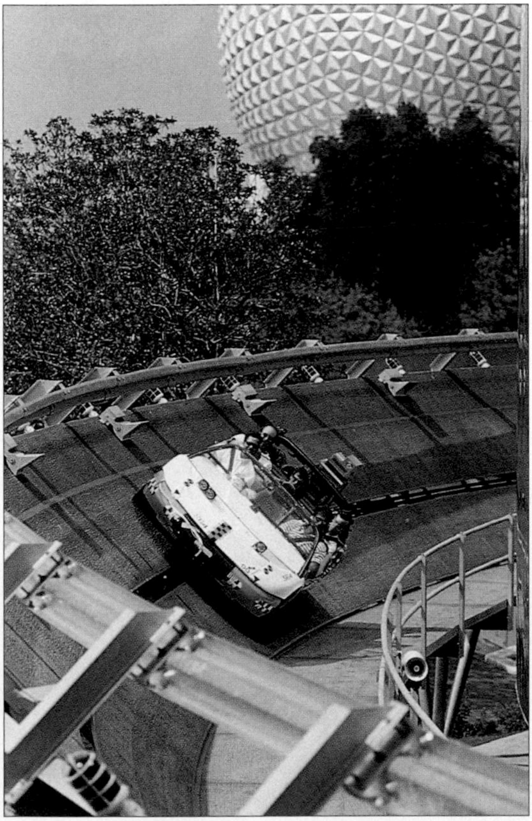

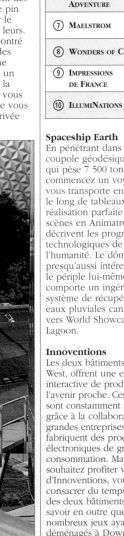

Test Track, l'une des attractions les plus prisées d'Epcot

LES 10 MEILLEURES ATTRACTIONS
1 TEST TRACK
2 HONEY, I SHRUNK THE AUDIENCE
3 SPACESHIP EARTH
4 THE LIVING SEAS
5 BODY WARS
6 ELLEN'S ENERGY ADVENTURE
7 MAELSTROM
8 WONDERS OF CHINA
9 IMPRESSIONS DE FRANCE
10 ILLUMINATIONS

Spaceship Earth

En pénétrant dans cette coupole géodésique massive, qui pèse 7 500 tonnes, vous commencez un voyage qui vous transporte en douceur le long de tableaux à la réalisation parfaite et de scènes en Animatronics qui décrivent les progrès technologiques de l'humanité. Le dôme, presqu'aussi intéressant que le périple lui-même, comporte un ingénieux système de récupération des eaux pluviales canalisées vers World Showcase Lagoon.

Innoventions

Les deux bâtiments, East et West, offrent une exposition interactive de produits liés à l'avenir proche. Ces produits sont constamment améliorés grâce à la collaboration de grandes entreprises qui fabriquent des produits électroniques de grande consommation. Mais si vous souhaitez profiter vraiment d'Innoventions, vous devrez consacrer du temps à la visite des deux bâtiments. Il faut savoir en outre que de nombreux jeux ayant été déménagés à Downtown Disney, cette exposition attire davantage les adultes.

FUTURE WORLD, SUITE...

Ellen's Energy Adventure
Une technologie fascinante et la présence d'Ellen DeGeneres rendent plus attrayant ce film d'intérêt moyen. Le théâtre entier tourne sur lui-même avant de se diviser en sections d'une centaine de spectateurs chacune, qui les entraînent ensuite séparément vers un univers préhistorique, peuplé d'êtres antédiluviens assez convaincants.

The Living Seas
La technologie qui sous-tend cette attraction est à couper le souffle mais ce qui attire les visiteurs ici, c'est plutôt Sea Base Alpha, le projet de recherche le plus ambitieux d'Epcot. Une présentation vous prépare au voyage que vous allez accomplir au fond de l'océan, en « hydrolator », pour voir les fonds marins de plus près. De là vous prenez en marche un train de petites voitures pour découvrir requins, dauphins, tortues géantes et lamantins. En débarquant, vous pourrez encore flâner d'exposition en exposition, dans la base, et admirer de près les lamantins et la vie marine à travers des parois transparentes.

Wonders of Life
Ce pavillon bruyant, tout en coin et recoins, explore comme le suggère son nom le corps humain. **The Making of Me** est un film divertissant sur ce qui se passe avant la naissance d'un enfant tandis que **Cranium Command** est une présentation en Animatronics® très drôle et souvent négligée sur le fonctionnement du cerveau. **Body Wars** – numéro un des attractions à sensations fortes d'Epcot, équipée d'un simulateur – vous fera parcourir l'intérieur du corps humain, après vous avoir miniaturisé. Certains peuvent souffrir du mal des transports.

Test Track
Attraction la plus prisée d'Epcot, elle génère des files d'attente dès l'ouverture du parc qui s'allongent encore plus vite du fait de pannes fréquentes. À bord de véhicules à six places d'une technologie sophistiquée, un simulateur sur rails qui se déplace à grande vitesse vous fait participer aux essais d'un prototype de voiture de sport avant sa fabrication en série. Après les essais de freinage, les ascensions de collines, les dérapages contrôlés, les accrochages évités de justesse et les cabines de peinture, le point culminant est le looping à plus de 104 km/h sur une chaussée extérieure surélevée autour du bâtiment de Test Track. Les machines tournent 24 h sur 24 tellement la procédure de démarrage est longue. Mais elles s'arrêtent souvent, en général parce que les systèmes de sécurité interviennent et stoppent l'ensemble de l'attraction. Ces essais suscitent un tel engouement que les files d'attente s'allongent au fil de la journée. Le soir, on peut faire entre 90 minutes et deux heures de queue pour un circuit de quatre minutes. Les distributeurs de FastPass devant l'entrée sont en général vides dès midi.

Mission : SPACE
Mission : SPACE est l'attraction la plus récente d'Epcot. La technologie de pointe utilisée fait appel à une imagerie et des audiophones sophistiqués. Les visiteurs en route vers Mars dans leur fusée X-2, simulent chacun un aspect vital de la mission mais risquent de souffrir du mal des transports.

The Imagination Pavilion
Il comporte trois attractions. Ne ratez pas la première, **Honey, I Shrunk the Audience** ! spectacle drôle qui utilise avec art la propre technologie filmique en 3-D de Disney et des effets spéciaux. **Journey into Imagination with Figment** est un voyage trépidant et enjoué à la recherche d'idées

CELEBRATION, FLORIDE
Celebration est une ville nouvelle aux valeurs anciennes, construite sur d'anciens marécages voisins de Walt Disney World. Notamment inspiré par les rues romantiques de Charleston en Caroline du Sud, Disney tente ici de recréer l'atmosphère des petites villes que beaucoup d'Américains d'âge mûr regrettent. C'est un monde rempli de voisins sympathiques et d'épiciers du coin de la rue.

Les premiers habitants, sur les 20 000 attendus, ont emménagé en 1996. Les rues piétonnes, les bâtiments de style ancien, dessinés par des architectes de renom, l'hôpital qui traite les malades mais fait aussi de la prévention, semblent taillés sur mesure pour ceux qu'effraient l'insécurité et la routine éreintante des villes modernes. Des règles strictes stipulent la couleur des rideaux et les massifs d'arbustes plantés côté rue doivent être approuvés par Disney. Pourtant, Celebration ressemble, dans un certain sens, à toutes les villes : le public est libre de s'y arrêter et de la visiter.

relatives aux arts et aux sciences. Mais cette attraction, trop longue, est compliquée. En passant devant plusieurs scènes animées, vous serez l'objet d'illusions optiques et d'effets sonores. Enfin, **Imageworks Lab** présente des jeux interactifs qui font appel à des sensations audio-visuelles et des démonstrations.

Le Land
Les thèmes principaux de ce pavillon sont l'écologie et la défense de la nature. Les trois attractions bordent le restaurant fast-food. L'affluence augmente donc à l'heure des repas. Dans **The Circle of Life,** film qui utilise en partie des procédés d'animation, les personnages du Roi Lion chantent un hymne à la défense de la nature. **Living with the Land** est une croisière à travers l'agriculture américaine, passée, présente et à venir. Ce pavillon offre aussi une visite à pied parallèlement au voyage en bateau.

VISITE EN UN JOUR

1. Arrivez 1 h 40 avant l'heure d'ouverture officielle les jours où le parc ouvre tôt et 1 h avant les autres jours.

2. Allez tout droit à Test Track et à Mission : SPACE. Faites les voyages et prenez des tickets FastPass pour plus tard puis revenez sur vos pas jusqu'au côté opposé de Future World pour aller voir Honey, I Shrunk the Audience.

3. Sortez et revenez vers l'entrée pour monter à bord de SpaceShip Earth.

4. De là, tournez à droite et prenez vers Wonders of Life. Faites le voyage Body Wars.

5. Tournez à droite en sortant de Life of Wonders et allez vers Ellen's Energy Adventure.

6. Dirigez-vous vers World Showcase et attendez l'ouverture des cordes sur la gauche.

7. Dirigez-vous alors vers le Mexique. Faites le circuit El Rio del Tiempo.

8. Partez sur la droite et allez en Norvège voir le Maelstrom.

9. L'heure du déjeuner s'approche et vous avez fait le tour des attractions principales. Après avoir soufflé, partez en Chine (film), en France (film) puis au Canada (film).

10. Retournez à Future World et visitez le Pavillon The Land. Assistez aux trois attractions présentées.

11. À la sortie, allez vers la gauche et dirigez-vous vers The Living Seas.

12. Sortez de cette attraction sur la droite, traversez les deux Innoventions East et West puis retournez au Pavillon Wonders of Life voir Cranium Command et The Story of Life.

Il est temps de rentrer à votre hôtel pour revenir vers 19 h et trouver un bon endroit d'où assister aux IllumiNations.

MODE D'EMPLOI DES ATTRACTIONS ET DES SPECTACLES

Les attractions et les spectacles sont classés en deux groupes, Future World et World Showcase, et par ordre alphabétique.

	TEMPS D'ATTENTE	ÂGE OU TAILLE LIMITE	HEURES DE POINTE DES ATTRACTIONS	TICKET FASTPASS	ÉVENTUEL MAL DES TRANSPORTS	NOTE GLOBALE
FUTURE WORLD						
BODY WARS	◗	1,10 m	10h-14h		✓	◆
CIRCLE OF LIFE	○		12h-14h			▼
CRANIUM COMMAND	○					◆
HONEY, I SHRUNK THE AUDIENCE	◗		10h-17h	➡		★
JOURNEY INTO IMAGINATION WITH FIGMENT	◗		11h-14h			◆
LIVING WITH THE LAND	●		12h-14h			◆
MISSION : SPACE	●	1,30 m	9h-17h	➡	✓	◆
SPACESHIP EARTH	◗		9h-12h			★
THE MAKING OF ME	○					▼
TEST TRACK	●	1,10 m	journée	➡	✓	★
ELLEN'S ENERGY ADVENTURE	◗		10h-13h			◆
THE LIVING SEAS	○		11h-15h			◆
WORLD SHOWCASE						
EL RÌO DEL TIEMPO	○		12h-15h			▼
IMPRESSIONS DE FRANCE	○					▼
MAELSTROM	●		11h-17h			▼
THE AMERICAN ADVENTURE	○					◆
O CANADA	○					◆
WONDERS OF CHINA	○					★

Légendes : Temps d'attente court – ○ moyen – ◗ long – ● ;
Note globale bien – ▼ excellent – ◆ exceptionnel – ★

WORLD SHOWCASE

Les temples, les églises, et les châteaux de ces onze pavillons ou pays sont soit des répliques de bâtiments existants, soit des édifices d'un style propre à un pays. Mais World Showcase est bien plus qu'une œuvre architecturale. Ainsi, le personnel de chaque pavillon est originaire du pays qu'il représente. Il vend des produits nationaux et propose une bonne cuisine. Aux heures indiquées sur le guide, des artistes font des spectacles devant chaque pavillon. Les meilleurs sont les acrobates chinois ainsi que les bizarres et comiques Living Statues d'Italie. Seuls deux pavillons sont pourvus d'attractions, mais plusieurs projettent sur écran géant des films présentant l'histoire, la culture et les paysages de leur pays. Quelques-uns abritent même une galerie d'art, ce qui n'est malheureusement pas signalé. Des ferries traversent World Showcase Lagoon, reliant le Canada au Maroc et le Mexique à l'Allemagne, mais il est relativement facile de faire le tour de World Showcase à pied.

 Le Mexique
Une pyramide maya dissimule l'intérieur le plus remarquable de World Showcase. On y vend des sombreros, des ponchos et des *piñatas* (des animaux en papier mâché). La plaza de style colonial accueille un restaurant de qualité et des mariachis, le tout sous une lumière crépusculaire et derrière un volcan grondant. En voguant sur **El Rio del Tiempo** («la rivière du temps»), vous verrez des scènes du Mexique passé et présent en cinématique et en Audio-Animatronics.

 La Norvège
Vous verrez la réplique d'une église en bois et celle du château Akershus (une forteresse du XIVe siècle qui surplombe le port d'Oslo), disposées avec goût autour d'une place en pavés ronds. Des trolls et des pulls sont en vente. Mais l'élément essentiel de ce pavillon est le **Maelstrom :** un passionnant périple en bateau dans les fjords, au pays des trolls, et autour d'une plate-forme pétrolière de la mer du Nord. Enfin, vous accosterez dans un port de pêche. Cette attraction est suivie d'un petit film sur la Norvège.

 La Chine
Ce pavillon est célèbre pour sa réplique du temple du Ciel. La sérénité qui y règne contraste avec l'atmosphère plus nerveuse des pavillons voisins. **Reflections of China** montre de fabuleux sites anciens et des paysages souvent inconnus de la Chine. Ce film est en Circle-Vision, donc diffusé simultanément sur neuf écrans disposés autour du public. Attention, vous devrez rester debout pendant toute la séance. Les nombreux magasins de ce pavillon vendent de tout, des lanternes chinoises aux sachets de thé en passant par les paravents peints. Malheureusement, les restaurants sont assez décevants.

 L'Allemagne
Le pavillon le plus chaleureux de World Showcase abrite un fatras de bâtiments à pignons et à tours réunis autour d'une place centrale, St Georgplatz. Ils sont inspirés d'édifices réels (comme la halle des marchands de Fribourg ou un château sur le Rhin). Si vous avez des enfants, passez-y à l'heure où sonne le carillon de la place. Un accordéoniste joue parfois et les magasins sont pleins de cadeaux originaux ou éducatifs, par exemple des poupées artisanales en bois. Mais pour vraiment goûter l'atmosphère allemande, il vous faudra y dîner.

L'Italie
L'essentiel du pavillon italien, relativement petit, représente Venise : des gondoles amarrées dans le lagon aux reconstitutions d'un campanile en brique rouge et du palais des Doges de la place Saint-Marc, datant du XIVe siècle – même le faux marbre y semble réel. Les bâtiments de la cour arrière sont inspirés de ceux de Vérone et de Florence, tandis que la statue de Neptune est une copie du Bernin. Ici, l'architecture est la grande attraction, mais vous devriez également dîner dans l'un des restaurants ou flâner dans les magasins où vous pourrez acheter des pâtes, de l'amaretti, du vin, etc.

The American Adventure
Le pavillon américain est la pièce centrale de World Showcase, bien qu'il y manque le charme et le sens du détail propres à la plupart des autres pays. Cependant, les Américains sont souvent très émus par **The American Adventure,** un spectacle qui a lieu dans un vaste bâtiment de style géorgien. Ce dernier donnera une bonne idée de

---

DANS LES COULISSES DE WORLD SHOWCASE

Si vous voulez mieux connaître Walt Disney World, la visite des coulisses vous plaira. À World Showcase, les Hidden Treasures (qui durent deux heures) s'intéressent en profondeur à l'architecture et aux traditions des pays représentés dans le parc, tandis que les Gardens of the World expliquent la création des jardins du World Showcase (on vous y donnera même des astuces pour recréer un peu de la magie Disney chez vous). Ces excursions coûtent 25 dollars par personne. Si vous avez 160 dollars et sept heures devant vous, suivez le Backstage Magic Tour qui traverse les trois parcs. Vous visiterez le fameux réseau de tunnels qui serpentent sous Magic Kingdom. Pour toutes informations sur les Disney Tours, appelez (407) WDW-TOUR/(407) 939-8687.

la psychologie américaine face aux étrangers. Très patriotique, c'est aussi une farce provocante qui survole l'histoire des États-Unis jusqu'à nos jours. Elle inclut des tableaux sur écran et des personnes en Audio-Animatronics, notamment Mark Twain et Benjamin Franklin.

 Le Japon
Ce lieu un peu guindé abrite un jardin à la japonaise, un château de samouraï et une pagode inspirée d'un temple de Nara du VIIe siècle (dont les cinq étages représentent la terre, l'eau, le feu, le vent et le ciel). Le grand magasin Mitsukoshi, copie de la salle des cérémonies du palais impérial de Kyoto, vend des kimonos, des carillons à vent, des bonsaïs et des huîtres. Les seuls endroits vraiment vivants de ce pavillon sont les restaurants.

Le Maroc
La *médina* (vieille ville) est décorée de carreaux en émaux, de portes en forme de clé, de murs colorés dignes d'une forteresse et d'allées sinueuses. On y accède par la reproduction d'un pont de Fès. Ces œuvres ont été exécutées par des artistes du pays. Le Maroc offre des pièces d'artisanat de grande qualité. La *médina* débouche sur un marché où l'on vend des tapis, de la chaudronnerie d'art, de la maroquinerie et des châles. Le restaurant Marrakech sert du couscous dans une atmosphère de cabaret.

La France
Ce pavillon abrite une réplique au 1/10 de la Tour Eiffel ainsi que de résidences construites à la Belle Époque et de la rue principale d'un village. Ses magasins proposent du parfum, des bérets et bien sûr du vin. Des restaurants et une pâtisserie honorent la cuisine française.
Un film très délassant, intitulé **Impressions de France,** en est la principale attraction.

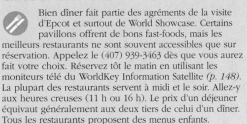

CAFÉS ET RESTAURANTS

Bien dîner fait partie des agréments de la visite d'Epcot et surtout de World Showcase. Certains pavillons offrent de bons fast-foods, mais les meilleurs restaurants ne sont souvent accessibles que sur réservation. Appelez le (407) 939-3463 dès que vous aurez fait votre choix. Réservez tôt le matin en utilisant les moniteurs télé du WorldKey Information Satellite *(p. 148).* La plupart des restaurants servent à midi et le soir. Allez-y aux heures creuses (11 h à 16 h). Le prix d'un déjeuner équivaut généralement aux deux tiers de celui d'un dîner. Tous les restaurants proposent des menus enfants.

À World Showcase, nous vous recommandons :
Mexique : la San Angel Inn, le lieu le plus romantique d'Epcot, sert des plats intéressants mais coûteux.
Norvège : Akershus offre un *koltbord* (buffet) de plats norvégiens dans un décor digne d'un château.
Allemagne : le Biergarten propose un buffet bon marché et copieux sur fond de musique bavaroise.
Italie : malgré son organisation chaotique, l'Originale Alfredo di Roma est apprécié pour ses plats sophistiqués.
Japon : mangez des grillades et des fritures aux Teppanyaki Dining Rooms, ou des sushi et des tempura au bar du Tempura Kiku (pas de réservations).
France : le haut de gamme Bistro de Paris n'ouvre qu'à midi, les Chefs de France, le plus chic et le plus cher, est dirigé par de grands chefs français et le Petit Café sert en terrasse des steaks ou des crêpes (pas de réservations).

À Future Land, nous vous recommandons :
The Land : au Garden Grill rotatif, vous admirerez une forêt tropicale, une prairie et un désert, pendant que les personnages de Disney vous distrairont.
The Living Seas : au Coral Reef, plutôt cher et situé dans le pavillon de l'aquarium, vous pourrez manger, mais également admirer des poissons à travers un mur transparent.

Projeté sur cinq écrans adjacents, ce documentaire présente les plus belles régions de France sur fond de musique classique, également française.

 Le Royaume-Uni
Le pub Rose and Crown occupe le centre de ce pavillon. On y sert de la nourriture traditionnelle anglaise (comme des cornish pasties et des fish and chips) mais aussi de la bière à la pression – que les Américains apprécient bien fraîche. De charmants jardins entourent le pub, ainsi que des bâtiments de diverses époques (dont un château inspiré de celui de Hampton Court, l'imitation d'une terrasse Régence et un cottage en chaume, dont le toit est en fait constitué de feuilles imitant le genêt).
Le pavillon n'offre aucune attraction, seulement des magasins, qui vendent de tout – du thé à la porcelaine, en passant par les pulls, les tartans et les ours en peluche.

Le Canada
Des totems de 9 m de haut, une cabane en rondin, la réplique du Château Laurier Hôtel d'Ottawa (de style victorien), un gouffre en pierre et des jardins d'ornement constituent l'essentiel de ce pavillon, grand mais peu intéressant. Le film en Circle-Vision **O Canada!** traduit mieux la diversité des paysages. Son homologue chinois est encore mieux réussi. Le public se tient debout au centre du cinéma et tourne sur lui-même afin de suivre le film projeté sur neuf écrans. Les magasins proposent de l'artisanat indien et inuk et diverses spécialités.

Dauphins et visiteurs se font face au Living Seas ▷

Les studios Disney-MGM

Inaugurés en 1989, les studios Disney-MGM sont le troisième et plus petit des parcs à thème de Walt Disney World, mais aussi un véritable studio de production télévisée et cinématographique (en grande partie fermé maintenant). Le parc présente d'excellentes attractions fondées sur des films de Disney ou de la Metro-Goldwyn-Mayer (dont Disney a acheté les droits) ainsi que des spectacles et des visites guidées. Vous découvrirez depuis les coulisses comment on réalise un film ou un show télévisé. Une visite guidée permet de découvrir la partie active des studios. Les studios de Disney-MGM s'adressent surtout aux adultes et aux adolescents.

Le Théâtre Chinois de Mann sur Hollywood Boulevard

ABORDER LE PARC

Ce parc ne suit pas la disposition des autres parcs à thème, encore qu'Hollywood Boulevard soit une sorte de « Main Street, USA » et serve à canaliser les visiteurs vers les attractions. Ces dernières années, Disney a donné plus d'ampleur aux attractions dont certaines figurent parmi les plus réussies d'Orlando. Le programme d'animation est fréquemment renouvelé et les rues peuvent être barrées pendant la visite d'une célébrité ou une séquence de tournage. Même si tout cela se passe surtout en hiver, le Visitor Center, qui se trouve à gauche de l'entrée principale, vous renseignera sur les horaires, les lieux et les événements dès votre arrivée dans le parc.

Comme pour les autres parcs à thème, il vaut mieux arriver tôt pour éviter les longues files d'attente. N'oubliez pas non plus que l'intensité de certaines attractions peut effrayer de jeunes enfants.

Vers 15 h 30, la parade des Studios Disney-MGM se met en branle. Mais vous risquez d'avoir chaud en l'attendant dans le parc, peu ombragé. L'un des récents dessins animés de Disney en fournit en général le thème.

Un public de 10 000 spectateurs assiste, une fois le soir en basse saison et deux fois en période d'affluence, au superbe spectacle **Fantasmic!** Il vaut donc mieux arriver deux heures à l'avance pour avoir une bonne place.

HOLLYWOOD BOULEVARD

D'adorables bâtiments de style Arts déco rivalisent avec une réplique du théâtre chinois de Mann pour donner une vision d'un Hollywood qui n'a jamais existé. On vous prendra en photo et des employés du parc jouant les policiers ou les journalistes vous pourchasseront comme si vous étiez des célébrités pour mieux vous diriger vers Indiana Jones Epic Stunt Spectacular. Ce spectacle vivant reproduit de nombreuses cascades des films d'Indiana Jones. Mais les meilleures attractions se trouvent du côté opposé.

À mi-hauteur, Sunset Boulevard part à droite et vous conduit aux attractions les plus prisées du parc, The Twilight Zone Tower of Terror et Rock'n Roll Coaster Starring Aerosmith.

Au croisement des deux boulevards, dans l'un des comptoirs si pin omniprésents, les négociants en herbe pourront tendre une embuscade à un employé du parc pour faire des échanges de badges. La Place centrale, à l'extrémité de Hollywood Boulevard, est dominée par une réplique du théâtre chinois de Mann, où vous embarquerez pour **The Great Movie Ride,** l'une des rares attractions où faire la queue est presqu'aussi agréable que le circuit lui-même. De vastes véhicules d'une capacité de 60 personnes se déplacent silencieusement devant les plus grands décors de cinéma jamais construits pour une attraction Disney. La grande expérience cinématographique du studio se traduit par un réalisme impressionnant. Entrecoupé d'intermèdes joués par des acteurs, ce périple se termine sur une note optimiste.

SUNSET BOULEVARD

Comme Hollywood Boulevard, Sunset Boulevard est une évocation édulcorée de la célèbre rue dans les années quarante. On a recréé les théâtres et les devantures de magasins (certains réels, d'autres fictifs) en soignant ici

CONSEILS

• Ici, les circuits les plus prisés sont Twilight Zone Tower of Terror et Rock'n Roll Coaster. Allez-y donc tôt pour éviter les files d'attente.
• C'est du banc le plus proche du stand de popcorn et de boissons face à « Sounds Dangerous » que vous verrez le mieux la parade de l'après-midi. Encore devrez-vous y arriver les premiers.
• Pendant les parades, la plupart des autres attractions sont peu fréquentées, mais vous ne pourrez vous y rendre si vous êtes du mauvais côté de la rue.
• Dans la chaufferie de Twilight Zone Tower of Terror, empruntez n'importe lequel des portillons ouverts menant aux ascenseurs. Vous aurez ainsi une meilleure place et une meilleure vue.

encore les détails. Il est dominé à une extrémité par Hollywood Tower Hotel. Dévasté par la foudre et décrépi, celui-ci abrite l'attraction la plus saisissante d'Orlando, **the Twilight Zone Tower of Terror**. Sanglé dans des ceintures, l'ascenseur de service vous emmènera dans un voyage inspiré par la série télévisée des années cinquante, *The Twilight Zone™* (La Quatrième Dimension). Après être entré dans une bibliothèque, vous entrez dans ce qui ressemble à la chaufferie d'un hôtel, que vous traversez pour vous diriger vers les ascenseurs – sortes de monte-charge avec une planche en guise de siège. Parfois la porte de l'ascenseur s'ouvre sur des couloirs fantomatiques. Mais le plongeon de 13 étages qui vous prend par

surprise est le plus angoissant. Au treizième étage l'ascenseur traverse l'hôtel à l'horizontale. Une fois parvenu à la cage de descente, la chute se répète sept fois. Il s'agit vraiment là d'un chef-d'œuvre de technologie. Pour la première chute, d'énormes moteurs vous propulsent de toute leur puissance plus vite que si vous tombiez en chute libre.

Vous pourrez aussi apercevoir ici ou là le parc entier et même les environs du parc, ce qui est rare dans la tradition Disney, avant d'entamer la terrifiante descente. Inconditionnels et novices remplissent cette attraction dès l'ouverture.

Apothéose du bruit, **Rock'n Roll Coaster Starring Aerosmith** vous fera subir une accélération de presque 95 km/h en 2,8 secondes dans l'obscurité. Arrive ensuite une série de spirales en tire-bouchon dont la première vous aspirera littéralement à 5G. En préambule, vous assisterez une séance d'enregistrement du groupe Aerosmith (plutôt ennuyeuses). Vous ferez ensuite la queue devant deux portes. Si vous préférez être assis à l'avant, empruntez plutôt la rampe inférieure.

Pleines de loopings, de spirales et de descentes très plongeantes, les montagnes russes de Rock'n Roll Coaster sont accompagnées d'une tonitruante bande-son synchronisée et vous propulsent à la lumière des néons dans un état proche de l'oubli total.

L'entrée du Theater of the Stars se trouve sur Sunset Boulevard. Le spectacle est en partie joué par des comédiens et en partie d'animation. Il est accompagné d'une excellente partition musicale . Le programme change périodiquement. *Beauty and the Beast - Live on stage* (La Belle et la Bête) est au programme depuis plusieurs années. C'est aussi sur Sunset Boulevard que vous trouverez l'entrée de **Fantasmic!**

L'attraction Twilight Zone Tower of Terror est encore plus spectaculaire la nuit

FANTASMIC!

À Disney-MGM, le spectacle du soir épuise les superlatifs. C'est le meilleur dans son genre dans toute la Floride et il combine musique, lasers, projections de fontaines lumineuses, animation et une distribution de plus d'une centaine d'acteurs et de danseurs. Fantasmic ! réalise l'exploit d'une chorégraphie synchronisée au quart de seconde avec musique, feux d'artifice et lumières tout au long du spectacle. L'histoire qui se passe sur une île au milieu d'un lac, raconte la bataille entre le bien et le mal. Des bateaux illuminés, des chars volants et les eaux du lac qui s'enflamment ne sont que quelques-uns des moments marquants de cet événement enchanteur auquel 10 000 personnes assistent par séance.

Pour être bien placé, arrivez au moins deux heures avant le début du spectacle. Même dans les périodes plus calmes en basse saison, il joue à guichets fermés et les 10 000 tickets sont déjà vendus une demi-heure avant le début.

ANIMATION COURTYARD

Cette attraction devait à l'origine plonger au cœur de l'histoire et des procédés d'animation mais aussi lever un coin du voile sur les futurs dessins animés de Disney, en cours de préparation. Mais sa fermeture en janvier 2004 a fait baisser la fréquentation de cette partie du parc. Pourtant certaines attractions méritent encore que vous leur consacriez du temps.

Magic of Disney Animation est une visite guidée : un artiste de Disney et quelques films qui explorent la riche histoire des dessins animés de Disney vous accompagnent. L'artiste réalise quelques dessins et pour finir, les enfants apprennent à dessiner avec lui leur personnage Disney.

Voyage of the Little Mermaid est interprété par des acteurs et personnages en Audio-animatronics® et des dessins animés. Des lasers et des jeux d'eau donnent l'impression d'être dans une grotte sous-marine. Ce spectacle, parmi les plus prisés du parc, s'adresse à tous, même si les petits ont parfois peur de la tempête d'éclairs. Également pour les petits, **Playhouse Disney - Live on stage !**

met en scène des personnages de la chaîne Disney.

MICKEY AVENUE

Elle relie Animation Courtyard au Studio Disney-MGM Backlot Tour. Des cabines de son s'étagent tout au long de l'avenue et en ce moment elles hébergent le jeu **Who wants to be a millionaire - Play it!** Cette célèbre attraction recrée le jeu-phénomène d'ABC. À la porte suivante, **Walt Disney : One Man's Dream** peut passer pour de la propagande mais il est difficile de ne pas rester admiratif devant la grande vision de Walt et des risques qu'il a pris. La taille actuelle de sa société le choquerait sans doute, lui qui déclarait avec humilité : « N'oubliez jamais que tout a commencé à cause d'une souris ».

Disney-MGM Studios Backlot Tour est un circuit d'une demi-heure, encore plus divertissant lorsqu'un film est en cours de tournage. Assis dans un tram, vous découvrirez les costumes, les caméras, les accessoires et les éclairages. Les maisons banlieusardes deviennent des décors extérieurs pour les shows télévisés. La scène

catastrophe où le tram s'arrête au milieu d'une inondation et d'explosions est saisissante.

La partie du circuit à faire à pied est plus pédagogique : on vous explique des effets spéciaux. Une bataille marine est recréée à l'aide de maquettes dans un réservoir. Vous verrez aussi trois studios où, si vous avez de la chance, un show télévisé, une publicité ou un film seront en cours de tournage.

NEW YORK STREET

Les briques et les pierres de cette réplique de New York sont en fait peintes sur du plastique et de la fibre de verre. Les façades sont simplement soutenues par des madriers. Du linge qui sèche devant un bâtiment de grès brun, une teinturerie chinoise et l'Empire State Building (peint selon une perspective forcée qui donne une impression de hauteur) parfont l'authenticité de la Grosse Pomme (New York). Les rues ne sont plus fermées au public, même si l'on tourne toujours des films sur ce plateau.

Toy Story Pizza Planet est une galerie de jeux forgée de toutes pièces pour ressembler au repère favori d'Andy et remplie de jeux vidéos.

Si vous avez de jeunes enfants, ne ratez pas **Honey, I Shrunk the Kids Movie Set Adventure**, aire de jeu où les brins d'herbe mesurent 9 m de haut, le toboggan est un rouleau de pellicule, et une fourmi a la taille d'un poney. Les enfants passeront des heures dans les tunnels, ou les toboggans.

Dans **Jim Henson's Muppet™ Vision 3-D**, film comique divertissant qui met en scène le Muppet Show, des trombones, des voitures, des rochers semblent jaillir de l'écran et se jeter sur vous. Ils sont si réalistes que les enfants essaient de les attraper.

Les personnages en Audio-animatronics® et les effets spéciaux, tel ce canon qui troue les murs du théâtre, apportent la quatrième dimension.

LES RESTAURANTS

Ne manquez pas de réserver votre table dans les trois restaurants des Studios Disney-MGM, plus pour leur atmosphère que pour leur cuisine. Réservez au (407) 939-3463/WDW-DINE ou au Dining Reservation Booth, au croisement de Hollywood et de Sunset Boulevards ou directement auprès de ces établissements.

Le Hollywood Brown Derby, assez cher, est la réplique de l'Original Brown Derby de Hollywood, le lieu de rencontre des stars des années 30. Les murs sont décorés de caricatures et de célébrités. Les spécialités de la maison sont la salade Cobb et le gâteau au pamplemousse. Les enfants préfèrent souvent le Sci-Fi Dine-In Theater Restaurant, un drive-in des années 50, où, assis dans des mini-Cadillac sous un ciel étoilé, on regarde de vieux films de science-fiction tout en mangeant du popcorn et des burgers. Au Prime Time café, vous serez servi dans des cuisines des années 50, où la télévision diffuse des sitcoms de l'époque. Les plats (comme le pain de viande ou de la viande cuite à la cocotte) sont familiaux.

Sans réservation, allez à la cafétéria Hollywood & Vine, de style Art déco. Au menu : des pâtes, des salades, des fruits de mer, des côtes de porc et des steaks.

ECHO LAKE

Le principal intérêt d'Echo Lake réside dans ses trois spectacles et sa saisissante attraction, Star Tours. Mais les enfants aiment aussi son dinosaure vert. Les spectacles, à la fois éducatifs et divertissants, révèlent les trucs utilisés lors des tournages.

Dans **Sounds Dangerous Starring Drew Carey**, des personnes choisies parmi le public doivent faire des bruitages selon le système « Foley », utilisé à Hollywood. Ils appliquent ensuite cette méthode à un film court, avec tonnerre, éclairs et autres effets sonores en prime, que le public revoit ensuite. Le célèbre acteur comique Drew Carey y interprète un policier qui enquête incognito. C'est aussi l'animateur du show.

L'**Academy of Television, Arts and Sciences Hall of Fame** se trouve tout près. On y voit des sosies de nombreuses légendes de la télévision, honorées pour leurs nombreuses réalisations, soit devant, soit derrière la caméra.

LES MAGASINS

Les meilleurs magasins se trouvent pour la plupart sur Hollywood Boulevard, qui reste ouvert une demi-heure de plus que le reste du parc. Mickey's of Hollywood offre un éventail impressionnant de produits Disney. Celebrity 5 & 10 propose des souvenirs cinématographiques à des prix tout à fait abordables. Vous y trouverez des claps, des Oscars®, des livres et des affiches. Le Sid Cahuenga's One-of-a-kind, dont les prix sont beaucoup plus élevés, recèle des pièces rares comme des photos dédicacées (de Boris Karloff et Greta Garbo, par exemple) ou des vêtements d'acteurs célèbres. Animation Gallery, dans Animation Courtyard, vend des affiches et des livres.

Tout autour d'Echo Lake, les emplacements de pique-nique ressemblent à des décors de films.

L'histoire de l'attraction **Star Tours** est fondée sur le film *la Guerre des étoiles*. Votre vaisseau spatial, un simulateur de vol semblable à ceux des astronomes, effectue un mauvais virage et doit échapper aux météores et livrer une bataille intergalactique. Le tout est criant de vérité car votre vaisseau bouge en même temps l'action à l'écran. Spectacle à grande échelle,

Indiana Jones™Epic Stunt Spectacular rejoue des scènes célèbres des films d'Indiana Jones. Les exploits des casse-cou sont censés faire frissonner le public. Des cascadeurs sautent audacieusement entre deux bâtiments, tout en évitant des tireurs embusqués et des explosions. Dans une approche plus éducative, ils vous expliquent comment ils réalisent ces scènes d'action. Arrivez tôt si vous voulez participer comme figurant au spectacle.

MODE D'EMPLOI DES ATTRACTIONS

Ce tableau vous aidera à organiser votre visite des Studios Disney-MGM. Les visites guidées, les attractions et les spectacles sont classés alphabétiquement et par zone.

		Attente	Âge ou taille limite	Meilleure heure de visite	Ticket Fastpass	Éventuel mal des transports	Note globale
HOLLYWOOD BOULEVARD							
R	GREAT MOVIE RIDE	○		Tte la j.			★
SUNSET BOULEVARD							
S	FANTASMIC	●		Tte la j.			◆
R	ROCK 'N' ROLLER COASTER STARRING AEROSMITH	●	1,20 m	➤11 h	➡	✓	◆
R	TWILIGHT ZONE TOWER OF TERROR	●	1,10 m	➤11 h	➡	✓	★
ANIMATION COURTYARD							
T	MAGIC OF DISNEY ANIMATION	◗		Tte la j.			◆
S	PLAYHOUSE DISNEY – LIVE ON STAGE!	◗		Tte la j.			▼
S	VOYAGE OF THE LITTLE MERMAID	●		Tte la j.	➡		◆
MICKEY AVENUE							
T	DISNEY-MGM STUDIOS BACKLOT TOUR	◗		Any			★
S	WHO WANTS TO BE A MILLIONAIRE – PLAY IT!	◗		Tte la j.	➡		▼
NEW YORK STREET							
S	JIM HENSON'S MUPPET™ VISION 3-D	●		Tte la j.			★
ECHO LAKE							
S	INDIANA JONES™ EPIC STUNT SPECTACULAR!	●		Tte la j.			◆
S	SOUNDS DANGEROUS STARRING DREW CAREY	◗		Tte la j.			▼
S	STAR TOURS	◗	1,10 m	➤11 h	➡	✓	★

Légendes : Attraction – A Spectacle – S Visite guidée – V ; Attente courte – ○ Moyenne – ◗ Longue – ● ; Note globale bonne – ▼ Excellente – ◆ Exceptionnelle – ★ Heure de visite : Tte la journée – Tte la j. – Avt 11 h – ➤11

Disney's Animal Kingdom

Disney's Animal Kingdom, cinq fois plus grand que Magic Kingdom est le plus grand des parcs à thème. Il est unique car on y voit de vrais animaux et non des copies en Animatronics®. Réalité, mythe et espèces disparues sont les thèmes du parc. Quelques zones ne sont accessibles qu'avec une visite en groupe de type safari.

ABORDER LE PARC

Le parc est divisé en sept lands : l'Oasis, Discovery Island, Dinoland USA, Camp Minnie-Mickey, Africa, Asia et Rafiki's Planet Watch. On ne s'y déplace pas comme dans les autres parcs. Après l'entrée, vous pénétrez dans l'**Oasis** – une zone festonnée de feuillage qui offre plusieurs routes pour accéder au point central du parc, Safari Village. L'Oasis contient plusieurs petites surprises que la plupart des visiteurs pressés d'arriver aux attractions manquent. Vous ne regretterez pas d'avoir attendu calmement dans chaque type d'habitat. Pour les amateurs de sensations fortes, le parc offre peu d'attractions, mais celles qui sont proposées sont remarquables et très fréquentées.

DISCOVERY ISLAND

Lorsqu'en arrivant au village, vous sortez à découvert, le **Tree of Life** surgit devant vous. C'est une structure massive de quatorze niveaux, qui est à la fois le point de repère et la signature du parc. Il domine une succession de magasins aux devantures très colorées et une multitude de bassins et de jardins qui

Camouflage coloré dans Animal Kingdom

abritent chacun une variété de bêtes sauvages. Les magasins principaux, la nursery et le poste de premier secours sont tous en face du Tree of Life.

Les ponts qui permettent d'accéder aux autres lands passent sous ses branches et à l'intérieur de son tronc, on peut voir le spectacle **It's Tough to be a Bug.** Cette représentation en 3D est remarquable et séduit particulièrement les adolescents.

CAMP MINNIE-MICKEY

Conçu en premier lieu pour que les visiteurs rencontrent les personnages de Disney, ce land offre aussi les deux spectacles vivants du parc. Les files d'attente pour le **Camp Minnie-Mickey Greeting Trails** (au bout duquel les jeunes rencontrent les personnages) peuvent donc s'allonger désespérément et se mélanger parfois avec celles de ces représentations.

Show très prisé, où le public participe et chante, le **Festival of the Lion King** dispose d'un superbe plateau, dans un auditorium climatisé. **Pocahontas and her Forest Friends At Grandmother Willow's Grove** n'est pas aussi tonique que le Festival of the Lion King mais les petites filles adoreront son côté sucré et sa musique assez agréable. Mais la salle est petite et les files d'attente sont souvent longues.

L'AFRIQUE

C'est le plus grand land. On y entre par le village d'Harambe, reproduction fidèle d'un village kenyan. Des bâtiments délabrés et des poteaux télégraphiques branlants dissimulent la propreté Disney.

Les **Kilimanjaro Safaris** sont l'attraction la plus prisée du parc. Les après-midi y sont plus calmes. Vous montez à bord de camions ouverts sur les côtés, qui vous mènent vers des répliques de paysage d'Afrique de l'Est d'une étonnante vérité. Vingt minutes sur une piste qui traverse des mares de boue et des ponts aux craquements inquiétants vous permettent de voir parmi la faune africaine, hippopotames, rhinocéros, lions et éléphants, apparemment libres de circuler où bon leur semble. Un rhinocéros blanc peut s'approcher au point de venir renifler un camion !

Dans **Pangani Forest Exploration Trail**, ce sont les gorilles que vous pouvez voir en gros plan, si les bouchons créés par les visiteurs qui sortent des safaris vous le permettent. Vous pouvez profiter de la fin d'après-midi, plus calme, pour observer à loisir les animaux. Balade

Dans Kilimanjaro Safaris, les animaux circulent librement

agréable en train, **Rafiki's Planet Watch** se veut plus pédagogique, avec sa Station de Protection de la Nature et ses Habitats habituels. Une section Affection présente des animaux domestiqués dans un enclos ombragé.

L'ASIE

Des gibbons, des oiseaux exotiques et des tigres peuplent ce land, dans un décor de ruines indiennes post-coloniales. Vous risquez de ressortir de **Kalli Rivers Rapid** mouillé jusqu'aux os. Ce bref parcours vous offrira l'un des cadres les plus saisissants du parc, que vous risquez de ne pas voir si une vague achève de vous tremper.

Maharaja Jungle Trek vous permettra d'observer des tapirs, des dragons de Komodo et des chauves-souris géantes mais surtout de magnifiques tigres du Bengale circulant dans les ruines du temple. Dans certaines sections vitrées du palais, les tigres sont pratiquement à portée de bras.

Dans **Flights of Wonder at the Caravan Stage**, les manœuvres complexes des oiseaux, qui leur permettent de survivre dans la nature, vous captiveront.

DINOLAND USA

Ce land vous donnera l'occasion de voir de vos yeux vivre et mourir des dinosaures. **DINOSAUR** plaît aux enfants plus âgés. Vous montez dans un simulateur de mouvement mobile qui, en ruant et en serpentant, essaie de feinter et d'esquiver des dinosaures carnivores. Vous y êtes beaucoup secoué et dans le noir la plupart du temps. Essayez le spectacle plus familial de **Tarzan Rocks !**, programmé au Theater in the Wild, ou **Triceratop Spin**, les montagnes russes

The Boneyard est une aire de jeu pour amuser les petits. Ils en ressortent couverts de sable. Pensez à les protéger du soleil d'été, violent en Floride, pendant qu'ils cherchent à déterrer des os de dinosaures.

Les autres activités de Walt Disney World® Resort

Walt Disney World abrite, d'après les dernières statistiques, 22 résidences, un camping, 3 parcs nautiques, 300 restaurants et snacks, plusieurs boîtes de nuit, une réserve naturelle, un village commerçant et une demi-douzaine de terrains de golf. Les heures d'ouverture varient selon la saison et les attractions extérieures peuvent fermer en fonction du temps.

LES PARCS NAUTIQUES

Walt Disney World compte trois parcs nautiques. Chacun est équipé de plages, de piscines, de toboggans et de montagnes russes. Le ticket d'entrée donne accès à toutes les attractions. Le forfait pour la journée comprend l'entrée dans les trois parcs.

En été, les parcs nautiques sont souvent bondés et affichent « complet » dès midi. Ils ouvrent pour la plupart à 9 h ou 10 h et ferment en été vers 19 h. En hiver, ils ferment parfois pour cause de travaux. Renseignez-vous avant.

Blizzard Beach
☎ *(407) 560-3400.*
Cette station de ski des Alpes surprend au premier abord. Vous accédez en téléphérique au sommet du Mont Gushmore, couronné par une aire de saut à ski bien enneigée. De là vous pouvez faire des descentes pentues comme Summit Plummet par exemple. Avec ses 37 m de haut, c'est la plus longue descente du monde et on peut y atteindre les 100 km/h. Slush Gusher, Snow Stormer et Toboggan Racers vous conduiront au bas des pistes sur un toboggan en mousse.

Runoff Rapids et Downhill Double Dipper vous feront tournoyer dans des chambres à air le long de sombres tuyaux. La piscine à vagues de Melt-Away Bay's Wave est plus relaxante. Ski Patrol et Tike's Peak amuseront les plus petits.

Typhoon Lagoon
☎ *(407) 560-4141.*
Une station balnéaire tropicale dévastée par une tempête a été recréée ici. Typhoon Lagoon possède des jardins luxuriants, une rivière que l'on traverse sur des chambre à air, une forêt tropicale et un immense lagon à vagues. Vous pourrez faire du rafting en eaux vives ou de la plongée au milieu d'un récif peuplé de poissons exotiques et de petits requins inoffensifs.

FORT WILDERNESS RESORT AND CAMPGROUND

Cette vaste forêt est avant tout un camp de vacances, qui dispose de 800 sites équipés de branchements temporaires complets. Mais vous pouvez préférer l'une des 120 cabanes en rondins avec tout le confort. On peut aussi y faire du cheval, du vélo, nager, pêcher, faire des balades en forêt. Garez votre voiture à l'entrée et prenez un bus ou prenez le bateau depuis Magic Kingdom (*p. 143*). Pour de plus amples renseignements, appelez le (407) 824-2900.

WALT DISNEY WORLD SUR L'EAU

Les paquebots de croisière *Disney Magic* et *Disney Wonder* qui ont commencé à naviguer en 1998, ont des cabines de luxe 25 % plus grandes que celles des transatlantiques. Sur chaque bateau, un pont entier est quasiment réservé aux enfants. Ils naviguent de Port Canaveral en Floride vers plusieurs destinations, dont Nassau aux Bahamas, puis Castaway Cay, l'île privée de Disney. Pour de plus amples renseignements, appelez-le (407) 566-7000.

LE ROMANTISME FAÇON DISNEY

Walt Disney World Resort, qui est déjà la première destination de lune de miel aux Etats-Unis, est aussi un lieu où convoler. Les futurs époux arrivent dans le carrosse en verre de Cendrillon au pavillon des mariages où ils sont accueillis par le Chapelier fou d'Alice au Pays des Merveilles. Après la cérémonie, Mickey Mouse les fera disparaître en limousine pour les conduire dans l'une des résidences Disney proches. Des cérémonies plus traditionnelles sont également organisées. Des maîtres de cérémonie se chargent de tout superviser, de la robe de la mariée à l'enterrement de la vie de garçon du marié. Appelez le (407) 828-3400 pour les renseignement sur les mariages et le (877) 566-0969 pour les forfaits lunes de miel ou www.disneyweddings.com.

Winter Summerland

Adjacents à Blizzard Beach, ces deux parcours de golf miniature ont des thèmes différents : une plage de Floride couverte de neige et un Noël tropical de fantaisie.

LES RÉSIDENCES WDW

Même ceux qui ne logent pas dans les résidences WDW peuvent y dîner ou faire les magasins. Les résidences proches du monorail sont facilement accessibles depuis Magic Kingdom et Epcot et on peut s'y reposer dans la journée. On peut aussi y manger et s'y divertir le soir.

La plupart des résidences ont un thème. Au **Polynesian Resort**, des cocotiers et des plantes tropicales recréent une île du Pacifique sud, tandis que le **Grand Floridian Resort & Spa** est une bonne imitation d'un hôtel du XIXe siècle, au bord de la voie ferrée. Ces deux résidences, proches du Magic Kingdom, sont les plus prisées.

Ouvert en 1966, **Disney's BoardWalk Inn** imite un village du front de mer dans les années vingt avec ses planches de bois, le long de la plage. Un pré communal entouré de magasins, de restaurants, de dancings au style rétro, de boîtes de nuit, d'un hôtel et de villas le complètent.

Disney's Saratoga Springs Resort & Spa, ouvert en mai 2004, fait partie du Club de vacances Disney. Au bord d'un lac, cette superbe résidence célèbre l'héritage d'une époque paisible avec le gargouillis de ses sources et son architecture de style victorien. Vous y trouverez tous les services d'une station thermale et des villas résidentielles, à quelques pas de Downtown Disney. Les résidences sont décrites pages 303-304 et leurs restaurants pages 322-323.

SPORTS

Vous pouvez louer un jet-ski ou un bateau dans les résidences du bord du lac, à Fort Wilderness et à Disney Village Marketplace, ou faire du ski nautique et pêcher sur Seven Seas Lagoon et Bay Lake. Les équipements sportifs et de remise en forme des résidences sont réservés à leurs clients.

Walt Disney World est doté de six terrains de golf, appelés Magic Linkdom, dont cinq accueillent des tournois. Des courses de voitures professionnelles sont organisées au Walt Disney World Speedway, au sud de Magic Kingdom.

Réservations pour le golf
☎ *(407) 939-4653.*

Disney's Wild World of Sports
☎ *(407) 828-3267.*
Ce complexe sportif occupe 80 ha. Il propose 30 sports. Son terrain de football et le stade de base-ball sont utilisés pour des compétitions professionnelles. Le complexe comprend aussi un stade d'athlétisme, 12 courts de tennis sur terre battue et un practice de golf.

WDW LA NUIT

Après la fermeture des parcs à thèmes, vous pouvez vous reposer dans une résidence ou encore profiter de ses divertissements nocturnes et de ses dîners-spectacles.

Downtown Disney
☎ *(407) 828-3058.*
Downtown Disney se divise en trois parties : Pleasure Island, Disney Village et Disney's West Side. Les amateurs de boîtes de nuit apprécieront Pleasure Island, pour sa taille et son animation. Les différents clubs proposent de la musique pour tous les goûts. L'un est spécialisé dans le disco des années 70, un autre possède une piste rotative. Un club de comédie improvisée, le Comedy Warehouse, a beaucoup de succès. À l'excentrique Adventurers Club, des objets originaux représentés sur les murs se matérialisent parfois. Un feu d'artifice et un spectacle en plein air de chant et de danse recréent chaque nuit

Spectacle sur scène de West End, à Pleasure Island

l'atmosphère joyeuse des réveillons. Prévoyez une soirée entière pour explorer Pleasure Island. Le ticket d'entrée vous donne accès à tous les clubs.

Le **Marketplace** est une jolie galerie marchande en plein air. Ne perdez pas un temps précieux à la visiter le jour mais flânez-y le soir. Elle compte plus d'une douzaine de magasins, dont The World of Disney, qui offre la plus large sélection de produits Disney de l'ensemble de Walt Disney World Resort.

Disney West Side est la dernière création de Downtown Disney. La House of Blues y accueille des concerts de blues et de jazz, tandis que le Bongo's Cuban Café est un restaurant et un club fondé par Gloria Estefan. On y trouve aussi un cinéma à 24 écrans et un cirque, où le célèbre Cirque du Soleil se produit.

Dîners-spectacles
☎ (407) 939-3463.
Ne quittez pas les parcs plus tôt pour ces spectacles, mais allez quand même en voir un. Ils sont divertissants. Il vous faudra certainement réserver trois mois à l'avance.

Electrical Waters Pageant
Chaque nuit, de lumineuses créatures marines apparaissent brièvement sur une flottille de barges en face des hôtels qui bordent Seven Seas Lagoon et Bay Lake. Ce charmant spectacle dont on parle peu commence à 21 h devant le Polynesian Resort et finit une heure plus tard au Contemporary Resort.

CARNET DE ROUTE DE WALT DISNEY WORLD

TYPES DE TICKETS

Vous pouvez acheter un ticket pour une journée et un parc, ou, si vous restez plus de trois jours, l'un des forfaits suivants :
Park Hopper Pass : accès d'une journée dans chaque parc à thèmes pour quatre ou cinq jours.
Park Hopper Plus Pass : accès illimité aux parcs à thèmes, aux parcs nautiques et à Pleasure Island pour cinq, six ou sept jours.
Ultimate Park Hopper Pass : réservé aux clients des hôtels WDW ; accès illimité aux parcs à thèmes, à Pleasure Island, aux parcs nautiques et au Complexe sportif. Les prix dépendent de la durée de votre séjour.
Annual Pass et Premium Annual Pass : valables 365 jours à partir de la première utilisation du forfait. Les tickets enfants vont de 3 à 9 ans.

JOURS DE POINTE

Magic Kingdom : lundi, jeudi et samedi.
Epcot : mardi, vendredi et samedi.
Disney MGM Studios : mercredi et dimanche.

HEURES D'OUVERTURE

Lorsque les parcs à thèmes sont complets, ils restent ouverts plus longtemps, de 9 h à 22/23 h, voire minuit. En période creuse, ils ouvrent en général jusqu'à 18/19/20 h. Pour les bénéficiaires de ticket Pass et les clients d'hôtels WDW et de résidences, les parcs ouvrent 30 minutes plus tôt. Certains parcs ouvrent également plus tôt certains jours. Appelez pour vérifier.

PROGRAMME IDÉAL

Pour éviter les files d'attente et la chaleur : arrivez tôt et visitez d'abord les attractions les plus prisées ;
• faites une pause en début d'après-midi, lorsqu'il fait le plus chaud et que l'affluence est à son comble ;
• revenez le soir voir les parades et les feux d'artifice. Il fait alors nettement plus frais.

FILES D'ATTENTE

Les files d'attente sont moins longues en début et en fin de journée ainsi que durant les parades et à l'heure des repas.
• les files d'attente devant les attractions avancent lentement, mais pour un spectacle, l'attente est rarement plus longue que le spectacle lui-même.
• le ticket FastPass permet aux visiteurs de réserver une entrée à une heure précise pour 25 des attractions les plus célèbres au lieu de faire la queue.

DÎNER À WDW

Il vaut mieux réserver dans tous les restaurants de Walt Disney Word, surtout dans les parcs à thèmes et à Epcot. Que vous séjourniez ou non dans une résidence, vous pouvez le faire 60 jours à l'avance. Un Priority Seating est l'équivalent d'un FastPass dans un restaurant. Voir nos recommandations p. 322-323.

ENFANTS

Si vous avez des enfants de moins de six ans :
• concentrez-vous principalement sur Magic Kingdom ;
• tenez compte des émotions que suscitent les attractions pour faire votre programme ;
• louez l'une des poussettes disponibles à l'entrée de tous les parcs ;
• le système « switching off » permet aux parents de profiter des attractions à tour de rôle, en ne faisant la queue qu'une fois.

RENCONTRER MICKEY

Vous pourrez rencontrer les personnages de Disney, au hasard de vos visites dans le parc, dans de nombreux restaurants (en général au petit déjeuner). Chaque parc à thèmes et de nombreuses résidences proposent également cette animation, à réserver à l'avance.

SeaWorld et Discovery Cove [2]

Ouvert en 1973, ce parc d'aventures sur l'univers marin, le plus célèbre au monde, supporte aisément la comparaison avec les autres parcs à thèmes d'Orlando. Il est particulièrement divertissant et est à la pointe de la pédagogie, de la recherche et de l'écologie. La réponse de SeaWorld à la souris de Disney est Shamu – qui correspond en fait à plusieurs orques – et le show des Aventures de Shamu est en tête d'affiche. Certaines attractions exceptionnelles vous permettront de toucher ou de nourrir des animaux marins et vous pourrez nager avec des dauphins et des raies dans le nouveau parc de Discovery Cove, adjacent à SeaWorld.

Amateurs de sensations fortes s'agrippant à Kraken, montagnes russes primées de SeaWorld

Aborder le parc

SeaWorld est moins couru que les autres parcs à thèmes d'Orlando. Les animaux à voir et les spectacles dans des stades immenses constituent les principales attractions. Il suffit d'arriver 15 minutes avant le début de la séance. Attention ! Vous risquez d'être mouillé si vous êtes dans les premiers rangs. Le rythme plus lent de SeaWorld rend les visites plus calmes. Le parc est moins rempli, surtout après 15 h. Notez également que les spectacles sont programmés pour qu'il soit pratiquement impossible de sortir de l'un pour se précipiter vers un autre, afin de réduire l'encombrement. On peut toutefois voir celui de Clyde and Seamore (Sea Lion and Otter) en quittant le stade de Shamu quatre minutes avant la fin (au moment du salut final). Aux heures de pointe, trouvez-vous une place assez tôt pour le Sea Lion et Otter Show, présenté dans un petit stade, et allez voir Wild Arctic, Shark Encounter, Journey to Atlantis et Kraken assez tôt dans la matinée car, plus tard, l'affluence y est grande.

Les enfants aiment rencontrer les acteurs en costumes de fourrure qui jouent les rôles de Shamu et de Crew, une baleine tueuse ainsi que le pingouin, le pélican, le dauphin et la loutre qui l'accompagnent. Ils se trouvent d'habitude près de la sortie vers l'heure de fermeture. Pour avoir une vue d'ensemble du parc et des environs, montez en six minutes au sommet de la Sky Tower (122 m de haut).

Pour tout renseignement, adressez-vous au bureau des visiteurs, à la sortie.

Shamu, la mascotte du parc

Les 10 meilleures Attractions
[1] Kraken
[2] Shark Encounter
[3] Journey to Atlantis
[4] Wild Arctic
[5] Penguin Encounter
[6] Shamu Adventure
[7] Clyde and Seamore Take Pirate Island
[8] Sharks Deep Dive
[9] Shamu's Happy Harbour
[10] Fireworks

Attractions

Key West at SeaWorld comprend trois reconstitutions d'habitat, dont deux où vous pourrez nourrir et toucher des animaux marins. Dolphin Cove, piscine à vagues rappelant une plage des Antilles, offre une vue sous-marine sur les dauphins souffleurs que vous pourrez flatter de la main et nourrir. À Stingray Lagoon, plus de 200 pastenagues peuvent être

Rencontre avec les requins à Key West at SeaWorld

caressées (ce qui est beaucoup plus plaisant qu'il n'y paraît). Enfin Turtle Point recueille des tortues caouanes, vertes et à écailles, trop blessées pour survivre en liberté.

Pacific Point Preserve recrée la rude côte pacifique nord sous la forme d'un vaste bassin rocheux. Vous y verrez, au soleil sur les rochers ou fendant l'eau avec élégance, des phoques communs, des otaries à fourrure d'Amérique du Sud et des phoques californiens. Les autres animaux de SeaWorld ne sont visibles qu'à travers une vitre.

CONSEILS

- *Vous pourrez nourrir des animaux à SeaWorld mais le genre et la quantité d'aliments sont définis. Les aliments s'achètent sur place, adressez-vous au bureau des visiteurs.*
- *Atlantis Water Ski, Shamu Killer Whale, Sea Lion and Otter et les Whale and Dolphin shows sont les quatre principales présentations.*
- *Pensez à prendre un sac en plastique pour protéger votre appareil de photo de l'eau salée et corrosive des bassins. Sachez que si vous êtes assis dans les douze premiers rangs, vous risquez d'être éclaboussé, surtout lors des spectacles de Shamu et des dauphins.*
- *Attendez-vous à vous faire mouiller pendant Journey to Atlantis ; réservez le spectacle au moment le plus chaud de la journée.*

MISTIFY

 Le spectacle de feux d'artifice Mistify, qui a lieu tous les soirs à Waterfront *(p.166)*, terminera en beauté votre journée à SeaWorld. Grâce à des techniques de projection au laser et des effets spéciaux, des fontaines hautes de 30 m, des panoramas géants de la vie marine, des flammes qui dansent, tout un arsenal de lumières traversent le ciel ou jaillissent sous la surface de l'eau, accompagnés de feux d'artifice. Installez-vous sur les rives du village de Waterfront Seaport pour admirer.

Manatees : The Last Generation ? nommé meilleure exposition zoologique du pays par l'*American Zoological Association* offre une splendide vue sous-marine sur les lamentins, irrésistibles herbivores, lourdauds et dolents *(voir p.236)*.

Dans **Penguin Encounter**, vous longerez en trottoir roulant un paysage gelé où une vaste colonie de manchots royaux, papous, à jugulaire ou sauteurs et de pingouins se dandinent comiquement et nagent avec grâce.

Considérée comme la plus grande collection au monde d'animaux marins dangereux, **Shark Encounter** est un spectacle très prisé. Vous verrez des murènes, des barracudas et des poissons-boules mais les nombreux requins constituent le clou de l'attraction. Vous pourrez soit traverser leur aquarium dans un long tunnel en plastique ou les voir en gros plan dans le programme interactif **Sharks Deep Dive.**

Vous pouvez plonger en

Étonnants dauphins à la parade

apnée dans une cage protectrice, au milieu de plus de 50 espèces de requins, dont des requins tigres des sables, des requins gris, des requins bordés d'Atlantique et du Pacifique. Une combinaison de plongée est fournie aux volontaires de plus de dix ans.

À côté du stade, **Shamu : Close Up !** est un centre de recherche et d'élevage où l'on peut étudier le comportement des baleines tueuses. Dix d'entre elles sont d'ailleurs nées dans le parc. **Wild Arctic** est une simulation de vol hi tech en hélicoptère, à travers des tempêtes et des avalanches, en compagnie de morses, de baleines beluga et d'ours polaires.

RECHERCHE ET RÉADAPTATION À SEAWORLD

L'Institut de Recherche à but non lucratif Hubbs SeaWorld promeut la recherche, le sauvetage et la réadaptation. SeaWorld de Floride est venu en aide à des milliers de baleines, de dauphins, de tortues et de lamentins en difficulté. Les animaux sont soignés et, si nécessaire, opérés dans le centre de réadaptation du parc. Ceux qui se rétablissent suffisamment sont remis en liberté. SeaWorld propose des circuits très suivis qui vous donneront un aperçu du travail effectué, comme par exemple The Sharks ! qui vous emmène dans les coulisses de Shark Encounter.

Une tortue verte, l'un des animaux réhabilités à SeaWorld

MODE D'EMPLOI

Carte routières E2. Orange Co. 7007 SeaWorld Drive, intersection de l'I-4 et de la Bee Line Expressway. *(407) 351-3600.* 8, 42 d'Orlando. 9h-19h t.l.j. ; jusqu'à 23h en été. W www.seaworldorlando.com

À Dolphin Cove, on peut toucher les dauphins et les nourrir

Vous arrivez ensuite à Base Station Wild Arctic, construite autour d'un ancien navire d'expédition, pour y découvrir ours polaires, morses, phoques communs et baleines béluga. Les montagnes russes version aquatique de **Journey to Atlantis**, à la note mythologique, et **Kraken,** lauréat du concours annuel de montagnes russes d'Orlando, sont deux attractions très en vogue.

Discovery Cove, contigu à SeaWorld, se visite sur réservation seulement (p.167) ; le ticket s'achète séparément. Consacrez une journée entière au parc.

LES SPECTACLES ET LES VISITES

L e spectacle où une baleine tueuse surgir de l'eau avec son entraîneur sur le museau est palpitant. Dans **Shamu Adventure**, des gros plans des acrobaties de l'énorme mammifère ainsi que des films sur la vie des baleines en liberté sont retransmis sur écran vidéo géant. Les baleines tueuses effectuent aussi un étonnant « ballet sous-marin » : cinq orques et un bébé baleine se succèdent.

Dans **Key West Dolphin Fest,** la rapidité et l'agilité des dauphins souffleurs et des faux orques est surprenante. Les mammifères jouent avec leurs entraîneurs et des membres du public mais leurs sauts synchronisés au-dessus d'une corde constituent le

clou du spectacle. Dans **Clyde and Seamore Take Pirate Island,** visible dans le Sea Lion and Otter Stadium, deux phoques, des loutres et un morse vivent des aventures de cape et d'épée où il est question de butin perdu et de bateau pirate.

Odyssea n'est pas un cirque traditionnel. Il allie acrobaties de haut vol et comédie pétillante, le tout accompagné d'effets spéciaux fantastiques dans un impressionnant décor de monde sous-marin fantaisiste. Pendant une demi-heure, vous êtes transporté de la surface de la mer jusqu'aux tréfonds de l'océan en passant devant un paysage antarctique aux personnages déguisés en pingouin, un contorsionniste dans sa coquille géante et des vers gigantesques qui exécutent des danses

rythmiques. **Pets Ahoy** met en scène des chats, des oiseaux, des chiens et des cochons trouvés dans des refuges pour animaux .

Dans **Shamu Rocks America**, donné à Shamu Stadium, les orques et leurs entraîneurs se livrent à un rock'n roll débridé qui vous asperge de ses vagues salées. On peut également voir **Shamu's Happy Harbor**, aire de jeu d'un peu plus d'1 ha pour les plus petits ; **Dolphin Nursery** avec ses mamans dauphins et leurs nouveaux-nés et **Caribbean Tidepool** avec ses poissons tropicaux et ses étoiles de mer.

Adventure Express Tour propose des visites guidées exclusives du parc, des réservations de place, la possibilité de nourrir les animaux et un accès discret mais rapide aux circuits.

Phoques se prélassant sur les rochers à Pacific Point Preserve

---

LES RESTAURANTS ET LES MAGASINS

Récemment ouvert, The Waterfront at SeaWorld™ regroupe sur 2 ha des restaurants, des spectacles et une galerie marchande de classe internationale. Neuf restaurants proposent un large choix, du repas complet au snack. Le Seafire Inn offre des plats sautés et le spectacle Makahiki Luau ; le Sandbar Pub sert des sushi et des martinis et le Spice Mill, de la cuisine internationale. Le restaurant Dine with Shamu, dans le Shamu Stadium, vous fait dîner à côté des baleines tueuses tandis qu'au Sharks Underwater Grill, vous serez à quelques centimètres des requins. Parmi les magasins de Waterfront, Allura's Treasure Trove permet aux enfants de composer leur propre poupée en porcelaine et Under The Sun offre des bibelots et des articles à collectionner.

À la découverte de Discovery Cove

D e SeaWorld, son aîné, traversez la rue pour découvrir Discovery Cove, parc très différent des parcs à thèmes de Floride. Il peut recevoir 1 000 personnes seulement par jour (le parking est limité à 500 voitures) et le prix d'entrée est exhorbitant. Le parc offre toutefois des expériences exceptionnelles et inoubliables comme nager 30 minutes avec des dauphins souffleurs d'Atlantic. Si vous renoncez à cette expérience, vous réduirez de moitié le prix de la visite. Pour certaines personnes, Discovery Cove représente le rêve de toute une vie et les gens s'y pressent. Il est donc préférable de réserver ses tickets longtemps à l'avance.

Le clou d'une visite à Discovery Cove, nager avec des dauphins

ABORDER LE PARC

U ne luxuriante végétation recouvre Discovery Cove et les huttes aux toits de chaume côtoient les cascades. La qualité du service est digne d'un bon hôtel.

Les forfaits d'entrée (229 $ par personne sans tarif réduit pour les enfants) comprennent la rencontre avec les dauphins (au-dessus de six ans seulement), le parking, tous les équipements, un tuba de nage sous-marine gratuit, un repas principal et l'entrée illimitée pendant sept jours à SeaWorld ou à Bush Gardens Tampa Bay. Les réservations sont indispensables et l'entrée au parking se fait par une réception de type hôtelier où un guide vous réserve un accueil personnalisé, vous remet une carte d'identité avec photo et vous aide à vous familiariser avec les lieux. Les cabines et les serviettes sont gratuites et le service est très attentionné.

ATTRACTIONS

L e parc est divisé en cinq zones principales : Coral Reef, the Aviary, Ray Lagoon, the Tropical River et Dolphin Lagoon. Coral Reef abrite de nombreuses grottes, une épave de navire. En outre, vous pourrez nager à côté de requins d'une taille menaçante – une forte paroi transparente en Plexiglas vous protège. Dans la « rivière » qui encercle le parc, vous pénétrez dans une volière et nourrissez les oiseaux avec de la nourriture fournie par le personnel tandis que, dans Ray Lagoon, vous nagez avec masques et tubas au milieu de raies qui peuvent atteindre 1,5 m de long. À Dolphin Lagoon, après une séance d'orientation de 15 minutes, vous pataugez et nagez pendant 30 minutes avec les dauphins, mammifères magnifiques et très intelligents. Le parc compte des chutes d'eau, des bassins de baignade et des

jolis espaces, reliés les uns aux autres par des plages. Il n'y a qu'un restaurant self-service mais la cuisine y est de bonne qualité. Les appareils photo sont autorisés mais on vous demande de retirer vos bijoux et autres accessoires qui pourraient perturber la vie marine. Le parc est accessible aux personnes handicapées et des fauteuils conçus spécialement pour l'extérieur, équipés de très grandes roues pour faciliter les manœuvres sur la plage, sont mis à leur disposition.

Vue aérienne de Discovery Cove

Universal Orlando ❸

Universal Orlando est constitué de deux parcs à thèmes importants, d'un village et d'infrastructures de loisirs et de spectacle et d'un hôtel (plusieurs hôtels sont en projet). Universal Studios Florida, Islands of Adventure et Universal CityWalk sont une excellente raison de ne pas consacrer son temps exclusivement à Disney. Situé près des sorties 29 et 30B de la I4, le parking d'Universal est construit sur plusieurs étages et conduit les visiteurs, sur des trottoirs roulants à travers Universal CityWalk, jusqu'à un embranchement où ils doivent choisir entre les deux parcs.

Le globe Universal qui marque l'entrée d'Universal Studios Park

ABORDER LES PARCS

Universal Studios Orlando comme Walt Disney World (p.138) sont très fréquentés aux mêmes périodes ; les week-ends sont en général plus calmes que les jours de semaine.

Lorsque les parcs sont ouverts tard, deux jours entiers suffisent pour visiter entièrement les deux parcs. Lorsqu'ils ferment tôt – seul désavantage des visites en basse saison – comptez trois, voire quatre jours. Si votre séjour est plus long, optez pour un des forfaits Universal multi-jours, dont les prix sont raisonnables : ils comprennent l'entrée dans les parcs et CityWalk, des remises pour les hôtels, les repas et dans les magasins.

Les files d'attente peuvent être encore plus longues qu'à Walt Disney World : elles durent jusqu'à deux heures. Aux heures de pointe, arrivez en avance pour éviter de faire la queue (les grilles ouvrent une heure avant le parc) et visitez d'abord les attractions les plus courues (voir p.169). Vous ne pourrez pas toutes les voir avant l'arrivée de la foule, retournez-y donc juste avant la fermeture du parc.

les files pour les spectacles

sont moins longues mais arrivez 15 minutes à l'avance en haute saison pour être sûr d'avoir une place. L'attente, pour les spectacles permanents, excède rarement la durée du spectacle.

Les files d'attente pour les attractions proches des grands spectacles augmentent considérablement à la fin du spectacle. Une autre façon d'éviter cette attente est d'acheter un Pass Express Universal, qui permet de réserver à l'avance une entrée pour une attraction et d'éviter ainsi de faire la queue.

La plupart des attractions sont trop intenses pour les jeunes enfants et certaines imposent d'avoir une taille minimum. En revanche, ET Adventure. A Day in the Park with Barney, Fievel's Playland, Curious George Goes to Town, Woody Woodpecker's Nuthouse Coaster, les studios Nickelodeon, Seuss et Jurassic Park Islands dans Island of Adventure sont conçus pour les plus jeunes.

Les jours très chargés, pensez

aux circuits VIP qui permettent de visiter le parc en cinq heures. Vous serez admis en priorité à huit attractions au moins, dans les coulisses et sur certains ateliers de production et plateaux de tournage

Si vous logez dans une résidence Universal, la clé de votre chambre vous servira de pass express – pour obtenir une place prioritaire dans de nombreuses attractions – ou comme carte de crédit dans tout le parc.

LES TOURNAGES

Vous n'êtes pas assuré de voir un tournage le jour où vous visiterez les studios Universal. Mais des caméras tourneront peut-être dans des décors extérieurs (dans l'enceinte du parc à thèmes).

Vous assisterez plus probablement à l'enregistrement d'un show télévisé et d'un des programmes pour enfants de Nickelodeon de septembre à décembre : demandez les horaires au (407) 363-8500. Les billets pour les shows sont distribués selon l'ordre d'arrivée (le jour du tournage), au Studio Audience Center, près du bureau des visiteurs. Allez-y dès que vous arrivez dans le parc.

Tableau des horaires de tournage

L'imposante arche d'entrée des studios Universal, en Floride

Dan Aykroyd et John Belushi dans le film culte The Blues Brothers

LES STUDIOS UNIVERSAL EN FLORIDE

L'entrée des studios Universal est surnommée **Front Lot** du nom donné à la façade avant d'un studio de cinéma des années quarante. Le tableau des horaires de tournage près des grilles d'entrée indique réellement les spectacles télévisés en cours de tournage.

À l'entrée du parc, Plaza of Stars, entourée de palmiers *(p. 171)* compte plusieurs magasins mais empressez-vous plutôt d'aller voir les attractions principales avant que les files d'attente ne soient trop longues.

Production Central est la section la moins belle du parc. Les plans indiquent que les principaux studios d'enregistrement se trouvent là, mais l'entrée en est interdite sauf si vous faites le circuit VIP. Le circuit en simulateur de cette partie du parc, **Jimmy Neutron's Nicktoon Blast**, est très drôle. Un extraterrestre

Une éruption du Slime Geyser, devant les studios Nickelodeon

MODE D'EMPLOI

Carte routière E2. Orange Co. 1000 Universal Studios Plaza, Sortie 29 ou 30B sur l'I4.
📱 *(407) 363-8000.*
🚌 21, 37, 40 d'Orlando.
⭕ *minimal. 9h-18h t.l.j. ; plus tard l'été et les jours fériés.*
🅦 www.univeralsorlando.com

ovoïde et malveillant, nommé Ooblar, a volé la nouvelle invention de Jimmy : la fusée Mark IV. Jimmy a besoin de votre aide pour la récupérer. Décollez pour une chasse effrénée à travers vos épisodes préférés de Nicktoons dont Sponge Bob SquarePants, The Fairly OddParents, Hey Arnold! et Rugrats

Shrek 4-D, l'une des plus récentes attractions des studios Universal, au parcours très amusant, comporte un film en 3-D de 13 minutes avec les voix de Cameron Diaz, d'Eddie Murphy, de John Lithgow et de Mike Myers. Suite du film original *Shrek*, c'est aussi une passerelle vers le prochain épisode de la série, *Shrek 2*. Des lunettes vous permettent de voir en « OgreVision », d'entendre et d'être pratiquement au cœur de l'action sans quitter votre siège.

Les **Nickelodeon Studios** vous invitent à prendre part au show interactif du Nickelodeon Game Lab, avec ses jeux farfelus et ses cascades inspirées par le programme télévisé du même nom. Dehors, les enfants adoreront le Slime Geyser d'où jaillit environ toutes les dix minutes une éruption de boue verdâtre.

NEW YORK

Plus de soixante façades regroupées ici sont des répliques de bâtiments réels ou des décors de films connus. Des éléments de décor du musée Guggenheim et de la Bibliothèque de New York créent l'illusion de la profondeur et de la distance. On y retrouve le célèbre grand magasin, Macy's, le restaurant italien Louie's, où a été tourné *Le Parrain*. Les devantures de magasins, les entrepôts et même les pavés ont été peints pour leur donner une patine.

Dirigez-vous vers Delaney Street où Jake et Elwood chantent sur scène un medley de leurs plus grands succès dans un concert de 20 minutes, **The Blues Brothers.**

Le plus récent périple en réalité virtuelle, **Revenge of the Mummy - The Ride,** s'inspire des très célèbres films *Momie* et utilise des montagnes russes du dernier cri et de la robotique spatiale pour entraîner les passagers vers des décors égyptiens, des souterrains et des catacombes. L'attraction comporte une effrayante momie animée.

Twister… Ride it out confronte les visiteurs à la férocité de la nature. Enfermé dans une enceinte ravagée par une tornade, vous affrontez la fureur des éléments, notamment d'effrayants tourbillons de vent de 6 m de haut.

Dans la fureur d'une réplique de tornade de Twister… Ride it out

Hollywood Boulevard est un bel exemple des décors de films du parc

HOLLYWOOD

Hollywood Boulevard et Rodeo Drive sont les plus belles rues des studios Universal. Bien qu'il ne respecte pas la géographie, ce site rend hommage à l'âge d'or de Hollywood, des années 20 aux années 50, grâce à la célèbre boîte de nuit le Mocambo, au luxueux Beverley Wiltshire Hotel, au salon de beauté Max Factor et au temple du cinéma, le Pantages Theater.

Men in Black - une attaque des extraterrestres

Le Brown Derby était un restaurant en forme de chapeau où se retrouvait le beau monde du cinéma ; la version d'Universal est un magasin de chapeaux fantaisie. La Schwab's Pharmacy où les jeunes espoirs sirotaient des sodas en attendant d'être découverts est devenu un salon de glaces rétro. Ne manquez pas le Hollywood Walk of Fame, où les noms des vedettes sont gravés dans le trottoir comme sur le vrai Hollywood Boulevard.

La meilleure attraction de Hollywood est **Terminator 2 : 3-D**, qui utilise le dernier cri en matière de 3D et de robotique, ainsi que de véritables et détonnantes cascades, pour catapulter le public dans l'action. Vous vous retrouvez aux côtés d'Arnold Schwarzenegger, la vedette de *Terminator*. L'une des séquences combine le film à une scène d'action en direct : un pilote de Harley Davidson crève littéralement l'écran et atterrit sur la scène.

Lucy - a Tribute égrène des souvenirs de la Reine de la Comédie, Lucille Ball, star de la scène et de la télévision adulée partout dans le monde. On y voit des répliques méticuleuses du décor de « I love Lucy » et de sa maison à Beverly Hills, où sont présentés des scénarios, des extraits et des costumes du célèbre show télévisé, ainsi qu'un jeu interactif qui teste les connaissances de ses admirateurs.

Universal Horror Make-up Show permet de voir dans les coulisses le fascinant savoir-faire des artistes-maquilleurs et la façon dont l'industrie du cinéma utilise les maquillages les plus incroyables pour créer d'effroyables monstres et des effets à vous glacer le sang.

WOODY WOODPECKER'S KID ZONE

Inspirée par *ET* de Steven Spielberg, **ET Adventure** est une attraction charmante et plutôt calme. Juché sur un vélo, vous survolez un paysage urbain scintillant avant d'atterrir sur une planète peuplée de compatriotes d'ET.

Dans le spectacle **Animal Planet Live**, des sosies de chiens jouent le rôle de vedettes comme Lassie et Beethoven.

A Day in the Park with Barney est conçu pour les jeunes enfants. Dans un parc magique, l'adorable Tyrannosaurus Rex nommé Barney, héros de *Barney & Friends*, un excellent programme télé pour les tout-petits, joue dans un spectacle musical.

Fievel's Playland est inspiré par deux dessins animés *Fievel*. Comme le verrait Fievel, la souris, tous les accessoires de ce terrain de jeu, le chapeau de cow-boy, les bottes, les verres et une tasse à thé sont gigantesques.

Woody Woodpecker's Nuthouse Coaster est une attraction adaptée aux jeunes enfants.

Terminator 2 : 3-D d'Universal, une attraction à la pointe de la technologie

WORD EXPO

L'architecture de World Expo s'inspire des Jeux Olympiques de Los Angeles (1984) et de l'Exposition de Vancouver (1986).

Men in Black - Alien Attack vous emmènera vous battre aux côtés de Will Smith contre des extraterrestres dans un simulateur à quatre places, à grand renfort d'armes au laser et de bombes à fumée. Chacun a son propre canon laser et les points obtenus reflètent l'habileté de l'équipe à détruire les extraterrestres.

Juste à côté se trouve **Back to the Future... The Ride**, classé numéro deux à Orlando après *Spider Man* dans Islands of Adventure. À bord d'une voiture de sport, dont les mouvements sont synchronisés à ceux du film, diffusé sur écran géant panoramique, vous survolerez un flot de lave, frôlerez des champs de glace et vous engouffrerez dans la gueule d'un dinosaure.

SAN FRANCISCO/AMITY

Cette zone s'inspire de San Francisco, notamment du quartier de Fisherman's Wharf. Chez Alcatraz, par exemple, est un snack copié sur les kiosques où l'on vend des tickets pour la visite d'Alcatraz Island. Le succès de San Francisco tient à **Earthquake - The Big One**, une attraction au contenu pédagogique. On vous

Back to the Future The Ride est l'attraction la plus palpitante du parc

montrera d'abord comment on simule un tremblement de terre grâce à des maquettes, avant de surimposer l'image des acteurs sur ces scènes dramatiques. Puis, à bord d'une rame de métro, vous vous retrouvez dans le film *Tremblement de terre.* Un séisme de 8,3 sur l'échelle de Richter se déclenche, un raz de marée s'abat sur vous tandis qu'un pétrolier explose et que des trains entrent en collision.

Amity, la seconde partie de cette zone du parc, tire son nom du village fictif de Nouvelle-Angleterre où fut tourné en 1975 *les Dents de la mer.* L'attraction **Jaws** commence par une paisible balade en bateau dans le port d'Amity avant que vous aperceviez l'aileron du premier requin puis le grand requin blanc, fendant les eaux à une vitesse terrifiante pour asséner un coup violent à votre bateau. À côté, **Beetlejuice's Rock'n'Roll Graveyard Revue**, inspiré par le film *Beetlejuice,* tourné en 1988, n'est qu'un spectacle bruyant.

L'enseigne de Beetlejuice

LES RESTAURANTS ET LES MAGASINS

La cuisine est en général bonne dans les parcs d'Universal d'Orlando. Le Hard Rock Café est le plus vaste Hard Rock Café du monde. Réservez à l'avance pour manger dans le restaurant de poissons Lombard's Seafood Grille et l'Universal Studios Classic Monsters Café (cuisine californienne et italienne avec une formule buffet d'un bon rapport qualité-prix). Mel's Drive-In est le meilleur fast-food et sert de bons milk-shakes. Son décor très réussi de style 1950 sort tout droit du film *American Graffitti,* tourné en 1953.

La plupart des magasins restent ouverts après la fermeture du parc ; ils vendent une gamme complète de souvenirs à thème. Dans le Front Lot, Universal Studios Store vend de tout, des copies d'oscars aux gants de four au logo Universal. Vous vous procurerez à On Location, la photo dédicacée de votre star préférée contre plusieurs centaines de dollars.

RENCONTRER LES STARS

Des comédiens revêtus de magnifiques costumes jouent le rôle des Ghostbusters, de Jake et Elwood des *Blues Brothers,* de Frankenstein, des Flintstones et de monstres sacrés comme Marilyn Monroe ou les Marx Brothers. Ils se rassemblent souvent à l'entrée du parc.

Tous les jours en haute saison et deux fois par semaine en basse saison, vous pouvez prendre le petit déjeuner avec ces stars, une heure avant l'ouverture du parc. Mais il faut réserver au (407) 354-6339.

Cette comédienne joue le rôle de Marilyn Monroe

Explorer les Iles de l'Aventure

Le Logo d'Islands of Adventure

Islands of Adventure est l'un des parcs les plus avancés au monde du point de vue technologique. Consacrez-lui une journée. Les îles thématiques comprennent Jurassic Park et son centre de découverte pédagogique, The Lost Continent avec ses nouvelles montagnes russes Dueling Dragons et Marvel Super Hero Island, dont les héros sont Spiderman, Incredible Hulk, Captain America et Dr Doom. Seuss Landing Island propose l'attraction Cat in the Hat qui présente aux plus jeunes les personnages de Seuss, tandis que Popeye, Bluto et Olive Oyl jouent aux stars dans Toon Lagoon Island.

Les 5 meilleures attractions
[1] THE AMAZING ADVENTURES OF SPIDERMAN
[2] THE INCREDIBLE HULK COASTER
[3] DUELLING DRAGONS
[4] POPEYE AND BLUTO'S BILGE-RAT BARGES
[5] THE JURASSIC PARK RIVER ADVENTURE

La rivière dans Jurassic Park River Adventure

ABORDER LE PARC

Les barques qui sillonnent le lac sont le seul moyen de transport dans le parc. Si vous arrivez le matin, à l'ouverture, vous aurez le temps de voir toutes les attractions en une journée. Comme pour tout parc à thème, un programme bien organisé est essentiel si vous voulez profiter au maximum de votre visite.

LES ÎLES

L'entrée du parc est marquée par le Pharos Lighthouse où une cloche sonne régulièrement. La première île, en tournant dans le sens des aiguilles d'une montre, est **Marvel Super Hero Island,** qui s'inspire des personnages de la bande dessinée Marvel Comics'Super Hero. Incredible Hulk Coaster, probablement les meilleures montagnes russes de Floride, est une structure géante et verte qui vous fait accélérer à plus de 65 km/h en deux secondes avant de vous retourner à 33,5 m au-dessus du sol pour vous faire plonger vers plusieurs trous dans le sol, apparemment remplis d'eau. Accelatron n'est qu'une version plus rapide et intense du circuit du Mad Hatter's Tea Party de Disney et virevolte sur lui-même à une vitesse incroyable, qui risque de faire souffrir du mal des transports. Dr Doom's Fearfall, impressionnant au premier abord, est une balade très agréable : sanglé dans un des sièges qui entourent un pilier, vous êtes ensuite catapulté dans les airs avant de plonger de 46 m de haut vers le sol. À côté de Dr. Doom se trouve The Amazing Adventures of Spiderman, périple complexe qui permet à un film en 3D de bien s'intégrer dans une simulation de mouvements et des effets spéciaux en direct.

Toon Lagoon transmute en réalité les dessins animés et abrite deux circuits aquatiques ainsi que les exploits programmés de l'hilarant Toon Lagoon Beach Bash. En face, dans le périple en radeau sur eaux vives Popeye and Bluto's Bilge-Rat Barges, on vous promet une rencontre avec une pieuvre géante. Me Ship, the Olive, terrain de jeu pour jeunes enfants, surplombe ce circuit et propose ses canons à eau pour arroser les passagers qui voguent plus bas. Embarquez à côté pour Dudley Doright's Ripsaw Falls, qui, au terme d'une agréable croisière vaguement inspirée par les dessins animés Rocky et Bullwinkle, vous conduira à la chute d'eau finale, au risque de vous y engloutir.

Jurassic Park, déborde de végétation exotique, à l'ombre de laquelle Jurassic Park River Adventure, croisière bien ficelée, vous fera traverser le périmètre de Jurassic Park et rencontrer entre autres, des hadrosaures et des stegosaures. Puis vous serez « accidentellement » dévié de votre itinéraire parce que des « rapaces » se sont échappés, pour finir par une chute de 26 m dans le lagon, sans vous retrouver malgré tout complètement trempé. Camp Jurassic, aire de jeu pour pré-adolescents, se trouve près de Pteranodon Flyers. Les voyageurs s'y envolent par deux pour survoler en 80 secondes Jurassic Park. Le Triceratops Discovery Trail propose la visite du centre de « recherche » de Jurassic Park où les jeunes peuvent chatouiller un tricératops de 8 m qui réagit quand on le flatte de la main. Le Discovery Center est une exposition interactive d'histoire naturelle où on vous montre le résultat du mélange d'ADN de plusieurs espèces, y compris la vôtre.

The Lost Continent est une île mythique, où légende et surnaturel se mêlent pour initier en douceur de jeunes enfants à d'agréables montagnes russes. Toutefois, Dueling Dragons, le Feu et la Glace. séduira les vrais amateurs, L'entrée est un ensemble de tunnels très longs et très sombres mais un raccourci permet d'essayer le deuxième Dragon en évitant de faire une deuxième fois la queue.

Parmi les spectacles sur scène, les cascades, les flammes et les explosions de The Eighth Voyage of Sinbad divertiront les fans du programme télévisé de Xena : Warrior Princess and Hercules. Dans Poseidon's Fury, la bataille entre Poséidon et Zeus est superbement orchestrée par une myriade d'effets spéciaux.

Seuss Landing s'appuie sur les récits fantastiques que Seuss a écrit pour les enfants et attire surtout les plus jeunes ainsi que les lecteurs de Seuss. Dans If I ran The Zoo, autre

Incredible Hulk Coaster, à Super Hero Island

terrain de jeu interactif pour les plus petits et les fans de tout âge, découvrez quelques créatures parmi les plus étranges au monde. Caro-Suess-El est un extraordinaire manège où de célèbres personnages de Seuss remplacent les traditionnels chevaux. Sur le circuit One Fish Two Fish Red Fish Blue Fish, vous devez en prime essayer d'attraper du poisson tout en évitant de vous faire arroser par des jets d'eau. Pour ceux qui abordent Seuss pour la première fois, The Cat in the Hat est un voyage déroutant. Vous êtes sur un divan qui tournoie, au milieu de personnages félins qui semblent pris de folie douce.

Universal CityWalk

Le logo d'Universal CityWalk

Universal CityWalk est une infrastructure de loisirs et de spectacles de 12 hectares qui comprend restaurants, boîtes de nuit, magasins et cinémas permettant de se divertir longtemps après la fermeture des parcs. Portail d'accès à tous les divertissements offerts par Universal, la conception de CityWalk s'est inspirée de nombreux chefs de file de la culture populaire comme Bob Marley, Thelonius Monk et Motown.

CityWalks. Les meilleurs interprètes du moment viennent jouer en direct au City Jazz et au club de danse The Groove. CityWalk possède des magasins spécialisés et des salles de cinéma du dernier cri. Sur ses scènes en plein air, des concerts en direct, des festivals d'art, des démonstrations culinaires, des apparitions publiques de célébrités et des spectacles de rue sont organisés. Vous pourrez boire un verre au bord du lagon ou vous promener au clair de lune.

THE COMPLEX

CityWalks, ouvert de 11 h à 2 h du matin, attire surtout les adultes. Les amateurs de musique populaire et de danse y sont choyés. Il n'y a pas d'entrée à payer mais chaque club demande une petite participation. On peut acheter un forfait pour tous les clubs (All-Club pass).

CityWalk offre une gamme impressionnante de restaurants qui va d'Emeril's Restaurant Orlando, tenu par Emeril, chef connu qui anime une émission de télévision au   Hard Rock Café Orlando. Les amateurs de sports apprécieront le cadre de NASCAR Café et celui du NBA City Restaurant qui s'inspirent de l'athlétisme tandis que le Motown Café cultive la nostalgie. Bob Marley - A

Tribute to Freedom est une exacte réplique de la maison du célèbre musicien. Les boîtes de nuit sont nombreuses à

Le Hard Rock Café, rendez-vous musical d'Universal CityWalk

Le centre d'Orlando est dominé par le SunTrust Center

Orlando ❹

Carte routière E2. Orange Co.
🏛 200 000. ✈ 🚉 🚌 🚢 6700
Forum Drive, (407) 363-5800.
W www.orlando.org

Jusqu'aux années 50, Orlando n'était qu'une petite ville de province. Mais la construction de Cape Canaveral et des parcs à thèmes a tout changé.

Le centre d'Orlando, où des gratte-ciel en verre témoignent de l'émergence d'un quartier des affaires, ne s'anime que la nuit. Les touristes et les gens de la région affluent alors à Church Street Station et, à un moindre degré, dans les bars et les restaurants de Church Street et d'Orange Avenue, la principale rue d'Orlando. Dans la journée, le parc qui entoure **Lake Eola**,

La fontaine du jardin des roses, aux Harry P Leu Gardens

à trois blocs à l'est d'Orange Avenue, est un agréable lieu de promenade. C'est l'un des rares témoins de l'histoire encore récente d'Orlando. Quelques maisons en bois datant des premiers colons surplombent le lac. Si vous avez peu de temps, visitez Winter Park en priorité.

🌿 Loch Haven Park
N Mills Avenue at Rollins St.
Orlando Museum of Art 📞 *(407) 896-4231.* ⏰ *10h-16h mar.-ven., 12h-16h sam. et dim.* ● *jours fériés.*
W www.omart.org
John and Rita Lowndes Shakespeare Center 📞 *(407) 447-1700.*

Loch Haven Park, à 3 km au nord du centre, est assez quelconque, mais abrite trois petits musées. Le plus réputé est l'**Orlando Museum of Art,** qui possède trois collections en exposition permanente : des objets précolombiens, de l'art africain et des peintures américaines des XIXe et XXe siècles. Le **John and Rita Lowndes Shakespeare Center** abrite le Mageson Theater de 350 places et le Golden Theater, plus petit. Le centre accueille l'Orlando UCF Shakespeare Festival (www.shakespearefest.org).

🌿 Harry P Leu Gardens
1920 N Forest Ave. 📞 *(407) 246-2620.*
⏰ *t.l.j.* ● *25 déc.* 📷 ♿
W www.leugardens.org
Les Harry P Leu Gardens offrent 20 hectares de sérénité. Certains éléments, comme l'immense roseraie de Floride,

sont assez classiques, alors que d'autres sont sauvages, comme les spectaculaires bois de chênes, d'érables et de cyprès chauves, agrémentés de mousse espagnole et, en hiver, de massifs de camélias en fleur. La **Leu House** et ses jardins, du début du XXe siècle, sont d'un intérêt moindre. Un homme d'affaires de la région, Harry P Leu, en a fait don à la ville en 1961.

🏛 Enzian Theater
1300 S Orlando Ave, Maitland.
📞 *(407) 629-0054 (réservation).*
⏰ *t.l.j.* ● *jours fériés.* 📷 ♿
W www.enzian.org
Ce cinéma non commercial et alternatif accueille le réputé Florida Film Festival. Entouré de chênes, il a conquis une solide réputation grâce à sa politique de promotion de films indépendants et étrangers. Il est l'un des rares cinémas à offrir un espace aux films qui ne sont pas distribués par les grands studios américains.

Une décoration d'inspiration aztèque au Maitland Art Center

🏛 Maitland Art Center
231 W Packwood Ave, 9 km au nord de Downtown. 📞 *(407) 539-2181.*
⏰ *t.l.j. (contribution volontaire).*
● *jours fériés.* ♿ *limité.*
W www.maitlandartcenter. org
Ce centre artistique, situé dans la banlieue verte de Maitland, occupe des studios et des quartiers d'habitation qui furent conçus dans les années 30 par l'artiste André Smith pour accueillir ses amis artistes en hiver. Les bâtiments au milieu de jardins sont ravissants et décorés de motifs mayas et aztèques. Les studios sont toujours habités et des expositions d'art et d'artisanat américain contemporain sont organisées.

🏛 Orlando Science Center

777 East Princeton St. 【 *(407) 514-2000 ou (888) OSC 4FUN.*
◯ *9h-17h mar.-jeu. (9h-17h ven. et sam.), 12h-17h dim.* 🖼
📁 🅿 ♿ �w www.osc.org

Le but de ce centre est de procurer un environnement stimulant propice à l'apprentissage des disciplines scientifiques. Un espace de presque 20 000 m² propose un grand nombre d'attractions interactives fascinantes pour les grands et les petits. Le Dr. Phillips CineDome est à la fois un planetarium et un cinéma diffusant des images stupéfiantes.

Les enfants se passionneront pour le DinoDigs et sa collection d'os de dinosaures ou le Show Biz Science qui révèle quelques-uns des trucages et effets spéciaux utilisés dans l'industrie du cinéma. L'attraction le Body Zone permet de partir à la découverte de l'immense machinerie qu'est le corps humain.

Le musée originel – le Central Florida Museum – ouvrit ses portes en 1960 à Loch Haven Park. En 1984, il fut rebaptisé Orlando Science Center. Le batiment actuel est six fois plus grand que celui qui abritait l'ancien musée. Il fut achevé en février 1997.

Winter Park ❺

Carte routière E2. Orange Co.
🏙 *25 000.* 🚉 🚌 ℹ *150 N New York Ave, (407) 644-8281.* **Circuit en bateau** 【 *(407) 644-4056.* 🖼
�w www.winterpark.org

La localité la plus chic de la région d'Orlando a vu le jour dans les années 1880, lorsque des Américains du Nord fortunés décidèrent d'y construire leurs résidences d'hiver. Sa rue principale, Park Avenue, est bordée de magasins et de cafés raffinés. De leur côté, les membres du country club, habillés tout en blanc, jouent au croquet.

À l'extrémité nord de Park Avenue, le **Charles Hosmer Morse Museum of American Art** abrite la plus belle collection des œuvres de Louis Comfort Tiffany (1848-1933). Un nouveau complexe recèle de superbes exemples de ses créations Art nouveau : joaillerie, lampes et vitraux, dont *les Quatre Saisons* qui datent de 1899. Comme tous ses vitraux, c'est un mélange de verre, de feuille d'or, d'émail, de peinture, de plomb et de cuivre. Des pièces de la même époque (comme des luminaires de Frank Lloyd Wright) sont exposées dans des galeries.

La porte principale de la Knowles Memorial Chapel à Rollins College

À l'extrémité sud de Park Avenue se dresse le prestigieux **Rollins College,** dont le campus boisé abrite des bâtiments des années 1930 de style hispanique. Ne ratez pas la Knowles Memorial Chapel, dont le tympan de l'entrée principale représente une rencontre entre les Séminoles et les conquistadores. Les amateurs d'art iront visiter le **Cornell Fine Arts Museum** qui contient qui 6 000 œuvres d'art. Ils admireront notamment l'impressionnante collection de peintures de la Renaissance italienne.

Pour voir les riches résidences de Winter Park, empruntez le Scenic Boat Tour. De 10 h à 16 h, les navires partent toutes les heures de l'extrémité est de Morse Boulevard et font le tour des lacs (entourés de chênes, de cyprès et de résidences aux pelouses immenses) et des canaux (bordés de superbes hibiscus, de bambous et de papayers).

🏛 Charles Hosmer Morse Museum of American Art

445 Park Ave N. 【 *(407) 645-5311.*
◯ *mar.-dim.*
⬤ *jours fériés.* 🖼 ♿
�w www.morsemuseum.org

🏛 Cornell Fine Arts Museum

1 000 Holt Ave. 【 *(407) 646-2526.* ◯ *mar.-dim.*
⬤ *jours fériés.* ♿
�w www.rollins.edu/cfam

**Détail du vitrail
les Quatre Saisons**

La Conférence de Potthast, Orlando Museum of Art, Loch Haven Park

L'une des attractions les moins violentes de Wet 'n Wild

International Drive ❻

Carte routière E2. Orange Co.
🚗 Orlando. 🚌 Orlando.
ℹ️ Visitors Center, 8 723 S International Drive, (407) 363-5872.
🌐 www.orlandoinfo.com

Interntional Drive, tout près de Walt Disney World, est situé entre les studios Universal et Sea World. I Drive se compose de 5 km de restaurants, d'hôtels, de magasins et de cinémas, aux prix souvent bas. Dans la journée, les touristes visitant les parcs à thèmes, I Drive est désert. Mais le soir, les magasins restent ouverts très tard.

La plus grande et la plus prisée des attractions de I Drive est **Wet'n Wild**. A la différence de ceux de Disney (p. 160-161), Wet'n Wild propose des attractions pour les amateurs de sensations fortes : Match 5 et Wet'n Wild dont des descentes terrifiantes, presque à la verticale ! Malgré un terrain de jeu nautique pour les enfants et deux attractions simples, le Wet'n Wild est moins adapté aux familles que les parcs aquatiques de Disney. Wet'n Wild ouvre jusqu'à 23 h. Les tickets sont à moitié prix si on arrive en soirée. Des réductions sont aussi accordées à certaines périodes.

Regorgeant d'objets bizarres et de témoignages filmés de faits étranges, **Ripley's Believe It or Not** fait partie d'une chaîne mondiale de musées. C'est l'œuvre d'un célèbre dessinateur de dessins animés américain, Robert Ripley, qui a rapporté du monde entier des objets étranges. Vous ne pouvez pas rater ce bâtiment qui semble s'enfoncer dans l'un des affaissements de sol typiques de la Floride (p. 20).

Wonder Works est un jeu interactif familial qui simule un tremblement de terre. Tout près, **The Mercado** est un centre commercial de plein air de style hispanique, qui comprend des fontaines, des patios, des magasins de souvenirs, des restaurants et, le soir, des spectacles gratuits. Juste à côté, le Titanic-The Exhibition, la seule attraction mondiale permanente sur le Titanic, propose un film et des objets sur le paquebot. Des cabines et le grand escalier de la salle à manger ont été reconstitués. Le remarquable centre officiel d'informations des visiteurs qui offre des coupons de réduction pour des hôtels, des restaurants et des attractions d'Orlando (p. 346).

⚡ **Wet 'n Wild**
6 200 International Drive. 📞 (407) 351-9453. 🕐 t.l.j. 🅿️ ♿
🌐 www.wetnwildorlando.com

🏛 **Ripley's Believe It or Not!**
8 201 International Drive. 📞 (407) 363-4418. 🕐 t.l.j. 🅿️ ♿
🌐 www.ripleysorlando.com

🎭 **The Mercado**
8 445 S International Drive. 📞 (407) 345-9337. 🕐 t.l.j. ⚫ 25 déc. ♿
🌐 www.mercado.com

Wonder Works
9067 I-Drive. 📞 (407) 351-8800.
🕐 t.l.j. 🅿️ ♿
🌐 www.wonderworksonline.com

Gatorland ❼

Carte routière E3. Orange Co.
14 501 S Orange Blossom Trail, Kissimmee. 📞 (800) 393-5297. 🚗 Orlando. 🚌 Orlando. 🕐 t.l.j. 🅿️
♿ 🌐 www.gatorland.com

Depuis les années 50, on élève des alligators dans cette ferme, pour leur peau et leur viande, aussi bien des petits qui tiennent dans la main que des monstres de 4 mètres. Il est conseillé de les observer depuis les sentiers ou bien du haut d'une tour, tandis qu'ils se prélassent dans les eaux peu profondes d'un marécage. Les autres attractions de Gatorland sont moins intéressantes : animaux déprimés en cage, spectacle

En vente à Gatorland

La maison penchée de Ripley's Believe It or Not! est immanquable

L'entrée de Gatorland représente une gueule béante d'alligator

de catch avec un alligator, le Gator Jumparoo, où des animaux jaillissent de l'eau pour attraper des morceaux de poulet, manipulations de serpents venimeux de Floride. Essayez les beignets ou les côtelettes d'alligator dans les restaurants ou achetez une boîte de soupe d'alligator.

L'un des magasins excentriques du vieux Kissimmee

Kissimmee ❽

Carte routière E3. Osceola Co.
🚶 *41 000.* 🚉 🚌 🛈 *1925 E Irlo Bronson Memorial Hwy, (407) 847-5000.* **Old Town** *5770 W Irlo Bronson Mem. Hwy.* 📞 *(407) 396-4688.* 🌐 *www.floridakiss.com*

Au début du siècle, les vaches paissaient librement dans les rues de Kissimmee, ville qui a connu un véritable boom du commerce du bétail. Aujourd'hui, les seuls troupeaux visibles sont ceux qui participent au rodéo bisannuel de la Kissimmee's

Silver Spurs Arena *(p. 31),* ou aux spectacles du vendredi soir à la **Kissimmee Sports Arena.** Kissimmee signifie «lieu paradisiaque» dans la langue des Indiens Calusa *(p. 38-39).* Pourtant, la plupart des visiteurs viennent ici pour les motels bon marché situés près de Walt Disney World. Alignés le long de l'US 192, ils sont cernés par les restaurants, et les affiches vantant des attractions, des centres commerciaux et des dîners-spectacles (le principal attrait de Kissimmee).

Mais après une journée passée dans les parcs à thèmes, vous préférerez peut-être visiter la **vieille ville.** Cette reconstitution d'une rue piétonne du début du siècle est bordée de magasins originaux qui proposent des analyses psychiques, des tatouages ou du linge de maison irlandais. Évitez la maison hantée et la petite foire aux objets antiques. Le **Flying Tigers Warbird Restoration Museum,** dans l'aéroport de Kissimmee, abrite les avions datant de la Seconde Guerre mondiale, qui ont été restaurés. Visite guidée du hangar pour un prix dérisoire tour dans un biplan de 1934 pour une somme assez importante.

🦃 Kissimmee Arena
1 010 Suhls Lane. 📞 *(407) 933-0020.* ⭕ *pour les spectacles.* 📷 ♿ 🌐 *www.ksarodeo.com*
🏛 Flying Tigers Warbird Restoration Museum
231 N. Hoagland Blvd. 📞 *(407) 933-1942.* ⭕ *t. l. j.* ⬤ *25 déc.* 📷 ♿

LES DÎNERS-SPECTACLES

Si vous voulez vous amuser en famille, offrez-vous un dîner-spectacle *(p. 337).* Orlando en compte une dizaine, sans compter les deux spectacles Disney *(p. 162),* sur l'I Drive ou l'US 192 près de Kissimmee. Les tickets coûtent entre 40 et 50 dollars par adulte et 20 dollars par enfant (demandez des réductions au centre des visiteurs d'Orlando). Voici les meilleurs:

Capone's Dinner Show :
un bar clandestin des années 30 où l'on déguste une cuisine italienne.
🎫 *(407) 397-2378.*
🌐 *www.alcapones.com*

Arabian Nights :
une démonstration équestre.
📞 *(407) 239-9223.*
🌐 *www.arabian-nights.com*

Pirate's Dinner Adventure : autour d'un vaisseau pirate, des combats navals et des acrobaties
📞 *(407) 248-0590.* 🌐 *www.piratesdinneradventure.com*

Sleuth's Mystery Dinner : Huit shows autour de morts suspectes.
📞 *(407) 363-1985.*
🌐 *www.medievaltimes.com*

Medieval Times : un spectacle haut en couleur.
📞 *(407) 396-1518.*
🌐 *www.medievaltimes.com*

Dolly Parton's Dixie Stampede : Une performance équestre spectaculaire .
📞 *(407) 238-4455.*
🌐 *www.dixiestampede.com*

Un chevalier se préparant pour la bataille, Medieval Times

Lake Toho ❾

Carte routière E3. Osceola Co. 5km au sud de Kissimmee. 🚉 *Kissimmee.* 🚉 *Kissimmee.* 🚢 *de Big Toho Marina sur Lakeshore Blvd, au centre de Kissimmee.*

Aux sources des Everglades de Floride et à environ 32 km du centre d'Orlando, le lac Tohopekaliga (dit lac Toho) est connu pour la grande variété de sa faune et de sa flore exotiques. Makinson Island, au milieu du lac, est une réserve naturelle privée qui comprend émeus et lamas. Plusieurs aigles nichent sur le lac ainsi que des balbuzards, des hérons et des aigrettes. Un tiers environ des 9 000 hectares du lac est couvert de variétés de panics et de joncs des marais.

Les pêcheurs du monde entier viennent disputer trois

Coucher de soleil se reflétant sur le lac Tohopekaliga

jours d'épreuves sur le lac Toho, l'un des meilleurs endroits de Floride pour les records de pêche au bar.

Si vous n'aimez pas les compétitions, vous pouvez partir pêcher avec un guide local, faire une balade en bateau sur le lac et sur la rivière Kissimmee ou passer une après-midi tranquille à admirer la nature après avoir fait un bon pique-nique.

Disney Wilderness Preserve ❿

Carte routière E3. 2 700 Scrub Jay Trail, 18 km SO de Kissimmee. ☎ *(407) 935-0002.* 🚉 *Kissimmee.* 🚉 *Kissimmee.* 🕐 *9h-17h t.l.j.* ⬤ *sam.-dim. juin-sept.* 🚻 🚹 *dim 13h30.*

La réserve naturelle la mieux entretenue d'Orlando a été ouverte au public en 1992. Elle compte

4 800 hectares de lacs et de marécages abritant la faune et la flore locales et est bordée par l'un des derniers lacs de Floride non aménagés.

Plus de 160 espèces sauvages y vivent, parmi lesquelles des geais à gorge blanche de Floride, des grues du Canada et des écureuils fauves de Sherman.

Contrairement aux autres parcs Disney, vous ne trouverez pas d'attractions palpitantes mais aurez beaucoup à découvrir. Vous pouvez suivre l'un des trois chemins de randonnée qui mènent aux rives du lac Russell. La plus courte est la randonnée de découverte d' 1,2 km. Les chemins les plus longs ne sont pas toujours à l'ombre, emportez beaucoup d'eau et de l'écran solaire pendant les mois les plus chauds.

Vous pouvez également faire la visite guidée hors piste, en buggy. Vous verrez en introduction un film vidéo de vingt minutes avant qu'un guide ne vous emmène à la déouverte des marécages de la réserve.

Fantasy of Flight ⓫

Carte routière E3. Polk Co. 1400 Broadway Blvd SE, Polk City. ☎ *(863) 984-3500.* 🚉 *Winter Haven.* 🚌 *Winter Haven.* 🕐 *t.l.j.* ⬤ *Thanksgiving, 25 déc.* 🚻 🚹 ⓦ *www.fantasyofflight.com*

Fantasy of Flight prétend être la meilleure attraction de Floride dans le domaine de l'aviation : vous aurez

Un pilote amateur en plein combat à Fantasy of Flight

vraiment l'impression de voler. Des expositions très bien faites vous transportent dans un B-17, forteresse volante de la Deuxième Guerre mondiale, au cours d'un bombardement, et dans les tranchées de la Première Guerre mondiale, en plein raid aérien.

Pour quelques dollars de plus, vous vivrez, à bord d'un simulateur d'avion de chasse du temps de la Seconde Guerre mondiale un combat aérien au-dessus du Pacifique. Installé dans le cockpit, vous disposerez de toutes les instructions préalables et la tour de contrôle vous fournira des conseils pour le décollage, l'atterrissage et la position des avions ennemis.

Un hangar abrite la plus grande collection d'avions anciens en parfait état, dont le premier long-courrier, le Ford Tri-Motor de 1929, qui apparaît dans *Indiana Jones et le temple maudit,* et le Roadair 1, avion-voiture

Lake Russell, un des nombreux lacs du Disney Wilderness Preserve

hybride qui n'a volé qu'une fois en 1959.

Vous pourrez aussi découvrir l'atelier de réparation où des experts remettent en état des appareils de collection.

Cette pyramide est le clou du spectacle des Cypress Gardens

Cypress Gardens Adventure Park ⑫

Carte routière E3. Polk Co. 6000 Cypress Gardens Blvd, Winter Haven. 📞 *(863) 324-2111*. 🚉 *Winter Haven*. 🚌 *Winter Haven*. 🕐 *t.l.j.* 🚫 *Pâques, Thanksgiving, 25 déc.* 💳 ♿ 🖥 www.cypressgardens.com

Cypress Gardens, ouvert en 1936, fut le premier parc à thème de Floride. Il associe étrangement les fleurs et le ski nautique pour attirer les foules. Autour d'un immense lac bordé de cyprès, Quelques 8 000 variétés de plantes et des cyprès bordent un immense lac.

Un parc botanique verdoyant occupe un tiers de la surface. Vous y verrez un cyprès âgé de 1 600 ans, des épiphytes *(p.276)*, un très rare palmier à double tête et un banian géant.

Vous pouvez découvrir le parc à pied ou à bord de la Botanical Boat Cruise, qui suit les canaux du parc et s'arrête pour que les visiteurs prennent en photo le plus beau site du parc ainsi que les « Belles du Sud », qui y posent en robes à crinoline.

Les spectacles de ski nautique sont très prisés. Trois fois par jour au moins, des acrobaties impressionnantes – ski nautique pieds nus, sauts

périlleux depuis une rampe – se succèdent. Le clou du spectacle est une pyramide d'un minimum de dix skieurs, qui défie les lois de la gravité.

Le parc comporte de nombreuses autres attractions, notamment des montagnes russes classiques en bois, un voyage sur l'eau qui vous emmène vers les plus grands rapides au monde et un plongeoir de 37 m de haut pour ceux qui aiment les sensations fortes. Il existe aussi des attractions plus calmes.

Historic Bok Sanctuary ⑬

Carte routière E3. Polk Co. 1151 Tower Blvd, Lake Wells. 📞 *(863) 676-1408*. 🚉 *Winter Haven*. 🚌 *Lake Wales*. 🕐 *t.l.j.* 💳 ♿ 🖥 www.boksanctuary.org

En 1870, Edward W. Bok, d'origine hollandaise, arriva aux États-Unis, à l'âge de six ans. Il devint par la suite un éditeur célèbre et peu avant sa mort, en 1930, fit don de ces superbes jardins boisés (52 ha) au peuple américain en remerciement « du succès qu'il lui avait permis de connaître ».

Le sanctuaire couvre maintenant 100 ha, au point culminant de la péninsule de Floride - à 91 m d'altitude - et en son centre, Singing Tower abrite la tombe de Bok. On ne peut monter à la tour mais essayez d'assister à l'un de ses concerts de carillons. Ils ont lieu tous les jours à 15 h.

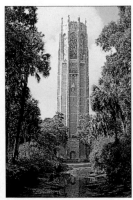

La Singing Tower de Historic Bok Sanctuary de marbre rose

Yeehaw Junction ⑭

Carte routière E3. Osceola Co. Desert Inn, 5570 South Kenansville Road, Yeehaw Junction 34972. 📞 *(407) 436-1054*. 🕐 *t.l.j.* ♿ 🖥 www.desertinnrestaurant.com

Autrefois, Yeehaw Junction n'était qu'un point d'eau connu des bûcherons et des vachers qui menaient leurs troupeaux de bétail du centre de l'état aux réserves et aux plantations de la côte.

Situé au carrefour de la voie à grande circulation de Floride et de l'autoroute touristique 441, **Desert Inn** est une étape idéale. Le restaurant sert des steaks hachés d'alligator et de tortue.

Le bâtiment, qui date des années 1880, est classé Monument historique. Il offre aux visiteurs qui y arrivent par autobus entiers et aux amateurs de festivals de musique bluegrass un aperçu fascinant de l'histoire de la Cracker Country.

Voiture de police des années 30, à l'American Police Hall of Fame

American Police Hall of Fame ⑮

6350 Horizon Drive, Titusville. 📞 *(321) 264-0911*. 🚉 *Titusville*. 🕐 *10h-17h30 t.l.j.* 🚫 *25 déc.* 💳 ♿ 🖥 www.aphf.org

Le vaste mémorial de marbre du Hall of Fame, sur lequel sont gravés les noms de plus de 5 000 officiers de police américains morts en service, ne laisse pas indifférent. Vous y verrez le mannequin *RoboCop*, le coup de poing américain et des armes camouflées dans un bâton de rouge à lèvres. Mais la chaise électrique sur laquelle on peut s'asseoir ou la chambre à gaz que l'on peut inspecter font appel à des sentiments macabres et un goût du sensationnel contestables.

Canaveral National Seashore et Merritt Island ⑯

Carte routière F2. Brevard Co.
🚂 *Titusville.* W www.nps/gov/cana

C es deux réserves offrent chacune une étonnante variété de faune et d'habitats (en particulier des estuaires d'eau de mer, des marais, des pinèdes et des hammocks de feuillus). Cette diversité est due à la rencontre d'influences tempérées et subtropicales. Vous y verrez des alligators et des espèces en voie de disparition, comme les lamantins. Toutefois, les oiseaux sont incontestablement les plus intéressants.

Le **Canaveral National Seashore** abrite la plus grande plage de Floride (soit 39 km de dunes) donnant sur une barrière préservée d'îles. À son extrémité nord, Apollo Beach est accessible par la route A1A, tandis que la route 402, en venant du sud, débouche sur Playalinda Beach. Aucune route ne relie ces deux voies. Non surveillées, les plages sont idéales pour le bronzage mais les baignades peuvent parfois se révéler dangereuses.

Près d'Apollo Beach, se dresse Turtle Mound, un amas de coquilles d'huîtres de 12 m de haut, édifié par les Indiens Timucua de 800 à 1 400 de notre ère. Prenez le sentier qui mène au sommet du

LES OISEAUX

Les espèces d'oiseaux de la Space Coast sont magnifiques et très variées. On les voit plus facilement tôt le matin ou juste avant le crépuscule. C'est plus particulièrement le cas entre novembre et mars, lorsque les marais et les lagons accueillent plus de 100 000 canards migrateurs et échassiers.

Grue des dunes

Pélican brun

Sterne royale

Bec-en-ciseaux noir

chemin de promenade pour avoir une vue sur Mosquito Lagoon, la myriade d'îlots qui émergent de la mangrove.

En empruntant la route 402 vers Playalinda Beach, vous aurez une vue superbe du pas de tir du Kennedy Space Center, qui se dresse au milieu de cette immensité aquatique. Cette route traverse également le **Merritt Island National Wildlife Refuge**. La majeure partie de ces 570 hectares se trouve dans le centre spatial et est inaccessible.

Le meilleur moyen de connaître les animaux de la région consiste à suivre les 10 km de la Black Point Wildlife Drive. Vous trouverez

Un alligator en liberté

une excellente brochure au point de départ de ce circuit, près du croisement des routes 402 et 406. Vous apprendrez, notamment, comment les fossés permettent de contrôler la population des moustiques (même s'ils sont toujours très nombreux en été).

À mi-chemin, vous pourrez marcher le long des 8 km du Cruickshank Trail, équipé d'une tour d'observation.

À l'est, le long de la route 402, vers Playalinda, le centre d'informations de Merritt Island propose de superbes expositions sur les habitats et la vie sauvage du refuge. À 1,5 km à l'est, les pistes Oak et Palm Hammock traversent une partie des marais.

🏝 **Canaveral National Seashore**
Route A1A, 32 km au nord de Titusville ou de la route 402, 16 km à l'est de Titusville. ☎ *(321) 267-1110.* ⏰ *t. l. j.* 🚫 *pour les lancements de navettes.* ♿

🏝 **Merritt Island National Wildlife Refuge**
Route 406, 6.5 km à l'est de Titusville. ☎ *(321) 861-0667.* ⏰ *t. l.j.* 🚫 *pour les lancements de navettes.* W www.merritisland.fws.gov

Kennedy Space Center ⑰

Vue du Black Point Drive, près du Merritt Island National Wildife Refuge

P. 182-187.

US Astronaut Hall of Fame ⓲

Carte routière E2. Brevard Co. Jonction des routes 405 et US 1. 📞 *(321) 269-6100.* 🚌 *Titusville.* ⏰ *t.l.j. 10h-18h30.* ● *25 déc.* ♿ 🌐 *www.kennedyspacecenter.com/ visitksc/attractions/fame.asp*

Ce musée rend hommage aux premiers astronautes américains en exposant leurs objets personnels. La réplique grandeur nature d'une navette héberge un cinéma qui diffuse un film sur un voyage spatial. Dans le simulateur de vol, les visiteurs subissent la même pression de force G que les pilotes de chasse. Sur le même site, l'US Space Camp dispense des cours pour les plus jeunes.

Tico Belle, la plus belle pièce du Warbird Air Museum

Valiant Air Command Warbird Air Museum ⓳

Carte routière E2. Brevard Co. 6 600 Tico Road, Titusville. 📞 *(321) 268-1941.* 🚌 *Titusville.* ⏰ *t.l.j. 10h-18h.* ● *Thanksgiving, 25 déc., 1er janv.* ♿ 🌐 *www.vacwarbirds.org*

Dans un hangar sont exposés des avions militaires de la Seconde Guerre mondiale à nos jours, tous en état de vol. Le clou de cette collection est un Douglas C-47, le Tico Belle qui date de la Seconde Guerre mondiale, Durant le meeting aérien de mars, vous pourrez assister à des mitraillages au sol et à des combats aériens.

Cocoa ⓴

Carte routière E3. Brevard Co. Cocoa Beach Chamber of Commerce. 🏠 *20 000.* 🚌 ℹ *400 Fortenberry Rd, Merritt Island (321) 459-2200.* 🌐 *www.cocoabeachchamber.com*

Cocoa est la ville la plus agréable des zones urbaines qui s'étendent sur la Space Coast. Cocoa Village, son quartier historique (situé près de l'endroit où la route 520 enjambe l'Indian River en direction de Cocoa Beach), possède toujours des bâtiments des années 1880, des répliques de lampadaires à gaz et des trottoirs en brique. Sur Delannoy Avenue, à son extrémité est, se dresse la Porcher House en coquin *(p. 201)*, construite en 1916 par un cultivateur d'agrumes.

Porcher House, à la limite du quartier historique de Cocoa

Ne ratez pas le pique, le cœur, le trèfle et le carreau gravés sur le portique : Mᵐᵉ Porcher était en effet très férue de bridge.

Cocoa Beach ⓳

Carte routière F3. Brevard Co. 🏠 *14 000.* 🚌 *Cocoa.* ℹ *400 Fortenberry Rd, (407) 459-2200.*

Cette grande station balnéaire toute simple s'est désignée comme la capitale du surf de la côte est. Les compétitions de surf et les concours de bikini ou de gagnez-votre-poids-en bière donnent le ton, tandis que sa rue principale regorge de motels et de chaînes de restaurants. Le **Ron Jon Surf Shop** est la fierté de la ville. Ce palais de néons vend (et loue) toutes sortes de planches de surf et de T-shirts. En face, des statues modernes représentent des sportifs de plage.

🏠 **Ron Jon Surf Shop** 4151 N Atlantic Ave. 📞 *(321) 799-8820.* ⏰ *t.l.j. : 24 heures/24.* ♿

Ron Jon Surf Shop, à Cocoa Beach, vend tout ce qui a trait au surf et aux jeux de plage

Le Kennedy Space Center ⑰

Logo de la NASA

Implanté sur Merritt Island Wildlife Refuge, à une heure de voiture à l'est d'Orlando, le Kennedy Space Center est le seul site d'Occident d'où des hommes s'élancent vers l'espace. C'est à partir de là, lors du lancement d'Apollo 11 en juillet 1969, que s'est réalisé le rêve du président Kennedy de voir un homme marcher sur la Lune. Le centre abrite la NASA (National Aeronautics and Space Administration). Des navettes habitées *(p. 186-187)* décollent régulièrement de l'un des pas de tir. Comparable aux parcs à thèmes d'Orlando par sa taille et par son ambition, le Kennedy Space Center est à la fois éducatif et distrayant.

★ Apollo/Saturn V Center
Le clou du centre est la fusée Saturne 5, utilisée pour les missions Apollo. La reconstitution d'une salle de contrôle permet aux visiteurs de vivre une simulation de décollage.

Les hommes de l'espace
Des employés habillés en astronautes apparaissent par surprise à tout moment. Ils vous fourniront d'excellents sujets de photo.

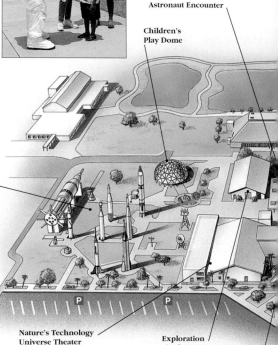

Astronaut Encounter

Children's
Play Dome

Nature's Technology
Universe Theater

Exploration
in the New
Millennium

Entrée

★ Rocket Garden
Vous pourrez vous promener à travers un groupe de fusées dressées vers le ciel, dont chacune représente une période différente de l'histoire de la conquête spatiale.

À NE PAS MANQUER

* **★ Apollo/Saturn V Center**
* **★ Rocket Garden**
* **★ Les circuits en bus**
* **★ Les films en IMAX®**

VISITOR CENTER
Dans le cadre des nouveaux équipements destinés à accueillir les touristes, le Visitor Center, ouvert en 1996, organise des circuits en bus sur tout le site. C'est aujourd'hui un grand musée abritant plusieurs snacks et restaurants et un magasin de souvenirs. On y accède par l'US 405 depuis Titusville et la route 3 de Cocoa.
W www.kennedyspacecenter.com

★ KSC Bus Tour
Le bus permet de visiter les pas de tir, le Vehicle Assembly Building et la «crawlerway», le long de laquelle la navette est soigneusement mise en position lors du décollage.

MODE D'EMPLOI

Carte routière F2. Brevard CU. μ la route 405 à environ 10 km à l'est de Titusville. 📞 (321) 449-4444. 🚌 Titusville. ⬤ t. l. j. 9h-17h30. ⬤ 25 déc. Parfois fermé pour des raisons techniques. 🎫 ♿ toutes les expositions sont accessibles; des fauteuils roulants sont disponibles. 🍴 🛍 📞 (321) 867-4636 pour les dates de lancement. W www.kennedyspacecenter.com

★ IMAX® Theater
IMAX® Theater diffuse des films en IMAX® sur les satellites et l'exploration spatiale, notamment des vues de la Terre prises de l'espace, à couper le souffle (p. 184).

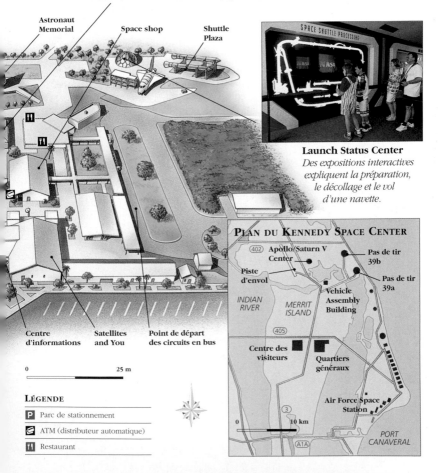

Astronaut Memorial

Space shop

Shuttle Plaza

Launch Status Center
Des expositions interactives expliquent la préparation, le décollage et le vol d'une navette.

Centre d'informations

Satellites and You

Point de départ des circuits en bus

0   25 m

LÉGENDE

P Parc de stationnement

💳 ATM (distributeur automatique)

🍴 Restaurant

PLAN DU KENNEDY SPACE CENTER

(402) **Apollo/Saturn V Center**

Piste d'envol

INDIAN RIVER

MERRIT ISLAND

(405)

Vehicle Assembly Building

Pas de tir 39b

Pas de tir 39a

Centre des visiteurs

Quartiers généraux

(3)

Air Force Space Station

PORT CANAVERAL

(A1A)

0   10 km

À la découverte du Kennedy Space Center

Construit en 1967 pour les astronautes et leurs familles, le Visitor Center accueille aujourd'hui plus de deux millions de touristes par an. Le site de 340 m² vous fera vivre le temps d'une journée à l'heure de l'espace. Vous y découvrirez d'excellents films IMAX®, des spectacles, des astronautes et le clou du circuit (visite guidée en bus), la fusée Saturne 5, utilisée pour les missions Apollo. Vous pouvez visiter le centre à votre rythme et vous arrêtez quand vous le souhaitez pour découvrir les trois attractions majeures du centre. Le ticket d'entrée donne à la fois accès au KSC Tour, à l' IMAX® Theater et à toutes les démonstrations.

Vous pourrez faire d'étonnantes photos au Lunar Surface Theater

LE VISITOR CENTER

L'endroit le plus fréquenté du site est l'**IMAX® Theater,** où deux cinémas diffusent en IMAX des films époustouflants sur des écrans géants de plus de cinq étages. Pour certains, c'est le moment le plus important de cette visite.

Le meilleur film est *The Dream is Alive,* filmé par des astronautes et commenté par Walter Cronkite. Le film donne une vision passionnante de la vie d'un équipage lors de plusieurs missions, des règles strictes et de l'excitation qui règnent à bord et de la beauté époustouflante d'un vol dans l'espace. Le second film,

Space Station 3-D, montre des astronautes européens et américains à bord d'une station spatiale. Il comporte de nombreuses séquences avec des paysages de l'espace. L'Universe Theater de 300 places au Visitor Center diffuse le film inspiré *Quest for Life* qui souligne la nécessité pour la survie de notre planète de trouver d'autres espaces. La NASA Art Gallery, à l'intérieur de l'IMAX® Theater, expose plus de 200 œuvres d'art réalisées par des artistes célèbres comme Andy Warhol, Robert Rauschenberg et Annie Leibovitz. Les enfants préféreront probablement découvrir les

L'Explorer est une réplique en taille réelle d'une navette spatiale

derniers robots d'exploration de **Robot Scouts** ou voir de près un astronaute lors du spectacle **Astronaut Encounter.**

À Shuttle Plaza, vous verrez la réplique de la navette **Explorer,** dans laquelle vous ne pourrez malheureusement pas pénétrer. Le **Launch Status Center** expose de véritables équipements de vol ainsi que des propulseurs. Plusieurs spectacles traitent de divers sujets ayant un rapport avec l'espace. À côté, le **Space Mirror** suit les mouvements du Soleil et réfléchit la lumière sur les noms inscrits sur l'**Astronaut Memorial.** Cet émouvant monument rend hommage aux 16 astronautes morts pour l'exploration spatiale d'Apollo 1 à Challenger. **Exploration in the New Millenium** propose un film, une conférence et une exposition instructive sur l'exploration de l'espace dans le futur. Les visiteurs pourront toucher un morceau d'une météorite de Mars.

CHRONOLOGIE

1955	1960	1965	1970	1975
1958 Lancement le 31 janvier d'Explorer 1, le premier satellite américain	**1962** John Glenn et Mercury sont en orbite autour de la Terre	**1969** Neil Armstrong et Buzz Aldrin (Apollo 11) marchent sur la Lune (le 24 juillet)		**1977** La nav Enterprise testée à h d'un Boeing (le 18 fév
		1966 Le 16 mars, premier arrimage spatial de Gemini 8	*Buzz Aldrin*	
1961 Le 5 mai, Alan Shepherd devient le premier Américain dans l'espace. Kennedy engage la nation à explorer la Lune		**1968** Apollo 8 en orbite autour de la Lune (le 24 déc.)	**1975** Les vaisseaux américain Apollo et russe Soyouz s'arriment en orbite (le 17 juillet)	
John Glenn		**1965** Edward White est le premier à marcher dans l'espace (le 3 juin)		

KSC Bus tour

La porte d'entrée, sur le modèle de celle de l'International Space Station, vous fait pénétrer au sein du Visitor Complex. À l'intérieur, une fascinante promenade permet de découvrir l'histoire des missions dans l'espace qui ont constitué le fondement du programme américain de conquête de l'espace. La rotonde vitrée conduit à l'**Early Space Exploration** qui détaille les premiers essais significatifs de lancement de fusée dans l'espace. Dans la Mercury Mission Control Room, vous découvrirez le tableau de bord qui présida au décollage des huit premières missions. Les échanges avec le personnel de la station sont particulièrement intéressants. Vous découvrirez ensuite les authentiques vaisseaux spatiaux, Mercury et Gemini, et revivrez l'excitation des premiers voyages dans l'espace. Les bus du KSC Tour partent toutes les cinq minutes du

Le Vehicle Assembly Building domine le paysage plat de la région

Visitor Complex et offrent un voyage exceptionnel à travers toutes les installations du centre. Les plus importantes sont le LC 39 Observation Gantry et l'Apollo/Saturn V Center. Vous découvrirez des zones sécurisées dont les guides vous expliqueront en détail le fonctionnement. Vous pouvez rester le temps que vous voulez dans chaque zone. Les passionnés peuvent ainsi s'imprégner de l'ambiance de ces lieux mythiques. Deux circuits supplémentaires ont été mis en place récemment : le **Cape Canaveral :Then and Now Tour** avec les rampes de lancement de Mercury, Gemini et Apollo et le **NASA Up Close Tour** qui donne une vue très complète d'un programme de navette spatiale. Ce circuit comprend également une visite à l'**International Space Station Center.** Vous pourrez vous promener et regarder de près toutes les installations nécessaires au lancement d'une fusée dans l'espace.

Les fusées exposées au Cape Canaveral Air Station

Space Center tour

Comptez entre deux et six heures pour visiter à fond les deux installations proposées par le KSC Tour. Les circuits sont fascinants et méritent que vous leur consacriez du temps.

Vous aurez une vue plongeante des rampes de lancement si vous vous arrêtez au premier observatoire de la tour de 18 m, le **LC 39 Observation Gantry.** De retour, sur la terre ferme, un film et une exposition vous raconteront comment on envoie une navette dans l'espace. L'**Apollo/Saturn V Centure** expose un vaisseau spatial Saturn V, actuel de 110 m. Vous verrez le lancement historique d'Apollo 8 et la première mission sur la lune avec des humains dans le Firing Room Theater. Vous découvrirez ensuite au Lunar Theater un film qui montre les séquences actuelle d'un alunissage. Le Moon Rock Café est le seul endroit sur terre où l'on peut dîner à côté d'une vraie fusée.

	1983 La première	1988 Discovery, la		2001 Dennis Tito
1981 olumbia est a première navette (le 12 avril)	Américaine part dans l'espace à bord de la navette Challenger (le 18 juin)	première navette depuis Challenger, est lancée (le 29 septembre) *Logo d'Atlantis -Mir (1995)*		dépense 20 millions de dollars pour passer une semaine dans l'espace
1980	**1985**	**1990**	**1995**	

	1986 Challenger	1990 Le télescope Hubble	1996 Mars Pathfinder
	explose. L'équipage meurt (le 28 janvier)	est lancé (le 24 avril)	est envoyé sur Mars (le 4 décembre) pour collecter des informations
La navette Columbia	1984 La première Américaine, Kathryn Sullivan, marche dans l'espace (le 11 octobre)	1995 Atlantis s'arrime à la station russe Mir (le 29 juin)	2003 La navette Columbia explose, aucun survivant

La navette spatiale

**Logo
de la navette**

À la fin des années 70, les Américains décidèrent de ne plus envoyer d'astronautes dans l'espace pour ne plus grever le budget fédéral. En effet, les missions Apollo coûtaient des millions de dollars et tout le matériel était soit perdu, soit détruit. La NASA mit alors à l'étude un programme de construction de vaisseaux spatiaux capables de remplir plusieurs missions. C'est ainsi que naquit la navette Columbia, qui fut lancée le 12 avril 1981 *(p. 50-51)*. Sa vaste soute lui permettait d'emporter toutes sortes de satellites et de sondes ainsi que le matériel nécessaire à la construction d'une station orbitale internationale dans l'espace.

La navette dans l'espace
En orbite, les portes de la soute sont ouvertes. La navette a transporté, entre autres, le télescope Hubble.

Le poste de pilotage
Comme un avion, la navette possède un poste de pilotage, mais celui-ci est bien plus complexe. Vous en aurez une idée au Launch Status Center (p. 183).

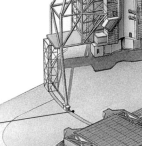

Les rails
permettent de faire bouger la tour.

La piste chenillée
Cette double piste, de 30 m de large, supporte le poids de la navette spatiale quand la plate-forme l'achemine sur le pas de tir. Sa surface recouvre une couche d'asphalte et une couche de pierres broyées de 2 m de profondeur.

La plate-forme mobile
se retire une fois la navette en place.

LES ÉTAPES DU VOL

La navette comporte trois éléments : l'orbiteur (et ses trois moteurs), un réservoir extérieur d'hydrogène et d'oxygène liquides et deux propulseurs à carburant solide, qui permettent le décollage. Comme les premières fusées, la navette se met en orbite en plusieurs étapes.

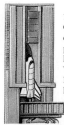

1 Le prélancement
On fixe réservoirs extérieurs et propulseurs à l'orbiteur dans le Vehicle Assembly Building, puis on l'emmène sur le pas de tir.

2 Le lancement
À l'issue du comp à rebours, la nave décolle grâce à se trois moteurs et à ses deux propuls

La tour de service permet le chargement du carburant et du fret.

Le bras d'accès est le couloir par lequel les astronautes montent à bord de la navette.

Le réservoir extérieur

Le propulseur d'appoint

Le fossé à flammes canalise les gaz brûlants loin du vaisseau.

LE LANCEMENT

Depuis le voyage inaugural en 1981, de nombreuses missions ont été réalisées par les navettes Columbia, Challenger, Discovery, Atlantis et Endeavour. Le programme de lancement a subi un coup d'arrêt après l'explosion de Challenger en 1986 et celle de Columbia en 2002. Les lancements reprendront quand la sécurité des navettes sera assurée. Pour y assister depuis le Kennedy Space Center, il faut acheter un Lauch Viewing Ticket. Mais vous aurez un très bon point de vue (gratuit) sur l'US 1, à Titusville, ou sur l'A1A, à Cocoa Beach et à Cape Canaveral.

Navette quittant le pas de tir

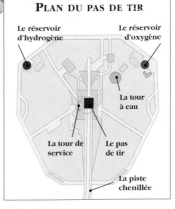

L'atterrissage
Une fois revenue dans l'atmosphère, la navette retourne au Space Center tout moteur éteint. Elle atterrit à la vitesse impressionnante de 360 km/h.

PLAN DU PAS DE TIR

Le réservoir d'hydrogène

Le réservoir d'oxygène

La tour à eau

L'orifice d'échappement des gaz

Les socles en acier

La tour de service

Le pas de tir

La piste chenillée

LE LANCEMENT
Le pas de tir se compose de 56 000 m³ de béton armé supportés par six socles en acier. Lorsque les moteurs s'allument, le pas de tir est noyé d'eau froide, ce qui produit un immense nuage de vapeur d'eau.

3 La séparation
Deux minutes plus tard, les propulseurs se détachent. Six minutes après, c'est le tour du réservoir.

4 La mise en orbite
En utilisant ses propres moteurs, la navette se place en orbite. La mission, qui dure de 7 à 18 jours, se déroule à une altitude oscillant entre 185 et 1 100 km.

5 L'atterrissage
Rentrant dans l'atmosphère à l'envers, la navette freine avec ses moteurs. Après s'être retournée, elle descend dans la stratosphère et s'arrête grâce à ses parachutes.

LE NORD-EST

L e Nord-Est dégage un charme plus discret que Miami ou Orlando. À quelques kilomètres des routes fédérales surchargées, les villages de pêcheurs, les immenses plantations et les villes surannées rappellent l'ancienne Floride. Ses superbes plages attirent les amateurs de bronzage, tandis que la ville de Saint Augustine est la plus ancienne colonie européenne des États-Unis.

L'histoire de la Floride débute dans le Nord-Est, sur la First Coast : c'est là, en effet, que Juan Ponce de León a abordé en 1513 *(p. 40)*. Les colons espagnols fondèrent Saint Augustine, une ville bien préservée et gardée par la forteresse de San Marcos – l'un des plus beaux monuments de la région.

Le Nord-Est a connu sa première vague de touristes au XIXe siècle, lors de l'expansion de la marine à vapeur *(p. 46)*. Jacksonville devint la porte d'entrée de la Floride, les bateaux à vapeur remontant la Saint Johns River et ses affluents. Dans les années 1880, le chemin de fer de Henry Flagler désenclava la côte est. Des touristes aisés affluèrent alors dans les hôtels de Saint Augustine et d'Ormond Beach. En hiver, les amateurs de soleil gagnèrent le sud. Des plages de sable flanquent la célèbre station balnéaire de Daytona, grand centre de courses automobiles wdepuis que Henry Ford ou Louis Chevrolet y essayèrent leurs véhicules sur les plages durant les vacances d'hiver. Daytona est aussi le lieu de prédilection des étudiants, qui y passent les vacances de printemps. La ville est alors très animée.

À l'intérieur des terres, à l'ouest de la Saint Johns s'étendent l'Ocala National Forest, puis les pâturages vallonnés du comté de Marion, spécialisé dans l'élevage des chevaux. Les charmants villages et villes de la région, comme Micanopy, semblent avoir été oubliés par le XXe siècle.

Le splendide Lightner Museum de Saint Augustine est hébergé dans l'enceinte de l'ex-Alcazar Hotel

◁ Un sentier du Blue Spring State Park, tout près de la Saint Johns River

À la découverte du Nord-Est

L a First Coast, qui longe l'océan Atlantique sur 193 km, est jalonnée de plages et de stations balnéaires et entrecoupée de dunes et de marais très prisés des ornithologues. Les stations balnéaires ont chacune leur style, du décor sublime de Fernandina Beach à la frénésie de Daytona Beach. Entre ces deux extrêmes se dresse le joyau historique de Saint Augustine. À l'intérieur des terres, l'Ocala National Forest offre des dizaines de pistes de randonnée ainsi que la possibilité de faire du bateau, de pêcher et de s'adonner à la plongée. De nombreuses résidences victoriennes ont été transformées en bed-and-breakfast, ce qui vous changera agréablement des hôtels.

LA RÉGION D'UN COUP D'ŒIL

Blue Spring State Park **15**
Bulow Plantation Ruins Historic
   State Park **10**
Daytona Beach **12**
Daytona International Speedway **13**
Fernandina Beach **1**
Fort Caroline National Memorial **4**
Gainesville **23**
Jacksonville p. 194-195 **5**
Jacksonville Beaches **6**
Kingsley Plantation **3**
Little Talbot Island State park **2**
Marineland Ocean Resort **8**
Marjorie Kinnan Rawlings State
   Historic Site **21**
Micanopy **22**
Mount Dora **17**
Ocala **20**
Ocala National Forest **18**
Ormond Beach **11**
Ponce de Leon Inlet Lighthouse **14**
Saint Augustine p. 196-201 **7**
Sanford **16**
Silver Springs **19**
Washington Oaks Gardens State Park **9**

Une caravane traditionnelle, dans l'Ocala National Forest

VOIR AUSSI

• *Hébergement* p. 305-306

• *Cafés et restaurants*
   p. 323-324 et p. 331

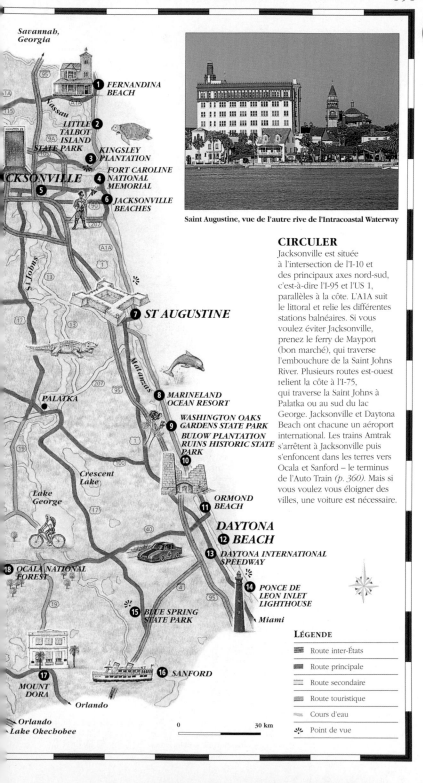

Savannah,
Georgia

1 FERNANDINA BEACH

2 LITTLE TALBOT ISLAND STATE PARK

3 KINGSLEY PLANTATION

4 FORT CAROLINE NATIONAL MEMORIAL

JACKSONVILLE **5**

6 JACKSONVILLE BEACHES

Nassau

St Johns

7 ST AUGUSTINE

Matanzas

PALATKA

8 MARINELAND OCEAN RESORT

9 WASHINGTON OAKS GARDENS STATE PARK

10 BULOW PLANTATION RUINS HISTORIC STATE PARK

11 ORMOND BEACH

DAYTONA
12 BEACH

13 DAYTONA INTERNATIONAL SPEEDWAY

Crescent Lake

Lake George

18 OCALA NATIONAL FOREST

14 PONCE DE LEON INLET LIGHTHOUSE

Miami

15 BLUE SPRING STATE PARK

17

16 SANFORD

MOUNT DORA

Orlando

Orlando
Lake Okechobee

Saint Augustine, vue de l'autre rive de l'Intracoastal Waterway

CIRCULER

Jacksonville est située à l'intersection de l'I-10 et des principaux axes nord-sud, c'est-à-dire l'I-95 et l'US 1, parallèles à la côte. L'A1A suit le littoral et relie les différentes stations balnéaires. Si vous voulez éviter Jacksonville, prenez le ferry de Mayport (bon marché), qui traverse l'embouchure de la Saint Johns River. Plusieurs routes est-ouest relient la côte à l'I-75, qui traverse la Saint Johns à Palatka ou au sud du lac George. Jacksonville et Daytona Beach ont chacune un aéroport international. Les trains Amtrak s'arrêtent à Jacksonville puis s'enfoncent dans les terres vers Ocala et Sanford – le terminus de l'Auto Train *(p. 360)*. Mais si vous voulez vous éloigner des villes, une voiture est nécessaire.

LÉGENDE

▦	Route inter-États
▬	Route principale
▭	Route secondaire
▨	Route touristique
≈	Cours d'eau
☀	Point de vue

0   30 km

Le Beech Street, à Fernandina, avec ses motifs de style Chippendale

Fernandina Beach ❶

Carte routière E1. Nassau Co.
🏠 *10 000.* 🚃 *Jacksonville*
✈ *Jacksonville.* 🛈 *961687 Gateway Blvd, (904) 261-3248.*
🖥 *www.islandcamber.com*

Jusqu'à la fin du XIXᵉ siècle, la ville de Fernandina Beach, installée sur la Saint Mary dans Amelia Island, était un célèbre repaire de pirates. Son port aux eaux profondes a attiré les armées étrangères et les aventuriers. Ayant appartenu à plusieurs États successifs, Amelia Island fut appelée l'île aux Huit Drapeaux. Aujourd'hui, Fernandina est une station balnéaire de style victorien et la première ville productrice de crevettes blanches en Floride : chaque année, on en pêche plus de 900 tonnes.

La première colonie espagnole fut fondée à Old Fernandina, sur un bras du fleuve. Vers 1850, la ville se déplaça au sud vers le terminus oriental de la ligne de chemin de fer du sénateur David Yulee. Combinée à l'essor du tourisme en Floride vers 1870 (p. 46-47), cette délocalisation provoqua le boom de la construction et l'apparition de l'**Historic District** de Fernandina.

Le Silk Stocking District, qui occupe une bonne moitié de l'Historic District, porte encore la marque de cet âge d'or. Les capitaines de vaisseau et les producteurs de bois firent construire des maisons de styles fort différents : des maisons de style Queen Anne, des résidences italiennes aux motifs originaux et à tourelles ainsi que des bâtiments de style Chippendale chinois, comme le Beech Street Grill (p. 323).

Regarder les crevettiers rentrer au port le soir est un rituel. Un monument sur Centre Street, autrefois riches en magasins d'accastillage, rend hommage aux marins. Ces bâtiments en brique abritent aujourd'hui des magasins d'antiquités et de souvenirs. Le Palace Saloon, datant de 1878, possède un bar orné de caryatides sculptées à la main et sert toujours le Punch des pirates.

Dans la 3ᵉ Rue, la Florida House Inn (p. 323), fondée en 1857, est le plus ancien hôtel de l'État. À deux blocs plus au sud, l'**Amelia Island Museum of History** est installé dans l'ancienne prison. Des guides vous raconteront l'histoire de l'île. Des découvertes archéologiques et des objets d'époque illustrent les circuits de 90 mn. Visite guidée de la ville sur réservation.

🏛 **Amelia Island Museum of History**
233 S 3rd Rue. 📞 *(904) 261-7378.*
🕐 *lun.-sam.* ⬤ *jours fériés.* 📷 ♿
📷 *obligatoire, deux circuits par jour.*
🖥 *www.ameliaislandmuseumof history.org*

Aux environs
Amelia Island (21 km de long et au maximum 3 km de large) fut peuplée pour la première fois au IIᵉ siècle av. J.-C par les Indiens Timucua. L'abondance de poissons et de gibier laisse à penser que l'île nourrissait 30 000 Indiens. Vous pourrez y pêcher, jouer au golf (sur l'un des cinq terrains) ou monter à cheval sur la plage (ce qui est rare en Floride). Les dunes de la plage atteignent par endroit 12 m de haut. À l'extrémité nord de l'île, les 453 hectares de **Fort Clinch State Park** comprennent des pistes, des plages, un camp et un fort du XIXᵉ siècle qui défendait Cumberland Sound, à l'embouchure de la Saint Mary's River. La construction de ce pentagone irrégulier de briques aux murs de 1,5 m de large et aux canons datant de la guerre de Sécession a commencé en 1847 pour s'achever dans les années 1860.

Aujourd'hui, les gardes forestiers du parc arborent des uniformes de la guerre de Sécession. Le premier week-end de chaque mois, très chargé, ils sont aidés par des volontaires. Le samedi, ils organisent des circuits éclairés à la bougie.

♠ **Fort Clinch State Park**
2601 Atlantic Ave. 📞 *(904) 277-7274.*
🕐 *t. l. j.* 📷 ♿ *limité.* 🅿
🖥 *www.floridastateparks.org*

Un pirate de Fernandina Beach

La côte atlantique, à Amelia Island près de Fernandina Beach

Little Talbot Island State Park ❷

Carte routière E1. Duval Co. 12 157 Heckscher Drive, Jacksonville. ☎ (904) 251-2320. 🚉 Jacksonville. 🚌 Jacksonville. ☐ t. l. j. 🅿️ ♿ limité. ⛺
🅆 www.floridastateparks.org

L a majeure partie d'Amelia Island et les îles voisines de Big Talbot, Little Talbot et Fort George sont un véritable sanctuaire pour les animaux.

Le Little Talbot Island State Park abrite un camp familial, des pistes, des marais et des réserves de poissons. Vous y verrez des loutres, des lapins des marais, des crabes appelants, des hérons et des mouettes rieuses. Des lynx rufus se cachent dans les bois et des lamantins sillonnent les eaux côtières, tandis qu'en été les tortues pondent sur la plage (p. 113). En automne, les baleines franches viennent mettre bas au large.

Vue d'une piste traversant les marais, sur Little Talbot Island

Plantation Kingsley ❸

Carte routière E1. Duval Co. 11 676 Palmetto Ave, Fort George. ☎ (904) 251-3537. 🚉 Jacksonville. 🚌 Jacksonville. ☐ t. l. j. ⬤ Thanksgiving, 1er janv., 25 déc. ♿ 🅆 www.nps.gov

S ituée dans la Timucuan Ecological and Historic Preserve, la plantation Kingsley est la plus ancienne demeure de ce type en Floride. Construite en 1798 à l'extrémité nord de Fort George Island, elle tient son nom de Zephaniah Kingsley,

Les cases d'esclaves de la plantation Kingsley

qui s'y installa en 1814. Il acheta 12 950 ha de terrain de Lake George, au nord, jusqu'à la Saint Mary's River. Cette zone comprenait quatre plantations. Celle de Kingsley employait 100 esclaves pour la culture du coton, de la canne à sucre et du maïs.

Bien qu'esclavagiste, Zephania Kingsley prônait un traitement humain des esclaves. Il épousa une esclave affranchie, Anna Jai. Tous deux vécurent dans la résidence en planches à clin (p. 43) de la plantation jusqu'en 1839. Décrite à l'époque comme «très jolie et spacieuse maison», la demeure de Kingsley a été restaurée et abrite aujourd'hui un Visitor Center. Elle est surmontée d'un parapet sur le toit, appelé «chemin des veuves», qui servait à surveiller les champs. En plus de sa grange et de sa cuisine séparée, cette plantation est connue pour ses 23 cases d'esclaves situées dans les bois, près du portail d'entrée. Construites en tabby (p. 282), ces habitations rudimentaires, restaurées une fois, ont traversé les siècles.

Fort Caroline National Memorial ❹

Carte routière E1. Duval Co. 12 713 Fort Caroline Rd, Jacksonville. ☎ (904) 641-7155. 🚉 Jacksonville. 🚌 Jacksonville. ☐ t. l. j. ⬤ Thanksgiving, 1er janv., 25 déc. ♿
🅆 www.npas.gov/foca

L e site originel de Fort Caroline fut détruit dans les années 1880, lorsque l'on dragua la Saint Johns River. Au Fort Caroline National Memorial, une reconstitution des fortifications du XVIe siècle illustre le style des premiers forts européens du Nouveau Monde. Des panneaux relatent l'histoire de cette citadelle, depuis l'arrivée des colons français en juin 1564. Chargé de prendre possession de l'Amérique du Nord, 300 Français remontèrent la Saint Johns et installèrent un camp à 8 km dans les terres. Menés par René de Goulaine de Laudonnière et aidés par les Timucua, ils érigèrent un fort, baptisé La Caroline, en l'honneur de Charles IX (p. 40). Un an après, les colons mouraient de faim. Des renforts arrivèrent, menés par Jean Ribault. Mais les Espagnols s'emparèrent du fort, mettant fin aux ambitions de la France. Le parc abrite une réplique de la colonne en pierre érigée par Ribault.

Fort Caroline en 1564, par Théodore de Bry

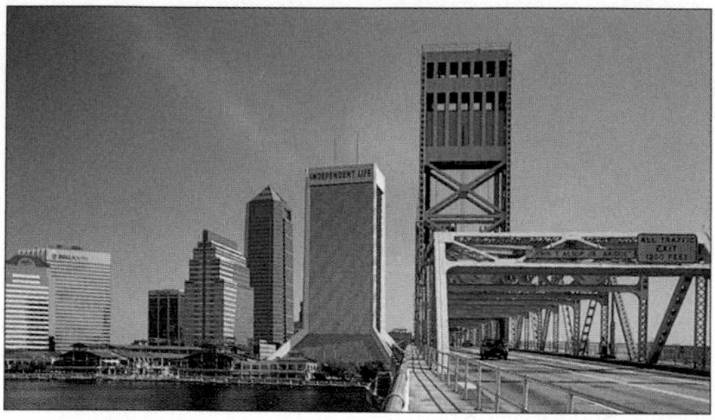

Les gratte-ciel en verre et en acier dominent la rive nord de la Saint Johns

Jacksonville ❺

Carte routière E1. Duval Co.
👥 *1 075 000.* ✈ 🚆 🚌 ℹ *550 Water St, (904) 798-9148.*
[W] www.visitjacksonville.com

Jacksonville, la capitale de la First Coast, fut fondée en 1822. Elle doit son nom au général Jackson *(p. 43)*. À la fois port et terminus ferroviaire, Jacksonville a connu un boom à la fin du XIXᵉ siècle. Aujourd'hui, le quartier commercial du centre-ville – visible du Skyway ou ASE *(p. 363)* – vit de la finance.

Cette ville, la plus grande de la région, est traversée par la Saint Johns River. La plupart des visiteurs se dirigent tout de suite vers les zones piétonnières qui bordent les rives du fleuve et qui sont reliées entre elle par des bateaux-taxis *(p. 363)*.

Le complexe de commerces et de restauration de **Jacksonville Landing** et le Jacksonville Museum of Modern Art sont situés sur la rive nord. Riverside, vaste quartier résidentiel accueille le Cummer Museum of Art. La **Riverwalk** relie le superbe Museum of Science and History au Jacksonville Maritime Museum Society.

🏛 Museum of Science and History

1 025 Museum Circle Drive. ☎ *(904) 396-7062.* 🕒 *t.l.j.* ♿
[W] www.themosh.org

Ce musée, toujours en expansion, présente des expositions très variées qui relatent l'histoire locale. Les 12 000 ans de civilisation des Indiens Timucua *(p. 38-39)* et de leurs prédécesseurs sont illustrés par des outils, des pointes de flèche, des poteries et autres découvertes archéologiques.

Certaines sections ont pour thèmes l'écologie, l'histoire de la Saint Johns River et du *Maple Leaf*, un bateau à vapeur coulé en 1864. Des salles exposent des gadgets distrayants ainsi que l'Alexander Brest Planetarium et des spectacles laser en 3D.

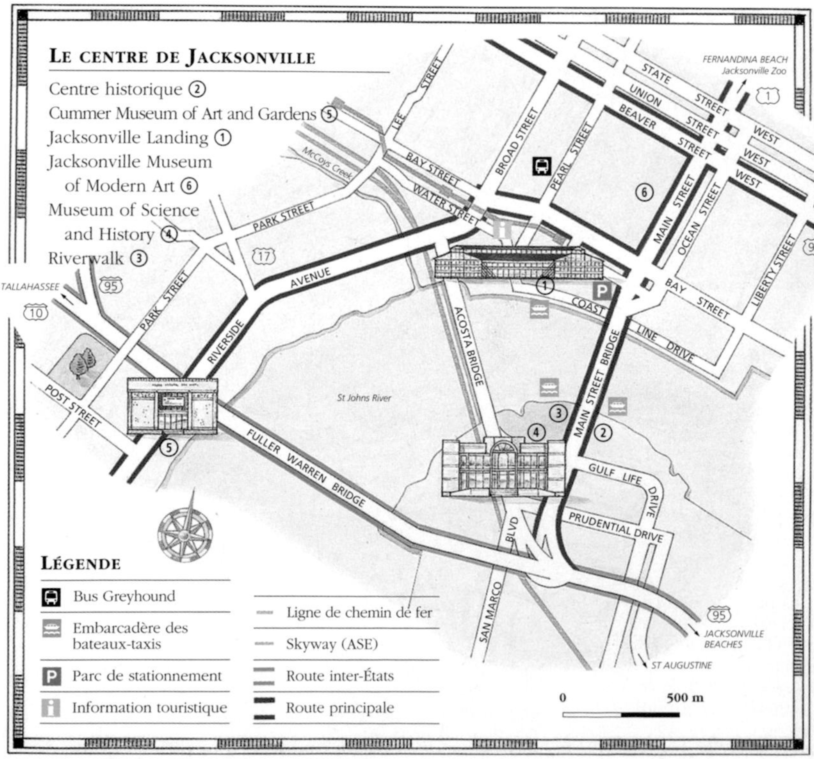
LE CENTRE DE JACKSONVILLE
Centre historique ②
Cummer Museum of Art and Gardens ⑤
Jacksonville Landing ①
Jacksonville Museum of Modern Art ⑥
Museum of Science and History ④
Riverwalk ③
FERNANDINA BEACH
Jacksonville Zoo
STATE STREET
UNION STREET
BEAVER STREET
WEST
LEE STREET
BROAD STREET
PEARL STREET
BAY STREET
WATER STREET
McCoys Creek
PARK STREET
AVENUE
RIVERSIDE
MAIN STREET
OCEAN STREET
LIBERTY STREET
COAST LINE DRIVE
ACOSTA BRIDGE
MAIN STREET BRIDGE
TALLAHASSEE
POST STREET
St Johns River
FULLER WARREN BRIDGE
GULF LIFE DRIVE
PRUDENTIAL DRIVE
SAN MARCO BLVD
JACKSONVILLE BEACHES
ST AUGUSTINE
LÉGENDE
Bus Greyhound
Embarcadère des bateaux-taxis
Parc de stationnement
Information touristique
Ligne de chemin de fer
Skyway (ASE)
Route inter-États
Route principale
0
500 m

🏛 Jacksonville Museum of Modern Art

333 North Laura Street. **[** (904) 366-6911. ⬤ hor. variables. ⬤ lun. 🎫 W www.jmoma.org

Au cœur de Jacksonville, ce musée spacieux composé de cinq galeries accueille la plus grande collection d'art moderne et contemporain du sud-est.

🏛 Jacksonville Maritime Museum Society

1015 Museum Circle. **[** (904) 398-9011. ⬤ t.l.j. ⬤ jours fériés. ♿ W www.jaxmarmus.com

Ce petit musée expose une douzaine de répliques des fameux vaisseaux. Le clou de l'exposition est l'*USS Saratoga* qui aurait été coulé par un sous-marin allemand. Malgré des centaines de témoins, les Allemands et l'US Navy nièrent ce fait.

Des rhinocéros blancs au Jacksonville Zoo

🐾 Jacksonville Zoo

8 605 Zoo Parkway. **[f]** (904) 757-4463. ⬤ t.l.j. ⬤ Thanksgiving, 25 déc. 🎫 ♿ W www.jaxzoo.org

Le Jacksonville Zoo, ouvert depuis 1914, est situé au nord de la ville, au bord de l'I-95. Plus de 1 000 animaux vivent dans leur habitat naturel. Les lions, les éléphants et les koudous occupent le veldt africain, tandis que les antilopes dik-diks, les crocodiles et les porcs-épics se rassemblent le long de la piste Okavango. Vous verrez aussi le plus grand nombre de jaguars des États-Unis. Un train miniature parcourt en 15 mn la moitié des 30 hectares du parc.

🏛 Cummer Museum of Art and Gardens

829 Riverside Ave. **[** (904) 356-6857. ⬤ mar.-dim. ⬤ jours fériés. 🎫 ♿ W www.cummer.org

Ce musée est entouré de jardins classiques qui descendent jusqu'à la Saint Johns River. Ses douze galeries exposent une petite mais intéressante collection d'art décoratif et de beaux-arts : tableaux Renaissance, œuvres de la collection Wark porcelaines de Meissen, sculptures et céramiques précolombiennes et classiques, *la Mise au tombeau du Christ* (vers 1605) par Rubens, netsukés japonais ou peintures d'impressionnistes américains et d'artistes du XIXᵉ et du XXᵉ siècle, comme John James Audubon.

Plages de Jacksonville ❻

Carte routière E1. Duval Co, St Johns Co. 🚂 *Jacksonville.* 🚌 *Jacksonville* 🚐 *BH1, BH2, BH3.* ℹ️ *325 Jacksonville Dr, (904) 249-3868.* W *www.visitjacksonville.org*

À 19 km à l'est du centre de Jacksonville, une demi-douzaine de plages s'étendent sur 45 km le long de la côte atlantique. On y accède par l'A1A. Au sud, Ponte Vedra Beach est connue pour ses équipements sportifs, notamment ses terrains de golf. Jacksonville Beach, est un lieu plus fréquenté et plus vivant.

Des nageurs dans le lac du Kathryn Abbey Hanna Park

Il abrite un complexe de divertissement, **Adventure Landing,** et, l'été, un parc nautique. Au nord, Neptune Beach et Atlantic Beach sont plus calmes et plus familiales.

Le **Kathryn Abbey Hanna Park** comprend 2,5 km de plage de sable fin, des pistes dans les bois, des lacs et des équipements de natation, de pique-nique et de camping. Ce parc est situé au sud de **Mayport,** l'un des plus anciens villages de pêche des États-Unis, qui possède toujours sa flotte de pêche à la crevette.

🎢 Adventure Landing

1 944 Beach Blvd. **[f]** (904) 246-4386. ⬤ t.l.j. en fonction du temps. 🎫 ♿ W www.adventurelanding.com

🏖 Kathryn Abbey Hanna Park

500 Wonderwood Drive. **[** (904) 249-4700. ⬤ t.l.j. ⬤ Thanksgiving, 25 déc., 1ᵉʳ janv. 🎫 ♿ Ⓐ W www.coj.net

Des crevettiers dans le Mayport, sur la Saint Johns River

Saint Augustine pas à pas ❼

L a plus ancienne colonie européenne des États-Unis, qui fut peuplée sans discontinuer depuis sa création, fut fondée par Pedro Menéndez de Avilés *(p. 40)* en 1565, le jour de la Saint-Augustin. Brûlée en 1702, la ville fut reconstruite à l'ombre de Castillo de San Marcos. Nombre de rues étroites et pittoresques de la vieille ville, bordées d'intéressants monuments en pierre, datent de cette époque.

En 1883, Henry Flagler *(p. 121)* y passa sa lune de miel. Conquis par l'endroit, il y fonda l'année suivante le Ponce de Leon Hotel, aujourd'hui le Flagler College. Les visiteurs affluèrent bientôt et, depuis, Saint Augustine attire toujours les touristes. La ville est également attractive pour ses plages et son accès facile aux golfs et aux marinas des environs.

★ Flagler College
L'architecture de cet ancien hôtel de Flagler se caractérise par des détails hispaniques.

Museum of Weapons
La collection comporte des pistolets, des épées, des documents anciens et des objets ayant appartenu aux Indiens du XVIᵉ au XIXᵉ siècles.

★ Lightner Museum
Cléopâtre (vers 1890) par Romanelli fait partie des pièces datant de l'âge d'or de la Floride.

La Casa Monica
devint le troisième hôtel en ville de Flagler.

Prince Murat House
Le prince Achille Murat, neveu de Napoléon, résida dans cette maison en 1824.

Vers Oldest House

À NE PAS MANQUER

★ **Flagler College**

★ **Lightner Museum**

★ **Maison Ximenez-Fatio**

★ Maison Ximenez-Fatio
Cette résidence, construite en 1797, fut agrandie par un second étage et une véranda, avant d'être transformée, vers 1850, en pension de famille.

Plaza de la Constitution

Le cœur de la colonie espagnole bat dans cette place flanquée par la Government House et la Basilica Cathedral.

MODE D'EMPLOI

Carte routière E1. St Johns Co.
🏛 *16 000.* 🚂 *1711A Dobbs Road, (904) 829-6401.* 🛈 *10 Castillo Drive, (904) 825-1000.*
🎭 *Arts & Crafts Spring Festival (avr.).* 🌐 *www.visitoldcity.com*

Vers la porte
de la ville

Porte de la ville

Datant du XVIIIᵉ siècle, cette porte monumentale mène à la vieille ville via St George Street.

La Peña-Peck House, datant des années 1740, est la plus belle maison de la première période espagnole.

Pont des Lions

Des lions en marbre gardent le pont érigé sur Matanzas Bay en 1926.

0   50 m

LÉGENDE

– – – Itinéraire conseillé

Spanish Military Hospital

Cette reconstitution d'une salle d'hôpital illustre les conditions de vie spartiates des colons espagnols à la fin du XVIIIᵉ siècle.

À la découverte de Saint Augustine

D ense et peu étendu, le centre historique de Saint Augustine se visite facilement à pied. Quittez les artères principales trop fréquentées pour explorer les rues et les cours ombragées. Vous découvrirez des coins tranquilles où les chats prennent le soleil et où les chênes anciens sont recouverts de mousse de couleur gris-vert. Les circuits en calèche, qui partent d'Avenida Menendez, au nord du pont des Lions, sont un moyen très prisé de visiter la ville. Les petits trains touristiques suivent un itinéraire plus étendu. Durant le trajet, le chauffeur raconte des anecdotes historiques.

Le forgeron du Spanish Quarter Village au travail

Saint George Street, la rue principale du quartier historique

La visite de Saint Augustine
La rue piétonne Saint George Street forme le centre du quartier historique. Elle abrite des magasins et certaines des principales attractions de Saint Augustine, dont l'excellent Spanish Quarter Museum. Proche du front de mer, cette rue va de la City Gate à la Plaza de la Constitution. Aviles Street, la rue pavée qui part de cette place vers le sud, est bordée de beaux bâtiments d'époque coloniale. King Street, à l'ouest de la Plaza, est très différente. On y trouve les hôtels construits par Flagler (p. 46-47) à l'apogée de Saint Augustine, c'est-à-dire à la fin du XIXᵉ siècle. Ils abritent aujourd'hui le Lightner Museum et le Flagler College.

⊞ The Oldest Wooden Schoolhouse
14 St George St. **[** *(904) 824-0192*
⊙ *t.l.j.* **⬤** *25 déc.* ⬛ ⬛
Construit peu avant 1788, ce bâtiment est censé être la plus ancienne école en bois des États-Unis. Les planches

de cyprès et de cèdre rouge sont assemblées avec des picots en bois et des clous en fonte. La maison est retenue au sol par une chaîne, pour ne pas s'envoler par vent fort.

🏛 Colonial Spanish Quarter
33 St George St. **[** *(904) 823-4569.*
⊙ *t.l.j.* **⬤** *25 déc.* ⬛ ⬛
[W] www.historicstaugustine.com
Ce lieu fait revivre le passé d'une ville de garnison du milieu du XVIIIᵉ siècle. Il occupe sept bâtiments reconstruits pour l'occasion dans une cour dotée d'une pelouse, de citronniers et d'un jardin potager.
    Le personnel, en costumes d'époque, explique l'utilité de divers ustensiles ménagers. Des démonstrations d'artisanat révèlent les subtilités et les difficultés de la fabrication d'objets d'usage courant, des vêtement par exemples. La forge offre un spectacle très intéressant. À la taverne, vous boirez dans des verres faits à la main, des pichets en argile cuite ou des barils de rhum cubain tout en jouant aux dominos ou aux dés.

⊞ Peña-Peck House
143 St George St. **[** *(904) 829-5064.*
⊙ *lun.-sam.* ⬛ ⬛ *limité.*
Cette maison fut construite dans les années 1740 pour le trésorier royal espagnol, Juan de Peña. En 1837, elle devint la résidence et le bureau du Dʳ Seth Peck. Sa famille y vécut près de cent ans. Les meubles datent du milieu du XIXᵉ siècle et nombre d'objets exposés sont des héritages de famille.

🏛 Government House Museum
48 King St. **[** *(904) 825-5079.*
⊙ *t.l.j.* **⬤** *25 déc.* ⬛ ⬛
[W] www. historicstaugustine.com
La Government House, qui domine la Plaza de la Constitution, est décorée de loggias hispaniques. Un musée d'histoire locale y expose des objets archéologiques et coloniaux, notamment des pièces d'or et d'argent retrouvées dans des navires espagnols échoués.

L'Oldest Wooden Schoolhouse, construite au XVIIIᵉ siècle

🏥 Spanish Military Hospital
3 Aviles St. 📞 *(904) 827-0807.*
⭘ *t.l.j.* ⬤ *25 déc.*
🌐 www.anciencitytours.net
Le Spanish Military Hospital
permet, ce qui est rare,
d'avoir une idée des soins
dispensés aux soldats à la fin
du XVIIIᵉ siècle. On y trouve
une pharmacie, une simple
salle recouverte de chaume,
des instruments médicaux
et des rapports d'opération.

🏛 Prince Murat House
246 St. Georges St. 📞 *904 823-
9722.* ⭘ *9h-17h.*
Le prince Achille Murat, le
neveu de Napoléon Bonaparte
résida dans cette maison en
1824, à l'époque où la famille
Canova possédait une grande
partie du quartier. En 1941,
le mécène Kenneth Dow
acheta la maison et la meubla
d'antiquités.

🏥 Ximenez-Fatio House
20 Aviles St. 📞 *(904) 829-3575.*
⭘ *oct.-août : lun.-sam.*
⬤ *jours fériés.* ♿ *limité.*
🌐 www.ximenezfatiohouse.org
La maison Ximenez-Fatio
servait à l'origine, en
1797, d'entrepôt à un
marchand espagnol.
Aujourd'hui géré par
la National Society of
Colonial Dames, ce
musée est une
reconstitution de la
pension de famille
qu'elle abrita dans les
années 1830, lorsque
invalides et
aventuriers affluèrent
en Floride pour
échapper aux hivers du
Nord. Les pièces sont décorée
de meubles anciens.

🏥 Oldest House
14 St Francis St. 📞 *(904) 824-2872.*
⭘ *t.l.j.* ⬤ *Pâques, Thanksgiving, 25
déc.* ♿ 🌐 www.oldesthouse.org
L'histoire de cette maison a
été retracée sur près de trois
siècles. On a retrouvé des
preuves que ce site a été
occupé dès le début du
XVIIᵉ siècle, bien que
la structure existante soit
postérieure au raid anglais
de 1702 *(p. 41)*.
 Les murs en coquin
(p. 201) datent de la maison
originelle qui appartenait à
Tomas Gonzalez, un artilleur

La Gonzalez Room tire son nom des premiers habitants de l'Oldest House

espagnol qui y vivait avec sa
famille. Un second étage fut
ajouté durant l'occupation
anglaise entre 1763 et 1783.
Chaque chambre a été
restaurée et meublée selon
le style des époques connues
par cette maison.

🏛 Lightner Museum
75 King St. 📞 *(904) 824-2874.*
⭘ *t.l.j.* ⬤ *25 déc.* ♿
🌐 www.lightnermuseum.org
Ce bâtiment de style hispano-
mauresque était jadis l'hôtel
Alcazar construit par Flagler.
C'est aujourd'hui un
musée consacré à l'âge
d'or de la région.
L'emplacement fut
choisi par l'éditeur
Otto C. Lightner de
Chicago, qui transféra
ses collections d'art
à Saint Augustine,
avant l'ouverture
du musée en 1948.
Sur trois étages,
d'élégantes expositions
présentent de la
verrerie d'art (de
Tiffany, notamment), des
meubles, des sculptures, des
peintures, des jouets et
instruments de musique
mécaniques. Au rez-de-
chaussée, la piscine intérieure
de l'Alcazar a été transformée
en magasins d'antiquités.

*Un vitrail
de Louis Tiffany*

🏥 Flagler College
King St à Cordova St. 📞 *(904) 829-
6481.* ⭘ *t.l.j.* ♿ 🌐 www.flagler.edu
Ce bâtiment était à l'origine
le Ponce de Leon Hotel, l'une
des splendides créations de
Flagler. À son ouverture en
1888, on en parlait comme du
«plus bel hôtel du monde».
La statue de Flagler accueille
toujours les visiteurs, mais

seuls la salle à manger du
collège et le foyer en marbre
de la rotonde sont ouverts au
public. La coupole dorée en
stuc est décorée de symboles
de l'Espagne et de la Floride,
comme le masque doré du
dieu du Soleil des Timucuan
(p. 38-39) et l'agneau
symbole de la noblesse
espagnole. Durant les
vacances d'été, on peut aussi
visiter la Flagler Room et ses
étranges peintures en trompe-
l'œil réalisées vers 1887.

🏛 Zorayda Castle
83 King St. ⬤ *ne se visite pas.*
Cette ancienne résidence
est une réplique au 1/10
d'une partie de l'Alhambra de
Grenade. Construite en 1883,
elle compte 40 fenêtres
de tailles, de formes et de
couleurs différentes. Bien que
l'édifice ne soit pas ouvert
au public, vous pouvez voir
à travers les haies les détails
sophistiqués et les superbes
couleurs utilisées pour les
fenêtres, les murs et les
avant-toits.

Le Zorayda Castle est décoré
de motifs arabes

Castillo de San Marcos

Chargée de surveiller la route des convois espagnols de retour vers l'Europe, Saint Augustine n'a elle-même été protégée, durant plus d'un siècle, que par des forts en bois. Les colons espagnols finirent par ériger des fortifications en pierre en 1672, après avoir été attaqués à plusieurs reprises par les pirates ou par sir Francis Drake (p. 41).

Le castillo de San Marcos, dont la construction dura 23 années, est le plus grand fort espagnol des États-Unis. Avec ses défenses extérieures et ses murs mesurant jusqu'à 6 m de large, c'est un bel exemple de l'architecture militaire du XVIIᵉ siècle. Après la conquête de la Floride par les Américains en 1821, il fut rebaptisé Fort Marion. Il servit de prison militaire et d'entrepôt durant tout le XIXᵉ siècle.

Les mortiers
Souvent très décorées (notamment des armes royales), ces armes à canon court lançaient de lourds projectiles selon une trajectoire courbe. On évitait ainsi les obstacles de tout ordre.

La Plaza de Armas
est entourée de pièces où l'on entreposait de la nourriture et des armes.

★ Les salles de garde
Pendant les tours de garde (qui duraient souvent 24 heures), les soldats espagnols faisaient la cuisine, mangeaient et s'abritaient dans ces pièces voûtées.

Les douves, qui faisaient autrefois le tour du fort, étaient le plus souvent à sec. On y parquait le bétail durant les sièges.

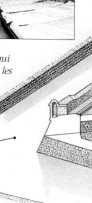

Le glacis et l'allée couverte
Devant les douves, une allée couverte permettait aux soldats qui faisaient feu sur l'ennemi de s'abriter. Quant au glacis, il protégeait le fort des coups de canon.

Le ravelin
empêchait les ennemis d'entrer dans le fort.

Le pont-levis intérieur et la herse, en poutre de pin recouvertes de fer, étaient les ultimes défenses du fort.

LE COQUIN

Cette roche sédimentaire et calcaire est formée de millions de coraux et de coquillages compressés. Elle a la consistance d'un fromage à pâte dure lorsqu'elle est imbibée d'eau et durcit en séchant. Elle peut résister à l'impact d'un boulet sans se briser. Durant le siège de 1740, les projectiles des assaillants anglais s'enfoncèrent dans les murs du fort. La légende veut qu'ils en aient été extraits pour être à nouveau lancés.

Les murs épais de la réserve de poudre

MODE D'EMPLOI

1 South Castillo Drive, Saint Augustine. 📞 (904) 829-6506.
⬜ t.l.j. 8 h 45-16 h 45).
⬤ 25 déc. 🏷️ 🚻 limité.
📷 appelez pour plus de détails.
🆆 www.npasgov/casa/

La tour de guet
Des hommes surveillaient nuit et jour les vaisseaux ennemis à partir de cette tour, située au nord-est du fort.

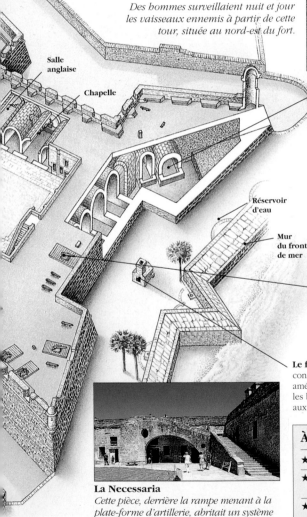

Salle anglaise

Chapelle

Réserve de poudre

Réservoir d'eau

Mur du front de mer

★ Le plate-forme d'artillerie
Bien disposés, les canons pouvaient opérer des tirs croisés jusqu'à 5 km de distance.

Le four à boulets, construit en 1844 par l'armée américaine, servait à réchauffer les boulets qui mettaient le feu aux vaisseaux ennemis.

La Necessaria
Cette pièce, derrière la rampe menant à la plate-forme d'artillerie, abritait un système d'égouts fonctionnant grâce aux marées.

À NE PAS MANQUER

★ Les salles de garde

★ Le glacis et l'allée couverte

★ La plate-forme d'artillerie

Marineland Ocean Resort ❽

Carte routière E2. Flagler Co. 9610 Ocean Shore Blvd, Marineland. **☎** *(904) 460-1275.* **▤** *Saint Augustine.* **◯** *t. l. j. en été.* **▧ ♿ ☑** www.marineland.net

Marineland est à la fois une station balnéaire et un parc d'attractions populaire inauguré à la fin des années 1930 pour accueillir le tournage d'un film. Les spectacles les plus fréquents mettent en scène otaries ou dauphins, mais l'on y verra également des plongeurs nourrir des requins ou des murènes dans l'Oceanarium. Andrew, l'ouragan qui dévasta la Floride, détruisit presque entièrement le parc. Placé sur le National Register of Historic Places, Marineland, cette attraction touristique majeure, a été entièrement reconstruite.

Le Marineland marie avec bonheur le passé et le présent

Washington Oaks State Gardens ❾

Carte routière E2. Flagler Co. 6400 N Ocean Shore Blvd, 2 miles (3 km) au sud de Marineland. **☎** *(386) 446-6780.* **▤** *Saint Augustine.* **◯** *t. l. j.* **▧ ♿ ☑** www.floridastateparks.org

Peuplée de chênes et de palmiers, une ancienne plantation de 162 ha a été transformée en un jardin planté d'hydrangées, d'azalées et de fougères luxuriantes. L'ensemble, qui inclut aussi une roseraie, est parcouru de

À Bulow Plantation, les ruines d'un moulin à sucre du XIXe siècle

sentiers qui courent à travers un hammock *(p. 23)* vers la rivière Matanzas. De l'autre côté de l'A1A, une passerelle mène à une plage parsemée de rochers *(p. 201)* et de piscines naturelles.

Bulow Plantation Ruins Historic State Park ❿

Carte routière E2. Flagler Co. Old Kings Rd, 3 miles (5 km) au sud de SR 100. **☎** *(386) 517-2084.* **▤** *Daytona Beach.* **◯** *t. l. j.* **▧ ♿ ☑** www.floridastateparks.org

Au cœur d'un hammock dense et isolé *(p. 23)*, à l'ouest de Flagler Beach, se trouvent les ruines d'une plantation de canne à sucre du XIXe siècle. Le site appartenait à un domaine de 1 890 ha acheté par le major Charles Bulow en 1821, dont la moitié fut défrichée par ses esclaves pour planter du riz, du coton et de la canne à sucre. La plantation, appelée Bulowville, fut finalement abandonnée

lors des guerres séminoles *(p. 44-45)*. Aujourd'hui, Bulow Creek est un site d'excursions nautiques, où l'on peut louer des canoës pour explorer les cours d'eau. On peut encore voir sur les rives les ruines de la demeure de Bulow, et à 10 mn de là, à travers la forêt, celles du vieux moulin à sucre, qui ne sont pas sans évoquer les vestiges d'un étrange temple précolombien.

Ormond Beach ⓫

Carte routière E2. Volusia Co. **🏃** *50 000.* **▤** *Daytona Beach.* **ℹ** *126 E Orange Ave, Daytona Beach (386) 255-0415.* **☑** www.daytonabeach.com

Ormond Beach fut l'une des premières stations balnéaires ouvertes sur la ligne du chemin de fer de Henry Flagler *(p. 46-47)*. L'Ormond Hotel, aujourd'hui démoli, accueillait des personnalités comme Henry Ford ou J. D. Rockefeller. Ce dernier aurait acheté en 1918 une maison devant cet hôtel après avoir appris qu'un autre

La chambre Rockefeller, The Casements, à Ormond Beach

pensionnaire payait moins cher que lui. Restaurée, cette ancienne résidence d'hiver, **The Casements**, fait office de musée et de centre culturel. On peut y admirer des souvenirs appartenant au célèbre industriel, dont un fauteuil de plage en osier garni sur les côtés de hublots, une chambre meublée et une étrange exposition d'art et d'artisanat hongrois.

Non loin à pied se trouve l'**Ormond Memorial Art Museum**, au cœur d'un petit jardin tropical. Des sentiers ombragés serpentent le long des pièces d'eau, entourées de bambouseraies et d'une végétation luxuriante. Le musée accueille des œuvres d'artistes floridiens actuels.

Locomotive Old Flagler, Ormond Beach

🏛 **The Casements**
25 Riverside Drive. ☎ *(386) 676-3216.*
◯ *lun.-sam.* ● *jours fériés.* ♿
limité. 📷 *lun.-ven*
ⓦ *www.ormondbeach.org*

🏛 **Ormond Memorial Art Museum**
78 E Granada Blvd. ☎ *(904) 676-3347.* ◯ *t.l.j.* ● *jours fériés.* 📷 ♿
ⓦ *www.ormondartmuseum.org*

Daytona Beach 🄬

Carte routière E2. Volusia Co.
🏙 *64 000.* ✈ 🚌 ℹ *126 E Orange Ave, (386) 255-0415.*
ⓦ *www.daytonabeach.com*

Au sud d'Ormond Beach se trouve la célèbre Daytona Beach. Près de 200 000 étudiants s'y rendent chaque année au printemps *(p. 32)*, malgré les efforts de la municipalité pour les décourager. Longue de 37 km, la plage est l'une des rares en Floride où l'accès est autorisé aux voitures, en souvenir de l'époque héroïque de l'automobile *(p. 205)*.

Daytona est restée un lieu culte pour les amateurs de sports mécaniques. Le circuit *(p. 204)* attire des foules énormes lors des Speedweeks, en février, et des Motorcycle

Weeks en mars et en octobre. Downtown Daytona, surnommé «Mainland», se situe entre la rivière Halifax et la plage bordée d'hôtels, où se déroule l'essentiel de l'activité.

Les alentours de la vieille promenade en bois du front de mer accueillent musiciens et marchands ambulants. Près de la grande roue d'Ocean Pier, il est possible de louer sur la plage, des jet-skis, des planches à voile, des buggies ou des vélos. De l'autre côté de la Halifax, dans le centre-ville restauré, le **Halifax Historical Society Museum**, consacré à l'histoire locale, est installé dans un immeuble de 1910 décoré de pilastres extravagants. On peut y admirer une maquette de la promenade vers 1938.

À l'ouest de Downtown, le **Museum of Arts and Sciences** accueille des expositions variées. La partie dédiée à la préhistoire de la Floride présente un squelette d'ours géant de 4 m de haut, tandis que celle intitulée «Arts in America» expose des œuvres datées de 1640 à 1920.

Le musée possède aussi des collections cubaine et africaine et un planétarium. Gamble Place est une dépendance du musée. Construit en 1907 pour James N. Gamble, de Procter &

Miss Perkins (v. 1840), de J. Whiting Stock, Museum of Arts and Sciences

Gamble, ce pavillon de chasse en bois de style Cracker est bâti sur un pic dominant Spruce Creek. Tous les meubles sont d'époque. Des visites guidées sont organisées sur réservation au musée, ou à la Snow White House (maison de Blanche-Neige). Celle-ci fut construite en 1938 pour divertir les arrière-petits-enfants de Gamble, et son architecture s'inspira du dessin animé de 1937.

🏛 **Halifax Historical Society Museum**
252 S Beach St. ☎ *(386) 255-6976.*
◯ *mar.-sam.* ● *jours fériés.* 📷 ♿
ⓦ *www.halifaxhistorical.org*

🏛 **Museum of Arts and Sciences**
1040 Museum Blvd. ☎ *(386) 255-0285.* ◯ *t.l.j.* ● *Thanksgiving, 24 et 25 déc.* 📷 ♿ **Gamble Place**
ⓦ *www.moas.org*

Des voitures circulant sur le sable durci de Daytona Beach

Daytona International Speedway ⑬

Carte routière E2. Volusia Co. 1801 W International Speedway Blvd. [(386) 947-6800. 🚉 Daytona. 🚌 9 depuis le terminal au 209 Bethune Blvd. ◯ t.l.j. ⬤ 25 déc. ⬛ ♿ w www.daytona internationalspeedway.com

En février, l'International Speedway accueille les 500 Miles de Daytona

D aytona s'est proclamée «centre mondial des sports mécaniques» et son circuit, l'International Speedway, attire chaque année des milliers de visiteurs. Ceux-ci viennent du monde entier pour assister à l'un des huit principaux week-ends de courses organisées chaque année sur le circuit devant 110 000 spectateurs. Le Speedway accueille des grands prix NASCAR (National Association for Stock Car Auto Racing) – le plus célèbre d'entre eux étant les 500 Miles de Daytona – d'Indycar, de motos et de kart. Le reste de l'année, le circuit sert également à d'autres manifestations : courses d'endurance de moto et de voitures de collection, exhibitions de motos «customisées» ou tests d'automobiles de série.

Une corvette rouge de 1953

Les billets pour assister au 500 Miles sont vendus un an à l'avance, mais les visiteurs peuvent toujours se faire une idée de l'événement au Daytona USA, une attraction située sur le site du circuit. On y projette des films très spectaculaires sur les courses précédentes. On peut s'exercer au pilotage dans des simulateurs électroniques, voire au commentaire sportif (en anglais) ou visiter le circuit en petit train. Le centre comporte aussi deux simulateurs de course. Daytona Dream Laps se calque sur la conduite d'une Daytona 500 et offre un grand nombre de sensations fortes. Acceleration Alley vous invite à sauter dans une voiture, à attacher votre ceinture et à accélérer pour atteindre la vitesse de 320 km à l'heure.

Ponce de Leon Inlet Lighthouse ⑭

Carte routière E2. Volusia Co. 4931 S Peninsula Drive. [(386) 761-1821. ◯ t.l.j. ⬤ 25 déc. ⬛ ♿ limité. w www.ponceinlet.org

C e phare imposant bâti en 1887 garde l'accès d'une passe étroite à l'extrémité de la péninsule de Daytona. D'une hauteur de 53 m, cet édifice effilé est visible à 30 km en pleine mer ; depuis sa passerelle, accessible par un escalier de 203 marches, on jouit d'une vue splendide. Au pied du phare, la maison d'un des anciens gardiens a été restaurée dans l'état où elle était en 1890 ; on en a transformé une autre en un petit musée de la mer, tandis qu'une troisième abrite une magnifique lentille de Fresnel de 5 m de haut.

CIRCUIT INTERNATIONAL DE DAYTONA

LAKE LLOYD

DAYTONA BEACH

Williamson Beltway

W International Speedway Blvd ⑼⑵

I-4
I-95

LÉGENDE

☐ Centre d'accueil des visiteurs

☐ Circuit

☐ Grande tribune

☐ Tour Winton

0   500 m

Le phare de la passe Ponce de Leon, au sud de Daytona Beach

Le berceau des sports mécaniques

La passion de Daytona pour les voitures date de 1903, année où furent organisées les premières courses automobiles de l'histoire sur les sables durs d'Ormond Beach, promue ainsi «berceau des sports mécaniques». Cette année-là, Alexander Winton atteignit déjà 109 km/h. Ces courses attiraient des foules considérables et les riches amateurs d'automobiles se réunissaient à l'Ormond Hotel, l'hôtel

Harley-Davidson de 1936

de Flagler *(p. 202)*. Les tentatives de record de vitesse durèrent jusqu'en 1935, le dernier record ayant été établi sur la plage par Malcolm Campbell. Les courses de stock-car débutèrent en 1936 à Ormond Beach et le grand prix motocycliste des 200 Miles de Daytona en 1937. L'anneau de vitesse fut déplacé une première fois en 1948 et, enfin, l'actuel Daytona International Speedway fut inauguré en 1959.

LES COURSES SUR LA PLAGE

En 1902, un client de l'Ormond Hotel remarqua qu'il lui était très facile de conduire sa voiture sur le sable dur de la plage. Il organisa des courses… qui durèrent 32 ans.

«La Pirate» de Ransom E Olds courut à Ormond Beach en 1902, mais la première course officielle eut lieu en 1903, quand Olds défia Alexander Winton et Oscar Hedstrom sur une motocyclette. Winton l'emporta sur Bullet N°1.

*Le **Bluebird Streamliner** piloté par Malcolm Campbell battit en 1935 le record du monde du mile à Ormond Beach. Propulsé par un moteur Rolls-Royce, la voiture atteignit 444 km/h.*

LE «BERCEAU DES SPORTS MÉCANIQUES»

En 1953, Bill France, un vétéran des courses de stock-car, constata que l'extension de Daytona Beach condamnait les courses de plage. Il proposa donc la construction d'un circuit, le Daytona International Speedway.

Les karts ne payent pas de mine, mais ceux qui concourent à Daytona atteignent 130 km/h.

Lee Petty gagna la première course des 500 Miles de Daytona sur l'International Speedway en 1959, en devançant sur la ligne Johnny Beauchamp, son rival direct, d'à peine 50 cm. La course, qui avait mis aux prises 59 voitures, avait attiré 41 000 spectateurs.

Blue Spring State Park ⑮

Carte routière E2. Volusia Co. 2100 W French Ave, Orange City. ☎ (386) 775-3663. ◯ t.l.j. 🖼 ♿
🆆 www.floridastateparks.org

Blue Spring est l'une des plus grandes sources artésiennes des États-Unis, avec un débit journalier de 450 millions de litres, à température constante de 20 °C, ce qui contribue à faire du parc un habitat d'hiver pour les lamantins *(p. 236)*. Entre novembre et mars, on peut assister depuis des passerelles au passage des lamantins qui quittent les eaux plus froides de la Saint Johns River. On peut aussi plonger avec masque et tuba dans les eaux turquoise de la source, ou faire du canoë sur la Saint Johns. Des excursions de 2 heures en bateau sont organisées vers Hontoon Island. **Thursby House** date de la fin du XIXᵉ siècle.

Aux environs

À 3 km au nord, **Hontoon Island State Park**, est accessible par un ferry gratuit depuis Hontoon Landing. Elle porte une tour d'observation de 24 m de haut, un camping, des aires de pique-nique et un sentier naturel. On peut louer des canoës ou des barques. En 1955, un totem en bois représentant une chouette réalisé par les Indiens Timucua y fut découvert *(p. 38-39)*.

🦌 **Hontoon Island State Park**
2309 River Ridge Rd, De Land. ☎ (386) 736-5309. ◯ t.l.j. 🖼
🆆 www.floridastateparks.org

LES SOURCES BOUILLONNANTES DE FLORIDE

La plupart des 320 sources répertoriées de Floride sont situées dans la moitié nord de l'État. Elles sont en majorité artésiennes, c'est-à-dire formées par la remontée de l'eau des souterrains aquifères. Lorsque le débit atteint 3 m³ par seconde, un source est dite de magnitude 1.

Filtrée par la roche, l'eau de source est extrêmement pure et, parfois, riche en éléments minéraux. Ces propriétés ainsi que la beauté des sites, attirent les visiteurs, pour des motifs thérapeutiques ou touristiques.

La source Juniper de l'Ocala National Forest, aménagée pour les nageurs vers 1930

Sanford ⑯

Carte routière E2. Seminole Co. 🚶 45 000. ✈ 400 E 1st St, (407) 322-2212. 🚆 Train + auto. 🚌 Bus Lynx depuis Orlando (voir p. 363).
🆆 www.sanfordchamber.com

Construit pendant les guerres séminoles *(p. 43-45)*, Fort Mellon fut le premier établissement permanent sur le lac Monroe. Sanford fut bâtie à proximité dans les années 1870. Grâce à l'intense trafic de bateaux à vapeur, la ville devint un grand port fluvial, qui vit les premiers développements du tourisme fluvial en Floride *(p. 46)*.

Le centre-ville restauré, qui date des années 1880, se visite en deux heures. Quelques vieux bâtiments élégants en briques rouges (une rareté en Floride)

Panneau Sanford

abritent des magasins d'antiquités. La ville est desservie par le système combiné train + auto *(p. 360)*.

Mount Dora ⑰

Carte routière E2. Lake Co. 🚶 11 000. 🚆 Sanford. ✈ 341 Nord Alexander St, (352) 383-2165.
🆆 www.mountdora.com

Installée au cœur des vergers d'agrumes de Lake County, cette ville de style victorien est l'une des plus belles et des dernières du genre en Floride. Son nom provient de son altitude assez élevée pour la région (56 m) et du petit lac sur les rives duquel elle est bâtie. La ville s'appelait jadis Royellou, nom formé à partir de Roy, Ella et Louis, les prénoms des enfants du premier maître de poste.

Les rues bordées d'arbres de Mount Dora sont construites sur un promontoir dominant le lac. La chambre de commerce locale organise une visite de 5 km. Celle-ci emprunte un itinéraire touristique qui traverse des quartiers paisibles aux demeures du XIXᵉ siècle et le centre-ville restauré.

Sur Donnelly Street, la superbe Donnelly House, aujourd'hui siège d'une loge maçonnique, est un exemple d'architecture «Steamboat»,

Des enfants jouant devant Thursby House, à Blue Spring State Park

Donnelly House, à Mount Dora, et son architecture flamboyante

avec ses pinacles et sa coupole. Non loin se trouve le petit Royellou Museum. Sur le lac Dora, possibilité de pratiquer divers sports nautiques et de pêcher.

🏛 **Royellou Museum**
450 Royellou Lane. 📞 *(352) 383-0006.* ◯ *jeu.-dim.* ● *Thanksgiving, 25 déc., 1ᵉʳ janv.* ♿ *limité.*

Ocala National Forest ⓲

Carte routière *E2. Lake Co/Marion Co.* ◯ *t.l.j.* 🅿️ *v. le camping et les piscines.* ♿ ⓘ **Visitor Center** *3199 NE Co. Rd., (352) 236-0288.* **Location de canoës Juniper** *(352) 625-2808.* W *www.onf.net*

E ntre Ocala et la Saint Johns River s'étend, sur 148 000 ha, la plus grande forêt de pins maritimes du monde, traversée de rivières et de plusieurs sentiers de randonnée. Elle abrite les derniers ours noirs de Floride et d'autres espèces animales comme les cerfs ou les loutres. On peut également admirer des oiseaux comme l'aigle chauve, le balbuzard pêcheur, la chouette rayée, la dinde sauvage importée par l'homme ou plusieurs espèces d'échassiers sur les rives marécageuses des rivières.

Les nombreux sentiers de randonnée sont de taille et de difficulté variables, de la promenade en planches de 1,5 km au National Scenic Trail long de 106 km qui permet la traversée complète du parc *(p. 343)*. La pêche au panier est très populaire

le long des nombreux lacs éparpillés dans les bois ainsi que la baignade ou le pique-nique dans les aires aménagées telles celles de Salt Springs, Alexander Springs ou Fore Lake. En réservant à l'avance, on peut louer un canoë au Juniper Springs Recreation Area pour parcourir 11 km de rivière jusqu'à Juniper Creek. Les échassiers abondent autour du Salt Springs Trail, tandis que les canards des bois se rassemblent au lac Dorr. Des informations sont disponibles dans le centre d'accueil situé à la lisière ouest du bois ou dans ceux de Salt Springs et Lake Dorr, sur la route 19.

Silver Springs ⓳

Carte routière *E2. Marion Co. 5656 E Silver Springs Blvd.* 📞 *(352) 236-2121.* ◯ *t.l.j.* 🅿️ ♿ *limité.* W *www.silversprings.com*

D epuis 1878, les excursions en bateaux à fond de verre de Silver Springs permettent d'admirer les merveilles de la plus grande source artésienne du monde.

Aujourd'hui, ce site, la plus ancienne attraction touristique de Floride, offre une vaste gamme d'activités familiales : safaris en jeep ou «Jungle Cruises» à travers l'arrière-pays floridien, où furent tournés les premiers Tarzan avec Johnny Weissmuller. Wild Waters, un parc aquatique situé à proximité des sources, est lui aussi un lieu de divertissement.

Aux environs
À **Silver River State Park**, à 3 km au sud-est, il est possible d'effectuer une promenade de 15 mn longeant un hammock *(p. 26)* et traversant un marais à cyprès qui débouche sur une piscine naturelle.

🐾 **Silver River State Park**
1425 NE 58th AVE, Ocala. 📞 *(352) 236-7148.* ◯ *t.l.j.* 🅿️ ♿

Jungle Cruise, l'une des nombreuses attractions de Silver Springs

La Jeune Bergère (1868), de Bougereau, Appleton Museum

Ocala ⑳

Carte routière D2. Marion Co. 🐎 65 000. 🚌 🚐 🛈 *Chambre de commerce, 110 E Silver Springs Blvd, (352) 629-8051.* 🅦 www.ocalacc.com

Entouré de pâturages vallonnés délimités par des clôtures blanches en bois, Ocala est le chef-lieu du comté de Marion et le cœur de l'élevage des pur-sang en Floride. L'herbe est en effet enrichie par les eaux calcaires de la nappe phréatique *(p. 206)*, et contient du calcium qui contribue à la bonne calcification du squelette des chevaux de course. L'élevage hippique en Floride a produit plusieurs chevaux de grande qualité, dont cinq ont remporté le prestigieux Derby du Kentucky.

Les environs d'Ocala regroupent pas moins de 400 élevages. On peut en visiter la plupart, souvent gratuitement, et admirer des chevaux anglo-arabes, des Paso Finos et des poneys. Contacter la chambre de commerce d'Ocala pour plus d'informations sur les visites des haras. On peut aussi venir dans la région pour visiter l'**Appleton Museum of Art**, à l'est d'Ocala. Construit en 1984 en marbre d'Italie par l'industriel et éleveur Arthur I. Appleton, le musée expose des œuvres du monde entier, notamment des œuvres européennes du XIXᵉ siècle, des antiquités précolombiennes ou européennes, des pièces orientales ou africaines et de la porcelaine de Meissen.

🏛 **Appleton Museum of Art** 4333 NE Silver Springs Blvd. 📞 *(352) 236-7100.* ⏱ *mar.-dim.* ⬤ *25 déc., 1ᵉʳ janv.* 📷 ♿

Marjorie Kinnan Rawlings State Historic Site ㉑

Carte routière D2. Alachua Co. S CR 325, Cross Creek. 📞 *(352) 466-3672.* 🚌 *Ocala.* ⏱ *jardins t. l. j.; maison mar.-dim.* ⬤ *août-sept.* 📷 ♿ ⌨ 🅦 www.floridastateparks.org

La romancière Marjorie Kinnan Rawlings s'installa en 1928 à Cross Creek, qu'elle décrivit ensuite comme «un nœud sur une route de campagne». Sa maison toute en recoins, nichée dans un verger d'agrumes où déambulent canards, cochons et volailles, est bâtie sur les rives d'Orange Lake. L'écrivain y habita jusque dans les années 30, puis s'y rendit irrégulièrement jusqu'à sa mort en 1953. Les paysages et les personnages des alentours ont inspiré son roman autobiographique *Cross Creek* (1942), tandis que le paysage de broussailles s'étendant au sud lui inspira *The Yearling* (1938), prix Pulitzer. Des visites guidées autour du site permettent de découvrir les dépendances préservées de la ferme construites en 1880 qui contiennent des meubles de l'écrivain : une bibliothèque avec des œuvres de Steinbeck et de Hemingway et un meuble à liqueurs. Sous la véranda, une machine à écrire et un chapeau, mis en valeur par des bouquets de fleurs fraîches, donnent l'impression que l'écrivain s'est absenté pour quelques instants.

Micanopy ㉒

Carte routière D2. Alachua Co. 🐎 650. 🛈 *30 East University Ave, Gainesville, (352) 374-5260.* 🅦 www.visitgainesville.net

Construit en 1821, le deuxième établissement blanc permanent de Floride était jadis un comptoir appelé Wanton, bâti sur des terres indiennes. Rebaptisé Micanopy en 1826, du nom d'un chef indien, ce charmant petit village semble hors du temps et constitue un paradis pour les réalisateurs de films. Plantée de chênes recouverts de mousse d'Espagne, la rue principale, Cholokka Boulevard, est bordée de bâtiments victoriens et de magasins de bric-à-brac à devantures en briques rouges. C'est aussi sur cette rue que se trouve le plus grand bâtiment de Micanopy, le **Herlong Mansion**, soutenu par quatre colonnes corinthiennes massives. Construit par un magnat du bois au XIXᵉ siècle, il fait aujourd'hui office de bed-and-breakfast *(p. 306).*

Oasis planté de chênes et de cèdres sur un tapis de mousse, le cimetière de Micanopy, fondé en 1825, est situé sur une rue donnant sur Seminary Road, vers l'I-75.

Collection de cannes, Herlong Inn

La véranda aérée où jadis écrivait Marjorie Kinnan Rawlings

Les tombes recouvertes de lichen
dans le cimetière de Micanopy

Aux environs

Au XVIIe siècle, l'un des ranches
espagnols les plus prospères
de Floride était installé au nord
du site actuel de Micanopy. La
**Payne's Prairie State
Preserve** abrite aujourd'hui
une petite horde de bisons et
200 espèces d'oiseaux locaux
ou migrateurs. Cette réserve
animale est traversée par le
**Gainesville-Hawthorne State
Trail**. Longue de 27 km, cette
ancienne voie de chemin de
fer est empruntée par les
cyclistes, les randonneurs et
les cavaliers.

✖ Paynes Prairie State Park

100 Savannah Blvd, US 441, 0,5 km au
nord de Micanopy. 📞 (352) 466-
3397. ⏰ t.l.j. 🅿 ♿
W www.floridastateparks.org

Gainesville ㉓

Carte routière D2. Alachua Co.
🏠 97 000. ✈ 🚍 🛈 300 East
University Avenue, (352) 334-7100.
W www.gainesvillechamber.com

Cette ville universitaire est
la capitale culturelle du
centre-nord de la Floride et
le fief de l'équipe de football
des Gators. Le centre
historique, constitué de
bâtiments restaurés construits
en brique entre 1880 et 1920,
abrite restaurant et cafés.
Le vaste campus comporte
plusieurs foyers d'étudiants et
deux musées importants.

Le premier, le **Florida
Museum of Natural
History,** vaut le détour.
La collection de sciences
naturelles contient
10 millions de fossiles,
des papillons et des
coquillages. On peut
également admirer des
expositions consacrées
aux différents habitats
naturels de Floride ou
effectuer une visite
anthropologique de la
population de l'État des
origines au XIXe siècle.

**La boisson de
Gainesville**

L'autre musée du campus,
le **Samuel P Harn Museum
of Art,** est l'un des plus
modernes et des mieux
équipé du pays. Parmi ses
collections, des céramiques
asiatiques, des objets rituels
africains, des gravures sur
bois japonaises ainsi qu'une
collection de peintures
américaines et européennes.

🏛 Florida Museum of Natural History

Hull Rd à SW 34th St. 📞 (352) 846-
2000. ⏰ t.l.j. ⏺ Thanksgiving,
25 déc. ♿ W www.flmnh.ufl.edu

🏛 Samuel P Harn Museum of Art

Hull Road (de SW 34th St.). 📞 (352)
392-9826. ⏰ mar.-dim. ⏺ jours
fériés. ♿ W www.harn.ufl.edu

Aux environs

Au sud-ouest de la ville
s'étendent les **Kanapaha
Botanical Gardens,** qui
sont à leur avantage entre
juin et septembre, bien
qu'on puisse aussi admirer
au printemps la floraison
d'innombrables azalées.
Un sentier fait le tour de
ce site de 25 ha, dont la
beauté fut remarquée
pour la première fois par
William Bartram *(p. 43)*
à la fin du XIXe siècle.
Il serpente sous une
arche de vigne vierge
et entre des bambous. Le site
contient un jardin du désert,
un jardin lacustre et un «jardin
aux colibris».

🌿 Kanapaha Botanical Gardens

4700 SW 58th Drive. 📞 (352) 372-
4981. ⏰ ven.-mer. ⏺ 25 déc. 🅿 ♿
W www.kanapaha.org

Des nénuphars géants d'Amazonie, attraction de la fin de l'été aux Kanapaha Botanical Gardens

LE PANHANDLE

En Floride, un proverbe énonce que «plus l'on va vers le nord, plus l'on va vers le sud». Il est en effet évident que l'histoire et l'atmosphère du Panhandle sont liées à celles du vieux Sud américain. Cette étonnante partie de la Floride se distingue des autres régions de l'État par la géographie, le climat et l'horaire (situé à l'ouest, le Panhandle retarde d'une heure sur le reste de l'État).

Après avoir accueilli les premiers essais de colonisation espagnole en Floride, le Panhandle a connu la lutte entre les puissances coloniales rivales. Un établissement fut fondé en 1559, avant même Saint Augustine à proximité du site actuel de Pensacola, mais il fut plus tard abandonné à cause d'un ouragan. Il ne fut réhabité que longtemps après et devint le principal foyer de peuplement de la région jusque dans les années 1820, lorsque Tallahassee fut désignée comme capitale du nouveau territoire de Floride *(p. 44)*. Cette ville ne fut choisie qu'en raison de son équidistance entre Saint Augustine et Pensacola. Aujourd'hui, Tallahassee est une capitale d'État mais conserve un parfum de ville de province. Grâce à l'exploitation forestière et au commerce du coton, la ville se développa tout au long du XIXe siècle, avant d'être dépassée par les régions de la Floride traversées par le chemin de fer. L'essor du tourisme dans le Panhandle est récent, malgré la présence de plages de sable blanc. Cette partie de la côte de Floride est de plus en plus proposée par les tour-opérateurs des États du sud des États-Unis, mais elle est délaissée par les touristes étrangers. Dans la partie est du Panhandle, le «Big Bend», les stations balnéaires familiales laissent la place à de paisibles villes de pêcheurs comme Cedar Key, dont l'atmosphère rappelle un peu celle de l'ancienne Key West. L'intérieur propose plusieurs grands parcs naturels.

L'une des extraordinaires plages de sable du Panhandle, près de Pensacola

◁ L'Old Capitol Building de Tallahassee, à l'ombre de son successeur moderne

À la découverte du Panhandle

La plupart des visiteurs du Panhandle se rendent dans les stations balnéaires disposées en arc de cercle autour de Pensacola et de Panama City Beach. Idéales pour les vacances en famille, ces stations, à l'instar de Fort Walton Beach et de Destin, offrent une vaste panoplie de logements et d'activités de loisirs, des sports nautiques (notamment la pêche sous-marine) au golf et au tennis. Si la côte attire l'essentiel des visiteurs, le reste du Panhandle mérite le détour pour son relief vallonné planté de pins, loin de la foule. On peut aussi effectuer d'inoubliables randonnées en canoë sur les fleuves Blackwater et Suwannee. Parcourue de chemins ombragés, la campagne autour de Tallahassee est l'une des plus belles de Floride.

Quietwater Beach, près de Pensacola, à Santa Rosa Island

LES SITES D'UN COUP D'ŒIL

L'élégante demeure d'Eden Gardens State Park

CIRCULER

Bien que la ligne de chemin de fer de l'Amtrak traverse la région, suivant le tracé de l'I-10, il est indispensable de disposer d'une voiture pour visiter le Panhandle. Il existe deux grandes routes : l'I-10, rapide mais ennuyeuse, qui relie Pensacola et Tallahassee, puis longe la côte atlantique ; et l'US 98, qui longe la côte depuis Pensacola jusqu'à la région du «Big Bend», où elle rejoint le principal axe nord-sud du pays, l'US 19. Les routes secondaires du Panhandle sont agréables, mais il faut faire attention aux camions des forestiers..

Le front de mer de la paisible station balnéaire de Destin

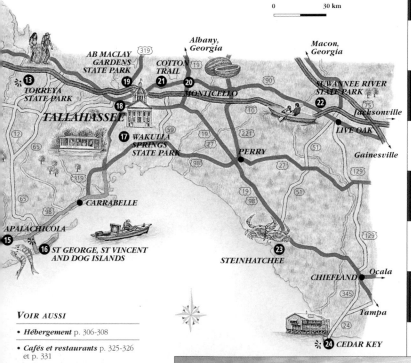

0   30 km

Albany,
Georgia

Macon,
Georgia

AB MACLAY
GARDENS
STATE PARK

COTTON
TRAIL

SUWANNEE RIVER
STATE PARK

13 TORREYA
STATE PARK

19

21

20

MONTICELLO

22

Jacksonville

18

TALLAHASSEE

LIVE OAK

12

65

17 WAKULLA
SPRINGS
STATE PARK

PERRY

Gainesville

319

65

CARRABELLE

98

APALACHICOLA

15

16 ST GEORGE, ST VINCENT
AND DOG ISLANDS

STEINHATCHEE

23

CHIEFLAND

Ocala

Tampa

VOIR AUSSI

• *Hébergement* p. 306-308

• *Cafés et restaurants* p. 325-326
et p. 331

24 CEDAR KEY

LÉGENDE

- Route fédérale
- Route principale
- Route secondaire
- Route touristique
- Cours d'eau
- Point de vue

Des pélicans savourent la quiétude d'Apalachicola

Pensacola rue par rue ❶

Pensacola fut fondée par un groupe de colons espagnols guidés par Tristan de Luna *(p. 41)*, qui arriva dans la baie de Pensacola en 1559. Le premier établissement ne dura que deux ans avant d'être balayé par un ouragan. Les Espagnols revinrent, mais la ville changea ensuite plusieurs fois de souveraineté, puisqu'en trois siècles s'y succédèrent les bannières espagnole, française, anglaise, confédérée et, enfin, américaine. Pensacola prit son essor dans les années 1880, pendant lesquelles on édifia le centre-ville. Plusieurs styles architecturaux s'y côtoient, du cottage à la demeure néo-classique bâtie à l'époque du boom du bois. L'itinéraire ci-dessous permet de visiter le centre historique *(p. 216)*.

Lavalle House
Cette maison de deux pièces aux couleurs et aux formes simples date du début du XIXᵉ siècle. Son nom rappelle l'origine franco-créole de ses propriétaires.

Pensacola Historical Museum
Le matériel et les objets exposés évoquent le passé de la région de Pensacola.

Le Museum of Industry
évoque l'époque où Pensacola vivait du commerce du bois et du fret maritime.

★ **TT Wentworth Museum**
Ce musée éclectique présente une collection d'objets floridiens, tel ce lit des années 1870.

Pensacola Museum of Art
La vieille prison, construite en 1908, fut transformée en musée dans les années 50. Ce paysage dû à William Nell appartient au musée.

Un camp d'officiers britanniques a été découvert sous ce parking. Les fondations exhumées sont visibles en suivant l'itinéraire du Colonial Archaeological Trail *(p. 216)*.

JEFFERSON STREET
GOVERNMENT ST
TARRAGONA STREET
CHURCH
PALAFOX PLACE

Steamboat House
Cette maison à l'architecture évoquant un bateau à vapeur a été construite au milieu du XIXe siècle, âge d'or de la navigation fluviale (p. 46).

MODE D'EMPLOI

Carte routière A1. Escambia Co.
🏠 294 400. ✈ 8 km au nord. 🚌
980 E Heinburg St, (805) 433-4966.
🚌 505 W Burgess Rd, (805) 476-
4800. 🛈 1401 E Gregory St, (805)
434-1234. 🎭 Fiesta des 5-Drapeaux
(juin). 🅦 www.visitpensacola.com

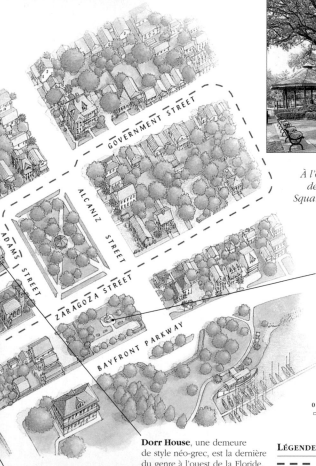

★ **Seville Square**
À l'ombre des chênes et des magnolias, Seville Square est situé au cœur du Seville District, construit par les Britanniques dans les années 1770.

Fountain Square
est dominée par une fontaine ornée de tableaux représentant des scènes locales.

0   200 m

Dorr House, une demeure de style néo-grec, est la dernière du genre à l'ouest de la Floride.

LÉGENDE

— — — Itinéraire conseillé

★ **Museum of Commerce**
Cet atelier d'imprimerie reconstitué est l'une des attractions de ce musée construit en style victorien.

À NE PAS MANQUER

★ **TT Wentworth Museum**

★ **Seville Square**

★ **Museum of Commerce**

À la découverte de Pensacola

Plusieurs quartiers de Pensacola présentent un intérêt historique et méritent une visite. Tout d'abord, le plus ancien quartier du centre-ville, le Historic Pensacola Village, établi sur Zaragoza Street. Puis, plus au nord, le North Hill Preservation District, l'ancien quartier des négociants en bois enrichis par le boom du siècle dernier. Entre ces deux quartiers, Palafox Street comporte de nombreux immeubles construits entre 1900 et 1920. Le centre-ville de Pensacola est relié par deux ponts à l'île de Pensacola Beach (p. 222), sa station balnéaire. Bien que les principaux centres d'intérêt soient installés sur le continent, les visiteurs préfèrent en général loger dans les hôtels de la plage, reconstruits depuis le passage de l'ouragan Opal en 1995.

Les portes ouvertes des cellules, au Pensacola Museum of Art

Des guides en costumes du siècle dernier, Historic Pensacola Village

⊞ Historic Pensacola Village

Tivoli House, 205 E Zaragoza St.
📞 (850) 595-5985. ⭘ lun.-ven.
⭘ jours fériés. 📷 🗐 &
🌐 www.historicpensacola.org

Le plus vieux quartier de Pensacola, Seville District, comprend plusieurs musées et maisons anciennes. Une simple promenade permet d'imaginer la vie quotidienne à Pensacola au XIXe siècle.

Des guides organisent des visites approfondies qui partent deux fois par jour de Tivoli House, située à Zaragoza Street. Lors de la saison touristique, ils sont vêtus en costume d'époque. La visite guidée s'arrête à Lavalle House (1805) et à Dorr House (1871). D'autres propriétés qui ne sont pas sur l'itinéraire des visites guidées peuvent également être visitées. Un seul billet, acheté à Tivoli House et valable deux jours, inclut la visite guidée et l'entrée dans toutes les maisons du village ainsi que

l'entrée au Museum of Industry et au Museum of Commerce. Installé dans un ancien entrepôt du XIXe siècle, le Museum of Industry de Church Street illustre les premières années de développement de Pensacola. Les salles sont consacrées à la fabrique des briques, à la pêche, à la coupe et au transport des troncs. Derrière le Museum of Commerce de Zaragoza Street, une petite rue victorienne a été reconstituée avec ses boutiques d'artisans, une imprimerie avec une presse, une pharmacie, une sellerie et un ancien magasin de musique. Dominant Seville Square, Old Christ Church, construite en 1832, est la plus ancienne église de Floride. Elle est actuellement en cours de restauration.

🏛 TT Wentworth Jr., Florida State Museum

330 Jefferson St. 📞 (850) 595-5990.
⭘ lun.-ven. ⭘ jours fériés. 📷 &

Ce musée est installé dans l'ancienne mairie, un bâtiment imposant de style Renaissance espagnole. Parmi les objets légués au musée par le fondateur sont disposés des

souvenirs de l'ancienne Floride de l'Ouest et une collection d'objets bizarres provenant du monde entier – pointes de flèche, tête réduite précolombienne, central téléphonique des années 30. Le musée invite à une découverte intelligente du passé de Pensacola par une promenade le long du Pensacola's Colonial Archaeological Trail, qui suit les fortifications des années 1752-1821. Une nouvelle exposition retrace plus de 400 ans d'histoire de Pensacola. Le ticket pour Historic Pensacola Village inclut l'entrée au musée TT Wentworth.

🏛 Pensacola Museum of Art

407 S Jefferson St. 📞 (850) 432-6247.
⭘ mar.-dim. ⭘ 4 juil., Thanksgiving, 25 déc., 1er janv. 📷 &
🌐 www.pensacolamuseumofart.org

Les cellules de la vieille prison avec leurs portes en acier ont entamé une seconde vie au sein du Pensacola Museum of Art. Les expositions changent souvent du fait de la richesse et de la diversité des collections, qui incluent aussi bien des poteries précolombiennes,

Le TT Wentworth Museum, un bâtiment de style Renaissance espagnole

des verreries du XIXᵉ siècle que des tableaux pop art de Roy Lichtenstein.

🏛 Pensacola Historical Museum

115 E Zaragosa St. 📞 *(850) 433-1559.* ⏰ *10h-16h30 lun.-sam.* ⬤ *dim., jours fériés.* 🎟 🛒
🌐 *www.pensacolahistory.org*

Le musée est situé dans un édifice de 1885, originellement connu sous le nom de Gulf Saloon. Dirigé par la Pensacola Historical Society, il expose des objets évoquant les Indiens, l'histoire militaire et maritime et l'héritage multiculturel de Pensacola et de ses environs. Le musée comprend également un centre de documentation : cartes, livres, photographies et manuscrits racontent l'histoire locale.

🏚 North Hill Preservation District

Ce quartier historique (qui s'étend sur dix pâtés de maisons à partir de Wright Street, au nord du Pensacola Historic Village) regroupe

McCreary House, dans North Hill Preservation District

Les sables immaculés de Johnson Beach, à Perdido Key

d'élégantes demeures de la fin du XIXᵉ et du début du XXᵉ siècle. Elles sont bâties sur le site d'un ancien fort et il n'est pas rare d'exhumer des boulets de canon dans les jardins des habitations. Toutes les maisons sont privées. Parmi les plus belles, citons McCreary House *(p. 28)* sur North Baylen Street, à la croisée de De Soto Street.

National Museum of Naval Aviation ❷

Voir p. 218-219.

Perdido Key ❸

Carte routière A1. Escambia Co. Route 292, 19 km à l'ouest de Pensacola. 🚗 *Pensacola.* 🚌 *Pensacola.* ℹ *15500 Perdido Key Dr, Pensacola, (850) 492-4660.* 🌐 *www.perdidochamber.com*

À 30 minutes en voiture au sud-ouest de Pensacola s'étendent les plages immaculées de Perdido Key, régulièrement classées parmi

les vingt plus belles des États-Unis. On y trouve des bars, des restaurants et des équipements pour la pratique des sports nautiques, la pêche et la plongée.

L'extrémité est de l'île n'est accessible qu'à pied. La route s'arrête à **Johnson Beach Day Use Area**, juste à l'est du pont qui fait la jonction avec le continent. Le sable s'étend sur 10 km aussi bien du côté de la mer que du côté de la baie. Un poste de maîtres nageurs y a été installé.

Sur le continent, en face de Perdido Key, **Big Lagoon State Park** regroupe de belles plages de sable et des marais salants. On peut y observer des oiseaux depuis une tour.

🏖 Johnson Beach Day Use Area

13300 Johnson Beach Rd, de la route 292. 📞 *Federal Govt Office of National Seashore (850) 934-2600.* ⏰ *t.l.j.* ⬤ *25 déc.* 🎟 ♿
🏖 Big Lagoon State Park
12301 Gulf Beach Highway. 📞 *(850) 492-1595.* ⏰ *t.l.j.* 🎟 ♿

LE BOOM DU BOIS EN FLORIDE

Au XIXᵉ siècle, la demande en bois de charpente et de matériaux de construction navale, comme le goudron et la térébenthine, influença profondément le développement de la Floride du Nord. Celle-ci recelait d'importantes forêts de chênes, un bois dur très apprécié dans les chantiers navals. Des villes entièrement dédiées à la coupe, comme Cedar Key *(p. 231))*, fleurirent et des fortunes s'édifièrent lors du boom des années 1870 et 1880. Pensacola prit un autre visage, incarné par exemple par Eden Mansion *(p. 223)*. Vers 1930, la plupart de forêts exploitables de Floride avaient disparu et l'on fit appel à d'autres matériaux de construction. Les scieries fermèrent et les chômeurs se comptèrent par milliers.

Les forestiers du XIXᵉ siècle travaillaient d'arrache-pied pendant des heures

National Museum of Naval Aviation ❷

Logo du Beechcraft GB-2

Ce grand musée est installé au milieu des pistes et des hangars de la plus ancienne base aéronavale du pays, fondée en 1914. On peut y admirer plus de 150 avions et engins spatiaux, maquettes et des instruments liés aux technologies aéronautiques. Tous ces objets retracent l'histoire de l'aviation, depuis les biplans en bois et en toile jusqu'aux fusées de la dernière génération. Une projection en IMAX d'un film sur l'escadrille des US Navy's Blue Angels fera vibrer les plus sceptiques, qui pourront ensuite manier des simulateurs de vol. Il est possible de poser des questions à des pilotes vétérans ou d'effectuer avec eux une visite guidée du musée.

★ Blue Angels
Quatre anciens Skyhawk A-4 des Blue Angels sont suspendus en formation en diamant au toit de l'atrium de sept étages.

Le pont d'envol de l'*USS Cabot* est une reproduction d'un porte-avions de la Seconde Guerre mondiale. Il est exposé avec divers chasseurs datant de la Seconde Guerre mondiale.

Les trésors engloutis
Dans cette salle sont exposés deux avions repêchés dans le lac Michigan, où ils coulèrent pendant la Seconde Guerre mondiale.

Les Tigres volants
Des mâchoires peintes sur le fuselage étaient la marque des pilotes du Volunteer Flying Tiger, qui combattit en Chine et en Birmanie.

Le monument Spirit of Naval Aviation

SUIVEZ LE GUIDE !
Le musée occupe deux étages, ou «ponts», divisés en deux ailes convergeant vers un atrium. L'aile ouest est presque entièrement consacrée à un porte-avions de la Seconde Guerre mondiale, l'aile sud porte sur une période de l'histoire plus étendue. D'autres avions sont exposés sur les pelouses.

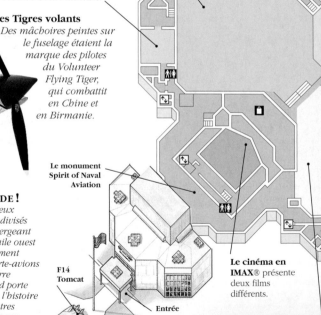

F14 Tomcat

Le cinéma en IMAX® présente deux films différents.

Entrée

À NE PAS MANQUER

★ **Les Blue Angels**

★ **Le simulateur de vol**

Biplan
Parmi les anciens appareils exposés, des avions d'entraînement de la Première Guerre mondiale et des biplans.

Dirigeable K47
Ces dirigeable américain de type K effectuait des patrouilles maritimes pendant la Seconde Guerre mondiale.

MODE D'EMPLOI

Carte routière 1A. 1750 Radford Blvd, NAS Pensacola. **☎** *(850) 453-2389.* **🚌** *Pensacola.* **🚂** *Pensacola.* **◯** *t. l. j. 9h-17h* **●** *Thanksgiving, 25 déc., 1ᵉʳ janv.*
♿ 📷 🎁 🍴
W www.naval-air.org

L'exposition de la capsule spatiale
regroupe la capsule Mercury, le Moon Rover Vehicler, des tenues d'astronautes, des films sur l'espace et divers souvenirs.

★ Le simulateur de vol
Il propose trois différents scénarios de vols. La simulation est parfaite : on a l'impression d'être aux commandes d'un avion !

Les cockpits d'exercice
montrent les différents appareils de l'aviation américaine.

Hélicoptère des Coast Guards
Il est entièrement équipé et retrace au milieu d'autres appareils et souvenirs l'histoire de l'aviation US Coast Guard.

FORT BARRANCAS

Entouré d'eau sur trois côtés, le site stratégique de la Naval Air Station fut fortifié par les colons espagnols en 1698. Le rempart original, construit sur un escarpement (*barranca,* en espagnol) dominant Pensacola Bay, fut renforcé en 1781, puis amélioré par l'armée jusque dans les années 1840. Les restes des forts espagnol et américain, dissimulés derrière de formidables fortifications, sont reliés par un tunnel. Le fort est accessible à pied depuis le musée. Possibilité de visite guidées.

Les fortifications de Fort Barrancas

LÉGENDE

- 🟦 2ᵉ GM, guerre de Corée
- ⬜ Avions anciens
- 🟦 Avions modernest
- 🟦 Cinéma
- 🟦 Expositions interactives
- 🟦 Vitrines
- 🟦 Galerie d'art
- 🟦 Espace fermé au public

Gulf Breeze ❹

Carte routière A1. Santa Rosa Co.
🏛 *6 300*. 🚊 *Pensacola*.
✈ *Pensacola*. 🛈 *409 Gulf Breeze Parkway, (850) 932-7888.*
🌐 *www.gulfbreezechamber.com*

L a petite ville prospère de Gulf Breeze se situe à l'extrémité ouest d'un promontoire donnant sur Pensacola Bay. À l'est de la ville, la région est boisée et ses forêts servirent à approvisionner les chantiers navals dans les années 1820 *(p. 217)*.

La **Naval Live Oaks Reservation**, sur l'US 98, est une pépinière d'État, chargée de la protection des forêts. Des sentiers sont ouverts aux visiteurs sur les 500 ha de hammock en chênes, de dunes et de marais, où les échassiers se repaissent de l'abondante faune marine. Un bureau des visiteurs dispense des informations sur la faune et la flore et présente quelques expositions d'histoire locale.

À 16 km à l'est de Gulf Breeze, **The Zoo** est une des attractions familiales les plus prisées, avec ses 700 animaux en liberté. Un petit train, le Safari Line, permet de parcourir 12 ha de ce zoo où les animaux vont librement. On peut également déambuler dans le jardin botanique. Les plus chanceux verront peut-

Le Safari Line train traverse The Zoo à Gulf Breeze

être une girafe depuis la plate-forme d'observation.

🦌 Naval Live Oaks Reservation

1801 Gulf Breeze Parkway. 📞 *(850) 934-2600.* 🕐 *t.l.j.* ● *25 déc.* ♿
🌐 *www.nps.gov/guis*

🦌 The Zoo

5701 Gulf Breeze Parkway.
📞 *(850) 932-2229.* 🕐 *t.l.j.*
● *Thanksgiving, 25 déc.* 🍴 ♿
🌐 *www.the-zoo.com*

Santa Rosa Island ❺

Carte routière A1. Escambia Co, Okaloosa Co, Santa Rosa Co.
🚊 *Pensacola*. ✈ *Pensacola ou Fort Walton Beach*. 🛈 *8543 Navarre Parkway, Navarre, (850) 939-2691.*
🌐 *www.beaches-rivers.com*

S anta Rosa est une ville étirée le long d'une plage étroite reliant Pensacola Bay à Fort Walton Beach sur une distance de 70 km. À son extrémité ouest se trouve **Fort Pickens**, achevé en 1834, le plus grand des quatre forts construits au début du XIXe siècle pour défendre Pensacola Bay.

Le chef apache Geronimo y fut emprisonné de 1886 à 1888, ce qui attira de nombreux curieux. Le fort fut utilisé par l'armée jusqu'en 1947.

Le public peut aujourd'hui l'explorer à sa guise.

Santa Rosa possède plusieurs belles plages de sable blanc fin. Pensacola Beach et Navarre Beach sont les plus fréquentées, chacune d'entre elles étant équipée d'un ponton pour pêcher et d'installations de loisirs pour la pratique des sports nautiques. Entre les deux s'étend une plage quasi vierge. Un camping est installé près de Fort Pickens, à l'extrémité ouest de l'île.

⚓ Fort Pickens

1400 Fort Pickens Rd (Route 399).
📞 *(850) 934-2621.* 🕐 *t.l.j.*
♿ *limité.*
🌐 *www.nps.gov/guis*

Promenade allant vers Pensacola Beach, à Santa Rosa Island

Blackwater River ❻

Carte routière A1. Santa Rosa Co.
🚊 *Pensacola*. ✈ *Pensacola*. 🛈 *5247 Stewart St, Milton, (850) 623-2339.*
🌐 *www.srchamber.com*

L e fleuve Blackwater River prend sa source en Alabama et se jette 95 km plus loin, au sud, dans le golfe du Mexique. Il s'agit de l'un des cours d'eau à lit de sable les plus purs du monde. Ses eaux noires de tanins serpentent à travers la forêt, créant des lacs en forme de croissant, des digues naturelles et des plages de sable. Le fleuve attire les amateurs de canoë : l'un des principaux parcours fait 50 km. de long. Des excursions en canoë et en kayak sont organisées par plusieurs clubs de Milton, la «capitale du canoë en Floride». Ces excursions peuvent être aller d'une demi-journée de promenade facile à

Le circuit nature, Naval Live Oaks Reservation

La Blackwater River, bien connue des amateurs de canoë

de véritables marathons de trois jours ou un voyage vers les criques Sweetwater ou Juniper au nord.

À **Blackwater River State Park**, situé à l'extrémité des parcours, on peut nager ou se restaurer. Le parc abrite le Chain of Lakes Trail, un sentier de 1,5 km qui traverse des bois de chênes, de noyers, de magnolias et d'érables et s'achève sur un paysage de lacs.

Blackwater River State Park

De l'US 90, 24 km au nord-est de Milton. (850) 983-5363. t.l.j. www.floridastateparks.org

Fort Walton Beach ❼

Carte routière A1. Okaloosa Co. 22 000. Crestview. 34 Miracle Strip Parkway SE, (850) 244-8191, (800) 322-3319. www.fwbchamber.org.

Fort Walton Beach est située à la pointe ouest d'une région appelée Emerald Coast, une extraordinaire

plage de sable de 40 km de long jusqu'à Destin et même au-delà. Des magasins de matériel de plongée et des marinas jalonnent l'US 98, qui longe la côte et relie Fort Walton à Santa Rosa Island. Cette dernière, appelée localement Okaloosa Island, est très prisée. On peut y pratiquer la natation ou la pêche, sous-marine ou depuis la jetée. Il est possible de pratiquer la voile ou la planche à voile sur la côte nord de l'île, dans l'anse protégée de Choctawhatchee Bay, ou d'effectuer des excursions en bateau. Emerald Coast propose une douzaine de parcours de golfe. Au parc nautique de **Gulfarium,** on peut applaudir les numéros de dauphins ou d'otaries, ou frissonner devant les grands aquariums contenant des requins, des raies et des tortues géantes. Le parc abrite des bassins pour phoques, otaries et alligators ainsi que

Pot indien du Temple Mound Museum

des volières d'oiseaux exotiques. Le centre-ville est dépourvu d'intérêt, à l'exception de l'**Indian Temple Mound Museum**, construit à proximité d'un ancien site funéraire indien. Celui-ci appartenait à la tribu des Apalachee *(p. 38-39)* et date du XVᵉ siècle. Le musée présente des vestiges exhumés de ce site et de ceux des environs. On peut ainsi suivre l'histoire de plus de 10 000 ans de présence humaine à Choctawhatchee Bay. À 5 km au nord, à Shalimar, se trouve la base aérienne d'Eglin, la plus vaste du monde. On peut y visiter l'**US Air Force Armament Museum** où sont exposés des bombes et des missiles allant de la Seconde Guerre mondiale à nos jours. On peut ainsi y admirer l'avion espion SR-71 Blackbird ainsi que divers systèmes d'armement. La visite de la base doit être organisée à l'avance.

➤ Gulfarium
1010 Miracle Strip Parkway. (850) 243-9046. t.l.j. Thanksgiving, 24 et 25 déc. limité. www.gulfarium.com

🏛 Indian Temple Mound Museum
139 SE Miracle Strip Parkway. (850) 833-9595. t.l.j. jours fériés. limité . www.fwb.org

🏛 US Air Force Armament Museum
100 Museum Drive (Route 85). (850) 882-4062. t.l.j. jours fériés.

Des promeneurs marchant le long des plages de sable du golfe du Mexique, à Fort Walton Beach

Destin ⑧

Carte routière A1. Okaloosa Co.
🏘 12 000. ✈ 🚌 Fort Walton Beach.
ℹ 4484 Legendary Dr, Suite A, (850)
837-6241. 🌐 www.destinchamber.com

Située entre le golfe du Mexique et Choctawhatchee Bay, Destin est une ville tout en longueur qui s'étire le long de l'US 98, la route côtière. L'ancien hameau de pêcheurs, fondé en 1845, est devenu, ainsi qu'il se définit aujourd'hui,

Un pêcheur avec ses prises sur le port, à Destin

le «port de pêche le plus productif des États-Unis». On y pratique la pêche en haute mer. La zone maritime de Destin regorge en effet de poissons, du fait de la faible profondeur (30 m) des eaux du plateau continental qui borde le rivage sur une largeur de 16 km. On pêche surtout le séricole, le tarpon et le marlin bleu. La ville se distingue par ses nombreux tournois de pêche dont le plus important, le Fishing Rodeo, dure tout le mois d'octobre. Au début de ce mois, les amateurs affluent à Destin pour le Seafood Festival («festival des fruits de mer») annuel.

Pour découvrir la faune marine du golfe du Mexique, allez admirer les aquariums du **Destin Fishing Museum**.

Avec ses plages et ses eaux claires typiques de l'Emerald Coast, Destin est très appréciée, en particulier par les amateurs de plongée sous-marine.

🏛 **Destin Fishing Museum**
20009 Emerald Coast Parkway.
📞 (850) 654-1011. 🕐 lun., mer.
⭕ Thanksgiving, 25 déc., 1ᵉʳ janv.. 📷 ♿

Une tour de bois typique des maisons du rivage de Seaside

Seaside ⑨

Carte routière B1. Walton Co.
🏘 200. ℹ (850) 231-4224.
🌐 www.seasidefl.com

Quand Robert Davis décida de développer Seaside au milieu des années 80, il s'inspira des anciennes stations balnéaires de son enfance. Dans son esprit, celles du nord-ouest de la Floride se caractérisaient par de petits cottages en bois entourés de vérandas, aux toits très inclinés et aux clôtures

---

Les plages du Panhandle

Entre Perdido Key et Panama City Beach s'étendent quelques-unes des plus belles plages de Floride. Le sable, composé à 90 % de quartz originaire des Appalaches, est d'une telle blancheur qu'il est parfois aveuglant à la lumière du soleil. Les hordes de touristes arrivent en juin et juillet – les eaux du golfe du Mexique demeurent tièdes jusqu'en novembre. On choisira, selon ses goûts, une plage sauvage ou des stations balnéaires plus animées. Les sports nautiques et la plongée sont très développés.

Pensacola Beach ③ offre une promenade longue de plusieurs miles bordée de bars, d'hôtels et de magasins. Très fréquentée le week-end (p. 220).

Perdido Key ①
Cette plage extrêmement calme, qui est l'une des plus occidentales de l'État, est inaccessible en voiture (p. 217).

Quietwater Beach ②, sur la côte de Santa Rosa Island orientée vers le continent. Ce n'est pas la plus belle plage du Panhandle, mais on y accède facilement depuis Pensacola.

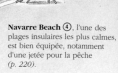

Navarre Beach ④, l'une des plages insulaires les plus calmes, est bien équipée, notamment d'une jetée pour la pêche (p. 220).

0   15 km

blanches. Mais ce parti pris stylistique originel fut altéré par l'ajout d'éléments décoratifs *(p. 29)*. Cette ville victorienne aux tons pastel établie sur l'US 98 possède un charme envoûtant. Il est difficile de ne pas s'y arrêter, ne serait-ce que pour sa plage.

Aux environs

À 1,5 km à l'ouest de Seaside, la **Grayton Beach State Recreation Area** offre une plage superbe, typique du Panhandle, qui est considérée comme l'une des plus belles des États-Unis.

En plus de sa plage de sable blanc, le parc propose diverses activités : surf, pêche, excursions en bateau. Il comprend aussi un sentier nature et un camping. En été, les campeurs peuvent entreprendre des activités qui intéressent toute la famille.

⛱ **Grayton Beach SRA**
County Rd 30A , de l'US 98, (1 mile) 1,5 km à l'ouest de Seaside.
☎ *(850) 231-4210.* 🕒 *t.l.j.* 🎫 ♿
[W] www.floridastateparks.org

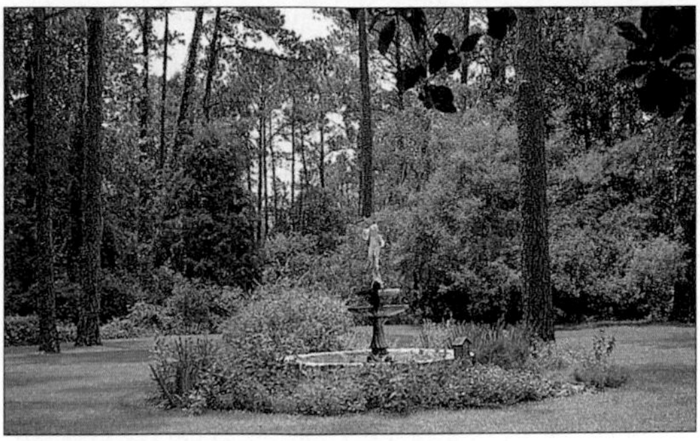

Une statue dans le luxuriant Eden State Gardens

Eden Gardens State Park [10]

Carte routière B1. Walton Co. Point Washington. ☎ *(850) 231-4214.* 🚌 *Fort Walton Beach.* **Jardins** 🕒 *t.l.j.* **Bâtiment** 🕒 *jeu.-lun.* 🎫 🎟 *10h-14h.* [W] www.floridastateparks.org

En 1897, William H. Wesley, un magnat de l'industrie du bois, fit construire cette élégante demeure en bois de style néo-grec dominant la rivière Choctawhatchee. Ce bâtiment à deux étages, doté de chambres à hauts plafonds et de grandes vérandas s'inspire du style en vigueur avant la guerre de Sécession. Le jardin est planté de camélias et d'azalées, ombragé par des magnolias et des chênes. Des tables de pique-nique sont installées près de la rivière, près de l'ancienne scierie, qui recevait les troncs par flottage. Un fois débitées, les planches étaient transportées sur des barges le long de l'Intracoastal Waterway jusqu'à Pensacola.

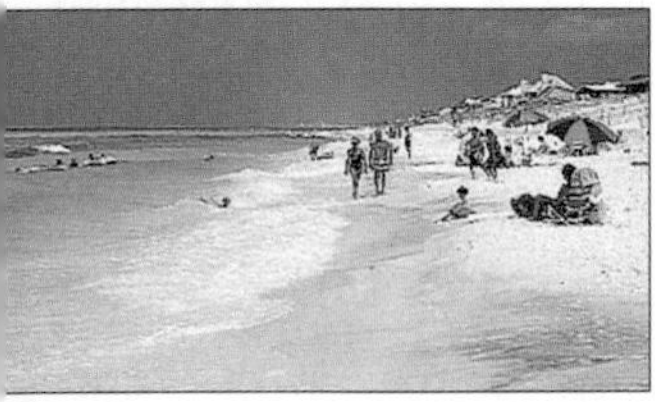

Santa Rosa Beach [7]
Cette plage tranquille s'adosse à des dunes et à des marais salants qui abritent une faune nombreuse, surtout des oiseaux.

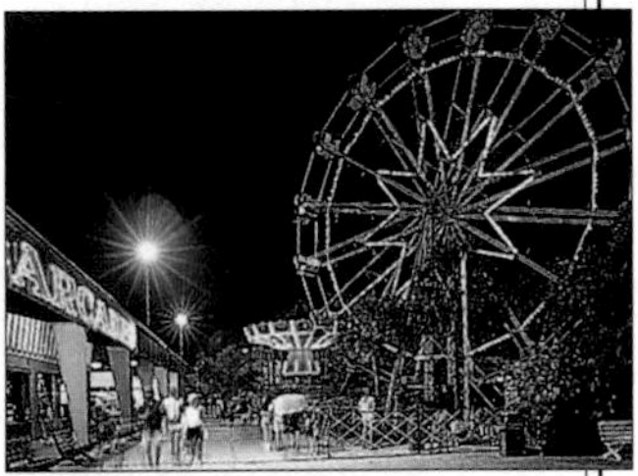

Panama City Beach [9]
Hôtels, attractions et parcs aquatiques sont très nombreux à Panama City Beach. La plongée et les sports nautiques sont les plus populaires *(p. 224)*.

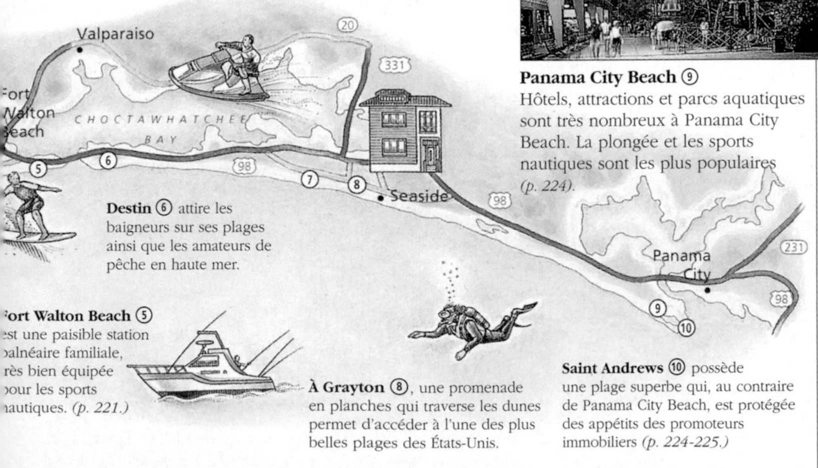

Destin [6] attire les baigneurs sur ses plages ainsi que les amateurs de pêche en haute mer.

Fort Walton Beach [5] est une paisible station balnéaire familiale, très bien équipée pour les sports nautiques. *(p. 221.)*

À Grayton [8], une promenade en planches qui traverse les dunes permet d'accéder à l'une des plus belles plages des États-Unis.

Saint Andrews [10] possède une plage superbe qui, au contraire de Panama City Beach, est protégée des appétits des promoteurs immobiliers *(p. 224-225.)*

Panama City Beach, la station balnéaire la plus animée du Panhandle

Panama City Beach ⓫

Carte routière B1. Bay Co. 🏛 6 000.
✈ 🚌 ℹ *12015 Front Beach Rd,
(850) 233-5070.* **Captain Anderson's**
📞 *(850) 234-3435.* **Treasure Island
Marina** 📞 *(850) 234-8944.*
🌐 *www.beachloversbeach.com*

V éritable ville de carte
postale, Panama City
Beach déploie ses hôtels,
ses attractions et ses galeries
marchandes le long de 43 km
de plage. La plus grande
station balnéaire du Panhandle
attire autant les jeunes, lors des
vacances de printemps *(p. 32)*,
que les familles, en été. Les
équipements sportifs sont
excellents. Panama City Beach
est « la capitale de l'exploration
d'épaves du Sud ». Près des
récifs coralliens, les amateurs
de plongée ont à leur
disposition près de 50 sites de
plongée créés avec des navires
coulés. Des moniteurs
organisent des plongées avec
tuba ou bouteilles. Captain
Anderson's and Treasure Island
Marina proposent des
spectacles de dauphins et des
visites en bateaux à fond
transparent.

🐬 Gulf World Marine Park
15412 Front Beach Rd. ℹ *(850) 234-
5271.* 🕐 *t.l.j.;* 🔴 *Thanksgiving,
25 déc.-1ᵉʳ janv.* 📷 ♿
🌐 *www.gulfworldmarinepark.com*
L'attraction principale de ce
parc d'attractions nautiques
réside dans les spectacles de
dauphins ou d'otaries. Allez
voir également les aquariums,
dont celui des requins, situés
dans un jardin tropical luxuriant
peuplé de perroquets.

🏛 Museum of Man in the Sea
17314 Panama City Beach Parkway.
📞 *(850) 235-4101.* 🕐 *t.l.j.* 🔴
Thanksgiving, 25 déc., 1ᵉʳ janv. 📷 ♿
Le Museum of Man in
the Sea est consacré à
l'histoire de l'exploration
sous-marine des épaves.
On peut y admirer des
casques et d'autres trésors
exhumés d'un galion
espagnol du XVIIᵉ siècle,
l'*Atocha (p. 26)*, et divers
objets récupérés. Parmi ceux-
ci, Moby Dick, un navire de
sauvetage des baleines peint
de manière à ressembler à
une baleine tueuse.

🐾 ZooWorld
9008 Front Beach Rd. 📞 *(850) 230-
1243.* 🕐 *t.l.j.* 🔴 *25 déc.* 📷 ♿
ZooWorld possède 350
animaux, dont des ours, des
chats sauvages, des alligators,
des chameaux, des girafes,
des orangs-outans et plus
de 15 espèces menacées.
Le Gentle Jungle Petting
Zoo, qui permet d'admirer
et de toucher les animaux
sauvages de près sans danger,
a beaucoup de succès auprès
des jeunes visiteurs.

Un orang-outang, hôte
pittoresque du ZooWorld

🏄 Shipwreck Island Water Park
12000 Front Beach Rd. ℹ *(850)
234-0368.* 🕐 *avr.-mai : sam., dim. ;
juin-août : t.l.j. (changements
possibles).* 📷 ♿ *limité.*
🌐 *www.shipwreckisland.com*
Ce parc aquatique fera la joie
de toute la famille. Les 490 m
de toboggan de la Lazy River
sont très appréciés, mais il
existe également d'autres
attractions tout aussi
excitantes, dont le Speed Slide
dans lequel on glisse à
55 km/h, la Rapid River ou
le toboggan de 110 m de long
de White Water Tube, un
bassin avec des vagues ou
des solariums. D'autres bassins
bien surveillés sont ouverts
aux enfants plus jeunes.

**Les joies de la Lazy River, à
Shipwreck Island Water Park**

🏝 Coconut Creek Family Fun Park
9807 Front Beach Rd. 📞 *(850) 234-
2625, (888) 764-2199.* 🕐 *9h-11h30
t.l.j.* 🔴 *24 et 25 déc. (entrée payante)
gratuit pour les moins de six ans.* ♿
🌐 *www.coconutcreekfun.com*
Le parc possède deux mini-
golfs de dix-huit trous, sur le
thème d'un safari en Afrique.
Vous pourrez vous perdre dans
le plus grand labyrinthe des
États-Unis. De la taille d'un
terrain de football, le labyrinthe
sur le thème du Pacifique vous
fait passer d'île en île.

Aux environs
À 5 km au sud-est de la plage
principale, **Saint Andrews
State Park** est une véritable
antidote à Panama City Beach,
malgré une fréquentation

Une distillerie de térébenthine, à Saint Andrews Recreation Area

importante en été. La plage de sable blanc a été reconnue en 1995 comme la plus belle des États-Unis. Vous pourrez explorer les rochers avec un masque et un tuba. Derrière les dunes, marécages et lagons abritent des alligators et de nombreuses variétés d'échassiers. Dans le parc, à proximité de la jetée des pêcheurs, on peut voir une distillerie d'essence de térébenthine de style Cracker du début du siècle (p. 217).

🦌 Saint Andrews State Park
4607 State Park Ln. 📞 (850) 233-5140. ⬜ t.l.j. 💷 ♿ limité.
Ⓐ Ⓦ www.floridastatepark.org

Florida Caverns State Park ⑫

Carte routière B1. Jackson Co. 3345 Caverns Rd, de la Route 166, 3 miles (5 km) au nord de Marianna. 🚌 *Marianna*. 📞 (850) 482-9598.
⬜ t.l.j. 💷 ♿ 💷 Ⓐ
Ⓦ www.floridastatepark.org

La couche calcaire qui constitue le sous-sol de la Floride apparaît dans ces grottes creusées par la Chipola River. Le lent écoulement des eaux à travers les siècles a façonné un extraordinaire paysage de stalactites, stalagmites, colonnes et veines de cristaux scintillantes. Habillez-vous chaudement pour visiter ces grottes, dont la température se maintient entre 16 et 19 °C.
Le parc possède des pistes de randonnée à pied ou à cheval ; on peut se baigner et pêcher dans la Chipola River. Un parcours de canoë long de 84 km, qui passe entre

des falaises de calcaire vers le sud, mène jusqu'à Dead Lake, à l'ouest d'Apalachicola National Forest (p. 26).

Torreya State Park ⑬

Carte routière C1. Liberty Co. Route CR 1641, 13 miles (21 km) au nord de Bristol. 🚌 *Blountstown*. 📞 (850) 643-2674. ⬜ t.l.j. 💷 ♿ limité.
Ⓦ www.floridastatepark.org

Plus éloigné des sentiers battus que les autres parcs de Floride, Torreya State Park mérite pourtant une visite. Il tire son nom de la torreya, une variété d'if qui y poussait autrefois en abondance. Le parc constitue un véritable manteau forestier sur les rives de l'Apalachicola River. Les falaises, à l'intérieur desquelles les soldats confédérés creusaient des casemates pour tirer sur les canonnières nordistes sont un des rares points d'observation d'altitude de Floride.
Gregory House, une belle demeure néo-classique du

XIXe siècle, surplombe une falaise de 45 m de haut. Elle fut transportée à cet endroit depuis son site originel en 1935 pour y être restaurée. Il faut 25 min à pied pour aller de Gregory House à la rivière et revenir, à moins que l'on ne choisisse de suivre le Weeping Ridge Trail, long de 11 km. En parcourant ces deux sentiers forestiers, on peut apercevoir des oiseaux, des biches, des castors et des «tortues-carte» (le dessin de leur carapace évoque une carte).

Saint Joseph Peninsula State Park ⑭

Carte routière B1. Gulf Co. Route 30E. 🚌 *Blountstown*. 📞 (850) 227-1327. ⬜ t.l.j. 💷 ♿ limité. Ⓐ ouvert toute l'année. Ⓦ www.floridastatepark.org

À l'extrémité de la langue de sable qui part du cap San Blas pour encercler Saint Joseph's Bay, cette plage immaculée est un refuge pour ceux qui recherchent la quiétude. La baignade est agréable ainsi que l'exploration des fonds sous-marins. Les amateurs d'oiseaux apprécieront la présence de près de 200 espèces. Vous pouvez séjourner dans des bungalows dominant la baie ou dans le camping proche. Les marcheurs découvriront la zone forestière derrière la plage, où poussent pins et palmiers nains et où l'on aperçoit parfois des biches, des ratons laveurs, des lynx ou des coyotes.

Les rives boisées de l'Apalachicola River, à Torreya State Park

Des maisons restaurées sur Water Street, à Apalachicola

Apalachicola ⓯

Carte routière B1. Franklin Co.
🏠 *3 000.* 🚌 *Tallahassee.* ℹ️ *122 Commerce Street, (850) 653-9419.*
Ⓦ *www.apalachicolabay.org*

À l'origine Apalachicola était un ancien poste de douane installé en 1823. Il connut un âge d'or tout au long de son premier siècle d'existence, en particulier avec le développement du commerce du coton. Les pêcheurs d'éponges et les barons du bois y firent fortune. La ville est toujours environnée de bois de pins et de feuillus, en particulier dans l'Apalachicola National Forest, qui s'étend sur 19 km au nord d'Apalachicola jusqu'aux environs de Tallahassee. À la fin du boom du bois des années 20, la ville se reconvertit dans l'ostréiculture et la pêche à l'embouchure de l'Apalachicola River. On peut voir des bateaux de pêche accostés aux quais et d'anciens entrepôts de coton reconvertis en entrepôts frigorifiques destinés à stocker les fruits de mer. Bâtie selon un plan en damier, la vieille ville abrite quelques bâtiments datant de l'époque du boom du coton. On peut se procurer à la chambre de commerce l'itinéraire d'une promenade qui permet d'en voir quelques uns, comme Raney House, bâtie en 1838 en style néo-classique grec. Un musée, le **John Gorrie Museum State Park**, est dédié au Dr John Gorrie, qui inventa en 1851 une machine à fabriquer de la glace pour soulager les douleurs des habitants frappés par la fièvre jaune.

🏛 John Gorrie Museum State Park

46 6th Street (Gorrie Square).
Ⓒ *(850) 653-9347.* 🕐 *jeu.-lun. Thanksgiving, 25 déc., 1er janv.* 🖼

Saint Vincent, Saint George et Dog Islands ⓰

Carte routière B2, C2, C1. Franklin Co.
🚌 *Tallahassee.* ℹ️ *122 Commerce St Apalachicola, (850) 653-9419.* **Jeannie's Journeys** Ⓒ *(850) 927-3259.*
Ⓦ *www. sgislandjourneys.com*

Cette chaîne d'îles sépare les eaux de la baie d'Apalachicola de celles du golfe du Mexique. L'île Saint George, qui connaît une croissance rapide du nombre de ses résidences de vacances, est reliée à Apalachicola par un pont. Elle abrite près de 14 km de dunes préservées dans sa partie est, au cœur du **Saint George Island State Park**, la plus grande des plages sur le golfe des trois îles. À l'ouest, **Saint Vincent National Wildlife Refuge**, inhabité, n'est accessible que depuis

La pêche sur la plage, une activité très prisée à Saint George Island

Saint George : l'agence Jeannie's Journeys, située sur East Gorey Drive, organise des excursions entre mai et octobre. Au printemps, on peut voir des balbuzards pêcheurs, en été la ponte des tortues de mer et en hiver leur migration vers la mer. À l'est, la petite île de Dog Island est accessible en bateau depuis Carrabelle, sur le continent. Elle possède une auberge et un front de mer.

🦋 Saint George Island State Park
Ⓒ *(850) 927-2111.* 🕐 *t.l.j.*
🦋 Saint Vincent National Wildlife Refuge
Ⓒ *(850) 653-8808.* 🕐 *lun.-ven.*

Baigneurs à Wakulla Springs

Wakulla Springs State Park ⓱

Carte routière C1. Wakulla Co. 550. Wakulla Park Drive, Wakulla Springs.
Ⓒ *(850) 224-5950.* 🚌 *Tallahassee.*
🕐 *t.l.j.* 🖼 ♿
Ⓦ *www.floridastateparks.org*

Classée parmi les plus grandes sources du monde, Wakulla déverse 2,6 millions de litres d'eau à la minute dans un bassin naturel.
Filtrée par la roche, l'eau est extrêmement pure. Il est possible d'admirer le fond du bassin depuis un bateau à fond de verre. Des excursions sont organisées sur la Wakulla River, le long de laquelle on peut voir des alligators, des balbuzards pêcheurs ou des échassiers. Voir aussi l'hôtel-restaurant Wakulla Springs Lodge, construit en style espagnol dans les années 30.

La récolte des fruits de mer à Apalachicola Bay

La baie d'Apalachicola est l'un des écosystèmes d'estuaire les plus riches du monde. Alimentée par les limons de l'Apalachicola River, la baie recèle une multitude d'espèces marines. Les eaux chaudes peu profondes des marais salants qui s'étendent entre Apalachicola Bay et Cedar Key *(p. 231)* constituent également un habitat animal fort riche. La pêche est une activité pratiquée

Un crabe bleu

tout le long de la côte. Les huîtres, les crabes bleus, les crevettes et autres crustacés font la fortune de l'industrie de la pisciculture locale, qui rapporte 15 millions de dollars par an. Apalachicola Bay est réputée pour la qualité de ses huîtres, dont elle fournit 90 % de la production totale de l'État. Grâce au climat favorable, ces huîtres atteignent la taille de 8 cm en moins de deux ans.

Une «**tenaille**», constituée de deux perches, est utilisée pour récolter les huîtres en mer.

Un «**calibreur**» trie les huîtres selon leur taille et rejette les plus petites dans la mer.

LA PÊCHE AUX HUÎTRES

Les pêcheurs, appelés *tongers* (du nom de leurs perches), opèrent depuis de petits bateaux en bois, dans des parcs à huîtres publics naturels. Les huîtres sont récoltées toute l'année, avec une pause en été et en automne, quand les pêcheurs s'occupent d'autres espèces.

La pêche aux huîtres, à Apalachicola Bay

Huîtres fraîches servies sur de la glace

Les fruits de mer frais sont disponibles toute l'année à Apalachicola. Le premier week-end de novembre, les amateurs affluent dans la ville pour le Florida Seafood Festival.

Les crevettes, blanches, brunes et roses, sont pêchées dans la baie par des bateaux, petits ou grands, qui s'absentent une semaine durant dans le golfe du Mexique. Les prises sont transportées vers les entrepôts frigorifiques pour y être conditionnées et vendues.

Les crabes bleus à carapace dure ou molle («peelers») sont capturés dans des pièges munis d'appâts, qui sont ensuite récoltés par de petits bateaux. Les crabes arrivent avec le beau temps, parfois dès février.

Tallahassee ⓲

Située à 23 km de la frontière avec la Géorgie, entourée de collines boisées et de routes ombragées, Tallahassee est l'archétype de «l'Autre Floride» – belle, hospitalière et incontestablement «sudiste». D'abord occupé par des Indiens Apalachee, puis par une mission franciscaine, ce site isolé eut de la chance d'être choisi pour devenir en 1824 la capitale du territoire de Floride *(p. 211)*. Malgré ses débuts modestes, Tallahassee connut une croissance spectaculaire à l'époque des plantations, puis lorsque la Floride fut élevée au statut d'État en 1845. De belles demeures édifiées autrefois par les planteurs et les politiciens témoignent de cette époque.

À la découverte de Tallahassee

Le centre historique, où sont concentrées les belles demeures du XIXe siècle, s'étend autour de Park Avenue et Calhoun Street, deux rues calmes et ombragées plantées de chênes centenaires et de magnolias. Brokaw-McDougall House, sur Meridian Street, est une superbe demeure néo-classique. Ce style se retrouve aussi dans The Columns, un bâtiment de 1830 sur Duval Street. Le plus vieil édifice de la ville et le Capitol Complex sont situés au cœur du centre-ville de Tallahassee.

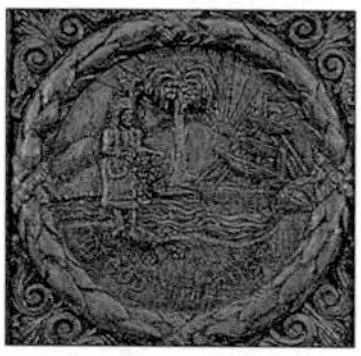

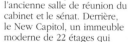

Décoration en bois, à Old Capitol Senate

Le vénérable Old Capitol building a été restauré exactement tel qu'il était en 1902, avec son dôme blanc d'origine et ses stores rayés. Il est possible de visiter la cour suprême, l'ancienne salle de réunion du cabinet et le sénat. Derrière, le New Capitol, un immeuble moderne de 22 étages qui accueille les sessions législatives de mars à mai, domine son aïeul. De sa terrasse, belle vue sur la ville.

Mode d'emploi

Carte routière C1. Leon Co. 👥 137 000. ✈ 8 miles (13 km) au sud. 🚆 918 Railroad Avenue, (800) 872-7245. 🚌 112 W Tennessee Street, (850) 222-4240. ℹ 106 E. Jefferson Street, (850) 413-9200, (800) 628-2866. 🎉 Printemps de Tallahassee (mars-avr.). [W] www.seetallahassee

🏛 Knott House Museum

301 East Park Ave. ☎ (850) 922-2459. ○ mer.-sam. ● Thanksgiving, 25 déc., 1er janv. ♿ [W] www.knotthouse.org

Cette maison a été bâtie par un Noir libre en 1843 – vingt ans avant l'émancipation des esclaves de Floride. Elle est aujourd'hui l'une des plus belles demeures victoriennes de Tallahassee et porte le nom des Knott, une famille qui s'y établit en 1928 et la remeubla complètement. La décoration intérieure date des anciens propriétaires. Des poèmes

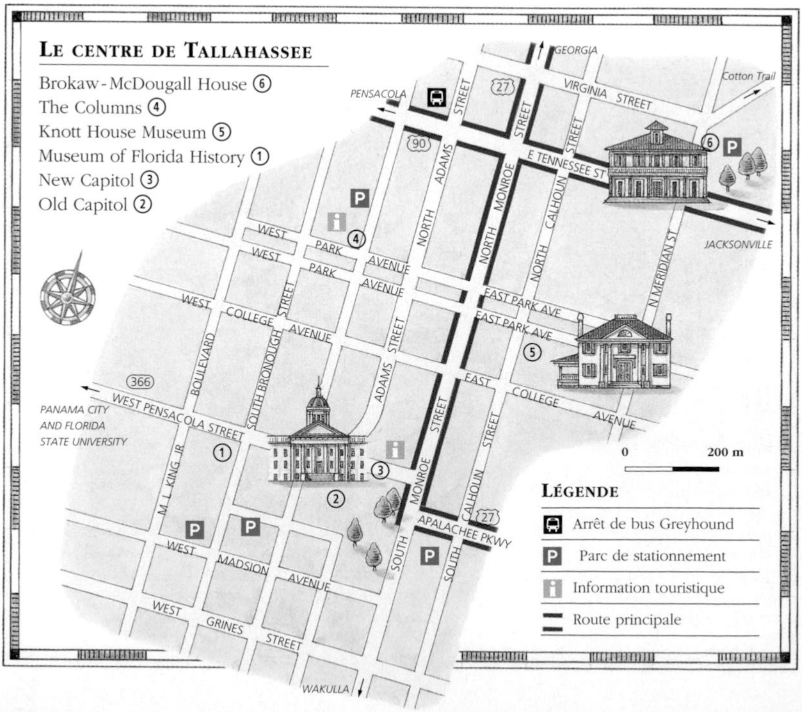

LE CENTRE DE TALLAHASSEE
Brokaw-McDougall House ⑥
The Columns ④
Knott House Museum ⑤
Museum of Florida History ①
New Capitol ③
Old Capitol ②
GEORGIA
PENSACOLA
Cotton Trail
VIRGINIA STREET
E TENNESSEE ST
JACKSONVILLE
NORTH ADAMS STREET
NORTH MONROE STREET
NORTH CALHOUN STREET
N MERIDIAN ST
WEST PARK AVENUE
EAST PARK AVE
WEST COLLEGE AVENUE
EAST COLLEGE AVENUE
BOULEVARD
SOUTH BRONOUGH STREET
WEST PENSACOLA STREET
PANAMA CITY AND FLORIDA STATE UNIVERSITY
M L KING JR
APALACHEE PKWY
SOUTH MONROE
SOUTH CALHOUN
WEST MADSION AVENUE
WEST GRINES STREET
WAKULLA
27
90
366
0 200 m
LÉGENDE
Arrêt de bus Greyhound
Parc de stationnement
Information touristique
Route principale

composés par Luella Knott sont encore accrochés à ses meubles préférés.

🏛 Museum of Florida History

500 S Bronough St. 📞 *(850) 488-1484.* ⏰ *t. l. j.* ⦿ *Thanksgiving, 25 déc.* ♿
Ⓦ www.flheritage.com

Ce musée embrasse 12 000 ans d'histoire locale. Plusieurs dioramas présentent des objets paléo-indiens, d'énormes tatous et un squelette de mastodonte reconstitué à partir d'os trouvés à Wakulla Springs *(p. 226)*. Plusieurs objets et une chronologie succincte évoquent la période coloniale ainsi que le boom touristique des années 20 *(p. 49)*.

Une passerelle au **Museum of History and Natural Science**

Aux environs

À 5 km au sud-ouest de la ville, Lake Bradford Road conduit au **Tallahassee Museum of History and Natural Science**, très apprécié des enfants. Son attraction principale est le Big Bend Farm – la reconstitution d'une ferme du XIXᵉ siècle, où le personnel en costume d'époque élève des chèvres et des oies dans des bâtiments de 1880. Vous découvrirez aussi, Bellevue, une petite plantation construite dans les années 1830, un centre interactif et un zoo. Sur les rives du lac Bradford, les forêts sont habitées par des lynx et des ours bruns, tandis que les alligators nagent parmi les nénuphars et les marais à cyprès.

Goodwood Plantation, à l'extrémité nord-est de

Au printemps, la beauté de Maclay Gardens State Park, près de Tallahassee

Tallahassee, produisait de grandes quantités de coton et de maïs au XIXᵉ siècle *(p. 44-45)*. La maison principale, bâtie dans les années 1830, possède une décoration originale, un escalier en acajou et des cheminées en marbre d'Europe. Après des années d'abandon, les bâtiments de la plantation sont en cours de restauration.

🏛 Tallahassee Museum of History and Natural Science

3945 Museum Drive. 📱 *(850) 576-1636.* ⏰ *t. l. j.* ⦿ *Thanksgiving, 24-25 déc., 1ᵉʳ janv.* 📷 ♿
Ⓦ www.tallahasseemuseum.org

🏛 Goodwood Plantation

1600 Miccosukee Rd. 📞 *(850) 877-4202.* ⏰ *lun.-ven.* 📷 *lun.-sam.*
Ⓦ www.goodwoodmuseum.org

A B Maclay Gardens State Park ⑲

Carte routière C1. 3540 Thomasville Rd, Leon Co. 📞 *(850) 487-4556.* 🚌 *Tallahassee.* 🚉 *Tallahassee.* ⏰ *t. l. j.* 📷 ♿
Ⓦ www.floridastateparks.org

C es jardins magnifiques, situés à 6 km au nord de Tallahassee, proviennent à l'origine de Killearn, la résidence d'hiver du financier new-yorkais Alfred B. Maclay. Plus de 200 variétés de plantes sont présentes dans ce jardin des rives du lac Hall. En hiver, l'endroit est attrayant,

camélias et azalées sont en pleine floraison (de janvier à avril). Les visiteurs peuvent se baigner, pêcher, faire du bateau ou se promener le long du sentier naturel Big Pine.

Monticello ⑳

Carte routière C1. Jefferson Co. 🏃 *2 800.* 🚌 *Tallahassee.* 🚉 *Tallahassee.* ℹ️ *420 W Washington St, (850) 997-5552.*
Ⓦ www.monticellojeffersonfl.com

F ondée en 1827, Monticello fut baptisée du nom de la résidence virginienne de l'ancien président Thomas Jefferson. Située au cœur de la zone d'exploitation du coton en Floride du Nord, la ville connut sa période de prospérité, qui entraîna la construction de belles demeures. Certaines d'entre elles, transformées en bed-and-breakfast, font un excellent point de départ pour découvrir les environs de Tallahassee.

Monticello s'étend en étoile à partir du palais de justice situé sur l'US 90. Établi au nord, le centre historique comporte des rues ombragées et de belles demeures, où s'exprime le style des années 1850 mais aussi le style Queen Anne avec ses décorations en bois et ses motifs gothiques.

Chaque année, fin juin, la ville fête le melon, fleuron de l'économie locale. Cortèges, danses, rodéos et cracher de pépins assurent une ambiance de fête.

La sobre église presbytérienne de Monticello

Suwannee River State Park ㉒

Carte routière D2. Suwannee Co.
13 miles (21 km) au nord-ouest de
Live Oak. 🚌 *Live Oak.* ☎ *(386) 362-
2746.* ◯ *t. l. j.* 🅿 🔥 *limité.* 🅰
🆆 www.floridastateparks.org

L e Suwannee fut immortalisé
dans une chanson du
compositeur Stephen Foster
en 1851. Ce fleuve prend sa
source en Géorgie, puis se jette
dans le golfe du Mexique,
425 km plus au sud. Le parc
propose quelques-uns des plus
beaux parcours de canoë de
Floride. La rivière est calme et
ses rives peu escarpées sont
plantées de noyers, de chênes,
de magnolias et de cyprès. De
plus, les amateurs de canoë
pourront apercevoir, s'ils ont
de la chance, des hérons, des
foulques, des faucons ainsi
que des tortues. Sur place,
il est possible de louer des
canoës et de loger dans un
camping ombragé.

**Des baigneurs sur un ponton,
dans le Suwannee River State Park**

Steinhatchee ㉓

Carte routière D2. Taylor Co.
👥 *1 000.* 🚌 *Chiefland.* ℹ *428 N
Jefferson, (850) 584-5366.*
🆆 www.taylorcountychamber

S ituée en retrait de l'estuaire
de la Steinhatchee River,
cette petite ville de pêcheurs
semble assoupie. Pour bien
visiter l'endroit, évitez les parcs
et promenez-vous parmi le
joyeux désordre constitué par
les caisses de poissons,
les magasins d'appâts et les
navires attachés aux cyprès
de la rive. Les pêches aux
truites et aux crabes sont des
activités courantes. À 42 km
au nord-ouest de Steinhatchee
se trouve la petite ville côtière
de **Keaton Beach.**

Cedar Key ㉔

Carte routière D2. Levy Co. 👥 *750.*
🚌 *Chiefland.* ℹ *525 2nd Street, (352)
543-5600.* 🆆 www.cedarkey.org

À l'extrémité d'un chapelet
d'îlots reliés par des ponts
s'enfonçant dans le golfe du
Mexique, Cedar Key est un
port de pêche pittoresque de
style victorien. Au XIXᵉ siècle,
la ville prospéra grâce à la
présence du premier chemin
de fer fédéral de Floride et à
l'essor du commerce du bois.
Toutefois, en quelques

La route du coton ㉑

A u cours des années 1820 et 1830, les
environs de Tallahasse comptaient parmi
les régions productrices de coton les plus
importantes de Floride. Des plantations, des
chariots tirés par des chevaux cheminaient le
long des pistes en terre battue rouge vers le
marché de la capitale. Aujourd'hui, ces routes
sont les derniers vestiges de l'ancienne Floride
rurale. Cet itinéraire de 3 h 30 suit l'ancienne
route du coton, vous faisant découvrir des
routes ombragées qui traversent des pâturages
et des forêts : on peut l'emprunter lorsqu'on
se rend de Tallahassee à Monticello *(p. 229).*

Bradley's Country Store ④
Célèbre pour ses saucisses
artisanales, ce magasin traditionnel
est toujours tenu par la famille
Bradley, qui le fonda en 1927.

**Old Pisgah United
Methodist Church** ③
Cette austère église de style
néo-grec, construite en 1858,
est le plus vieil édifice
méthodiste du
comté de Leon.

Miccosukee Road ②
Dans les années 1850, cet
ancien sentier indien était
utilisé par 30 plantations
locales.

Goodwood Plantation ①
Cette ancienne plantation de
coton *(p. 229)* abrite encore
une demeure ombragée de
chênes datant de 1840.

LÉGENDE

▬ Itinéraire de découverte

═ Autres routes

décennies de surexploitation, les forêts disparurent. Quelques entrepôts ont ensuite été convertis depuis en magasins et en restaurants, mais aujourd'hui Cedar Key est très calme. Depuis les docks, il est possible grâce à plusieurs compagnies d'embarquer pour une île du Cedar Keys National Wildlife Refuge, afin d'admirer les oiseaux dans les marais salants. On peut également visiter le **Cedar Key Historical Society Museum,** dont la collection comprend des dents de tapir fossilisées, des tessons de poterie indienne et des pièges à crabes. Le musée propose aussi des fascicules historiques sur les bâtiments remarquables de la ville.

🏛 Cedar Key Historical Society Museum

Angle de D et 2nd Streets. ☎ *(352) 543-5549.* ○ *13h-16h dim.-ven., 11h-17h dim.* ● *Thanksgiving, 25 déc., 1er janv.* ♿

Aux environs

À 50 km au nord de Cedar Key, le **Manatee Springs State Park** abrite une source qui jaillit à 9 m sous la surface d'une piscine naturelle. La transparence des eaux de cette source au débit rapide qui alimente la Suwannee River est très appréciée des plongeurs. On y apercevra, rarement, des lamantins, qui passent parfois l'hiver sur le site, et, plus souvent, des tortues, des poissons et des aigrettes en quête de nourriture dans les eaux peu profondes ou les aigles planant au-dessus des têtes. Il est possible de nager, louer un canoë, effectuer une excursion en bateau ou à pied voire, avec de la chance, d'apercevoir un tatou.

Manatee Springs State Park

Route 320, 6 miles (10 km) à l'ouest de Chiefland. ☎ *(352) 493-6072.* ○ *t.l.j.* ⛺ [W] www.floridastateparks.org

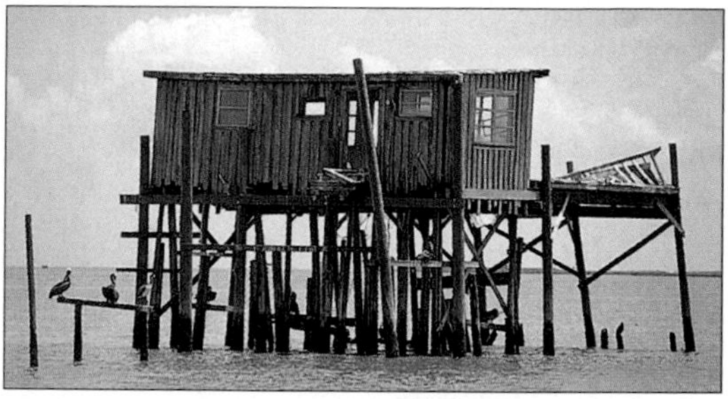

Cabanes sur pilotis, abîmées par les intempéries, au large de Cedar Key

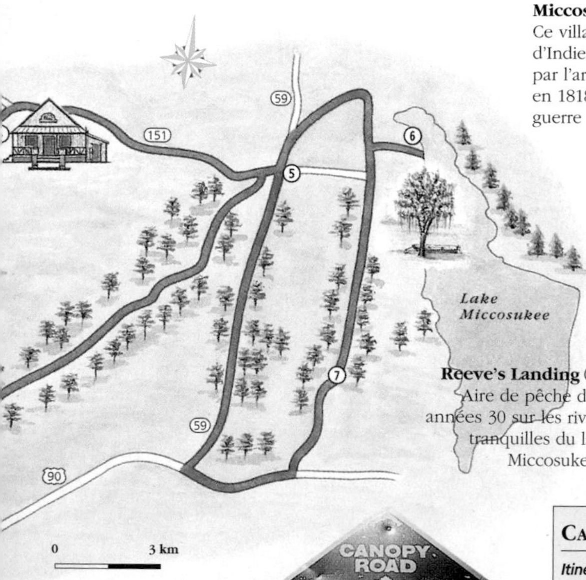

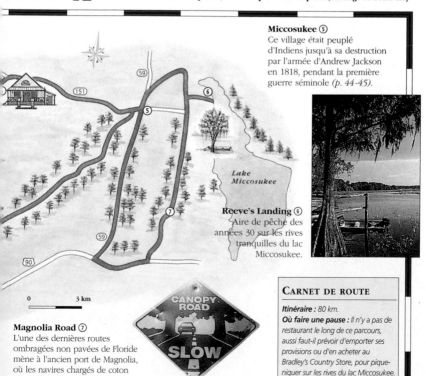

Miccosukee ⑤
Ce village était peuplé d'Indiens jusqu'à sa destruction par l'armée d'Andrew Jackson en 1818, pendant la première guerre séminole *(p. 44-45).*

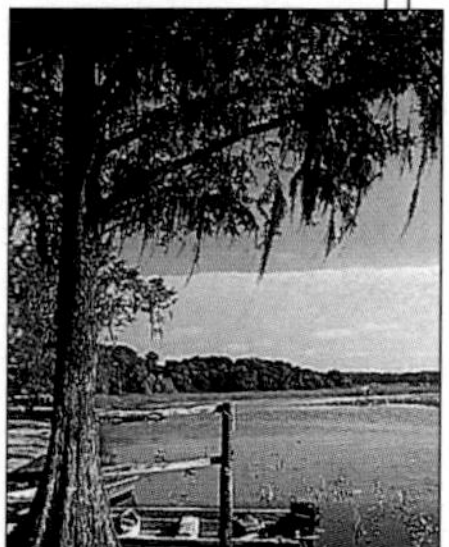

Reeve's Landing ⑥
Aire de pêche des années 30 sur les rives tranquilles du lac Miccosukee.

Magnolia Road ⑦
L'une des dernières routes ombragées non pavées de Floride mène à l'ancien port de Magnolia, où les navires chargés de coton appareillaient pour New York.

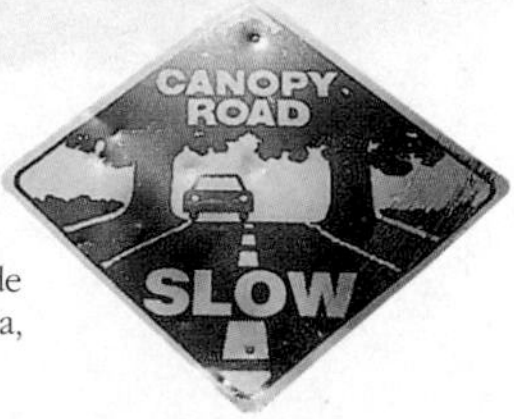

CARNET DE ROUTE

Itinéraire : *80 km.*
Où faire une pause : *Il n'y a pas de restaurant le long de ce parcours, aussi faut-il prévoir d'emporter ses provisions ou d'en acheter au Bradley's Country Store, pour pique-niquer sur les rives du lac Miccosukee.*

LA GULF COAST

Pour de nombreux visiteurs, la Gulf Coast n'est qu'une immense plage baignée par les eaux tièdes du golfe du Mexique et jalonnée de stations balnéaires. Toutefois, dès que l'on oublie le sable, on a la possibilité de découvrir certaines des villes les plus intéressantes de Floride ou d'explorer des étendues sauvages quasiment épargnées par les caprices du temps.

Depuis l'installation des Espagnols en Floride, c'est autour de Tampa Bay que la Gulf Coast a concentré l'essentiel de ses activités. Pánfilo de Narváez découvrit cet endroit en 1528 et Hernando de Soto *(p. 41)* y débarqua en 1539. Abri naturel parfait, elle attira les immigrants au XIXᵉ siècle. Le climat favorisait la culture de la canne à sucre : Gamble Plantation, près de Bradenton, est la plantation la plus méridionale des États-Unis *(p. 252)*. Après la guerre de Sécession, la Gulf Coast devint un centre de commerce important entre les États-Unis et les Antilles. Elle le doit, principalement, à Henry Plant qui, dans les années 1880, y introduisit le chemin de fer de Virginie, assurant ainsi la prospérité de Tampa Bay et de sa région. Les immigrants qui y affluèrent étaient issus de groupes ethniques fort hétérogènes : des pêcheurs d'éponges grecs qui s'installèrent à Tarpon Springs aux Américains fortunés, comme John Ringling, le roi du cirque. La magnifique demeure à l'italienne de ce dernier et sa collection d'art européen constituent aujourd'hui la principale attraction de Sarasota. À l'instar de Flagler en Floride de l'Est *(p. 46-47)*, Henry Plant vanta les avantages du soleil en hiver pour développer le tourisme. La côte ouest, qui bénéficie d'un ensoleillement de 361 jours par an (c'est là son principal slogan publicitaire), attire toujours les touristes sur ses plages. Celles-ci sont bondées autour de Saint Petersburg et de Clearwater, mais il est facile d'échapper à la foule en s'enfonçant dans les terres, pour visiter les petites villes d'éleveurs, les marais et les bois, là où la nature est restée sauvage.

Le centre-ville de Tampa et ses gratte-ciel, la plus grande agglomération de la Gulf Coast

◁ La passerelle d'accès à la grande plage de Sand Key, près de Clearwater Beach

À la découverte de la Gulf Coast

Il est difficile de résister au charme des plages qui forment une ligne presque continue le long de la Gulf Coast, interrompue seulement par quelques baies et criques. On peut tout à fait associer le plaisir de la plage et la visite d'un site remarquable. Les fabuleuses capacités d'hébergement de la côte, du cottage original aux complexes hôteliers de luxe, et l'accès aisé aux villes et aux sites rendent la région très agréable. On peut visiter quelques-uns des plus beaux musées de Floride à Saint Petersburg, Tampa et Sarasota, ainsi que des attractions importantes comme le Busch Gardens ou le Florida Aquarium à Tampa. Signalons aussi la plus importante concentration au monde d'édifices signés par le célèbre architecte Frank Lloyd Wright, au Florida Southern College, où les extravagantes sirènes de Weeki Wachee Spring.

Les tours et les dômes chatoyants du vieux Tampa Bay Hotel *(p. 244)*

Tallabassee

Lake City

CRYSTAL RIVER ❶
HOMOSASSA SPRINGS WILDLIFE STATE PARK ❷

WEEKI WACHEE SPRINGS ❸

TARPON SPRINGS ❹
DUNEDIN ❺
CLEARWATER BEACH ❻

BUSCH GARDENS ❿

HILLSBOROUGH RIVI ⓫

ST PETERSBURG BEACHES ❼
ST PETERSBURG ❽
TAMPA ❾

TAMPA BAY

GAMBLE PLANTATION HISTORIC STATE PA ⓭
BRADENTON ⓮

SARASOTA ⓯

MYAKKA R STATE ⓰

VENICE ⓱

PORT CHARLOTT

GASPARILLA ISLAND ⓲

LEE ISLAND COAST ㉓

SANI

VOIR AUSSI

- **Hébergement** p. 308-310
- **Restaurants et cafés** p. 326-328 et p. 331

À la découverte des paysages primitifs de Myakka River State Park

CIRCULER

La région est facilement accessible par la route.
L'US 19 longe la côte nord de la Tampa Bay et
traverse la baie par le superbe Sunshine Skyway
Bridge, tandis que l'US 41 assure la liaison entre
les villes situées au sud de Tampa. Si vous n'êtes
pas pressé, empruntez l'I-75, qui passe à l'intérieur
des terres. Comme dans les autres régions de
Floride, il est impossible de se passer de voiture.
Les bus Greyhound desservent les villes principales,
mais les trains de l'Amtrak s'arrêtent à Tampa, d'où
les bus de la compagnie Thruway *(p. 360)* assurent
la liaison avec Saint Petersburg et, plus au sud,
avec Fort Myers.

**La plage de Clearwater Beach déserte,
au coucher du soleil**

LÉGENDE

▬	Route fédérale
▬	Route à péage
▬	Route principale
▬	Route secondaire
▬	Route touristique
~	Cours d'eau
☆	Point de vue

0   30 km

Orlando

*FLORIDA SOUTHERN
COLLEGE*

LAKELAND

ARCADIA **19**

Fort Pierce

20 *BABCOCK WILDERNESS
ADVENTURES*

Caloosakatchee

Clewiston

FORT MYERS

22 *KORESHAN STATE
HISTORIC SITE*

↓ *Naples*

**Un ponton à l'ancienne sur Anna Maria Island, un site bien connu
des environs de Bradenton**

LA RÉGION D'UN COUP D'ŒIL

Crystal River ❶

Carte routière D2. Citrus Co.
🏚 5 000. 🚌 🗒️ 🛈 28 NW US 19,
(352) 795-3149.

Crystal River présente deux intérêts majeurs. En hiver, les visiteurs viennent admirer les lamantins, qui se regroupent en hordes comprenant jusqu'à 300 individus dans les eaux chaudes du fleuve, notamment entre janvier et mars. Il est possible d'effectuer des excursions en bateau dans le **Crystal River National Wildlife Refuge**, pour visiter les sources et les passes autour de Kings Bay. L'excursion préserve le mode de vie des lamantins. Les eaux claires qui donnèrent leur nom à Crystal River permettent d'observer facilement ces animaux.

Toute l'année, on peut visiter le **Crystal River State Archaeological Site,** un complexe de six tumulus indiens à 3 km à l'ouest de la ville. Le site aurait été habité pendant 1 600 ans, de 200 av. J.-C. au xvᵉ siècle, un record en Floride. Selon les estimations, 7 500 Indiens, couvrant parfois de longues distances, visitaient le site chaque année. Les fouilles des tombes du site – 400 sur un total estimé de 1 000 – ont révélé que les tribus locales avaient des contacts commerciaux avec celles du nord de la Floride. Du haut de la tour d'observation, on jouit d'un beau point de vue sur

Poterie de Crystal River

le site. Celle-ci surplombe le tumulus principal, construit au vıᵉ siècle. Plus loin, deux pierres cérémonielles sculptées, ou stèles, érigées vers 440, flanquent deux des trois tumulus. Leur style est celui des civilisations précolombiennes mésoaméricaines. La partie ouest du site abritait un village, ce qu'indique la présence de deux fosses à purin *(p. 38)*. Une maquette du site et des restes de poterie sont visibles au bureau d'accueil des visiteurs.

🏕️ Crystal River National Wildlife Refuge
1502 SE Kings Bay Drive. ☎ (352) 563-2088. ⏰ t.l.j. (avr.-mi-nov. : lun.-ven.).
⛏️ Crystal River State Archaeological Site
3400 N Museum Pointe. 🛈 (352) 795-3817. ⏰ t.l.j. 🖼️ ♿ limité.

LE LAMANTIN EN FLORIDE

Il est difficile d'effectuer un voyage en Floride sans entendre parler du lamantin, un animal en voie d'extinction. On estime à 2 500 le nombre de lamantins vivant aux États-Unis, pour la plupart dans les eaux chaudes de Floride. Jadis nombreux, les lamantins ont été victime de la chasse, leur viande étant très appréciée jusqu'au début du xxᵉ siècle, époque à laquelle la destruction de leur habitat et les collisions avec les bateaux ont dépeuplé l'espèce. D'un caractère très doux, l'animal peut atteindre 3 m de long. Il habite les eaux peu profondes du littoral, les rivières et les sources, et passe quatre heures par jour à se nourrir d'algues.

La lamantin vit aussi bien dans l'eau douce que dans l'eau salée.

Homosassa Springs State Wildlife Park ❷

Carte routière D2. Citrus Co. 41150 South Suncoast Blvd, Homosassa.
🚌 Crystal River. 🛈 (352) 628-5343.
⏰ t.l.j. 🖼️ ♿
🌐 www.floridastateparks.org

L'un des meilleurs endroits pour voir des lamantins à l'état sauvage est le Homosassa Springs State Wildlife Park, qui dispose d'un observatoire flottant. Le parc s'occupe des lamantins blessés, souvent suite à une collision avec un bateau, puis les relâche. On peut parfois en voir une demi-douzaine dans la piscine de convalescence. En hiver, ils se rassemblent à l'extérieur des limites du parc. Comme à Crystal River, ils sont attirés par les sources chaudes.

Weeki Wachee Spring ❸

Carte routière D2. 6131 Commercial Way, Spring Hill, Hernando Co. Jonction de l'US 19 et de la SR 50. ☎ (352) 596-2062. 🚌 Brooksville. ⏰ t.l.j. 🖼️ ♿
🌐 www.weekiwachee.com

Ce parc d'attractions assez ancien est construit sur l'une des plus grandes sources d'eau douce de Floride. Dans les années 40, un ancien homme-grenouille de l'armée, Newton Perry,

Une «sirène» à Weeki Wachee Spring

eut l'idée d'y faire nager
et interpréter des ballets
aquatiques à des «sirènes».
Il fit construire un théâtre
à 5 m sous l'eau, équipé
de tuyaux d'arrivée d'air.
Le parc nautique avec le
Misunderstood Creatures
Show et la descente d'une
rivière sauvage sont à voir.

Tarpon Springs ❹

Carte routière D3. Pinellas Co.
👥 20 000. 🚆 Clearwater. ℹ️ 11 E
Orange St, (727) 937-6109.
W www.tarponsprings.com

Le sentier de nature à travers les bois préservés de Caladesi Island

C ette ville très animée sur
les rives de l'Anclote River
est connue pour son
importante communauté
grecque. Celle-ci est formée
par les descendants de
pêcheurs immigrants qui
s'y installèrent au début du XXᵉ
siècle, attirés par les bancs
d'éponges. On trouve ainsi des
restaurants grecs, une Athens
Street, un magasin de
souvenirs Poseidon, une
boulangerie Parthenon, etc.
Le Dodecanese Boulevard et
longé par les Sponge Docks,
qui ont repris leur activité
depuis la réapparition des
éponges, décimées par une
bactérie dans les années 40.
Les pêcheurs d'éponges
organisent également des
excursions en bateau et des
démonstrations de ramassage
des éponges. **Spongeorama,**
musée et village-galerie
marchande a été aménagé
dans d'anciens hangars à
éponges Le Sponge Exchange,
qui comprend boutiques,
galeries et restaurants a été

**Préparation des éponges naturelles
avant la vente, à Tarpon Springs**

rénové. Le Sponge Exchange
est une galerie marchande qui
héberge des galeries d'art et
des cafés. À 3 km au sud se
dresse la **cathédrale grecque
orthodoxe Saint Nicholas,**
témoignage frappant de
l'héritage grec. L'église de style
byzantin, érigée en 1943, est
inspirée de Sainte-Sophie
d'Istanbul. Les processions de
l'Épiphanie en partent
chaque année *(p. 35)*.

🏛 **Spongeorama**
510 Dodecanese Blvd. 📞 *(727)*
938-5366. 🕐 *t.l.j.* ♿
W www.spongefactory.com
⛪ **St Nicholas Greek
Orthodox Cathedral**
36 N Pinellas Ave at Orange St.
📞 *(727) 937-3540.* 🕐 *t.l.j.* ♿

Dunedin ❺

Carte routière D3. Pinellas Co.
👥 36 000. 🚆 Clearwater. ℹ️ 301
Main St, (727) 733-3197.
W www.dunedin-fl.com

D unedin fut fondée par
l'Écossais John L. Branch,
qui y ouvrit en 1870 un
magasin d'approvisionnement
pour les navires en route pour
Key West par le golfe du
Mexique. La jonction de la
route maritime et du chemin
de fer à cet endroit contribua
à la prospérité de la ville et
attira les compatriotes de
Branch. L'héritage écossais de
Dunedin s'exprime chaque
année lors du Highland Games
Festival qui se tient fin mars-
début avril. Les propriétés
rénovées de Main Street
évoquent une authentique

petite ville de Floride du début
du XXᵉ siècle. L'**Historical
Museum**, situé dans l'ancienne
gare, possède une collection
de photographies et d'objets
des débuts de la ville. Railroad
Avenue appartient au Pinellas
Trail. Cette piste cyclable et
piétonne de 76 km joignant
Tarpon Springs à
Saint Petersburg.

🏛 **Historical Museum**
349 Main St. 📞 *(727) 736-1176.*
🕐 *mar.-sam.* ● *jours fériés.* ♿

Aux environs
À 5 km au nord de Dunedin,
une jetée mène au
**Honeymoon Island State
Recreation Area.** On peut y
nager et y pêcher, mais cette
île de la barrière demeure
largement sous-exploitée, afin
de préserver l'aire de
reproduction des balbuzards.
L'endroit fait aussi office de
port d'embarquement vers
Caladesi Island State Park,
que l'on peut atteindre aussi
depuis Clearwater Beach
(p. 238). La plage de Caladesi,
face au golfe du Mexique, fut
classée en 1995 au deuxième
rang du pays pour sa beauté.
Elle est bordée de dunes
plantées d'avoine de mer, de
pins, de cyprès et de
mangroves traversées par un
sentier nature de 5 km.

🎿 **Honeymoon Island SRA**
Route 586, 3 miles (5 km) au nord-
ouest de Dunedin. 📞 *(727) 469-
5942.* 🕐 *t.l.j.* 🅿 ♿ *limité.*
🎿 **Caladesi Island State Park**
1 Causeway Blvd. 📞 *(727) 469-
5918.* 🕐 *t.l.j.* 🅿
W www.floridastateparks.org

L'intérieur de McMullen Log House, au Pinellas County Heritage Village

Clearwater Beach ❻

Carte routière D3. Pinellas Co. 🏃 23 000. ✈ 🚍 *Clearwater.* 🚋 *train touristique de Cleveland St.* 🛈 *1130 Cleveland St, Clearwater, (727) 461-0011.* W *www.clearwaterflorida.org*

C'est par cette station balnéaire animée que commence la zone de villégiature de la Tampa Bay. Malgré la prolifération d'hôtels et de bars de son front de mer, Clearwater Beach a du caractère. En dépit du prix souvent élevé de l'hébergement du côté du golfe, quelques hôtels le long d'Intracoastal Waterway sont abordables. Les plages sont superbes et la pratique des sports nautiques développée. Depuis la marina, on pourra effectuer une multitude d'excursions en bateau.

Chouettes effraies au Suncoast Sanctuary

Aux environs
Barrant la passe de Clearwater, l'îlot de Sand Key s'étend sur 19 km du nord au sud. **Sand Key Park**, au nord, possède une plage bordée de palmiers qui est classée parmi les vingt plus belles du pays et offre une tranquillité supérieure à celle de Clearwater Beach.
À 11 km au sud, après le quartier résidentiel de Belleair qui possède un hôtel construit par Henry Plant (p. 46-47), on découvre le **Suncoast Seabird Sanctuary**. Jusqu'à 500 oiseaux blessés sont soignés dans cet établissement

d'Indian Shores. On peut y admirer des pélicans, des chouettes, des hérons ou des aigrettes en compagnie de Ralph Heath, directeur du sanctuaire, ou d'un de ses assistants.
Si vous effectuez un détour par Largo, à 12 km au sud-est de Clearwater Beach, visitez le **Pinellas County Heritage Village**, avec ses seize bâtiments historiques restaurés. Parmi les plus connus, McMullen Log House (p. 28) et Seven Gables Home (1907) permettent de découvrir le style de vie «victorien». Des démonstrations de filage et de tissage ont lieu dans le musée au centre du parc.

🦅 Suncoast Seabird Sanctuary
18328 Gulf Blvd, Indian Shores. 📞 *(727) 391-6211.* ⏰ *t.l.j.* ♿ 📷 *août-mai : mer. et dim.*
🏛 Pinellas County Heritage Village
11909 125th Street N. 📞 *(727) 582-2123.* ⏰ *t.l.j.* ● *jours fériés.* ♿ *limité.* W *www.pinellascounty.org/heritage*

Saint Petersburg Beaches ❼

Carte routière D3. Pinellas Co. 🏃 🚍 *Tampa.* 🚍 *St Petersburg.* 🚋 *plusieurs lignes depuis Saint Petersburg.* 🛈 *Saint Pete Beach Chamber of commerce, 6990 Gulf Blvd, (727) 360-6957.* W *www.tampabaybeaches.com*

A u sud de Clearwater, débute la région des Saint Petersburg Beaches. Jusqu'à Madeira Beach, le front de mer est assez décevant. Toutefois, **Madeira Beach** est une étape plaisante, à l'atmosphère plus détendue que dans les grandes stations balnéaires du voisinage. Johns Pass Village, un village de pêcheurs tout proche, propose un choix de restaurants et de magasins plutôt chers. On peut visiter le ponton de pêche ou la marina, lieu de rassemblement des bateaux de pêche.
Plus au sud, Treasure Island est une succession monotone d'hôtels. **Saint Pete Beach** lui succède avec sa plage de sable blanc longue de 11 km et son front de mer animé. À son extrémité sud trône le Don CeSar Resort (p. 309). Construit dans les années 20, cet édifice est très représentatif des grands hôtels de cette époque.
À l'extrême sud du chapelet d'îles, **Pass-a-Grille** constitue une véritable oasis de calme et d'air frais après la visite à Saint Pete Beach. Traversée par la route côtière principale, la ville abrite des demeures du début du siècle et possède des plages sauvages. Les tarifs de stationnement étant élevés, pensez à prévoir de la monnaie.

Don CeSar, un hôtel extravagant dominant Saint Pete Beach

Les plages de la Gulf Coast

Bénéficiant d'un taux d'ensoleillement moyen de 361 jours par an et situé à deux heures de voiture d'Orlando, le littoral compris entre Saint Petersburg et Clearwater est le plus animé de la Gulf Coast. Il attire des milliers de touristes étrangers. Parfois appelée Holiday Isles, Pinellas Coast ou Suncoast, cette partie de la côte se caractérise par une barrière d'îles longue de 45 km. La qualité du sable et de l'eau, le climat sain et la faible criminalité ont fait la réputation des plages de la Suncoast dans tous les États-Unis. Plus au sud, les plages des îles de la barrière de Sarasota sont de qualité comparable, mais attirent plutôt les Floridiens. Dans tous les cas, l'ambiance est plus tranquille que sur la côte est.

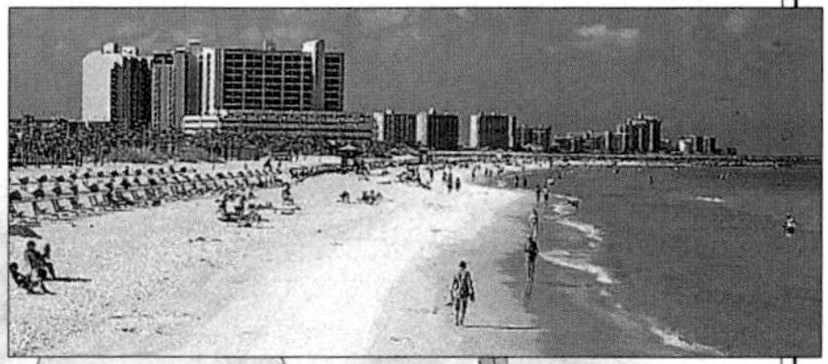

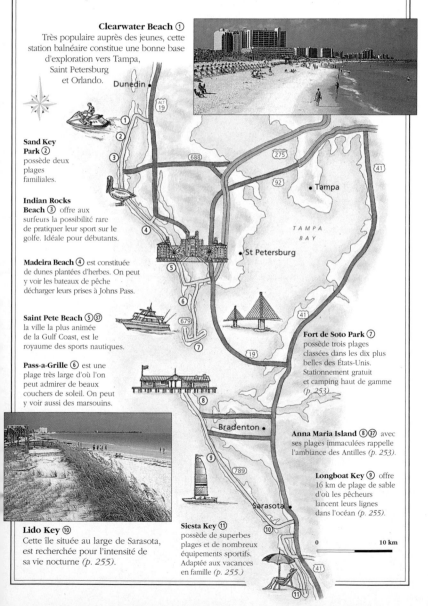

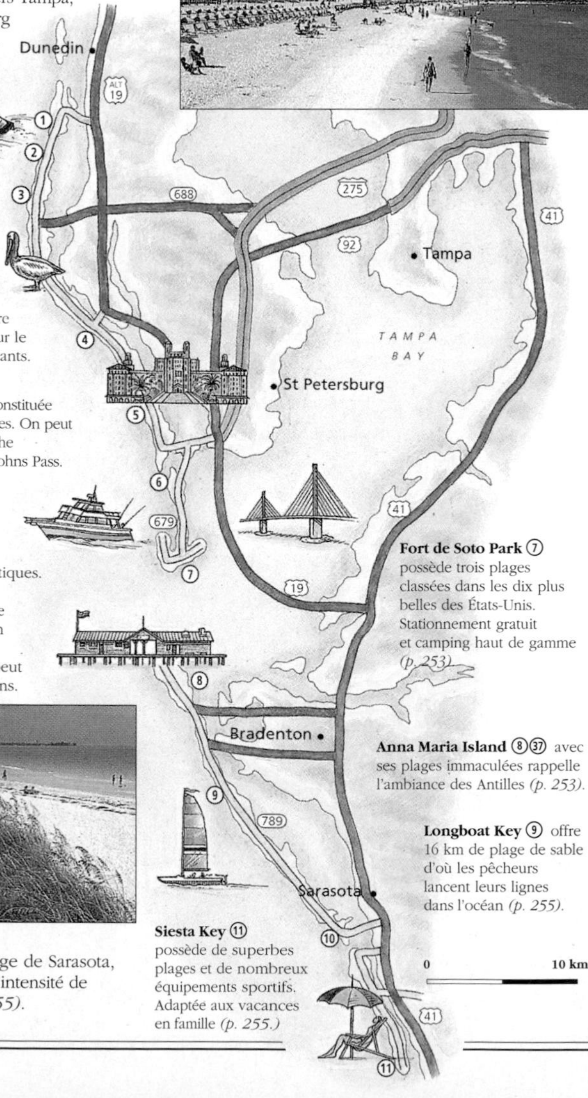
Dunedin
ALT 19
688
275
41
92
Tampa
TAMPA BAY
St Petersburg
679
19
41
Bradenton
789
Sarasota
41
0
10 km

Clearwater Beach [1]
Très populaire auprès des jeunes, cette station balnéaire constitue une bonne base d'exploration vers Tampa, Saint Petersburg et Orlando.

Sand Key Park [2] possède deux plages familiales.

Indian Rocks Beach [3] offre aux surfeurs la possibilité rare de pratiquer leur sport sur le golfe. Idéale pour débutants.

Madeira Beach [4] est constituée de dunes plantées d'herbes. On peut y voir les bateaux de pêche décharger leurs prises à Johns Pass.

Saint Pete Beach [5][37] la ville la plus animée de la Gulf Coast, est le royaume des sports nautiques.

Pass-a-Grille [6] est une plage très large d'où l'on peut admirer de beaux couchers de soleil. On peut y voir aussi des marsouins.

Fort de Soto Park [7] possède trois plages classées dans les dix plus belles des États-Unis. Stationnement gratuit et camping haut de gamme *(p. 253)*.

Anna Maria Island [8][37] avec ses plages immaculées rappelle l'ambiance des Antilles *(p. 253)*.

Longboat Key [9] offre 16 km de plage de sable d'où les pêcheurs lancent leurs lignes dans l'océan *(p. 255)*.

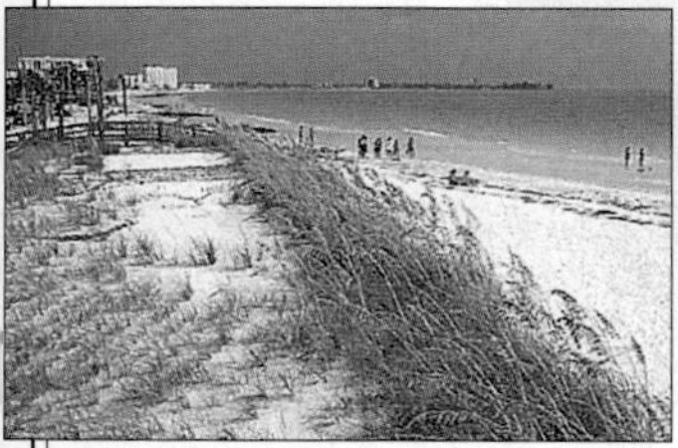

Lido Key [10]
Cette île située au large de Sarasota, est recherchée pour l'intensité de sa vie nocturne *(p. 255)*.

Siesta Key [11]
possède de superbes plages et de nombreux équipements sportifs. Adaptée aux vacances en famille *(p. 255.)*

Saint Petersburg 8

Cette ville aux larges avenues est apparue lors de la grande spéculation immobilière du XIXe siècle. En 1875, un fermier du Michigan, John Williams, acheta un terrain près de la Tampa Bay pour y édifier une ville. Un noble russe émigré, Peter Demens, y fit venir le chemin de fer et appela le site Saint Petersburg en mémoire de son lieu de naissance.

«Saint Pete», comme on l'appelle familièrement, reflétait autrefois l'image d'une ville de retraités. Les temps ont changé et la ville est aujourd'hui très active. De profondes rénovations sur le front de mer du centre-ville ont redonné vie à Saint Petersburg, d'autant que la création du Salvador Dali Museum *(p. 242-243)* lui offre l'occasion d'affirmer une vocation culturelle.

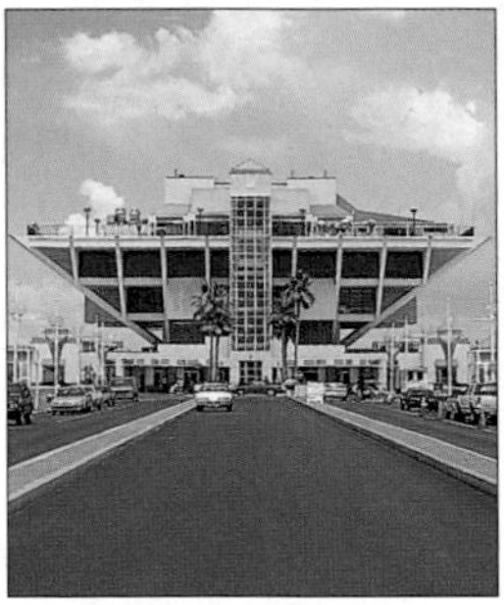

L'étonnante jetée de Saint Petersburg fait la fierté de la ville

À la découverte de Saint Petersburg
Le signe distinctif de la ville, qui apparaît dans toutes les brochures touristiques est **The Pier.** Cette pyramide renversée qui abrite des magasins, des restaurants, un night-club, un aquarium, et un point d'observation, est l'attraction du centre-ville. Un train miniature part de la Pier et s'arrête devant tous les édifices remarquables.

Au nord de la jetée, **Renaissance Vinoy Resort** *(p. 309)*, construit dans les années 20 sous le nom de Vinoy Hotel, domine les gratte-ciel du centre-ville. Plus loin, sur le front de mer, on découvre **Tropicana Field,** l'autre symbole de Saint Petersburg. *(p. 339),* qui organise des manifestations culturelles ou sportives.

🏛 St Petersburg Museum of History

335 2nd Avenue NE. ☎ *(727) 894-1052.* ○ *t.l.j.* ● *Thanksgiving, 25 déc., 1er janv.* ♿
[W] www.stpetemuseumofhistory.org

Ce musée relate l'histoire de Saint Petersburg des temps préhistoriques à nos jours. Vous y verrez les os d'un mastodonte, des fossiles, des poteries indiennes et une galerie des glaces, qui donne l'illusion d'être plongé à l'époque victorienne.

Un pavillon spécial abrite un hydravion, le Benoist, qui rapelle que Saint Petersburg fut le berceau de l'aviation commerciale. C'est dans cet appareil que le premier passager payant survola Tampa Bay en 1914.

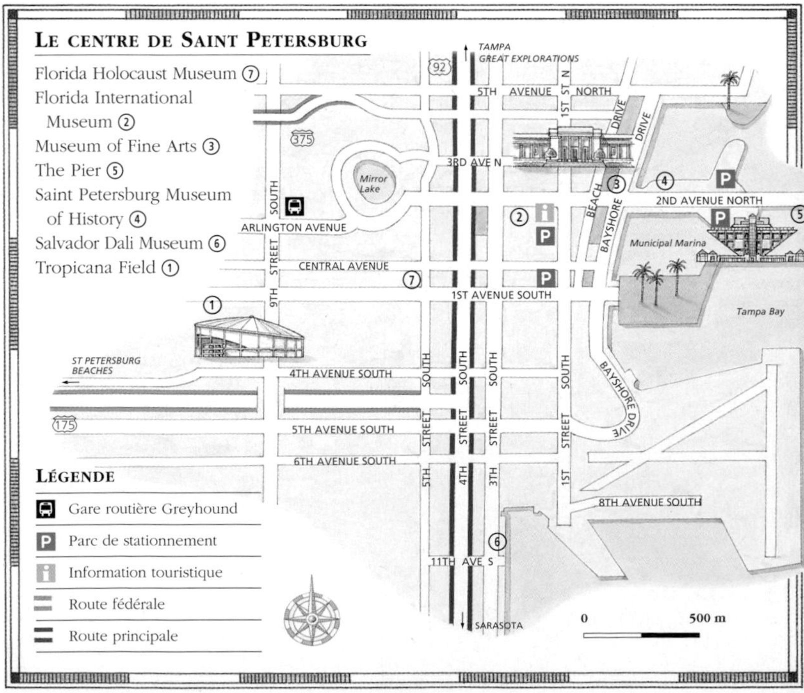
LE CENTRE DE SAINT PETERSBURG
Florida Holocaust Museum 7
Florida International Museum 2
Museum of Fine Arts 3
The Pier 5
Saint Petersburg Museum of History 4
Salvador Dali Museum 6
Tropicana Field 1
LÉGENDE
Gare routière Greyhound
Parc de stationnement
Information touristique
Route fédérale
Route principale
TAMPA
GREAT EXPLORATIONS
92
375
175
5TH AVENUE NORTH
1ST ST N
BEACH DRIVE
3RD AVE N
Mirror Lake
9TH STREET SOUTH
ARLINGTON AVENUE
2ND AVENUE NORTH
BAYSHORE
Municipal Marina
CENTRAL AVENUE
1ST AVENUE SOUTH
Tampa Bay
ST PETERSBURG BEACHES
4TH AVENUE SOUTH
5TH AVENUE SOUTH
6TH AVENUE SOUTH
5TH STREET SOUTH
4TH STREET SOUTH
3TH STREET SOUTH
1ST STREET SOUTH
BAYSHORE DRIVE
8TH AVENUE SOUTH
11TH AVE S
SARASOTA
0
500 m

Poppy, une toile célèbre de Georgia O'Keeffe exposée au Museum of Fine Arts

🏛 Great Explorations

1925 4th Street N. ☎ (727) 821-8992. ◯ t.l.j. 📷 ♿
🖥 www.greatexplorations.org
«On peut toucher» semble être le mot d'ordre de ce musée destiné aux enfants, qui intéressera aussi les adultes. La visite de Great Explorations, unique en son genre, est un grand moment de créativité et d'amusement. L'exposition n'attend que ses visiteurs pour prendre vie. Les enfants sont incités à nager, à escalader, à toucher et à embrasser tout ce qu'ils voient. Ils se perdront dans un labyrinthe à l'obscurité mouvante, le Touch Tunel, ils testeront leur force et leur faiblesse avec le Bod Shop et exploreront les effets de l'électricité avec le Power Plant.

🏛 Florida Holocaust Museum

55 Fifth St S, St. Petersburg
☎ (727) 820-0100 ou (800) 960-7448. ◯ t.l.j. ● Thanksgiving, 25 déc., 1ᵉʳ janv., fêtes juives. 📷 ♿
🖥 www.flholocaustmuseum.org
Le musée, initialement situé à Madeira Beach, rouvrit en février 1999 dans le centre-ville. L'exposition ne retrace pas les atrocités de l'holocauste mais insiste sur l'apprentissage de la tolérance et l'histoire de l'antisémitisme. Vous y verrez de nombreux exemples de la vie quotidienne et religieuse des Juifs avant l'holocauste et après la Nuit de Cristal (9-10 novembre 1938). Un petit film, le Tolerance and Learning Center, interactif, et un espace impressionnant consacré au souvenir, complètent la visite.

🏛 Museum of Fine Arts

255 Beach Drive NE.
☎ (727) 896-2667. ◯ mar.-dim. ● Thanksgiving, 25 déc., 1ᵉʳ janv. 📷 ♿ 📷
🖥 www.fine-arts.org
Installé dans un bâtiment moderne de style palladien qui domine la baie, le Museum of Fine Arts est renommé pour sa collection d'art européen, américain, précolombien et asiatique. Citons, parmi les quatre œuvres impressionnistes du musée, *Au coin des bois* de Cézanne (1877) et le *Parlement, effet de brouillard, Londres* (1904) de Monet. Parmi les autres œuvres majeures, *Poppy* (1927) de Georgia O'Keeffe, *la Lecture* (1888) de Berthe Morisot et l'*Invocation* d'Auguste Rodin (1886) exposée dans le jardin.

Une sélection de vieilles photographies du sud-est des États-Unis datant du début du siècle à nos jours complète la collection.

🏛 Florida International Museum

242 2nd Avenue N. ☎ (727) 822-3963. ◯ t.l.j. ● Thanksgiving, 25 déc., 1ᵉʳ janv. 📷 ♿
🖥 www.floridamuseum.org
Des thèmes populaires historiques sont présentés à travers des expositions nationales et internationales itinérantes : « La crise des missiles de Cuba, quand la guerre froide devint chaude », « Le Titanic », « La collection Kennedy » ou « Trésors des tsars ». En 2000, le musée a été rattaché au Smithsonian Institution et expose depuis régulièrement des œuvres de la collection Smithsonian.

🌿 Sunken Gardens

1825 4th Street N.
☎ (727) 551-3100. ◯ t.l.j.
📷 ♿ 📷 🖥 www.stpete.org
Des milliers de plantes et de fleurs tropicales ornent ce jardin aménagé à 3 m en dessous du niveau de la rue. Le site est un ancien affaissement de terrain autrefois rempli d'eau *(p. 20)*;

MODE D'EMPLOI

Carte routière D3. Pinellas Co.
🚗 265 000. ✈ Saint Petersburg/Clearwater International Airport, à 16 km au nord de Downtown. 🚌 180 9th St North, (727) 898-1496 ; puis bus Thruway-Amtrak vers Pinellas Square Mall, Pinellas Park, (800) 872-7245. ℹ 100 2nd Ave N, (727) 821-4715. 🎉 Fête des États. 🖥 www.stpete.com

la sécheresse du sol est maintenue par un réseau de tuyaux enterrés. Promenez-vous à travers les bougainvilliers et les hibiscus et visitez le jardin aux orchidées. Vous pourrez aussi vous promener au milieu des papillons ou découvrir le programme d'horticulture.

Végétation luxuriante près d'une source, à Sunken Gardens

Aux environs

Les cinq îles de Boca Ciega Bay au sud de Saint Petersburg forment le **Fort De Soto Park.** On jouit depuis celui-ci d'une belle vue sur le Sunshine Skyway Bridge, en particulier depuis les plages des côtes sud et ouest. Les îles, qui abritent une végétation abondante et des colonies d'oiseaux sont appréciées des campeurs. Les amateurs d'histoire pourront se rendre à Mullet Key, où des casemates rappellent l'existence du fort Fort De Soto, construit pendant la guerre hispano-américaine *(p. 47)*, mais inachevé.

🏕 Fort De Soto Park

Pinelllas Bayway, de la Route 693, 9 miles (14 km) au sud de Saint Petersburg. ☎ (727) 582-2267. ◯ t.l.j. ♿ 🖥 www.fortdesoto.com

Salvador Dali Museum

Bien que l'on soit loin de l'Espagne, le pays natal de Salvador Dali (1904-1989), c'est à Saint Petersburg que l'on peut admirer la plus grande collection au monde de ses toiles. Le musée de la ville, qui recouvre la période 1914-1970, ouvrit ses portes en 1982, quarante ans après la rencontre entre Reynolds Morse, un homme d'affaires de l'Ohio, et le jeune peintre dont il commença à collectionner les toiles. La collection présente les débuts figuratifs du peintre, aborde ses premières expériences surréalistes puis sa maturité, époque des tableaux de grandes dimensions. Le musée possède plus de 95 huiles, 100 gouaches et dessins et 1 300 études, sculptures et objets divers.

Monumental Canvases
Espace le plus important du musée, cette salle regroupe 18 chefs-d'œuvre tels que le Toréador hallucinogène, *que Dali peignit entre 1969 et 1970.*

Nature Morte vivante
Cette œuvre de 1956 illustre l'emploi que fait Dali des motifs mathématiques et de la structure en hélice de l'ADN (dans le chou-fleur) dans sa composition.

Boutique du musée

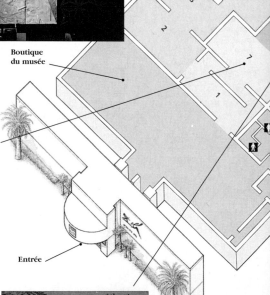

Entrée

★ L'enfant malade
Cette toile est la doyenne des œuvres de Dali exposées par le musée. Elle fut réalisée en 1914, alors que le peintre n'avait que dix ans.

À NE PAS MANQUER

★ L'Enfant malade

★ La Découverte de l'Amérique

★ Le Faucheux du matin-Espoir !

Vue de Cadaquès
L'influence impressionniste est évidente dans ce tableau peint en 1917. Il représente le mont Pani, dont l'ombre s'étend sur la ville natale de Dali.

Don Quichotte et Sancho
Cette eau-forte de 1968 provient d'une collection de 1 000 dessins ou illustrations de la période classique de Dali. Ceux-ci sont présentés lors des expositions temporaires.

MODE D'EMPLOI

1000 3rd St S, Saint Petersburg.
(727) 823-3767. 4, 32, ou bus touristique depuis la Pier. 9h30-17h30 lun.-sam. (20h jeu.) ; 12h-17h30 dim. Thanksgiving, 25 déc. W www.SalvadorDaliMuseum.org

Salle Raymond James

★ La Découverte de l'Amérique
Inspirée par un «rêve cosmique», cette œuvre (1958-1959) rend hommage à Velázquez tout en annonçant le premier pas de l'homme sur la Lune.

5b

★ Le Faucheux du matin-Espoir !
Cette toile étrange fut la première de la collection Morse. Peinte en 1940, elle représente un faucheux marchant sur le visage convulsé d'un violoniste.

LÉGENDE

- ☐ Galerie de présentation
- ☐ Premiers travaux 1914-1928
- ☐ Surréalisme 1929-1940
- ☐ Période classique 1943-1989
- ☐ Chefs-d'œuvre 1948-1970
- ☐ Expositions temporaires
- ☐ Espace fermé au public

SUIVEZ LE GUIDE !
Le musée est divisé en cinq parties, agencées par ordre chronologique, avec une galerie de présentation. Des expositions temporaires des nombreux autres travaux de Dali ont lieu dans la salle Raymond James.

COMMENT DALI VINT À SAINT PETERSBURG

Reynolds Morse et sa fiancée Eleanor furent fascinés par Salvador Dali après avoir vu une exposition de ses œuvres en 1941. Deux ans plus tard, ils achetèrent leur première toile, *le faucheux du matin-Espoir!*, puis rencontrèrent bientôt l'artiste. Ce fut le point de départ d'une longue amitié avec l'artiste et sa femme Gala. Durant les quarante années suivantes, les Reynolds constituèrent la plus importante collection privée au monde des œuvres de Dali. Après avoir recherché dans tout le pays un site approprié pour y installer son musée, Morse choisit celui-ci, en bord de mer, en raison de sa ressemblance avec Cadaquès, le village natal de Dali.

Tampa ⑨

Vase grec, Museum of Art

Tampa est l'une des villes de Floride à la croissance la plus rapide. Des gratte-ciel modernes ont remplacé les édifices plus anciens, mais quelques vestiges colorés du passé subsistent – principalement dans le vieux quartier cubain, Ybor City *(p. 246-247)*, berceau de l'industrie du cigare à Tampa dans les années 1880, et dans le centre-ville. Fondée par les Espagnols en 1539, Tampa resta une petite ville jusqu'à la fin du XIXe siècle, quand Henry Plant *(p. 46-47)* y introduisit le chemin de fer. Aujourd'hui, les principales attractions de Tampa sont les Busch Gardens *(p. 250-251)* et le Florida Aquarium, situé dans le nouveau quartier central de Garrison Seaport Center.

Vue de Tampa avec, au loin, l'université

À la découverte du centre-ville

La principale artère de la ville partiellement piétonne permet de découvrir le petit centre-ville de Tampa à pied. Passez par Franklin Street, le siège de superbes bâtiments historiques comme le Tampa Theatre. Située à l'embouchure de la Hillsborough River, Tampa peut se visiter en bateau. *Starlite Cruises* et *Yacht Starship (p. 339)* proposent des croisières autour de Tampa Bay pendant lesquelles vous pouvez déjeuner ou dîner. Les bateaux-taxis offrent des prestations similaires pour découvrir le vieux Tampa Bay Hotel et le Museum of Art.

Vous pouvez aussi emprunter le tram gratuit entre le nord de la ville et le centre-ville. Ce tram monté sur pneumatiques relie le nord de Harbour Island à Tampa Street en s'arrêtant souvent pour prendre des passagers.

Une autre manière de découvrir le centre-ville est de prendre l'un des tramways (TECO Line Streetcar System) qui part du centre-ville, traverse Channel District pour gagner Ybor City. Les tramways sont des répliques des Birney Safety Cars qui circulèrent dans les rues de Tampa jusqu'en 1946. Ils roulent sept jours sur sept, sont climatisés et accomplissent leur itinéraire en vingt-deux minutes.

🏛 Henry B Plant Museum

401 N Kennedy Blvd. 📮 *(813) 254-1891.* ⬤ *mar.-dim.* ⬤ *Thanksgiving, 25 déc., 1er janv. Donation requise.* ♿ Ⓦ www.plantmuseum.com

Le luxueux Tampa Bay Hotel, qui abrite le Henry B Plant Museum, est le plus célèbre bâtiment de Tampa, avec ses minarets mauresques visibles depuis toute la ville.

Henry Plant fit construire en 1891 cet hôtel destiné à accueillir les touristes transportés par son chemin de fer tout neuf. Le coût de construction de l'édifice s'éleva à 3 millions de dollars, celui de l'ameublement à 500 000 dollars. L'hôtel ne connut cependant pas le succès escompté par son créateur. Acheté par la ville en 1905, il fut attribué à l'université de Tampa en 1933. L'aile sud du rez-de-chaussée fut transformée en musée.

Doté d'un solarium, le musée est superbement meublé, 90 % des objets exposés étant d'origine. Les porcelaines Wedgwood, les miroirs vénitiens et le mobilier français du VIIIe siècle recréent la splendeur d'une époque révolue.

Les visiteurs sont invités à se promener sur les pelouses du campus pour admirer l'édifice de l'extérieur.

🏛 Tampa Museum of Art

600 N Ashley Drive. 📮 *(813) 274-8130.* ⬤ *mar.-dim.* ⬤ *Pâques, Thanksgiving, 25 déc., 1er janv.* Ⓦ www.tampamuseum.com

Ce musée est renommé pour la qualité de ses expositions,

L'élégant solarium du Henry B Plant Museum

The Sunshine Skyway Bridge, which spans the mouth of Tampa Bay

MODE D'EMPLOI

Carte routière D3. Hillsborough Co. 🏠 *300 000.* ✈ *5 miles (8 km) au nord-ouest.* 🚆 *601 Nebraska Ave, (800) 872-7245.* 🚌 *610 Polk St, (800) 231-2222.* ⛴ *Channelside Drive, (800) 741-2297.* 🚐 *HARTline buses, (813) 254-4278.* ℹ️ *615 Channelside Dr, (813) 223-1111.* 🎭 *Gasparilla Festival (fin janv.).* W *www.visittampabay.com*

qui traitent aussi bien de l'art grec classique, romain et étrusque que de l'art américain du xxᵉ siècle. La collection est trop importante pour être entièrement exposée en une seule fois, aussi l'est-elle par rotation. Depuis peu, un jardin orné des principales sculptures a été créé. Les visiteurs peuvent se promener autour des pelouses ou s'asseoir sur un banc pour admirer les œuvres. Une salle du musée a été dédiée aux artistes locaux.

🎭 Tampa Theatre

711 Franklin St. 📞 *(813) 274-8981.* 🕐 *t. l. j.* ⬤ *25 déc.* 🅿️ ♿ 📋 *téléphoner pour se renseigner.* W *www.tampatheater.org*

En son temps, le Tampa Theatre fut l'un des cinémas les plus modernes des États-Unis. Il fut construit en 1926 par l'architecte John Eberson en style méditerranéen. Très réussi, l'aspect de l'édifice fut qualifié d'«andalou bonbon» par l'historien d'art Ben Hall.

Voulant essayer de recréer «l'extérieur à l'intérieur»,

John Eberson fit installer au plafond des lumières qui scintillent comme des étoiles. Une machine produit des nuages artificiels, et un jeu de lumière simule le lever du soleil. L'édifice présente aussi une multitude de sculptures grecques et romaines. Pour découvrir ce cinéma superbement restauré, assistez à la projection d'un film *(p. 339).* Il accueille régulièrement des festivals et divers événements culturels. Deux fois par mois, une visite guidée est organisée.

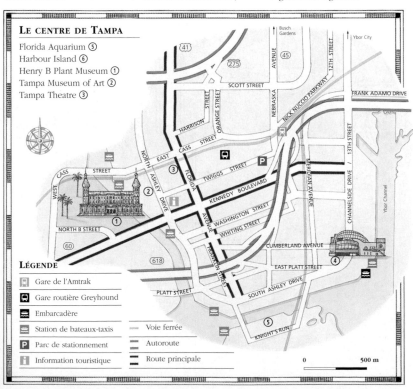

LE CENTRE DE TAMPA

Florida Aquarium ⑤
Harbour Island ⑥
Henry B Plant Museum ①
Tampa Museum of Art ②
Tampa Theatre ③

LÉGENDE

🚆 Gare de l'Amtrak
🚌 Gare routière Greyhound
⛴ Embarcadère
🚤 Station de bateaux-taxis
🅿️ Parc de stationnement
ℹ️ Information touristique

Voie ferrée
Autoroute
Route principale

0   500 m

Ybor City pas à pas

En 1886, un homme d'affaires cubain, Vicente Martinez Ybor déplaça sa fabrique de cigares de Key West à Tampa. Près de 20 000 ouvriers originaires de Cuba et d'Espagne le suivirent. Le boom du cigare à la fin du XIXe et au début du XXe siècle a laissé son empreinte sur Ybor City. L'artère principale, 7th Avenue, conserve encore son aspect d'autrefois avec ses balcons en fer forgé et ses tuiles de style espagnol. Le quartier est aujourd'hui redevenu très vivant. Les anciennes usines et les cottages ont été rénovés. Calme dans la journée, Ybor City s'éveille avec la nuit.

Cigar Museum and Visitor Center
Le Visitor Center, aménagé dans la plus grande usine de cigares du monde fournit des informations sur l'hébergement et les manifestations de Tampa.

Historic Clubs
Tampa Cuban Club (El Circulo Cubano de Tampa), fondée en 1917-1918 est l'une des nombreuses fabriques de cigares d'Ybor City.

Don Vicente De Ybor Historic Inn
est un hôtel luxueux de 16 suites et un restaurant situé dans l'immeuble rénové Gonzalez Clinic.

9TH AVENUE

8TH AVENUE

7TH AVENUE

13TH STREET

15TH STREET

AVENIDA / REPUBLICA DE CUBA

Le Masquerade at the Ritz, est un splendide cinéma de 1917 qui abrite l'un des meilleurs night-clubs d'Ybor.

José Martí Park
Statue à la mémoire de José Martí, le leader indépendantiste cubain qui effectua plusieurs visites à Ybor City pour rallier les Cubains de la ville à ses thèses (p. 47).

À NE PAS MANQUER

★ **Cigar Worker's House**

0   100 m

LÉGENDE

– – – Itinéraire conseillé

★ **Cigar Worker's House**
Cette maisonnette (une dépendance de l'Ybor City State Museum) est meublée comme une habitation typique d'ouvrier rouleur de cigares. «La Casita» est l'exemple même des maisons (p. 287) construites à la fin du XIXᵉ siècle pour accueillir le flot d'immigrants à Ybor City.

MODE D'EMPLOI

3 miles (5 km) à l'est de Downtown.
trolleybus Tampa-Ybor depuis Convention Center et Aquarium jusqu'à Ybor City. 1600 E 8th Ave, (813) 241-8838. w www.ybor.org
t.l.j. (dim. ap.-m. seulement).
Ybor City Museum State Park
(813) 247-6323. t.l.j.

Little Sicily, un restaurant italien, est recommandé pour déjeuner.

Ybor City State Museum, situé dans une ancienne boulangerie industrielle, est consacré au passé d'Ybor City, et propose des visites à pied du quartier. Petit jardin d'ornement attenant.

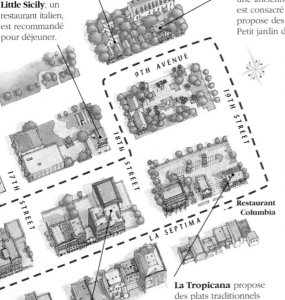

9TH AVENUE
18TH STREET
17TH STREET
19TH STREET
LA SEPTIMA
Restaurant Columbia

Restaurant Columbia
Le plus ancien restaurant de Floride occupe un immeuble entier sur la 7th Avenue. La cuisine hispanique et les spectacles de flamenco sont très prisées des touristes (p. 327).

La Tropicana propose des plats traditionnels cubains aux nombreux habitués.

L'INDUSTRIE DU CIGARE À TAMPA

Approvisionné en matière première par voie de mer, le port de Tampa était idéalement placé pour se consacrer également à la confection de cigares. Plusieurs unités de production s'installèrent à Tampa à la suite de V. M. Ybor, si bien que, vers 1900, Ybor City produisait 111 millions de cigares par an. Chacun d'entre eux était roulé à la main par des ouvriers. Souvent un «lecteur» les divertissait de la monotonie de leur tâche. Le machinisme et la vogue de la cigarette mirent fin au boom du cigare. Aujourd'hui, la plupart des usines sont automatisées. La Tampa Rico Company est l'une des dernières fabriques de cigares roulés à la main.

El Sol Cigars
Le plus ancien magasin de cigares d'Ybor date de 1929. Il vend encore des cigares, mais ils ne sont plus roulés à la main.

Ouvriers d'une usine de cigares, Ybor City, 1929

Un plongeur parmi les coraux et les poissons du Florida Aquarium

✈ Florida Aquarium

701 Channelside Drive.
📶 *(813) 273-4000*. ⭕ *t.l.j.*
⬤ *Thanksgiving, 25 déc.* 🎥 ♿
🌐 www.flaquarium.org

Cet aquarium énorme est installé sur le front de mer. L'édifice se remarque immédiatement avec son dôme bleu en forme de coquillage. Il s'agit d'un des aquariums les plus modernes du monde. À l'intérieur, on découvre bien sûr des poissons, mais également des bébés alligators, des oiseaux, des loutres de mer et toutes sortes de créatures marines évoluant dans leurs habitats respectifs. L'objectif du Florida Aquarium est aussi de permettre aux visiteurs de suivre le trajet d'une goutte d'eau d'une source souterraine à son arrivée dans la mer, en montrant les différents habitats traversés. Chacun de ces habitats naturels fait l'objet de galeries distinctes. La Florida Coral Reefs Gallery, par exemple, entraîne les visiteurs dans un récif corallien et permet de découvrir les populations de poissons exotiques. Des commentaires enregistrés accompagnent la visite, jalonnée de quelques ateliers d'expérimentation. Le Florida Aquarium propose également une croisière de 10 minutes autour de la baie.

♞ Hyde Park

De l'autre côté de la rivière, au sud-ouest de Downtown après Bayshore Boulevard, Hyde Park est l'un des rares vieux quartiers de Tampa. Bâtis à la fin du XIXᵉ siècle, ses édifices illustrent plusieurs styles architecturaux, du colonial u néo-gothique. Si l'on peut visiter en voiture les rues paisibles de ce quartier, Old Hyde Park Village, au-delà de Snow Avenue, avec ses magasins chic et ses restaurants, se prête volontiers à une découverte à pied. La rue attire parfois des musiciens.

Concert en plein air, à Old Hyde Park Village

🏛 Museum of Science and Industry

4801 E Fowler Ave. 📶 *(813) 987-6100*. ⭕ *t.l.j.* 🎥 ♿
🌐 www.mosi.org

Cet excellent musée, souvent appelé MOSI, tranche par son architecture avec celle des gratte-ciel de Tampa. Son dôme de style Art nouveau contient un écran géant IMAX® et un musée. Le musée offre plusieurs ateliers de découverte interactifs. L'Amazing You met à nu le corps humain et son fonctionnement, tandis que la salle de l'ouragan permet de déclencher soi-même un tel phénomène. Le GTE Challenger Learning Centre est un atelier dédié à la mémoire de l'équipage de la navette Challenger *(p. 185)*. Il abrite des simulateurs de vol recréant la navette et une salle de contrôle. Autre attraction importante, la Focus Gallery, qui abrite des expositions temporaires. Le MOSI est aussi le siège du Saunders Planetarium, qui présente des animations astronomiques. Le vendredi et le samedi soir, des télescopes sont installés sur le parking du musée.

🦒 Lowry Park Zoo

1101 West Sigh Avenue.
📶 *(813) 932-0245*. ⭕ *t.l.j.*
⬤ *Thanksgiving, 25 déc.* ♿ ♿
🌐 www.lowryparkzoo.com

Ce zoo, situé à 10 km au nord de Tampa, est l'un des plus réputés d'Amérique du Nord. L'une de ses attractions principales est constituée par le centre des lamantins, qui accueille jusqu'à 20 animaux à la fois dans sa piscine spéciale «pour convalescents». Le «Manatee Sleepover», visite particulière du musée effectuée après les heures de fermeture permet de découvrir l'unité de soins aux lamantins puis de passer la nuit sur place.

Dans le zoo, il ne faut pas manquer le Florida Wildlife Center, un sanctuaire pour certaines espèces comme l'alligator et la panthère de Floride. Visitez aussi le Primate World et l'Asian Domain, qui héberge un tigre

L'architecture originale du dôme du Museum of Science and Industry

LA LÉGENDE DE GASPAR

José Gaspar était un pirate de légende qui s'attaquait au XXᵉ siècle aux navires et aux villes situées entre Tampa et Fort Myers. Son repaire était situé quelque part dans les îles de Lee Island Coast *(p. 264–265)*, dont les agglomérations portent encore des noms comme Gasparilla ou Captiva, qui rappelle les lieux où le pirate cachait ses captives. L'histoire nous apprend que Gaspar, acculé par un vaisseau de guerre américain, préféra se noyer attaché au bout d'une chaîne plutôt que de se rendre. Tampa eut à souffrir de plusieurs raids de Gaspar, c qui constitue le thème central du Gasparilla Festival qui se tient chaque février *(p. 35)*. Celui-ci se caractérise par une invasion bouffonne de la ville par de faux pirates débarquant d'un véritable bateau d'époque.

Des «pirates» lors du Tampa's Gasparilla Festival dans les années 50

Le repos du tigre de Sumatra à l'Asian Domain, Lowry Park Zoo

de Sumatra, un rhinocéros des Indes rarissime et une volière. Enfin, allez voir le musée des enfants, le parc d'attractions et l'aire de pique-nique.

Busch Gardens ❿

p. 250-251.

Hillsborough River ⓫

Carte routière D3. Hillsborough Co. 🚆 *Tampa.* 🚌 *Tampa.*

L a Hillsborough River, qui serpente à travers la campagne au nord-est de Tampa, offre un cadre reposant après l'agitation de la grande ville. Elle est bordée sur ses deux rives par de denses forêts de chênes, de cyprès, de magnolias et de mangroves, qui s'étendaient autrefois sur une grande partie de la Floride. Pour découvrir la Hillsborough River, l'un des meilleurs moyens est le canoë : **Canoe Escape**, à 15 min en voiture du centre de Tampa, organise des excursions. Bien que très proches des limites administratives de la ville, le site est étonnamment sauvage et peuplé d'une faune très variée, notamment des hérons, des aigrettes, des alligators, des tortues et des loutres. Les conditions de navigation sont idéales pour les débutants. Trois itinéraires sont proposés, chacun d'entre eux mesurant environ 8 km – ce qui correspond à deux heures de pagayage. On peut, bien entendu, faire des excursions plus longues.

Un portion de la rivière est protégée au sein du **Hillsborough River State Park**. La pratique du canoë y est autorisée, mais aussi la marche et la pêche à la ligne. Le parc dispose d'un vaste camping, ouvert toute l'année, et de plusieurs aires de pique-nique. Le Hillsborough River State Park fut l'un des premiers parcs nationaux de Floride inaugurés, en 1936 : c'est sur son territoire que fut édifié Fort Foster, lors de la deuxième guerre séminole *(p. 44)*, qui avait pour mission de contrôler la confluence de la Hillsborough River et de la Blackwater Creek. Le fort et le pont ont été reconstruits et, en mars, on y reconstitue une bataille. Des visites en car sont organisées chaque week-end et pendant les vacances depuis l'entrée du parc.

Canoe Escape

9335 E Fowler Ave, Thonotosassa, 12 miles (19 km) au nord-est de Tampa. 📞 *(813) 986-2067.* 🕐 *t. l. j.* ⬤ *Thanksgiving, 24 et 25 déc.* ♿

🛶 **Hillsborough River State Park**

15402 US 301, 12 miles (19 km) au nord-est de Tampa. 📞 *(813) 987-6771.* 🕐 *t. l. j.* 🚫 ♿ Ⓐ ⬜ www.floridastateparks.org

Les bâtiments rebâtis de Fort Foster, au Hillsborough River State Park

Busch Gardens ⑩

B usch Gardens est un parc d'attractions fort original : il est en effet installé au cœur d'un des plus grands zoos des États-Unis. Pour recréer l'atmosphère de l'Afrique coloniale, le parc accueille plus de 2 600 animaux. Les girafes et les zèbres se déplacent librement au sein de la Serengeti Plain. Un safari permet de voir des lions, des gorilles et autres animaux d'Afrique. Birds Gardens présente des aras, des cacatoès et des oiseaux de proie. Les attractions, comme Kumba, les plus grandes montagnes russes de Floride séduisent aussi les visiteurs. Adventure Island, adjacent à Bush Gardens, est le plus grand parc aquatique de Floride (12 ha).

Congo River Rapids
Des rapides, des geysers, des cascades et une grotte artificielle attirent sur cette rivière calme les amateurs de rafting.

★ Kumba
Les plus grandes et les plus rapides montagnes russes de Floride sont celles de Kumba, la principale attraction des Busch Gardens. Les amateurs plongent de 43 m à 100 km/h.

4-D movie theater

Timbuktu
Stanleyville

Land of the Dragons
Destinées aux enfants, ces attractions ont des dimensions adaptées à leur taille, notamment l'arbre de trois étages avec un pont et des escaliers.

Mystic Sheiks of Morocco
Une fanfare ambulante, les Mystic Sheiks, donnent des concerts à l'improviste en divers endroits du parc.

Gwazi

Bird Gardens

0   100 m

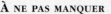

À NE PAS MANQUER

★ **Kumba**

★ **Edge of Africa**

★ **World Rhythms on Ice**

Légende

🚉 Gare ferroviaire

🎫 Distributeur de billets

★ Edge of Africa
Au sud du parc, à la Serengeti Plain, un safari offre au visiteurs la possibilité d'admirer des hippopotames, des lions, des hyènes et divers animaux africains.

Serengeti Plain

★ Egypt
Cette attraction comprend un temple de Toutankhamon, un musée, des montagnes russes et un bazar.

Un train dessert les différentes attractions du parc.

Entrée

Accueil des visiteurs

Myombe Reserve
Cette forêt tropicale reconstituée abrite six gorilles et sept chimpanzés, deux espèces menacées d'extinction.

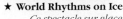

★ World Rhythms on Ice
Ce spectacle sur glace se déroule dans un château du XIXᵉ siècle et vous emmène à la découverte des pays du monde entier ; les effets spéciaux sont spectaculaires.

Florida Southern College ⓬

Carte routière E3. Polk Co. 111 Lake Hollingsworth Drive, Lakeland. ☎ *(863) 680-4110.* 🚆 *Lakeland.* 🚌 *Lakeland.* ○ *t.l.j.* ● *4 juil., Thanksgiving, 25 déc., 1er janv.* **Visitor Center** ○ *jusqu'à 14h, lun.-sam.* ♿ [W] www.flsouthern.edu

Cette université provinciale possède le plus grand nombre de bâtiments réalisés par Frank Lloyd Wright, le plus fameux architecte de son temps. Le premier président de l'établissement parvint à persuader Wright de concevoir le campus à Lakeland en ne lui garantissant rien d'autre que la liberté d'exprimer ses conceptions… et ses honoraires lorsque le financement serait bouclé! Les travaux commencèrent en 1938 sous la direction de l'initiateur de l'«architecture organique», qui qualifia son projet d'«enfant du soleil». Son objectif de fondre les édifices dans leur environnement fut atteint par l'emploi du verre sur une grande échelle. Le plan original prévoyait la construction de 18 bâtiments, mais 7 seulement étaient achevés à la mort de Wright, en 1959. Cinq autres furent ajoutés ensuite.

Jeux d'espaces et de lumière dans la chapelle Annie Pfeiffer

La chapelle Annie Pfeiffer illustre parfaitement ses conceptions architecturales. Des fenêtres en verre teinté rompent la régularité des blocs de l'édifice, surmonté d'une tour spectaculaire en lieu et place du clocher traditionnel. Wright l'appelait le «coffret à bijoux». Le campus dégage à merveille cette impression de lumière et d'espace voulue par Wright. Les bâtiments sont reliés entre eux par les Esplanades, une galerie couverte, qui s'étend sur 2 km. On peut se promener librement dans le campus, mais les bâtiments ne peuvent être visités qu'en semaine. Le Thad Buckner Building, avec ses hautes fenêtres, abrite un centre d'accueil des visiteurs, qui expose des dessins et du mobilier de Wright ainsi que des photographies du chantier.

Gamble Mansion, XIXe siècle

Gamble Plantation Historic State Park ⓭

Carte routière D3. Manatee Co. 3708 Patten Ave, Ellenton (*Highway 301, 1,5 mile à l'ouest de l'I-75).* ☎ *(941) 723-4536.* 🚆 *Tampa.* 🚌 *Bradenton.* ○ *jeu.-lun.* ● *Thanksgiving, 25 déc., 1er janv.* 👥 ♿ *limité.* ☞ [W] www.floridastateparks.org/gambleplantation

La dernière demeure datant d'avant la guerre de Sécession en Floride du Sud est cette maison blanche que l'on aperçoit derrière une clôture en bois sur la route menant à Bradenton. Elle fut édifiée entre 1845 et 1850 par le major Robert Gamble, le long de la Manatee River après la deuxième guerre

Florida Southern College

- Benjamin Fine Building ②
- Chapelle Annie Pfeiffer ⑥
- Emile Watson Building ①
- J. Edgar Wall Waterdome ③
- Lucius Pond Ordway Building ⑨
- Polk County Science Buildings ⑧
- Raulerson Building ④
- Thad Buckner Building ⑤
- William Danforth Chapel ⑦

Légende

- Esplanades
- [P] Parc de stationnement
- [i] Informations

0 100 m

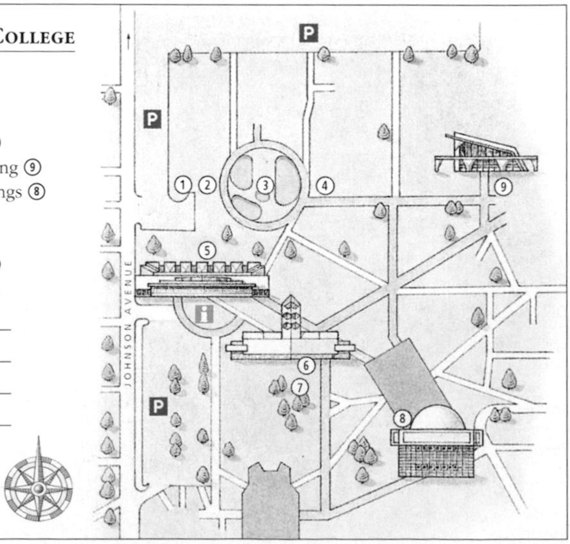

séminole *(p. 44)*. L'ensemble du domaine couvrait 1 416 ha, dont seule une partie est encore élevée aujourd'hui. Ainsi l'ancien quartier des esclaves est-il devenu une école. Le mobilier conservé dans la demeure est d'époque, de même que le jardin, planté de chênes, dans le style du vieux Sud.

Le musée consacré à la vie du major Gamble nous apprend les difficultés financières du planteur qui, en 1856, dut se séparer de sa plantation entière, y compris de ses 191 esclaves noirs, contre la somme de 190 000 dollars.

Bradenton ⓮

Carte routière D3. Manatee Co. 🚶 *48 000.* 🚆 🚌 *avec portion en car de l'Amtrak Thruway.* ℹ️ *222 10th Street West (941) 748-3411.*

Chef-lieu du comté de Manatee, Bradenton s'enorgueillit d'accueillir la célèbre académie de tennis de Nick Bollettieri *(p. 343)*, dans laquelle furent formés les meilleurs joueurs du monde, tels qu'André Agassi et Pete Sampras.

Bradenton dispose de belles plages mais aussi de deux centres d'intérêt. Le **Manatee Village Historical Park** évoque l'époque pionnière de la Floride en proposant plusieurs reconstructions de bâtiments du XIXe siècle, en particulier un hangar à bateaux, un magasin et une maison de pionnier. Le **South Florida Museum** possède une vocation pédagogique et ludique. Les expositions ont pour thème «la Floride de l'âge de pierre à l'époque spatiale». On découvrira l'époque des dinosaures, des maquettes de bâtiments espagnols du XVIe siècle et de vieilles voitures. Le Bishop Planetarium propose des spectacles avec lasers et le Parker Aquarium permet de découvrir la faune marine locale.

La cuisine d'une maison de pionniers, au Manatee Village Historical Park

🏫 Manatee Village Historical Park
604 15th St E. 📞 *(941) 749-7165.* 🕐 *lun.-ven. (hiver : dim. après-midi).* 🔴 *jours fériés.* ♿

🏛 South Florida Museum
201 10th St W. 📞 *(941) 746-4131.* 🕐 *t. l. j.* 🔴 *avr.-mai et août-déc. : lun., 1er sam. de nov. ; Thanksgiving, 25 déc., 1er janv.* 📷 ♿
🌐 www.southfloridamuseum.org

Aux environs

À 8 km à l'ouest du centre de Bradenton, le **De Soto National Memorial** rappelle le débarquement à cet endroit en 1539 d'Hernando de Soto *(p. 40-41)*. À la tête de 600 hommes, il entama ensuite un périple de 6 500 km à travers le sud-est de l'Amérique du Nord à la recherche de l'or. Si elle permit de découvrir le Mississippi, l'expédition s'acheva dans la confusion : de Soto et la moitié de son armée périrent. Le monument évoque l'infortune

Pierre à la mémoire de H. De Soto

de ces hommes et marque le point de départ du De Soto Trail, qui suit une partie de leur itinéraire. Le parc présente une reconstitution du camp du conquistador, animée en haute saison par des acteurs bénévoles en costumes. L'ensemble permet de se représenter la vie des conquistadores. Le centre d'accueil expose des armes du XVIe siècle et une armure. Un sentier naturel de 1 km serpente dans une mangrove. Deux ponts relient Bradenton à **Anna Maria Island**, dont la plage demeure sauvage, mais dont les grosses vagues attirent quelques surfeurs. Quelques petites stations balnéaires sont éparpillées entre Anna Maria au nord et Bradenton Beach au sud. Anna Maria Pier, construite en 1910, possède des commerces et des restaurants sur l'eau.

♣ De Soto National Memorial
75th Street NW. 📞 *(941) 792-0458.* 🕐 *t. l. j.* 🔴 *Thanksgiving, 25 déc., 1er janv.* ♿ 🌐 www.nps.gov/deso

Coucher de soleil sur la plage d'Anna Maria Island

Sarasota ⑮

Hibiscus des Selby Gardens

Sarasota se targue d'être le plus grand centre culturel de Floride, c'était du moins l'opinion de John Ringling *(p. 255)*, l'une des personnalités qui s'installèrent dans cette ville champignon au début du xxᵉ siècle. Ringling investit beaucoup d'argent dans la région, comme en témoignent encore aujourd'hui sa demeure et la collection d'art qu'il légua à l'État : toutes deux constituent les sites les plus visités de la ville *(p. 256-259)*. L'un des autres atouts de Saratosa est d'avoir su échapper aux excès en tout genre qui caractérisent les autres villes de l'État. Surnommée «le visage tranquille de la Floride», Sarasota est une ville pleine de charme. Dans les magasins chic et sur les plages, on côtoie une population aisée. Les plages des îles de la barrière sont proches du centre-ville.

À la découverte de Sarasota

Le quartier le plus agréable de Sarasota est compris entre Palm Avenue et Main Street, où siègent des magasins d'antiquités, des bars et des restaurants aux devantures du début du xxᵉ siècle récemment restaurées. Le quartier voisin de Sarasota Quay est dédié au shopping et aux restaurants et la marina attenante propose maintes excursions maritimes, où l'on pourra également dîner en mer.

Le Van Wezel Performing Arts Hall *(p. 29)*, un bâtiment rose et lavande ouvert en 1970, domine le front de mer de ses lignes douces inspirées des coquillages. Cette salle accueille régulièrement des concerts et des spectacles de Broadway *(p. 339)*.

🏛 Saratosa Classic Car Museum

5500 N Tamiami Trail. ☎ *(941) 861-6547.* ◯ *t.l.j.* 🈺 ♿ 📷
Ⓦ www.saratosacarmuseum.org

Un orgue de Barbarie du xixᵉ siècle (Bellm's)

Le Saratosa Classic Car Museum, qui ouvrit ses portes en 1953, est l'un des plus anciens musées de voitures du monde. Il expose plus de 120 voitures, acquises soit par des échanges avec d'autres musées, soit grâce à des dons de collectionneurs. Les clous de la collection sont une rare Packard Model 120 de 1954, une Rolls-Royce Silver Wraith de 1955, une De Lorean de 1921 et un break Cadillac (l'un des cinq jamais fabriqués). Vous verrez aussi le roadster Mercedes de John Lennon et la Mini Cooper préférée de Paul McCartney.

Rassemblement de flamants roses, aux Sarasota Jungle Gardens

🌿 Sarasota Jungle Gardens

3701 Bay Shore Rd. ☎ *(941) 355-5305.* ◯ *t.l.j.* ● *25 déc.* 🈺 ♿
Ⓦ www.sarasotajunglegardens.com

Ce jardin botanique de 4 ha était à l'origine une plantation de bananiers. Il constitue une véritable oasis de plantes, d'arbres et de fleurs originaires du monde entier, avec ses forêts de palmiers, ses jardins d'hibiscus, de fougères, de roses, de gardénias et de bougainvilliers. La lagon des flamants roses est très prisé.

Parmi les autres attractions, on distingue un zoo pour enfants et un jardin avec des papillons. On peut aussi assister à un spectacle d'oiseaux exotiques, où cacatoès et aras font du vélo ou des patins à roulettes.

🌿 Marie Selby Botanical Gardens

811 S Palm Ave. ☎ *(941) 366-5731.* ◯ *t.l.j.* ● *25 déc.* 🈺 ♿
♿ Ⓦ www.selby.org

Il n'est pas besoin d'être jardinier pour s'extasier devant la beauté du jardin de William et Marie Selby, un couple de Saratosa. Entourée de lauriers et de banians, leur maison domine Sarasota Bay. Elle fut conçue au début des années 1920 par Marie Selby pour échapper au monde moderne, comme en témoigne la présence d'un rideau de bambous cachant la vue sur Saratosa. Le jardin accueille plus de 20000 espèces de plantes, dont deux fameuses collections d'orchidées et d'épiphytes *(p. 276)*. D'autres sections du jardin sont consacrées aux plantes vivrières tropicales ou aux hibiscus. La

Christy Payne House, aux Marie Selby Botanical Gardens

Tropical Display House présente une impressionnante sélection de plantes de la jungle. La maison des Selby, de style espagnol, convertie en boutique de souvenirs, présente moins d'intérêt que Christy Payne House, de style «.plantation», construite dans les années 30, qui abrite le Museum of Botany and Arts.

🏛 Saint Armands Circle

Ce centre commercial chic avec restaurant sur Saint Armands Key est l'une des créations de John Ringling, qui fit l'acquisition de cette île en 1917 dans le but d'y construire un ensemble résidentiel articulé autour d'un centre commercial circulaire renfermant des jardins et des statues classiques. À peine le projet eut-il prit son essor que la crise de 1929 y mit un terme. L'endroit ne reprit vie que dans les années 50. Il semble aujourd'hui plus conforme que jamais au projet de Ringling. Saint Armands Circle, idéalement situé entre le centre-ville et les plages, ne s'endort jamais. Malgré le prix des magasins, les spectacles de rue sont nombreux.

🐟 Mote Aquarium and Mote Marine Laboratory

1600 Ken Thompson Parkway. 📞 (941) 388-4441. ◯ t.l.j. 🖼 ♿ 🎫
W www.mote.org

Cet aquarium est situé sur City Island, entre Lido et Longboat. Il propose une promenade sur la baie d'où l'on jouit d'une belle vue sur Saratosa, mais il se distingue

Poissons tropicaux au Mote Aquarium and Mote Marine Laboratory

surtout par la qualité des attractions qu'il offre à l'intérieur. Parmi les plus prisées, l'aquarium aux requins, doté de hublots d'observation intérieurs, et «l'aquarium tactile», où l'on peut saisir toutes sortes d'espèces marines, des crabes-sabots aux buccins et aux raies. Plus de 30 aquariums sont consacrés à la faune et à la flore locales et une série de présentoirs aux rivières, aux baies et aux estuaires des environs. Des fascicules d'explication présentent chaque section et un livre expose le lien entre les aquariums et la recherche scientifique consacrée aux requins et à la pollution.

🦅 Pelican Man's Bird Sanctuary

1708 Ken Thompson Parkway. 📞 (941) 388-4444. ◯ t.l.j. ◯ Thanksgiving, 25 déc. 🖼 ♿
W www.pelicanman.org

Situé aussi sur City Island, le Pelican Man's Bird Sanctuary soigne près de 5000 oiseaux

MODE D'EMPLOI

Carte routière D3. Sarasota Co.
🏠 60 000. ✈ 2 miles (3 km) au nord. 🚌 575 N Washington Blvd, (941) 955-5735; ou bus Amtrak Thruway, (800) 872-7245. 🚏 655 N Tamiami Trail, (941) 957-1877.
🎪 Circus Festival (janv.).
W www.sarasotafl.org

blessés chaque année. La plupart retoutrnent à la vie sauvage après leur guérison, les plus atteints étant adoptés par le centre. Environ 235 oiseaux vivent dans le magnifique environnement naturel qu'offre le centre. Dale Shields, surnommé Pelican Man, ornithologue amateur fonda ce refuge pour oiseaux en 1985.

Oiseaux blessés au Pelican Man's Bird Sanctuary

🏖 Sarasota Beaches

Les îles de Longboat Key, Lido Key et Siesta Key, qui offrent de superbes plages faisant face au golfe du Mexique, sont très appréciées des touristes (p. 239). La côte est assez urbanisée, mais recèle par endroits des zones plus tranquilles. La plage de South Lido Park, à Lido Key, est la plus calme pendant la semaine, et elle possède un agréable sentier forestier.

À Siesta Key, la zone résidentielle principale est concentrée au nord, en bordure d'un réseau de canaux. La grande plage de Siesta Key Beach est toujours animée. Plus calme, Turtle Beach possède le seul camping des environs. Longboat Key est surtout connue pour ses parcours de golf. Dans toutes ces îles, les sports nautiques sont très développés.

La plage de South Lido Park, avec vue au sud sur Siesta Key

Ringling Museum of Art

Vase (v. 1550)

John Ringling, né dans l'Ohio, était un directeur de cirque talentueux qui bâtit sa fortune sur de nombreux spectacles à succès *(p. 258)*. Au cours de ses voyages à l'étranger, il fit l'acquisition d'une importante collection d'art européen. Lorsque, en 1910, il s'installa à Sarasota, il décida de construire un musée pour l'abriter. Avec sa femme, Mable, il éprouvait une affection particulière pour l'Italie et la peinture baroque, qui constitue le cœur de sa collection. À la mort de Ringling en 1936, sa demeure, qui comprend le palais vénitien de Cà' d'Zan *(p. 258-259)*, fut léguée à l'État.

Le statuaire
Dans la cour sont exposées des copies en bronze de sculptures classiques.

Copie du David de Michel-Ange

Spanish Gallery
La galerie expose des œuvres espagnoles du XVIIe siècle, notamment des tableaux d'El Greco, de Ribera, Zurbarán et Velázquez, comme ce magnifique portrait de Philippe IV d'Espagne (1625-1628).

West Galleries

12
13
14
15
16
17
18

SUIVEZ LE GUIDE !

Toutes les salles sont ordonnées autour d'un jardin décoré de sculptures, les West Galleries et l'Asolo Theater marquant l'extrémité de chacune des ailes du musée. L'exposition commence à partir des salles situées à droite de l'entrée et suit un ordre le plus souvent chronologique, depuis la fin du Moyen Âge européen jusqu'aux œuvres européennes du XVIIIe siècle. Les XVIe et XVIIe siècles italiens sont le plus représentés. L'art contemporain et les expositions temporaires se tiennent dans les West Galleries.

★ **Astor Rooms**
Ce mobilier et cette décoration du XIXe siècle proviennent d'une demeure new-yorkaise.

Museum Store

À NE PAS MANQUER

★ **Astor Rooms**

★ **La cour**

★ **Galerie Rubens**

PLAN DU RINGLING MUSEUM

Cà' d'Zan

Circus Museum

Entrée

Sarasota Bay

Roseraie

Sortie

Museum of Art

P

P

41

L'Asolo Theater
est un théâtre décoré du XVIIIe siècle qui fut prélevé dans un château vénitien en 1947.

★ La cour
Un péristyle de 91 colonnes de différents styles entoure la cour. Certaines datent du XIe siècle.

MODE D'EMPLOI

5401 Bay Shore Road, Sarasota.
📞 (941) 359-5700. 🚌 2, angle de 1er St et Lemon St, Downtown.
House, Galeries et Circus Museum ◐ 10h-17h30 t. l. j.
● Thanksgiving, 25 déc., 1er janv. 🖼️ ♿ Au Cà' d'Zan, 1er étage seulement. 🎫 🍴 🛍️
W www.ringling.org

Fontaine d'Oceanus

La construction d'un palais
Expression des débuts de la Renaissance italienne, cette huile sur bois réalisée vers 1515 par Piero di Cosimo est l'une des fiertés du musée.

★ La galerie Rubens
Cette salle renferme quelques trésors du musée dont Abraham et Melchisedech *(1625).*

11
10
9
8
7
6
5
4
3
2
1
21

Entrée

Statue d'Apollon

Fontaine des Tortues

LÉGENDE

☐ École flamande/holl. XVIIe-XVIIIe s.

☐ Galerie Rubens

☐ Moyen Âge et Renaissance

☐ École italienne, XVIe-XVIIIe s.

☐ École espagnole, XVIe-XVIIIe s.

☐ École européenne, XVIIIe-XIXe s.

☐ Astor Rooms

☐ École française, XVIIe-XVIIIe s.

☐ École flamande, XVIIe-XVIIIe s.

☐ Plan du musée

Ringling Museum : Cà' d'Zan

Cà' d'Zan, nom de la résidence d'hiver des Ringling, fut le premier bâtiment achevé de leur domaine. Son architecture est spectaculaire. La passion des Ringling pour l'Italie, alimentée par leurs fréquents voyages en Europe, transparaît dans la décoration de cet édifice, dont le nom signifie en vénitien «la maison de Jean». Cette résidence, qui surplombe la Sarasota Bay, s'inspire du style d'un palais vénitien, tout en incorporant quelques éléments architecturaux français, de la Renaissance italienne, mais aussi baroques et contemporains. Bâti sur une terrasse de marbre de 60 m de côté et surmonté d'une tour caractéristique, Cà' d'Zan fut construit en deux ans et achevé en 1926. La salle de bal, la cour, l'ancienne salle à manger et les chambres donnent une idée du style de vie des milliardaires des années 30. L'essentiel du mobilier est d'époque.

★ **La décoration extérieure** *en terre cuite est parmi la plus raffinée du genre aux États-Unis.*

Er

Solarium

★ **La salle de bal**
La principale décoration de la salle de bal est un plafond peint intitulé Danseurs des Nations. *Cette œuvre de Willy Pogany, un décorateur de cinéma des années 20, représente plusieurs costumes de danse nationaux.*

LE CIRQUE RINGLING

L'empire des Ringling débuta avec une roulotte-estrade itinérante achetée en 1884 par les cinq frères Ringling. Le succès venant, grâce à leurs numéros spectaculaires et fréquemment renouvelés, ils rachetèrent leurs concurrents les uns après les autres. En 1907, ils s'associèrent avec Phineas T. Barnum, dont le penchant pour les frères siamois et les animaux exotiques fit souffler sur l'entreprise le vent de la modernité.
Le Circus Museum, fondé en 1948, n'est pas une idée des Ringling. Les objets présents retracent la vie des gens du cirque d'autrefois.

Chariot du cirque Barnum,
Five Graces (1878)

La cour, avec son sol en marbre et ses colonnes en onyx, était le cœur de l'édifice. Les Ringling s'en servaient de… salle de séjour!

À NE PAS MANQUER

★ **La salle de bal**

★ **La décoration extérieure**

Le bar
Cette salle aux plafonds voûtés et aux vitres teintées illustre l'amour de Ringling pour les objets venant du monde entier. Le bar fut acheté au restaurant Cicardi à Saint Louis, dans le Missouri.

Salle d'exercices

La tour était éclairée lorsque les Ringling étaient présents.

Chambres du personnel

La chambre de Mable Ringling
Cette pièce est meublée en style Louis XV datant des années 1920. Mrs Ringling réalisa elle-même les taies d'oreillers placées sur les lits.

Cuisine

La chambre de John Ringling
Le mobilier en acajou de style Empire réalisé en 1880 confère une touche austère à cette pièce. L'Aube fuyant devant l'Obscurité, (1735) de Jacob de Wit, orne le plafond.

Bureau de John Ringling

La salle de petit déjeuner
Cette salle décorée avec simplicité servait surtout aux réunions familiales. Les stores vénitiens sont authentiques.

Salle de bains
Une chaise de barbier marque le centre de la pièce, dont les murs sont décorés de marbre de Sienne. La baignoire est taillée dans un seul bloc de marbre.

Une végétation luxuriante borde la rivière du Myakka River State Park

Myakka River State Park ⑯

Carte routière D3. Sarasota Co. 13 207 SR 72, 14 km à l'est de Sarasota. 🚍 *Sarasota.* ☎ *(941) 361-6511.* ⏰ *t. l. j.* 🌐 ♿ *limité.* 🅿 🅰
🌐 www.myakkariver.org

B ien qu'il soit proche de la ville de Sarasota, le Myakka River State Park vous donnera une idée de la région au temps des premiers colons. Des forêts de chênes, des bosquets de palmiers, des pinèdes et de vastes pairies sèches sont parsemés de marais, de marécages et de lacs.

Les 11 300 hectares du parc, qui s'étend le long de la Myakka River et de l'Upper Myakka Lake, sont un sanctuaire naturel. On y a recensé plus de 200 espèces d'oiseaux – aigrettes, hérons bleus, vautours et ibis, tous très nombreux, ainsi que balbuzards, aigles chauves et dindons sauvages, plus rares. On y aperçoit souvent des alligators et des cerfs et, plus difficilement, des renards. Le parc est équipé de plates-formes d'observation, d'où vous pourrez admirer tous ces animaux.

Les plus courageux parcourront les 63 km de piste balisée ou les 24 km de sentiers équestres. De décembre à mai (la meilleure saison), des visites guidées en train touristique sont organisées, ainsi que, toute l'année, des visites guidées en hydroglisseur.

Venice ⑰

Carte routière D4. Sarasota Co. 🚶 *20 000.* 🚍 ⓘ *257 Tamiami Trail N, (941) 488-2236.*
🌐 www.venicechamber.com

V enice est une station balnéaire très calme. La principale rue commerçante, Venice Avenue, est bordée de fleurs et de palmiers. La ville abrite des bâtiments restaurés avec soin, dont le Venice Little Theater, sur Tampa Avenue, de 1927.

Caspersen Beach, bordée d'avoine de mer et de palmiers nains, est située à l'extrémité sud de Harbor Drive. C'est un lieu idéal pour pêcher, nager ou ramasser des coquillages, même si les plages les plus riches en coquillages se

Les fossiles de Caspersen Beach

trouvent plus au sud *(p. 264-265)*. La région est célèbre pour ses fossiles de dents de requin. On en retrouve régulièrement dans les bancs de sable du large qui sont traînés jusqu'au rivage par la marée.

Gasparilla Island ⑱

Carte routière D4. Lee Co, Charlotte Co. 🚍 *Venice.* ⓘ *5 800 Gasparilla Rd, Boca Grande, (941) 964-0568.*
🌐 www.bocagrandechamber.com

P euplée à l'origine de pêcheurs et de vacanciers fuyant les hivers du Nord, Gasparilla Island, située entre Sarasota et Fort Myers, est une île assez isolée.

L'activité de l'île est concentrée à Boca Grande, qui est reliée à la terre ferme par une chaussée. L'ancienne gare restaurée, le San Marco Theater et la Gasparilla Inn sont des témoins éloquents du passé. De nombreux bâtiments anciens en bois ont été restaurés et repeints dans des couleurs brillantes, ce qui crée une ambiance plaisamment tropicale. Depuis longtemps, cette ville vit de la pêche – Boca Grande est d'ailleurs connue comme la capitale mondiale du tarpon. Plusieurs marinas proposent des circuits en bateau, notamment vers les barrières d'îles

Le Range Light, sur la côte de Gasparilla Island, oriente les bateaux

(p. 264-265). Mais vous pouvez aussi explorer l'île en suivant la piste cyclable.

À l'extrémité sud de l'île, le **Gasparilla Island State Recreation Area** possède des plages de sable calme, où l'on peut pêcher, se baigner et ramasser des coquillages. Un phare désaffecté de la fin du xixe siècle (aujourd'hui remplacé par le Range Light) surplombe Boca Grande Pass.

⚵ Gasparilla Island SRA
880 Belcher Rd, Boca Grande. **[**
(941) 964-0375. ⭘ *t.l.j.* 🅿 ♿

Le **Schlossberg-Camp Building**, à Arcadia, date des années 20

Arcadia ⓳

Carte routière E3. De Soto Co.
🏯 *6 500.* 🚌 🚂 *16 S Volusia Ave,*
(941) 494-4033.
Ⓦ *www.desotochamber.net*

Il est vraiment agréable de se promener dans Arcadia, autrefois ville de ranchs et de bétail. De nos jours, les cowboys se déplacent plutôt en voiture, mais les chevaux font toujours partie de la culture locale. La fièvre du cheval atteint son paroxysme en mars et en juillet, lorsque concurrents et amateurs de rodéo affluent de tout le pays pour assister au All-Florida Championship Rodeo, le plus ancien rodéo de l'État.

L'architecture flamboyante et parfois colorée d'Arcadia évoque la prospérité des années 20. Les meilleurs exemples en sont le Koch Arcade Building (sur West Oak Street, et le Schlossberg-Camp Building, sur West

Magnolia Street. Plusieurs bâtiments plus récents ont brûlé en 1905. La JJ Heard Opera House date de l'année suivante. Les rares édifices de la fin du xixe siècle qui subsistent se visitent sur autorisation de la chambre de commerce.

Babcock Wilderness Adventures ⓴

Carte routière E4. Charlotte Co.
8000 SR 31, 10 km au sud de Babcock.
[*(800) 500-5583.* 🚌 *Punta Gorda.*
⭘ *t.l.j.* ⬤ *25 déc.* 🅿
📷 *obligatoire.*
Ⓦ *www.babcokwilderness.com*

L'immense ranch Crescent B appartenait à l'origine au roi du bois de charpente, E. V. Babcock, qui rasa les cyprès des marécages dans les années 30. Ce ranch est toujours géré par la très riche famille Babcock. Une partie de ses 36 420 hectares

Un circuit en petite voiture dans **Babcock Wilderness Adventures**

sont ouverts au public : il s'agit des Babcock Wilderness Adventures. Des circuits de 90 min, commentés par des naturalistes, traversent des marais, des forêts profondes et de denses bosquets de cyprès. Vous y verrez nombre d'animaux : bisons, chevaux et bétail. Des panthères, élevées en captivité, vivent dans des enclos spécialement conçus pour elles, à côté d'alligators. Ces circuits étant très prisés, il vaut mieux réserver.

LES RODÉOS DE FLORIDE

En Floride, la majeure partie de l'intérieur des terres est occupée par des ranchs. Les principales villes à bétail sont Arcadia, Kissimmee *(p. 117)* et Davie *(p. 113)*, où les rodéos font partie de la vie quotidienne. Qu'il s'agisse de ligoter un veau ou de lutter avec un taureau (le cow-boy doit forcer l'animal à s'allonger sur le sol), le vainqueur est le plus rapide (celui qui met souvent moins de dix secondes). Lors de la monte d'un cheval sauvage, avec ou sans selle, le cavalier doit tenir au moins huit secondes, mais son habileté et sa technique sont également jugées. Au cours de la compétition, un commentateur présente au public les talents et le palmarès de chaque cow-boy.

Lutte avec un taureau lors du All-Florida Championship Rodeo

Fort Myers ㉑

A rriver à Fort Myers en traversant la Caloosahatchee River, c'est l'assurance de découvrir une ville qui rappelle la Floride d'antan. Parallèle au cours du fleuve, le McGregor Boulevard est bordé de palmiers royaux, dont les plus anciens furent plantés par Thomas Edison. C'est d'ailleurs grâce à l'inventeur que Fort Myers, qui n'était alors qu'un petit village de pêcheurs, se fit connaître dans les années 1880.

Visitez la maison d'Edison, mais aussi les magasins et les restaurants du centre-ville, autour de First Street. Un circuit en trolley vous permet de découvrir les principaux sites de la ville. Et quand vous le souhaiterez, vous pourrez profiter des plages voisines.

MODE D'EMPLOI

Carte routière E4. Lee Co. 🚗
46 000. ✈ à 11 km au sud-est.
🚌 2 275 Cleveland Avenue, (800)
231-2222; bus Amtrak, (800) 872-
7245. 🚉 2 310 Edwards Drive,
(239) 332-3624, (800) 366-3622.
🎪 Edison Festival of Lights (fév.).
W www.fortmyers.org

**Les équipements d'origine
du laboratoire de Thomas Edison**

🏛 Edison Winter Home

2 350 McGregor Blvd. 📞 (239) 334-
3614. ◯ t. l. j. ● Thanksgiving,
25 déc. 🏷 ✔ ♿
W www.edison-ford-estate.com
L'Edison Winter Home, résidence du front de mer de l'un des plus célèbres inventeurs américains, fait depuis longtemps la fierté de Fort Myers. C'est en 1886 que Thomas Edison (1847-1931) a fait construire cette propriété. La maison, le laboratoire et les jardins sont tels qu'il les a laissés.

La maison à deux étages et le pavillon des invités comptent parmi les premiers bâtiments préfabriqués des États-Unis. Construits dans le Maine selon les directives d'Edison, ils furent transportés par bateau jusqu'à Fort Myers. La maison, vaste et confortable, est bordée au premier étage de porches qui en assurent la fraîcheur. Les meubles sont presque tous d'époque.

Edison, détenteur de plus de 1 000 brevets, s'intéressait aussi bien aux ampoules électriques qu'au phonographe, l'ancêtre du tourne-disques. Son laboratoire, de l'autre côté du McGregor Boulevard, contient les équipements qu'il utilisa pour ses dernières expériences sur le caoutchouc synthétique. Cette pièce est éclairée par des ampoules à filament de carbone (de son invention), que l'on utilise encore aujourd'hui. Le musée adjacent replace dans leur contexte des phonographes, des objets personnels et une Ford T de 1916 offerte à Edison par Henry Ford.

Edison était aussi un grand horticulteur. Ainsi, les jardins fourmillent de plantes exotiques. L'immense banian, que le magnat des pneus Harvey Firestone lui offrit en 1925, atteint aujourd'hui une circonférence de 120 m.

L'enthousiasme dont les guides de la propriété font preuve et l'étendue de leurs connaissances sont impressionnants.

🏛 Ford Winter Home

2 350 McGregor Blvd. 📞 (941) 334-
3614. ◯ t. l. j. ● Thanksgiving,
25 déc. 🏷 ✔ ♿
À côté de la maison d'Edison se dresse Mangoes, la petite propriété achetée en 1916 par Henry Ford (le ticket couvre la visite des deux sites). Les Ford étaient de grands amis des Edison et ne remirent plus les pieds à Fort Myers après la mort de Thomas Edison en 1931.

Les meubles sont d'époque et les pièces qui ont été reconstituées à l'identique respirent la simplicité qu'affectionnait Clara Ford. Les amateurs de belles voitures apprécieront les anciennes Ford qui sont exposées dans le garage.

🏛 Imaginarium Hands-On Museum and Aquarium

200 Cranford Ave. 📞 (239) 337-
3332. ◯ 10h-17h lun.-sam.,
12h-17h dim. ● Thanksgiving,
25 déc. 🏷 ♿ 🍴
Le musée a de quoi séduire tous les membres de la familles. En effet, ses 60 attractions interactives sont conçues pour tous les âges : vous toucherez un nuage, sentirez la force d'un ouragan ou courrez sous un orage. Le

L'élégant Burroughs Home évoque les temps anciens de Fort Myers

De jeunes visiteurs se promènent dans le Calusa Nature Center

musée comporte aussi une salle de cinéma et un mini-studio de télévision où les enfants peuvent jouer le rôle d'un présentateur de météo. L'aquarium abrite une grande variété de poissons, mais aussi des requins, des tortures, des cygnes et des iguanes.

🏛 Fort Myers Historical Museum

2 300 Peck St. **(** (239) 332-5955.
○ mar.-sam. (fév.-avr., aussi le dim.
🖼 & W www.cityftmyers.com
Installé dans l'ancienne gare, ce musée (qui rappelle l'âge d'or de Fort Myers, quans la ville était un important centre de négoce du bétail) plonge dans l'histoire de la région. Vous y verrez une maquette du Fort Myers de 1900, un wagon privé de chemin de fer des années 1930 ainsi qu'un bombardier P-39, qui s'est écrasé dans Estero Bay dans les années 1940.

🦋 Calusa Nature Center and Planetarium

3 450 Ortiz Ave. **(** (239) 275-3435.
○ t. l. j. **○** Thanksgiving, 25 déc.,
1er janv. **🖼 & W** sur demande.
W www.calusanature.com
Ces 42 hectares sont un excellent moyen de découvrir la flore et la faune du sud-ouest de la Floride, grâce aux pistes qui traversent les mangroves et les bois peuplés de hérons, d'aigrettes et d'ibis. Le musée abrite des salles d'exposition sur les serpents et les alligators. Des visites guidées sont organisées, notamment dans la grande volière et le village séminole. Le centre abrite aussi une pépinière dans laquelle vous pouvez acheter des plantes. Le planétarium propose des spectacles mélangeant les étoiles aux lasers.

AUX ENVIRONS

The Shell Factory, à 6 km au nord de Fort Myers, est un vaste magasin de souvenirs. Vous n'apprécierez pas forcément les bijoux en coquillages. Mais la collection de coraux et de coquillages – qui serait la plus grande du monde – est étonnante. Vous y trouverez aussi des éponges, du bois flotté brut ou sculpté, des peintures, des livres, etc.

Les coquillages de la Shell Factory

🐚 The Shell Factory

2 787 N Tamiami Trail.
((239) 995-2141.
○ t. l. j. 9h-21h. **&**
W www.shellfactory.com

Koreshan State Historic Site ㉒

Carte routière E4. Lee Co. Estero,
23 km au sud de Fort Myers.
((239) 992-0311. **🚌** Fort Myers.
○ t. l. j. **🖼 & 🚫 🅰**
W www.floridastateparks.org

L e Koreshan State Historic Site, qui abritait jadis la secte de Koresh, attire à la fois les mordus de religions obscures et les amoureux de la nature.

En 1894, le docteur Cyrus Teed eut une vision lui intimant de changer son nom en Koresh (Cyrus en hébreu) et d'établir dans le sud-ouest de la Floride une cité utopique dont les rues devaient faire 122 m de large. Il choisit un terrain proche d'Estero River, où les membres de sa secte menèrent une vie communautaire fondée sur l'égalité des droits entre hommes et femmes et sur le partage des biens.

Au lieu des 10 millions d'habitants dont Teed rêvait, cette secte ne compta que 250 membres à son apogée et décrut à la mort de son fondateur, en 1908. En 1961, les quatre derniers adeptes firent don de ce site à la Floride. Les jardins et douze des soixante bâtiments de la secte ont été préservés.

Dans le parc, vous pourrez faire du canoë, camper, pêcher et suivre des visites organisées.

La maison restaurée de Cyrus Teed au Koreshan State Historic Site

La Lee Island Coast ㉓

Sur la Lee Island Coast, vous admirerez à la fois des plages de sable (célèbres par leurs coquillages), des animaux exotiques, une végétation luxuriante et de magnifiques couchers de soleil. La plupart des visiteurs vont sur Sanibel et Captiva Islands pour leurs marinas et leurs terrains de golf. Mais d'autres îles, que l'on apprécie pour leurs plages et leur paysage, sont toutes proches. Vous aurez un très large choix de circuits en bateau pour vous déplacer d'île en île, grâce aux navires dont l'itinéraire est indiqué ci-dessous.

MODE D'EMPLOI

Carte routière D4, E4. Lee Co.
✈ à 24 km à l'est du South West Florida International Airport.
🚌 2 275 Cleveland Ave, Fort Myers, (800) 231-2222. 🛈 1159 Causeway Rd, Sanibel, (239) 472-1080. **Bateaux :** Tropic Star (239) 283-0015 ; Captiva Cruises (239) 472-5300 ; North Captiva Island Club Resort (239) 395-1001.

Des bungalows à Sanibel Island, l'île tranquille

Sanibel et Captiva Islands

Captiva et Sanibel Islands ont un petit air des Caraïbes. Elles sont célèbres par leur qualité de vie, mais aussi par leurs coquillages : la plupart des visiteurs s'adonnent plus ou moins rapidement à leur cueillette. Sanibel ne correspond probablement pas à l'idée que la plupart des gens se font de la vie sur une île. En effet, ses jardins sont méticuleusement entretenus et Periwinkle Way, l'artère centrale de la ville de Sanibel, est bordée de magasins et de restaurants. Heureusement, le paysage n'est pas dénaturé par des immeubles et il existe deux réserves. La plupart des plages publiques bordent Gulf Drive, les plus remarquables étant celles de Turner et de Bowman.

Captiva est moins urbanisée que Sanibel. Vous y trouverez une station balnéaire pittoresque, la South Seas Plantation Resort (p. 308) et sa marina – point de départ des croisières vers Cayo Costa.

✸ Sanibel Captiva Conservation Foundation

Mile Marker 1, Sanibel-Captiva Rd.
☎ (239) 472-2329. ◯ mai-nov. : lun.-ven. ; déc.-avr. : lun.-sam.
🎦 🅖 🅦 www.sccf.org
Cette fondation privée a pour but la protection des marais de Sanibel. Ses 6 km de pistes sont beaucoup plus calmes que celle du «Ding» Darling Refuge. Sa tour d'observation offre un point de vue idéal.

🏛 Bailey-Matthews Shell Museum

3 075 Sanibel-Captiva Rd. ☎ (239) 395-2233. ◯ t.l.j. 🅦 🅖
🅦 www.shellmuseum.org
Visitez ce musée, même si vous n'êtes pas un adepte de la pêche aux coquillages. Sa pièce maîtresse est le Great Hall of Shells, où différents habitats (de la barrière d'îles jusqu'aux Everglades) ont été recréés. Le musée prétend abriter un tiers des 10 000 espèces de coquillages existant dans le monde.

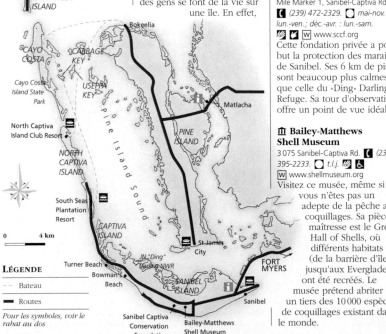

Boca Grande
GASPARILLA ISLAND
Bokeelia
CAYO COSTA
CABBAGE KEY
Cayo Costa Island State Park
USEPPA KEY
Matlacha
North Captiva Island Club Resort
PINE ISLAND
NORTH CAPTIVA ISLAND
Pine Island Sound
South Seas Plantation Resort
CAPTIVA ISLAND
St James City
0 4 km
JN "Ding" Darling NWR
FORT MYERS
Turner Beach
Bowman's Beach
SANIBEL ISLAND
Sanibel

LÉGENDE
– – Bateau
▬ Routes
Pour les symboles, voir le rabat au dos

Sanibel Captiva Conservation Foundation
Bailey-Matthews Shell Museum

🦋 JN «Ding» Darling National Wildlife Refuge

Mile Market 2, Sanibel Captiv Rd. 📞
(239) 472-1100. ○ t.l.j. ● jours
fériés. 🎫 🚻
W www.fws.gov/dingdarling

Ce refuge, qui occupe
les deux tiers de Sanibel, est
la principale attraction de l'île.
Les animaux (ratons laveurs,
alligators, spatules roses, etc.)
sont très faciles à observer.
La végétation se compose
essentiellement de raisins
de mer, de mangroves et
de palmiers. Vous pourrez
parcourir les 8 km de la
«Wildlife Drive» à pied ou
en voiture, ou louer un canoë,
un bateau de pêche ou
un vélo.

Ces yachts ont jeté l'ancre dans la marina de Cabbage Key

Des spatules roses au JN «Ding» Darling National Wildlife Refuge

🦋 Cayo Costa Island State Park

Cayo Costa Island. 📞 (941) 964-
0375. ○ t.l.j. 🎫 ♿ 🅰
W www.floridastateparks.org

Cayo Costa Island est l'une
des îles les mieux préservées
de Floride. La majeure partie
est plantée de pins d'Australie
et de poivriers du Brésil,
qui furent importés dans les
années 50 pour leur bois et
leur ombrage. Aujourd'hui, ils
sont peu à peu abattus pour
laisser la place à des espèces
locales. Vous y trouverez une
plage de dunes de 14 km de
long et, du côté est, plusieurs
mangroves L'intérieur
des terres est un mélange
de pinèdes, de pâturages
et d'hammocks. Les oiseaux
sont faciles à observer et
les coquillages nombreux.
Vous pourrez vous rendre
en bateau à Cayo Costa.
La compagnie Tropic Star
(au départ de Bokeelia, à
Pine Island) offre les rotations
les plus fréquentes. Un train
relie les côtés de l'île et vous
pourrez loger dans l'une des
12 bungalows du camping.

Cabbage Key

C'est sur cette île que
la romancière Mary Roberts
Rhinehart s'est installée en
1938. Sa maison, construite
à l'ombre de deux lauriers
de Cuba âgés de 300 ans,
est aujourd'hui une auberge,
la Cabbage Key Inn, célèbre
par son restaurant orné
de 30 000 billets signés de
un dollar. Le premier fut
laissé par un pêcheur
prévoyant pour payer son
verre lors de son prochain
passage. Mais lorsqu'il revint,
il avait de l'argent et laissa
son billet, qu'il avait signé.
Un château d'eau de 12 m
de haut fournit un très bon
point de vue sur toute l'île.
Les compagnies Tropic Star
(au départ de Pine Island)
et Captiva Cruises (au départ
de Captiva Island) assurent
les liaisons les plus régulières
avec Cabbage Key.

Pine Island

Cette île, où les mangroves
remplacent les plages, sert
surtout de passage vers les
îles voisines. De la marina de
Bokeelia, vous pourrez partir
en bateau dans toutes les
directions. Ne ratez pas les
charmantes jetées de pêche.

LES COQUILLAGES

Junonia

Les plages de Sanibel et de Captiva sont
parmi les plus riches en coquillages de Floride.
Le golfe du Mexique est dépourvu des récifs
qui pourraient les briser. Les eaux sont assez
chaudes et peu profondes et le fond est plat.
Ces conditions sont idéales pour les coquillages.
À l'extrémité sud de Sanibel, la présence d'un
large plateau contribue à les ramener vers le rivage. À
Sanibel, il est interdit de pêcher des coquillages vivants.
Ailleurs, cette activité est soumise à des restrictions. Arrivez
tôt le matin (de préférence, l'hiver ou après une
tempête) et regardez sous la surface sableuse,
là où les vagues se brisent et où les oiseaux
de mer affluent.
Les junonias et les
coquilles Saint-Jacques
sont particulièrement
prisées.

Buccin
de Floride

Limnée

Coquille
Saint-Jacques

Janthine

LES EVERGLADES
ET LES KEYS

L e sud-ouest de la Floride est en grande partie recouvert par les Everglades – ces marécages d'une importance écologique capitale. En revanche, les stations balnéaires sont nombreuses dans les Keys, qui abritent une autre merveille : des récifs coralliens.

Avant l'arrivée des Européens, le sud de la Floride était peuplé de tribus telles que les Calusa et les Matecumbe (*p. 38-39*). À partir du XVIe siècle, les Florida Keys furent peu à peu envahis par des cohortes de colons, de pirates et de pilleurs d'épaves (*p. 289*). Mais l'intérieur des terres, infesté de moustiques, n'a pas été colonisé avant 1850, avec la fondation de Naples.

La première route à désenclaver la région en la reliant aux Atlantic et Gulf Coasts fut la Tamiani Trail, inaugurée en 1928. Les camps de pionniers, tels qu'Everglades City et Chokoloskee, ont à peine changé depuis la fin du XIXe siècle. Ces derniers marquent l'entrée occidentale de l'Everglades National Park. D'une beauté toute particulière, c'est un véritable paradis pour la faune et la flore de la région. Les Keys, un splendide chapelet d'îlots protégés par l'unique barrière corallienne d'Amérique du Nord, s'étendent à l'extrémité sud-ouest de cette péninsule. L'Overseas Railroad de Henry Flagler traversait autrefois les Keys. Mais cette ligne de chemin de fer a disparu et a été remplacée par l'Overseas Highway. Lorsqu'on descend vers le sud, on a l'occasion de vérifier que les Keys sont plus un état d'esprit qu'un simple site géographique. L'Overseas Highway débouche sur la légendaire cité de Key West, une ville où l'esprit de décontraction, propre aux habitants des Keys, inspire la vie quotidienne de tous, gens du coin ou visiteurs.

Cette peinture murale à Key West reflète les origines caribéennes de Bahama Village

◁ **Les mangroves et les îles des Everglades, parcourues par les méandres des canaux qui se mêlent à la mer**

À la découverte des Everglades et des Keys

Naples et Marco Island, au nord-ouest, possèdent les plus belles plages du golfe du Mexique ainsi que d'admirables terrains de golf. De là, vous accéderez facilement aux immenses paysages sauvages de Big Cypress Swamp et de l'Everglades National Park, qui occupent une bonne partie de la région. Les Keys sont célèbres, car l'on peut y pratiquer la pêche et la plongée le long du récif corallien. Islamorada et Key Largo, dans les Upper Keys, offrent de nombreuses possibilités de logement, tandis que Marathon (assez bruyant) et Key West (avec ses bed-and-breakfast pittoresques) sont de bons points de départ pour découvrir les Lower Keys, moins snobs.

L'Overseas Highway est le principal axe routier des Keys

LA RÉGION D'UN COUP D'ŒIL

VOIR AUSSI

• *Hébergement* p. 310-311

• *Restaurants et cafés* p. 328-329 et p. 331

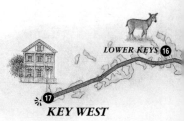

DRY TORTUGAS NATIONAL PARK

KEY WEST

LOWER KEYS ⓰

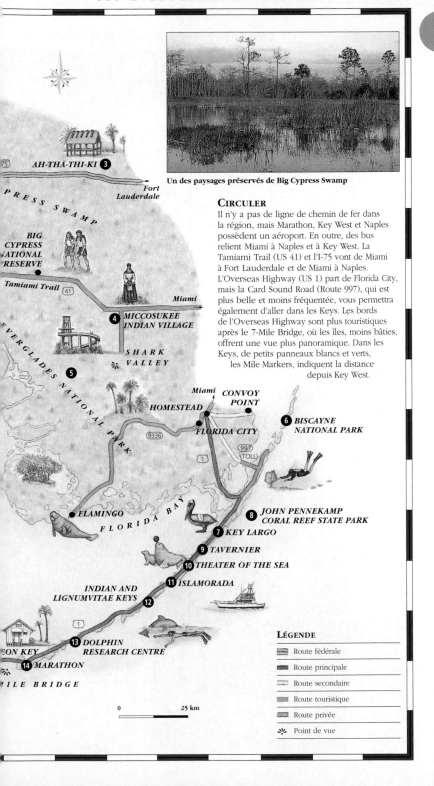

Un des paysages préservés de Big Cypress Swamp

AH-THA-THI-KI ❸

Fort Lauderdale

CIRCULER

Il n'y a pas de ligne de chemin de fer dans la région, mais Marathon, Key West et Naples possèdent un aéroport. En outre, des bus relient Miami à Naples et à Key West. La Tamiami Trail (US 41) et l'I-75 vont de Miami à Fort Lauderdale et de Miami à Naples. L'Overseas Highway (US 1) part de Florida City, mais la Card Sound Road (Route 997), qui est plus belle et moins fréquentée, vous permettra également d'aller dans les Keys. Les bords de l'Overseas Highway sont plus touristiques après le 7-Mile Bridge, où les îles, moins bâties, offrent une vue plus panoramique. Dans les Keys, de petits panneaux blancs et verts, les Mile Markers, indiquent la distance depuis Key West.

CYPRESS SWAMP

BIG CYPRESS NATIONAL RESERVE

Tamiami Trail (41)

Miami

MICCOSUKEE INDIAN VILLAGE ❹

SHARK VALLEY

EVERGLADES NATIONAL PARK

❺

Miami

CONVOY POINT

HOMESTEAD

FLORIDA CITY

(9336)

❻ **BISCAYNE NATIONAL PARK**

(997) (TOLL)

FLAMINGO

FLORIDA BAY

❽ **JOHN PENNEKAMP CORAL REEF STATE PARK**

❼ **KEY LARGO**

❾ **TAVERNIER**

❿ **THEATER OF THE SEA**

⓫ **ISLAMORADA**

INDIAN AND LIGNUMVITAE KEYS

⓬

⓭ **DOLPHIN RESEARCH CENTRE**

ON KEY

⓮ **MARATHON**

ILE BRIDGE

0   25 km

LÉGENDE

Route fédérale

Route principale

Route secondaire

Route touristique

Route privée

Point de vue

Naples

Carte routière E4. Collier Co.
👥 *21 000.* ✈ 🚌 🛈 *2390 Tamiami Trail N, (239) 262-6141.*
W *www.napleschamber.org*

N aples, une station balnéaire riche et plutôt traditionnelle, se prévaut d'un aspect impeccable et de 55 terrains de golf (qui en font la ville de l'État la mieux équipée par rapport au nombre d'habitants). Le centre-ville, qualifié d'historique, date du début du siècle. C'est un lieu charmant avec ses bâtiments aux couleurs pastel. La plupart des maisons du XIXᵉ siècle ont été détruites en 1960 par l'ouragan Donna ainsi que la jetée datant de 1887. Reconstruite en 1961, c'est aujourd'hui un endroit apprécié par les pêcheurs et… par les pélicans.

Le **Collier County Museum**, qui présente une reconstitution d'un village séminole, résume l'histoire locale. Ses expositions comprennent d'anciens objets indiens et d'autres liés aux premiers pionniers et à la construction de la Tamiami Trail (l'US 41), sur laquelle se trouve bâti le musée.

16 km de plage de sable sont bordés d'immeubles en copropriété. D'accès facile, on peut y nager en sécurité dans les eaux chaudes du golfe du Mexique.

La plage et la jetée de Naples qui s'étend le long du golfe du Mexique

🏛 **Collier County Museum**
3301 Tamiami Trail E. ☎ *(239) 774-8476.* ◯ *9h-17h lun.-ven., 9h-16h.dim.* ● *jours fériés.* ♿
W *www.colliermuseum.com*

Aux environs
Marco Island, l'île la plus septentrionale de l'archipel des Ten Thousand Islands, est une station balnéaire depuis les années 60. C'est un bon point de départ pour découvrir l'ouest des Everglades *(p. 272).* On y a exhumé des sites archéologiques remontant à 3 500 ans. Les vestiges de tumulus en coquillages et en os témoignent du mode de vie des indiens Calusa *(p. 38-39),* les premiers occupants de la région.

Big Cypress Swamp ❷

Carte routière E4. Collier Co, Monroe Co.

A ccueillant des centaines d'espèces d'animaux en voie de disparition, telle la panthère de Floride *(p. 123),* ce vaste bassin marécageux comprend des habitats diversifiés, qui varient selon leur altitude : îles sableuses, prairies sèches ou humides et hammocks de feuillus *(p. 273).* Un tiers du marais est recouvert de cyprès, qui poussent en longues rangées étroites. C'est à la longueur de ces rangées par rapport à la taille des arbres que se rapporte le nom de cette région.

À la saison humide, l'eau de toute la région des Everglades s'accumule dans les marais. C'est également une zone tampon pour l'Everglades National Park *(p. 272-277).* Terminée en 1928, la Tamiami Trail (ou US 41), qui traverse tout le marais, a désenclavé la région. Cette route longe les Everglades, de Tampa à Miami, d'où son nom. Aujourd'hui, des voix s'élèvent contre son tracé qui entrave la libre circulation de l'eau et des animaux, mettant en cause l'équilibre fragile de cet écosystème unique du sud de la Floride.

Big Cypress National Preserve est la plus grande

Ce chemin traverse Fakahatchee Strand, à Big Cypress Swamp

LES SÉMINOLES DE FLORIDE

Le mot séminole (qui signifie «vagabond» ou «fuyard») désigne depuis le début du XVIIIe siècle les Indiens de différentes tribus creek. Ces dernières, chassées par les colons en quête de terres, fuirent le sud de la Floride et arrivèrent dans les Everglades (p. 45). Aujourd'hui, les Séminoles et les Miccosukee sont officiellement distincts, même s'ils appartiennent tous deux au peuple séminole. En 1911, le gouvernement américain a donné une réserve aux Indiens de Floride. Les Séminoles y ont maintenu leurs traditions, tout en s'adaptant à la vie moderne. Ainsi, ils ont récemment ouvert des salles de bingo (p. 133) afin d'augmenter leurs revenus.

Des Séminoles européanisés à la fin du XIXe siècle

Un nid de tantales d'Amérique, au Corkscrew Swamp Sanctuary

réserve des Everglades. Mais sa taille la rend difficile à explorer. La plupart des visiteurs profitent du point de vue de l'US 41 ou s'arrêtent à l'Oasis Visitor Center.

À l'extrémité ouest des marécages s'étend la **Fakahatchee Strand Preserve State Park,** l'un des sites les plus sauvages de Floride. Un large fossé de drainage de 5 à 8 km de large s'étend sur 32 km de long.

Dans les années 50, on a cessé d'abattre des arbres dans la région. Mais 99 % des cyprès avaient déjà disparu. De très vieux spécimens (600 ans) se trouvent à Big Cypress Bend. Une petite piste serpente entre des orchidées et la plus grande plantation de palmiers royaux des États-Unis. La route 846, qui va vers le nord-est depuis Naples,

dessert l'**Audubon of Florida's Corkscrew Swamp Sanctuary**. Un sentier de 3 km traverse des paysages végétaux, dont la plus grande plantation de cyprès des États-Unis. Riche en espèces d'oiseaux, c'est un lieu de nidification pour les tantales d'Amérique.

🦅 Big Cypress National Preserve
Oasis Visitor Center, US 41. 📞 (239) 695-1201. ⏱ t.l.j. ⬤ 25 déc. ♿
🌐 www.nps.gov/bicy

🦅 Audubon of Florida's Corkscrew Swamp Sanctuary
375 Sanctuary Rd, de la route 846. 📞 (239) 348-9151. ⏱ t.l.j. 📷 ♿
🌐 www.corkscrew.audubon

🦅 Fakahatchee Strand State Preserve
Big Cypress Bend, US 41. 📞 (239) 695-4593. ⏱ t.l.j. ♿

Ah-Tha-Thi-Ki Museum ❸

Carte routière F4. Hendry Co. Snake Rd, à 27 km au nord de la sortie 14 sur l'I-75. 📞 (863) 902-1113. ⏱ 9h-17hmar.-dim. ⬤ jours fériés. 📷 ♿
🌐 www.seminoletribe.com/museum

Ce musée est situé sur les 26 ha de la Big Cypress Seminole Reservation. Le premier bâtiment et le chemin de promenade ont ouvert en 1997. D'autres zones d'exposition sont en projet. Ce musée est consacré à la culture séminole. Ah-Tha-Thi-Ki signifie en effet «un lieu où apprendre». Un film, projeté sur cinq écrans, offre une image panoramique à 180°.

Miccosukee Indian Village ❹

Carte routière F5. Dade Co. US 41, 25 miles (40 km) à l'ouest de Florida Turnpike 📞 (305) 223-8380. ⏱ t.l.j. 📷 ♿ 🌐 www.miccosukeetribe.com

La plupart des Indiens Miccosukee vivent au bord de l'US 41. La meilleure façon de mieux les connaître est de visiter le Miccosukee Indian Village, situé près de Shark Valley (p. 273).

Vous pourrez voir des *chickees* traditionnels (p. 28) et des démonstrations d'artisanat : poupées en feuilles de palmiers, vannerie et bijoux en perles. Il y a aussi un petit centre culturel et un restaurant, où vous goûterez le «swamp fare» : pain de maïs, queues d'alligator et cuisses de grenouilles.

Objets artisanaux en vente dans le Miccosukee Indian Village

L'Everglades National Park ❺

Garde forestier

C e parc immense (566 580 ha) couvre 1/5 de la superficie des Everglades. Son entrée principale est située à l'extrémité est, à 16 km à l'ouest de Florida City. Les sentiers font environ 800 m de long; ils sont le plus souvent surélevés et clairement indiqués. Certains sont cyclables. Vous pourrez louer un bateau ou un canoë ou faire une croisière.

Le parc comprend un hôtel, un camp et des *chickees (p. 28)*, qui ne sont souvent accessibles que par canoë. Si vous souhaitez camper en pleine nature, vous devrez payer un forfait peu élevé. Ce dernier se prend dans les stations de rangers à Everglade City ou à Flamingo mais vous ne pourrez réserver que 24 heures à l'avance.

Chokoloskee
Sur cette petite île, on peut prendre le bateau qui relie l'archipel des Ten Thousand Islands aux côtes ouest du parc.

Whitewater Bay
À cet endroit, la rencontre des eaux douces des Everglades et des eaux salines du golfe du Mexique et de la Florida Bay donne des criques soumises à la marée et des lacs peu profonds.

GOLFE DU MEXIQUE

CONSIGNES DE SÉCURITÉ

Il est impératif de se protéger des insectes, surtout en été. Suivez les conseils des gardes forestiers et lisez les panneaux d'information, tout en respectant la nature. N'oubliez pas que les alligators se déplacent vite sur la terre ferme et que certains arbres, certaines chenilles et certains serpents sont venimeux. Si vous vous éloignez des pistes, informez les autorités de votre intention. Roulez lentement : vous rencontrerez de nombreux animaux sur la route.

Serpent corail

0   15 km

Faire du canoë dans les Everglades
Tout au long de la côte ouest et autour de la Florida Bay, les occasions d'explorer les plans d'eau du parc ne manquent pas. Les circuits proposés peuvent atteindre une semaine sur le Wilderness Waterway.

Shark Valley

*Vous pourrez
suivre une visite
guidée en petit
train ou faire ces
25 km à vélo.
Tout au bout se
dresse une tour
de 18 m de haut.*

Anhinga Trail

*Partant du
Royal Palm Visitor
Center, c'est l'une des
pistes les plus prisées
du parc. Elle doit son
nom à un oiseau qui
aime sécher ses plumes
au soleil après avoir plongé
pour pêcher.*

MODE D'EMPLOI

Carte routière E4, E5, F5. Monroe
Co, Dade Co. ⬤ *t.l.j.* **ℹ** *les
visitor centers sont ouverts t.l.j.
de déc. à avr. Sinon, appelez pour
vérifier.* **Main Visitor Center**
📞 *(305) 242-7700.* ⬤ *t.l.j.
8h-16h30.* **Gulf Coast Visitor
Center** *(à Everglades City)*
📞 *(239) 695-3311; croisières et
location de canoë : (239) 695-
2591.* ⬤ *8h-16h30.* **Shark
Valley Information Center**
📞 *(305) 221-8776 ; réservation
de circuits en train et location
de vélo (305) 221-8455.*
⬤ *8h30-16h.* **Royal Palm Visitor
Center** **📞** *(305) 242-7700.*
⬤ *8h-16h30.* **Flamingo Visitor
Center** **📞** *(239) 695-2945 ;
location de bateau ou de vélo,
(239) 695-3101.* ⬤ *8h30-17h.*
♿ *la plupart des pistes sont
accessibles. (305) 242-7700.*
A *(800) 365-2267 (réservation).*
W *www.nps.gov/ever*

LÉGENDE

▢	Mangrove
▢	Prés salés
▢	Cyprès
▢	Prairie d'eau douce
▢	Fossé d'eau douce
▢	Pinède
▢	Hammock
▬	Wilderness Waterway
▬	Limite du parc
▬	Route pavée
=	Route fermée au public
ℹ	Centre d'information
🔖	Entrée
A	Camping
🚘	Station-service

Shark Valley
ℹ 🔖 🚘

Chekika 🔖   SW 168th
St

997

Homestead

1

MIAMI

Entrée
principale
ℹ 🔖

Florida
City

Pa-hay-okee
Overlook

Long Pine
Key   A

Royal Palm
ℹ

(PÉAGE)

Mahogany
Hammock

1

KEY LARGO

TEWATER

9336

KEY LARGO

Flamingo
ℹ A 🚘

*FLORIDA
BAY*

Flamingo propose le seul
ôtel du parc et un grand
amping. On y fait aussi de
a randonnée et du canoë.

Mahogany Hammock Boardwalk

*Cette piste serpente à travers un
vaste et dense hammock d'arbres
tropicaux. Elle abrite des épiphytes
(p. 276), des escargots colorés
(p. 275) et le plus grand
acajou du pays.*

La faune et la flore des Everglades

L es Everglades forment un vaste système de rivières et de marais, qui servent de déversoir au lac Okeechobee *(p. 124)*, dont le lit plat en calcaire est recouvert de tourbe. Ce lac fait environ 322 km de long, 80 de large et au maximum 9 m de profondeur.

Les courants aériens et maritimes tropicaux ont engendré, dans cette zone tempérée, une flore unique en Amérique du Nord. Des îlots de végétation – dômes de cyprès *(p. 23)*, hammocks d'espèces ligneuses et bayheads (îlots bas) – ponctuent les grandes prairies de laîche. Les Everglades disposent d'une faune particulièrement riche (400 espèces d'oiseaux). La stabilité de cet écosystème unique repose sur le cycle des saisons sèches (en hiver) et humides (en été), qui représente toute la force vitale de cette région.

Le balbuzard
Cet oiseau piscivore vit sur les côtes, dans les baies et les mares du parc. On reconnaît aisément son grand nid.

Le figuier étrangleur se reproduit grâce aux oiseaux qui transportent ses graines sur d'autres arbres. Lorsqu'il grandit, il étouffe son hôte.

La grenouille verte
Ce charmant amphibien a un cri retentissant, qui résonne dans tous les Everglades.

La grande aigrette a un très beau plumage lorsqu'elle couve, des pattes jaunes et un bec noir.

Broméliacées *(p. 276)*

Laurier-sauce

Certains hammocks (les bayheads) sont principalement plantés de lauriers-sauce.

LES HAMMOCKS
Les hammocks situés dans des prairies forment des îlots surmontés d'un arbre Ils abritent une faune et une flore très variées.

Myrica

Laîche

Roseaux des étangs

Iris des marais

Utriculaires

Nénuphars

Les trous d'alligator
À la saison sèche, les alligators creusent pour atteindre l'eau présente dans le sous-sol. En hiver, cette poche d'eau assure la survie de nombreuses espèces.

L'alligator d'Amérique
Avec sa dentition impressionnante, l'alligator est l'un des animaux les plus redoutables du parc.

Palmier royal

Le grand héron bleu
Omniprésent en Floride, cet échassier a une envergure de 2 m. En Floride du Sud, son plumage est parfois blanc.

La spatule rose
Cet oiseau étonnant pêche dans les eaux peu profondes grâce à son bec en forme de spatule.

L'acajou
est l'une des espèces originaires des Antilles qui prospèrent dans les hammocks.

Le gumbo limbo
a une écorce rouge qui pèle, d'où son surnom d'«arbre à touriste».

Palmier nain

Cendrière

Les palétuviers se distinguent par leurs racines en partie immergées. À l'aise dans l'eau de mer, ils protègent le rivage et servent de pouponnière aux animaux marins.

'escargot coloré
l existe 58 espèces de es escargots colorés, qui ivent sur les hammocks t ne se déplacent qu'à a saison des pluies.

La loutre
Cousin de la belette, cet animal charmant s'ébat souvent dans les mares d'eau douce.

À la découverte de l'Everglades National Park

Les touristes consacrent souvent une seule journée à la visite de l'Everglades National Park. Pourtant, une des excursions les plus intéressantes emprunte plusieurs circuits le long de Main Park Road (sur la route 9336). Essayez les circuits le moins fréquentés, situés au sud de la route reliant Mahogany Hammock à Flamingo. Les panneaux vous renseigneront sur la flore et la faune. N'oubliez pas de vous munir de crèmes insectifuges et de protection contre le soleil.

Long Pine Key abrite un charmant camping et des pistes ombragées

Gardes forestiers et visiteurs étudiant la faune et la flore

Autour du Royal Palm Visitor Center
Le Royal Palm Visitor Center, très didactique, et deux circuits tout proches sont implantés sur le site du premier parc fédéral de Floride, créé en 1916. Les eaux de l'**Anhinga Trail,** qui traversent Taylor Slough, sont plus profondes que ses alentours. Durant l'hiver plus sec, les animaux y affluent. Le terrain dégagé permet de faire de belles photos et il est dénué d'insectes. En revanche, l'exposition au soleil peut être dangereuse. Au début de la piste, les alligators se réunissent dans des cavités souterraines *(p. 274).* On peut aussi voir des cerfs, des ratons laveurs et des anhingas.

La **Gumbo Limbo Trail,** ombragée, est un paradis pour les moustiques, même en hiver. Mais si vous vous limitez à la moitié est du parc, vous pourrez voir un hammock d'espèces tropicales. Cherchez les broméliacées, les épiphytes parents de l'ananas, qui poussent sur d'autres végétaux. Mais ceux-ci ne sont pas des parasites puisqu'ils trouvent leur nourriture dans l'air. Vous pourrez aussi admirer des orchidées et des gumbos limbos *(p. 275).*

Des broméliacées sur un acajou

Long Pine Key
Cette partie du parc tient son nom d'une vaste pinède, unique en Floride du Sud. Son bois, insectifuge et imputrescible, fut longtemps utilisé pour la construction. Mais les pinèdes ne survivent que grâce aux incendies, sans lesquels elles sont remplacées par des feuillus. Comme les routes et les canaux stoppent la progression des flammes, les employés du parc déclenchent eux-mêmes des feux qui régénèrent les pins.

Le camping, implanté sur un site magnifique, attire de nombreux visiteurs à Long Pine Key. Plusieurs pistes ombragées en partent. Quant à la Pinelands Trail (800 m de long), elle est située à 3 km à l'ouest. Ne vous éloignez pas des pistes : la pluie creuse des trous profonds et difficilement décelables dans le sol calcaire.

LES CIRCUITS AUTOUR DE FLAMINGO

En règle générale, les itinéraires de canoë permettent d'échapper aux insectes, surtout en été, alors que les sentiers de randonnée pédestre sont nettement plus agréables en hiver.

LÉGENDE

-- Sentier de randonnée

-- Sentier de canoë

━━ Route pavée

══ Route non stabilisée

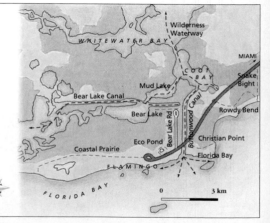

De Pa-hay-okee à Flamingo

Pa-hay-okee Overlook domine une vaste prairie de laîche, le paysage caractéristique des Everglades. De la tour, on observera la lumière changeante des débuts de soirée. Des bosquets rompent la ligne d'horizon. Échassiers, chouettes et buses des coquillages (qui se nourrissent uniquement d'escargots) prolifèrent dans cette prairie où poussent également roseaux des étangs et plantes des marais.

Vue d'une prairie de laîche depuis Pa-hay-okee Overlook

La **Mahogany Hammock Trail** (p. 273) débouche sur l'un des plus grands hammocks du parc. La zone qui l'entoure est réputée pour la diversité de ses espèces animales et végétales : les broméliacées sont magnifiques et la végétation est particulièrement dense durant les mois humides d'été.

Les pistes et les mares situées entre Mahogany Hammock et Flamingo (notamment West Lake Trail et Snake Bight Trail qui aboutit à Florida Bay) attirent moins de visiteurs, en dépit de leur richesse.

Les résidences de **Flamingo** sont édifiées à 60 km de l'entrée principale du parc. À la fin du XIXe siècle, Flamingo était un poste avancé et un territoire pour chasseurs et pêcheurs. Aujourd'hui, seuls quelques employés du parc y vivent encore toute l'année. Proche de Florida Bay, Flamingo offre pourtant un vaste choix d'activités : randonnées, pêche, bateau ou observation des animaux, etc. Passez donc une nuit au camping ou dans un bungalow, surtout si vous voulez observer des oiseaux, plus nombreux le matin tôt ou en fin d'après-midi.

La baie et les criques qui entourent Flamingo sont peuplées de lamantins (p. 236) et de crocodiles d'Amérique, en voie de disparition. Ces derniers se distinguent des alligators par leur cuir gris-vert et par leurs dents qui restent visibles lorsqu'ils ferment la bouche. Mais vous aurez peu de chances d'en voir un.

Au Visitor Center de Flamingo, vous serez informé de la vie sauvage et sur activités organisées par les gardes forestiers (débats, spectacles et randonnées).

Biscayne National Park ❻

Carte routière F5. Dade Co. 9 700 SW 328th St, Convoy Point. 🚇 *Miami.* 🚌 *Homestead.* ☎ *(305) 230-7275.* ⬜ *t. l. j.* 🌙 *25 déc.* **Visitor Center** ⬜ *9h-17h.* **Croisières** ☎ *(305) 230-1100.* ♿ ⛺ 🌐 www.nps.gov/bisc

Une mangrove très dense protège le rivage du Biscayne National Park, qui englobe les îles les plus septentrionales des Keys. La principale attraction du parc est un récif corallien, peuplé de 200 espèces de poissons tropicaux. La barrière d'îles étant préservée, le corail est encore plus sain et les eaux encore plus limpides que dans les parcs sous-marins situés plus au sud, près de Key Largo.

Vous pourrez faire un tour dans un bateau à fond transparent ou faire de la plongée en partant du Visitor Center (mieux vaut réserver).

Coraux et poissons tropicaux au Biscayne National Park

LES EVERGLADES MENACÉS

L'intérieur de l'Everglades National Park est très bien préservé. Mais les menaces viennent de l'extérieur. Depuis sa création en 1947, les problèmes les plus graves du parc concernent l'état de l'eau, car les besoins de l'écosystème des Everglades et de la population de Floride ne sont pas compatibles. Les canaux d'irrigation et les routes bouleversent le flux naturel de l'eau depuis le lac Okeechobee (p. 124). Le drainage du sol destinée

Près des Everglades, l'agriculture utilise de grandes quantités d'eau

à la culture nuit aussi à la faune et à la flore. Dans le centre de la Floride, l'agriculture utilise beaucoup d'eau et d'engrais, qui stimulent la croissance de la végétation des marais et les poissons absorbent du mercure, que l'on retrouve dans la chaîne alimentaire.

Key Largo 7

Carte routière F5. Monroe Co. 👥 *16 000.* 🚌 [i] *MM 106, (305) 451-1414, (800) 822-1088.* **African Queen** ☎ *(305) 451-4655.* [W] www.keylargochamber.org

Cette île, la plus grande de l'archipel des Keys, fut la première à être habitée. Baptisée « longue île » par les Espagnols, c'est aujourd'hui un site très animé (surtout le week-end), avec la venue des habitants de Miami.

La plupart des visiteurs viennent ici pour faire de la plongée sous-marine le long du récif de corail qui s'étend au large, au John Pennekamp Coral Reef State Park et au National Marine Sanctuary.

Mais Key Largo est également le port d'attache de l'*African Queen,* le bateau du film éponyme (1951) de John Huston. On peut désormais y faire de courtes croisières (quand le bateau n'est pas en rénovation). Il est amarré au MM 100, à proximité d'un bateau-casino. Ce dernier propose un genre de périple totalement différent : celui des jeux d'argent *(p. 338).*

Ornement précieux au Maritime Museum

On raconte qu'un mystérieux et ancien gouvernement vivrait dans les mangroves et qu'il en sortirait en cas de menace de l'équilibre écologique. Ses victoires au fil des années sont le retour à l'état sauvage de terres promises au développement. La plupart des marécages, des mangroves et des plages de Floride ont été conquises par l'homme qui y a édifié des immeubles. Heureusement de nombreux citoyens luttent pour protéger le délicat écosystème de la Floride.

John Pennekamp Coral Reef State Park 8

Carte routière F5. Monroe Co. MM 102.5. 🚌 *Key Largo.* ☎ *(305) 451-1202.* 🕐 *t.l.j.* 🎫 ♿ *limité.* [W] www.floridastateparks.org

Seuls 5 % de ce parc sont situés sur la terre ferme. On y trouve un bureau d'informations, un petit musée consacré à l'écologie du récif, trois sites de baignade et des pistes forestières. Mais ce parc est surtout connu pour ses fabuleux fonds sous-marins, à 5 km à l'est de Key Largo. Le récif présente des couleurs vives et des formes extraordinaires.

Vous pourrez louer aussi bien un canoë, un canot, un bateau à moteur ou un équipement de plongée. De même, on vous proposera des croisières sous-marines et une école dispense des cours de plongée. Enfin, pour ceux qui veulent rester au sec,

Le récif corallien de Floride

Le seul récif corallien vivant d'Amérique du Nord s'étire le long des Keys, de Miami à Dry Tortugas, sur 320 km. Cet écosystème complexe et extrêmement délicat protège les îles des tempêtes et des vagues venues de l'océan Atlantique. Il faut des milliers d'années à des millions de minuscules organismes marins, les polypes pour créer un récif corallien. Situé entre 3 et 18 m de profondeur, le récif est un réseau fort complexe de failles et de cavités où vivent une multitude de plantes et d'animaux, dont plus de 500 espèces de poissons.

La murène verte, malgré son air menaçant, est généralement inoffensive

Les éventails de mer sont des coraux mous, sans squelette

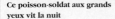

Ce poisson-soldat aux grands yeux vit la nuit

Légende des coraux

1 Corail lisse à astérine
2 Éventail de mer
3 Corail à fleurs
4 Corail elliptique à étoiles
5 Baguette de mer
6 Corail à piliers
7 Corail orange en tube
8 Corail en corne d'élan
9 Corail cerveau
10 Corail en bois de cerf
11 Corail à grandes fleurs
12 Plume de mer

Un plongeur et une langouste au John Pennekamp Coral Reef State Park

Tavernier ❾

Carte routière F5. Monroe Co. 🏠
2 500. 🚹 MM 192, (305) 451-1414.

L a ligne de chemin de fer
de Henry Flagler *(p. 46-
47)* est arrivée dans cette
zone des Keys en 1910. Des
bâtiments datant des années
20 et 30 sont regroupés dans
les environs de MM 92.
Le Tavernier Hotel est le seul
d'entre eux qui soit ouvert
au public.
    La grande attraction de
Tavernier est le **Florida Keys
Wild Bird Rehabilitation
Center**. On y soigne
des oiseaux victimes de la
négligence des hommes
(conducteurs ou pêcheurs).
Ils récupèrent dans des cages
spacieuses et tranquilles,
qui contrastent avec
le brouhaha régnant
dans le reste de l'île.

**✕ Florida Keys Wild Bird
Rehabilitation Center**
MM 93.6. 📞 *(305) 852-4486.*
⭘ *t.l.j.* ♿ Ⓦ www.fkwbc.org

un bateau à fond transparent
vous emmène en excursion,
principalement au Key Largo
National Marine Sanctuary (près
du Florida Keys National Marine
Sanctuary, à 5 km au large).
    Certaines parties du récif
sont plus particulièrement
appréciées des plongeurs,
comme, par exemple, les
eaux peu profondes du White
Bank Dry Rocks, très riches
en coraux multicolores et en
poissons tropicaux. Tout près,

Molasses Reef intéresse à
la fois les plongeurs et ceux
qui ne sont équipés que d'un
tuba. Ils y rencontreront une
myriade de poissons :
lutjanides et anges de mer.
Plus au nord, vers le French
Reef, ils pourront admirer des
cavernes remplies de bancs
de poissons. À Key Largo Dry
Rocks, une statue (le *Christ of
the Deep*) immergée à 6 m
de fond permet de faire des
photos plutôt étonnantes.

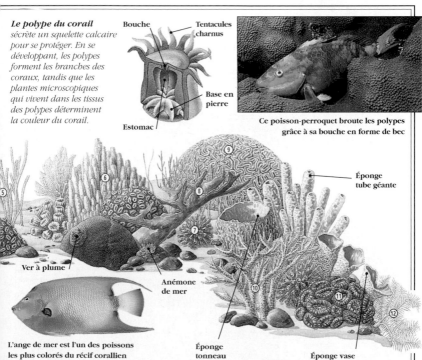

Le polype du corail
sécrète un squelette calcaire
pour se protéger. En se
développant, les polypes
forment les branches des
coraux, tandis que les
plantes microscopiques
qui vivent dans les tissus
des polypes déterminent
la couleur du corail.

Bouche

Tentacules
charnus

Base en
pierre

Estomac

Ce poisson-perroquet broute les polypes
grâce à sa bouche en forme de bec

Éponge
tube géante

Ver à plume

Anémone
de mer

Éponge
tonneau

Éponge
vase

L'ange de mer est l'un des poissons
les plus colorés du récif corallien

Theater of the Sea ⑩

Carte routière F5. Monroe Co. MM 84.5. ▮ (305) 664-2431. ▮ t.l.j. ▮ ▮ ▮ www.theaterofthesea.com

W indley Key abrite le Theater of the Sea qui fut en 1946 le deuxième parc aquatique de Floride. Installé dans une carrière créée lors de la construction du chemin de fer de Henry Flagler *(p. 46-47)*, ce parc est célèbre par ses spectacles de dauphins et d'otaries. Vous pourrez aussi découvrir les lagons en bateau et vous inscrire à des programmes comme «Trainer for a Day».

La Dolphin Adventure est un spectacle de deux heures qui offre l'occasion de nager avec des dauphins. Il est conseillé de réserver longtemps à l'avance.

Des pêcheurs pavoisent au Whale Harbor Marina d'Islamorada

Islamorada ⑪

Carte routière F5. Monroe Co. ▮ 8 500. ▮ ▮ MM 82.5, (800) 322-5397. ▮ www.islamoradachamber.com

I slamorada (prononcez «Aïe-leu-mo-rada»), qui se targue d'être «la capitale mondiale de la pêche», comprend sept îles. Ses eaux sont le royaume de la pêche au gros.

Whale Harbor Marina, dans la ville d'Islamorada, sur Upper Matecumbe Key, accueille d'impressionnants navires de pêche dans ses hauts fonds. Les excursions s'adressent à tous : même si vous n'êtes pas un pêcheur chevronné, vous passerez une demi-journée agréable en

mer. Le Hurricane Monument, de style Art déco est dédié aux 500 victimes d'un raz de marée causé par un ouragan en 1935 *(p. 24)*.

Indian et Lignumvitae Keys ⑫

Carte routière F5. Monroe Co. ▮ Islamorada. ▮ Lower Matecumbe Key. ▮ Islamorada, (800) 322-5397.

C es îles, situées de part et d'autre d'Ocean Highway ne sont pas habitées.

Indian Key a une histoire très riche pour sa taille. D'abord campement indien, elle fut colonisée en 1831 par le capitaine J. Houseman, un pilleur d'épaves professionnel *(p. 289)*. En vrai patriarche, il dirigea une communauté, qui fut décimée en 1840 par les Indiens. Seules les limites et les citernes du village sont encore visibles au milieu de plantes rampantes, impressionnantes par leur variété et la rapidité de leur croissance. Depuis la tour d'observation, on a une vue splendide sur l'île.

Lignumvitae Key, que l'on visite en compagnie d'un garde forestier, est d'un grand intérêt botanique avec ses 133 espèces d'arbres, dont celle qui a donné son nom à l'île : un arbre à fleurs bleues qui vit jusqu'à 1 000 ans. Une partie de la flore aurait 10 000 ans d'existence. Parmi les animaux les plus marquants, on peut voir des escargots colorés *(p. 275)* et d'énormes araignées. Prenez garde aux moustiques, surtout l'été.

Des dauphins jouent dans les eaux du Dolphin Research Center

Dolphin Research Center ⑬

Carte routière E5. Monroe Co. MM 59. ▮ (305) 289-1121. ▮ t.l.j. ▮ jours fériés. ▮ ▮ ▮ www.dolphins.org

L e Dolphin Research Center, à Grassy Key, est une association à but non lucratif qui étudie le comportement des dauphins. Mais ce centre est aussi un lieu de repos pour les dauphins malades ou blessés et pour ceux qui ont vécu dans des parcs d'attractions.

Le centre propose des expositions, des circuits pédestres autour du lagon et des programmes comme le «Dolphin Encounter» au cours duquel vous nagerez aux côtés de ces adorables mammifères marins. Il est indispensable de réserver, et ce seulement à partir du premier jour du mois précédant votre visite.

La tour d'observation et les ruines des citernes d'Indian Key

Pêcher dans les Keys

La Floride du Sud comprend trois principales zones de pêche . Près du Gulf Stream (un courant maritime chaud), les espèces des grands fonds abondent, en particulier le marlin. Les conditions y sont excellentes pour la pêche en eaux profondes. Les eaux de la côte atlantique, notamment celles comprises dans le récif corallien, sont peuplées de poissons tropicaux, tels les lutjanides et les mérous. Au nord des Keys, les hauts fonds du golfe regorgent de gros poissons, comme les tarpons. Islamorada, Marathon et Key West sont les principaux ports de pêche de la région. La plupart des marinas louent des bateaux. Quels que soit votre budget, votre niveau ou vos goûts, vous trouverez une solution. Augmentez vos chances en vous inscrivant à une partie de pêche ou en engageant un guide. On pêche toute l'année dans les Keys, les espèces variant avec le temps et les saisons.

Un appât

MER CONTRE RIVIÈRE

La pêche en haute mer évoque la figure de Hemingway exhibant ses trophées. La location d'un bateau est assez chère. Mais vous pouvez aussi pêcher dans l'arrière-pays, tranquille et touristique, où, avec un peu d'habileté, vous ferez de nombreuses prises.

Ces bateaux à fond plat sont menés à la perche, car les algues pourraient s'emmêler dans les hélices.

Ces pêcheurs sont retenus par un harnais pour ne pas être emportés par les gros poissons.

Les magasins de pêche sont nombreux le long d'Overseas Highway et dans les marinas. Ils vendent et louent des équipements et des permis (p. 341), mais proposent aussi les services d'un guide et des croisières de pêche.

Les gros poissons constituent d'excellents trophées. Certains restaurants de la région nettoient et cuisinent vos prises. Mais pour un souvenir plus durable, faites appel à un taxidermiste (p. 341).

Les parties de pêche sont un moyen économique de pêcher autour du récif. Le prix inclut généralement un permis de pêche, l'équipement et les appâts.

Le Boot Key Harbour de Marathon et, au loin, le 7-Mile Bridge

Marathon ⑭

Carte routière E5. Monroe Co.
🏙 13 000. ✈ ℹ MM 53.5;
(305) 743-6555.
W www.floridakeysmarathon.com

M arathon fut à l'origine
baptisée Vaca («vache»)
Key par les colons
espagnols, sans
doute à cause des
lamantins ou
vaches de mer
(p. 236) qui vivaient
au large. Son nouveau
nom lui fut attribué
par les ouvriers de
l'Overseas Railroad
(p. 267).

    Cette île est le cœur
des Middle Keys.
Très urbanisée, elle n'offre
qu'une succession de centres
commerciaux et de stations-
service. Mais Marathon est
entourée de sites de pêche.
Les plus intéressants se
trouveraient, dit-on, sous
les ponts où se mêlent les
eaux de l'océan Atlantique
et du golfe du Mexique.

    Les passionnés de pêche
ont le choix entre de
nombreuses techniques
(p. 281), notamment la pêche
au harpon (illégale dans
les Upper Keys, mais pas ici)
et la pêche à la ligne depuis
la jetée, la plus longue du
monde (c'est-à-dire les 3 km
restants de l'ancien 7-Mile
Bridge) selon les résidents
de Marathon.

    Il existe aussi des
résidences balnéaires et
de petites plages, souvent
artificielles, accessibles au sud
depuis Overseas Highway.

Le **Crane Point
Hammoc** vaut le détour.
Ces 26 hectares de forêt
tropicale et de mangroves
comprennent des pistes
naturelles et une maison
traditionnelle inspirée du
style des Bahamas
(p. 287). Elle est bâtie
en tabby, un béton artisanal
composé de coquillages
brûlés et de coraux.
Pour entrer dans le
hammock, il faut
passer par le
**Museum of Natural
History of the
Florida Keys,**
ouvert en 1991.
Cette collection,
conçue pour les enfants,
explique l'histoire, la géologie
et l'écologie des îles.

**Décor au Crane
Point Hammock**

🏛 **Museum of Natural
History of the Florida Keys**
MM 50.5. ℂ (305) 743-9100.
◯ *t.l.j.* ● *25 déc.* 🖼 ⛓
W www.cranepoint.org

Pigeon Key ⑮

Carte routière E5. Monroe Co.
MM 47.5, par l'ancien 7-Mile Bridge.
ℂ (305) 289-0025. ◯ *t.l.j.* 🖼 ⛓
W www.pigeonkey.org

C ette petite île servit de
base pour la construction
du chemin de fer 7-Mile
Bridge de Flagler, décrit par
certains comme la huitième
merveille du monde en 1912.
Utilisées à l'origine par les
équipes de construction et de
maintenance, sept structures
en bois appartiennent à une
fondation marine de
recherche et d'éducation.
C'est l'un des derniers villages
datant de la construction
du chemin de fer.

    La Bridge Tender House
abrite un musée historique.
Mais beaucoup de visiteurs
viennent sur l'île juste pour sa
tranquillité. Le vieux pont,
parallèle au nouveau 7-Mile
Bridge datant de 1982, repose
sur des piliers de béton et
offre une vue plongeante
sur l'île. Les voitures y sont
interdites. Allez-y à pied,
en vélo ou par la navette
qui part du quartier général
de la fondation au MM 48.

Lower Keys ⑯

Carte routière E5. Monroe Co. 🚌 *Key
West.* ℹ MM 31, (305) 872-2411.
W www.lowerkeyschamber.com

U ne fois passé le
7-Mile Bridge, les Keys
changent d'apparence.
Le pays est plus rude et

Les Negro Quarters font partie des maisons les plus anciennes de Pigeon Key

Bahia Honda se prévaut de l'une des rares plages de sable naturel des Keys

moins urbanisé que dans les Upper Keys. Les bois sont plus nombreux et la faune et la flore plus variées. Et, surtout, le rythme de vie est nettement plus lent, ce qui confirme l'opinion selon laquelle les Lower Keys, sont un véritable état d'esprit.

À 60 km de Key West, le **Bahia Honda State Park,** avec ses 212 hectares préservés, dispose de la plus belle plage des Keys, que l'on considère comme la deuxième du pays, selon une enquête récente. Cette plage de sable blanc est bordée d'une dense forêt tropicale que sillonnent des pistes. En les suivant, vous découvrirez des arbres rares, comme le palmier argenté et le bois de satin jaune, ainsi que de nombreux oiseaux. Le parc permet de se livrer à toutes les activités nautiques, mais, attention au courant violent.

Du parc, vous pourrez faire une excursion jusqu'au **Looe Key National Marine Sanctuary.** Les plongeurs s'accordent à dire que ces 8 km de récifs de coraux sont magnifiques, grâce à leurs formations coralliennes et à leur intense vie marine. De Bahia Honda, la route part vers le nord et rejoint la deuxième île par la taille des Keys, **Big Pine Key.** C'est la principale zone résidentielle des Lower Keys et le meilleur endroit pour voir un cerf des Keys, surtout à l'aube et au crépuscule. Prenez le Deer Boulevard, près du MM 30, jusqu'au **Blue Hole,** une carrière anciennement inondée et aujourd'hui recouverte d'une forêt. Du sommet de la plate-forme qui s'y dresse, on peut contempler les animaux qui viennent s'abreuver. Tout près, la piste en boucle de la Jack Watson Nature Trail (1,6 km) est parsemée de panneaux indiquant les noms des végétaux. Plus bas sur Overseas Highway, au croisement de Cudjoe Key, jetez un coup d'œil sur

La Bat Tower de Perky

Fat Albert, une tour blanche de 427 m de haut qui sert aussi bien à surveiller les ouragans que les trafiquants de drogues ou les activités politiques de Cuba.

Tout près, en sortant d'Overseas Highway, juste après le MM 17, se dresse Sugarloaf Key, une ancienne résidence de producteurs d'éponges. Elle est aujourd'hui célèbre par sa **Bat Tower** (tour à la chauve-souris). Elle fut construite en 1929 par Richter C. Perky, un spéculateur foncier, qui voulait y attirer les chauve-souris afin de débarrasser l'île de ses moustiques et d'en faire une station balnéaire. Mais son plan échoua.

⚓ Bahia Honda State Park
MM 37. **☎** *(305) 872-2353.* **◯** *t.l.j.*
♿ W www.floridastateparks.org

LE CERF DES KEYS

Cousin du cerf de Virginie, le cerf des Keys est en voie de disparition. On ne le trouve plus qu'à Big Pine Key et sur les îles avoisinantes. C'est un très bon nageur, que vous pourrez aussi voir dans les pinèdes. Malgré l'instauration de mesures de limitation de vitesse très strictes et la création d'un refuge à Big Pine Key, environ 50 cerfs meurent chaque année sur la route. Leur nombre s'est stabilisé à environ 300 individus. Il est interdit de les nourrir.

Un cerf des Keys n'est pas plus gros qu'un chien

Key West pas à pas

K ey West, l'agglomération la plus méridionale des États-Unis, est une ville sans pareille. Elle attire tous ceux qui souhaitent fuir la Floride, voire l'Amérique. La plupart des habitants se sont quasiment retirés du monde et leur style de vie rappelle celui des tropiques.

Signalée pour la première fois sur une carte en 1513, l'île accueillit bientôt un repaire de pirates, puis des pilleurs d'épaves *(p. 289)*, qui s'attaquaient aux navires de commerce. Key West devint la ville la plus riche de Floride et attira un flot constant d'immigrés des Amériques, des Antilles et d'Europe. Tous ont influencé l'architecture, la cuisine et l'esprit de l'île. Une importante communauté homosexuelle, des écrivains et des adeptes du New Age arrivés plus récemment, contribuent au mélange culturel.

The Curry Mansion
L'intérieur de cette maison cossue du XIXe siècle reflète la richesse des pilleurs d'épaves (p. 288).

Sloppy Joe's était le repaire préféré de Hemingway. Jusqu'en 1935, le bar était établi à Greene Street.

Mallory Square

Pier House Resort
Ce lieu possède une terrasse très prisée d'où l'on peut admirer les célèbres couchers de soleil de Key West.

★ **Mel Fisher Maritime Museum**
Ce musée expose des trésors repêchés dans des épaves et les équipements utilisés lors de ces opérations (p. 288).

Audubon House, construite dans les années 1840, contient des pièces d'époque et des écrits d'ornithologie de John James Audubon *(p. 44)*.

Le **Wreckers' Museum** *(p. 288)*

LÉGENDE

– – –   Itinéraire conseillé

À NE PAS MANQUER

★ **Mel Fisher Maritime Museum**

★ **Bahama Village**

Duval Street
La principale artère de Key West est bordée de magasins de souvenirs et souvent bondée de touristes. On y trouve tout ce qui vaut la peine d'être vu.

Fleming Street
Typique des rues calmes et ombragées de la vieille ville, Fleming Street est bordée de jolies maisons en bois. Celle-ci illustre très bien l'architecture traditionnelle de Key West (p. 287).

MODE D'EMPLOI

Carte routière E5. Monroe Co.
🏠 28 000. ✈ 3 km à l'est de Duval St. 🚌 Simonton and Virginia sts, (305) 296-9072. 🚢 Mallory Sq, (305) 292-8158. ℹ️ 402 Wall Street, (305) 294-2587. 🌐 www.keywestchamberorg **Audubon House** 📞 (305) 294-2116. 🕐 t.l.j. 🎉 Conch Republic Independence Celeb. (avr.), Hemingway Days Festival (juil.), Fantasy Fest (mi-oct.).

Église épiscopalienne Saint Paul
Cette église, bâtie en 1912, est dédiée au saint patron des marins naufragés. Certains de ses 49 vitraux représentent des symboles marins.

Margaritaville
Jimmy Buffet, le chanteur floridien, possède ce café et le magasin adjacent, qui vend des T-shirts et des souvenirs.

Le San Carlos Institute, fondé par des Cubains en 1871, occupe aujourd'hui un beau bâtiment baroque, datant de 1924. Il fait office de centre du patrimoine cubain.

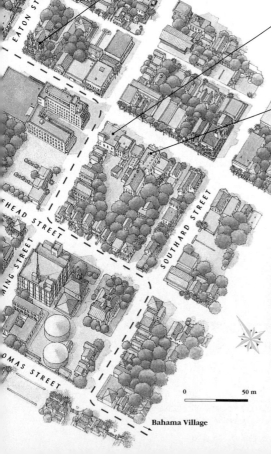

EATON STREET

HEAD STREET

ING STREET

SOUTHARD STREET

OMAS STREET

0   50 m

Bahama Village

★ Bahama Village
Cette banlieue, encore assez peu urbanisée, compte de nombreux bâtiments en planches brillamment colorées.

À la découverte de Key West

Gants de boxe d'Hemingway

La plupart des sites intéressants de la ville sont regroupés à proximité de Duval Street, qui est la principale artère de Key West et relie l'océan Atlantique au golfe du Mexique. Centré sur Whitehead et White Streets, ce quartier présente la plus grande concentration en bâtiments en bois du XIXᵉ siècle de toute la Floride. De simples maisons de style shotgun, où vivaient les ouvriers cubains des fabriques de cigares, contrastent avec les résidences romantiques des riches. Prenez le Conch Train ou l'Old Town Trolley, louez un vélo ou flânez dans les rues. De magnifiques plages de sable s'étendent au sud de l'île.

Des palmiers bordent cette plage, située dans le sud de Key West

Le tour de Key West

À l'extrémité nord de la vieille ville, **Mallory Square** est un lieu célèbre pour ses couchers de soleil. Des artistes de rue y rivalisent d'adresse. Pour apprécier l'ambiance qui règne dans la ville durant la journée, descendez Duval Street et tournez au hasard dans les rues adjacentes. Ces dernières sont bordées d'arbres tropicaux, de bougainvilliers, et de maisons gingerbread (typiques de Key West).

Le **Bahama Village,** qui doit son nom à ses premiers habitants, est encore plus charmant. Cette banlieue historique, située à la limite ouest de la vieille ville, est délimitée par Fort, Viriginia, Petronia et Whitehead Streets. Ici, on vit dehors. On dispute des parties animées de dominos dans la rue, au milieu des poules en liberté. C'est un avant-goût des Antilles. Les maisons shotgun ont échappé à la rénovation.

🏛 East Martello Museum and Gallery

3501 S Roosevelt Blvd. 📞 (305) 296-3913. ◯ t.l.j. ⬤ 25 déc. 🖼 ♿ limité. 🌐 www.kwahs.com

Située dans l'est de l'île, l'East Martello Tower, dont la construction débuta en 1861, devait protéger les positions défensives de Fort Zachary (p. 288). Mais elle ne fut jamais achevée car son architecture se démoda vite.

Aujourd'hui, cette tour, transformée en musée, retrace le passé de Key West. Les expositions traitent de l'histoire littéraire de l'île et de ses relations commerciales. Vous y verrez l'un des incroyables radeaux sur lesquels les Cubains ont fui leur pays (p. 50-51) et des toiles d'artistes locaux, notamment des œuvres primitives de Mario Sanchez. Du haut de la tour, vous aurez une vue magnifique.

🏠 Hemingway Home

907 Whitehead St. 📞 (305) 294-1136. ◯ t.l.j. 🖼 ♿ limité. 🌐 www.hemingwayhome.com

Cette maison hispanique de style colonial (construite en pierre corallienne) est certainement la principale attraction de la ville. C'est là que Hemingway a vécu de 1931 à 1940. Au-dessus d'un garage, on peut voir la chambre où il rédigea *En avoir ou pas*. Sa bibliothèque et ses notes de voyages sont exposées, ainsi que des souvenirs, comme la chaise de fabriquant de cigares sur laquelle il écrivait. Les guides évoquent les passions de Hemingway, notamment la pêche ou les bars, comme le Sloppy Joe's (p. 284). Les descendants présumés de ses chats à six orteils errent toujours autour de la maison.

🏛 Lighthouse Museum

938 Whitehead St. 📞 (305) 294-0012. ◯ t.l.j. ⬤ 25 déc. 🖼 🌐 www.kwahscom

Sur la même route que la Hemingway House, mais de l'autre côté, se dresse le phare construit en 1848. La maison en planches du gardien accueille aujourd'hui un petit musée d'histoire locale. Le principal intérêt

Le fanion du phare

consiste à monter les 88 marches de l'escalier pour avoir une magnifique vue panoramique. Vous pourrez aussi regarder à travers les lentilles, qui illuminaient jadis la mer à 40 km de distance.

Boza's Comparsa (1975), de M. Sanchez, à l'East Martello Museum

Les maisons de Key West

L'architecture de Key West surprend, surtout par sa simplicité. Elle a su répondre au climat chaud et à la rareté des matériaux (principalement le bois, qui soit récupéré, soit importé). Les premières maisons de style Bahamas furent bâties au début du XIXe siècle par des charpentiers navals, qui y incorporèrent des éléments d'architecture venus de l'étranger. Ainsi, ils s'inspirèrent des idées des habitants des Bahamas dans le but d'améliorer

Détail en bois finement sculpté

l'aération et la protection des bâtiments contre le soleil. Le style néo-classique, importé du Nord, ne tarda pas à s'imposer, tandis que le style victorien de la fin du XIXe siècle exerça une grande influence sur la décoration. Les détails extravagants du style gingerbread (pain d'épice) se répandirent chez les riches comme chez les pauvres. Depuis les années 70, de nombreuses maisons furent restaurées, notamment l'intérieur.

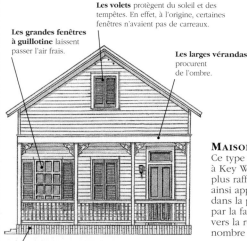

Les grandes fenêtres à guillotine laissent passer l'air frais.

Les volets protègent du soleil et des tempêtes. En effet, à l'origine, certaines fenêtres n'avaient pas de carreaux.

Les larges vérandas procurent de l'ombre.

Les sculptures en bois de style gingerbread décorent souvent les balustrades. Les maisons ont chacune des motifs différents.

MAISON À TROIS OUVERTURES
Ce type de maison est le plus répandu à Key West. Ces logements sont à peine plus raffinés que les maisons « shotgun », ainsi appelées parce qu'une balle tirée dans la porte ressortait sans problème par la façade arrière. Orienter le pignon vers la rue permettait d'augmenter le nombre de maisons dans le même bloc.

Des fondations en piliers soutiennent la maison et permettent à l'air frais de circuler dessous.

Des vasistas sur le toit, inspirés des écoutilles de bateaux, permettent d'aérer le haut de la maison.

Les peintures colorées sont à la mode de nos jours, même si le traditionnel badigeon à la chaux est le plus répandu.

Les portes traduisent souvent une influence des plus classiques.

Le «sourcil» cache les fenêtres de l'étage.

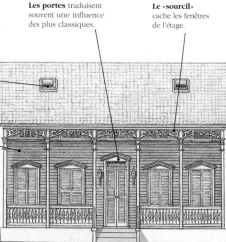

MAISON À CINQ OUVERTURES ET À « SOURCIL »
Ces maisons à cinq ouvertures mettent en évidence la symétrie classique de Key West. Le «sourcil » ou saillie du toit, qui abrite le rez-de-chaussée du soleil, est propre à Key West.

L'impressionnante voûte en brique du Fort Zachary Taylor

♠ Fort Zachary Taylor Historic State Park

Au bout de Southard St. **(** *(305) 292-6713.* ○ *t.l.j.* 🅷 🅹 *limité.* 🅲
🆆 www.floridastateparks.org

Ce fort en brique, achevé en 1866, appartenait au système national de défense côtière, mis en place au milieu du XIXᵉ siècle. Durant la guerre de Sécession, les troupes de l'Union y stationnèrent. Le fort comportait à l'origine trois étages. L'évacuation des sanitaires fonctionnait grâce aux marées. Il fut réaménagé dans les années 1890.

Le fort renferme un musée qui expose une splendide collection d'objets datant de la guerre de Sécession. Si vous montez sur la plate-forme d'observation, vous aurez une vue magnifique. Tout près s'étend la plus belle plage publique de Key West, équipée d'aires de pique-nique ombragées.

🏛 The Mel Fisher Maritime Museum

200 Greene St. **(** *(305) 294-2633,* *(800) 434-1399.* ○ *9h30-17h t.l.j.* 🅷 🅹 🆆 www.melfisher.com

La façade en simple pierre de ce musée cache de véritables trésors. En 1985, Mel Fisher a fait la une des journaux en découvrant les galions espagnols *Nuestra Señora de Atocha (p. 26)* et *Santa Margarita*, à environ 64 km à l'ouest de Key West. Ces épaves, qui avaient coulé en 1622, contenaient 47 tonnes de lingots d'or et d'argent et 32 kilos d'émeraudes.

Vous verrez cependant des joyaux, des pièces et des crucifix et l'on vous racontera les opérations de sauvetage.

🏛 The Wreckers' Museum

322 Duval St. **(** *(305) 294-9502.* ○ *t.l.j.* 🅷 🅹 *limité.* 🆆 www.oirf.org

Cette maison, qui est peut-être la plus ancienne de Key West, appartenait à l'origine au capitaine Francis B. Wallington. Construite en 1829, sa conception révèle des influences maritimes, comme par exemple le vasistas servant à l'aération du grenier. La maison est remplie d'un bric-à-brac nautique, de maquettes de bateaux, de peintures marines et de documents concernant la récupération d'épaves – l'activité qui a fait la richesse de Key West et de Wallington. Des guides bénévoles racontent des anecdotes qui rendent très vivante l'histoire de cette maison.

L'utilisation d'une cuisine séparée du reste du bâtiment, dans la cour arrière (l'une des dernières des Keys), réduisait les risques d'incendie et empêchait la température de monter dans la maison.

Un vasistas dans le grenier du Wreckers' Museum

🗝 The Curry Mansion

511 Caroline St. **(** *(305) 294-5349.* ○ *t.l.j.* 🅷 🅹 🆆 www.currymansion.com

La construction de cette vaste demeure débuta en 1855, à la demande de William Curry, un capitaine venu des Bahamas qui pillait les épaves et devint le premier millionnaire de Key West. Son fils Milton acheva son œuvre 44 ans plus tard.

Cette maison contient des éléments originaux, dont des chambres lambrissées et une installation électrique. Certains meubles sont de style victorien. La maison abrite des vitraux de Tiffany et une carabine d'Hemingway. Selon la légende, c'est ici que «Tante Sally», la cuisinière, créa la tarte au citron vert des Keys *(p. 315)* en utilisant du lait concentré en boîte. La Curry Mansion est aussi une maison d'hôtes *(p. 311)*.

Le charmant Robert Frost Cottage, dans le jardin de Heritage House

🏛 Heritage House Museum and Robert Frost Cottage

410 Caroline St. **(** *(305) 296-3573.* ○ *t.l.j.* ● *Thanksgiving, 25 déc., 1ᵉʳ janv.* 🅷 🅹 🆆 www.heritagehouse

Bâtie en 1834 pour un capitaine anglais, cette demeure est l'une des plus anciennes de Key West. Pratiquement conservée dans son état d'origine, elle contient des meubles d'époque et des curiosités rapportées de voyage par les Porter, une riche famille de Key West. La cuisine, séparée, est installée dans le jardin, comme le Robert Frost Cottage, où séjournait le poète américain lors de ses visites à Key West.

⚱ Key West Cemetery

701 Passover Lane. 📞 (305) 292-8177. ◯ t.l.j. 🎫 mar. et jeu. ♿

Comme ce cimetière repose sur du calcaire et une nappe phréatique, la plupart des tombes se trouvent au-dessus du sol. Ce cimetière contient les restes de la plupart des premiers habitants de Key West. Il comprend une section juive et une section catholique. La plupart des tombes cubaines sont couronnées d'une statue de poulet, probablement associée au culte santería *(p. 75).* Une partie du cimetière est réservée aux animaux familiers. Une statue représentant un marin est dédiée aux 252 hommes d'équipage de l'*USS Maine,* coulé dans le port de La Havane en 1898, à la veille de la guerre hispano-américaine *(p. 47).* Souvent, les épitaphes sont humoristiques, par exemple : «Je vous avais bien dit que j'étais malade.» Les premiers habitants de la ville n'étaient connus que par leur prénom ou leur surnom, habitude qui les a suivis dans la tombe. Ulcéré par cette coutume, Ernest Hemingway a déclaré : «Je préférerais manger du caca de singe, plutôt que de mourir à Key West.»

Statue du Marin solitaire

LES PILLEURS D'ÉPAVES

Dès la fin du XVIIIe siècle, ceux qui pêchaient au large des Keys étaient principalement des habitants des Bahamas descendant de Britanniques. Ils fouillaient aussi le récif à la recherche d'épaves. Lorsqu'ils en apercevaient une, ils s'écriaient : «Wreck ashore» («épave au large»), ce qui faisait d'eux les propriétaires du navire coulé. Des objets du monde entier ont fini dans les Keys, que ce soit des matériaux de base comme du bois ou des marchandises de luxe comme de la dentelle, du vin et de l'argent. Cette activité fut bientôt connue sous le nom de « wrecking » (« pillage d'épaves »). En 1825, le Congrès américain interdit à tout étranger de s'y livrer. Key West connut une forte expansion grâce à ces trésors et devint une des villes les plus riches de Floride.

Licence d'un pilleur d'épaves

Dry Tortugas National Park ⓲

Carte routière D5. Monroe Co. ✈ Key West. 🏨 1601 N Roosevelt Blvd. ◯ (305) 292-5000. 🌐 www.keywestinfo.com

Les Dry Tortugas se composent de sept îles situées à 109 km de Key West. Garden Key est la plus visitée, car elle abrite **Fort Jefferson,** la plus grande fortification en brique des États-Unis. Cet hexagone comprend des douves de 21 m de large et des murs de 15 m de haut. À l'origine, ce fort devait contrôler le détroit de Floride et héberger 1 500 hommes et 450 canons. Commencée en 1845, sa construction dura 30 ans. En fait, ce fort resta inachevé et ne connut jamais aucune bataille. Durant la guerre de Sécession, après avoir été occupé par les troupes de l'Union, il servit de prison.

On y accède par bateau ou par hydravion. La plupart des touristes y viennent en visite organisée, au cours de laquelle on leur propose de plonger dans les eaux cristallines environnantes. De mars à octobre, Garden Key accueille des oiseaux migrateurs qui y nichent (notamment des fous, des sternes fuligineuses et des frégates).

Remote Garden Key, dans le Dry Tortugas National Park, est occupé par l'imposant Fort Jefferson

LES BONNES ADRESSES

HÉBERGEMENT

La Floride est dotée d'une infrastructure hôtelière fort complète – de la cabane en bois rustique au confort minimal aux hôtels de grand luxe – qui convient à tous les types de budgets. On peut loger aussi bien dans des hôtels ordinaires que dans des pensions de famille ou des appartements entièrement équipés. De nombreux campings louent des tentes ou des mobile homes. D'une manière générale, l'hébergement en Floride présente un bon rapport qualité-prix, malgré les variations de tarifs selon la saison ou l'emplacement. Les pages 296 à 311 détaillent en 200 adresses les meilleures formules de séjour disponibles. Le *Florida Accommodation Directory*, que l'on peut obtenir dans les bureaux d'information touristique, propose une liste complète des différents modes d'hébergement, à tous les prix, existant dans l'État. Renseignez-vous également auprès des offices de tourisme locaux.

Panneau du Coombs House Inn *(p. 306)*

Le hall de l'Eden Roc Renaissance Resort and Spa de Miami *(p. 296)*

LES HÔTELS ET LES RÉSIDENCES

Si vous ne séjournez pas dans l'un des superbes hôtels Art déco de Miami Beach, vous pourrez quand même facilement vous loger dans des établissements bien équipés, avec piscine et service excellent, mais à l'atmosphère plus anonyme.

Les chaînes d'hôtels sont nombreuses aux États-Unis. Elles ont l'avantage de proposer des tarifs standard – qui varient toutefois en fonction de l'emplacement. Marriott et Inter-Continental sont les chaînes les plus prestigieuses, Holiday Inns et Howard Johnsons (HoJo's) sont plus abordables et Days Inn est la plus économique.

Les résidences sont de grands complexes généralement situés en bord de mer et dotés de parcs bien entretenus. Le prix élevé se justifie par la qualité des prestations. Parmi les équipements les plus fréquents, une piscine, des boutiques et des restaurants. La plupart disposent d'équipements sportifs, parcours de golf ou courts de tennis, et proposent des leçons individuelles. Les séjours de remise en forme sont toujours plus nombreux. La multiplicité des activités destinées aux enfants fait de ces résidences un endroit idéal pour des vacances familiales.

LES BED-AND-BREAKFAST

Pour les amateurs de séjours plus traditionnels, le bed-and-breakfast (B & B) constitue une autre formule. Parfois appelé «homestay», ce type de séjour chez l'habitant inclut en général un petit déjeuner copieux. Les hôtes sont souvent amenés prendre les repas dans une ambiance conviviale. La qualité de l'accueil fait oublier l'absence des prestations des hôtels classiques, même si certains B & B sont luxueux.

On appelle «inn» un établissement plus coûteux et plus spacieux que le B & B. Il possède un restaurant, le plus souvent, et propose un accueil moins anonyme que les hôtels de chaînes.

Dans les zones rurales ou à caractère historique, il est préférable de séjourner dans un B & B. À Key West ou à Saint Augustine, par exemple, certains sont meublés avec du mobilier ancien. Les B & B n'acceptent pas toujours les enfants; en outre, en haute saison, il faut souvent y loger pendant une période minimale. Du fait du nombre limité de chambres d'hôtes, il vaut mieux réserver à l'avance. Plusieurs agences sont spécialisées dans le bed-and-breakfast. **Florida B & B Inns** est spécialiste des

Jardins ombragés et piscines typiques des hôtels de Floride

Un bed-and-breakfast de Cedar Key (p. 306), dans le Panhandle

établissements historiques et **Inn-Keepers Associaion** se concentre sur la région de Key West. Les publications *Complete Guide to Bed and Breakfasts, Inns and Guesthouses* par Pamela Lanier, *Bed and Breakfast Country Inns* et *Historical Lodgings* sont utiles. Les Pages Jaunes locales donnent aussi des listes de bed and breakfast.

COMMENT RÉSERVER ?

Pour réserver une chambre à Miami ou Orlando en haute saison, il est conseillé de contacter plusieurs mois à l'avance l'hôtel de votre choix, ce qui est inutile en basse saison. Cependant, quelle que soit la période de l'année, on trouvera toujours une chambre libre. Il est facile de réserver par téléphone en donnant son numéro de carte bleue, et il est recommandé d'avertir si l'on compte arriver après 17 h, sous peine de perdre le bénéfice de sa réservation.

LES PRESTATIONS

Dans l'industrie hôtelière de Floride, la compétition est si rude que les chambres dépourvues de télévision, de salle de bains et de climatisation sont rares. Les B & B n'échappent pas à la règle et proposent souvent un réfrigérateur et un bureau. Dans certains hôtels, les chambres sont équipées de cuisines *(p. 294)*. Les chambres sont souvent dotées de deux grands lits. Pour les handicapés, s'informer si l'hôtel est conventionné ou non. Certains établissements proposent des ascenseurs mais aussi des chambres spécialement aménagées.

LES TARIFS

Le prix des chambres varie considérablement selon la saison, dans une fourchette de 30 à 50 % supérieure à la basse saison. En Floride du Sud, la haute saison dure de mi-novembre à Pâques, tandis que dans le Panhandle et le Nord-Est, où l'hiver est plus froid, les hôtels sont plus chers en été. Où que vous vous trouviez, les tarifs les plus élevés sont proposés à Noël, à Pâques et à Thanksgiving. Toute l'année, une chambre face à la mer vaut 25 % plus cher. Il est toujours utile de s'informer des prix avant de choisir une chambre.

Les chambres inférieures à 70 dollars proposent des prestations équivalentes. Celles qui coûtent plus cher offrent un meilleur service (les prix sont inférieurs en en zone rurale). Les prix sont calculés par chambre plutôt que par personne. Le prix des chambres doubles est donc très voisin de celui des simples. Il est conseillé de s'informer de l'existence de promotions spéciales éventuelles. Par exemple, on vous consentira une réduction si vous mangez à l'hôtel (demander le menu) ou si vous séjournez plus d'une semaine. Prix spéciaux pour le 3e âge ou les familles.

Le Delano, un hôtel à la mode de South Beach, à Miami (p. 297)

LES MAUVAISES SURPRISES

Le prix des chambres est presque toujours donné hors TVA *(p. 332)* et hors taxe de séjour (2 à 5 % du prix de la chambre selon la ville). Il faut donc ajouter 15 % au prix donné à la réception. Téléphoner depuis sa chambre s'avère souvent exorbitant : seuls quelques établissements offrent la possibilité de passer des coups de téléphone locaux gratuitement. La réception d'un fax est également facturée. La plupart des hôtels facturent de 10 à 20 dollars par jour (au Delano Hote, par exemple) le droit de faire garer sa voiture, sans compter le pourboire traditionnel au gardien. Le prix des petits déjeuners à l'hôtel tendant à s'envoler, il vaut mieux les prendre à l'extérieur. Sachez également que le simple fait de regarder un film à la télévision de votre chambre est très souvent facturé en plus : lisez bien les instructions sur le poste avant d'allumer la télévision.

Chambre Art déco du Brigham Gardens Guest House, à Miami (p. 296)

Cabanons à louer à Bahia Honda, dans les Keys _(p. 283)_

LES MOTELS

S'il est évident que les touristes choisissent rarement de passer leurs vacances dans des motels, ceux-ci constituent néanmoins une intéressante solution de dépannage, surtout en haute saison. Les motels sont en général implantés à la périphérie des grandes villes, mais en Floride il n'est pas rare d'en rencontrer dans les stations balnéaires, où ils forment le pendant des hôtels classiques.

Les motels sont en général moins chers que les hôtels. Le stationnement est gratuit et les plages ou les sites intéressants sont rarement éloignés. Les chambres sont simples et correctes, même si, dans certains établissements, elles peuvent être sordides.

Insigne au néon d'un motel à Orlando

L'HÉBERGEMENT À ORLANDO

P our les voyageurs désireux de se rendre à Walt Disney World, la proximité des attractions est un facteur important de choix : il faut en effet arriver tôt pour éviter une longue file d'attente _(p. 163)_. Les embouteillages peuvent, eux aussi, durer plus d'une heure. Enfin, la proximité de l'hôtel autorise des pauses pendant la visite du parc, pour attendre que les queues se résorbent. Universal Orlando possède deux hôtels à l'intérieur du parc, Walt Disney World Resort a plusieurs hôtels à l'intérieur du parc et deux hôtels adjacents. Les chambres de ces immenses complexes hôteliers sont chères mais elles présentent un grand nombre d'avantages. Les hôtels à proximité des parcs sont moins chers et proposent des prestations intéressantes. Vous devez réserver entre six mois et un an à l'avance votre chambre si vous voulez visiter un des parcs à Pâques ou à Noël. Mais ne vous inquiétez pas, Greater Orlando compte de nombreux hôtels de qualité. Au moment de la réservation, pensez à demander quelle distance sépare l'hôtel du parc et renseignez-vous sur l'existence de navettes et sur leur fréquence.

LA LOCATION D'APPARTEMENTS

L a Floride étant une destination familiale, la location d'appartements est une formule d'hébergement très répandue. Des chambres avec cuisine, appelées _efficiencies,_ existent dans certains hôtels et motels. Elles sont plus chères, mais permettent de faire sa propre cuisine. Dans les zones rurales, des cabanons sont souvent loués près des campings. Une autre formule est le _condo,_ un appartement à louer dans une station balnéaire. Son prix paraît excessif (au moins 1 200 dollars par semaine), mais il est vite amorti si l'on s'y rend en famille. **Villas of the World** et **Vacation Home Rentals Worldwide** proposent des locations d'appartements ou de maisons. Il est également possible de louer des appartements depuis certaines agences à l'étranger.

Enfin, il est possible de procéder à un échange temporaire de son appartement avec celui d'un Floridien et d'y loger gratuitement.

Cette formule originale est proposée par des organisations de taille mondiale, telles que **HomeLink**.

LE CAMPING

L a Floride possède un grand nombre de campings. La qualité de ceux-ci va de simples champs dépourvus d'eau courante à des campings de luxe dotés de piscine,

Moment de détente pour un campeur, dans le Torreya State Park _(p. 225)_

restaurants, magasins voire location d'emplacements de bateaux. La plupart des campeurs voyagent en mobile home, mais même les campings spécialisés disposent d'emplacements pour les tentes. Quelques sites louent des caravanes ou des cabanons. Le prix des campings d'État varie de 10 à 15 dollars la nuit, celui des campings privés peut s'élever à 40 dollars. S'il vaut mieux réserver à l'avance, les campings d'État gardent toujours quelques places en réserve. La **Florida Association of RV Parks and Campgrounds** (ARVC) édite un annuaire gratuit, le *Florida Camping Directory*, disponible dans les bureaux d'information touristique. Le **Department of**

Les jardins et la piscine de l'auberge de jeunesse de Kissimmee

Une caravane dans un coin tranquille du Panhandle Park

Environmental Protection, Parks and Recreation recense les campings des parcs naturels. **KOA Kampgrounds of America,** une organisation indépendante, édite son propre bottin, qui couvre 30 sites.

LES AUBERGES DE JEUNESSE

La Floride possède quelques auberges de jeunesse, notamment à South Beach, Orlando et Fort Lauderdale. L'organisation qui les regroupe, l'**Hostelling International – American Youth Hostels,** édite une liste de ses membres. En France, s'adresser à la **Fédération unie des auberges de jeunesse.** Des auberges de jeunesse de Floride de qualité supérieure affichent un prix modique : 15 dollars la nuit, un peu plus pour les non-adhérents. En été, réservez.

VOYAGER AVEC DES ENFANTS

La plupart des hôtels sont équipés pour accueillir les familles et proposent, entre autres, des lits d'enfants ou des services de baby-sitting. À Orlando et dans la plupart des stations balnéaires, l'accueil des enfants est une priorité des hôtels, qui disposent de piscines aménagées, d'aires de jeu, voire d'activités spécifiques notamment des excursions payantes d'une journée.

Les hôtels ne font pas payer les enfants de moins de 12 ans partageant une chambre avec leurs parents, limite d'âge portée à… 18 ans à Walt Disney World ! La plupart des chambres sont équipées de canapés convertibles. Dans le cas contraire, il est possible de louer un lit supplémentaire.

CARNET D'ADRESSES

BED-AND-BREAKFAST

AAA Auto Club South
w www.aaasouth.com

Innkeepers Assn.
3850 N Roosevelt Blvd,
Key West, FL 33040.
C (888) 539-4667.

Florida B & B Inns
PO Box 6187, Palm
Harbor, FL 34684.
C (800) 524-1880.
w www.florida-inns.com

LOCATION D'APPARTEMENTS

Villas of the World
PO Box 1800.
Sag Harbor, NY 11963.
C (631) 725-9308.
w www.villasofthe
world.com

HomeLink
Tampa, FL 33647.
C (800) 638-3841.
w www.homelink.org

Vacation Home Rentals Worldwide
235 Kensington Ave,
Norwood, NJ 07648.
C (201) 767-9393.
w www.vhrww.com

CAMPINGS

Department of Environmental Protection, Parks and Recreation
3900 Commonwealth Blvd,
Tallahassee, FL 32399.
C (850) 245-2118.
w www.dep.state.fl.us/
parks.

ARVC
1340 Vickers Drive,
Tallahassee, FL 32303.
C (850) 562-7151.
w www.floridacamping.com

KOA
PO Box 30558,
Billings, MT 59114.

C (406) 248-7444.
w www.koa.com

AUBERGES DE JEUNESSE

Hostelling International
PO Box 37613,
Washington DC 20013.
C (202) 783-6161.
w www.iyhf.org
(international)
w www.hiusa.org

F.U.A.J.
27, rue Pajol,
75018 Paris.
C 01 44 89 87 27.
w www.fuaj.org/
fra/index.php

Choisir un hôtel

Nous avons sélectionné ces établissements dans une large gamme de prix pour leur localisation ou la qualité de leurs prestations. Chacun d'eux fait l'objet d'un bref descriptif. Les hôtels sont présentés par régions, en commençant par Miami. Pour l'atlas des rues de Miami, voir p. 96-101; pour la carte routière, voir p. 12-13.

	CARTES BANCAIRES	ÉQUIPEMENTS POUR ENFANTS	PISCINE	BON RESTAURANT	CHAMBRES AVEC CUISINE

MIAMI

MIAMI BEACH : *Clay Hotel and International Hostel* $$
1438 Washington Ave, FL 33139. **Plan** 2 E3. ((305) 534-2988. FAX (305) 673-0346.
W www.clayhotel.com Ce bâtiment de style hispanisant offre un rapport qualité-prix imbattable pour son emplacement. Réservez à l'avance. **Lits :** 220
Cartes : MC V — Chambres avec cuisine ■

MIAMI BEACH : *Brigham Gardens* $$$
1411 Collins Ave, FL 33139. **Plan** 2 F3. ((305) 531-1331. FAX (305) 534-0341.
W www.brighamgardens.com Au cœur de South Beach, deux bâtiments des années 30 nichés dans un jardin avec des oiseaux en cage. Chambres à décoration Art déco individualisées. ✂ 🍴 P 🐾 ⚉ *Chambres :* 24
Cartes : AE MC V — Chambres avec cuisine ■

MIAMI BEACH : *Dorchester Hotel and Suites* W www.hoteldorchester.com $$$
1850 Collins Ave, FL 33139. **Plan** 2 F2. ((305) 534-6971. FAX (305) 673-5135.
Le Dorchester se signale par sa grande piscine, son jardin tropical et une qualité de service supérieure à la moyenne. ✂ ❄ 🍴 ⚉ ⚉ *Chambres :* 136
Cartes : AE DC MC V — Équipements enfants ● Piscine ■

MIAMI BEACH : *Albion Hotel* $$$$
1650 James Ave, FL 33139. **Plan** 2 F2. ((305) 913-1000. FAX (305) 674-0507.
W www.rubellhotels.com Un hôtel de style avec des chambres décorées dans l'esprit série noire et un excellent service. ❄ 🍴 ⚉ P ⚉ *Chambres :* 96
Cartes : AE DC MC V — Piscine ■ Bon restaurant ●

MIAMI BEACH : *Betsy Ross* W www.betsyrosshotel.com $$$$
1440 Ocean Drive, FL 33139. **Plan** 2 F3. ((305) 531-3934. FAX (305) 531-5282.
Mélangeant les styles Art déco et colonial, cet hôtel aux chambres spacieuses offre une superbe vue sur la mer. P ❄ 🍴 ⚉ *Chambres :* 61
Cartes : AE DC MC V

MIAMI BEACH : *Greenview South Beach* $$$$
1671 Washington Ave, FL 33139. **Plan** 2 E3. ((305) 531-6588. W www.rubellhotels.com
Au cœur de SoBe, un hôtel Art déco, très raffiné. ✂ ❄ ⚉ P 🐾 ⚉
Chambres : 40
Cartes : AE DC MC V — Piscine ■

MIAMI BEACH : *Hotel Astor* $$$$
956 Washington Ave, FL 33139. **Plan** 2 E3. ((305) 531-4056. FAX (305) 531-3193.
W www.hotelastor.com Hôtel Art déco très chic avec des salles de bains en marbre et des magnétoscopes dans les chambres. ✂ ⚉ P *Chambres :* 40
Cartes : AE DC MC V — Équipements enfants ● Bon restaurant ●

MIAMI BEACH : *Hotel Nash* $$$$
1120 Collins Ave, FL 33139. **Plan** 2 F3. ((305) 674-7800. FAX (305) 538-8288.
W www.hotelnash.com Situé sur Collins Avenue, cet hôtel Art déco possède des chambres bien décorées. ✂ ⚉ P *Chambres :* 54
Cartes : AE DC MC V — Piscine ■ Bon restaurant ●

MIAMI BEACH : *Indian Creek Hotel* $$$
2727 Indian Creek Drive, FL 33139. ((305) 531-2727. FAX (305) 531-5651.
W www.indiancreekhotel.com Petit hôtel de 1936 à l'atmosphère sympathique, meublé et décoré à la manière de l'époque. ✂ ❄ ⚉ *Chambres :* 60
Cartes : AE DC MC V — Piscine ■

MIAMI BEACH : *Marseilles* W www.marseilleshotel.com $$$$
1741 Collins Ave, FL 33139. **Plan** 2 F2. ((305) 538-5711. FAX (305) 673-1006.
Le Marseilles est un petit hôtel familial de SoBe. Du fait de l'architecture originale, les chambres ont un cachet unique. ✂ ❄ 🍴 P *Chambres :* 112
Cartes : AE DC MC V — Équipements enfants ● Piscine ■

MIAMI BEACH : *Avalon Hotel* $$$$
700 Ocean Drive, FL 33139. **Plan** 2 F3. ((305) 538-0133. FAX (305) 534-0258.
W www.southbeachhotels.com Cet hôtel branché de style années 30 aux chambres Art déco et au restaurant animé est installé au centre-ville. ❄ ⚉ P *Chambres :* 108
Cartes : AE DC MC V — Équipements enfants ● Chambres avec cuisine ●

MIAMI BEACH : *Casa Grande* $$$$$
834 Ocean Drive, FL 33139. **Plan** 2 F4. ((305) 672-7003. FAX (305) 673-3665.
W www.casagrande.com L'un des meilleurs hôtels de South Beach, chambres équipées de magnétoscopes et de lecteurs de CD. ✂ ❄ P ⚉ *Chambres :* 35
Cartes : AE DC MC V — Chambres avec cuisine ■

Les prix correspondent à une nuit en chambre double standard en haute saison, taxes et service compris.

$ moins de 60 $
$$ de 60 à 100 $
$$$ de 100 à 150 $
$$$$ de 150 à 200 $
$$$$$ plus de 200 $

ÉQUIPEMENTS POUR ENFANTS
Berceaux, lits d'enfants et chaises hautes. Certains hôtels proposent du baby-sitting ou diverses activités spécifiques.
PISCINE
Hôtel doté d'une piscine pour les résidents.
BON RESTAURANT
Restaurant proposant une cuisine au-dessus de la moyenne, ouvert aussi aux non-résidents.
CHAMBRES AVEC CUISINE
Hôtel proposant des chambres spécialement équipées de cuisines complètes, les «efficiencies».

	CARTES BANCAIRES	ÉQUIPEMENTS POUR ENFANTS	PISCINE	BON RESTAURANT	CHAMBRES AVEC CUISINE
MIAMI BEACH : *Deauville Beach Resort* $$$$$ 6701 Collins Ave, FL 33141. (305) 865-8511. FAX (305) 865-8154. W www.radisson.com Situé entre SoBe et Bal Harbour, cet hôtel du front de mer possède une piscine, des tennis et un solarium. *Chambres :* 544	AE DC MC V	●	■	●	
MIAMI BEACH : *Delano* W www.morganshotelgroup.com $$$$$ 1685 Collins Ave, FL 33139. Plan 2 F2. (305) 672-2000. FAX (305) 532-0099. L'hôtel le plus chic de SoBe ; le personnel en blanc ne tranche pas avec les chambres au luxe froid. *Chambres :* 195	AE DC MC V	●	■	●	
MIAMI BEACH : *Eden Roc Renaissance Resort and Spa* $$$$$ 4525 Collins Ave, FL 33140. (305) 531-0000. FAX (305) 674-5555. W www.edenrocresort.com Ce haut lieu des flamboyantes années 50 a été restauré. Chambres modernes et équipements de loisir très complets. *Chambres :* 349	AE DC MC V	●	■	●	■
MIAMI BEACH : *Fontainebleau Hilton Resort* $$$$ 4441 Collins Ave, FL 33140. (305) 538-2000. FAX (305) 673-5351. Hôtel le plus prestigieux de Miami Beach *(p. 67)*, le Fontainebleau offre tous les équipements imaginables ainsi qu'un spectacle de revue, le Tropigala Floor Show *(p. 95)*. *Chambres :* 920	AE DC MC V	●	■	●	
MIAMI BEACH : *Impala* $$$$$ 1228 Collins Ave, FL 33139. Plan 2 F3. (305) 673-2021. FAX (305) 673-5984. W www.hotelimpalamiamibeach.com De nombreuses limousines sont garées devant cet hôtel Art déco. Superbes chambres couleur sable meublées en bois et métal, lits spacieux et œuvres d'art accrochées aux murs. *Chambres :* 17	AE DC MC V			●	
MIAMI BEACH : *Loews Miami Beach* $$$$$ 1601 Collins Ave, FL 33139. Plan 2 F3. (305) 604-1601. W www.loewshotels.com C'est l'un des premiers hôtels de luxe de South Beach. Six restaurants et bar de style. *Chambres :* 800	AE DC MC V	●	■	●	
MIAMI BEACH : *National Hotel* $$$$$ 1677 Collins Ave, FL 33139. Plan 2 F2. (305) 532-2311. FAX (305) 534-1426. W www.nationalhotel.com Cet hôtel Art déco est situé au cœur de South Beach. Il a été magnifiquement rénové. *Chambres :* 240	AE DC MC V	●	■	●	
MIAMI BEACH : *Pelican* $$$$$ 826 Ocean Drive, FL 33139. Plan 2 F4. (305) 673-3373. FAX (305) 673-3255. W www.pelicanhotel.com Hôtel à la décoration extraordinairement kitsch proposant des chambres à thèmes. *Chambres :* 30	AE DC MC V			●	
MIAMI BEACH : *Raleigh Hotel* W www.raleighhotel.com $$$$$ 1775 Collins Ave, FL 33139. Plan 2 F2. (305) 534-6300. FAX (305) 538-8140. Le Raleigh possède des chambres élégantes et austères, dont certaines avec vue, une piscine et un restaurant. *Chambres :* 107	AE DC MC V	●	■	●	
MIAMI BEACH : *Ritz Carlton South Beach* $$$$$ 1 Lincoln Road, FL 33139. (786) 276-4000. FAX (786) 276-4100. W www.ritzcarlton.com L'hôtel de 1953 a été conçu par Morris Lapidus ; il est proche des magasins et des restaurants de Lincoln Road. *Chambres :* 375	AE DC MC V	●	■	●	■
MIAMI BEACH : *Shelborne Beach Resort* $$$$$ 1801 Collins Ave, FL 33139. Plan 2 F2. (305) 531-1271. FAX (305) 531-2206. W www.shelborne.com Hôtel de South Beach donnant sur l'océan, avec un hall en marbre et un centre de remise en forme sur le toit. *Chambres :* 200	AE DC MC V	●	■	●	■
MIAMI BEACH : *The Tides* W www.islandoutpost.com $$$$$ 1220 Ocean Drive, FL 33139. Plan 2 F3. (305) 604-5070. FAX (305) 604-5180. C'est le bâtiment le plus élevé sur Ocean Drive et un chef d'œuvre Art déco. Toutes les chambres ont vue sur mer. *Chambres :* 45	AE DC MC V		■	●	

Légende des symboles, voir rabat de couverture

Les prix correspondent à une nuit en chambre double standard en haute saison, taxes et service compris.

$ moins de 60 $
$$ de 60 à 100 $
$$$ de 100 à 150 $
$$$$ de 150 à 200 $
$$$$$ plus de 200 $

ÉQUIPEMENTS POUR ENFANTS
Berceaux, lits d'enfants et chaises hautes. Certains hôtels proposent du baby-sitting ou diverses activités spécifiques.

PISCINE
Hôtel doté d'une piscine pour les résidents.

BON RESTAURANT
Restaurant proposant une cuisine au-dessus de la moyenne, ouvert aussi aux non-résidents.

CHAMBRES AVEC CUISINE
Hôtel proposant des chambres spécialement équipées de cuisines complètes, les «efficiencies».

Hôtel	Prix	Cartes bancaires	Équipements pour enfants	Piscine	Bon restaurant	Chambres avec cuisine
MIAMI BEACH : *Wyndham Miami Beach Resort* — 4833 Collins Ave, FL 33140. (305) 532-3600. FAX (305) 532-7409. www.wyndham.com — Hôtel calme malgré sa grande taille, proche des boutiques de Bal Harbour. Bien équipé en matière de sports nautiques, l'hôtel propose aussi des activités pour les enfants. **Chambres : 424**	$$$$$	AE DC MC V	●	■	●	
DOWNTOWN : *Courtyard by Marriott* www.marriott/miadt.com — 200 SE 2ND Ave, FL 33131. **Plan** 4 E2. (305) 374-3000. FAX (305) 856-5055. Cet hôtel, récemment rénové est au cœur de Miami, ses prestations sont de qualité. **Chambres : 238**	$$$	AE DC MC V		■	●	■
DOWNTOWN : *Holiday Inn Marina Park* www.marinaparkhotel.com — 340 Biscayne Blvd, Fl 33132. **Plan** 4 F1. (305) 371-4400. FAX (305) 372-2862. L'hôtel, proche de Bayside Marketplace, propose des chambres propres et confortables à des prix abordables. **Chambres : 200**	$$$	AE DC MC V	●	■	●	■
DOWNTOWN : *Four Seasons Hotel Miami* — 1435 Brickell Ave, FL 33131. **Plan** 4 E3. (305) 358-3535. FAX (305) 281-3087. www.fourseasons.com/miami Cet hôtel central est le plus haut building du sud de la Floride. L'intérieur est Art déco. **Chambres : 221**	$$$$$	AE DC MC V	●	■	●	
DOWNTOWN : *Hotel Inter-Continental Miami* — 100 Chopin Plaza, FL 33131. **Plan** 4 F1. (305) 577-1000. FAX (305) 577-0384. www.interconti.com Très proche de Bayside Marketplace, cet hôtel de luxe dispose d'un excellent restaurant *(p. 317)*. **Chambres : 641**	$$$$$	AE DC MC V	●	■	●	
DOWNTOWN : *Mandarin Oriental Miami* — 500 Brickell Key Drive, FL 33131. **Plan** 4 F2. (305) 913-8288. FAX (305) 913-8337. www.mandarinoriental.com Un hôtel de luxe sur la prestigieuse Brickell Key. Toutes les chambres ont des balcons. **Chambres : 327**	$$$$$	AE DC MC V	●	■	●	
CORAL GABLES : *Holiday Inn Coral Gables* — 2051 Le Jeune Road, FL 33134. **Plan** 2 F2. (305) 443-2301. FAX (305) 446-6827. www.mandarinoriental.com Un bon hôtel, à proximité des magasins, des restaurants et des installations sportives. **Chambres : 168**	$$$	AE DC MC V	●	■	●	
CORAL GABLES : *Hotel Place St. Michel* www.hotelplacestmichel.com — 162 Alcazar Ave, FL 33134. (305) 444-1666. FAX (305) 529-0074. Cet hôtel construit en 1926, proche de Miracle Mile, évoque Paris par son mobilier et sa décoration. Bon restaurant français. **Chambres : 27**	$$$$	AE DC MC V			●	
CORAL GABLES : *Omni Colonnade* — 180 Aragon Ave, FL 33134. **Plan** 6 D1. (305) 441-2600. FAX (305) 445-3929. www.omnihotels.com Cet hôtel chic donnant sur Miracle Mile possède une rotonde des années 20 dessinée par George Merrick *(p. 80)*. Mobilier en acajou et sol en marbre. **Chambres : 157**	$$$$$	AE DC MC V	●	■	●	
CORAL GABLES : *The Biltmore Hotel* www.biltmorehotel.com — 1200 Anastasia Ave, FL 33134. **Plan** 5 A2. (305) 445-1926. FAX (305) 913-3159. Al Capone joua dans cet hôtel considéré aujourd'hui comme une véritable institution à Miami. Équipements luxueux, mobilier de prix. **Chambres : 280**	$$$$$	AE DC MC V	●	■	●	
COCONUT GROVE : *Doubletree* — 2649 S Bayshore Drive, FL 33139. **Plan** 6 F4. (305) 858-2500. www.doubletree.com FAX (305) 858-9117. Tout proche des cafés et des boutiques du «village», cet hôtel cossu offre une belle vue sur la marina de Biscayne Bay. Il y a partout du marbre et des objets d'art. **Chambres : 196**	$$$	AE DC MC V	●	■	●	
COCONUT GROVE : *Hampton Inn* www.hamptoninn.com — 2800 SW 28th Terrace, FL 33133. **Plan** 6 F3. (305) 448-2800. FAX (305) 442-8655. Hôtel situé à 1,5 km de Coconut Grove, ses cafés et sa vie nocturne. Petit déjeuner compris. **Chambres : 136**	$$$$	AE DC MC V		■		

COCONUT GROVE : *Mayfair House Hotel* $$$$$ — AE DC MC V
3000 Florida Ave, FL 33133. **Plan** 6 E4. ((305) 441-0000. FAX (305) 447-9173.
W www.mayfairhousehotel.com   Le Mayfair House, situé au sommet d'un immeuble, offre de grandes chambres meublées en acajou et dotées de balcons. Certaines sont équipées d'un piano. **Chambres :** 179

COCONUT GROVE : *Wyndham Grand Bay* W www.wyndham.com $$$$$ — AE DC MC V
2669 S Bayshore Drive, FL 33133. **Plan** 6 F4. ((305) 858-9600 FAX (305) 858-2026.
L'un des plus beaux hôtels du monde : lustres de cristal, meubles de designers et œuvres d'art originales. **Chambres :** 177

EN DEHORS DU CENTRE : *Newport Beachside Resort* $$$ — AE DC MC V
16701 Collins Ave, Sunny Isles, FL 33160. ((305) 949-1300. FAX (305) 947-5873.
W www.newportbeachsideresort.com   Surtout célèbre par ses revues de style Las Vegas, le Newport possède de grandes chambres, dont certaines avec balcon, et son propre ponton de pêche. **Chambres :** 300

EN DEHORS DU CENTRE : *Beach House Bal Harbour* $$$$ — AE DC MC V
9449 Collins Ave, Bal Harbour, FL 33154. ((305) 535-8600. FAX (305) 535-8601.
W www.rubellhotels.com   Le service est amical. Il y a une plage de sable blanc pour les clients, un bon restaurant et un salon. Nombreux équipements sportifs (golf, tennis). **Chambres :** 169

EN DEHORS DU CENTRE : *Best Western Oceanfront Resort* $$$ — AE DC MC V
19999 W. Country Club Drive, Aventura, FL 33154. **Plan** 6 F4. ((305) 864-2232.
FAX (305) 864-3045. W www.bwoceanfront.com   Sur le front de mer et à proximité des magasins de Bal Harbour, les chambres et appartements de cet hôtel rénové sont confortables. **Chambres :** 100

EN DEHORS DU CENTRE : *Fairmont Turnberry Isle Resort & Club* $$$$$ — AE DC MC V
19999 W Country Club Drive, Aventura, FL 33180. ((305) 932-6200. FAX (305) 933-6922. W www.turnberryisle.com   C'est l'endroit idéal pour ceux qui aiment le luxe : quatre restaurants, deux golfs de dix-huit trous, 19 cours de tennis, une marina. **Chambres :** 392

EN DEHORS DU CENTRE : *Ritz Carlton , Key Biscayne* $$$$$ — AE DC MC V
455 Grand Bay Drive, Key Biscayne, FL 33149. ((305) 365-4500. FAX (305) 365-4501.
W www.ritzcarlton.com   Cet hôtel luxueux est situé dans le quartier chic de Key Biscane. Le restaurant vaut le détour. **Chambres :** 402

EN DEHORS DU CENTRE : *Sheraton Bal Harbour* $$$$$ — AE DC MC V
9701 Collins Ave, Bal Harbour, FL 33154. ((305) 865-7511. FAX (305) 864-2601.
W www.sheraton.com   Cet hôtel est situé à proximité des boutiques de Bal Harbour. Il possède quelques chambres de luxe avec vue sur la mer et un jardin tropical d'une superficie de 4 ha. **Chambres :** 655

EN DEHORS DU CENTRE : *Trump International Sonesta Beach Resort* $$$$$ — AE DC MC V
1801 Collins Ave, Sunny Isles, FL 33160. (((305) 692-5600. FAX (305) 692-5601.
W www.trumpsonesta.com   Un hôtel à l'environnement luxueux avec de nombreuses prestations. Les balcons des chambres donnent sur l'océan. **Chambres :** 390

LES GOLD ET TREASURE COASTS

BOCA RATON : *Ocean Lodge* $$ — AE DC MC V
531 N Ocean Blvd, FL 33432. **Carte** F4. ((561) 395-7772. FAX (561) 395-0554.
Situé à quelques mètres de la plage, ce motel est également proche des boutiques et des restaurants. Aire de barbecue. **Chambres :** 18

BOCA RATON : *Fairfield Inn Suites* $$$ — AE DC MC V
3400 Airport Rd, FL 33431. **Carte** F4. ((561) 417-8585. FAX (561) 417-5355.
W www.marriott.com   À deux pas de la plage, l'hôtel est aussi proche des restaurants et des commerces. **Chambres :** 119

BOCA RATON : *Boca Raton Resort & club* $$$$$ — AE DC MC V
501 E Camino Real, FL 33431. **Carte** F4. ((561) 395-3000. FAX (561) 447-3183.
W www.bocaresort.com   Hôtel le plus luxueux de Boca Raton (p. 126), de style hispanisant, qui offre des chambres aux décors différents, en bois sombre, à l'orientale ou en marbre. **Chambres :** 1056

CLEWISTON : *Clewiston Inn* $$$ — AE DC MC V
108 Royal Palm Ave, FL 33440. **Carte** E4. ((863) 983-8151. FAX (863) 983-4602.
W www.clewistoninn.com. « Inn » traditionnelle installée dans une vieille demeure coloniale. Chambres confortables et cuisine du Sud profond. **Chambres :** 51

Légende des symboles, voir rabat de couverture

Les prix correspondent à une nuit en chambre double standard en haute saison, taxes et service compris.

$ moins de 60 $
$$ de 60 à 100 $
$$$ de 100 à 150 $
$$$$ de 150 à 200 $
$$$$$ plus de 200 $

ÉQUIPEMENTS POUR ENFANTS
Berceaux, lits d'enfants et chaises hautes. Certains hôtels proposent du baby-sitting ou diverses activités spécifiques.

PISCINE
Hôtel doté d'une piscine pour les résidents.

BON RESTAURANT
Restaurant proposant une cuisine au-dessus de la moyenne, ouvert aussi aux non-résidents.

CHAMBRES AVEC CUISINE
Hôtel proposant des chambres spécialement équipées de cuisines complètes, les «efficiencies».

	CARTES BANCAIRES	ÉQUIPEMENTS POUR ENFANTS	PISCINE	BON RESTAURANT	CHAMBRES AVEC CUISINE
DELRAY BEACH : *Residence Inn Marriott* [W] www.residenceinn.com $$$$ 1111 East Atlantic Ave, Delray Beach, FL 33483. **Carte** F4. 📞 (561) 276-7441. **FAX** (561) 276-7445. Ce nouvel hôtel est proche de la plage, des restaurants et des magasins. Toutes les chambres ont des balcons. *Chambres* : 95	AE DC MC V	●	■		■
FORT LAUDERDALE : *A Little Inn by the Sea* [W] www.alittleinn.com $$$ 4546 El Mar Drive, FL 33308. **Carte** F4. 📞 (954) 772-2450. **FAX** (954) 938-9354. Hôtel familial à la clientèle européenne tenu par des Suisses, dominant le front de mer au nord de Downtown. *Chambres* : 29	AE DC MC V	●	■		
FORT LAUDERDALE : *Holiday Inn Lauderdale-By-The-Sea* $$$ 4116 N Ocean Drive, FL 33308. **Carte** F4. 📞 (954) 776-1212. **FAX** (954) 776-1411. [W] www.fill-bythesea.holiday-inn.com Hôtel installé dans une zone tranquille du front de mer. Idéal pour les familles. *Chambres* : 186	AE DC MC V	●	■		■
FORT LAUDERDALE : *Riverside* $$$$ 620 E Las Olas Blvd, FL 33301. **Carte** F4. 📞 (954) 467-0671. **FAX** (954) 462-2148. [W] www.riversidehotel.com Construit en 1936 au cœur d'un quartier aujourd'hui à la mode, cet hôtel est équipé de ventilateurs au plafond, de sols en terre cuite et de mobilier en osier et en chêne. *Chambres* : 217	AE MC V			■	●
FORT LAUDERDALE : *Hyatt Regency Pier 66 Resort* $$$$$ 2301 SE 17th St Causeway, FL 33316. **Carte** F4. 📞 (954) 525-6666. **FAX** (954) 728-3541. [W] www.hyatt.com Haut édifice luxueux offrant une vue superbe. Centre de remise en forme et bains. *Chambres* : 380	AE DC MC V	●	■	■	
FORT PIERCE : *Dockside Harbor Light Resort* [W] www.docksideinn.com $$ 1160 Seaway Drive, FL 34949. **Carte** F3. 📞 (772) 468-3555. **FAX** (772) 489-9848. Cet établissement, qui surplombe l'Intracoastal Waterway, possède deux pontons d'amarrage ou de pêche privés. Décor maritime. *Chambres* : 72	AE DC MC V	●	■		■
HOLLYWOOD : *Holiday Inn* [W] www.hollywoodbeach.holiday-inn.com $$$$ 2711 S Ocean Drive, FL 33019. **Carte** F4. 📞 (954) 923-8700. **FAX** (954) 923-7059. Située près de la plage, cette résidence familiale offre une restauration gratuite pour les enfants. *Chambres* : 201	AE DC MC V	●	■		
HOLLYWOOD : *The Westin Diplomat Resort & Spa* $$$$$ 3555 South Ocean Drive, FL33019. **Carte** F4. 📞 (954) 602-6000. **FAX** (954) 602-8275. [W] www.diplomatresort.com Ce nouvel hôtel, haut de gamme, offre d'excellentes prestations, dont un parcours de golf, un spa et une plage privée. *Chambres* : 900	AE DC MC V	●	■	■	
HUTCHINSON ISLAND : *Hutchinson Island Marriott Resort* $$$$$ 555 NE Ocean Blvd, FL 34996. **Carte** F3. 📞 (772) 225-3700. **FAX** (772) 225-0003. [W] www.floridatreasures.com Résidence familiale aux équipements multiples. Activités pour les enfants, leçons de tennis et de golf, excursions dans la nature. *Chambres* : 283	AE DC MC V	●	■		■
JUPITER : *Wellesley Inn Jupiter* [W] www.wellesleyinnjupiter.com $$$ 34 Fisherman's Wharf, FL 33477. **Carte** F4. 📞 (561) 575-7201. **FAX** (561) 575-1169. Situé près de la Loxahatchee River ; cet hôtel familial possède une piscine en plein air et propose un petit déjeuner continental. *Chambres* : 102	AE DC MC V	●	■		
JUPITER : *Jupiter Beach Resort* [W] www.jupiterbeachresort.com $$$$$ 5 North A1A, FL 33477. **Carte** F4. 📞 (561) 746-2511. **FAX** (561) 747-3304. Cette riche résidence propose des chambres simples, mais équipées de salles de bains en marbre et d'un mobilier de qualité. Balcons privés avec vue superbe sur la mer. *Chambres* : 154	AE DC MC V	●	■	●	
PALM BEACH : *Gulf Stream Hotel* [W] www.thegulfstreamhotel.com $$$ 1 Lake Avenue, FL 33460. **Carte** F4. 📞 (561) 540-6000, (888) 450-0669. **FAX** (561) 582-6904. L'hôtel appartient à la chaîne des Historic Hotels of America et est situé sur l'Intracoastal Waterway. *Chambres* : 106	AE DC MC V	●	■	●	■

PALM BEACH : *Palm Beach Ocean Front Inn* $$$$ 3550 S Ocean Blvd, FL 33480. **Carte** F4. ☎ *(561) 582-5631.* [FAX] *(561) 588-4563.* [W] www.palmbeachfrontinn.com À 11 km du sud du centre-ville, une auberge d'un bon niveau avec de grandes chambres lumineuses. 🚭 ❄ 🏊 🍃 ***Chambres :** 58*	AE DC MC V	●	■	●	
PALM BEACH : *Four Seasons Resort Palm Beach* $$$$$ 2800 S Ocean Blvd, FL 33480. **Carte** F4. ☎ *(561) 582-2800.* [FAX] *(561) 547-1374.* [W] www.fourseasons.com Hôtel doté d'un hall décoré d'antiquités et de tapisseries. Grandes chambres superbement meublées. Balcons donnant sur l'océan. [24] 🚭 ❄ 🏋 🏊 🐕 [P] 🍃 ***Chambres :** 210*	AE DC MC V	●	■	●	
PALM BEACH : *Heart of Palm Beach* $$$$$ 160 Royal Palm Way, FL 33480. **Carte** F4. ☎ *(561) 655-5600.* [FAX] *(561) 832-1201.* [W] www.heartofpalmbeach.com Hôtel proche d'un verger de pruniers sur Worth Avenue. Grandes suites, petites chambres. 🚭 ❄ 🏊 🐕 🍃 ***Chambres :** 88*	AE MC V	●	■	●	
PALM BEACH GARDENS : *Palm Beach Gardens Marriott* $$$$$ 4000 RCA Blvd, FL 33410. **Carte** F4. ☎ *(561) 622-8888.* [FAX] *(561) 622-0052.* [W] www.marriott.com Cet hôtel, récemment redécoré est idéal pour les hommes d'affaires. 🚭 🏋 🏊 [P] ***Chambres :** 279*	AE DC MC V	●	■	●	
PALM BEACH GARDENS : *PGA National Resort and Spa* $$$$$ 400 Avenue of the Champions, FL 33418. **Carte** F4. ☎ *(561) 627-2000.* [FAX] *(561) 622-0261.* [W] www.pga-resorts.com Excellent établissement thermal avec plusieurs piscines ; leçons de golf et de tennis. 🚭 ❄ 🏋 🏊 [P] 🍃 ***Chambres :** 398*	AE DC MC V	●	■	●	■
PALM BEACH : *Plaza Inn* $$$$$ 215 Brazilian Ave, FL 33480. **Carte** F4. ☎ *(561) 832-8666.* [FAX] *(561) 835-8776.* [W] plazainnpalmbeach.com. Hôtel Art déco aux lits décorés, couvre-lits brodés à la main. Petits déjeuners sur demande. 🚭 ❄ 🐕 🍃 ***Chambres :** 47*	AE MC V		■		
PALM BEACH : *The Breakers* $$$$$ 1 South County Rd, FL 33480. **Carte** F4. ☎ *(561) 655-6611.* [FAX] *(561) 655-8403.* [W] www.thebreakers.com Ce somptueux palais italien est le meilleur hôtel de Palm Beach *(p. 117)*. Nombreux équipements et activités pour les enfants. [24] 🚭 ❄ 🏋 🏊 [P] 🍃 ***Chambres :** 569*	AE DC MC V	●	■	●	
PALM BEACH : *The Chesterfield Palm Beach* $$$$$ 363 Cocoanut Row, FL 33480. **Carte** F4. ☎ *(561) 659-5800.* [FAX] *(561) 659-6707.* [W] www.chesterfieldpb.com L'hôtel fut construit en 1926 ; les chambres et les suites sont magnifiquement décorées et le service est de qualité. Le restaurant est excellent. [24] 🚭 ❄ 🏊 🍃 ***Chambres :** 55*	AE DC MC V	●	■	●	
POMPANO BEACH : *Beachcomber Resort Hotel* $$$$ 1200 S Ocean Blvd, FL 33062. **Carte** E1. ☎ *954) 941-7830.* [FAX] *(954) 942-7860.* [W] www.beachcomberhotel.com Hôtel situé à 100 m de la plage, près des restaurants et des boutiques. 🏋 [P] 🚭 ❄ 🏊 ***Chambres :** 143*	AE DC MC V	●	■	●	
STUART : *Monterey Inn & Marina* $$$ 300 SW Monterey Road, FL 34994. **Carte** F3. ☎ *(772) 283-3500.* [FAX] *(772) 288-6907.* [W] www.montereyinnandmarina.com Cet hôtel charmant est situé à côté d'une paisible crique sur la rive Sud de la rivière Sainte-Lucie. 🚭 ❄ 🏊 ***Chambres :** 17*	AE MC V	●	■	●	
VERO BEACH : *Islander Inn* $$$ 3101 Ocean Drive, FL 32963. **Carte** F3. ☎ & [FAX] *(772) 231-4431.* [W] www.theislanderinn.com Hôtel situé à 100 m de la plage, près des restaurants et des boutiques. Possibilité d'utiliser le barbecue de la piscine. Chambres individualisées. 🚭 ❄ 🍃 ***Chambres :** 16*	AE MC V		■	●	■
VERO BEACH : *Night Swan Intracoastal Bed & Breakfast* $$$ 512 S Riverside Dr, New Smyrna Beach, FL 32168. **Carte** F3. ☎ *(800) 465-4261.* [FAX] *(386) 427-2814.* [W] www.nightswan.com Une maison coloniale confortable. Les chambres à la décoration individualisée ont une vue superbe. 🚭 ❄ 🍃 ♿ *limité.* ***Chambres :** 16*	AE DC MC V	●			■
WEST PALM BEACH : *Hibiscus House* $$$ 501 30th St, FL 33407. **Carte** F4. ☎ & [FAX] *(561) 863-5633.* [W] www.hibiscushouse.com Hôtel construit en 1922 et restauré dans un style victorien. Navette gratuite pour se rendre en ville. 🚭 🍃 ***Chambres :** 5*	AE MC V		■		■
WEST PALM BEACH : *Residence Inn by Marriott* $$$$$ 2461 Metrocentre Blvd, FL 33407. **Carte** F4. ☎ *(561) 687-4747.* [FAX] *(561) 697-3633.* [W] www.residenceinn.com Cet hôtel, bien situé, propose des studios et des suite à un ou à deux lits. 🏊 🐕 🍃 ♿ ***Chambres :** 78*	AE DC MC V	●	■		■

Légende des symboles, voir rabat de couverture

Les prix correspondent à une nuit en chambre double standard en haute saison, taxes et service compris.

$ moins de 60 $
$$ de 60 à 100 $
$$$ de 100 à 150 $
$$$$ de 150 à 200 $
$$$$$ plus de 200 $

ÉQUIPEMENTS POUR ENFANTS
Berceaux, lits d'enfants et chaises hautes. Certains hôtels proposent du baby-sitting ou diverses activités spécifiques.

PISCINE
Hôtel doté d'une piscine pour les résidents.

BON RESTAURANT
Restaurant proposant une cuisine au-dessus de la moyenne, ouvert aussi aux non-résidents.

CHAMBRES AVEC CUISINE
Hôtel proposant des chambres spécialement équipées de cuisines complètes, les «efficiencies».

ORLANDO ET LA SPACE COAST

	Prix	Cartes	Équip. enfants	Piscine	Bon restaurant	Chambres avec cuisine
CAPE CANAVERAL : *Radisson Resort at the Port*	$$$	AE DC MC V	●	■	●	
COCOA : *Econo Lodge Space Center*	$$	AE DC MC V		■		■
COCOA BEACH : *Comfort Inn and Suite Resort*	$$$	AE DC MC V		■		■
COCOA BEACH : *Inn at Cocoa Beach*	$$$	AE MC V		■		
CYPRESS GARDENS : *Best Western Admiral's Inn*	$$$	AE DC MC V		■	●	■
DOWNTOWN ORLANDO : *Radisson Plazza*	$$$	AE DC MC V	●	■		
DOWNTOWN ORLANDO : *The Courtyard at Lake Lucerne*	$$$	AE DC MC V			●	■
DOWNTOWN ORLANDO : *Westin Grand Bohemian*	$$$$	AE DC MC V	●	■	●	
INTERNATIONAL DRIVE : *La Quinta Inn*	$$	AE DC MC V		■		■
INTERNATIONAL DRIVE : *Best Western Plaza International*	$$$	AE DC MC V	●	■		■
INTERNATIONAL DRIVE : *The I Drive Inn*	$$$	AE DC MC V	●			
INTERNATIONAL DRIVE : *Sheraton Studio Hotel*	$$$	AE DC MC V	●	■		

CAPE CANAVERAL : *Radisson Resort at the Port* $$$
8701 Astronaut Blvd, FL 32920. **Carte** F2. (321) 784-0000. **FAX** (321) 784-3737. www.radisson.com   Ventilateurs et mobilier en osier donnent à cet hôtel un air antillais. Proche du Kennedy Space Center. *Chambres :* 284

COCOA : *Econo Lodge Space Center* $$
3220 N Cocoa Blvd, FL 32926. **Carte** E3. (321) 632-4561, (888) 721-9423. **FAX** (321) 631-3756.   Hôtel peu original, mais simple et propre, situé à 13 km du Kennedy Space Center. *Chambres :* 150

COCOA BEACH : *Comfort Inn and Suite Resort* $$$
3901 N Atlantic Ave, FL 32931. **Carte** E3. (321) 783-2221. **FAX** (321) 783-0461. www.cocoabeachcomfortinn.com Hôtel décontracté situé sur la plage, doté d'une piscine bordée de palmiers et d'une aire pour barbecues. *Chambres :* 170

COCOA BEACH : *Inn at Cocoa Beach* $$$
4300 Ocean Beach Blvd, FL 32931. **Carte** E3. (321) 799-3460. **FAX** (321) 784-8632. B & B avec des patios et des balcons donnant sur l'océan. Chambres modernes ou traditionnelles. *Chambres :* 50

CYPRESS GARDENS : *Best Western Admiral's Inn* $$$
5665 Cypress Gardens Blvd, FL 33884. **Carte** E3. (863) 324-5950. **FAX** (863) 324-2376. www.bestwestern.com/admlinn Établissement aux chambres banales, mais confortables tout proche des Cypress Gardens. *Chambres :* 156

DOWNTOWN ORLANDO : *Radisson Plazza* $$$
60 South Ivanahoe Blvd, FL 32804. **Carte** E2. (407) 425-4455. **FAX** (407) 425-7440. www.orlandofloridaradisson.com Cet hôtel, récemment rénové, est situé à côté des Universal Studios. Bonnes prestations. *Chambres :* 742

DOWNTOWN ORLANDO : *The Courtyard at Lake Lucerne* $$$
211 N Lucerne Circle E, FL 32801. **Carte** E2. (407) 648-5188. **FAX** (407) 246-1368. www.orlandohistoricinn.com B & B soigné qui regroupe trois maisons de caractère, dont la plus vieille de la ville. Décoration de style victorien et Art déco. *Chambres :* 30

DOWNTOWN ORLANDO : *Westin Grand Bohemian* $$$$
325 S Orlando Ave, FL 32801. **Carte** E2. (866) 663-0024. **FAX** (407) 313-9001. www.grandbohemianhotel.com Un hôtel d'un luxe presque décadent. Des œuvres d'artistes locaux ou mondialement reconnus sont exposées. *Chambres :* 250 *Suites :* 36

INTERNATIONAL DRIVE : *La Quinta Inn* $$
8300 Jamaican Ct, FL 32819. **Carte** E2. (407) 351-1660. **FAX** (407) 351-9264. www.laquinta.com Hôtel pour petits budgets à 14 km de Walt Disney World, pourvu de chambres soignées. Petit déjeuner compris. *Chambres :* 200

INTERNATIONAL DRIVE : *Best Western Plaza International* $$$
8738 International Drive, FL 32819. **Carte** E2. (407) 345-8195. **FAX** (407) 352-8196. www.bestwesternplaza.com Walt Disney World et Sea World sont au plus à dix minutes en voiture de cet hôtel idéal pour les familles. *Chambres :* 672

INTERNATIONAL DRIVE : *The I Drive Inn*   www.enjoyflathotels.com $$$
6323 International Drive, FL 32819. **Carte** E2. (407) 351-4430. **FAX** (407) 345-0742. Hôtel proche de Walt Disney World, dédié aux enfants. Pour eux, nourriture gratuite et activités ludiques. *Chambres :* 218

INTERNATIONAL DRIVE : *Sheraton Studio Hotel* $$$
5905 International Drive, FL 32819. **Carte** E2. (800) 327-1366. **FAX** (407) 345-5249. www.sheratonstudiocity.com L'hôtel est situé au cœur des attractions d'International Drive. *Chambres :* 302

INTERNATIONAL DRIVE : *Caribe Royale* [w] www.cariberoyale.com $$$$
8101 World Center Dr, FL 32830. **Carte** E2. [C] *(407) 238-8000.* [FAX] *(407) 238-8400.*
Cet énorme complexe est l'un des premiers centres d'affaires d'Orlando mais il
accueille aussi volontiers les familles. [symbols] *Chambres : 1 218*
AE DC MC V

INTERNATIONAL DRIVE : *Renaissance Orlando Resort* $$$$$
6677 Sea Harbor Drive, FL 32821. **Carte** E2. [C] *(407) 351-5555.*
[FAX] *(407) 351-9991.* [w] www.marriott.com En face de Sea World, cette résidence
propose un extraordinaire éventail d'activités pour les enfants. Salles de bains
en marbre. Parcours de golf. [symbols] *Chambres : 788*
AE DC MC V

INTERNATIONAL DRIVE : *Rosen Plaza Hotel* $$$$
9700 International Drive, FL 32819. **Carte** E2. [C] *(407) 996-9700.* [w] www.rosenplaza.com
[FAX] *(407) 996-9119.* L'hôtel, bien tenu, possède un majestueux hall de marbre et
des chambres aérées. [symbols] *Chambres : 800*
AE DC MC V

LAKE WALES : *Chalet Suzanne* $$$$
3800 Chalet Suzanne Drive, FL 33853. **Carte** E3. [C] *(800) 433-6011.* [FAX] *(863) 676-1814.*
[w] www.chaletsuzanne.com Cet hôtel installé au cœur d'une orangeraie est
une institution locale avec ses chambres opulentes décorées de bibelots variés.
Superbe restaurant. [symbols] *Chambres : 30*
AE DC MC V

UNIVERSAL STUDIOS : *Portofino Bay* [w] www.loewshotels.com $$$$$
5601 Universal Blvd, FL 32819. **Carte** E2. [C] *(407) 503-1000.* [w] www.loewshotels.com
Un hôtel qui s'inspire de l'Italie. Chambres bien décorées et nombreuses
prestations. [symbols] *Chambres : 750*
AE DC MC V

UNIVERSAL STUDIOS : *Universal's Hard Rock Hotel* $$$$$
5800 Universal Blvd, FL 32819. **Carte** E2. [C] *(407) 503-7625.* [FAX] *(407) 503-7655.*
[w] www.loewshotels.com L'hôtel, dans le style des missions californiennes, possède
la plus grande piscine chauffée d'Orlando. [symbols] *Chambres : 650*
AE DC MC V

WALT DISNEY WORLD : *Days Inn Suites* $
5820 W Irlo Bronson Hwy, FL 34746. **Carte** E3. [C] *(407) 396-7900.* [FAX] *(407) 396-1789.*
[w] www.dayssuiteoldtown.com Hôtel doté de quatre piscines, d'un jardin d'enfants
et d'une aire de pique-nique à 3 km de Walt Disney World. [symbols] *Chambres : 604*
AE DC MC V

WALT DISNEY WORLD : *Grosvenor Resort* [w] www.grosvenorresort.com $$
1850 Hotel Plaza Blvd, FL 32830. **Carte** E3. [C] *(407) 828-4444.*
[FAX] *(407) 828-8192.* Hôtel élégant de style colonial offrant des chambres
agréables et diverses prestations. [symbols] *Chambres : 626*
AE DC MC V

WALT DISNEY WORLD : *Disney's All-Star Music Resort* $$$
1801 W Buena Vista Drive, FL 32830. **Carte** E3. [C] *(407) 939-5000.* [FAX] *(407) 939-7222.*
[w] www.disneyword.com La musique est omniprésente dans la décoration de
cet hôtel, des couvre-lits aux juke-box. Belles chambres. [symbols] *Chambres : 1 920*
AE DC MC V

WALT DISNEY WORLD : *Disney's All-Star Sports Resort* $$$
1701 W Buena Vista Drive, FL 32830. **Carte** E3. [C] *(407) 939-5000.* [FAX] *(407) 939-7333.*
[w] www.disneyword.com Décoration inspirée du sport. Les équipements, dont
la piscine, sont communs au Music Resort attenant. [symbols] *Chambres : 1 920*
AE DC MC

WALT DISNEY WORLD : *Perri House* $$$
10417 Vista Oaks Court, FL 32836. **Carte** E3. [C] *(407) 876-4830.* [FAX] *(407) 876-0241.*
[w] www.perrihouse.com Petit hôtel tranquille à vocation familiale installé
au cœur d'un parc de 8 ha voisin de Walt Disney World. Chambres confortables
meublées en cerisier et en chêne. [symbols] *Chambres : 8*
AE DC MC V

WALT DISNEY WORLD : *Seralago Hotel & Suites* $$$
5678 W Irlo Bronson Hwy, FL 34746. **Carte** E3. [C] *(407) 396-4488.* [FAX] *(407) 396-1296.*
Les enfants sont les rois dans cet hôtel qui dispose d'une réception spéciale. Des
clowns animent de nombreuses activités. À 5 km de Walt Disney World. [symbols]
Chambres : 614.
AE DC MC

WALT DISNEY WORLD : *Coronado Springs Resort* $$$$
1000 Buena Vista Drive, FL 32830. **Carte** E3. [C] *(407) 939-1000.* [FAX] *(407) 939-1001.*
[w] www.disneyworld.com Le complexe décoré à la mexicaine borde un lac. Bon
restaurant. [symbols] *Chambres : 1 921*
AE DC MC V

WALT DISNEY WORLD : *Disney's Caribbean Beach Resort* $$$$
900 Cayman Way, FL 32830. **Carte** E3. [C] *(407) 934-3400.* [FAX] *(407) 934-3288.*
Cinq charmants «villages» aux chambres agréables disposées autour d'un
lac où se rassemblent des oiseaux aquatiques. L'atmosphère tropicale est
créée par une piscine avec plage artificielle. [symbols] *Chambres : 2 112*
AE DC MC V

Légende des symboles, voir rabat de couverture

Les prix correspondent à une nuit en chambre double standard en haute saison, taxes et service compris.

$ moins de 60 $
$$ de 60 à 100 $
$$$ de 100 à 150 $
$$$$ de 150 à 200 $
$$$$$ plus de 200 $

ÉQUIPEMENTS POUR ENFANTS
Berceaux, lits d'enfants et chaises hautes. Certains hôtels proposent du baby-sitting ou diverses activités spécifiques.

PISCINE
Hôtel doté d'une piscine pour les résidents.

BON RESTAURANT
Restaurant proposant une cuisine au-dessus de la moyenne, ouvert aussi aux non-résidents.

CHAMBRES AVEC CUISINE
Hôtel proposant des chambres spécialement équipées de cuisines complètes, les «efficiencies».

	CARTES BANCAIRES	ÉQUIPEMENTS POUR ENFANTS	PISCINE	BON RESTAURANT	CHAMBRES AVEC CUISINE
WALT DISNEY WORLD : *Disney's Beach Club Resort* $$$$$ 1800 Epcot Resorts Blvd, FL 32830. **Carte** E3. (407) 934-8000. FAX (407) 934-3850. www.disneyworld.com On se croirait dans un grand hôtel des années 1870 de Nouvelle-Angleterre. **Chambres :** 621	AE DC MC V	●	■	●	
WALT DISNEY WORLD : *Disney's BoardWalk Resort* $$$$$ 2101 N Epcot Resorts Blvd, FL 32830. **Carte** E3. (407) 939-5100. FAX (407) 939-5155. www.disneyworld.com Cet établissement élégant avec parterre de fleurs évoque un B & B d'un autre temps. **Chambres :** 371	AE DC MC V	●	■	●	
WALT DISNEY WORLD : *Disney's BoardWalk Villas* $$$$$ 2101 N Epcot Resorts Blvd, FL 32830. **Carte** E3. (407) 939-5100. FAX (407) 939-5155. www.disneyworld.com Cette résidence aux cottages de bord de mer de style Nouvelle-Angleterre a ouvert en 1996. **Chambres :** 532	AE DC MC V	●	■		■
WALT DISNEY WORLD : *Disney's Contemporary Resort* $$$$$ 4600 N World Drive, FL 32830. **Carte** E3. (407) 824-1000. FAX (407) 824-3539. www.disneyworl.com Cette résidence aux chambres Art déco est reliée à Epcot et au Magic Kingdom par monorail. **Chambres :** 1 808	AE DC MC	●	■	●	
WALT DISNEY WORLD : *Disney's Grand Floridian Resort* $$$$$ 4401 Grand Floridian Way, FL 32830. **Carte** E3. (407) 824-3000. FAX (407) 824-3186. www.disneyworl.com À proximité du Magic Kingdom, cet hôtel avec ses vérandas, ses lits en chêne et son opulence victorienne donne un aperçu de l'ancienne Floride. Bien équipé. **Chambres :** 862	AE DC MC V	●	■	●	
WALT DISNEY WORLD : *Disney's Old Key West Resort* $$$$$ 1510 N Cove Rd, FL 32830. **Carte** E3. (407) 827-7700. FAX (407) 827-7710. www.disneyworld.com Ventilateurs au plafond et palmiers recreent l'atmosphère du vieux Key West. **Chambres :** 761	AE DC MC V	●	■		■
WALT DISNEY WORLD : *Disney's Wilderness Lodge* $$$$$ 901 Timberline Drive, FL 32830. **Carte** E3. (407) 938-4300. FAX (407) 824-3200. www.disneyworl.com Il est agréable de découvrir cette «retraite de montagne» avec planchers en bois et feux de cheminée. **Chambres :** 728	AE DC MC V	●	■	●	
WALT DISNEY WORLD : *Disney's Yacht Club Resort* $$$$$ 1700 Epcot Resorts Blvd, FL 32830. **Carte** E3. (407) 934-7000. FAX (407) 934-3450. www.disneyworld.com Cet hôtel est la réplique d'un yacht-club de Cape Cod, avec aux murs des objets en cuir et des cartes marines. Les équipements de loisirs sont partagés avec le Beach Club. **Chambres :** 621	AE DC MC V	●	■	●	
WALT DISNEY WORLD : *Walt Disney World Dolphin* $$$$$ 1500 Epcot Resorts Blvd, FL 32830. **Carte** E3. (407) 934-4000. FAX (407) 934-4888. www.swandolphin.com Proche d'Epcot, d'architecture moderne, cet hôtel attire une clientèle d'hommes d'affaires. **Chambres :** 1 509	AE DC MC V	●	■	●	
WALT DISNEY WORLD : *Walt Disney World Swan* $$$$$ 1200 Epcot Resorts Blvd, FL 32830. **Carte** E3. (407) 934-3000. FAX (407) 934-4499. www.swandolphin.com Surmonté de deux cygnes, un élément de décoration récurrent dans l'hôtel, cet établissement de cinq étages offre des chambres et une restauration de qualité. **Chambres :** 758	AE DC MC V	●	■	●	
WALT DISNEY WORLD : *Wyndham Palace Resort and Spa* $$$$$ 1900 Buena Vista Drive, FL 32830. **Carte** E3. (407) 827-2727. FAX (407) 827-3472. www.wyndham.com Le comlexe comprend des restaurants et des magasins. Les chambres sont décorées dans des tons ocre. **Chambres :** 1 014	AE DC MC V	●	■	●	
WINTER PARK : *Park Plaza* www.parkplazahotel.com $$$ 307 Park Ave S, FL 32789. **Carte** E2. (407) 647-1072. FAX (407) 647-4081. Les parquets et les tapis orientaux donnent un cachet à cet hôtel. Chambres superbes aux meubles anciens et en osier. **Chambres :** 27	AE DC MC V				

LE NORD-EST

DAYTONA BEACH : *Bahama House* $$ 2001 S Atlantic Ave, FL 32118. **Carte** E2. ☎ *(386) 248-2001.* [FAX] *(386) 248-0991.* Hôtel bien équipé inspiré des Bahamas, au mobilier en bois blanchi. Activités pour les enfants et jacuzzis. 🚭 ❄ ♿ 🍃 ***Chambres :*** *95*	*AE DC MC V*	●	■		■
DAYTONA BEACH : *Coquina Inn Bed & Breakfast* $$ 544 S Palmetto Ave, FL 32114. **Carte** E2. ☎ *(386) 254-4969.* [FAX] *(386) 248-1872.* [W] www.coquinainndaytonabeach.com Cette demeure de 1912 située dans une rue bordée d'arbres du quartier historique propose des chambres superbes avec planchers en chêne et ventilateurs. Petits déjeuners délicieux et copieux. 🚭 🍃 ***Chambres :*** *4*	*AE MC V*				
DAYTONA BEACH : *Inn on the Beach* $$$ 1615 S Atlantic Ave, FL 32118. **Carte** E2. ☎ *(386) 255-0921.* [FAX] *(386) 255-3844.* Hôtel à prix modéré du front de mer, aux pièces vastes. Solariums et piscines pour enfants et pour adultes. 🚭 ❄ 🍸 🍃 ***Chambres :*** *195*	*AE DC MC V*	●	■	●	■
DAYTONA BEACH : *Hilton Daytona Beach Oceanfront Resort* $$$$ 100 N Atlantic Ave, FL 32118. **Carte** E2. ☎ *(386) 254-8200.* [FAX] *(386) 253-0275.* [W] www.hilton.com Surplombant la promenade en bois de la plage, cet hôtel est le plus stylé de la ville. Restaurant, club de remise en forme, night-club et jardin d'enfants. 🚭 ❄ 🍸 ♿ [P] 🍃 ***Chambres :*** *746*	*AE DC MC V*	●	■	●	
FERNANDINA BEACH : *Amelia Island Plantation* $$$$$ 3000 First Coast Hwy, FL 32034. **Carte** E1. ☎ *(904) 261-6161.* [FAX] *(904) 277-5159.* [W] www.aipfl.com Au sud d'Amelia Island, entre la forêt de chênes et les dunes, ce club de golf loue des chambres spacieuses, des appartements et des villas. Équipements nombreux. [24] 🚭 ❄ 🍸 ♿ 🐕 [P] 🍃 ***Chambres :*** *680*	*AE DC MC V*	●	■	●	■
FERNANDINA BEACH : *Amelia Island Williams House* $$$$$ 103 S 9th St, FL 32034. **Carte** E1. ☎ *(904) 277-2328.* [FAX] *(904) 321-1325* Classé parmi les meilleurs B & B du Sud, cette demeure de 1856 possède quelques chambres avec des baignoires à pieds de griffons. Nombreuses antiquités exposées. 🚭 ❄ ♿ 🍃 ***Chambres :*** *8*	*AE MC V*				
GAINESVILLE : *Magnolia Plantation* [W] www.magnoliabnb.com $$$ 309 SE 7th St, FL 32601. **Carte** D2. ☎ *(352) 375-6653.* [FAX] *(352) 338-0303.* Charmante demeure des années 1880, très lumineuse, dotée de grandes vérandas. Accueil chaleureux. Petit déjeuner servi dans la chambre ou parmi les magnolias du jardin. 🚭 ❄ ♿ 🐕 🍃 ***Chambres :*** *5* ***Cottages :*** *6*	*AE DC MC V*				■
GAINESVILLE : *Residence Inn by Marriott* $$$ 4001 SW 13th St, FL 32608. **Carte** D2. ☎ *(352) 331-3131.* [FAX] *(352) 377-2247.* Établissement central aux chambres spacieuses équipées de cuisines et de salles de séjour, certaines avec jacuzzi. 🚭 ❄ 🍸 🐕 🍃 ***Chambres :*** *80*	*AE DC MC V*	●	■		■
JACKSONVILLE : *House on Cherry Street* $$ 1844 Cherry St, FL 32205. **Carte** E1. ☎ *(904) 384-1999.* [FAX] *(904) 384-4007.* [W] www.houseoncherry.com Cet hôtel en bois du début du XXe siècle permet de passer un séjour tranquille à 15 mn en auto du centre-ville. Le porche domine un terrain de croquet menant à la rivière. 🚭 ❄ 🍸 🍃 ***Chambres :*** *4*	*AE MC V*				
JACKSONVILLE : *Omni Jacksonville Hotel* [W] www.omnihotels.com $$$ 245 Water St, FL 32202. **Carte** E1. ☎ *(904) 355-6664.* [FAX] *(904) 791-4812.* Au cœur du centre-ville, cet hôtel stylé offre un service de qualité et possède un excellent restaurant. 🚭 ❄ 🍸 ♿ 🐕 [P] ***Chambres :*** *365*	*AE DC MC V*	●	■	●	
JACKSONVILLE BEACH : *Pelican Path B&B By the Sea* $$$ 11 North 19th Avenue, FL 32250. **Carte** E1. ☎ *(904) 249-1177.* [W] www.pelicanpath.com Ce bed and breakfast en bord de mer est moderne et chaleureux. Il est bien placé pour profiter de la vie nocturne de la ville. 🚭 ❄ 🍃 [P] ***Chambres :*** *4*	*AE DC MC V*				
JACKSONVILLE : *Radisson Riverwalk Hotel* $$$ 1515 Prudential Drive, FL 32207. **Carte** E1. ☎ *(904) 396-5100.* [FAX] *(904) 396-7154.* [W] www.radisson.com Hôtel élégant jouissant d'une vue superbe sur la Saint John's River et le centre-ville. 🚭 ❄ 🍸 ♿ 🍃 ***Chambres :*** *322*	*AE DC MC V*	●	■	●	
MICANOPY : *The Herlong Mansion* $$$ 402 NE Cholokka Blvd, FL 32667. **Carte** D2. ☎ & [FAX] *(352) 466-3322.* [W] www.herlong.com Demeure de1845 dans de superbes jardins, avec d'imposantes colonnes en façade. Petit déjeuner en commun. 🚭 ❄ ♿ 🐕 🍃 ***Chambres :*** *11*	*MC V*				■

Légende des symboles, voir rabat de couverture

Les prix correspondent à une nuit en chambre double standard en haute saison, taxes et service compris.
$ moins de 60 $
$$ de 60 à 100 $
$$$ de 100 à 150 $
$$$$ de 150 à 200 $
$$$$$ plus de 200 $

ÉQUIPEMENTS POUR ENFANTS
Berceaux, lits d'enfants et chaises hautes. Certains hôtels proposent du baby-sitting ou diverses activités spécifiques.
PISCINE
Hôtel doté d'une piscine pour les résidents.
BON RESTAURANT
Restaurant proposant une cuisine au-dessus de la moyenne, ouvert aussi aux non-résidents.
CHAMBRES AVEC CUISINE
Hôtel proposant des chambres spécialement équipées de cuisines complètes, les «efficiencies».

	CARTES BANCAIRES	ÉQUIPEMENTS POUR ENFANTS	PISCINE	BON RESTAURANT	CHAMBRES AVEC CUISINE
MOUNT DORA : Lakeside Inn W www.lakeside-inn.com $$$$ 100 N Alexander St, FL 32757. Carte E2. (352) 383-4101. FAX (352) 385-1615. Édifié en 1883 et restauré un siècle plus tard, cet hôtel est fréquenté par des pêcheurs, des chasseurs et des randonneurs. *Chambres : 89*	AE DC MC V	●	■	●	
OCALA : Quality Inn Ocala Plaza $$$ 3621 W Silver Springs Blvd, FL 34478. Carte D2. (352) 629-0381. FAX (352) 629-8813. Propre et agréable, ce petit hôtel possède une piscine, des tennis et une salle d'exercice. *Chambres : 269*	AE DC MC V	●	■	●	
ORMOND BEACH : Comfort Inn Beachside $$$ 507 S Atlantic Ave, FL 32176. Carte E2. (386) 677-8550. FAX (386) 673-6260. W www.comfortinn.com Hôtel sur la plage, proche des restaurants et des boutiques. Les chambres spacieuses donnent toutes sur l'océan. *Chambres : 47*	AE MC V	●			■
ST. AUGUSTINE : Howard Johnson Lodge $$ 137 San Marco Ave, Fl 32084. Carte E1. (904) 824-6181. FAX (904) 825-2774. Dans le centre historique, cet hôtel offre de grandes chambres avec kitchenettes. Petit train gratuit vers les attractions. *Chambres : 75*	AE DC MC V	●	■		■
ST. AUGUSTINE : Casablanca Inn B&B $$$ 24 Avenida Menendez, FL 32084. Carte E1. (800) 826-2626. FAX (904) 826-1892. W www.casablancainn.com Meublé avec goût, ce B & B offre des chambres avec balcon donnant sur la mer. *Chambres : 30*	AE D MC V		■		
ST. AUGUSTINE : Southern Wind W www.southernwindinn.com $$$ 18 Cordova St, FL 32084. Carte E1. (904) 825-3623. FAX (904) 810-5212. Cette maison à colonnades propose des chambres avec mobilier de l'époque de Flagler. Petit déjeuner dans de la porcelaine. *Chambres : 10*	MC V				
ST. AUGUSTINE : Alexander Homestead $$$$ 14 Sevilla St, FL 32084. Carte E1. (888) 292-4147. FAX (904) 823-9503. W www.alexanderhomestead.com Cette ancienne demeure des années 1880 avec rideaux en dentelle et parquets a été convertie en B & B. Digestifs offerts. *Chambres : 5*	AE DC MC V				
ST. AUGUSTINE : Casa de Suenos W www.casadesuenos.com $$$$ 20 Corodova St, FL 32084. Carte E1. (800) 824-0804. FAX (800) 824-0804. Cette maison d'hôtes magnifiquement meublée est au cœur du centre historique de la ville. Pas de durée minimum de séjour. *Chambres : 4*	MC D V		■		

LE PANHANDLE

	CARTES BANCAIRES	ÉQUIPEMENTS POUR ENFANTS	PISCINE	BON RESTAURANT	CHAMBRES AVEC CUISINE
APALACHICOLA : Coombs House Inn W www.coombshouseinn.com $$$$ 80 6th St, FL 32320. Carte B1. (850) 653-9199. FAX (850) 653-2785. Dans une maison en bois de 1905, ce B & B possède une véranda et du mobilier d'époque. Chambres avec lits décorés. *Chambres : 19*	AE D MC V	●			■
CEDAR KEY : Cedar Key Bed & Breakfast $$$ 810 3rd St, FL 32625. Carte D2. (877) 543-5051. FAX (352) 543-9192. Maison sur la mer de 1880 en bois sculpté de style gingerbread. Joli décors d'objets d'art. Petit déjeuner copieux. *Chambres : 7*	D MC V				
CEDAR KEY : The Island Hotel W www.islandhotel-cedarkey.com $$$ 373 2nd St, FL 32625. Carte D2. (352) 543-5111. FAX (352) 543-6949. Cet hôtel de 1859 est orné de murs en tabby *(p. 282)*, de parquets et d'objets de marine. Dîners sur la véranda. *Chambres : 10*	AE D MC V			●	
DESTIN : Village Inn $$ 215 Hwy 98 E, FL 32541. Carte A1. (800) 821-9342. FAX (850) 837-7893. Tout proche du port de pêche, ce motel à vocation familiale possède des chambres spacieuses. Les plages, les restaurants et les boutiques ne sont qu'à 10 mn en voiture. *Chambres : 100*	AE DC MC V		■		

DESTIN : *Holiday Inn* [w] www.hidestin.com $$$$ — AE DC MC V
1020 Hwy 98 E, FL 32541. **Carte** A1. [(850) 837-6181. FAX (850) 837-1523.
Hôtel circulaire avec des chambres donnant sur le golfe du Mexique. Activités
pour enfants. Personnel aimable. *Chambres : 233*

FORT WALTON BEACH : *Rodeway Inn* [w] www.choicehotels.com $$ — AE MC V
314 Miracle Strip Parkway, FL 32548. **Carte** A1. [(850) 243-6162. FAX (850) 664-2735.
Des arbres centenaires s'élèvent dans le jardin de cette chaleureuse auberge,
située à 3 km du centre-ville et de la plage. *Chambres : 36*

FORT WALTON BEACH : *Aunt Martha's Bed & Breakfaast* $$$ — DC MC V
315 Shell Avenue SE, FL 32548. **Carte** A1. [(850) 243-6702. FAX (850) 796-2341.
[w] www.auntmarthasbedandbreakfast.com Cette délicieuse chambre d'hôtes a été
construite en l'an 2000 sur le modèles des premières résidences d'été de
Floride. Il y a un lac derrière la maison. *Chambres : 7*

FORT WALTON BEACH : *The Four Points Hotel* $$$$ — AE DC MC V
1325 Miracle Strip Parkway, FL 32548. **Carte** A1. [(850) 243-8116. FAX (850) 244-3064.
[w] www.sheraton4pts.com Le Four Points offre des chambres luxueuses, la plupart
avec vue sur la mer ou donnant sur la plage. *Chambres : 216*

GULF BREEZE : *Bay Beach Inn* [w] www.baybeachinn.com $$ — AE DC MC V
51 Gulf Breeze Parkway, FL 32561. **Carte** A1. [(850) 932-2214. FAX (850) 932-0932.
L'hôtel qui donne sur Pensacola Bay propose des chambres spacieuses. Délicieuses
pâtisseries au restaurant avec vue sur mer. *Chambres : 187*

NAVARRE : *Comfort Inn* $$ — AE DC MC V
8680 Navarre Parkway, FL 32566. **Carte** A1. [(850) 939-1761. FAX (850) 939-2084.
Petit B & B confortable bien situé à proximité d'un pont donnant sur une plage
peu fréquentée. *Chambres : 63*

PANAMA CITY BEACH : *Best Western Casa Loma* $$$$ — AE DC MC V
13615 Front Beach Rd, FL 32408. **Carte** B1. [(850) 234-1600.
[w] www.bestwesterncasaloma.com Ce complexe en front de mer donne sur le Golfe
du Mexique. Les chambres sont vastes et lumineuses et le personnel est charmant.
P *Chambres : 100*

PANAMA CITY BEACH : *Edgewater Beach Resort* $$$$$ — AF DC MC V
11212 Front Beach Rd, FL 32407. **Carte** B1. [(800) 874-8686. FAX (850) 235-6899.
[w] www.edegewaterbeachresort.com De style tropical, cette résidence balnéaire
propose des appartements à une, deux ou trois chambres. Nombreux
équipements sportifs et de loisirs. 24 *Chambres : 520*

PANAMA CITY BEACH : *Marriott's Bay Point Resort Village* $$$$$ — AE DC MC
4200 Marriott Drive, FL 32408. **Carte** B1. [(850) 234-3307. FAX (850) 236-6158.
[w] www.marriotbaypoint.com Niché dans une petite réserve naturelle séparée de
la plage, le Bay Point est très prisé pour son golf et ses courts de tennis.
Chambres : 356

PENSACOLA : *New World Inn* $$ — AE MC V
600 S Palafox St, FL 32501. **Carte** A1. [(850) 432-4111. FAX (850) 432-6836.
[w] www.newworldlanding.com Ce petit Bed and Breakfast, dans le quartier
historique de la ville, est chaleureux et confortable. Les meubles reflètent
les cinq grandes périodes du passé de Pensacola. *Chambres : 14 Suites : 1*

PENSACOLA : *Residence Inn by Marriott* $$$ — AE DC MC V
7230 Plantation Rd, FL 32504. **Carte** A1. [(850) 479-1000. FAX (850) 477-3399.
[w] www.residenceinn.com Établissement plaisant aux chambres spacieuses, situé
à 11 km du centre-ville. Petit déjeuner compris. *Chambres : 64*

PENSACOLA BEACH : *Best Western Pensacola Beach* $$$ — AE DC MC V
16 Via de Luna, FL 32561. **Carte** A1. [(850) 934-3300. FAX (850) 934-9780.
Cet établissement tranquille propose des chambres spacieuses, certaines
avec vue. Petit déjeuner compris. *Chambres : 123*

PENSACOLA BEACH : *Hilton Garden Inn* $$$$ — AE DC MC V
12 Via de Luna Drive, FL 32651. **Carte** A1. [(850) 916-2999. FAX (850) 934-0891.
[w] www.hiltongardeninn.com L'hôtel, sur la plage de Pensacola, possède
une piscine couverte et une piscine extérieure. *Chambres : 181*

SEASIDE : *Josephine's Bed and Breakfast* $$$$$ — AE DC MC V
101 Seaside Ave, FL 32459. **Carte** B1. [(850) 231-1940. FAX (850) 231-2446.
[w] www.josephinesinn.com Cette demeure de 1990, de style début du XIXᵉ siècle,
et la ville elle-même méritent le détour. *Chambres : 7 Suites : 2*

Légende des symboles, voir rabat de couverture

Les prix correspondent à une nuit en chambre double standard en haute saison, taxes et service compris.
$ moins de 60 $
$$ de 60 à 100 $
$$$ de 100 à 150 $
$$$$ de 150 à 200 $
$$$$$ plus de 200 $

ÉQUIPEMENTS POUR ENFANTS
Berceaux, lits d'enfants et chaises hautes. Certains hôtels proposent du baby-sitting ou diverses activités spécifiques.
PISCINE
Hôtel doté d'une piscine pour les résidents.
BON RESTAURANT
Restaurant proposant une cuisine au-dessus de la moyenne, ouvert aussi aux non-résidents.
CHAMBRES AVEC CUISINE
Hôtel proposant des chambres spécialement équipées de cuisines complètes, les «efficiencies».

	CARTES BANCAIRES	ÉQUIPEMENTS POUR ENFANTS	PISCINE	BON RESTAURANT	CHAMBRES AVEC CUISINE
TALLAHASSEE : *Cabot Lodge North Monroe* ($$) 2735 N Monroe St, FL 32303. **Carte** C1. (850) 386-8880. **FAX** (850) 386-4254. W www.cabotlodgenorthmonroe.com Les chambres sont confortables et le service est efficace. **Chambres :** 160	AE DC MC V	●	▪		
TALLAHASSEE : *Ramada Inn North* W www.ramada.com ($$$) 2900 N Monroe St, FL 32303. **Carte** C1. (850) 386-1027. **FAX** (850) 224-0472. Proche du centre-ville, cet hôtel aux chambres agréables offre d'excellentes prestations. Personnel aimable. **Chambres :** 200	AE DC MC V		▪	●	▪
TALLAHASSEE : *Governors Inn* ($$$$) 209 S Adams St, FL 32301. **Carte** C1. (850) 681-6855. **FAX** (850) 222-3105. W www.thegovinn.com Établissement moderne qui a conservé les poutres d'une ancienne étable. Mobilier ancien. Quelques cheminées. **Chambres :** 40	AE DC MC V				
TALLAHASSEE : *Radisson Hotel* ($$$$) 415 N Monroe St, FL 32301. **Carte** C1. (850) 224-6000. **FAX** (850) 222-0335. W www.radisson.com Cet hôtel élégant et agréable offre gratuitement le transfert à l'aéroport et au centre-ville **Chambres :** 119	AE DC MC V	●		●	

LA GULF COAST

	CARTES BANCAIRES	ÉQUIPEMENTS POUR ENFANTS	PISCINE	BON RESTAURANT	CHAMBRES AVEC CUISINE
ANNA MARIA ISLAND : *Haley's Motel* W www.haleysmotel.com ($$) 8102 Gulf Drive, FL 34217. **Carte** D3. (800) 367-7824. **FAX** (941) 779-0079. Tout proche de la plage, le Haley's propose des chambres simples et confortables ou des appartements à deux lits. **Chambres :** 13	AE DC MC V		▪		▪
CAPTIVA ISLAND : *South Seas Resort* W www.south-seas-resort.com ($$$$$) 5400 Plantation Rd, FL 33924. **Carte** D4. (239) 472-5111. **FAX** (239) 472-7525 Cette ancienne plantation de noix de coco propose des villas, des cottages, des appartements et des chambres à louer. **Chambres :** 600	AE DC MC V	●	▪	●	▪
CLEARWATER BEACH : *Clearwater Beach Hotel* ($$$$) 500 Mandalay Ave, FL 33767. **Carte** D3. (727) 441-2425. **FAX** (727) 449-2083. W www.clearwaterbeachhotel.com Tenu depuis 40 ans par la même famille, ce grand hôtel donnant sur le golfe inspire une atmosphère douillette. **Chambres :** 157	AE DC MC V	●	▪		▪
CLEARWATER BEACH : *Holiday Inn SunSpree Resort* ($$$) 715 S Gulfview Blvd, FL 33767. **Carte** D3. (727) 447-9566. **FAX** (727) 446-4978. W www.sunspreeresort.com Ce complexe moderne est destiné aux familles : hébergement gratuit pour les enfants de moins de douze ans et activités pour les adolescents. **Chambres :** 216	AE DC MC V	●	▪	●	
DUNEDIN : *Inn on the Bay* ($$) 1420 Bayshore Blvd, FL 34698. **Carte** D3. (800) 759-5045. **FAX** (727) 734-0972. W www.innonthebay.net Établissement propre et confortable donnant sur la baie. Petit déjeuner compris. **Chambres :** 42	AE MC V		▪		▪
DUNEDIN : *Holiday Inn Express Hotel and Suites* ($$$) 975 Broadway. **Carte** D3. (727) 450-1200. **FAX** (727) 734-1202. W www.hiexpress.com/dunedin Résidence moderne à vocation familiale, gratuite pour les moins de 12 ans. Activités pour adolescents. **Chambres :** 76	AE DC MC V	●	▪		
FORT MYERS : *Ramada Inn* ($$$$) 2500 Edwards Drive, FL 33901. **Carte** E4. (800) 833-1620. **FAX** (239) 337-1530. W www.ramada.com L'hôtel, haut de game, a de jolies vues sur la rivière. Les sites à voir sont à quelques minutes de marche. **Chambres :** 419	AE DC MC V	●	▪	●	▪
FORT MYERS : *Sanibel Harbour Resort & Spa* ($$$$$) 17260 Harbour Point Drive, FL 33901. **Carte** E4. (239) 466-4000. **FAX** (800) 767-7777. W www.sanibel-resort.com L'un des plus beaux hôtels de la région : les suites sont somptueuses. **Chambres :** 400	AE DC MC V	●	▪	●	▪

LONGBOAT KEY : *The Resort at Longboat Key Club* $$$$$ 301 Gulf of Mexico Drive, FL 34228. **Carte** D3. ☎ *(239) 383-8821.* [FAX] *(239) 383-0359.* [W] www.longboatkeyclub.com Cet hôtel de luxe possède des suites avec balcon dominant le golfe. Golf et tennis. ❄ 🏋 🏊 🌿 ***Chambres :** 155*	AE DC MC V	●	■	●	■
ST. PETERSBURG : *Inn at the Bay B&B* [W] www.innatthebay.com $$$ 126 4th Ave NE, FL 33701. **Carte** D3. ☎ *(888) 873-2122.* Cet hôtel, récemment rénové est idéalement situé. Suites nuptiales pour les lunes de miel. 🚭 ❄ 🌿 ***Chambres :** 12*	AE DC MC V				
ST. PETERSBURG : *Bayboro House* $$$$ 1719 Beach Drive SE, FL 33701. **Carte** D3. ☎ *(877) 823-4955.* [FAX] *(727) 822-2341.* [W] www.bayborohousebandb.com Demeure de style Queen Anne, construite en 1907 et décorée de dentelles et d'antiquités, à 3 km au sud du centre-ville. Vue panoramique sur la Tampa Bay depuis la véranda. 🚭 ❄ 🚸 ***Chambres :** 6 **Suites :** 2*	MC V	●	■		■
ST. PETERSBURG : *Renaissance Vinoy Resort and Golf Club* $$$$$ 501 5th Ave NE, FL 33701. **Carte** D3. ☎ *(727) 894-1000.* [FAX] *(727) 822-2785.* [W] www.renaissancehotels.com/tpasr Construit en 1925, cet hôtel élégamment restauré offre une belle vue sur la baie et des chambres à la décoration originale. Le centre-ville est accessible à pied. 🚭 ❄ 🏋 🏊 [P] 🌿 ***Chambres :** 360*	AE DC MC V	●	■	●	
ST. PETE BEACH : *Travelodge* $$$ 6300 Gulf Blvd, FL 33706. **Carte** D3. ☎ *(727) 367-2711.* [FAX] *(727) 367-7068.* [W] www.travelodgestpetebeachfla.com Hôtel à vocation familiale situé sur la plage, décoré de motifs floraux. ❄ 🏊 🌿 ***Chambres :** 200*	AE DC MC V	●	■	●	■
ST. PETE BEACH : *Dolphin Beach Resort* [W] www.dolphinbeach.com $$$$ 4900 Gulf Blvd, FL 33706. **Carte** D3. ☎ *(727) 360-7011.* [FAX] *(727) 367-5909.* Situé sur l'océan, le Dolphin propose des voiliers à louer et des excursions en car. Discothèque. Parking gratuit. 🚭 ❄ 🏊 🌿 ***Chambres :** 173*	AE DC MC V	●	■	●	■
ST. PETE BEACH : *Don CeSar Resort and Spa* $$$$$ 3400 Gulf Blvd, FL 33706. **Carte** D3. ☎ *(727) 360-1881.* [FAX] *(727) 367-6952.* [W] www.doncesar.com Ce «palace rose» époustouflant de 1928, à l'architecture méditerranéenne, a autrefois hébergé Scott Fitzgerald. [24] 🚭 ❄ 🏋 🏊 [P] 🌿 ***Chambres :** 277*	AE DC MC V	●	■	●	■
SANIBEL ISLAND : *Sanibel Inn* [W] www.sanibelinn.com $$$$$ 937 E Gulf Drive, FL 33957. **Carte** E4. ☎ *(239) 481-3636.* [FAX] *(239) 481-4947.* Par son choix de chambres et d'appartements et ses équipements sportifs, cette résidence satisfera tous les goûts. 🚭 ❄ 🏊 🌿 ***Chambres :** 96*	AE DC MC V	●	■	●	■
SANIBEL ISLAND : *Sanibel's Seaside Inn* $$$$$ 541 E Gulf Drive, FL 33957. **Carte** E4. ☎ *(239) 472-1400.* [FAX] *(239) 472-6518.* [W] www.seasideinn.com Situé dans un endroit calme sur une plage jonchée de coquillages, cet établissement très «ancienne Floride» offre un choix de chambres ou de cottages à louer. Location de bicyclettes. ❄ 🌿 ***Chambres :** 32*	AE DC MC V	●	■		■
SARASOTA : *Best Western Golden Host Resort* $$$ 4675 N Tamiami Trail, FL 34234. **Carte** D3. ☎ *(941) 355-5141.* [W] www.bestwestern.com [FAX] *(941) 355-9286.* Hôtel situé dans un jardin tropical, proche de la plage et de l'animation de la ville. 🚭 ❄ 🌿 ***Chambres :** 80*	AE DC MC V	●	■		■
SARASOTA : *Wellesley Inn and Suites* $$$ 1803 N Tamiami Trail, FL 34234. **Carte** D3. ☎ *(941) 366-5128.* [W] www.wellesleyonline.com [FAX] *(941) 953-4322.* Cet établissement sympathique, au nord du centre-ville, domine la marina. 🚭 ❄ 🏊 🚸 ***Chambres :** 106*	AE DC MC V	●	■		■
SARASOTA : *Hyatt Sarasota* $$$$$ 1000 Blvd of the Arts, FL 34236. **Carte** D3. ☎ *(941) 953-1234.* [FAX] *(941) 952-1987.* [W] www.sarasota.hyatt.com Hôtel du front de mer proche du centre-ville. La plupart des chambres ont un balcon. 🚭 ❄ 🏋 🏊 [P] 🌿 ***Chambres :** 294*	AE DC MC V	●	■	●	
TAMPA : *Days Inn Airport Stadium* $$$ 2522 N Dale Mabry Hwy, FL 33607. **Carte** D3. ☎ *(813) 877-6181.* [FAX] *(813) 875-6171.* [W] www.daysinntampa.com [W] www.sarasota.hyatt.com Entre le centre-ville et l'aéroport, cet hôtel propose des chambres agréables. Petit déjeuner compris. 🚭 🏊 🚸 🌿 ***Chambres :** 296*	AE DC MC V		■		■
TAMPA : *Gram's Place* $$$ 3109 N Ola Ave, FL 33603. **Carte** D3. ☎ *(813) 221-0596.* [W] www.grams-inn-tampa.com Ancien pub sous ambiance musicale permanente, ce B & B est devenu une retraite d'artistes. Clientèle gay et bohème. [24] 🌿 ***Chambres :** 7*	AE MC V		■		

Légende des symboles, voir rabat de couverture

Les prix correspondent à une nuit en chambre double standard en haute saison, taxes et service compris.
- $ moins de 60 $
- $$ de 60 à 100 $
- $$$ de 100 à 150 $
- $$$$ de 150 à 200 $
- $$$$$ plus de 200 $

ÉQUIPEMENTS POUR ENFANTS
Berceaux, lits d'enfants et chaises hautes. Certains hôtels proposent du baby-sitting ou diverses activités spécifiques.

PISCINE
Hôtel doté d'une piscine pour les résidents.

BON RESTAURANT
Restaurant proposant une cuisine au-dessus de la moyenne, ouvert aussi aux non-résidents.

CHAMBRES AVEC CUISINE
Hôtel proposant des chambres spécialement équipées de cuisines complètes, les «efficiencies».

	CARTES BANCAIRES	ÉQUIPEMENTS POUR ENFANTS	PISCINE	BON RESTAURANT	CHAMBRES AVEC CUISINE
TAMPA : *Courtyard by Marriot* $$$$ 102 E Cass, FJ 33602. **Carte** D3. (813) 229-1100. FAX (813) 224-9200. w www.marriott.com Cet hôtel chaleureux est à la fois proche de l'animation du centre et du port de Tampa. *Chambres : 141*	AE DC MC V	●	■	●	
TAMPA : *Grand Hyatt Tampa Bay* $$$$$ 6200 Courtney Campbell Causeway, FL 33607. **Carte** D3. (813) 874-1234. FAX (813) 281-9168. w www.grandhyattampabay.com Cet hôtel stylé propose des chambres aérées dominant la mer. *Chambres : 445*	AE DC MC V	●	■	●	■
TAMPA : *Wyndham Harbour Island Hotel* $$$$$ 725 S Harbour Island Blvd, FL 33602. **Carte** D3. (813) 229-5000. FAX (813) 229-5322. w www.wyndham.com Hôtel sur une île de l'estuaire relié à Tampa par le Peoplemover *(p. 244)*. Chambres meublées en bois sombre. *Chambres : 300*	AE DC MC V	●	■	●	
TARPON SPRINGS : *Spring Bayou Inn* $$ 32 W Tarpon Ave, FL 34689. **Carte** D3. & FAX (727) 938-9333. w www.springbayouinn.com Construit en 1905, ce B & B douillet possède des planchers en bois et abrite un mobilier éclectique, dont quelques antiquités. *Chambres : 5*	MC V				■
VENICE : *The Banyan House* $$ 519 S Harbor Drive, FL 34285. **Carte** D4. (941) 484-1385. w www.banyanhouse.com Installé dans une grande demeure méditerranéenne, ce B & B possède un mobilier victorien et de hauts plafonds à solives. *Chambres : 10*	MC V		■		■
VENICE : *Holiday Inn Venice* $$ 455 US 41 Bypass N, FL 34292. **Carte** D4. (941) 485-5411. FAX (941) 484-6193. w www.hotelvenicefl.com Cet hôtel tranche sur ses concurrents par son buffet, sa revue de style Broadway et son atmosphère détendue. *Chambres : 159*	AE DC MC V	●	■	●	■

LES EVERGLADES ET LES KEYS

	CARTES BANCAIRES	ÉQUIPEMENTS POUR ENFANTS	PISCINE	BON RESTAURANT	CHAMBRES AVEC CUISINE
BIG PINE KEY : *Barnacle Bed and Breakfast* $$ 1557 Long Beach Drive, FL 33043. **Carte** E5. (305) 872-3298. FAX (305) 872-3863. w www.thebarnacle.net Entouré d'une végétation luxuriante, ce bel édifice possède un solarium et une plage privée. *Chambres : 4*	MC V				■
ISLAMORADA : *Casa Morada* $$$$$ 136, Madeira Rd, FL 33036. (305) 664-0044. FAX (305) 664-0674. w www.casamorada.com Un charmant complexe hôtelier doté de beaucoup de style. *Chambres : 16*	AE DC MC V	●	■		
ISLAMORADA : *Cheeca Lodge* $$$$$ MM 82, Overseas Hwy, FL 33036. **Carte** F5. (800) 327-2888. FAX (305) 664-2893. w www.cheeca.com Résidence balnéaire aux pavillons aux meubles de bambou. Nombreuses activités pour enfants et adultes. *Chambres : 203*	AE DC MC V	●	■	●	■
KEY LARGO : *Kona Kai Resort and Gallery* $$$$$ 97802 Overseas Hwy, FL 33037. **Carte** F5. (305) 852-7200. FAX (305) 852-4629. w www.konakairesort.com L'hôtel possède une plage privée et de superbes jardins ainsi qu'une magnifique collection d'art européen. *Chambres : 11*	AE DC MC	●	■		■
KEY LARGO : *Marina del Mar Oceanside* $$$$ 527 Caribbean Drive MM100, FL 33037. **Carte** F5. (305) 451-4107. FAX (305) 451-1891 w www.marinadelmarkeylargo.com Un vaste hôtel moderne au cœur de Key Largo, à côté de la marina principale. *Chambres : 75*	AE DC MC V	●	■	●	■
KEY WEST : *Key West Youth Hostel* $ 718 South St, FL 33040. **Carte** E5. (305) 296-5719. FAX (305) 296-0672. w www.keywesthostel.com Un hôtel simple et confortable pour une clientèle cosmopolite. *Lits : 92*	MC V				■

KEY WEST : *La Pensione* W www.lapensione.com $$$$
809 Truman Ave, FL 33040. **Carte** E5. (800) 893-1193. FAX (305) 296-6509.
Bâtie en 1891 par des négociants en cigares, cette élégante pension offre des
chambres simples sans télévision ni téléphone. **Chambres : 9**
AE DC MC V

KEY WEST : *La Te Da* W www.lateda.com $$$$
1125 Duval St, FL 33040. **Carte** E5. (877) 528-3320. FAX (305) 296-3981.
Situé dans le centre, célèbre pour ses revues de drag-queens et ses thés dansants
du dimanche, le La Te Da est un haut lieu gay. **Chambres : 15**
AE MC V

KEY WEST : *Southernmost Hotel and Resort* $$$$
1319 Duval St, FL 33040. **Carte** E5. (305) 296-6577. FAX (305) 294-3380.
W www.oldtownresorts.com Motel très animé proche à pied d'Old Town.
Belles chambres tropicales avec balcons. **Chambres : 127**
AE MC V

KEY WEST : *Whispers B&B* $$$$
409 William St, FL 33040. **Carte** E5. (305) 294-5969. W www.whispersbb.com
Situé dans une rue calme de la vieille ville, le B and B a été aménagé dans
un immeuble de 1945. **Chambres : 7**
AE DC MC V

KEY WEST : *Wicker Guesthouse* W www.wickerhousekw.com $$$$
913 Duval St, FL 33040. **Carte** E5. (305) 296-4275. FAX (305) 294-7240.
Complexe résidentiel avec des maisons neuves ou restaurées dans le quartier
historique. Chambres et suites spacieuses. **Chambres : 18**
AE DC MC V

KEY WEST : *Casa Marina Resort* $$$$$
1500 Reynolds St, FL 33040. **Carte** E5. (305) 296-3535. FAX (305) 296-3008.
W www.casamarinakeywest.com Construit dans les années 20 par Henry Flagler, le
plus grand hôtel de Key West est situé dans un beau jardin.
Chambres : 311
AE MC V

KEY WEST : *Curry Mansion Inn* W www.currymansion.com $$$$$
511 Caroline St, FL 33040. **Carte** E5. (305) 294-5349. FAX (305) 294-4093.
Vieille maison près de Duval Street abritant un musée *(p. 284)*. La plupart des
chambres sont situées dans l'annexe douillette. **Chambres : 28**
AE DC MC V

KEY WEST : *La Concha Crown Plaza Key West* $$$$$
430 Duval Street, FL 33040. **Carte** E5. (800) 745-2191. FAX (305) 294-3283.
W www.laconchakeywest.com L'hôtel qui existe depuis 1926 est au cœur du centre
historique. Décoration des années 20. **Chambres : 150**
AF DC MC V

KEY WEST : *Pier House Resort and Caribbean Spa* $$$$$
1 Duval St, FL 33040. **Carte** E5. (305) 296-4600. FAX (305) 296-7569. W www.pierhouse.com
L'hôtel possède un magnifique spa, des jardins luxuriants et une plage privée.
Chambres : 142
AE DC MC V

MARATHON : *Marathon Key Beach Club* $$$$
4560 Overseas Hwy, FL 33050. **Carte** E5. (305) 743-6522. FAX (305) 289-9967.
W www.floridakeys.com/marathonkeybeachclub Location d'appartements en bord
de mer, idéal pour les familles. **Chambres : 20**
AE DC MC V

MARCO ISLAND : *Boat House Motel* $$$
1180 Edington Place, FL 34145. **Carte** E4. (239) 642-2400. FAX (239) 642-2435.
W www.theboathousemotel.com Situé dans la vieille ville près de la rivière,
ce motel confortable propose des chambres et des cottages très différents.
Tables de pique-nique et barbecues à disposition. **Chambres : 20**
MC V

NAPLES : *Inn By The Sea* $$$$
287 11th Ave S, FL 34102. **Carte** E4. (941) 649-4124. FAX (941) 434-2842.
W www.innbythesea-bb.com Maison de 1937, en bois, au cœur d'Old Naples,
près de la plage. Parquets en pin, mobilier en osier et patchworks au mur.
Chambres : 5
AE MC V

NAPLES : *Vanderbilt Beach Resort* $$$$
9225 Gulfshore Drive N, FL 34108. **Carte** E4. (941) 597-3144. FAX (941) 597-2199.
W www.vanderbiltbeachresort.com Le Vanderbilt est une petite auberge
sympathique sur la plage offrant chambres et suites. Petit déjeuner compris.
Chambres : 34
AE MC V

NAPLES : *The Registry Resort and club* $$$$$
475 Seagate Drive, FL 34103. **Carte** E4. (941) 597-3232. FAX (941) 566-7919.
W www.registryhotel.com Résidence de luxe à vocation familiale avec activités
pour enfants. La plage est toute proche des mangroves.
Chambres : 474
AE DC MC

Légende des symboles, voir rabat de couverture

RESTAURANTS ET CAFÉS

En Floride, comme dans le reste des États-Unis, les fast-food sont extrêmement répandus. Pourtant la Floride regorge de produits frais, notamment des fruits tropicaux et des fruits de mer, que proposent tous les restaurants. Les produits sont souvent excellents et leur prix raisonnable. Il y en a pour tous les goûts et pour tous les budgets dans les établissements, du restaurant chic de Miami qui propose

Enseigne de la Green Turtle Inn (p. 328)

des menus à la mode au petit restaurant qui sert des plats familiaux et traditionnels. Quoi qu'il en soit, ce n'est pas forcément dans les établissements les plus huppés que l'on fera les repas le plus mémorables. Les restaurants recommandés dans les pages 316-329 offrent une cuisine et un service de qualité. Les cafés et les bars, pour boire un verre ou manger sur le pouce, sont décrits pages 330 et 331.

Le restaurant du Cardozo Hotel, à South Beach (p. 61)

LES TYPES DE RESTAURANT

Les restaurants les plus chic de Floride (en ville ou dans les hôtels des stations balnéaires) servent de la nourriture européenne (souvent française) ou de la cuisine locale élaborée. De jeunes chefs ont adapté les produits frais de la région à la cuisine caribéenne, créant ainsi la cuisine «floribbéenne» ou cuisine New Florida. Des restaurants de style bistro servent également cette nouvelle cuisine. Très prisés, la plupart changent de menu chaque jour.

Miami et les villes des Gold et Gulf Coasts sont réputées pour leurs restaurants, tout comme Walt Disney World.

Miami offre une multitude de restaurants et de cafés asiatiques, européens ou antillais. La Floride est l'État qui offre le plus grand choix de restaurants hispaniques.

Les établissements de tous types servent des fruits de mer. Au «raw bar» (le «bar cru»), une véritable institution de Floride, vous pourrez manger de délicieuses huîtres fraîches, des palourdes ainsi que des crevettes bouillies.

LES HORAIRES

Les citadins aiment manger à l'extérieur, même le matin. Cette tradition est particulièrement populaire le dimanche, où l'on sert le brunch (souvent sous forme de buffet) de 10 à 14 h.

En semaine, le déjeuner est servi de midi à 14 h 30 et le dîner à partir de 18 h. En dehors des stations balnéaires et des quartiers d'affaires comme South Beach, à Miami, où l'on dîne vers 23 h, les Floridiens mangent tôt, entre 19 et 21 h.

LES RÉSERVATIONS

Restaurants populaires ou restaurants réputés, il est préférable de réserver, surtout le week-end. À certains endroits, comme au Joe's Stone Crab à South Beach (p. 316), on ne peut pas réserver et il faut faire la queue.

LES PIÈGES À ÉVITER

En Floride, manger en ville se fait à la bonne franquette. Les restaurants exigent rarement veste et cravate. Le cas échéant, ils fournissent des vêtements au client imprudent. Une tenue correcte est toutefois exigée.

Si vous réservez, on vous demandera de choisir entre les espaces fumeurs et non-fumeurs. Si ce n'est pas le cas, n'hésitez pas à préciser.

Les pourboires représentent entre 15 et 20 % de l'addition, voire plus dans les restaurants chic, si le service

Le Blue Desert Café, à Cedar Key (p. 325)

est excellent. Une taxe locale de 6 % est automatiquement ajoutée à la note.

Les chèques de voyage en dollars et les cartes bancaires sont acceptés presque partout, mais parfois les fast-food, les petits restaurants au bord des routes et les cafés n'acceptent que les espèces.

LES PLATS VÉGÉTARIENS

En Floride, les végétariens qui ne mangent ni fruits de mer ni poissons auront du mal à trouver un menu adapté à leur goût. À moins de dénicher l'un des rares restaurants véritablement végétariens, ils devront se préparer à suivre un régime à base de salades, de pâtes et de pizzas.

Un pique-nique dans l'un des parcs fédéraux de Floride

LE BUDGET

Il y a plusieurs façons de limiter son budget alimentaire. En règle générale, les portions sont énormes en Amérique. Commandez donc moins de plats que d'habitude. Une entrée suffit souvent à un repas léger. Vous pouvez aussi partager votre plat, bien que cela soit généralement facturé en plus.

Les buffets à volonté sont d'un bon rapport qualité-prix. Certains restaurants offrent des menus «prix fixes», moins chers. Les menus «early birds» ou «specials feature», pour les dîne-tôt (entre 17 et 18 h), sont également meilleur marché, jusqu'à 35 % en moins. Appelez à l'avance, car les

Le McGuire's Irish Pub de Pensacola sert des plats et de la bière *(p. 326)*

conditions et les horaires varient souvent selon le lieu.

Dans les restaurants chic, les déjeuners sont souvent moins onéreux que les dîners. En revanche, les restaurants des hôtels sont toujours chers. C'est pourquoi il vaut mieux prendre son petit déjeuner à l'extérieur.

Les bars servent souvent des plats à prix modérés. On peut aussi faire passer sa faim en mangeant les tapas servis pendant les heures creuses (happy hours).

Certains restaurants, notamment dans les Keys, accommodent le poisson que vous avez pêché pour un prix plutôt modique. De nombreux parcs sont équipés de barbecues où vous pourrez faire griller vos produits. Les épiceries et les supermarchés proposent également des plats cuisinés et des sandwiches tout à fait pratiques pour pique-niquer.

LES MENUS

Comme dans tous les États-Unis, les menus de Floride comprennent des amuse-gueule (appetizers), des plats (entrées) et des desserts. Mais certaines préparations vous sembleront étranges. Ainsi, «aged» qualifie une viande de bœuf de première qualité au goût de noisette. «Surf'n'turf» est un mélange de viande et de fruits de mer, le plus souvent un steak et une langouste. «Dolphin» fait référence au *mahi-mahi*, un poisson à la chair blanche.

Si un plat est «blackened» («noirci»), c'est qu'il est recouvert d'épices cajuns et cuit dans un poêlon fumant. «Broiled» signifie grillé.

Si vous avez un doute, demandez conseil aux serveurs qui se feront un plaisir de vous répondre.

LES ENFANTS

La plupart des restaurants s'adaptent aux besoins des enfants : ils proposent de petites portions à moitié prix ou des menus comportant des plats appréciés des petits, tels que des hot dogs ou des frites. Certains fournissent des chaises hautes. Appelez pour vérifier.

Les enfants ne sont pas admis dans les bars. Néanmoins, si l'on y sert des plats, ils peuvent y manger à condition de se tenir à distance du comptoir et d'être accompagnés par un adulte.

Un débit de hot dogs, à Keaton Beach dans le Panhandle

Que manger en Floride?

En Floride, la nourriture est nettement plus variée que dans le reste des États-Unis, surtout dans le sud de l'État où les influences latino-américaines et antillaises sont vives. Au nord, les plats sont plus familiaux, par exemple le pain de maïs et les haricots noirs. Partout, on trouvera des poissons et des fruits de mer bien frais. En outre, le climat de la Floride permet de disposer de fruits et de légumes frais tout au long de l'année. Pour interpréter les menus, voir p. 313.

Sauce épicée

Bacon

Biscui

Œufs

Gruau

Southern breakfast
Ce petit déjeuner classique comprend du gruau, du porridge de maïs beurré et poivré.

Pains de crabe

Sauce cocktail

Beignets de conque

Bouchées d'alligator

Fritters
Crevettes ou alligator, tout peut être cuit dans une pâte à frire et trempé dans une sauce.

Conch chowder
Cette soupe crémeuse est à base de fruits de mer, le plus souvent des conques (un gros gastéropode marin, très utilisé en Floride).

Beurre fondu

Sauce à la moutarde

Stone crab claws
Servies froides, souvent en entrée, les pinces sont les seules parties consommées du tourteau d'Amérique. On les pêche d'octobre à avril.

U-peel shrimp
Ces crevettes cuites dans un bouillon épicé se décortiquent et se mangent avec les mains, de préférence avec un verre de bière fraîche.

Hush puppies

Poisson frit et pané

Salade de haricots noirs

Pommes de terre nouvelles

Côtelettes
Ces côtelettes épicées et cuites au barbecue sont le plus souvent servies avec des frites.

Salade de cœurs de palmier

Hush puppies
Ces beignets de maïs (servis à l'origine avec du poisson-chat frit) sont originaires du Panhandle.

Seared Tuna
Selon une recette de style New Florida, le thon est servi avec des mangues et des chayottes.

Chicken tropicana
Ce poulet sauté est accompagné d'une sauce tropicale aux noix de coco et de cajou.

Jerk pork
Ce porc mariné servi avec un épi de maïs rôti est un plat antillais classique.

Key lime pie
Le plus célèbre dessert de la région est une tarte fourrée de crème anglaise aromatisée au citron vert de Floride.

LES FRUITS DE FLORIDE

Les fruits tropicaux et les agrumes poussent en abondance en Floride. On les utilise dans les plats cuisinés, mais ils sont peut-être encore meilleurs lorsqu'ils sont servis en salades de fruits ou en boissons fraîches.

Pomme étoilée

Kiwi

Pudding au riz
Sucré, crémeux et aromatisé à la muscade et au citron, ce dessert familial est très répandu dans les cafés.

Kumquat

Citron

Orange   Papaye   Jus de fruit

LA NOURRITURE ESPAGNOLE

Tous les types de restaurant, qu'ils soient chic ou non, sont influencés par la cuisine latino-américaine et surtout cubaine. Vous trouverez partout des sandwichs cubains, débordant de fromage, de jambon et de porc, et des *moros y cristianos* (« les maures et les chrétiens », en référence au riz blanc et aux haricots noirs). En revanche, les plats plus originaux, tels que les desserts mélangeant la goyave au fromage, ne sont servis que dans les restaurants les plus authentiques.

Sandwich cubain

Café cubano

Moros y cristianos (riz et haricots)

Vaca frita (bœuf frit)

Flan et crème caramel de style espagnol

Plantains frits

Tomates

Moros y cristianos, vaca frita (littéralement, «vache frite»), accompagnés de plantains frits

Fromage et pâte de goyave, un classique

Choisir un restaurant

Les restaurants de cette sélection ont été choisis pour leur rapport qualité-prix ou leur cuisine d'exception. Certains critères, comme le type de cuisine ou l'existence d'une terrasse, pourront influencer votre choix. Les restaurants sont présentés par ordre alphabétique, puis par ordre de prix croissants. Bars et cafés sont mentionnés p. 330-331.

Miami	Cartes bancaires	Équipements pour enfants	Menus early bird	Bonne cuisine régionale	Bar
Miami Beach : *11th Street Diner* $$ 1065 Washington Ave. **Plan** 2 E3. ☎ *(305) 534-6373.* Cet excellent établissement, ouvert 24 h/24, occupe un wagon-restaurant de 1948. Des employés dynamiques servent des plats traditionnels ou modernes.	AE MC V	●			■
Miami Beach : *Mama Vieja* $$ 235 23rd St. **Plan** 2 F1. ☎ *(305) 538-2400.* Ce petit restaurant colombien propose des spécialités régionales comme les bananes vertes fourrées aux fruits de mer, des steaks d'Argentine et des plats créoles colombiens. [V] 🍷 ⬤ *mar.*	AE DC MC V	●		●	■
Miami Beach : *Grillfish* $$$ 1444 Collins Ave. **Plan** 2 F2. ☎ *(305) 538-9908.* Ce délicieux traiteur italien propose des plats à emporter ou à déguster sur de petites tables. Clientèle locale. 🍷	AE DC MC				■
Miami Beach : *Jerry's Famous Deli* $$$ 1450 Collins Ave. **Plan** 2 F3. ☎ *(305) 532-8030.* Au cœur de South Beach, un traiteur fréquenté par une clientèle locale. Les sandwiches au corned-beef et gâteaux sont délicieux ; spécialité de pizzas. [V] [P]	AE DC MC V	●			■
Miami Beach : *Nexxt* $$$ 700 Lincoln Rd. **Plan** 2 E2 ☎ *(305) 532-6643.* Idéal pour un repas rapide et bon marché : grand choix de plats. Vous pourrez manger sur des tables à l'extérieur.	AE DC MC V				■
Miami Beach : *Puerta Sagua* $$$ 700 Collins Ave. **Plan** 2 E4. ☎ *(305) 673-1115.* Ce restaurant propose des plats cubains classiques (haricots noirs, riz, plantains) dans une ambiance détendue. 🍷	AE DC MC V				
Miami Beach : *Tap Tap* $$$ 819 5th St. **Plan** 2 E4. ☎ *(305) 672-2898.* Source de véritables plats haïtiens (conques grillées au manioc ou crevettes à la sauce noix de coco), ce restaurant original attire une foule multiraciale. L'intérieur est décoré de peintures et de sculptures. [V] ☂ ♫	AE DC MC V			●	■
Miami Beach : *Da Leo Trattoria* $$$$ 819 Lincoln Rd. **Plan** 2 E2. ☎ *(305) 674-0350.* Ce restaurant italien classique est situé dans le centre commercial de Lincoln Road. Les plats, corrects se dégustent sur les tables à l'extérieur. ☂	AE DC MC V				
Miami Beach : *Emeril's Miami Beach* $$$$ Loews Hotel, 1601 Collins Ave. **Plan** 2 F2. ☎ *(305) 695-4550.* Une succursale du célèbre Emeril de la Nouvelle-Orléans qui permet de découvrir la bouillabaisse créole. [V] 🍷 [P]	AE DC MC V				■
Miami Beach : *Joe's Stone Crab* $$$$ 11 Washington Ave. **Plan** 2 E5. ☎ *(305) 673-0365.* Cette institution de Miami sert des langoustes, des crevettes, du poisson et des pinces de tourteau. [P] 🍷 ⬤ *lun. midi ; mi-mai-mi-oct.*	AE DC MC V	●		●	■
Miami Beach : *YUCA* $$$$$ 501 Lincoln Rd. **Plan** 2 E2. ☎ *(305) 532-9822.* Le YUCA, acronyme pour «young upwardly mobile Cuban Americans» («jeunes Cubano-Américains émancipés»), sert une nouvelle cuisine cubaine (tels que des plantains doux farcis au bœuf séché et salé). 🍷 ☂	AE DC MC V			●	■

		CARTES BANCAIRES	ÉQUIPEMENTS POUR ENFANTS	MENUS EARLY BIRD	BONNE CUISINE RÉGIONALE	BAR

Catégorie de prix pour un repas comprenant trois plats pour une personne, avec un verre de vin, couvert, taxe et service compris.
$ moins de 20 $
$$ de 20 à 30 $
$$$ de 30 à 45 $
$$$$ de 45 à 60 $
$$$$$ plus de 60 $

CARTES BANCAIRES
Cartes acceptées : AE = American Express ; DC = Diners Club ; MC = MasterCard ; V = Visa.
ÉQUIPEMENTS POUR ENFANTS
Restaurants servant des portions moindres et disposant de chaises hautes. Certains proposent des menus enfants.
MENUS EARLY BIRD
Réduction sur les repas si vous arrivez tôt, généralement avant 19 h.
BONNE CUISINE RÉGIONALE
Spécialités de Floride, tels que fruits de mer, ou plats de style hispanique ou antillais.

MIAMI BEACH : *Barton G. the Restaurant* $$$$$
1427 West Ave. **Plan** 2 D3. (305) 672-8881.
Le luxuriant jardin tropical offre un cadre idéal à un dîner romantique. Nouvelle cuisine américaine sophistiquée et bien présentée. V 🍴 🖿 P ● midi.
AE DC MC V

MIAMI BEACH : *Blue Door* $$$$$
Delano Hotel, 1685 Collins Ave. **Plan** 2 F2. (305) 674-6400.
Ce restaurant très cher et très sophistiqué propose des plats pour le moins novateurs. P 🖿
AE DC MC V ● ● ■

MIAMI BEACH : *China Grill* $$$$$
404 Washington Ave. **Plan** 2 E4. (305) 534-2211.
Cette maison sert, dans un décor futuriste, divers plats venus du monde entier. Vous y trouverez également un bar à saké et à vodka. P 🍴 ● sam. et dim. midi.
AE D MC V ● ■

MIAMI BEACH : *Nemo Restaurant* $$$$$
100 Collins Ave. (305) 532-4550.
Ce restaurant propose un mélange de cuisine caribéenne et thaï ainsi qu'un brunch formidable le dimanche. 🍴 🖿
AE MC V ● ■

MIAMI BEACH : *Osteria del Teatro* $$$$$
1443 Washington Ave. **Plan** 2 F3. (305) 538-7850.
Ce restaurant italien sert des plats traditionnels ou modernes, comme les raviolis au crabe sauce langouste. Réservation conseillée. P 🍴 ● midi.
AE DC MC V ●

MIAMI BEACH : *Pacific Time* $$$$$
915 Lincoln Rd. **Plan** 2 E2. (305) 534-5979.
Le menu, qui change tous les jours, propose des recettes mélangeant les arômes du Pacifique et des Antilles. Les végétariens y trouveront leur bonheur. V 🍴 🖿 ● midi.
AE MC V ● ■

MIAMI BEACH : *The Forge* $$$$$
432 41st St. (305) 538-8533.
Attirées par le décor clinquant et les copieux plats américains, les personnalités se pressent dans ce lieu. Les desserts sont sublimes et la carte des vins est la mieux fournie de la ville. P V 🍴 🖿 🎵 ● midi.
AE DC MC V ● ■

MIAMI BEACH : *The Metro* $$$$$
Hotel Astor, 956 Washington Ave. **Plan** 2 E3. (305) 672-7217.
C'est l'un des restaurants branchés du sud de la Floride ; vous y dégusterez une cuisine inventive. P 🍴 🖿 🎵 dim. midi.
AE MC V ● ■

MIAMI BEACH : *Tuscan Steak* $$$$$
433 Washington Ave. **Plan** 2 E5. (305) 534-2233.
C'est l'un des meilleurs restaurants de Miami Beach. On y vient pour ses antipasti géants, ses T-bone accompagnées de purée à l'ail et ses cocktails sophistiqués. 🍴
AE D MC V ■

DOWNTOWN : *S & S Restaurant* $
1757 NE 2nd Ave. **Plan** 4 E1. (305) 373-4291.
Ce restaurant rudimentaire, où trône un comptoir, sert des plats traditionnels américains, tels que de la viande cuite à l'étouffé et des friands.

DOWNTOWN : *Big Fish* $$$
55 SW Miami Ave. **Plan** 4 E2. (305) 373-1770.
Ce restaurant de fruits de mer non conventionnel borde la Miami River. Les poissons sont très frais et la vue est magnifique. 🍴 🖿
AE DC MC V ■

DOWNTOWN : *Azul* $$$$
500 Brickell Key Drive. **Plan** 4 F2. (305) 913-8254.
Ce restaurant primé de l'hôtel Mandarin Oriental sert une cuisine caribéenne influencée par la Floride. Décoration japonaise et cuisine ouverte. P V 🍴 🖿
AE DC MC V ● ● ■

Légende des symboles, voir rabat de couverture

Catégorie de prix pour un repas comprenant trois plats pour une personne, avec un verre de vin, couvert, taxe et service compris.
$ moins de 20 $
$$ de 20 à 30 $
$$$ de 30 à 45 $
$$$$ de 45 à 60 $
$$$$$ plus de 60 $

CARTES BANCAIRES
Cartes acceptées : AE = American Express ; DC = Diners Club ; MC = MasterCard ; V = Visa.

ÉQUIPEMENTS POUR ENFANTS
Restaurants servant des portions moindres et disposant de chaises hautes. Certains proposent des menus enfants.

MENUS EARLY BIRD
Réduction sur les repas si vous arrivez tôt, généralement avant 19 h.

BONNE CUISINE RÉGIONALE
Spécialités de Floride, tels que fruits de mer, ou plats de style hispanique ou antillais.

Restaurant	Prix	Cartes bancaires	Équipements pour enfants	Menus early bird	Bonne cuisine régionale	Bar
LITTLE HAVANA : *La Carreta I* 3632 SW 8th St. **Plan** 4 E2. ((305) 444-7501. Ce restaurant populaire sert un menu cubain à une clientèle cubaine. La nourriture est bonne et l'ambiance agréable : La Carreta I attire les foules les soirs de week-end. Ouvert 24 h/24. 🍴	$$	AE DC MC V	●		●	■
LITTLE HAVANA : *Versailles* 3555 SW 8th St. **Plan** 4 E2. ((305) 444-0240. Le plus célèbre restaurant de Little Havana offre des portions copieuses dans une atmosphère détendue. Toutes les spécialités cubaines sont représentées, mais certaines sont un peu lourdes. Les non-Cubains sont les bienvenus. 🍴	$	AE DC MC V	●			■
LITTLE HAVANA : *Casa Juancho* 2436 SW 8th St. **Plan** 4 E2. ((305) 642-2452. Réputé pour sa cuisine hispanique, ce restaurant est très populaire auprès de la communauté espagnole de Miami. Le décor évoque l'Espagne rurale et des chanteurs assurent le spectacle le soir. 🅿 🍴 🎵	$$$$	AE DC MC V	●			■
CORAL GABLES : *John Martin's* 253 Miracle Mile. **Plan** 5 C1. ((305) 445-3777. Ce restaurant accueillant, apprécié des gens de la région, sert de la bonne cuisine (dont quelques plats irlandais). 🍴 🎵 *ven., sam. et dim.* ● *25 déc.*	$$$	AE DC MC V	●			■
CORAL GABLES : *Caffé Abbracci* 318 Aragon Ave. **Plan** 5 C1. ((305) 441-0700. Vous dégusterez dans ce café de savoureux plats d'Italie du Nord : les pâtes et les calamars frits sont les spécialités de la maison. 🍴 🅿 ● *sam. et dim. midi.*	$$$$	AE DC MC V	●			■
CORAL GABLES : *Christy's* 3101 Ponce de Leon Blvd. **Plan** 5 C2. ((305) 446-1400. Ce restaurant à viande sert aussi des fruits de mer dans une ambiance de club. Une salade César accompagne chaque entrée. 🍴 ● *sam. et dim. midi.*	$$$$	AE DC MC V	●			■
CORAL GABLES : *La Bussola Ristorante* 264 Giralda Ave. **Plan** 5 C1. ((305) 445-8783. Ce beau restaurant italien propose des gnocchis et des pâtes ainsi que d'excellents desserts. 🅿 🍴 🎵 *mar.-sam.* ● *sam. et dim. midi; 25 déc.*	$$$$	AE DC MC V				■
CORAL GABLES : *Restaurant St. Michel* 2135 Ponce de Leon Blvd. **Plan** 5 C2. ((305) 446-6572. Dans un décor français, on vous servira de la nouvelle cuisine américaine influencée par les Antilles (tel le thon enrobé de sésame). 🅅 🍴 🍽 🎵	$$$$	AE DC MC V	●	■	●	■
CORAL GABLES : *Norman's* 21 Almeria Ave. **Plan** 6 A1. ((305) 446-6767. Le chef Norman Van Aken est connu pour sa nouvelle cuisine diététique, et le menu reflète son talent. 🅅 🍴 🅿 ● *dim. ; midi.*	$$$$$	AE MC V			●	■
COCONUT GROVE : *Café Tu Tu Tango* CocoWalk, 3015 Grand Ave. **Plan** 6 E4. ((305) 529-2222. Ce café à l'ambiance détendue et animée (idéal pour observer la foule) sert des tapas ainsi que des plats plus consistants. 🅅 🍴 🍽 🎵	$$	AE DC MC V	●		●	■
COCONUT GROVE : *Señor Frog's* 3480 Main Highway. **Plan** 6 E4. ((305) 448-0999. Ce restaurant mexicain sert des plats traditionnels à base de produits frais et de sauces maison. Essayez les *fajitas*, les *enchiladas* ou les plats au chocolat *(mole)* très originaux. 🅅 🍴 🍽	$$$	AE DC MC V	●			■
COCONUT GROVE : *Cheesecake Factory* CocoWalk, 3015 Grand Ave. **Plan** 6 E4. ((305) 447-9898. Ce restaurant, qui évoque la Californie, sert des burgers, des pâtes, 30 sortes de cheesecakes et un menu spécial pour le brunch dominical. 🅅 🍴 ● *25 déc.*	$$$$	AE DC MC V	●			■

Coconut Grove : *The Bistro* — $$$$$ — AE DC MC V
Wyndham Grand Bay Hotel, 2669 S Bayshore Drive. **Plan** 6 F4. 【 (305) 858-9600.
Un service parfait et un décor élégant. Le restaurant, branché, sert une cuisine de la zone Caraïbe. **P ♀ 🖼 🎵**

En dehors du centre : *Sunday's On The Bay* — $$$ — AE DC MC V
5420 Crandon Blvd, Key Biscayne. 【 (305) 361-6777.
Ce restaurant familial, avec vue sur le littoral, propose des fruits de mer. Le menu du brunch dominical est extrêmement varié. **♀ 🖼 🎵** *dim.*

En dehors du centre : *Wolfie Cohen's Rascal House* — $$ — AE DC MC V
172nd Collins Ave, North Miami. 【 (305) 947-4851.
Il faut toujours faire la queue pour déjeuner ou dîner dans ce restaurant mais cela vaut la peine d'attendre. Cuisine très variée. **P ♀ V**

En dehors du centre : *Rusty Pelican* — $$$$ — AE DC MC V
3201 Rickenbacker Causeway, Key Biscayne. 【 (305) 361-3818.
Cet élégant établissement du bord de mer offre une vue superbe sur la ligne d'horizon de Miami. Les fruits de mer sont excellents. **P ♀ 🖼 🎵** *ven.-sam.*

En dehors du centre : *Chef Allen's* — $$$$$ — AE MC V
19088 NE 29th Ave, North Miami Beach. 【 (305) 935-2900.
Extrêmement chic, ce lieu célèbre de Miami est connu pour ses innovations de qualité en matière de nouvelle cuisine floridienne. Grâce à une baie vitrée, on voit tout ce qui se passe en cuisine. **P ♀ ●** *midi, Super Bowl.*

LES GOLD ET TREASURE COASTS

Boca Raton : *TooJay's* — $$$ — AE DC MC V
5030 Champion Blvd. **Carte** F4. 【 (561) 241-5903.
Il y a souvent la queue devant ce traiteur, mais cela en vaut la peine. Essayez le pastrami farci, le sandwich au corned beef, le bagel au saumon ou le cheesecake. À éviter pour ceux qui font un régime. **●** *25 déc.*

Boca Raton : *Max's Grille* — $$$$ — AE DC MC V
404 Plaza Real, Mizner Park. **Carte** F4. 【 (561) 368-0080.
Ce restaurant de Mizner Park offre une excellente cuisine régionale dans un décor chic où chacun observe son voisin. **P V ♀ 🖼**

Boca Raton : *La Vieille Maison* — $$$$$ — AE DC MC V
770 E Palmetto Park Rd. **Carte** F4. 【 (561) 391-6701.
Construite par Mizner (p. 116), cette maison accueille aujourd'hui un restaurant français, idéal pour les repas romantiques. **P ♀ 🖼**

Dania : *Martha's Supper Club* — $$$$ — AE DC MC V
6024 N Ocean Drive. **Carte** F4. 【 (954) 923-5444.
Réputé pour ses fruits de mer (notamment ses crevettes frites à la noix de coco) et pour sa vue imprenable sur l'Intracoastal Waterway. **♀ P 🎵**

Deerfield : *Pal's Charley's Crab* — $$$$$ — AE DC MC V
1755 SE 3rd Court. **Carte** F4. 【 (954) 427-4000.
Situé sur l'Intracoastal Waterway, ce restaurant propose des menus différents à midi et le soir (avec des spécialités de fruits de mer). De 4 h à 6 h du matin, la direction propose un menu spécial. **♀ P 🖼**

Deerfield Beach : *Brooks* — $$$$ — AE MC V
500 S Federal Hwy. 【 (954) 427-9302.
Ce restaurant prisé des gens de la région propose, à la carte ou au menu, des plats floribbéens à base de produits frais. **P ♀ ●** *midi ; 25 déc.*

Delray Beach : *De La Tierra Restaurant* — $$$ — AE DC MC V
106 South Swinton Ave. **Carte** F4. 【 (561) 272-5678.
Vous savourerez dans un jardin luxuriant une savoureuse cuisine locale et continentale. **P V ♀ 🖼**

Fort Lauderdale : *The Floridian Restaurant* — $$
1410 E Las Olas Blvd. **Carte** F4. 【 (954) 463-4041.
Un restaurant de quartier particulièrement animé le dimanche à midi. Prix raisonnables, ouvert 24 h sur 24. **♀**

Fort Lauderdale : *Bobby Rubino's* — $$$ — AE DC MC V
4100 N Federal Hwy. **Carte** F4. 【 (954) 561-5305.
L'un des meilleurs restaurants à viande de Floride grâce à ses friands, sa sauce barbecue, ses côtelettes et son grill. **P ♀ ●** *dim. midi.*

Catégorie de prix pour un repas comprenant trois plats pour une personne, avec un verre de vin, couvert, taxe et service compris.
$ moins de 20 $
$$ de 20 à 30 $
$$$ de 30 à 45 $
$$$$ de 45 à 60 $
$$$$$ plus de 60 $

CARTES BANCAIRES
Cartes acceptées : AE = American Express ; DC = Diners Club ; MC = MasterCard ; V = Visa.

ÉQUIPEMENTS POUR ENFANTS
Restaurants servant des portions moindres et disposant de chaises hautes. Certains proposent des menus enfants.

MENUS EARLY BIRD
Réduction sur les repas si vous arrivez tôt, généralement avant 19 h.

BONNE CUISINE RÉGIONALE
Spécialités de Floride, tels que fruits de mer, ou plats de style hispanique ou antillais.

	Cartes bancaires	Équipements pour enfants	Menus early bird	Bonne cuisine régionale	Bar
FORT LAUDERDALE : *Café Europa* $$$ 726 E Las Olas Blvd. **Carte** F4. (954) 763-6600. Ce café en self-service sert d'excellentes pizzas, des salades, des sandwichs et 52 sortes de cappuccinos.	AE MC V				
FORT LAUDERDALE : *Mango's* $$$ 904 E Las Olas Blvd. **Carte** F4. (954) 523-5001. Choix très varié de plats (des amuse-gueule aux pâtes) et de spécialités, comme les crevettes au poivre de Cayenne. *Thanksgiving, 25 déc.*	AE MC V			●	■
FORT LAUDERDALE : *Le Café de Paris* $$$ 715 East Las Olas Blvd. (954) 467-2900. Un établissement familial ancien qui sert une savoureuse cuisine française. Le menu gastronomique comporte des escargots en apéritif.	AE DC MC V	●	■		■
FORT LAUDERDALE : *Charley' Crab* $$$$ 3000 NE 32nd St. **Carte** F4. (954) 561-4800. Ce restaurant en front de mer domine l'Intercoastal Waterway et sert de délicieux poissons.	AE DC MC V	●			■
FORT LAUDERDALE : *15th Street Fisheries* $$$$ 1900 SE 15th St. **Carte** F4. (954) 763-2777. Vous dégusterez, outre de délicieux fruits de mer, des viandes inhabituelles – kangourou ou alligator. La vue sur le front de mer est superbe.	AE DC MC V				■
FORT LAUDERDALE : *Blue Moon Fish Co.* $$$$$ 4405 W Tradewinds Ave. **Carte** F4. (954) 267-9888. Le restaurant est magnifiquement situé sur l'Intracoastal waterway. Les fruits de mer sont délicieux et l'ambiance agréable.	AE DC MC V			●	■
FORT PIERCE : *Mangrove Mattie's* $$$$ 1640 Seaway Drive. **Carte** F3. (772) 466-1044. Les fruits de mer (accompagnés de sauces aux pâtes) sont le principal attrait de ce restaurant, qui sert aussi steaks et côtelettes. *25 déc.*	AE DC MC V	●	■		
HOLLYWOOD : *Bavarian Village* $$$ 1401 N Federal Hwy. **Carte** F4. (954) 922-7321. Ce restaurant accueillant, à l'atmosphère très familiale, est destiné aux gros appétits et aux amateurs de cuisine allemande, bien qu'on y mange également des steaks et du poisson. *lun.-sam. midi.*	AE DC MC V	●	■		■
UTCHINSON ISLAND : *Baba Grill* $$$$$ 555 NE Ocean Blvd. **Carte** F3. (772) 225-6818. Ce charmant restaurant situé dans l'Indian River Marrito Hotel, sert une délicieuse cuisine locale, notamment à base de poissons.	AE DC MC V	●			
PALM BEACH : *Chuck & Harold's* $$$$ 207 Royal Poinciana Way. **Carte** F4. (561) 659-1440. Les tables sous le porche sont le lieu idéal pour observer les vedettes tout en mangeant une soupe de conques ou la spécialité du jour.	AE DC MC V	●		●	■
PALM BEACH : *Bice Ristorante* $$$$$ 313½ Worth Ave. **Carte** F4. (561) 835-1600. Ce restaurant guindé sert une très bonne cuisine italienne. Le code vestimentaire est en accord avec le décor.	AE DC MC V				■
PALM BEACH : *L'Escalier* $$$$$ Breakers Hotel, 1, South Countt Rd. **Carte** F4. (561) 655-6611. Une expérience gastronomique mémorable : décoration sophistiquée et cuisine française élaborée.	AE DC MC V	●		●	■

PALM BEACH : *Renato's* $$$$$ AE DC MC V
87 Via Mizner. **Carte** F4. **(** *(561) 655-9752.*
Niché dans l'une des allées de Palm Beach, Renato's propose des plats
européens, préparés et servis avec soin. 🅿 🍴 🔔 🔳 🎵 ⬤ *dim. midi.*

POMPANO BEACH : *Flaming Pit* $$ AE DC MC V
1150 N Federal Hwy. **Carte** F4. **(** *(954) 943-3484.*
On vient ici de toute la région pour les steaks, les côtelettes, le poulet et le
bar à salades (au choix très varié), mais aussi pour les prix et le service.

STUART : *The Ashley* $$$ AE MC V
61 SW Osceola St. **Carte** F3. **(** *(772) 221-9476.*
Le menu du petit déjeuner est varié. Spécialités de crevettes à la mangue
et à la noix de coco, de poisson et de pâtes. 🔔 🎵 *sam.*

VERO BEACH : *Ocean Grill* $$$$ AE DC MC V
1050 Sexton Plaza. **Carte** F3. **(** *(772) 231-5409.*
Décoré d'antiquités, ce restaurant de style années 40 propose des fruits de
mer et des viandes (pains de crabe d'Indian River, canettes rôties). 🔔
⬤ *sam. et dim. midi ; 4 juil., du 1er au 15 septembre, Thanksgiving.*

WEST PALM BEACH : *Randy's Bageland* $$ MC V
911 Village Blvd, Village Commons. **Carte** F4. **(** *(561) 640-0203.*
Ce traiteur juif propose des *knishes* (boulettes farcies), des *pirogi*
(tourtes), des *bagels* et quelques plats de poisson. 🔔 ⬤ *le soir.*

WEST PALM BEACH : *Aleyda's Tex Mex* $$$ AE MC V
1890 Okeechobee Blvd. **Carte** F4. **(** *(561) 688-9033.*
Ce lieu populaire propose des plats tex-mex préparés à l'ancienne *(tacos,
fajitas, tamales…).* 🔔 🎵

ORLANDO ET LA SPACE COAST

COCOA BEACH : *The Mango Tree Restaurant* $$$$$ AE MC V
118 N Atlantic Ave. **Carte** F3. **(** *(321) 799-0513.*
Ce restaurant pour gourmets propose de la cuisine locale, spécialisée dans les
fruits de mer. Jardin tropical avec cascade et carpes japonaises. 🔔 🔔 🔳 🎵 ⬤ *lun.*

DOWNTOWN ORLANDO : *Johnny's Fillin' Station* $$ AE DC MC V
2631 S Ferncreek, 32806. **(** *(407) 894-6900.*
Selon les critiques gastronomiques, on y sert les meilleurs burgers
d'Orlando. Cuisine et ambiance typiquement américaines.

DOWNTOWN ORLANDO : *O'Boys Barb-Q* $$ AE DC MC V
924 W Colonial Drive, 32804. **(** *(407) 425-6269.*
Un décor simple et des viandes cuites au barbecue à couper le souffle. 🔳
⬤ *dim.*

DOWNTOWN ORLANDO : *Le Coq au Vin* $$$$ AE DC MC V
4800 S Orange Ave. **Carte** E2. **(** *(407) 851-6980.*
Ambiance chaleureuse et bonne nourriture française et campagnarde dans
ce restaurant populaire. 🔔 ⬤ *lun. ; sam. et dim. midi ; la plupart des jours fériés.*

INTERNATIONAL DRIVE : *Hard Rock Café* $$$ AE DC MC V
6050 Universal Blvd, Universal Orlando. **Carte** E2. **(** *(407) 351-7625.*
Ce bâtiment en forme de guitare et décoré d'objets et de peintures murales
ayant trait à la musique sert des burgers, des sandwichs et des sundaes
dans une ambiance sonore assourdissante. 🅿 🎵 *ven.-sam.*

INTERNATIONAL DRIVE : *Bergamo's Italian Restaurant* $$$$ AE DC MC V
Mercado, 8445 International Drive. **Carte** E2. **(** *(407) 352-3805.*
Cette trattoria sert une excellente cuisine italienne : essayez l'osso bucco et
son risotto ou les pâtes. Service efficace. 🔔 🎵 ⬤ *midi ; Thanksgiving, 25 déc.*

INTERNATIONAL DRIVE : *The Crab House* $$$$ AE DC MC V
8291 International Drive. **Carte** E2. **(** *(407) 352-6140.*
Ce restaurant à l'ambiance détendue propose notamment neuf recettes de crabe
et un bar à fruits de mer (avec des huîtres fraîchement écaillées, des crevettes,
des moules marinées et des écrevisses). 🔔 🔳 ⬤ *midi ; Thanksgiving, 25 déc.*

INTERNATIONAL DRIVE : *Everglades* $$$$$ AE DC MC V
9840 International Drive. **Carte** E2. **(** *(407) 996-9840.*
Cet hôtel-restaurant sert une cuisine créative, inspirée des plats régionaux.
Essayez donc l'aligator ! 🅿 🔔 ⬤ *midi.*

Catégorie de prix pour un repas comprenant trois plats pour une personne, avec un verre de vin, couvert, taxe et service compris.
$ moins de 20 $
$$ de 20 à 30 $
$$$ de 30 à 45 $
$$$$ de 45 à 60 $
$$$$$ plus de 60 $

CARTES BANCAIRES
Cartes acceptées : AE = American Express ; DC = Diners Club ; MC = MasterCard ; V = Visa.

ÉQUIPEMENTS POUR ENFANTS
Restaurants servant des portions moindres et disposant de chaises hautes. Certains proposent des menus enfants.

MENUS EARLY BIRD
Réduction sur les repas si vous arrivez tôt, généralement avant 19 h.

BONNE CUISINE RÉGIONALE
Spécialités de Floride, tels que fruits de mer, ou plats de style hispanique ou antillais.

	CARTES BANCAIRES	ÉQUIPEMENTS POUR ENFANTS	MENUS EARLY BIRD	BONNE CUISINE RÉGIONALE	BAR
INTERNATIONAL DRIVE : *The Butcher Shop Steakhouse* $$$$$ Mercado, 8445 International Drive. **Carte** E2. (407) 363-9727. Vous pourrez déguster les plus gros et les meilleurs steaks d'International Drive ou faire cuire celui que vous aurez apporté. 🔲 ⬤ *midi ; Thanksgiving, 25 déc.*	AE DC MC V	●			■
INTERNATIONAL DRIVE : *Damon's The Place For Ribs* $$$ Mercado, 8445 International Drive. (407) 397-9444. À 30 minutes de Disney World, un restaurant idéal pour les familles. Les côtelettes, les steaks et les fruits de mer sont délicieux. **P** **V** 🔲	AE DC MC V	●			
KISSIMMEE : *Pacino's Italian Ristorante* $$$ 5795 W Highway 192. **Carte** E3. (407) 396-8022. La viande grillée au charbon de bois est le point fort de ce restaurant familial et confortable, qui livre sans frais les hôtels voisins. 🔲	AE DC MC V	●			■
WALT DISNEY WORLD : *Chef Mickey's* $$$ Disney's Contemporary Resort. **Carte** E3. (407) 939-3463. Ce restaurant familial propose un buffet au petit déjeuner et au dîner, pendant que vos personnages favoris de Disney se livrent à des pitreries. **P** 🎵 ⬤ *midi.*	AE MC V	●			
WALT DISNEY WORLD : *Ohana* $$$ Disney's Polynesian Resort. **Carte** E3. (407) 939-3463. Ce restaurant très fréquenté sert de la cuisine polynésienne, notamment des viandes et des coquillages grillés au feu de bois et servis sur des brochettes de 1 m de long. Prix fixes. **P** 🎵 ⬤ *midi.*	AE MC V	●			
WALT DISNEY WORLD : *Whispering Canyon Café* $$$ Disney Wilderness Lodge. **Carte** E3. (407) 939-3463. Cette reconstitution d'un camp du Far West propose un buffet à volonté ainsi que des petits déjeuners rustiques. **P** **V**	AE MC V	●			■
WALT DISNEY WORLD : *Bongo's Cuban Cafe* $$$$ 2426 Viscount Row. **Carte** E3. (407) 828-0999. Un restaurant sans prétention, idéal pour les familles. Orchestre certains soirs. 🎵	AE DC MC V	●			
WALT DISNEY WORLD : *Gulliver's Grill* $$$$ Walt Disney World Swan Hotel. **Carte** E3. (407) 934-1609. Essayez la cuisine de *Brobdingnag*, le légendaire pays des géants. Bons plats américains et végétariens (sur demande). **P** **V** 🔲	AE DC MC V	●	■	●	
WALT DISNEY WORLD : *Olivia's Café* $$$$ Disney Old Key West. **Carte** E3. (407) 939-3463. Ce café, dont le style rappelle l'ancien Key West, offre une cuisine des Bahamas (paella floridienne, soupe de conques, poulet mojo). **P**	AE MC V	●		●	
WALT DISNEY WORLD : *Planet Hollywood Orlando* $$$$ 1506 E Buena Vista Drive. **Carte** E3. (407) 827-7827. Installé au centre d'un globe de néons violets, ce restaurant riche en écrans vidéo et en souvenirs cinématographiques sert des burgers et de délicieuses pizzas.	AE MC V	●			■
WALT DISNEY WORLD : *Arthur's 27* $$$$$ Wyndham Palace, 1900 Buena Vista Drive. **Carte** E3. (407) 827-3450. Vue superbe et repas fabuleux dans ce restaurant situé au 27ᵉ étage d'une tour. L'une des meilleures cuisines floribbéennes d'Orlando. **P** 🔲 🎵 ⬤ *midi.*	AE DC MC V	●		●	■
WALT DISNEY WORLD : *California Grill* $$$$$ Disney's Contemporary Resort. **Carte** E3. (407) 939-3463. Ce restaurant à la vue splendide et à la cuisine ouverte au public prépare des plats originaux de la côte ouest, telle la pizza au saumon fumé. **P** 🔲	AE MC V	●			■

WALT DISNEY WORLD : *Cape May Café* $⑤⑤⑤⑤⑤* | AE • •
Disney's Beach Club Resort. **Carte** E3. 【 *(407) 939-3463.* | MC
Le buffet du petit déjeuner est supervisé par l'amiral Goofy. Au dîner, | V
une cloche annonce l'ouverture du buffet de palourdes cuites, qui offre
également un choix très vaste de plats. **P ●** *midi.*

WALT DISNEY WORLD : *Narcoossee's* $⑤⑤⑤⑤⑤* | AE • ■
Disney's Grand Floridian Resort. **Carte** E3. 【 *(407) 824-1400.* | MC
Ce chalet octogonal situé le long du Seven Seas Lagoon propose des spécialités | V
de plats Surf 'n' Turf et de coquillages. Ambiance détendue. **P ●** *midi.*

WALT DISNEY WORLD : *The Outback* $⑤⑤⑤⑤⑤* | AE • • ■
Wyndham Palace, 1900 Buena Vista Drive. **Carte** E3. 【 *(407) 827-3430.* | DC
La chute d'eau à l'intérieur de ce bistro produit une ambiance apaisante. | MC
Les crevettes farcies et les steaks sont énormes. **P ▮ ●** *midi.* | V

WALT DISNEY WORLD : *Shula's* $⑤⑤⑤⑤* | AE • •
Walt Disney World Dolphin Hotel. **Carte** E3. 【 *(407) 934-1609.* | MC
L'une des meilleures steakhouses de Disney World. Bonne sélection de | V
fruits de mer également. **P**

WALT DISNEY WORLD : *Victoria & Albert's* $⑤⑤⑤⑤* | AE •
Disney's Grand Floridian Resort. **Carte** E3. 【 *(407) 824-1089.* | MC
Le menu à prix fixe qui comprend six plats est plus que copieux. Il est servi | V
par un maître d'hôtel et une serveuse. Demandez la table du chef,
la meilleure de toutes. Mieux vaut réserver. **P ▮ V ▮ ▮ ●** *midi.*

WALT DISNEY WORLD : *Yachtsman Steakhouse* $⑤⑤⑤⑤* | AE • ■
Disney Yacht Club Resort. **Carte** E3. 【 *(407) 939-3463.* | MC
Décor marin pour ce restaurant qui sert toute la journée des plats de viande, | V
de poisson ou des pâtes. Le buffet du soir propose de somptueux desserts. **P**

WINTER PARK : *Café de France* $⑤⑤⑤⑤* | AE •
526 Park Ave S. **Carte** E2. 【 *(407) 647-1869.* | DC
À midi, ce bistro français sert de la cuisine simple (comme des crêpes) | MC
et le soir du collet d'agneau et la spécialité du jour. **▮ ▮ ●** *lun. ; jours fériés.* | V

WINTER PARK : *Park Plaza Gardens* $⑤⑤⑤⑤* | AE •
319 Park Ave S. **Carte** E2. 【 *(407) 645-2475.* | DC
Cet élégant restaurant est logé dans un atrium débordant de végétation. | MC
On y sert avec ostentation une cuisine américaine délicieuse et copieuse. | V
▮ ▮ *ven. et sam., brunch du dim.* **●** *25 déc., 1ᵉʳ janv.*

LE NORD-EST

DAYTONA BEACH : *Hog Heaven* $* | MC •
37 N Atlantic Ave. **Carte** E2. 【 *(386) 257-1212.* | V
L'arôme alléchant de la viande cuisant sur le feu envahit ce lieu chaleureux
et bon enfant. Pour les gros appétits. **▮**

DAYTONA BEACH : *Down the Hatch* $⑤⑤* | AE • ■ • ■
4894 Front St, Ponce Inlet. **Carte** E2. 【 *(386) 761-4831.* | MC
Ce restaurant familial sert des poissons de toute première fraîcheur | V
et quelques plats de viande. Installez-vous au bord de l'eau pour voir les
bateaux décharger en fin de journée. **▮ ▮ ●** *Thanksgiving, 25 déc.*

DAYTONA BEACH : *Aunt Catfish's* $⑤⑤⑤* | AE • ■ • ■
4009 Halifax Drive. **Carte** E2. 【 *(386) 767-4768.* | MC
Cet établissement populaire, situé sur l'Intracoastal Waterway, est renommé | V
pour sa cuisine du Sud (poisson-chat frit, pains au crabe et palourdes).
Également ouvert pour le brunch dominical. **▮**

FERNANDINA BEACH : *Florida House Inn* $⑤⑤* | AE ■
20–22 S 3rd St. **Carte** E1. 【 *(904) 261-3300.* | MC
Dans cette adorable maison de style gingerbread (le plus vieil hôtel | V
de Floride), les clients sont assis à des tables sur tréteaux. Service très amical
et cuisine américaine familiale et copieuse. **●** *dim. et lun. soir ; 24 déc. au soir.*

FERNANDINA BEACH : *Beech Street Grill* $⑤⑤⑤* | AE • • ■
801 Beech St. **Carte** E1. 【 *(904) 277-3662.* | DC
Logé dans un magnifique bâtiment datant de 1889, ce grill propose des | MC
plats floridiens contemporains et de très bons vins. Spécialités différentes | V
tous les jours et plats de fruits de mer originaux. **▮ ▮** *jeu.-sam.*
● *midi ; dimanche du Super Bowl, 25 déc.*

Catégorie de prix pour un repas comprenant trois plats pour une personne, avec un verre de vin, couvert, taxe et service compris.
- $ moins de 20 $
- $$ de 20 à 30 $
- $$$ de 30 à 45 $
- $$$$ de 45 à 60 $
- $$$$$ plus de 60 $

CARTES BANCAIRES
Cartes acceptées : AE = American Express ; DC = Diners Club ; MC = MasterCard ; V = Visa.

ÉQUIPEMENTS POUR ENFANTS
Restaurants servant des portions moindres et disposant de chaises hautes. Certains proposent des menus enfants.

MENUS EARLY BIRD
Réduction sur les repas si vous arrivez tôt, généralement avant 19 h.

BONNE CUISINE RÉGIONALE
Spécialités de Floride, tels que fruits de mer, ou plats de style hispanique ou antillais.

	CARTES BANCAIRES	ÉQUIPEMENTS POUR ENFANTS	MENUS EARLY BIRD	BONNE CUISINE RÉGIONALE	BAR
FERNANDINA BEACH : The Grill $$$$ Ritz Carlton Hotel, 4750 Amelia Island Parkway. **Carte** E1. (904) 277-1100, x1269. Les menus, qui changent tous les jours, comprennent au moins trois plats, notamment de la viande et des fruits de mer. ▣ ▣ ▣ ♫ ● midi.	AE DC MC V	●		●	■
GAINESVILLE : Rigatelli's $$$ 6149 W Newberry. **Carte** D2. (352) 331-7226.. Les pâtes, délicieuses, sont servies en portions généreuses ; du pain foccacia est servi avec toutes les entrées. ▣ ▣	AE DC MC V	●	■		■
JACKSONVILLE : Café Carmon $$$$ 1986 San Marco Blvd. **Carte** E1. (904) 399-4488. Dans ce bistro, vous mangerez d'excellents plats, comme des pâtes à la tomate et au basilic ou le poisson du jour grillé ou «blackened». ▣ ▣ ▣	AE DC MC V	●		●	
JACKSONVILLE : Juliette's, A Florida Bistro $$$$ Omni Jacksonville Hotel, 245 Water St. **Carte** E1. (904) 355-6664. Le service impeccable, les desserts délicieux, le brunch dominical copieux et des plats tels que l'espadon grillé au beurre de banane et de gingembre font de cet établissement un restaurant de premier ordre. ▣ ▣	AE DC MC V				
JACKSONVILLE : The Wine Cellar $$$$ 1314 Prudential Drive. **Carte** E1. (904) 398-8989. Ce restaurant, l'un des meilleurs de Jacksonville, propose 200 vins et le célèbre saumon grillé à la sauce à l'aneth. ▣ ▣ ● sam. midi ; dim ; jours fériés.	AE DC MC V			●	■
JACKSONVILLE BEACH : Dolphin Depot $$$$ 704 N 1st St. **Carte** E1. (904) 270-1424. Cet ancien dépôt de chemin de fer dans un bâtiment Art déco abrite l'un des meilleurs restaurants du Nord-Est. Sa petite taille garantit son calme. Le menu change tous les jours. Réservations conseillées. ▣ ● midi ; jours fériés, Super Bowl.	AE DC MC V	●			■
OCALA : Arthur's $$$$ Ocala/Silver Springs Hilton, 3600 SW 36th Ave. **Carte** E2. (352) 854-1400. Célèbre pour ses buffets du week-end : fruits de mer le vendredi soir, côtelettes le samedi et brunch le dimanche. ▣ ▣ ▣	AE DC MC V	●	■		■
ORMOND BEACH : Barnacle's Restaurant & Lounge $$$$ 869 S Atlantic Ave. **Carte** E2. (386) 673-1070. Très fréquenté en raison de son atmosphère paisible, de ses fruits de mer, de ses succulentes côtelettes et de sa vue splendide sur la plage. ▣ ● midi.	AE DC MC V	●	■	●	■
ORMOND BEACH : La Crepe en Haut Restaurant $$$$$ 142 E Granada Blvd. **Carte** E2. (386) 673-1999. Cet élégant restaurant français, avec ses nappes blanches, ses verres en cristal ouvragé et sa cuisine raffinée, vaut vraiment le détour. ▣ ● sam. et dim. midi ; lun.; la plupart des jours fériés.	AE MC V	●		●	■
ST. AUGUSTINE : Salt Water Cowboy's $$ 299 Dondanville Rd. **Carte** E1. (904) 471-2332. Installé dans un faux camp de pêche, ce restaurant sert des plats locaux (huîtres, alligator, jambalaya). ● midi ; dimanche du Super Bowl ; 24 et 25 déc.	AE DC MC V	●		●	■
ST. AUGUSTINE : Raintree $$$$ 102 San Marco Ave. **Carte** E1. (904) 824-7211. Occupant l'un des derniers bâtiments historiques de la rue, le Raintree est réputé pour sa cuisine. Terminez votre repas de fruits de mer ou de viande traditionnelle par une crêpe au bar des desserts. ▣ ● midi; 25 déc.	AE MC V	●	■	●	■
ST. AUGUSTINE : Santa Maria $$$$ 135 Avenida Menedez. **Carte** E1. (904) 829-6578. Nous vous recommandons les fruits de mer, mais aussi la soupe aux haricots noirs, les steaks et les côtelettes. Situé sur une jetée de la marina. ▣	AE DC MC V	●		●	■

LE PANHANDLE

APALACHICOLA : *Seafood Grill & Steakhouse* $
100 Market St. **Carte** B1. (850) 653-9510.
Établi dans le centre-ville, ce grill propose une grande variété de plats.
Ne manquez pas le «plus grand sandwich au poisson frit du monde», les
huîtres de la région ou les spécialités originales du chef.
dim. ; jours fériés.
AE MC V

CEDAR KEY : *Blue Desert Café* $$
12518 Hwy 24. **Carte** D2. (352) 543-9111.
Dans cette maison de style «shotgun», un personnel efficace sert des plats
tex-mex, cajun et asiatiques. Le décor de western est kitsch et l'ambiance
détendue. C'est le seul lieu de la ville ouvert tard.
midi ; dim. et lun.

DESTIN : *Another Broken Egg* $
104 Hwy 98E. **Carte** A1. (850) 650-0499.
Des œufs, des omelettes et des pancakes : pour bien démarrer la journée.
AE DC MC V

DESTIN : *Ciao Bello Pizza* $
10676 Emerald Coast Parkway. **Carte** A1. (850) 654-3040.
Ce restaurant italien, situé dans le centre commercial Silver Sands Outlet,
permet de faire une pause après des achats.
AE DC MC V

DESTIN : *The Back Porch* $$$
1740 Old Hwy 98. **Carte** A1. (850) 837-2022.
Spécialités de fruits de mer (huîtres, coquillages) et de poissons (frits,
bouillis ou grillés). La vue est sensationnelle.
Thanksgiving, 25 déc.
AE DC MC V

DESTIN : *Marina Café* $$$$
404 E Highway 98. **Carte** A1. (850) 837-7960.
Un joyau de l'Emerald Coast. Le service est excellent, le lieu spectaculaire
et la cuisine inventive et internationale. Si vous arrivez tôt, vous payerez un
seul repas pour deux. midi; 25 déc., janv.
AE DC MC V

FORT WALTON BEACH : *Staff's Seafood Restaurant* $$$
24 Miracle Strip Parkway. **Carte** A1. (850) 243-3482.
Ouvert depuis 1931, ce restaurant est connu pour sa cuisine régionale,
notamment des spécialités de plats de viande.
midi; jours fériés, Super Bowl.
AE MC V

GRAYTON BEACH : *Criolla's* $$$$$
170 E County 30-A. **Carte** A2. (850) 267-1267.
Célèbre par ses plats élaborés et novateurs. Le menu créole est original,
sans être cher. midi; dim. et lun. sept.-avr.
AE D MC V

GULF BREEZE : *Bon Appetit Waterfront Café* $$
Boy Beach Inn, 51 Gulf Breeze Parkway. **Carte** A1. (850) 932-3967
Appétissante nourriture floribbéenne dans ce café du front de mer.
Choisissez l'un des délicieux desserts pour clore votre repas.
AE DC MC V

PANAMA CITY BEACH : *Capt. Anderson's* $$$$
5551 N Lagoon Drive. **Carte** B1. (850) 234-2225.
Cet immense restaurant situé sur les quais est connu pour ses fruits de mer,
ses plats de viande et ses spécialités grecques. midi; nov.-janv. ; dim.
AE DC MC V

PANAMA CITY BEACH : *Kingfish Restaurant* $$$$
Marriott's Bay Point Resort, 4200 Marriott Drive. **Carte** B1. (850) 236-6075.
L'établissement est idéal pour les familles. Le buffet de fruits de mer du
vendredi soir est somptueux.
AE DC MC V

PANAMA CITY BEACH : *The Treasure Ship* $$$$
3605 S Thomas Drive. **Carte** B1. (850) 234-8881.
Cette réplique sur trois étages d'un galion espagnol du XVIe siècle dispose
de ponts en plein air. Il sert notamment de savoureux fruits de mer.
nov.-fév.
AE DC MC V

PENSACOLA : *Barnhill's Country Buffet* $
10 S. Warrington Rd. **Carte** A1. (850) 456-2760.
L'endroit propose un buffet familial où les enfants sont bienvenus. Ouvert
tous les jours, le midi et le soir.
AE MC V

Légende des symboles, voir rabat de couverture

Catégorie de prix pour un repas comprenant trois plats pour une personne, avec un verre de vin, couvert, taxe et service compris.
$ moins de 20 $
$$ de 20 à 30 $
$$$ de 30 à 45 $
$$$$ de 45 à 60 $
$$$$$ plus de 60 $

CARTES BANCAIRES
Cartes acceptées : AE = American Express ; DC = Diners Club ; MC = MasterCard ; V = Visa.

ÉQUIPEMENTS POUR ENFANTS
Restaurants servant des portions moindres et disposant de chaises hautes. Certains proposent des menus enfants.

MENUS EARLY BIRD
Réduction sur les repas si vous arrivez tôt, généralement avant 19 h.

BONNE CUISINE RÉGIONALE
Spécialités de Floride, tels que fruits de mer, ou plats de style hispanique ou antillais.

	CARTES BANCAIRES	ÉQUIPEMENTS POUR ENFANTS	MENUS EARLY BIRD	BONNE CUISINE RÉGIONALE	BAR
PENSACOLA : *Cracker Barrel Old Country Store* $$ 8050 Lavelle Way. Carte A1. (850) 944-2090. Ce restaurant familial, qui fait partie d'une chaîne, propose de belles portions d'une cuisine familiale typiquement du Sud. Un petit magasin vend des souvenirs. ● 25 déc.	AE MC V	●			
PENSACOLA BEACH : *Flounder's Chowder & Ale House* $$$ 800 Quietwater Beach Blvd. Carte A1. (850) 932-2003. Pour les amateurs de fruits de mer et les autres. Atmosphère chaleureuse et aire de jeux pour les enfants. P V ▯ ▦	DC MC V				■
PENSACOLA : *McGuire's Irish Pub* $$$ 600 E Gregory St. Carte A1. (850) 433-6789. Une halte indispensable : steak, pâtes et pizzas sont servis en portions énormes. À accompagner d'une bière fait maison. V ▯ ♫ ● Thanksgiving, 25 déc.	AE DC MC V	●		●	■
PENSACOLA : *Skopelos on the Bay* $$$ 670 Scenic Hwy. Carte A1. (850) 432-6565. Une cuisine primée qui travaille fruits de mer et viande avec une touche européenne. Les apéritifs grecs sont délicieux. ▯ ▦ ● midi, dim. ; 25 déc., 1er janv.	AE MC V			●	■
PENSACOLA : *Landry's Seafood House* $$$$ 905 E Gregory St. Carte A1. (850) 434-3600. De savoureux plats cajuns avec une touche antillaise (gombos et fruits de mer cuisinés avec des sauces très diverses). ▯ ▦ ● 25 déc.	AE DC MC V	●		●	■
SEASIDE : *Bud & Alley's* $$$$ County Rd 30 A. Carte B1. (850) 231-5900. Ce lieu de rencontre sans prétention propose un menu inventif de cuisine régionale qui change à chaque saison. Le bar du haut, à ciel ouvert, offre une vue spectaculaire sur le golfe. ▯ ▦ ♫ ● la plupart des jours fériés.	MC V	●		●	■
TALLAHASSEE : *Andrew's Capitol Bar & Grille* $$$$ 228 South Adams St. Carte C1. (850) 222-3444. Ce restaurant de gourmets propose un excellent menu, des plats contemporains de saison et des spécialités. Les serveurs sont très attentionnés. ▯ ♫ ● dim.	AE MC V	●			■
TALLAHASSEE : *Chez Pierre* $$$ 1215 Thomasville Rd. Carte C1. (850) 222-0936. L'hospitalité du sud et la cuisine française font de ce bistro un lieu apprécié des gens de la région. Délicieuses pâtisseries. ▯ ♫ ● 25 déc, 1er janv.	AE DC MC V	●			■
LA GULF COAST					
ANNA MARIA ISLAND : *Sign of the Mermaid* $$$$$ 9707 Gulf Drive. Carte D3. (941) 778-9399. L'endroit parfait pour le brunch du dimanche. Mieux vaut réserver car Le Mermaid est toujours bondé. ▯ ● dim., lun. ; midi.	MC V	●	■	●	
CAPTIVA ISLAND : *The Bubble Room* $$$ 15001 Captiva Rd. Carte D4. (239) 472-5558. Des serveurs pleins d'énergie vous apporteront de gigantesques portions de fruits de mer, de steaks et de desserts. L'activité qui règne ici et le décor plaisent beaucoup aux enfants. ● 25 déc.	AE DC MC V	●			■
CAPTIVA ISLAND : *Chadwick's at South Seas Resort* $$$$ 5400 Plantation Rd. Carte D4. (239) 472-7575. Réparti sur plusieurs étages, dont certaines zones sont réservées aux familles, ce restaurant sert un excellent brunch dominical et un buffet, du mercredi au dimanche. Ouvert tous les jours. ▯ ♫	AE DC MC V	●		●	■

CAPTIVA ISLAND : *The Old Captiva House at 'Tween Waters Inn* $$$$
15951 Captiva Rd. **Carte** D4. (*(239) 472-5161 ext. 421.*
Des plats locaux de style floridien ancien servis dans une atmosphère
amicale. Les entrées sont classées en 4 catégories de prix. ▯ ▦ ♫ ● *midi.*
AE MC V

CLEARWATER BEACH : *Alley Cat's Café* $$$
2475 McMullen Booth Rd. **Carte** D3. (*(727) 797-5555.*
Les poissons sont cuisinés soit selon une recette maison (comme l'espadon
au piment avec sa salade d'avocats et d'anchois), soit simplement rôti ou
«blackened». ▯ ▦ ● *Pâques, Thanksgiving, 25 déc.*
AE MC V

CLEARWATER BEACH : *Frenchy's South Beach Café* $$$
351 S Gulfview Blvd. **Carte** D3. (*(727) 441-9991.*
Ce café, en face de la plage, est idéal pour admirer les couchers de soleil, tout
en dégustant des plats régionaux à des prix peu élevés. P ▯ ▦
AE MC V

DUNEDIN : *Bon Appetit* $$$
148 Marina Plaza. **Carte** D3. (*(727) 733-2151.*
Vous savourerez une cuisine typiquement américaine tout en profitant
d'une vue imprenable sur le détroit de Saint Joseph. P ▯ ▦
AE DC MC V

FORT MYERS : *The Veranda* $$$$
2122 2nd St. **Carte** E4. (*(239) 332-2065.*
Logé dans un bâtiment de 1902, ce restaurant offre des créations culinaires
originales comme les beignets d'artichauts farcis au crabe. Le décor est
inspiré du Sud profond. P ▯ ▦ ♫ ● *sam. midi; dim.; jours fériés.*
AE MC V

ST. PETERSBURG : *Fourth Street Shrimp Store* $$
1006 4th. **Carte** D3. (*(727) 822-0325.*
Ce restaurant à l'atmosphère décontractée sert de bons fruits de mer à des
prix raisonnables. P V ▦
MC V

ST. PETERSBURG : *Columbia Restaurant* $$$
800 2nd Ave NE. **Carte** D3. (*(727) 822-8000.*
Membre de la chaîne des restaurants Columbia de Floride, ce restaurant
sert des plats espagnols. Très belle vue sur la Tampa Bay. P ▯
AE DC MC V

ST. PETERSBURG : *Merchand's Bar & Grill and Terrace Room* $$$$
Renaissance Vinoy Resort, 501 5th Ave. **Carte** D3. (*(727) 894-1000.*
Logé dans un hôtel des années 20, ce restaurant élégant propose des plats
méditerranéens. Mention spéciale pour la bouillabaisse. P ▯ ♫
AE DC MC V

ST. PETE BEACH : *Hurricane Seafood Restaurant* $$$
807 Gulf Way. **Carte** D3. (*(727) 360-9558.*
Installé sur la plage, ce restaurant vante ses pains de crabe et
ses poissons de Floride, qui sont «blackened», grillés, bouillis ou servis en
sandwich. Le pont aux cocktails est assailli au coucher du soleil. ▯ ▦ ♫
MC V

ST. PETE BEACH : *Maritana Grille* $$$$$
Don CeSar Beach Resort, 3400 Gulf Blvd. **Carte** D3. (*(727) 360-1882.*
Détenteur de plusieurs titres gastronomiques, le Maritana Grille propose
des plats élaborés à base de produits locaux et organiques. L'atmosphère
est détendue et le décor tropical. P ▯ ● *midi.*
AE DC MC V

SANIBEL ISLAND : *Windows On The Water* $$$$
Sundial Beach Resort, 1451 Middle Gulf Drive. **Carte** D4. (*(239) 395-6014.*
Dans un magnifique site surplombant le golfe du Mexique, ce restaurant
plutôt élégant propose une délicieuse cuisine floribbéenne. ▯
AE DC MC V

SARASOTA : *Café l'Europe* $$$$$
431 Armands Circle. **Carte** D3. (*(941) 388-4415.*
Ce restaurant ancien, dans le quartier chic de St Armands Circle, sert une
cuisine continentale. L'endroit idéal pour célébrer une occasion spéciale.
P V ▯ ▯ ▦
AE MC V

SARASOTA : *Michael's On East* $$$$$
1212 East Avenue S. **Carte** D3. (*(941) 366-0007.*
L'un des meilleurs restaurants de Sarasota. Cuisine régionale inventive
et large sélection de bières locales. ▯ P ● *sam. et dim. midi.*
AE DC MC V

TAMPA : *Kojak's House of Ribs* $
2808 Gandy Blvd. **Carte** D3. (*(813) 837-3774.*
Cette institution de Tampa est gérée par la même famille depuis 1978. Niché
sous des chênes géants, il sert de délicieuses côtelettes au barbecue. P V ▦
AE DC MC V

Légende des symboles, voir rabat de couverture

Catégorie de prix pour un repas comprenant trois plats pour une personne, avec un verre de vin, couvert, taxe et service compris.
Ⓢ moins de 20 $
ⓈⓈ de 20 à 30 $
ⓈⓈⓈ de 30 à 45 $
ⓈⓈⓈⓈ de 45 à 60 $
ⓈⓈⓈⓈⓈ plus de 60 $

CARTES BANCAIRES
Cartes acceptées : AE = American Express ; DC = Diners Club ; MC = MasterCard ; V = Visa.
ÉQUIPEMENTS POUR ENFANTS
Restaurants servant des portions moindres et disposant de chaises hautes. Certains proposent des menus enfants.
MENUS EARLY BIRD
Réduction sur les repas si vous arrivez tôt, généralement avant 19 h.
BONNE CUISINE RÉGIONALE
Spécialités de Floride, tels que fruits de mer, ou plats de style hispanique ou antillais.

	CARTES BANCAIRES	ÉQUIPEMENTS POUR ENFANTS	MENUS EARLY BIRD	BONNE CUISINE RÉGIONALE	BAR
TAMPA : *Columbia Restaurant* ⓈⓈⓈ 2117 E 7th Ave, Ybor City. **Carte** D3. ☎ *(813) 248-4961* C'est le premier restaurant de la chaîne Columbia. Il sert des plats espagnols et cubains depuis 1905. Il offre plusieurs salles au sol magnifiquement pavé et un spectacle de flamenco le soir. 🍴 P 🎵	AE DC MC V			●	■
TAMPA : *Bern's Steak House* ⓈⓈⓈⓈ 1208 S Howard Ave. **Carte** D3. ☎ *(813) 251-2421.* Ce temple du steak est un Must pour les amateurs de viande. Chaque commande est préparée selon vos désirs et est accompagnée de légumes organiques. Il faut absolument réserver. P 🍴 🎵 ● *midi ; 25 déc.*	AE DC MC V				■
TAMPA : *Lauro Ristorante Italiano* ⓈⓈⓈⓈ 3915 Henderson Blvd. **Carte** D3. ☎ *(813) 281-2100.* Ce restaurant propose de délicieux plats italiens traditionnels dans un décor agréable. Le service est bon et les prix sont modérés. 🍴 ● *sam. midi ; dim. midi.*	AE DC MC V				■
TAMPA : *Mis en Place* ⓈⓈⓈⓈ 442 W Kennedy Blvd. **Carte** D3. ☎ *(813) 254-5373.* Le menu inventif de ce bistro très fréquenté change chaque jour. Réservez, car les gens de la région y viennent en masse. 🍴 ● *sam. midi, lun. ; dim.*	AE DC MC V			●	■
VENICE : *Sharky's on the Pier* ⓈⓈⓈ 1600 S. Harbor Drive. **Carte** D4. ☎ *(941) 488-1456.* Les spécialités de la maison sont des poissons cuisinés dans tous les styles (bouillis, «blackened», grillés ou frits). 🔲 🎵 ● *Thanksgiving, 25 déc.*	AE MC V	●		●	■
LES EVERGLADES ET LES KEYS					
ISLAMORADA : *Uncle's Restaurant* ⓈⓈⓈ MM81, Oversea Hwy. **Carte** F5. ☎ *(305) 664-4402.* Le restaurant, au bord de la mer, sert des fruits de mer, des steaks et du gibier à des prix raisonnables. V 🍴 🔲 ♿ ● *dim.*	AE DC MC V	●			■
ISLAMORADA : *Bentley's Restaurant* ⓈⓈⓈⓈ MM 82,8, Oversea Hwy. **Carte** F5. ☎ *(305) 664-9094* C'est l'un des meilleurs restaurants de Floride : atmosphère décontractée et prix raisonnables. 🍴 🔲 ♿ ● *dim.*	AE DC MC V	●			■
ISLAMORADA : *Marker 88* ⓈⓈⓈ MM 88, Oversea Hwy. **Carte** F5. ☎ *(305) 852-9315.* Surplombant Florida Bay, ce restaurant de gourmets propose des fruits de mer et de la cuisine européenne classique. 🍴 ● *Thanksgiving, 25 déc.*	AE DC MC V	●		●	■
KEY LARGO : *Mrs. Mac's Kitchen* ⓈⓈ MM 99.4, Overseas Hwy. **Carte** F5. ☎ *(305) 451-3722.* Une institution locale sans prétention. Vous savourerez d'épais sandwiches, des chilis et des fruits de mer. 🍴 ● *dim., la plupart des jours fériés.*		●			■
KEY LARGO : *The Fish House Restaurant and Seafood Market* ⓈⓈⓈⓈ MM 102.4, Overseas Hwy. **Carte** F5. ☎ *(305) 451-4665.* Le restaurant ressemble à une cabane mais vous y dégusterez des poissons très frais.	MC V			●	■
KEY WEST : *Banana Cafe* ⓈⓈ 1211 Duval St. **Carte** E5. ☎ *(305) 294-7227.* Grande variété de crêpes au menu. Tables intimes au bord de la plage. 🍴 🔲	AE DC MC V			●	■
KEY WEST : *Mangia Mangia Pasta Café* ⓈⓈⓈ 900 Southard St. **Carte** E5. ☎ *(305) 294-2469.* Les pâtes fraîches et les savoureuses sauces qui les accompagnent ont fait la réputation de ce café. 🍴 ● *midi ; la plupart des jours fériés.*	AE MC V				

KEY WEST : *Mangoes* $$$
700 Duval St. **Carte** E5. (*(305) 292-4606.*
Ce bistro de Duval Street compose de fabuleuses salades (dont la plupart
sont végétariennes) et d'inventifs plats floribbéens. Les tables disposées sur
le trottoir sont parfaites pour observer la foule. 🔲 🔲
AE DC MC V

KEY WEST : *Blue Heaven* $$$$
729 Thomas St. **Carte** E5. (*(305) 296-8666.*
Implanté dans un magnifique bâtiment ancien de Key West, ce restaurant
accueillant propose des plats des Bahamas dans une atmosphère détendue.
Mais on est assez mal assis. 🔲 🔲 🔲 🔲 🔲 *Thanksgiving, 25 déc.*
MC V

KEY WEST : *Louie's Back Yard* $$$$$
700 Waddell Ave. **Carte** E5. (*(305) 294-1061.*
Ce restaurant, installé dans une maison de style Bahamas superbement
restaurée, propose des plats d'inspiration cubaine, antillaise et thaï. Le bâtiment
est entièrement entouré de plantes tropicales. 🔲 🔲 🔲 *10 jours en sept.*
AE DC MC V

KEY WEST : *Pier House Resort* $$$$$
Pier House Resort, 1 Duval St. **Carte** E5. (*(305) 296-4600.*
Ce restaurant, l'un des meilleurs des Keys, sert une cuisine floridienne
inventive (langoustes aux plantains marinés). Réservez une table
à l'extérieur pour le coucher de soleil. *(p. 284).* 🔲 🔲 🔲 🔲 *lun.-sam. midi.*
AE DC MC V

MARATHON : *7-Mile Grill* $$
MM 47.5, Overseas Hwy. **Carte** E5. (*(305) 743-4481.*
Vous pourrez y prendre votre petit déjeuner, votre déjeuner ou votre dîner.
Fruits de mer et belles vues. 🔲
AE DC MC V

MARATHON : *Island Tiki Bar* $$$
12648, Overseas Hwy. **Carte** E5. (*(305) 743-4191.*
Fruits de mer et steaks ou burgers et en-cas sont servis sur des tables à
l'extérieur. 🔲 🔲 🔲
AE DC MC V

MARCO ISLAND : *Konrad's* $$$
Mission San Marco. **Carte** E4. (*(239) 642-3332.*
Un décor stylé et l'un des meilleurs bars à salades de l'île. Les menus early
bird et les plats de langoustines sont très appréciés. 🔲 🔲 *24, 25 déc.*
AE DC MC V

MARCO ISLAND : *Olde Marco Pub and Restaurant* $$$
1105 Bald Eagle Drive. **Carte** E4. (*(239) 642-9700.*
Construit en 1896, ce restaurant assez cher propose un menu international
et éclectique. Les plats allemands sont très appréciés. 🔲 🔲 🔲
AE MC V

MARCO ISLAND : *Snook Inn* $$$$
1215 Bald Eagle Drive. **Carte** E4. (*(239) 394-3313.*
Spécialités de fruits de mer. Magnifiques couchers de soleil depuis le bar.
On cuisine également votre poisson. 🔲 🔲
AE DC MC V

NAPLES : *First Watch* $
225 Banyan Blvd. **Carte** E4. (*(239) 434-0005.*
Les meilleurs petits déjeuners de la ville. Ce restaurant familial et
campagnard est toujours plein. 🔲 🔲 *soir; Thanksgiving, 25 déc.*
AE MC V

NAPLES : *Noodles Italian Café and Sushi Bar* $$$
1585 Pine Ridge Rd. **Carte** E4. (*(239) 592-0050.*
Selon les locaux, c'est l'un des meilleurs restaurants de pâtes de Naples.
Les pâtes sont faites maison. 🔲 🔲 🔲
MC V

NAPLES : *Bistro 821* $$$$
821 5th Ave S. **Carte** E4. (*(239) 261-5821.*
Cuisine floribbéenne inventive dans ce bistro stylé. Le menu et les spécialités
quotidiennes comprennent la sole au citron vert farcie à la coquille Saint-
Jacques et à la mousse de langouste. 🔲 🔲 🔲 *midi; Thanksgiving, 25 déc. et 1ᵉʳ janv.*
AE DC MC V

NAPLES : *Remy's Bistro* $$$$
2300 Pine Ridge Rd. **Carte** E4. (*(239) 403-9922.*
Le Remy's propose du poisson frais, des steaks et de superbes sandwiches.
Ne manquez pas le thon grillé au sésame. 🔲 🔲 🔲 *25 déc., 4 juil.*
AE DC MC

NAPLES : *The Dock Restaurant* $$
12th Ave S, on Naples Bay. **Carte** E4. (*(239) 263-9940.*
Poissons et coquillages dans cet établissement proche de la marina. Essayez
les copieux sandwichs ou le «raw bar». 🔲 🔲 🔲 *Thanksgiving, 25 déc.*
AE MC V

Légende des symboles, voir rabat de couverture

Bars et cafés

La Floride compte une multitude de bars et de cafés. On appelle café un restaurant dont le style se rapproche de celui d'un bistro, mais également un véritable café ou même un bar. Les bars sportifs sont très fréquentés. Ils disposent de plusieurs téléviseurs branchés sur des chaînes différentes, mais le son est souvent coupé et remplacé par une musique plutôt assourdissante. Les établissements ont une happy hour (heure creuse), en général entre 16 h et 19 h. Les boissons, les snacks et les plats sont alors moins chers que durant le reste de la journée.

MIAMI

Miami Beach : *News Café*
800 Ocean Drive. **Plan** 2 F4.
((305) 538-6397.
Avec de grandes tables sur le trottoir, ce café est le principal lieu de rencontre de South Beach. On s'y retrouve 24 h/24 pour boire, manger ou profiter du spectacle d'Ocean Drive. Le menu propose un bon petit déjeuner, d'immenses bols de pâtes, des repas légers et équilibrés, une douzaine de cafés et autant de pâtisseries. AE DC MC V

Miami Beach : *Van Dyke Café*
846 Lincoln Rd. **Plan** 2 E2.
((305) 534-3600.
Ce café, avec tables en terrasse, occupe un bâtiment de style méditerranéen très bien restauré. Les spécialités de la maison sont le gâteau de pain, le sabayon aux fruits rouges et un vaste choix de cafés et de thés aromatisés. Un trio de jazz officie le soir. AE DC MC V

Downtown : *Hard Rock Café*
401 Biscayne Blvd. **Plan** 4 F1.
((305) 377-3110.
Fréquenté par les touristes et les habitués, ce café est décoré d'icônes rock. La sono y est forte. Si vous voulez boire ou vous immerger dans l'atmosphère, allez au bar. Mais si vous voulez manger, réservez. La cuisine est américaine (burgers, apple pie) et les portions généreuses. AE DC MC V

Coral Gables :
Cafe Books & Books
265 Aragon Ave. **Plan** 5 C1.
((305) 448-9599.
Situé dans la cour de Books and Books, ce traiteur de style européen propose des soupes, des sandwiches et de fabuleuses pâtisseries. Tout est entièrement fait maison par Lyon & Lyon Caterers. Il y a un bar et c'est ouvert sept jours sur sept de 9 h à 23 h. AE MC V

Coral Gables :
Tula Italian Restaurant
180 Aragon Ave. **Plan** 5 C1.
((305) 569-6511.
Ce luxueux restaurant italien Art déco est situé dans l'hôtel Omni Colonnade. Les pâtes faites maison sont la spécialité. AE MC V

Coconut Grove :
Fat Tuesday's
CocoWalk, 3015 Grand Ave.
Plan 6 E4. ((305) 441-2992.
Cet ancien bar des années 40 est équipé de 51 postes de TV et de 5 billards. Il fait partie de la chaîne des Fat Tuesdays qui attire ceux qui aiment s'amuser. On y trouve des bières américaines et importées et on y sert des repas légers. AE DC MC V

LES GOLD ET
TREASURE COASTS

Boca Raton :
GiGi's Tavern
346 Plaza Real.
Carte routière F4.
((561) 368-4488.
Ce restaurant a plusieurs visages, c'est à la fois une taverne, un bar à huîtres, un coffee shop et un restaurant élégant. Vous pouvez vous installer à l'extérieur pour siroter un cappucino ou savourer un délicieux repas tout en regardant les passants. AE MC V

Fort Lauderdale :
Pier Top Lounge
Pier 66, 2301 SE 17th St.
Carte routière F4.
((954) 525-6666.
Il faut une heure au salon rotatif du Hyatt Regency Pier 66 Hotel pour effectuer une révolution au 360°. Vous aurez alors une vue à couper le souffle sur la ligne d'horizon de Fort Lauderdale et sur son canal (surtout au coucher du soleil). Vous pourrez aussi danser sur la musique d'un orchestre. AE DC MC V

Fort Lauderdale :
Shooters
3033 NE 32nd Ave.
Carte routière F4.
((954) 566-2855.
Ce bar-restaurant du front de mer est idéal pour observer les gens. Il déborde toujours d'une clientèle d'habitués qui mangent, boivent et admirent les bateaux. Le menu est varié et d'un prix modéré. Vous pourrez grignoter des plats comme les pains de crevettes et de crabes, ou absorber une nourriture plus consistante comme la salade de thon ou le sandwich au poisson. AE DC MC V

Palm Beach :
The Leopard Lounge
363 Cocoanut Row.
Carte routière F4.
((561) 659-5800.
Situé dans le Chesterfield Hotel, ce café est décoré de tentures écarlates et noires ainsi que de nappes et de tapis en impression léopard. Le week-end, les habitués affluent pour danser aux sons d'un groupe. On y sert un menu complet. AE DC MC V

ORLANDO ET LA
SPACE COAST

Orlando : *Bongos
Cuban Café*
1498 E Buena Vista Drive.
Carte routière E2.
((407) 934-7639.
Ce café branché est tenu par Gloria Estefan et son mari Emilio. Il propose une bonne cuisine cubaine et des rythmes cubains sur lesquels on danse. Essayez le riz au poulet et la soupe de pois rouges. Il y a deux étages : le balcon du premier étage est idéal pour regarder les gens. AE DC MC V

Orlando : *Nascar Café*
Universal Orlando City Walk.
Carte routière E2.
((407) 224-7223.
Si vous aimez les voitures de course, cet endroit est pour vous. Plusieurs authentiques voitures de cours sont exposées ainsi que de nombreux souvenirs de courses célèbres. Pendant que vous prenez un verre vous pourrez voir une course sur l'un des quarante écrans de télévision. Il y a aussi une boutique et des simulateurs de course. La nourriture est typiquement américaine : steaks et burgers. AE DC MC V

LE NORD-EST

JACKSONVILLE : *River City Brewing Company*
835 Museum Circle. **Carte routière** E1.
[(904) 398-2299.
Des bières brassées sur place et des plats variés à des prix raisonnables font de ce café un lieu apprécié des gens de la région. Un groupe de variétés joue les vendredis et samedis soirs. 🔲 🔢 🎵 *AE DC MC V*

Saint Augustine : *A1A Ale Works*
1 King St. **Carte routière** E1.
[(904) 829-2977.
Situé au pied du Bridge of Lions, ce pub-restaurant chaleureux possède sa propre brasserie. Les passionnés viennent ici pour les sept variétés de bières maison. Des groupes jouent le week-end. 🔲 🔢 🎵 *AE DC MC V*

Saint Augustine : *OC White's Seafood and Spirits*
118 Avenida Menendez. **Carte routière** E1. **[** (904) 824-0808.
Logé dans un bâtiment du XVIIIᵉ siècle, ce café décoré de têtes de pirates en cire jouit d'une vue imprenable. Il propose des spectacles tous les soirs et offre un menu complet (fruits de mer, steaks et burgers). 🔲 🔢 🎵 *AE D MC V*

Daytona Beach : *Oyster Pub*
555 Seabreeze Blvd. **Carte routière** E2.
[(904) 255-6348.
Ce pub sert des coquillages au bar. Le tarif happy hour s'applique aux boissons et aux fruits de mer. Les 27 téléviseurs diffusent des émissions de sport (on peut parier sur les matchs de football). Un disc-jockey officie tous les week-ends. 🔢 🎵 *AE MC V*

Gainesville : *Voo Doo Restaurant Sushi Bar and Lounge*
112 S Main Street.
Carte routière D2.
[(352) 381-1999.
Les étudiants aiment se retrouver dans ce bar-restaurant pour déguster des sushis accompagnés d'un verre de bière. 🔢 🎵 *AE MC V*

LE PANHANDLE

Panama City Beach : *Shuckum's Oyster Pub*
15614 Front Beach Rd.
Carte routière B1. **[** (850) 235-3214.
Les murs de ce bar populaire et sans prétention sont recouverts de billets de banque paraphés par des clients satisfaits. Ce lieu est surtout connu pour ses huîtres, servies crues, cuites au four, à la vapeur ou frites en sandwich. On y sert aussi d'autres fruits de mer. 🔲 🔢 🎵 *MC V*

Pensacola Beach : *Sidelines Sports Bar and Restaurant*
2 Via de Luna Drive.
Carte routière A1.
[(850) 934-3660.
Ce lieu de rencontre bon enfant change de spécialités chaque soir de la semaine. Ainsi, pour la «Cajun Night», on sert des Bloody Marys cajuns. Des souvenirs sportifs et des écrans de télévision géants décorent les murs. 🔢 🎵 *AE MC V*

Tallahassee : *Banjo's Smokehouse*
2335 Apalachee Pkwy.
Carte routière C1.
[(850) 877-8111.
À quelques kilomètres de Tallahassee sur la US 27, Banjo's est réputé pour ses travers de porc, ses steaks, son poulet et ses grosses salades. Il y a un menu enfants. 🔲 🔢 🎵 *AE, MC*

LA GULF COAST

Lee Island Coast : *The Mucky Duck*
11546 Andy Rosse Lane, Captiva Island. **Carte routière** D4.
[(941) 472-3434.
Ce pub de style anglais occupe un bâtiment des années 30 à Captiva Town. Son fondateur, un ancien policier anglais, lui a donné le nom de son pub favori dans son pays. Vous pourrez jouer aux fléchettes, boire une bière ou admirer le coucher du soleil. Le menu éclectique comprend des plats anglais (fish and chips, plats végétariens). 🔲 🔢 *AE DC MC V*

Tampa : *Elmer's Sports Café*
2003 E 7th Ave, Ybor City.
Carte routière D3.
[(813) 248-5855.
Le premier bar sportif de la ville est connu pour ses pizzas et ses bières. Il propose également plusieurs télévisions à écran géant. Vous pouvez aussi parier sur les matchs de football. Peu original, ce lieu propose pourtant des plats maison et une atmosphère agréable. 🔢 *AE MC V*

St. Petersburg : *Carlies's*
7020 49 th St N.
Carte routière D3.
[(727) 527-5214.
Atmosphère chaleureuse et bruyante pour cet établissement qui aime les motards et comporte six bars. Tous les soirs sauf dimanche et lundi, des groupes de musique locaux viennent jouer. La carte est variée et les prix raisonnables 🔲 *DC MC V*

LES EVERGLADES ET LES KEYS

Naples : *HB's On The Gulf*
851 Gulf Shore Blvd N.
Carte routière E4.
[(239) 435-4347.
Ouvert en 1946, ce bar sophistiqué est situé dans le Naples Beach Hotel, sur la jetée de Naples. C'est l'endroit idéal pour regarder le soleil se coucher. Mais il faut arriver tôt pour avoir une place. Une fois la nuit tombée, le bar extérieur est bondé. Un groupe musical assure l'ambiance. On y sert un menu complet, mais la nourriture est ordinaire. 🔲 🔢 🎵 *AE DC MC V*

Key West : *Hog's Breath Saloon*
400 Front St.
Carte routière E5.
[(305) 292-2032.
Ce saloon a été fondé à Fort Walton Beach par un expatrié d'Alabama en 1976. Il fut ensuite transporté à Key West en 1988. C'est une bonne adresse, où l'on déguste des fruits de mer et de savoureux desserts (dont une délicieuse version de la tarte au citron vert). Des groupes jouent de 13 h à 2 h du matin. 🔲 🔢 🎵 *AE MC V*

Key West : *Jimmy Buffet's Margaritaville Café*
500 Duval St.
Carte routière E5.
[(305) 292-1435.
Ce lieu est rempli de colifichets de Jimmy Buffet, en exposition ou à vendre (p. 285), bien qu'on y voie rarement ce chanteur-compositeur local. Les margaritas glacées sont la spécialité de la maison. On y sert des repas légers, des sandwichs, des burgers et des fruits de mer. 🔢 🎵 *AE MC V*

Key West : *Sloppy Joe's*
201 Duval St.
Carte routière E5.
[(305) 294-5717.
Ce bar jadis apprécié par Ernest Hemingway (p. 284) est devenu commercial et touristique. Il a cependant gardé son caractère typique de Key West. Les soirs de concert, il est difficile de trouver une place. Le menu comprend des plats de bar, tels que des jalapeño (beignets de conque), du poulet, des frites et le célèbre «original Sloppy Joe» burger. 🔢 🎵 *MC V*

BOUTIQUES ET MARCHÉS

Enseigne de Hammock House, à Cedar Key

Courir les magasins est le principal passe-temps en Floride, où Miami, surtout, attire les acheteurs étrangers. En effet, cet État est réputé aussi bien pour ses soldes que pour ses magasins de luxe, souvent regroupés dans les quartiers ou les centres commerciaux.

Ceux qui visitent les États-Unis pour la première fois devront d'ailleurs s'habituer à la culture américaine du shopping. Plutôt que de faire leurs courses au centre-ville, les Floridiens vont dans les centres commerciaux situés à la périphérie des villes, où l'on trouve tout ce qu'on cherche dans les grands magasins et les boutiques. Pour les cadeaux et les souvenirs, allez dans les boutiques spécialisées.

Dans la page suivante, nous vous suggérons ce qu'il faut rapporter de Floride. Si vous cherchez un article précis, renseignez-vous dans les syndicats d'initiative. Pour les magasins de Miami, voir p. 92-93.

Mizner Park à Boca Raton, à l'architecture et aux magasins élégants

historiques, tel Saint Armands Circle, à Sarasota *(p. 255),* et Hyde Park Village, à Tampa *(p. 248).* Worth Avenue, à Palm Beach *(p. 114-115),* est une des rues commerçantes les plus chic du monde, à la mode depuis les années 20. En revanche, Mizner Park, à Boca Raton *(p. 126),* qui est flambant neuf, a été construit dans un style ancien. Ces magasins sont souvent chers, sauf s'ils s'adressent aux touristes, comme le Johns Pass Village, près de Madeira Beach sur la Gulf Coast *(p. 238).*

LES HORAIRES

Les magasins ouvrent de 10 h à 18 h, du lundi au samedi. Les centres commerciaux sont ouverts jusqu'à 21 h. Certains magasins, sont ouverts le dimanche, généralement de midi à 18 h ; d'autres, dans les grandes villes, ne ferment jamais.

LES TAXES

La Floride impose une taxe sur tous les biens, sauf sur les vêtements d'enfants, les produits d'épicerie et les médicaments. Elle s'élève en moyenne à 6 %. Elle n'est pas comprise dans le prix : on l'ajoute à la caisse.

LES CENTRES COMMERCIAUX

Les centres commerciaux sont un élément essentiel du commerce américain. Ils proposent toutes sortes de services, tels que des cinémas et des restaurants. Vous pouvez y passer une journée entière, si vous le souhaitez. Ils ont des grands parkings et, bien qu'ils soient implantés à l'extérieur des villes, ils sont bien desservis par les bus. Comme les grands magasins, ils abritent souvent des boutiques spécialisées (comme The Gap pour les vêtements).

On trouve des centres commerciaux partout en Floride. Les plus connus sont ceux de Miami, comme le chic Bal Harbour Shops *(p. 92),* et des villes cossues de la Gold Coast, comme Boca Raton et Palm Beach.

LES QUARTIERS COMMERÇANTS

La Floride dispose également de quartiers commerçants (où vous serez à l'air libre, contrairement aux centres commerciaux). Certains ont apporté un second souffle à des quartiers

LES GRANDS MAGASINS

La plupart des centres commerciaux comprennent au moins un grand magasin, qui offre souvent un ensemble impressionnant de biens et de services, de l'emballage

Une boutique de mode de Bal Harbour Shops, à Miami

de vos achats à leur transport par un employé.

La plupart d'entre eux sont implantés dans la campagne et tous sont réputés pour la qualité de leurs produits. Ainsi, Bloomingdale's est connu pour ses vêtements de mode et son rayon alimentation, digne d'un gourmet. Certains sont uniquement spécialisés dans l'habillement, comme Saks Fifth Avenue (célèbre par ses vêtements de couturiers), Neiman Marcus ou encore le très classique Lord and Taylor. La chaîne floridienne Burdines possède des succursales dans tout l'État mais elle a été dépassée par Macy's.

Pour les produits de première nécessité, des stylos au dentifrice, allez dans les supermarchés comme Target, K-Mart et Wal-Mart, que l'on trouve partout. Sears et JC Penney vendent également des produits de base.

LES BONNES AFFAIRES

Pour certains, le principal intérêt des magasins de Floride réside dans leurs prix peu élevés. Les magasins de discount proposent toutes sortes de produits électroniques, des équipements ménagers et des vêtements. Certains sont spécialisés dans les vêtements de créateur, comme Lœhman's, TJ Maxx et Marshalls, présents dans toutes les grandes villes.

Dans les magasins de vente directe des usines, des produits imparfaits sont vendus à 50 ou 75 % de réduction. Certains de ces magasins proposent

L'un des magasins d'antiquités de Micanopy

des équipements pour la maison ou des vêtements, comme des jeans Levis ou des pulls Benetton.

À Orlando, l'International Drive (p. 176) est bordé de magasins discount et pratiquant la vente directe d'usines. Sawgrass Mills Mall à Sunrise (p. 130) est le plus grand centre commercial de la Floride.

Les marchés aux puces, ouverts le week-end, permettent de faire de bonnes affaires. Ils proposent des articles d'occasion, mais aussi des pièces d'artisanat, des antiquités, de la nourriture, etc. Certains marchés sont intéressants pour leur animation, comme le Swap Shop de Fort Lauderdale (p. 130), Festival Marketplace, à Pompano Beach est un marché aux puces couvert et climatisé. Il compte plus de 800 magasins.

Des éponges à vendre à Key West

CADEAUX ET SOUVENIRS

Les touristes qui visitent les États-Unis achètent souvent des oranges fraîches. Les meilleures poussent près d'Indian River, sur la côte est (p. 111), où on les vend par sacs entiers. Les magasins livrent à domicile si vous vivez aux États-Unis.

Les fruits de mer sont aussi très appréciés. Vérifiez toujours leur origine. La Lee Island Coast (p. 264-265) est connue pour ses coquillages. Vous pourrez en acheter des spécimens légalement ramassés à la Shell Factory, près de Fort Myers (p. 263). Les coquillages et les coraux vendus sur des étals le long de l'US 1, dans les Keys, sont le plus souvent importés. Souvent, on y vend aussi des éponges naturelles, tout comme à Tarpon Springs (p. 237).

Bien que la Floride ne soit pas réputée pour son artisanat, les Indiens en vendent au Miccosukee Indian Village (p. 271) et à Hollywood (p. 132). Plusieurs villes, comme Micanopy (p. 208) ou Dania (p. 132), sont renommées pour leurs magasins d'antiquités.

Disney a fait du merchandising un art. La vente est l'une des principales activités des parcs d'Orlando. Les boutiques des musées vous donneront aussi de bonnes idées de cadeaux.

L'un des nombreux magasins d'usine de Floride

Qu'acheter en Floride?

O n vous dira sûrement que l'on peut vraiment acheter de tout en Floride – un bikini de grand couturier, un lecteur de CD dernier cri, voire une maison. Effectivement, certains touristes viennent en Floride pour faire des achats. Mais vous pouvez aussi rapporter des cadeaux ou des souvenirs tout simples; dans ce cas, vous serez ébahi par le choix proposé par les parcs à thèmes et les stations balnéaires. Il faut s'en éloigner pour échapper aux articles kitsch – et pourtant, c'est ce que la Floride fait de mieux et ce qui évoque le mieux l'âme de l'État du soleil.

Coquillages en chocolat

Casquette des Miami Dolphins

L'incontournable Floride
Dans toute la Floride, vous trouverez des souvenirs amusants (et kitsch) à un prix raisonnable. Ils portent souvent le nom de « Florida » et sont décorés d'un alligator, d'un palmier ou d'une autre image caractéristique de cette région.

Porte-clé

Nourriture séchée du Kennedy Space Center

Carreau décoré de flamants

Les parcs à thèmes
Tous ces parcs, des Universal Studios aux Busch Gardens, proposent leurs propres articles qui sont destinés à tous les âges.

Un faux Oscar des Universal Studios

Tirelire-alligator

L'artisanat séminole
Les pièces d'artisanat séminole sont peu répandues (p. 333). Vous pourrez néanmoins acheter des poupées et des bijoux pour quelques dollars, mais aussi des vêtements très colorés, des sacs et des couvertures.

Les cigares roulés à la main
La tradition cubaine du roulage des cigares à la main s'est perpétuée à Ybor City, à Tampa (p. 246-247) et à Little Havana, à Miami (p. 93), bien que les machines remplacent de plus en plus l'homme.

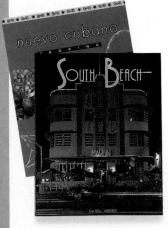

Les livres
Les livres illustrés consacrés aux quartiers Art déco de Miami constituent un souvenir durable de la ville. Vous pourrez aussi en rapporter un livre de cuisine.

La musique latino
Si vous aimez les rythmes latinos de la communauté hispanique de Miami, choisissez l'un des disques des artistes locaux.

Les articles bon marché

Les étrangers trouvent que certains articles sont moins chers que chez eux (jeans, lunettes de soleil, chaussures de sport, CD, appareils photo, livres, etc). En effet, les taxes sont moins élevées. En outre, les prix sont encore plus bas dans les magasins discount *(p. 333)*. Les appareils électriques sont souvent de bonnes affaires. Le centre de Miami est célèbre pour ses magasins bon marché *(p. 92-93)*, qui vendent surtout de l'or, des bijoux et du matériel électronique. N'hésitez pas à marchander. Si vous achetez du matériel électronique, vous aurez besoin d'un adaptateur pour le brancher chez vous. La plupart des magasins livrent les achats à domicile.

Les T-shirts
Vendus partout, des échoppes de souvenirs aux magasins discount, les T-shirts sont parfois très bon marché. Mais vérifiez leur qualité avant de les acheter.

Véritables bottes de cow-boy

Le style western
Les articles en cuir vendus par exemple chez JW Cooper ne sont pas toujours fabriqués en Floride et ne plaisent pas forcément aux Texans. Ils sont cependant de bonne qualité.

Ceinture en cuir

Les spécialités de Floride

La Floride est célèbre dans le monde entier par ses agrumes, que l'on peut acheter frais (toute l'année pour certaines espèces) ou non (sous forme de confitures, de gelées, de marinades ou encore d'huiles parfumées pour la cuisine). Il existe toutes sortes de sucreries, des bouchées à la noix de coco aux bonbons, tels que les berlingots à l'eau de mer. Les chocolats locaux ne sont pas de très bonne qualité mais ils ont souvent une forme amusante.

Bouchées à la noix de coco

Un panier de pâtes de fruits, à base d'agrumes

Oranges de Floride, vendues en sac

Berlingots colorés à l'eau de mer

Marinade à la mangue

Huile au citron vert

Marmelade de citron vert

Marmelade de mandarine

Gelée au poivre jalapeño

SE DISTRAIRE EN FLORIDE

Que vous appréciez les spectacles de cabaret inspirés par Las Vegas, les comédies dramatiques de Broadway, les boîtes de nuit ou les jeux d'argent, la Floride saura vous combler. Vous trouverez la plus grande variété de divertissements dans le sud de la Floride, en particulier sur la Gold Coast et à Miami *(p. 94-95)*, mais Sarasota et Tampa sont aussi de grands centres culturels. Grâce à leurs nombreux parcs à thèmes et à leurs dîners-spectacles, Walt Disney World et Orlando offrent les meilleures occasions de se divertir en famille. C'est un peu moins le cas du Nord-Est et du Panhandle, sauf dans les stations balnéaires telles Panama City Beach et les villes universitaires, par exemple Gainesville et Tallahassee.

Une actrice lors d'un dîner-spectacle

Dans les villes dont l'activité se partage entre la terre ferme et les plages, la vie nocturne est toujours plus animée sur le front de mer.

Enfin, la plupart des spectacles de qualité ont lieu d'octobre à avril, même si des événements intéressants sont organisés toute l'année.

Le Raymond F Kravis Center for the Performing Arts, à West Palm Beach

LES SOURCES D'INFORMATION

La plupart des journaux régionaux ont un supplément week-end, où sont répertoriés les activités locales. Les Visitors' Bureaux et les chambres de commerce vous fourniront aussi de nombreuses brochures.

LES RÉSERVATIONS

La manière la plus simple d'acheter un billet de concert, de théâtre, de football ou autre consiste à appeler le bureau de vente adéquat et à payer par carte de crédit. Dans certains cas, vous devrez réserver par l'intermédiaire de **Ticketmaster**. Cette société gère un réseau de paiement par téléphone. Selon le spectacle, elle prend une commission de 2 à 8 dollars par ticket.

LES CENTRES CULTURELS

Les principaux centres culturels de Floride, dont certains appelés «performing arts centers», servent à diverses représentations, des opéras aux concerts de rock, ainsi qu'à des événements spéciaux, notamment sportifs. C'est là que les plus grandes troupes nationales se produisent. Mais ils accueillent aussi des spectacles locaux.

Voici les principaux centres culturels de Floride : le **Raymond F Kravis Center for the Performing Arts**, à West Palm Beach; le **Broward Center for the Performing Arts**, à Fort Lauderdale's; le **Tampa Bay Performing Arts Center**, à Tampa, et le **Van Wezel**

Enseigne du Saenger Theater, à Pensacola

Performing Arts Hall, à Sarasota. Les autres grands théâtres sont le **Tropicana Field** de Saint Petersburg et le **Florida Citrus Bowl** d'Orlando, une salle de 70 000 places où Paul McCartney et George Michael ont chanté. L'immense **Gator Bowl** de Jacksonville accueille aussi de grands concerts de rock.

LES THÉÂTRES

Les productions aux scènes extravagantes et aux distributions pléthoriques inspirées de Broadway sont les meilleurs spectacles organisés en Floride. Mais cet État possède aussi de très bonnes compagnies de théâtre, dont les représentations ont lieu dans des salles comme le **Saenger Theater**, à Pensacola ou le **Red Barn Theater**, à Key West. Le **Florida State University Center for the Performing Arts** abrite l'Asolo Theatre Company. Ce bâtiment était à l'origine l'opéra de Dunfermline en Écosse : il a été transplanté à Sarasota dans les années 80. Les **Players of Sarasota** sont la plus ancienne compagnie de la ville. Certains acteurs célèbres, comme Montgomery Clift, y ont fait leurs débuts. Ses spectacles sont très appréciés.

MUSIQUE CLASSIQUE, OPÉRA ET DANSE

La plupart des grandes villes ont leur propre orchestre symphonique. Le Symphony of the Americas joue principalement à Fort Lauderdale et dans les villes de la Gold Coast. Il se produit aussi à l'étranger. Le New World Symphony de Miami (p. 94) joue aussi dans le monde entier. Guettez les représentations de la **Concert Association of Florid** (à Fort Lauderdale et à Miami) et du Jacksonville Symphony Orchestra, basé au **Times-Union Center for the Performing Arts**.

La plus grande compagnie d'opéra de Floride est le **Florida Grand Opera,** le fruit de la fusion en 1994 des compagnies de Miami et de Fort Lauderdale, qui fait environ cinq créations par an dans les comtés de Broward et de Dade. Le **Gold Coast Opera** présente des opéras classiques dans quatre salles du sud-est de la Floride. Pour plus d'intimité, fréquentez la **Monticello Opera House,** qui propose des opéras de septembre à mai.

La meilleure compagnie de ballet est le Miami City Ballet (p. 94), dont le chorégraphe est Edward Villela, un disciple de George Balanchine.

LES CINÉMAS

Pour les films d'art et d'essai, mieux vaut aller à New York ou à Los Angeles, mais la Floride possède de nombreux complexes multisalles qui diffusent des films à gros budget. Le plus célèbre est le **Tampa Theatre** (p. 245), qui joue des films classiques et étrangers, mais propose aussi des spectacles. La Floride compte plusieurs festivals de cinéma, comme celui de Sarasota en novembre. Le Miami International Film Festival a lieu en février au Gusman Center for the Performing Arts (p. 94).

LES DÎNERS-SPECTACLES

Les dîners-spectacles sont des divertissements familiaux très prisés en Floride, surtout à Orlando (p. 177). Les clients sont assis à des tables communes où on leur sert de copieux repas dont le thème correspond en général à celui du spectacle. La participation du public est de rigueur.

Hors d'Orlando, les dîners-spectacles sont moins tapageurs, mais tout aussi variés. Le **Mai Kai** de Fort Lauderdale est une revue polynésienne avec des danseurs vêtus de jupes de raphia et des cracheurs de feu. L'**Alhambra Dinner Theater de Jacksonville** propose d'ambitieuses musiques des écoles *Oklahoma* et *South Pacific*.

Un chanteur au Latin Carnival de Miami *(p. 32)*

CONCERTS ET BOÎTES DE NUIT

Certains des meilleurs endroits où danser sont les clubs où la musique n'est pas enregistrée, mais jouée par un grand groupe. Les «supper clubs» proposent en outre de quoi se restaurer. La musique est très variée : le **Coliseum Ballroom,** un joyau de style mauresque de Saint Petersburg, propose de la musique country. South Beach est réputée pour ses boîtes de nuit (p. 95). Vous trouverez de bons clubs dans les lieux de villégiature populaires. Le **Razzles** de Daytona Beach organise des spectacles au laser, le **Cherrs** de Fort Lauderdale produit de nombreux groupes de rock et le **Cowboys Orlando** joue de la country. Attention, on vous demandera votre carte d'identité avant d'entrer en boîte de nuit (vous devez avoir 18, voire 21 ans).

Les festivals proposent de nombreux concerts. Key West possède plusieurs salles de concerts bien connues, comme le Hog's Breath Café (p. 331), de même qu'Ybor City, avec son **Skipper's Smokehouse**. L'**Ocean Opry Theater** de Panama City Beach est un haut lieu de la musique *country and western*. Certains des bars cités p. 330-331 organisent également des concerts.

Logo du Hog's Breath Café, à Key West

L'intérieur du Tampa Theatre, un cinéma historique

Les artistes de rue de Mallory Square divertissent les passants à la tombée du jour

LES CROISIÈRES

La Floride est le principal point de départ des croisières vers les Caraïbes. Des navires appareillent de nombreux ports, notamment Miami et Port Everglades. Les compagnies, comme Cunard's Princess et Discovery Cruise Line, propose des croisières pour plusieurs jours ou plus. Vous pouvez aussi faire une minicroisière d'un jour ou d'un soir, à partir de 40 dollars.

Durant les soirées-croisières, vous pourrez manger et danser ou jouer de l'argent. À Jacksonville, vous pourriez jouer à bord du La Cruise Casino. Le Seaescape Cruises possède aussi un casino.

Certaines croisières sont plus modestes. Le **Jungle Queen** à Fort Lauderdale *(p. 131)*, le **Manatee Queen** à Jupiter *(p. 113)*, et le **Starlite Princess** sont des bateaux anciens appréciés des touristes. Le **Rivership Romance** propose des circuits sur la Saint Johns à partir de Sanford *(p. 206)*.

Le Rivership Romance sur la St Johns River

LES CASINOS

Les casinos étant interdits sur la terre ferme, les croisières dédiées aux jeux d'argent sont très prisées. Sur terre, vous pourrez visiter l'un des six **Seminole Indian**

Casinos, autorisés par l'État. Il y en deux à Hollywood *(p. 133)*, un à Coconut Creek, un à Immokalee, un près de Tampa et un à Okechobee. La tribu des Miccosukee possède un casino près de Miami. Les machines à sous sont autorisées à Gulfstream Racetrack à Hallandale, à Pompano Park Harness Track, à Dania Jai Alai et à Hollywood Greyhound Track.

LES DIVERTISSEMENTS POUR ENFANTS

Les enfants sont très bien accueillis en Floride. Ils apprécieront les parcs à thèmes, mais aussi les musées qui proposent des expositions interactives, ainsi que les zoos et les parcs où ils peuvent toucher des animaux domestiques. Enfin, les enfants adorent les parcs aquatiques *(p. 341)*. Orlando regorge de divertissements familiaux. Vérifiez le programme de l'**Orlando Arena,** qui accueille aussi bien des cirques que des spectacles de patins à roulettes.

Certains divertissements sont gratuits. Ainsi, les enfants adorent les artistes de rue, par exemple à Mallory Square, à Key West. Enfin, les festivals sont nombreux toute l'année *(p. 32-35)*.

LES LIEUX GAYS

South Beach à Miami est connu pour sa scène gay *(p. 95)*, qui attire de plus en plus de visiteurs, dont de nombreux étrangers. Key West est un centre homosexuel depuis plusieurs années, tout comme Fort Lauderdale, où le club **The Copa** est le plus prisé de tous. Le milieu gay est moins développé à Tampa, bien qu'il y ait plusieurs lieux gays bien établis et très fréquentés à Ybor City.

Si vous souhaitez plus d'informations, achetez *The Out Pages,* un excellent répertoire des adresses et des activités gays en Floride. L'édition du sud des États-Unis des *Gay Yellow Pages* et les livres publiés par la **Damron Company**.sont également d'excellentes sources d'informations.

Les festivités de la Gay Pride de Fort Lauderdale

CARNET D'ADRESSES

POINTS DE VENTE TICKETMASTER

Floride centrale
(407) 839-3900.

Fort Lauderdale
(954) 523-3309.

Fort Myers
(239) 334-3309.

Miami
(305) 358-5885.

Floride du Nord
(850) 434-7444.

Saint Petersburg
(727) 898-2100.

Tampa
(813) 287-8844.

West Palm Beach
(561) 966-3309.

CENTRES CULTURELS

Broward Center for the Performing Arts
201 SW Fifth Ave,
Fort Lauderdale.
(954) 522-5334.

Florida Citrus Bowl
1 610 W Church St,
Downtown Orlando.
(407) 849-2020.

All-tel Stadium
1 Stadium Blvd,
Jacksonville.
(904) 633-6100.

Raymond F Kravis Center for the Performing Arts
701 Okeechobee Blvd,
West Palm Beach.
(561) 832-7469.

Tropicana Field
1 Tropicana Drive,
Saint Petersburg.
(727) 825-3120.

Tampa Bay Performing Arts Center
1 010 N MacInnes Place,
Tampa. (800) 955-1045.

Van Wezel Performing Arts Hall
777 N Tamiami Trail,
Sarasota.
(941) 953-3366.
W www.vanwezl.org

THÉÂTRES

Florida State University Center for the Performing Arts
5 555 N Tamiami Trail,
Sarasota.
(941) 351-8000.

Players of Sarasota
838 N Tamiami Trail,
Sarasota.
(941) 365-2494.

Red Barn Theater
319 Duval St, Key West.
(305) 296-9911.

Mann Hall
8099 College Park SW,
Fort Myers.
(239) 489-3033.

MUSIQUE CLASSIQUE, OPÉRA, DANSE

Times-Union Center for the Performing Arts
300 W Water St,
Jacksonville.
(904) 633-6110.

Concert Association of Florida
555 17th St, Miami Beach.
(305) 532-3491.

Florida Grand Opera
1 200 Coral Way, Miami.
(305) 854-7890.

Symphony of the Americas
199 N Ocean Blvd,
Pompano Beach.
(954) 545-0088.

Gold Coast Opera
1 000 Coconut Creek Blvd,
Pompano Beach.
(954) 973-2323.

Monticello Opera House
West Washington St,
Monticello.
(850) 997-4242.

CINÉMAS

Tampa Theatre
711 Franklin St,
Tampa.
(813) 274-8981.
W www.tampatheatre.org

DÎNERS-SPECTACLES

Alhambra Dinner Theater
12 000 Beach Blvd,
Jacksonville.
(904) 641-1212.

Mai Kai
3 599 N Federal Highway,
Fort Lauderdale.
(954) 563-3272 ou
(800) 262-4524.

CONCERTS ET BOÎTES DE NUIT

Cheers
941 E Cypress Creek Rd,
Fort Lauderdale.
(954) 771-6637.

Coliseum Ballroom
535 4th Ave North,
Saint Petersburg.
(727) 892-5202.

Cowboys Orlando
1108 S Orange Blossom
Trail, Orlando.
(407) 422-7115.

Ocean Opry Theater
8 400 Front Beach Rd,
Panama City Beach.
(904) 234-5464.

Razzles
611 Seabreeze Blvd,
Daytona Beach.
(386) 257-6236.

Skipper's
910 Skipper Rd, Ybor City,
Tampa.
(813) 971-0666.

CROISIÈRES EN BATEAU

Cunard Line's *Princess*
6100 Blue Lagon Dr,
Miami Beach.
(800) 458-9000.

Discovery Cruise Line
PO Box 527544, 775 NW
70th Ave, Miami.
(800) 937-4477.

Rivership Romance
433 N Palmetto Ave,
Sanford.
(407) 321-5091.

SeaEscape Cruises
Terminal 1,
Port Everglades,
Fort Lauderdale.
(954) 453-3333.

Starlite Cruises
3400 Pasadena Ave South,
St. Petersburg.
(813) 229-1200.

Manatee Queen
1065 N Ocean Blvd,
Jupiter.
(561) 744-2191.

Yacht Starship
601 Channelside Drive,
Tampa.
(813) 223-7999.

CASINOS

Seminole Indian Casino
5 223 N Orient Rd,
I-4 Exit 5,
Tampa.
(813) 627-7625.

506 South 1st St,
Immokalee.
(800) 218-0007.

5550 NW 40th St,
Cocont Creek.
(954) 977-6700.

DIVERTISSEMENTS POUR LES ENFANTS

Waterhouse Center
600 W Amelia St, Orlando.
(407) 849-2020.

SeaWorld/Bush Gardens
(407) 363-2613. W
www.buschgardens.com

Universal Orlando
(407) 363-8000. W
www.universalorlando.com

Walt Disney World
(407) 934-7639.
W www.disneyworld.com

DIVERTISSEMENTS GAYS

The Copa
624 SE 28th St,
Fort Lauderdale.
(954) 463-1507.

Damron Company
PO Box 422 458,
San Francisco, CA 94 142.
(415) 255-0404.

Sports et activités de plein air

Grâce à son climat, la Floride offre toute l'année la possibilité de pratiquer un sport ou une activité de plein air. C'est donc une destination de choix pour les sportifs (tennismen, golfeurs et autres plongeurs). Certains touristes consacrent même toutes leurs vacances à ces activités. Les sports nautiques sont nombreux et variés sur les magnifiques plages des côtes de l'Atlantique et du golfe du Mexique. La Floride comprend aussi 4 millions d'hectares préservés que vous pourrez explorer à pied, à cheval, à vélo ou en bateau. Pour ceux qui rechignent à faire du sport, la Floride offre également une très large palette d'événements sportifs publics répertoriés p. 30-31.

Un terrain de golf en bord de mer à Boca Raton, sur la Gold Coast

LES SOURCES D'INFORMATIONS

Les meilleures sources d'informations sur les activités de plein air sont le **Florida Sports Foundation** et le **Department of Environmental Protection (DEP)**. Le *Florida Vacation Guide*, disponible dans les offices de tourisme floridiens à l'étranger, contient des adresses utiles. Contactez aussi les offices de tourisme locaux. D'autres sources d'informations sont données à chaque rubrique.

LE GOLF

Avec ses 1 100 terrains de golf, la Floride est un paradis pour les golfeurs. Riche de 150 terrains, Palm Beach se veut «la capitale mondiale du golf», même si Naples la devance en terme de concentration.

La plupart des terrains de Floride sont plats, mais les aménageurs leur donnent un certain relief. Les terrains les plus difficiles sont souvent rattachés aux hôtels des stations balnéaires. Certains proposent d'ailleurs des séjours spécial golf. Il existe aussi des terrains à l'intérieur des terres, notamment à Walt Disney World *(p. 162)*. Les deux tiers des terrains de Floride sont publics.

On peut jouer au golf toute l'année, mais l'hiver est la saison la plus prisée. L'été, jouez tôt afin d'éviter les orages de fin d'après-midi. Les prix varient de 20 à 75 dollars et sont plus élevés en hiver.

Fairways in the Sunshine, un guide édité par la Florida Sports Foundation, répertorie tous les terrains, publics et privés de Floride.

LE TENNIS

Le tennis est très populaire en Floride. De nombreux hôtels ont des courts et certaines stations balnéaires proposent des séjours tennis. Contactez l'**United States Tennis Association (Florida Section)** pour tout savoir sur les entraînements, les clubs et les compétitions. La meilleure école de l'État est la **Nick Bollettieri Tennis Academy** *(p. 253),* qui offre des stages d'un jour ou d'une semaine (à partir de 800 dollars).

LA PLONGÉE

La Floride est la région idéale pour faire de la plongée sous-marine. Un récif corallien borde la côte sud-est et s'étire le long des Keys, où les coraux et les poissons sont magnifiques *(p. 278-279)*. Ce récif, situé à 5-8 km du rivage, est facilement accessible, même pour les amateurs. Les circuits guidés, souvent excellents, sont nombreux dans les Keys.

Le nombre des sites de plongée de Floride (estimé à 4 000) augmente grâce à la création de récifs artificiels. Partout, l'homme a utilisé tout ce qu'il pouvait pour créer un habitat propice aux coraux et aux poissons. Il y a même une Rolls Royce au large de Palm Beach. Les galions espagnols échoués sont aussi de fascinants sites de plongée, en particulier dans le sud de la Floride.

Si vous n'avez pas de carte de plongée, vous devrez prendre des cours. Ceux du NAUI ou du PADI sont dispensés un peu partout. On apprend à plonger en quatre jours pour 300 à 400 dollars.

Pour plus d'informations, compulsez le *Florida Boating and Diving Guide* de la Florida Sport Foundation ou appelez la **Keys Association of Dive Operators (KADO)**.

Nager à Wakulla Springs, dans le Panhandle

Un point de location de bateaux et de jet skis, dans le Panhandle

NATATION ET SPORTS NAUTIQUES

P our de nombreux Floridiens, nager est aussi naturel que respirer. Beaucoup d'hôtels ont des piscines, mais on peut aussi profiter de l'océan, des lacs, des sources et des rivières.

Les plages de l'Atlantique sont les seules de Floride où l'on peut faire du surf, notamment à Cocoa Beach *(p. 181)*. Les eaux chaudes du golfe du Mexique sont mieux adaptées aux besoins des enfants. Les plages au sable magnifiquement blanc du Panhandle ont des eaux moins claires que celles de l'Atlantique. En raison de l'érosion côtière, celles du sud-est sont souvent étroites. Les Keys ne comptent que quelques plages de sable.

L'accès des plages est parfois contrôlé : beaucoup d'entre elles bordent des parcs ; elles sont donc payantes. Certains hôtels font croire que leur plage est privée, mais il n'en est rien. En haute saison, les maîtres nageurs surveillent celles qui sont le plus fréquentées.

Les parcs situés à l'intérieur des terres ont souvent des plans d'eau douce, voire des sources, comme dans le Blue Spring State Park *(p. 206)* et les parcs aquatiques sont équipés de piscines en tout genre.

Les stations balnéaires proposent tous les sports nautiques possibles, du windsurf au jet ski. On peut aussi faire du ski nautique sur les lacs et les canaux.

LA PÊCHE

L es multiples lacs et rivières de Floride regorgent de poissons. Pour de nombreux Floridiens, la pêche est bien moins un sport qu'un style de vie. On peut la pratiquer aussi bien à l'intérieur des terres ou le long de la côte.

Les passionnés de pêche sont très nombreux sur les rivages de l'Atlantique et du golfe du Mexique. On peut pêcher simplement, comme beaucoup, sur une jetée, mais la Floride est aussi célèbre pour ses pêches sportives.

De nombreuses stations balnéaires louent des navires de pêche en haute mer. Les plus nombreux se trouvent dans le Panhandle (autour de Fort Walton Beach et de Destin) et dans les Keys. Grâce au Gulf Stream, les eaux des Keys offrent la plus grande variété de poissons

Logo d'une flotte de pêche

(p. 281). Les excursions organisées en groupe sont une solution pour les novices. Un taxidermiste pourra même empailler vos prises, bien qu'il soit aujourd'hui mieux vu d'en commander une réplique. Les magasins d'articles de pêche vous fourniront des adresses de taxidermistes.

Il y a des centaines de lacs, de rivières et de canaux en Floride. Le long des principaux cours d'eau, comme la Saint Johns, et dans les grandes zones de pêche, comme le lac Okeechobee *(p. 124),* vous pourrez louer un bateau ou les services d'un guide. La pêche est autorisée dans de nombreux parcs. Les camps de pêche offrent des logements rudimentaires et des équipements de base. Certains n'ouvrent qu'en été.

Pour pêcher en mer ou en eau douce, il vous faut un permis (de 12 à 30 dollars). Le *Fishing Handbook,* disponible à la **Florida Fish and Wildlife Conservation Commission,** vous fournit tous les renseignements sur les prix, les licences, les dates d'ouverture, les règlements et les tournois ; l'un des plus connus étant le Fishing Rodeo de Destin *(p. 34)*.

Si vous souhaitez avoir plus d'informations, vous pouvez contacter le Department of Environmental Protection ou la Florida Game and Fresh Water Fish Commission *(p. 343)*.

Les pélicans semblent observer les pêcheurs sur la jetée de Cedar Key

L'Intracoastal Waterway à Boca Raton, sur la Gold Coast

FAIRE DU BATEAU

Les canaux de Floride sont sillonnés par toutes sortes de bateaux, du yacht dernier cri à l'esquif en bois. Avec 12 870 km de canaux proches des côtes, donc soumis aux marées, et 11 655 km de voies d'eau intérieures, la Floride est un paradis pour les amateurs de navigation. Pour certains Floridiens, posséder un bateau est aussi normal qu'avoir une voiture. Cet État compte 700 000 bateaux, plus 300 000 qui y sont introduits chaque année pour les vacances.

L'Intracoastal Waterway, qui s'étend sur 800 km le long de la côte est jusqu'aux Keys (*p. 20-21*), est très fréquenté. Souvent protégé de l'Atlantique par les barrières d'îles, il traverse des rivières, des criques et des canaux. Bien que la majeure partie de la côte ouest soit ouverte, la section la plus intéressante de l'Intracoastal Waterway pour les amateurs de navigation est l'endroit où il longe les îles de la Lee Island Coast (*p. 264-265*).

Les 217 km de l'Okeechobee Waterway, qui traverse l'État, sont aussi très fréquentés, surtout l'été. Cette voie longe le canal Saint Lucie depuis Stuart, traverse le Lake Okeechobee, puis rejoint Sanibel Island par la Caloosahatchee River.

Ces canaux intérieurs, comme la plupart des 166 rivières de Floride, sont ouverts aux petits bateaux et aux péniches, qui sont, pour la plupart, aménagées comme de véritables maisons.

On peut en louer dans certaines marinas, à Sanford sur la Saint Johns River par exemple (*p. 206*). Dans d'autres marinas et dans les camps de pêche, on loue plutôt des bateaux petits et moyens.

Il y a au moins 1 250 marinas. Le long de la côte, elles proposent souvent des logements et des locations de bateaux et d'équipements de pêche. Dans les terres, elles sont plus rudimentaires. La **Florida Sports Foundation** édite une brochure, *Florida Boating and Diving,* qui recense toutes les marinas.

DÉCOUVRIR L'ARRIÈRE-PAYS

Les zones préservées de Floride comprennent aussi bien des plages populaires que des lieux sauvages. Elles sont plus ou moins équipées, mais la plupart des parcs possèdent un visitors' centre. Certains organisent des excursions guidées. L'hiver est alors la meilleure saison (les pluies et les moustiques d'été ne sont plus qu'un souvenir).

On dénombre 110 zones protégées réparties en State Parks, State Recreation Areas ou State Preserves. Elles sont payantes et, en principe, elles ouvrent tous les jours, de 8 h au coucher du soleil. Le Department of Environmental Protection (DEP) édite un guide gratuit, *Florida State Parks,* qui les répertorie et mentionne leurs équipements. Vous pouvez aussi les visiter : www.floridastateparks.org

Le **National Park Service** de Géorgie vous renseignera sur les rares parcs nationaux gérés au niveau fédéral. Beaucoup d'entre eux sont privés, notamment des refuges administrés par la **Florida Audubon Society**. Le guide *Florida Trails,* édité par le National Tourist Board (*p. 347*), recense tous les parcs privés, fédéraux et nationaux. Le programme Rails-to-Trails transforme les voies ferrées en pistes pédestres, cyclables ou équestres : la Tallahassee-St Marks Historic Railroad State Trail, au sud de Tallahassee, et la Gainesville-Hawthorne State Trail (*p. 209*), au nord-est, sont les meilleures. L'Office of Greenways and Trails recense toutes les pistes.

Quelques sociétés organisent des voyages d'aventure. Ainsi, **Build a Field Trip** propose des circuits dans les Keys et les Everglades.

Logo du parc de Floride

Des visiteurs se promènent dans l'Everglades National Park

LA BICYCLETTE

La Floride permet de faire du vélo sur les nombreuses pistes cyclables ou de VTT. Le terrain est tellement plat que les cyclistes chevronnés risquent même de s'ennuyer. Le paysage accidenté du Panhandle est donc plus intéressant, tandis que le Nord-Est possède de bonnes pistes, par exemple dans la Paynes Prairie *(p. 209)*.

Si vous n'emmenez pas votre vélo, vous pourrez en louer sur place. Pour toute information, contactez le **State Bicycle Office** ou le Department of Environmental Protection.

Le Blackwater River State Park est idéal pour faire du canoë

LES RANDONNÉES

Bien que la Floride soit une région très plate, ce défaut est compensé par la variété de ses paysages. La plupart des parcs possèdent des pistes de randonnée. On projette de créer une nouvelle piste, la National Scenic Trail, dans le Big Cypress National Preserve *(p. 270)* au sud de la Floride, près de Pensacola. Sur les 2 080 km prévus, 880 km ont été aménagés. La **Florida Trail Association** vous fournira tous les renseignements nécessaires sur les randonnées.

LE CANOË

Vous aurez de nombreuses possibilités de faire du canoë en Floride, grâce au Florida Canoe Trail System qui comprend 36 circuits de criques et de rivières, d'une longueur de 1 520 km. De nombreux parcs sont réputés pour leurs circuits, notamment l'Everglades National Park, avec son Wilderness Waterway de 160 km de long *(p. 272-277)*. La Blackwater River *(p. 220)*, au nord, et la Hillsborough River, sur la Gulf Coast *(p. 249)*, sont deux des meilleurs endroits pour faire

Promenade à cheval à proximité d'Ocala

du canoë. Vérifiez, toutefois, que le niveau de l'eau ne soit ni trop haut ni trop bas.

L'ÉQUITATION

L'Ocala National Forest, dans le Nord-Est *(p. 207)*, dispose de 160 km de pistes équestres. Quinze parcs d'État sont ainsi équipés, tels le Myakka River *(p. 260)*, le Jonathan Dickinson *(p. 113)* et les Florida Caverns *(p. 225)*. La moitié d'entre eux proposent des logements pour la nuit.

Renseignez-vous auprès du **Department of Agriculture and Consumer Services,** qui édite le *Florida Horse Trail Directory,* ou adressez-vous au Department of Environmental Protection.

CARNET D'ADRESSES

SOURCES D'INFORMATIONS

Department of Environmental Protection (DEP)
3900 Commonwealth Blvd,
Tallahassee, FL 32399.
((850) 245-2052.

Florida Sports Foundation
Tallahassee, FL 32312.
((850) 488-8347.
W www.flasports.com

TENNIS

Nick Bollettieri Tennis Academy
5 500 34th St West,
Bradenton, FL 34210.
((941) 755-1000. W
www.imgacademies.com

United States Tennis Association (Florida Section)
1 280 SW 36th Ave,
Pompano Beach,
FL 33069.
((914) 696-7000.

PLONGÉE

Florida Association of Dive Operators (KADO)
PO Box 1717,
Key West, FL 33040.
W www.divekeys.com

PÊCHE

Florida Fish and Wildlife Conservation Commission
((850) 488-4675.

((888) 347-4356
(licences de pêche).
((888) 486-8356
(licences de chasse).
W www.state.fl.us/fwc.

DÉCOUVRIR L'ARRIÈRE-PAYS

Florida Audubon Society
((305) 371-6399. W
www.audubonofflorida.org

Build a Field Trip
1925 NE 45th St,
Suite 132, Fort Lauderdale,
FL 33308.
((954) 772-7800.

National Park Service (Southeast)
100 Alabama St SW,
Atlanta, GA 30303.
((404) 562-3123.

BICYCLETTE

State Bicycle Office
Dept of Transportation,
1211 Governor's Sq Blvd,
Tallahassee, FL 32 399.
((850) 245-1500.

RANDONNÉES

Florida Trail Association
PO Box 13 708,
Gainesville, FL 32 604.
((352) 378-8823 ou
(800) 343-1882.

ÉQUITATION

Department of Agriculture and Consumer Services
((850) 487-3867.
W www.doacs.state.fl.us

RENSEIGNEMENTS
PRATIQUES

MODE D'EMPLOI

La Floride est un paradis pour les touristes et surtout pour les familles, qui attire plus de quarante millions de visiteurs par an. Accueillir les petits et les distraire sont des priorités. Le mode de vie décontracté et l'excellence des équipements permettent de voyager avec des enfants en toute tranquillité. Ceux-ci n'auront plus que deux raisons de se plaindre : l'attente trop longue pour voir

Le sceau de l'État de Floride

Mickey et le soleil trop chaud. Vu son climat doux, la Floride est, en hiver, un refuge pour les Américains du Nord. La haute saison s'étend de décembre à avril : c'est l'époque où les tarifs des billets d'avion et des hôtels sont au plus haut et que les plages et les attractions sont le plus fréquentées. Si, pendant les vacances scolaires, vous visitez un parc à thèmes, il faudra vous armer de patience.

Un centre d'informations touristiques, à Kissimmee

LES VISAS

La plupart des ressortissants de l'U. E., les Australiens et les Néo-Zélandais n'ont pas besoin de visa, pourvu qu'ils aient un billet de retour et que leur séjour ne dépasse pas 90 jours. Ils doivent remplir un formulaire (le «visa waiver») distribué par le personnel de vol.

Les autres voyageurs doivent demander un «non-immigrant visa» à un consulat américain. Pour les Canadiens, un justificatif de domicile suffit.

Le gouvernement américain revoit les conditions d'obtention des visas. Avant de partir, renseignez-vous (www.uscis.gov) pour obtenir les dernières informations.

LES DOUANES

Les personnes âgées d'au moins 21 ans peuvent introduire aux États-Unis 1 litre d'alcool, jusqu'à 100 dollars de cadeaux, 200 cigarettes, 100 cigares (s'ils ne viennent pas de Cuba) ou 1,4 kg de tabac. Certains articles sont interdits, tels que les fromages, les fruits frais, la viande et, bien entendu, les drogues.

LES INFORMATIONS TOURISTIQUES

Les grandes villes de Floride ont souvent un Convention and Visitors' Bureau (CVB), qui distribue des brochures gratuites. Les chambres de commerce peuvent également vous aider.

Pour obtenir des informations avant de partir, demandez, par téléphone ou par courrier, un «special vacation pack», distribué par la Florida Tourism Corporation aux États-Unis et à l'étranger. Vous y trouverez la liste des offices de tourisme de Floride. Certaines régions des États-Unis, voire les principaux parcs à thèmes disposent d'un centre d'informations à l'étranger.

LES DROITS D'ENTRÉE

Les musées, les parcs et les attractions sont payants, de 2 dollars pour un petit musée à 50 dollars la journée au Magic Kingdom.

Les enfants, les étudiants et les personnes âgées ont souvent droit à des réductions. En outre, chacun peut utiliser les coupons des

brochures distribuées dans les offices de tourisme. Ils vous permettront de payer moins cher les droits d'entrée et les restaurants locaux. Grâce aux coupons du centre d'informations d'International Drive près d'Orlando (p. 176), vous économiserez des centaines de dollars.

LES HEURES D'OUVERTURE

Certaines attractions ferment un jour par semaine, souvent le lundi. La majorité ouvre tous les jours, comme les parcs (du lever au coucher du soleil). Mais le visitor center ferme parfois plus tôt. Les parcs à thèmes ouvrent plus longtemps en haute saison. La plupart des sites ferment pour le nouvel an, Thanksgiving et Noël (p. 35).

VOYAGER AVEC DES ENFANTS

Destination familiale, la Floride fait grand cas des besoins des enfants. Les grands parcs à thèmes louent des poussettes («strollers»).

On peut louer cette poussette en forme de dauphin à SeaWorld

Les sociétés de location de voitures sont tenues de fournir des sièges spéciaux et de nombreux restaurants proposent des menus enfants *(p. 313)*. Dans les avions, les bus et les trains, les enfants de moins de 12 ans paient moitié prix, voire moins s'ils sont encore plus jeunes.

Quelques minutes d'exposition au soleil vers midi suffisent à brûler la peau des enfants. Protégez-les avec une crème et mettez-leur un chapeau.

Pensez à convenir d'un point de rencontre au cas où vous vous perdriez dans un parc à thèmes. La plupart ont un service pour les enfants perdus («lost kids area»).

En ce qui concerne les hôtels, voir p. 295. Pour les divertissements, voir p. 338.

LES PERSONNES ÂGÉES

L a Floride est le paradis des personnes âgées, résidentes ou touristes. Les plus de 65 ans (parfois moins) ont droit à toutes sortes de réductions. L'**American Association of Retired Persons** vous aidera à organiser votre séjour et vous proposera des prix sur les billets d'avion, la location de voitures et les hôtels.

LES VÊTEMENTS

E n Floride, on s'habille de manière décontractée, sauf dans les restaurants de luxe *(p. 312)*. Les shorts et les T-shirts sont acceptés dans les bars du bord de plage. Sur la plage elle-même, les femmes n'ont pas le droit d'être torse nu, sauf, par exemple, à South Beach, à Miami.

Il est interdit de boire de l'alcool et de fumer dans les bus, les trains, les taxis, les restaurants et la plupart des bâtiments publics. Excepté quand il est ajouté directement à l'addition (en général pour les repas d e plus de six personnes), le service correspond généralement à 15 ou 20 % de l'addition au restaurant et de la course d'un taxi.

LES FACILITÉS POUR HANDICAPÉS

L es États-Unis font beaucoup pour les handicapés. Tous les bâtiments publics doivent être accessibles aux fauteuils roulants, mais certains édifices anciens ne sont pas équipés. Ce guide indique si un site est accessible ou non, mais il vaut mieux appeler avant. Ainsi, dans les réserves naturelles, les sentiers de randonnée adaptés aux handicapés ne leur donnent pas accès à toutes les zones.

Accès pour fauteuil roulant

Quelques compagnies de location ont des voitures adaptées aux handicapés, ainsi que certains bus – regardez si un autocollant est apposé sur le pare-brise ou la porte. Amtrak et Greyhound offrent des réductions.

Pour tout renseignement, adressez-vous à **Mobility International**. La Florida Tourism Corporation et Walt Disney World éditent leur propre guide.

LES APPAREILS ÉLECTRIQUES

I l vous faudra un adaptateur et un transformateur pour utiliser le système alternatif américain en 110-120 volts. Les adaptateurs pour prises à deux fourches s'achètent aux États-Unis et à l'étranger. Les hôtels ont souvent des prises pour rasoirs en 110 et en 220 volts et des sèche-cheveux installés au mur.

Tenues décontractées au bar du Columbia Restaurant, à Tampa

Santé et sécurité

A u début des années 90, la presse a révélé
que des touristes ont été agressés en Floride.
Ces violences furent peu nombreuses, mais
la police a rapidement réagi. Grâce à des mesures
de sécurité supplémentaires, le nombre des délits
a diminué. Toutefois, soyez sur vos gardes en ville,
surtout à Miami, ou si vous êtes en voiture. En
prenant un minimum de précautions, vous devriez
passer un séjour agréable et sans problème.

LES FORCES DE POLICE

I l existe trois corps de
police en Floride : la police
municipale, les sheriffs (dans
les campagnes) et la Florida
Highway Patrol (qui s'occupe
des accidents de la circulation
et des délits en dehors
des villes). Les principaux
centres touristiques sont bien
surveillés par la police. Miami
et Orlando possèdent un
service spécial, la Tourist
Oriented Police (TOP).

Comme la Floride tient
à attirer et à choyer
les visiteurs, les officiers
de police sont serviables et
n'hésiteront pas à vous aider.

CONSIGNES DE SÉCURITÉ

C omme dans le monde
entier, il existe dans
les grandes villes de Floride
des quartiers à éviter à tout
prix. Les employés des offices
de tourisme ou de votre hôtel
devraient pouvoir vous
renseigner sur ce point.
Les centres-villes sont avant
tout des quartiers d'affaires,
qui le soir sont déserts et
souvent dangereux. En cas
de doute, prenez un taxi.

Les vols dans les hôtels
ne sont pas rares. Laissez
vos plus beaux bijoux chez
vous et enfermez vos objets
de valeur dans votre chambre
ou confiez-les à la réception.
Peu d'hôtels garantissent
la sécurité des objets

laissés dans les chambres.
Si quelqu'un frappe
à votre porte en prétendant
appartenir au personnel
de l'hôtel, vérifiez auprès de
la réception avant d'ouvrir.

Quand vous sortez,
emportez le moins d'argent
possible. Rangez votre
passeport et vos chèques
de voyage dans des endroits
différents et laissez votre
clé à la réception. Si vous
êtes agressé, ne résistez pas.

MIAMI

L e taux de criminalité de
Miami est l'un des plus
élevés des États-Unis. Bien
que les agressions soient
rares sur les touristes, certains
quartiers sont à éviter
absolument, notamment
Liberty City et Overtown,
entre l'aéroport et le centre-
ville. Au nord, Little Haiti
et Opa-Locka sont des
endroits intéressants mais
potentiellement dangereux
(p. 87-89). La nuit, évitez
les sites déserts (terminaux
de transport et centre-ville).
Les lieux animés tels que
Coconut Grove et South
Beach sont les plus sûrs, mais
ne vous aventurez pas dans
les rues reculées (notamment
au sud de 5th Street à South
Beach). Emportez toujours
un plan de la ville.

Outre les patrouilles
régulières de police, la Tourist
Oriented Police de Miami
couvre la zone de l'aéroport

**Des officiers de police
patrouillent à Saint Augustine**

et les points de location
de voitures. Les employés
de ces agences vous
conseilleront les meilleurs
itinéraires et vous fourniront
une carte. Voir p. 358
les conseils de sécurité
pour les conducteurs.

En cas d'urgence, appelez
le 911 ou contactez la **Miami
Police Information**
si vous n'êtes pas pressé.

OBJETS PERDUS OU VOLÉS

M ême si vous avez peu
de chance de récupérer
votre bien, déclarez toute
perte et tout vol à la police.
Gardez une copie du rapport
pour vous faire rembourser
par votre assurance.

Les cartes bancaires
ont un numéro gratuit
où l'on peut faire opposition.
Thomas Cook et American
Express font de même pour
leurs chèques de voyage.
Contactez tout de suite votre
consulat (p. 347) si vous
perdez votre passeport.

LES ASSURANCES

A ssurez-vous pour au
moins un million de
dollars à cause du prix très
élevé des soins médicaux.
Tout dépend bien sûr de la
durée de votre séjour. Vérifiez
que vous êtes couvert en cas
de mort accidentelle, de soins
médicaux d'urgence,
d'annulation de voyage et
de perte de bagages. Votre
compagnie d'assurances ou
votre agent de voyages vous
renseignera, mais comparez
tout de même les prix.

Un sheriff de comté avec son uniforme et sa voiture de fonction

Ambulance des services d'urgence

Camion de pompiers du comté d'Orange

LES SERVICES MÉDICAUX

L es plus grandes villes possèdent des hôpitaux ouverts 24 h/24, où l'on soigne toutes sortes d'affections. Dans les cas moins graves, les drugstores (qui sont souvent ouverts tard, voire 24 h/24) devraient suffire.

Si vous avez un accident ou une maladie grave, vous pouvez avoir confiance dans la qualité des soins dispensés par les hôpitaux. Les histoires de médecins qui font attendre leurs patients pour marchander leur prix relèvent de la légende. Gardez cependant vos documents d'assurance sur vous. Une consultation chez un médecin peut coûter 50 dollars. Les hôpitaux et la plupart des médecins et des dentistes acceptent les cartes bancaires. Si vous n'êtes pas assuré, vous devrez payer à l'avance.

Si vous prenez des médicaments, emportez-en une réserve et l'ordonnance rédigée par votre médecin.

LES DANGERS NATURELS

L es ouragans sont rares mais dévastateurs (p. 24-25). Des procédures d'alerte ont lieu fréquemment. Si le pire survenait, suivez les annonces faites à la télé et à la radio ou appelez le **National Hurricane Center** à Miami, qui vous renseignera sur les menaces d'ouragan. Une

ligne d'urgence peut aussi être mise en place. Le soleil est le principal danger naturel en Floride. Utilisez une crème solaire à indice élevé et portez un chapeau. Protégez aussi les enfants. Les effets de la chaleur sont également sérieux; buvez beaucoup pour éviter la déshydratation. La nature sauvage domine encore dans de nombreuses régions de Floride. Les Everglades sont probablement la plus dangereuse d'entre elles. Mais soyez prudent partout. N'oubliez pas que les alligators peuvent tuer et le font parfois. Ne vous aventurez pas trop près de l'un d'eux. La Floride compte plusieurs serpents venimeux, tels que le mocassin d'eau dont la morsure est fatale. Ne touchez pas les plantes que vous ne connaissez pas et tenez-vous

Panneau signalant la présence d'alligators

loin de la mousse espagnole qui pend de nombreux arbres dans le nord de la Floride. Elle abrite la mite rouge, qui provoque une irritation cutanée.

Les insectes qui piquent, comme les moustiques, sont une véritable plaie de juin à novembre, en particulier près des points d'eau. Ne visitez

Un maître nageur surveille une plage dans le Panhandle

pas les parcs et les réserves sans produits insectifuges.

Les plages sont le plus souvent surveillées par des maîtres nageurs. Gardez quand même un œil sur les enfants, les courants sont parfois dangereux.

LES URGENCES

E n cas d'urgence, appelez le 911 pour obtenir la police, les pompiers ou les services médicaux. L'appel est gratuit des cabines. Des bornes d'appel sont disposées tous les kilomètres sur les voies express. Si vous êtes victime d'un vol dans la rue, allez au commissariat le plus proche (appelez le 911 pour savoir où il se trouve).

Si vous avez besoin d'argent, demandez à un proche de faire un transfert depuis votre banque ou utilisez le service d'American Express, **Moneygram**.

Banques et monnaie

É tant donné le statut dominant du dollar dans l'économie mondiale, le touriste étranger est confronté à une situation particulière aux États-Unis : on ne peut changer de l'argent que dans de quelques bureaux et les taux de change sont peu avantageux. Mieux vaut emporter des chèques de voyage libellés en dollars et une ou deux cartes bancaires.

Distributeur automatique (ATM)

LES BANQUES

L es banques ouvrent de 9 h à 15 ou 16 h, parfois un peu plus tard. Vous pouvez changer de l'argent dans toutes les filiales de la **Bank of America,** l'une des principales banques de Floride. Amsouth, Sun Trust et Wachovia sont également présentes dans tout l'État.

LES CHÈQUES DE VOYAGE

L es chèques de voyage sont le meilleur moyen d'emporter de l'argent aux États-Unis. D'usage simple et sûrs (les chèques perdus ou volés sont restitués), ils font souvent office d'espèces. Les chèques de voyage en dollars américains sont en général acceptés par les magasins, les restaurants et les hôtels. Ceux d'American Express ou de Thomas Cook sont le plus répandus. En échange, on vous donnera du liquide ; assurez-vous que la banque a assez d'argent en caisse.

Pour échanger directement vos chèques de voyage contre des espèces, allez dans une banque ou un bureau de change. Avant d'entamer votre transaction,

enquérez-vous du montant de la commission. Les banques des grandes villes et les bureaux de change privés vous offriront le meilleur taux. **American Express** et **Travelex** ont des bureaux dans des villes comme Miami et Orlando.

Dans les magasins, vous ne pourrez utiliser que les chèques de voyage libellés en dollars. Quelques banques et hôtels accepteront ceux qui sont libellés dans une autre monnaie. Les chèques personnels tirés sur des banques étrangères, comme les Eurochèques, n'ont pas cours en Floride.

LES DISTRIBUTEURS AUTOMATIQUES

L a plupart des banques de Floride sont équipées d'ATM (automatic teller machines, c'est-à-dire des distributeurs automatiques). Grâce à ces machines, vous pourrez retirer des billets américains (de 20 dollars, souvent) sur votre compte.

Avant de partir, demandez à votre banque quelles sont ses homologues américaines qui accepteront votre carte. Vérifiez le coût de la transaction et assurez-vous de connaître votre code

confidentiel. Les principaux systèmes de distributeur sont **Plus** et **Cirrus,** qui acceptent les VISA, les MasterCard et autres cartes américaines.

Faites attention lorsque vous retirez de l'argent la nuit ou dans un lieu désert. Les vols ne sont pas rares.

LES CARTES BANCAIRES

L 'usage des cartes bancaires fait partie de la vie quotidienne en Floride. Les plus largement acceptées sont les VISA, les American Express, les MasterCard, les Diners Club et les Japanese Credit Bureau.

Grâce aux cartes bancaires, vous n'êtes plus obligé de transporter de grosses sommes d'argent sur vous. Vous pourrez tout payer avec elles, du ticket d'entrée à la note de l'hôtel. En général, les compagnies de location de voitures prennent une empreinte de votre carte en guise de caution. La seule alternative consiste souvent à laisser en dépôt une importante somme d'argent. Certains hôtels débitent une somme «fantôme» de 200 à 300 dollars sur votre compte, même pour une seule nuit. Cette somme doit être automatiquement créditée à votre compte lorsque vous quittez l'hôtel. Rappelez-le quand même au réceptionniste.

La plupart des hôpitaux acceptent les cartes bancaires. Avec une VISA ou une MasterCard, vous pourrez retirer des espèces au guichet de certaines banques.

L'une des nombreuses banques conçues sous forme de drive-in

Les pièces

Les pièces américaines (montrées ici à échelle réelle) ont les valeurs suivantes : 1 dollar, 50, 25, 10, 5 et 1 cent (s). Une nouvelle pièce de 1 \$, couleur or, a été introduite. Chacune a un nom populaire : les pièces de 1 cent, couleur de cuivre, sont appelées «pennies», celles de 5 cents, «nickels», celles de 10 cents, «dimes» et celles de 25 cents, «quarters» ou encore «two bits».

**Pièce de 25 cents
(un quarter)**

**Pièce de 10 cents
(un dime)**

**Pièce de 5 cents
(un nickel)**

**Pièce de 1 cent
(un penny)**

Les billets de banque

La monnaie en cours aux États-Unis est le dollar et le cent. Il y a 100 cents dans un dollar. Tous les billets – 1 \$, 5 \$, 10 \$, 20 \$, 50 \$ et 100 \$ – sont de la même couleur. Des nouveaux billets de 20 et 50 \$, plus sécurisés, ont été mis en circulation. Les premiers billets ont été imprimés en 1862 à l'époque de la Guerre Civile quand l'État américain manquait de pièces.

**Pièce d'un dollar :
(un buck)**

Billet de 1 dollar (1 \$)

Billet de 5 dollars (5 \$)

Billet de 10 dollars (10 \$)

Billet de 20 dollars (20 \$)

Billet de 50 dollars (50 \$)

Billet de 100 dollars (100 \$)

Les communications

Un timbre

Communiquer à l'intérieur ou à l'extérieur de la Floride, que ce soit par lettre ou par téléphone, est plutôt aisé – même si la poste des États-Unis est loin d'être la plus rapide du monde (en tout cas, en ce qui concerne le courrier national). Quant aux télécommunications, elles sont soumises à une concurrence bien plus féroce : Southern Bell, par exemple, contrôle la majorité des téléphones publics. Mais il existe d'autres compagnies similaires, comparez donc les prix pour trouver la moins chère. Évitez de téléphoner depuis votre chambre d'hôtel, car les tarifs sont exorbitants.

UTILISER UN TÉLÉPHONE À PIÈCES

1 Décrochez et attendez la tonalité.

3 Composez le numéro.

2 Insérez la ou les pièces nécessaires.

4 Si vous décidez d'interrompre la communication ou si le numéro ne répond pas, récupérez votre argent en appuyant sur «coin return».

Les pièces
Ces pièces sont acceptées par les téléphones.

5 cents

10 cents

25 cents

5 Si vous dépassez le temps qui vous est alloué, l'opérateur vous demandera de remettre des pièces dans le téléphone. Ces appareils ne rendent pas la monnaie.

COMPOSEZ LE BON NUMÉRO

- Appels directs vers une autre région : faites le **1**, l'indicatif de la région et le numéro à 7 chiffres. Comme l'indicatif couvre une vaste région, certaines «zones d'appel» (situées dans la même région) sont précédées du 1.
- Appels internationaux directs : faites le **011**, l'indicatif du pays (France 33, Suisse 41, Belgique 32, Canada 1), celui de la région ou la ville (sans le premier zéro) et le numéro.
- Opérateur international : composez le **01**.
- Renseignements internationaux : composez le **00**.
- Opérateur local : composez le **0**.
- Renseignements locaux : composez le **411**.
- Informations longue distance : composez le **1**, l'indicatif de la région et le **555-1212**.
- Les numéros commençant par **800**, **877** ou **888** sont gratuits.
- Pour les urgences (police, ambulances), faites le **911**.

LES TÉLÉPHONES PUBLICS

En ville, vous trouverez des téléphones publics partout. Ailleurs, cherchez-les dans les stations-service et les magasins. La plupart sont à pièces, mais il y en a de plus en plus à carte. Comptez 8 dollars en pièces de 25 cents pour un appel international. Certains acceptent des cartes spéciales. Il faut alors appeler un numéro gratuit pour obtenir son numéro. Vous pouvez aussi utiliser votre carte bancaire dans n'importe quel téléphone. Appelez le (800) CALLATT, composez le code de votre carte et attendez d'être connecté. Vous paierez le prix normal de l'appel. Les cabines ont en général un annuaire, où vous trouverez tous les tarifs.

Cartes de téléphone valables dans certaines cabines

LES TARIFS TÉLÉPHONIQUES

Les numéros gratuits (commençant par 800, 877 ou 888) sont nombreux aux États-Unis. Cependant, ils sont payants si vous les appelez des États-Unis et certains hôtels prennent une taxe sur ces numéros.

Pour un appel local d'une cabine publique, il faut mettre au moins 25 cents dans l'appareil, ce qui donne droit à environ trois minutes de conversation. Pour les appels nationaux longue distance, les heures creuses (60 % moins cher que le tarif de base) vont de 23 h à 8 h du matin tous les jours, sauf le dimanche de 17 à 23 h. Ces rabais s'appliquent aussi au Canada, mais avec une heure de décalage. Les tarifs internationaux dépendent du pays que vous appelez : pour la France, les heures creuses vont de 19 h à 8 h.

La plupart des appels téléphoniques ne nécessitent

pas l'aide d'un opérateur. Les appels en PCV sont très chers. La carte téléphonique est la solution la plus économique pour appeler l'étranger.

TÉLÉGRAMMES ET FAX

Plusieurs compagnies ont un service de télégramme, notamment Western Union, dont les bureaux sont répertoriés dans les *Yellow Pages*. Vous pouvez aussi appeler leur numéro gratuit, le (800) 325-6000 et payer par carte bancaire.

Les aéroports, certains magasins et bâtiments publics sont équipés de fax. Beaucoup d'hôtels acceptent de recevoir des fax, mais le font payer très cher *(p. 293)*.

LES SERVICES POSTAUX

Les bureaux de poste ouvrent de 9 h à 17 h en semaine. Certains ouvrent le samedi matin. Les drugstores et les hôtels vendent souvent des timbres. Certains grands magasins et les terminaux de transport ont des distributeurs de timbres. Mais attention, ils sont alors plus chers qu'à la poste. Envoyer une lettre des États-Unis à l'étranger prend des semaines, à moins de l'envoyer par avion (air mail), ce qui prend de 5 à 10 jours ouvrables.

Tous les envois nationaux prennent de 1 à 5 jours, voire plus si vous n'indiquez pas le code postal. En payant plus,

Une rangée de distributeurs de journaux dans une rue de Palm Beach

la lettre mettra de 2 à 3 jours en **Priority Mail** et un seul jour (2 ou 3 pour l'étranger) en **Express Mail**. Les boîtes aux lettres pour ces deux services sont bleu et argent, alors que les boîtes aux lettres normales sont bleues.

Beaucoup d'Américains utilisent les services privés de courrier, tels que UPS, DHL ou Federal Express, que ce soit pour des envois nationaux ou internationaux (livrés le lendemain dans la plupart des cas). De nombreux magasins livrent vos achats à domicile. Si vous envoyez un paquet, vous devrez acheter un emballage approprié dans un bureau de poste.

TÉLÉVISION ET RADIO

En Floride, les programmes de télévision sont identiques à ceux des autres États, c'est-à-dire envahis par les jeux, les sitcoms, et les soap operas. Les chaînes câblées sont plus variées : ESPN est consacrée au sport et CNN à l'actualité. Les chambres d'hôtel sont en général câblées, mais les films sont parfois payants *(p. 293)*.

La plupart des stations de radio diffusent des variétés et de la pop. Mais en cherchant bien (surtout sur la FM), vous trouverez des stations locales amusantes, dont certaines en espagnol, dans le sud de la Floride. NBC, ABC et PBS sont des stations plus sérieuses. Elles diffusent des documentaires, des débats et de la musique classique.

LES JOURNAUX

Chaque grande ville possède son propre quotidien. Le *Miami Herald*, le *St. Petersburg Times* et le *Tampa Tribune* sont les journaux les plus lus. Le *Miami Herald* a aussi une édition espagnole, *El Heraldo*.

Les distributeurs disposés dans la rue proposent les journaux nationaux, comme *USA Today*. Vous trouverez les autres quotidiens nationaux, tels que le *New York Times*, et les journaux étrangers dans les librairies et les bons kiosques.

Deux des quotidiens les plus lus en Floride

LES FUSEAUX HORAIRES

La Floride dépend de l'eastern standard time (EST), sauf le Panhandle à l'ouest d'Apalachicola River, qui dépend du central standard time (CST). Cette zone a donc une heure de retard sur le reste de l'État.

L'EST a 5 heures de retard et le CST 6 sur l'heure GMT. Si vous téléphonez à l'étranger, ajoutez 6 heures pour la France, la Belgique et la Suisse. Le Canada est aligné sur l'EST.

Une boîte aux lettres

Se déplacer en Floride

La Floride est la première destination touristique des États-Unis. Elle est desservie par des avions provenant du monde entier. Les principaux aéroports de l'État sont Miami, Orlando et Tampa. D'autres commencent à être connus grâce au nombre croissant de charters qu'ils accueillent. Pensez à l'avion pour vous

Un avion d'American Airlines

déplacer à l'intérieur de la Floride. Ainsi, le vol Miami-Key West dure 40 mn, au lieu de quatre heures en voiture. C'est pourtant l'automobile qui domine les transports grâce à l'important réseau routier (routes inter-États, express ou secondaires). Le train et le bus offrent néanmoins des solutions intéressantes.

![L'intérieur impeccable de l'aéroport international d'Orlando]

L'intérieur impeccable de l'aéroport international d'Orlando

ARRIVER EN AVION

La plupart des grandes compagnies aériennes américaines, telles que **Continental, American Airlines, United Airlines** et **Delta Air Lines,** proposent des vols intérieurs réguliers pour Orlando et Miami, mais aussi pour les principaux aéroports de Floride, tels Tampa et Jacksonville.

La plupart d'entre elles offrent aussi des vols internationaux, avec parfois une escale dans un aéroport américain. American Airlines, par exemple, propose un vol quotidien Miami-Paris-aéroport d'Orly.

En France, **Air France international** dessert Miami tous les jours. Ces vols partent de Paris (aéroport Charles-de-Gaulle), mais des correspondances, également quotidiennes, sont organisées avec les principales villes du pays,

notamment Marseille et Lyon.

Des compagnies aériennes, en particulier Sabena et Swissair, proposent également des vols quotidiens depuis leur pays respectif.

Si vous souhaitez atterrir dans l'un des petits aéroports de Floride, vous devrez probablement vous arrêter dans un autre État, puis prendre une des nombreuses correspondances.

De plus en plus, les charters offrent un accès direct aux petites stations balnéaires, comme Palm Beach et Fort Myers. Ces vols, apparus au Canada, aux Antilles et en Amérique latine, commencent à se développer en Europe. Nombre d'entre eux ont pour destination l'aéroport de Sanford.

LES TARIFS

Le moyen le plus économique d'aller en Floride consiste à acheter un billet aller-retour en réservant des dates fixées à l'avance. La concurrence entre les agences de voyage

AÉROPORT	INFORMATIONS	DISTANCE DE LA VILLE	PRIX MOYEN D'UN TAXI	PRIX MOYEN D'UNE NAVETTE
Miami	☏ (305) 876-7000	à 16 km de Miami Beach	20 dollars pour Miami Beach	8 à 15 dollars pour Miami Beach
Orlando	☏ (407) 825-2352	à 28 km de Walt Disney World	40 à 45 dollars pour WDW	15 dollars pour WDW ou 75 cents par les bus Lynx
Sanford	☏ (407) 322-7771	à 64 km de Walt Disney World	45 à 50 dollars pour WDW	50 dollars pour Walt Disney World
Tampa	☏ (813) 870-8700	à 9 km du centre-ville	12 à 15 dollars pour le centre-ville	13 dollars pour le centre-ville
Fort Lauderdale	☏ (954) 359-1200	à 13 km de Fort Lauderdale et à 48 km de Miami	15 à 55 dollars pour Fort Lauderdale, 45 dollars pour Miami	10 à 20 dollars pour Fort Lauderdale, 12 dollars pour Miami

Une navette desservant l'aéroport de Miami

une navette (ou «limo»), qui sera moins chère qu'un taxi. Les grands hôtels offrent généralement un service de bus à leurs clients.

et les compagnies aériennes est si vive que cela vaut la peine de comparer les prix et de guetter les promotions. Certains opérateurs spécialisés proposent des vols avantageux en charters.

Vous pourrez faire des affaires en basse saison, notamment si vous partez en milieu de semaine. En revanche, les prix sont très élevés durant les vacances, surtout en décembre.

Les compagnies américaines consentent parfois des rabais sur les vols intérieurs, lorsque l'avion rentre à l'aéroport où il est affecté.

LES FORFAITS

L e moyen le plus économique de passer des vacances en Floride consiste à acheter un forfait combinant le voyage en avion avec la location d'une voiture et/ou le logement. Bien que les forfaits avion + voiture soient assez chers, ils vous permettront de louer un véhicule gratuitement ou très bon marché (p. 357).

En ce qui concerne les forfaits avion + logement, ce que vous perdez en liberté de mouvement, vous le gagnerez en tranquillité d'esprit. Certains combinent deux villes. Les forfaits pour Walt Disney World, vendus par les tours operators et les filiales Disney, sont avantageux si vous y passez toutes vos vacances.

LES AÉROPORTS

L es principaux aéroports internationaux de Floride sont équipés de bureaux d'informations, de banques, de points de location de voitures, etc. Si vous avez loué une voiture, il est possible que l'on vienne vous chercher en bus à un point de rencontre. Si vous allez en ville, vous pouvez prendre

L'AÉROPORT DE MIAMI

L 'aéroport de Miami est l'un des plus actifs du monde. Les files d'attente aux bureaux d'immigration sont donc parfois longues, comme la distance entre les halls et les portes d'embarquement.

Les bureaux d'informations se trouvent après les douanes. Les voitures de location, les taxis et les navettes sont situés au niveau inférieur. Des sociétés comme **SuperShuttle** offrent des services de bus 24 h/24. En théorie, les bus municipaux desservent l'aéroport, mais mieux vaut ne pas s'y fier.

LES AÉROPORTS D'ORLANDO ET DE SANFORD

U ne étude a montré que l'aéroport d'Orlando était le premier des États-Unis pour l'accueil des voyageurs. Les tapis roulants et le monorail automatisé facilitent les déplacements dans les deux terminaux. Les bureaux d'informations (dont les employés sont polyglottes) sont ouverts de 7 h à 23 h.

De nombreux hôtels ont leur propre service de bus, mais il existe aussi des navettes. Le **Mears**

CARNET D'ADRESSES

COMPAGNIES AÉRIENNES

American Airlines
01 42 89 03 46 (France).
(800) 433-7300 (États-Unis).

Continental
01 42 99 09 09 (France).
(800) 525-0280 (États-Unis).

United Airlines
01 41 40 30 30 (France).
(800) 221-1212 (États-Unis).

Air France international
08 36 68 10 48 (France) : boîte vocale.

Delta Air Lines
01 47 68 92 92 (France)
(800) 241-4141 (États-Unis)

NAVETTES DE BUS

SuperShuttle
(305) 871-2000.

Mears Transportation Group
(407) 423-5566.

Transportation Group dessert toute la région. Les bus Lynx, beaucoup moins chers, relient toutes les demi-heure, et en 50 mn environ, International Drive ou le centre d'Orlando (p. 363) à partir du terminal A Side.

L'aéroport de Sanford, récemment réaménagé, est beaucoup plus calme que celui d'Orlando. Les taxis et les points de location de voitures sont situés juste devant le terminal.

Le monorail People Mover de l'aéroport international d'Orlando

Conduire en Floride

I l est très agréable de conduire en Floride. Les autoroutes sont rarement saturées et les Floridiens, respectueux du code de la route. L'essence est bon marché et le coût de location des véhicules, l'un des moins élevés des États-Unis. On peut se passer de voiture à Orlando *(p. 363)*, mais plus difficilement dans le reste de l'État. Malgré la publicité donnée à quelques agressions d'automobilistes étrangers, qui a pu inquiéter certains visiteurs, la sécurité est de plus en plus assurée. La plupart des aires d'autoroute sont surveillées 24h/24, et la signalisation dans Miami a été améliorée *(p. 358)*.

Interstate Highway 4 **US Highway 1, direction sud**

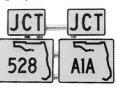

Panneaux indiquant la jonction de deux routes

Stationnement réglementé **Borne en miles dans les Keys**

Vitesse limite en mph **Aire de repos sur une autoroute**

ARRIVER EN VOITURE

L a desserte routière de la Floride depuis les États voisins de Géorgie et d'Alabama est excellente. Si l'on arrive par les principales autoroutes, des centres d'accueil situés à la frontière offrent à l'automobiliste des informations touristiques et pratiques. Ces centres sont situés sur les I-95, I-75, I-10 et sur l'US 231.

L'ÉTAT DES ROUTES

L a Floride dispose d'un bon réseau routier. Les routes les plus rapides sont les routes inter-États répertoriées par la lettre «I» et deux chiffres (I-10, etc.). Elles disposent d'au moins six voies et d'aires de repos tous les 100 km environ.

Les *interstates* font partie d'un réseau plus vaste de routes express (*expressways* ou *freeways*), semblables à nos autoroutes. Parmi les *expressways*, les *turnpikes* et les *toll roads* sont payantes. Citons notamment le Bee Line Expressway (entre Orlando et la Space Coast) et le Florida's

Turnpike, qui relie l'I-75, au nord-ouest d'Orlando, à Florida City, au sud de Miami. Le prix à payer dépend de la distance parcourue : les 530 km du Turnpike vous coûteront environ 20 dollars. Les péages sont soit des machines automatiques où l'on dépose le montant exact, soit des cabines classiques. Soyez conscient que les conducteurs changent souvent de voie sur les *expressways*.

Pour éviter les accidents, tenez votre droite et soyez vigilants près des sorties, qui peuvent être des deux côtés des voies ; la plupart des accidents se produisent lorsque des conducteurs sortent par la gauche.

Parmi les autres types de routes, les *US highways* à plusieurs voies, bordées de motels et de stations-service, sont moins rapides que les *expressways*. Les *state roads* et les *county roads*, plus petites, sont plus touristiques. Dans les zones rurales, il existe encore des routes non asphaltées, dont certaines compagnies de location de voiture interdisent formellement de les emprunter.

LA SIGNALISATION

L a signalisation routière en Floride est assez claire et facile à comprendre. Le non-respect des panneaux est sanctionné d'une amende.

Les routes sont signalées par leur numéro et des panneaux de différentes couleurs selon leur catégorie. En général, les panneaux de direction sont verts.

SE REPÉRER

I l est recommandé de se munir d'une carte routière avant de découvrir la Floride en automobile. La *Florida Transportation Map* est gratuite et disponible dans

Le péage du Florida's Turnpike, à Boca Raton

les Convention and Visitors' Bureaux et les offices du tourisme de Floride à l'étranger; l'emplacement des aires de repos des routes et un plan des différentes villes y sont fournis. Toutefois, mieux vaut se procurer des cartes plus détaillées si vous effectuez un séjour prolongé au même endroit. Aux plans de ville distribués dans les offices du tourisme, préférez ceux qui sont vendus en librairie. Les routes nord-sud sont signalées par des chiffres pairs et les routes est-ouest par des chiffres impairs. Les panneaux indicateurs des bords de route, y compris les bornes des Keys (p. 269), vous signalent la route que vous empruntez, ceux des croisements, en hauteur, celle que vous croisez. Sur certains tronçons communs, une route peut porter plusieurs noms.

LA LIMITATION DE VITESSE

Aux États-Unis, chaque État détermine lui-même ses limitations de vitesse. En Floride, celles-ci sont de :
• 55 à 70 mph (90 à 105 km/h) sur les autoroutes.
• 20 à 30 mph (32 à 48 km/h) dans les zones résidentielles.
• 15 mph (24 km/h) à proximité des écoles.

Les limitations de vitesse peuvent varier assez sensiblement sur de courtes distances. Sur les *interstates,* vous pouvez être verbalisé

À Tallahassee, un croisement typiquement floridien

pour conduire à moins de 40 mph (64 km/h). La police (Florida Highway Patrol) peut imposer des amendes allant jusqu'à 150 dollars.

LOUER UNE VOITURE

En Floride, les tarifs de location de voitures sont peu élevés et peuvent être réduits jusqu'à 50 % si l'on opte pour une formule de location depuis son pays d'origine. Certaines agences de voyage offrent des formules abusivement qualifiées de «location gratuite», qui n'incluent ni les taxes d'État ni les assurances. Si vous choisissez de louer un véhicule sur place, il est préférable de le faire à l'aéroport plutôt qu'en ville. Pour louer une voiture, vous devez fournir votre permis de conduire, votre passeport et

Insigne des Highway Patrol

une carte bancaire. Si vous ne disposez pas de carte bancaire, vous devrez payer la caution en espèces. L'âge minimal pour louer est de 21 ans, mais les conducteurs âgés de moins de 25 ans devront payer un supplément. Assurez-vous que votre contrat de location inclut une assurance anti-collision (*collision damage waiver,* CDW, parfois appelée *loss damage waiver,* ou LDW), sans quoi les frais induits par un accident seraient entièrement à votre charge, même si vous n'êtes pas en tort. Si les contrats d'assurances incluent souvent une assurance de dommages au tiers, celle-ci est rarement fiable. Il faut souscrire une assurance «top up» (appelée aussi *additional* ou *supplementary liability insurance*), qui vous couvre à hauteur de 1 million de dollars. Le supplément s'élève à 35-40 dollars par jour de location. Quelques compagnies facturent le fait de laisser sa voiture dans une autre ville et toutes surestiment le prix de l'essence : jusqu'à 3 dollars par gallon en plus si vous rendez la voiture avec moins d'essence qu'au départ. Les grandes agences (p. 359) offrent un vaste choix de véhicules. Toutes les voitures de location sont automatiques et équipées d'une direction assistée et de la climatisation.

CONSEILS AUX CONDUCTEURS

• Le port de la ceinture de sécurité est obligatoire pour le conducteur et les passagers. Les enfants de moins de trois ans doivent être assis dans des sièges spéciaux.
• Au feu rouge, on peut quand même tourner à droite après avoir marqué l'arrêt, sauf indication contraire.
• Aux intersections, un feu rouge clignotant indique qu'il faut ralentir et surveiller l'arrivée d'autres véhicules.
• Il est permis de doubler des deux côtés sur les routes à plusieurs voies, y compris les routes inter-États.
• Il est interdit de franchir les lignes jaunes symbolisées par deux lignes continues et parallèles, blanches ou jaunes.
• Lorsqu'un autobus scolaire s'arrête sur une route à deux voies, le trafic doit cesser dans les deux sens. Dans le cas de routes à quatre voies ou plus, seules les voies allant dans le même sens que l'autobus sont concernées.
• Ne buvez pas : la conduite en état d'ivresse (driving under influence, DUI) est punie d'amendes de plusieurs centaines de dollars ou de peines d'emprisonnement.

Une agence de location

Une station-service de style ancien dans le ranch de Burt Reynolds

L'ESSENCE

L a plupart des voitures américaines roulent désormais à l'essence sans plomb (ou «gas»). L'essence est soit *regular,* soit *super,* soit *premium.* Le diesel est très répandu.

L'essence est bon marché, mais son prix varie beaucoup selon le lieu et les services proposés. Si vous voulez être servi, vous paierez une surtaxe (appliquée au prix du gallon, qui correspond à 3,8 litres). L'employé vérifiera alors l'huile et nettoiera votre pare-brise. Les taxes sont comprises dans le prix du gallon. Dans la plupart des stations-service, vous pourrez payer en liquide, en carte ou en chèques de voyage. Certaines n'acceptent que le liquide, surtout à la campagne. Il faut parfois payer à l'avance.

Si vous empruntez des petites routes, vérifiez les niveaux de carburant, d'huile et d'eau avant de partir, car vous croiserez peu de stations-service.

EN CAS DE PANNE

S i vous tombez en panne, dégagez la chaussée, allumez vos feux de détresse et attendez la police. Il existe des bornes d'appel d'urgence sur les voies express *(p. 349).* Vous pouvez aussi louer un téléphone portable proposé par les compagnies de location de voitures.

Le contrat de location de la voiture comporte un numéro d'urgence. Si la panne est grave, on vous fournira un autre véhicule.

L'**American Automobile Association** (AAA) envoie des dépanneuses à ses membres. Vous pouvez aussi appeler la police d'État ou le numéro d'urgence de votre carte bancaire ou celui de votre assurance.

Temps écoulé

Insérez les pièces

Tournez la poignée pour faire tomber les pièces

Parcmètre

LE STATIONNEMENT

O n trouve facilement une place de stationnement dans les principaux sites touristiques, les centres commerciaux ou les centres-villes. En revanche, la tâche est plus délicate près des plages, par exemple à Fort Lauderdale ou à South Beach *(p. 362).*

Les villes sont équipées de parcs de stationnement, mais vous aurez souvent recours à un parcmètre. Lorsque vous trouvez une place, n'hésitez pas à mettre beaucoup de pièces dans l'appareil : le prix varie de 25 cents à 1 dollar l'heure. Si vous restez plus longtemps, vous risquez une amende, l'immobilisation de votre voiture ou la fourrière. Les interdictions de stationner sont indiquées sur les cabines téléphoniques, les feux, les

DES CONSIGNES DE SÉCURITÉ

Miami a la pire des réputations en ce qui concerne les agressions de conducteurs. Faites donc attention où que vous soyez. Mais des mesures ont été prises. Ainsi, les plaques minéralogiques qui identifiaient les voitures de location ont disparu et les panneaux ont été améliorés : les routes qui mènent à l'aéroport sont signalées par un soleil orange. Voici quelques trucs pour éviter le pire :

• Si vous arrivez en avion tard le soir, ne prenez votre voiture de location que le lendemain matin afin de ne pas conduire la nuit dans un lieu inconnu.
• Laissez vos bagages et vos objets de valeur dans le coffre, où l'on ne les verra pas de l'extérieur.
• Fermez les portières, surtout en ville.
• Ne vous arrêtez pas si quelqu'un tente, par exemple, de vous indiquer un problème sur votre voiture, vous pousse par l'arrière avec son véhicule ou encore semble être en panne et demande de l'aide.
• Si vous devez consulter une carte en ville, faites-le dans un endroit fréquenté et bien éclairé.
• Ne dormez pas dans votre voiture sur l'autoroute, même si les aires de repos sont parfois surveillées.
• Ne prenez pas de raccourci en ville. Restez le plus possible sur les axes principaux.

Les soleils orange de Miami

Location de tandems et de bicyclettes à Palm Beach

murs ou le bord des trottoirs.
Il est interdit de se garer à
moins de 3 m d'une bouche
d'incendie. Dans maints
hôtels et restaurants, on gare
votre voiture pour vous,
moyennant un pourboire.

FAIRE DU VÉLO

L e vélo est un passe-temps
de plus en plus populaire
(p. 343) et un bon moyen
de se maintenir en forme.
Mais c'est rarement un moyen
de locomotion pratique.
Dans les grandes villes,
les automobilistes font peu,
voire pas du tout attention
aux cyclistes, ce qui peut
s'avérer dangereux.

En revanche, dans les
petites villes et les stations
balnéaires, telles que South
Beach, Key West, Palm Beach
ou Saint Augustine, les routes
sont moins fréquentées et
se garer peut être un vrai
problème : le vélo est alors
une bonne solution.
La location coûte de 10 à
15 dollars par jour. On loue
aussi facilement des patins
et des planches à roulettes.

LOUER UNE MOTO

S i traverser la Floride en
Harley Davidson est votre
rêve, allez visiter l'**American
Road Collection** à Fort
Lauderdale. **Harley
Davidson** à Fort Lauderdale
et Miami a un large choix de
motos à louer. Il vous en
coûtera 100 $ pour 24 heures
en plus d'une substantielle
caution. Vous devez être âgé
d'au moins 21 ans.

LOUER UN CAMPING-CAR

L e camping car (ou
RV, recreational vehicle)
est idéal pour une famille.
Sa location coûte jusqu'à
500 dollars par semaine.
Mais les agences de location
sont rares. La plus grande des
États-Unis est **Cruise
America** qui a des agents à
l'étranger. Vous pouvez aussi
vous adresser à **Sunstate
Motorhomes.**

Les conditions de location
sont souvent les mêmes que
pour une voiture *(p. 357)*.
La plupart des camping-cars
sont très bien équipés.

CARNET D'ADRESSES

LOUER UNE VOITURE

Alamo
📞 01 44 77 88 01 (France).
📞 (800) 462-5266 (États-Unis).
🌐 www.goalamo.com

Avis
📞 0 802 05 05 05 (France).
📞 (800) 230-4898 (États-Unis).
🌐 www.avis.com

Budget
📞 0 800 10 00 01 (France).
📞 (800) 527-0700 (États-Unis).
🌐 www.budget.com

Dollar
📞 (800) 800-4000 (États-Unis).
🌐 www.dollarcar.com

Enterprise
📞 (800) 325-8007 (États-Unis).

Hertz
📞 01 39 38 38 38 et 0 801
347 347 (France). 📞 (800)
654-3131 (États-Unis).
🌐 www.hertz.com

Kemwell Car Rental
📞 (800) 422-7737.
🌐 www.kemwell.com

National
📞 (800) 227-7368 (États-Unis).
🌐 www.nationalcar.com

Thrifty
📞 (800) 367-2277 (États-Unis).
🌐 www.thrifty.com

EN CAS DE PANNE

**American Automobile
Association (AAA)**
1 000 AAA Drive,
Heathrow, FL 32746.
📞 (407) 444-7000

**AAA General Break-
down Assistance**
📞 (800) 222-4357.

LOUER UNE MOTO

**American Road
Collection**
📞 (954) 522-2723.
🌐 www.motorcyclerentals.com

Harley-Davidson
📞 (954) 545-3200.

LOUER UN CAMPING-CAR

Cruise America
📞 (800) 327-7799 (États-Unis).

Sunstate Motorhomes
📞 (407) 299-1917 (États-Unis).

Le car ferry de Mayport *(p. 195)* **permet de traverser la Saint Johns River**

La Floride en train et en car

Ne comptez pas visiter la Floride grâce aux transports en commun. Le réseau de chemin de fer est particulièrement limité. Les cars Greyhound – qui relient la plupart des villes – sont le principal moyen de transport terrestre. Quant à la campagne, mieux vaut y posséder une voiture. Certains bus locaux sont pratiques, mais armez-vous de patience. Les transports publics urbains sont mieux organisés. Ils relient notamment le centre-ville et la banlieue. Les grands centres touristiques sont équipés de transports adaptés aux besoins des touristes.

La gare Tri-Rail de West Palm Beach, de style renouveau hispanique

ARRIVER EN TRAIN

L'usage du rail est de moins en moins répandu aux États-Unis. Seules les grandes villes sont reliées. La compagnie nationale, **Amtrak,** dessert la Floride depuis les côtes est et ouest. Il y a trois liaisons quotidiennes avec New York. Le Silver Meteor relie Washington DC à Jacksonville en 25 heures. Son terminus est Miami ou Tampa. Le Palmetto emprunte le même itinéraire mais possède une classe affaires.

Le Sunset Limited, équipé de luxueux wagons et d'écrans vidéo, couvre les 4 933 km qui séparent Los Angeles de Sanford, près d'Orlando, en passant par Phoenix et La Nouvelle-Orléans.

Amtrak propose un service quotidien train + auto de Lorton en Virginie à Sanford, en 18 heures.

Un billet d'avion peut s'avérer moins cher qu'un billet de train. Il vaut souvent mieux acheter une carte de train forfaitaire.

VOYAGER EN TRAIN

Les trains Amtrak relient un petit nombre de villes de Floride (voir la carte, p. 12-13). À part Tampa, la Gulf Coast n'est desservie que par les cars Amtrak, appelés cars «Thruway». Ils relient Winter Haven, près d'Orlando, à Fort Myers, via Saint Petersburg et Sarasota, avec des correspondances avec les trains Amtrak.

Le train est plus cher, mais plus confortable, que les cars Greyhound. Si vous voyagez la nuit, vous avez le choix entre un siège ordinaire (qui s'incline) et une cabine. Si vous prévoyez de faire au moins deux trajets en train, mieux vaut acheter une carte de train, qui permet de voyager sans limitation pendant un temps donné. Vous pouvez l'acquérir chez un agent Amtrak avant de partir. Ce dernier pourra également vous fournir des horaires nationaux et régionaux.

L'autre compagnie ferroviaire de Floride est **Tri-Rail,** qui relie 15 gares entre l'aéroport de Miami et West Palm Beach, dont Fort Lauderdale et Boca Raton. Bien que créés pour les banlieusards, ces trains sont aussi très pratiques pour le tourisme. Il y a à peu près un train par heure, un peu moins le week-end. Un billet aller coûte de 2 à 6 dollars, selon le nombre de zones que vous traversez. Le Metrorail et le Metromover de Miami sont alors gratuits *(p. 362).*

Tri-Rail organise aussi des visites guidées, à South Beach et à Worth Avenue, par exemple, et des circuits lors des grands matchs qui se jouent à l'Orange Bowl Stadium de Miami.

CARS LONGUES DISTANCES

Les cars **Greyhound** sont le moyen le plus économique de voyager aux États-Unis. Certaines lignes sont «express», c'est-à-dire qu'il n'y a que quelques arrêts en route.

Certaines lignes comprennent des «flag stops». Les bus s'y arrêtent pour déposer ou prendre des passagers, mais il ne s'agit pas d'un véritable arrêt de bus. Achetez votre ticket au chauffeur ou réservez votre place dans une agence Greyhound, souvent installée dans un grand magasin ou un

Un car Greyhound qui dessert les Keys

bureau de poste. Des abonnements *(passes)* permettent de voyager autant que l'on veut pendant une période déterminée (de 4 à 60 jours) : ils sont avantageux si l'on circule beaucoup. Ils sont moins chers à l'étranger qu'aux États-Unis.

Les agents Greyhound vous fourniront les itinéraires des lignes qui vous intéressent.

BUS LOCAUX ET URBAINS

L es bus gérés par les collectivités locales sont pratiques pour les petits trajets dans les limites d'un comté. Mais leur fréquence réduite s'adapte mal à un itinéraire touristique. Vous pouvez voyager entre de nombreuses villes du sud-est de la Floride grâce aux correspondances, mais cela prend beaucoup de temps.

Les bus sont nettement mieux organisés en ville et les navettes sont pratiques pour aller aux aéroports d'Orlando et de Miami *(p. 355)*. Comme il n'y a pas de receveur, préparez de la monnaie, un ticket ou un jeton à donner au conducteur ou à composter directement.

LES TAXIS

L es taxis (ou «cabs») sont nombreux dans les aéroports et les terminaux de transport et à proximité des grands hôtels. Comme les stations sont rares en ville et que les taxis ne cherchent pas le client dans les rues, il vaut mieux les appeler par téléphone : les compagnies sont répertoriées dans les *Yellow Pages*. Le concierge ou le portier se chargeront de vous appeler un taxi sans attendre de pourboire.

Si vous allez dans un endroit peu connu de la ville, prenez un plan où vous aurez inscrit votre itinéraire.

Un taxi de Key West, peint en rose et non en jaune

La calèche est un moyen agréable de découvrir Saint Augustine

Le prix dépend de la distance parcourue. Vérifiez avant de monter que votre taxi accepte les cartes bancaires.

LES WATER TAXIS

P lusieurs villes ont développé des lignes de water taxis, notamment Miami, Jacksonville, Tampa et Fort Lauderdale. Les itinéraires sont souvent limités aux sites touristiques. Ils desservent également les hôtels, les restaurants et les magasins et permettent de profiter du paysage. Certains sont organisés sous forme de navette, comme sur la Saint Johns River à Jacksonville. Quant aux autres, par exemple à Tampa et Miami, il faut leur téléphoner. Le ticket, à acheter à bord, coûte de 5 à 10 dollars.

LES TRANSPORTS TOURISTIQUES

L a plupart des centres touristiques sont équipés de transports spéciaux pour les visiteurs. Il s'agit souvent de trolleys de style ancien. À Tallahassee, on verra la réplique d'un tramway aux sièges en bois et aux balustrades en cuivre. Des trolleys relient la plage au centre de Daytona Beach et de Fort Lauderdale.

Le Conch Train de Key West est composé de wagons ouverts sur les côtés et tractés par une jeep déguisée en locomotive.

Saint Augustine a un train similaire, ainsi que des calèches, que l'on peut louer dans le centre d'Orlando.

COMPRENDRE LA VILLE

L e centre-ville (appelé «downtown») n'est pas le cœur d'une ville. C'est le quartier des affaires et les gens n'y passent pas leur temps libre. Les grandes villes sont construites sur la base d'une grille, avec des rues numérotées à partir du croisement des deux principaux axes du centre, comme à Miami *(p. 363)*.

Les Américains se déplacent très peu à pied. Avant de traverser, vérifiez que le signal énonce «Walk», et non «Wait» ou «Don't Walk».

Les signaux destinés aux piétons indiquent la marche ou l'arrêt

---

CARNET D'ADRESSES

INFORMATIONS FERROVIAIRES

Amtrak
📞 *(800) USA-RAIL ou (800) 872-7245 (États-Unis).*

Tri-Rail
📞 *(800) TRI-RAIL, (800) 874-7245 ou (954) 728-8445 (États-Unis).*

INFORMATIONS SUR LES CARS LONGUES DISTANCES

Greyhound
📞 *(800) 231-2222 ou (402) 330-8552 ou 8584 (États-Unis).*

Circuler à Miami

L es transports en commun de Miami (c'est-à-dire les bus, le réseau ferroviaire Metrorail et le Metromover) sont gérés par la Miami-Dade Transit Agency. Les water taxis sont également un moyen agréable de découvrir la ville. Il est quand même difficile de se passer de voiture, sauf si vous restez à South Beach. Quel que soit votre mode de transport, respectez les consignes de sécurité indiquées p. 348 et 358.

Le Metromover fait le tour du centre-ville de Miami

ARRIVER À MIAMI

P our savoir comment sortir de l'aéroport de Miami, voir p. 355. Si vous arrivez à la gare **Amtrak** ou à l'un des terminaux **Greyhound,** vous ne trouverez pas de voiture à louer, mais des taxis et quelques bus pour le centre-ville et Miami Beach.

Arriver en voiture à Miami est assez facile. L'I-95, la principale route venant du nord, dessert le centre-ville avant de rejoindre l'US 1, qui continue vers le sud en contournant Coral Gables. La route A1A est un axe moins rapide venant aussi du sud, qui dessert South Beach. De l'ouest, l'US 41 traverse Little Havana, puis atteint la côte où elle rejoint les principaux axes nord-sud.

Amtrak Station
8 303 NW 37th Ave.
📞 *(305) 835-1222.*

Greyhound Stations
Airport, 4 111 NW 27th St.
📞 *(305) 871-1810.*
36 NE 10th St.
📞 *(305) 379-7403.*
North Miami, NW 7th & 160th Sts.
📞 *(305) 688-8645.*

LE METRORAIL ET LE METROMOVER

M etrorail est une ligne de chemin de fer de 34 km de long qui relie les banlieues nord et sud de Miami. Elle est très pratique pour aller de Coral Gables ou de Coconut Grove au centre-ville. Il y a un train toutes les 10 mn, de 6 h à minuit, tous les jours.

Vous pouvez prendre une correspondance gratuite entre le Metrorail et la ligne Tri-Rail (p. 360) à Hialeah et avec le Metromover à la station Government Center (où vous trouverez des plans et des informations sur ces trains).

Les deux lignes en boucle et surélevées du Metromover relient le cœur du centre-ville aux quartiers d'affaires de Brickell et d'Omni. De l'Inner Loop (le circuit intérieur), vous aurez une superbe vue sur le centre-ville (p. 70-71). Ce service fonctionne sans interruption de 6 h à minuit. Préparez de la monnaie avant d'entrer dans la station (on achète les tickets à des distributeurs automatiques).

Miami-Dade Transit Information
📞 *(305) 770-3131.*

LE METROBUS

L e réseau Metrobus de Miami dessert la plupart des lieux intéressants de la ville. Mais sa fréquence est très réduite le week-end. Ses lignes convergent à Flagler Street et à Government Center, un bon endroit pour prendre le bus.

Les itinéraires express sont deux fois plus chers. Si vous changer de bus, demandez un transfert gratuit en montant dans le premier bus. Ayez l'appoint exact sur vous. Les correspondances avec Metrorail et Metromover sont en supplément du ticket.

Arrêt de Metrobus

LES TAXIS

L e taxi est souvent le meilleur moyen de locomotion la nuit, même si vous avez une voiture. Conduire la nuit et surtout se garer dans certains quartiers n'est pas une sinécure.

Une course coûte environ 2 dollars le mile, soit 15 dollars de South Beach à Coconut Grove. Ne hélez pas un taxi dans la rue (p. 361), appelez le par téléphone. **Yellow Taxi** et **Central Cab** sont deux compagnies fiables.

Yellow Taxi
📞 *(305) 888-8888.*

Central Cab
📞 *(305) 532-5555.*

Une station typique du Metromover, avec un plan du réseau à l'entrée

LES WATER TAXIS

Miami ne possède pas de bateaux-taxis mais de nombreuses compagnies proposent des croisières. Fort Lauderdale, en revanche, dispose d'un service de bateaux-taxis. Des bateaux-bus relient Fort lauderdale à la marina de Miami.

Water Taxis (Fort Lauderdale)
📞 *(954) 467-6677.*
🅦 *www.watertaxi.com*
Water Bus (Fort Lauderdale)
📞 *(954) 467-0008.*

LA VOITURE

Conduire à Miami n'est pas aussi compliqué qu'on pourrait le croire. Biscayne Bay est un point de repère très pratique. En outre, si vous restez sur les axes principaux, vous ne pouvez pas vraiment vous perdre.

Se garer à South Beach peut être un cauchemar. N'y pensez même pas le week-end. En semaine, prenez de la monnaie pour le parcmètre (en fonctionnement de 9 h à 21 h). Contactez le **Miami Parking System** et le **Miami Beach Parking Department** pour toute information.

Miami Beach Parking Department
📞 *(305) 673-7505.*

Miami Parking System
📞 *(305) 373-6789.*

LE PLAN DE LA VILLE

Miami est divisée en quatre zones à partir du croisement de Miami Avenue avec Flagler Street dans le centre-ville. Les avenues (du nord au sud) et les rues (d'est en ouest) sont numérotées à partir de cet endroit. Les préfixes NE (nord-est), SE (sud-est), NW (nord-ouest) et SW (sud-ouest) sont placés devant les noms des rues. À Miami Beach, la rue la plus au sud est la 1st Street. Le numéro des rues va croissant vers le nord.

Circuler dans les autres villes

Dans les grands centres touristiques, les trolleys et les calèches sont un agréable moyen de découvrir le paysage *(p. 361)*. Dans les grandes villes, comme Jacksonville et Tampa, ainsi que dans la région d'Orlando, il faudra vous familiariser avec les moyens de locomotion très variés qui vous sont offerts.

ORLANDO

On se passe aisément de voiture à Orlando grâce aux **Lynx Buses**, qui desservent l'aéroport, le centre-ville, International Drive et Walt Disney World. Si vous devez prendre une correspondance, demandez-la en montant dans le premier bus.

Les minibus I-Ride, également gérés par Lynx, font la navette toutes les 10 mn, de 7 h à minuit, sur International Drive, entre Wet 'n Wild et SeaWorld. Les forfaits sont avantageux et vous dispensent de vous munir de monnaie. Ils sont disponibles, ainsi que les horaires, à la station des bus Lynx, dans le centre-ville (près de Church Street Station) et dans les magasins Walgreens sur International Drive. Les taxis sont nombreux mais chers. Les navettes privées sont meilleur marché, surtout de I Drive à World Disney World, mais il faut réserver.

Lynx Buses
📞 *(407) 841-8240.*

JACKSONVILLE

Jacksonville est conçue pour les automobilistes. Le nouveau **Automated Skyway Express**, ou ASE, est un monorail qui ne dessert que le centre-ville. Mais il devrait être prolongé.

Jacksonville possède aussi une ligne de **water taxis** entre les deux rives de la Saint Johns River, qui fonctionne entre 10-11 h et 16-18 h. Mais

Logo des bus Lynx d'Orlando

Un water taxi de Jacksonville, prêt à traverser la Saint Johns River

les horaires dépendent des conditions climatiques. Les bus administrés par la **Jacksonville Transit Authority** ont leur terminus au centre-ville, sur Kings Road, au nord de Jacksonville Landing.

Automated Skyway Express
📞 *(904) 630-3181.*

Water taxis
📞 *(904) 733-7782.*

Jacksonville Transit Authority
📞 *(904) 630-3100.*

TAMPA

Le centre-ville de Tampa est assez dense. Si vous n'avez pas de voiture, prenez les bus HARTline *(p. 245)* pour visiter des sites tels que les Busch Gardens. De 5 h à 20 h, ces bus partent toutes les demi-heures du terminal situé dans Marion Street. Un trolley-bus fait également la liaison avec Ybor City.

Les water taxis fonctionnent à la demande et s'arrêtent devant un certain nombre d'attractions du centre-ville *(p. 244-245)*.

Un bus de touristes, à Tampa

Index

Remerciements

L'éditeur remercie les organismes, les institutions et les particuliers dont la contribution a permis la réalisation de cet ouvrage.

COLLABORATEURS
RICHARD CAWTHORNE écrit des récits et des guides de voyage sur les États-Unis.

DAVID DICK, de l'University College London, est un spécialiste de l'histoire américaine.

GUY MANSELL écrit des articles pour la presse anglaise, notamment *The Sunday Telegraph*, et des guides touristiques.

FRED MAWER est journaliste, notamment au *Daily Telegraph* et au *Mail on Sunday*. Il a écrit de nombreux guides touristiques et a contribué à plusieurs ouvrages de cette collection.

EMMA STANFORD voyage souvent en Floride, à laquelle elle a consacré plusieurs études, notamment pour Berlitz, AA et Fodor's.

PHYLLIS STEINBERG vit en Floride. Collaboratrice de différents journaux américains, elle a pour spécialités la gastronomie, les voyages et l'art de vivre.

CONSULTANTS
Frances et Fred Brown, Monique Damiano, Todd Jay Jonas, Marlena Spieler, David Stone.

PHOTOGRAPHIES D'APPOINT
Dave King, Arvin Steinberg, Clive Streeter, James Stevenson.

ILLUSTRATIONS D'APPOINT
Julian Baker, Joanna Cameron, Stephen Conlin, Gary Cross, Chris Forsey, Paul Guest, Stephen Gyapay, Ruth Lindsay, Maltings Partnership, Paul Weston.

CONCEPTION ET ÉDITION
DOCUMENTATION Fred Brown
DIRECTEUR ÉDITORIAL Vivien Crump
DIRECTEUR ARTISTIQUE Jane Ewart
ÉDITEUR ASSISTANT Douglas Amrine
COLLABORATION ARTISTIQUE Gillian Allan
PRODUCTION David Proffit
DOCUMENTATION ICONOGRAPHIQUE Monica Allende
MISE EN PAGES Lee Redmond, Ingrid Vienings

Louise Boulton, Sherry Collins, Cathy Day, Fay Franklin, Phyllis Steinberg, Donald Greig, Emily Green, Leanne Hogbin, Kim Kemp, Desiree Kirke, Sam Merrel, Mary Ormandy, Mani Ramaswamy, Harvey de Roemer, Arvin Steinberg, Phyllis Steinberg, Paul Steiner, Ingrid Vienings, Ros Walford, Michael Wise.

CARTOGRAPHIE
Malcolm Porter, David Swain, Holly Syer et Neil Wilson d'EMS Ltd (Digital Cartography Dept), East Grinstead, Grande-Bretagne.

CORRECTEUR
Stewart Wild

INDEX
Hilary Bird

COLLABORATION SPÉCIALE
L'éditeur remercie tous les bureaux d'informations touristiques de Floride pour leur aide précieuse et plus particulièrement : Rachel Bell, Busch Gardens ; Alison Sanders, Cedar Key Area Chamber of Commerce ; Marie Mayer, Collier County Historical Museum, Naples ; Mr et Mme Charlie Shubert, Coombs House Inn, Apalachicola ; Nick Robbins, Crystal River State Archaeological Site ; Emily Hickey, Dali Museum, St Petersburg ; Gary B van Voorhuis, Daytona International Speedway ; James Laray, Everglades National Park ; Sandra Barghini, Flagler Museum, Palm Beach ; Ed Lane, Florida Geological Survey, Florida Department of Environmental Protection, Tallahassee ; Dr James Miller, Archaeological Research, Florida Department of State, Tallahassee ; Florida Keys National Marine Sanctuary ; Jody Norman, Florida State Archives ; Damian O'Grady et Tanya Nigro, Florida Tourism Corporation, London ; Larry Paarlberg, Goodwood Plantation, Tallahassee ; Dawn Hugh, Historical Museum of Southern Florida ; Ellen Donovan, Historical Society of Palm Beach County ; Melissa Tomasso, Kennedy Space Center ; Valerie Rivers, Marjorie Kinnan Rawlings State Historic Site, Cross Creek ; Carmen Smythe, Micanopy County Historian ; Bob McNeil et Philip Pollack, Museum of Florida History, Tallahassee ; Frank Lepore et Ed Rappaport, National Hurricane Center, Miami ; Colonel Denis J Kiely, National Museum of Naval Aviation, Pensacola ; Richard Brosnham et Tom Muir, Historic Pensacola Preservation Board ; Ringling Museum of Art, Sarasota ; Ardythe Bromley-Rousseau, Salvors Inc, Sebastian ; Arvin Steinberg ; Wit Tuttell, Universal Studios ; Holly Blount, Vizcaya, Miami ; Melinda Crowther, Margaret Melia et Joyce Taylor, Walt Disney Attractions, London.

AUTORISATIONS DE PHOTOGRAPHIER
L'éditeur remercie les entreprises, les institutions et les organismes suivants d'avoir accordé leur autorisation de photographier certaines de leurs œuvres : The Barnacle Historic Site ; © 1996 FL Cypress Gardens, Inc ; tous droits réservés, reproduction soumise à autorisation ; © Disney Enterprises, Inc ; Dreher Park Zoo : Le Zoo des Palm Beaches ; Fish and Wildlife Service, Department of the Interior ; Florida Park Service ; Harry P Leu Gardens, Orlando ; Key West Art and Historical Society : Lighthouse Museum et East Martello Museum ; Miami-Dade Culture Center, Historical Museum of Southern Florida ; Monkey Jungle Inc, Miami ; National Park Service, Department of Interior ; Pinellas County Park Department ; National Society of the Colonial Dames of America in the State of Florida ; Suncoast Seabird Sanctuary Inc, Indian Shores. L'éditeur remercie également tous les musées,

églises, hôtels, restaurants, magasins, galeries et sites, trop nombreux pour être cités individuellement.

CRÉDITS PHOTOGRAPHIQUES
h = en haut ; hg = en haut à gauche ; hgc = en haut à gauche au centre ; hc = en haut au centre ; hcd = en haut au centre à droite ; hd = en haut à droite ; cgd = au centre gauche au-dessus ; cd = au centre au-dessus ; cdd = au centre droit au-dessus ; cg = au centre à gauche ; c = au centre ; cd = au centre à droite ; cgs = au centre gauche en dessous ; cs = au centre en dessous ; cds = au centre droit en dessous ; bg = en bas à gauche ; b = en bas ; bc = en bas au centre ; bcg = en bas au centre à gauche ; bd = en bas à droite ; bra = en bas droit au-dessus, d = détail.

Les œuvres d'art ont été reproduites avec l'autorisation des detenteurs de droits sui-vants : COURTESY OF GENERAL SERVICES ADMINISTRATION, PUBLIC BUILDING SERVICES, FINE ART COLLECTION : Dennan Fink, *Law Guides Florida's Progress* (1940), US Federal Courthouse Miami, 70cgh

L'éditeur remercie les particuliers, entreprises et agences suivants de lui avoir permis de reproduire leurs photographies :

AFP : Stephan Jaffe-STF 51bd ; AISA, Barcelona : 193b ; Museo de America 42cg ; © Disney Enterprises, Inc 146-147 ; Vidler 109h, 122h ; ALAMY IMAGES : Ian Dagnall 262b ; ALLSPORT/GETTY IMAGES : Brian Bahr 31cd ; Scott Halleran 94h ; Shaquille O'Neal/Christian Laettner 31cd ; Steve Swop 31b ; APPLETON MUSEUM OF ART, Ocala : *Jeune Bergère,* William Adolphe Bouguereau (1825-1905), huile sur toile 208h ; ARCHIVE PHOTOS, New York : 47cgd, 50cgs ; Bert & Richard Morgan 114b ; MUSEUM OF ART, Fort Lauderdale : *Grand Oiseau à l'enfant,* Karel Appel (1972) © DACS 1997 128h ; MUSEUM OF FINE ARTS, St Petersburg : *Poppy,* Georgia O'Keeffe (1927) © ARS, NY et DACS, London 1998 241h ; TONY ARRUZA : 21cs, 24cgs, 36, 124h, 136b, 276c, 283h, 337h ; AUNT CATFISH RESTAURANT, DAYTONA BEACH : Gerald Sprankerl 313h ; AVALON HOTEL, Miami : 59hg.

LARRY BENVENUTI : 279cd ; BIBLIOTECA NACIONAL, Madrid : *Codice Osuna* 41cs ; BRITISH MUSEUM : 39h, 43cd ; THE BRIDGEMAN ART LIBRARY, London : *Agonie au jardin,* 1889 par Gauguin, Paul (1848-1903), Norton Gallery, Palm Beach 123h ; BUSCH ENTERTAINMENT CORP : 2-3, 104b, 167c, 250b, 251h, 251bra, 251b. Tous droits réservés, DISCOVERY COVE : 167c, 167b.

CAMERA PRESS : Steve Benbow 160b ; JOHN CARTER : 19b, 354c ; Courtesy of THE CHARLESTON MUSEUM, Charleston, South Carolina : Osceola portrait 44cd ; ROBERT CLAYTON : 52-53, 285h, 358b, 360b, 362hd, 362b ; PAT CLYNE : 110h ; BRUCE COLEMAN, London : Atlantide SDF 280h ; Erwin & Peggy Bauer 275bd ; Raimund Cramm GDT 180cgd ; Jeff Foott Productions 23bg ; © John Shaw 23cg ; George McCarthy 23h ; LIBRARY OF CONGRESS,

LC-USF33-30491-M3 49cd ; CORBIS : 41h, 42-43c ; Jonathan Blair 142h ; REUTERS 134 ; CUBAN CLUB : © Burget Brothers, Tampa Hillsborough County Public Library 246hd ; CULVER PICTURES, INC, New York : 46cg, 49h, 53 (médaillon).

SALVADOR DALI MUSEUM, St Petersburg : 242h ; Toutes les œuvres de Salvador Dali © DEMART PRO ARTE BV/DACS 1997, *Nature morte vivante* 242cd, *L'Enfant malade* 242cs, *Vue de Cadaquès* 242b, *Don Quichotte et Sancho* 243h, *la Découverte de l'Amérique* 243cd, *le Faucheux du matin-Espoir !* (1940) 243cs ; Salvador Dali de Marc Lacroix 243b ; © INTERNATIONAL SPEEDWAY CORPORATION, Daytona : 204h, 205c, 205b ; Nascar 205cs ; Disney Enterprises, Inc. : 140-141, 142, 148, 149, 154-155, 156, 157, 160 h/b, 162 ; DAVID DYE, University of Memphis : South Florida Museum 38cd, 41cgd.

MARY EVANS PICTURE LIBRARY : 103 (médaillon) ; C Sheppard 9 (médaillon) ; ET ARCHIVE : Natural History Museum 43cgd.

MEL FISHER MARITIME HERITAGE SOCIETY, Key West, Photographe Dylan Kibler © 1993 40h ; © HENRY MORRISON FLAGLER MUSEUM, Palm Beach : 47h, 118hd, 120hg, 120c, 121h, 121cd, 121cs ; Archives 120hd, 121b. THE FLIGHT COLLECTION : Erik Simonsen 354h ; Fontainebleau Hilton, Miami : 67b.

PET GALLAGHER : 18b ; GENESIS SPACE PHOTO LIBRARY : NASA 184bg, 184bd, 185bg, 185bd, 186cs, 186c, 186hg ; GIRAUDON, Paris : portrait de Bridgeman Sir Francis Drake, Oliver Isaac (1540-1596) 41cd ; Laurus 37b ; THE GRANGER COLLECTION, New York : 44cgs, 44cds, 44h, 47cds, 48cg, 48h ; THE RONALD GRANT ARCHIVE : © King Feature Syndicated 168bg ; GULFSTREAM PARK RACETRACK : 94 cd.

ROBERT HARDING PICTURE LIBRARY : Liason 50-51c ; © THE MIAMI HERALD : © Al Diaz 31cg, 122b ; Chuck Fadely & Art Gallery 90h ; © Guzy 51cgd ; © Charlie Trainor 75cd ; HENRY HIRD : 200b ; DIVISION HISTORICAL RESOURCES, STATE DEPARTMENT, Tallahassee : 39cds, 110c ; Permission du HIBEL MUSEUM OF ART, Palm Beach : *Brittany and Child,* huile, enduit et or sur soie, Edna Hibel 24^1/2 x 20^1/2 (1994) 117c ; HISTORICAL MUSEUM OF SOUTHERN FLORIDA, Miami : 48cs, 49cgs, 50c, 61hd, 72th, 271h.

IGFA (INTERNATIONAL GAME FISH ASSOCIATION) : 132 hg ; THE IMAGE BANK, London : 10b, 19c, V Chapman 48-49c ; IMAGES COLOUR LIBRARY : 15h, 49cdd, 55b, 272bd, 285b ; INDEX STOCK PHOTOGRAPHY, INC, New York : 21b, 32c, 32h, 34h, 34b, 35c, 46h, 117b, 169b, 172c, 332c, 336c ; © Bill Bachmann 22cg ; © James Blank 15b, 268c ; J. Christopher 25cd ; © Henry Fichner 23cd ; © Warren Flagler 51cdd ; Scott Kerrigan 281cd ; Larry Lipsky 165bg, 277bd ; Wendell Metzen 30h, 30b, 180cd, 274h ; © M Timothy O'Keefe 290-291 ; Jim Schwabel 16, 167h, 257h, 269h, 270h ; Scott Smith, 94c ; Steve Starr 24bra, 246bg ; M. Still

277h ; Randy Taylor 32b ; Archivo de Indias, Séville : 40cs ; Indian Temple Mound : 38cg ; Kobal Collections : Universal 169h ; Miami World Jai-Alai : 31h ; Fineman 133b ; Kennedy Space Center-Visitor Center, Cape Canaveral : 182h, 183cd, 183cs, 187c ; Ken Laffal : 21h, 54b, 105h, 113b, 336h ; Frank Lane Picture Library : © Dembinsky 22bg, 279b ; © David Hosking 17b, 22bd, 23bd, 180h, 274bd ; Maslowski 112c ; © Leonard Lee Rue 23cds ; Lightner Museum, St Augustine : 47bg ; Lowe Art Museum : 81c ; The Lynn Conservatory : 126hd.

Barry Mansell : 271c ; Macmillan Publishers : Pan Books *Native Tongue* et *Tourist Season* Carl Hiassen 82b ; Marvel Entertainment Group, NY : Spider-Man TM et © 1996, Marvel Characters, Inc. Tous droits réserrvés 126h ; Fred Mawer, London : 73h, 77h, 132b, 137h, 178h, 182cs ; Medieval Times Dinner and Tournament : 177 bd ; Miami Seaquarium : 89 b ; Jason Mitchell : 63 cdb.

© NASA : 186hd, 187h ; The Nature Conservancy : Rich Franco Photography 178b ; Museo Naval, Espagne : 26cg ; Peter Newark's Pictures : American Pictures 43cgs ; Historical Pictures 27cs ; Military Pictures 45cs ; The New York Public Library : Print Collection, Miriam et Ira D Wallach Division of Art, Impressions et photographies, Fondations Astor, Lenox et Tilden 40-41c ; Jesse Newman Associates : 115bd ; Glenn Van Nimwegen, Wyoming : 276cd, 277bg ; Northampton Museums et Art Gallery : 42h. N.O.O.A. : National Hurricane Center, Miami 24-25, 25h.

Orlando Museum of Art : prêt longue durée de la collection de la famille Gross, *The Conference*, Edward Potthast (American, 1857-1927), 175b ; Oronoz, Madrid : 40ca.

The Palm Beach Post : © Allen Eyestone 51cgs ; © Thomas Hart Shelby 114cg ; © Greg Lovett 33c ; © Loren Hosack 115bg, 118b ; © EA Kennedy III 20b ; © Mark Mirko 35b ; © Bob Shanley 184h ; © Sherman Zent 33b ; Pelican Man's Bird Sanctuary : Roger Hammond 255cd ; Pictures Colour Library : 289b ; Planet Earth Pictures : 279h ; Kurt Amsler 236h ; Peter Gasson 23bg ; © Brian Kenney 22cd, 22bg, 23cgd,

180cdd, 274cg, 272bg, 273cd, 275h, 275c, 275bg, David Maitland 22cdd ; Doug Perrine 278cd, 279h ; Mike Potts 274b ; Nancy Sefton 278bg.

Quadrant Picture Library : © Anthony R Dalton 51cds ; Mike Rastelli, Ocala : 261b ; Rex Features : © Sipa-Press 51h ; Kevin Wisniewski 75h ; The John and Mable Ringling Museum of Art, Sarasota : 258b, 259h ; Bequest of John Ringling, *la Construction d'un palais*, Piero di Cosimo (1515-1520) 257c, *Abraham et Melchisedech*, Pierre Rubens (1625) 257b, Philippe IV, roi d'Espagne, Diego Rodriguez de Silva y Velazquez 1625-1635 256 cga ; Giovanni Lunardi, 2002 258 cg, 259 hd, 259 cd, 259 bg, 259 bd.

Sea World : 5h, 114c, 164h, 164c, 165cdd, 165bd ; Seminole Hard Rock Hotel and Casino : 133h ; Smithsonian Institution : département d'anthropologie catalogue n° 240915 38cgs ; St Augustine, Ponte Vedra and the beaches VCB : 196bga ; Archives de Floride, Tallahassee : 43h, 45h, 45cd, 46b, 49cd, 116bd, 119h, 205cd, 217h, 247b, 249h : Museum of Florida History 49cds, 111b ; Tony Stone Images : Daniel McCulloch 50h ; Stephen Krasemann 266 ; Randy Wells 272c ; Superstock : 174h.

Tampa Theatre : 337b ; Florida Department of Commerce : R. Overton 39cdd ; Universal Orlando Resort : 169h, 169bd, 170b, 171h, 171b, 172cg, 173h, 173b.

Warren Associates : 172hg, 173cg ; Prof L. Glenn Westfall, FK ; 46-47 ; West Florida Historic Preservation Inc : 214 cga ; Bill Wisser, Miami : 65h ; Wolfsonian Foundation, Miami : Mitchell Wolfson, JR Collection 65b ; World Pictures : 160h ; Ybor City Chamber of Commerce : 246 hg.

Page de garde : photographies spéciales sauf Tony Stone : Stephen Krasemann bd.

Couverture : 1er de couverture-2002 Bush Entertainment Corporation. Tous droits réservés bg ; DK Picture Library : bd ; Stephen Whitehorn cb ; Powerstock : Richard Stockton image principale. 4e de couverture-Getty Images : Angelo Cavalli b ; Mitchell Funk h. Tranche-Powerstock : Richard Stockton.

GUIDES  VOIR

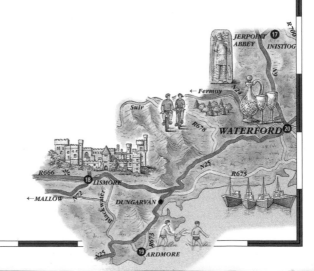

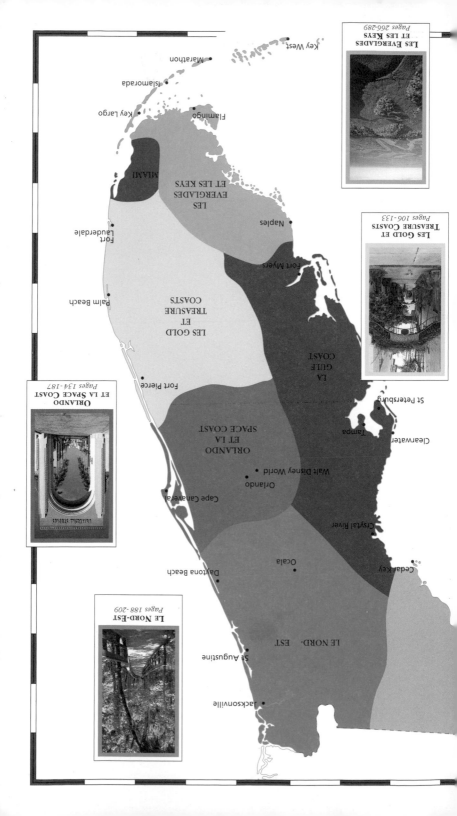

Key West

Marathon

Islamorada

Key Largo

Flamingo

MIAMI

LES EVERGLADES ET LES KEYS

Fort Lauderdale

Naples

Fort Myers

Palm Beach

LES GOLD ET TREASURE COASTS

LA GULF COAST

Fort Pierce

ST PETERSBURG

Clearwater

Tampa

ORLANDO ET LA SPACE COAST

Walt Disney World

Orlando

Cape Canaveral

Crystal River

Cedar Key

Ocala

Daytona Beach

LE NORD-EST

St Augustine

Jacksonville